올패스
ALL PASS

2022
최신개정판

고용노동부
직업상담원

전임상담원·자립지원전임상담원

SD에듀
(주)시대고시기획

PREFACE

2007년부터 고용노동부에서는 무기계약근로자 직업상담원을 선발해 구직자와 미취업자에게 직업정보를 제공하고, 구직활동, 경력설계, 직업심리검사 등을 실시해 알맞은 직업의 소개 및 조언, 알선을 담당해 왔습니다. 2018년 1월에는 문재인 정부의 100대 국정과제 중 '노동존중 사회 실현'과 '차별 없는 좋은 일터 만들기'의 수행을 위해 9급 공채로 신설되었고, 고용노동행정의 전문성을 높여 국민의 취업난 걱정을 해소시키는 데 일조할 것으로 예상합니다.

SD에듀는 직업상담원 응시자의 기본적인 자격증이 될 것인 '직업상담사'의 최다 합격자를 만든 출판사입니다. 이러한 전문성과 오랜 노하우로 직업상담원 필수과목[직업상담학, 고용보험법령 그리고 국민기초생활법령(전임상담원은 선택)]을 모두 포함한 본서를 수험생에게 출간함으로써 출판사의 책임을 다하고, 독자들의 사랑에 보답합니다.

이 책의 특징

첫째
직업상담학을 시험과목으로 시행하는 모든 시험을 분석했습니다.

직업상담학과 법령을 기반으로 한 과목들은 그 내용이 광범위할지라도 시험에 출제되는 내용들은 비교적 한정되어 있습니다. 따라서 우리 교재는 시험에 출제되는 내용들을 중심으로 이론을 구성해 합격을 위한 효율적인 학습이 이루어지도록 했습니다.

둘째
최신법령을 수록하여 법령과목에 완벽한 대비를 할 수 있습니다.

필수과목인 고용보험법령과 국민기초생활법령(전임상담원은 선택)을 수록했습니다. 수험생 여러분은 최신 개정된 법령을 통해 시험에 철저히 대비할 수 있습니다.

셋째
부가적인 설명을 통해 어려운 내용도 쉽게 이해할 수 있습니다.

비록 전문지식이 부족한 비전공자일지라도 우리 교재의 'The 알아보기', 'Comment' 등을 통해 친숙하지 않은 이론 및 개념에 대해서도 쉽게 이해할 수 있도록 했습니다.

넷째
최신의 기출문제를 수록해 출제경향을 파악할 수 있습니다.

광범위한 내용을 모두 학습할 수 없기에 출제범위와 출제경향을 알기 위해 기출문제는 중요합니다. 따라서 우리 교재는 효율적인 학습을 위한 출제경향과 출제 난이도 파악을 위해 2016년 직업상담원 기출문제와 2018~2021년 국가공무원 9급 직업상담직렬 직업상담학 · 심리학개론 기출문제를 수록했습니다.

SD에듀는 독자 여러분의 새로운 도전을 응원하면서 한 권의 책으로써 합격의 솔루션을 제공하기 위해 최선의 노력을 다하고 있습니다. 독자 여러분의 합격을 진심으로 기원합니다.

편저자 씀

시험안내

> ※ 본 채용은 NCS(국가직무능력표준) 기반의 채용방식을 따르고 있습니다. 채용 분야별 주요 직무수행 내용과 요구되는 지식·기술·태도 등은 직무설명서를 참고하시기 바랍니다.
>
> ※ 2023년부터는 응시자격 및 전형방법 등을 개편하여 시행할 예정입니다. 자세한 내용은 직업상담원 채용 제도 안내 자료를 참고하시기 바랍니다.

채용부분

고용형태	채용직종(직급)	담당업무	응시단위	채용인원	근무 예정지
무기계약직	직업상담원 (전임)	직무설명자료 참조	청·지청	154명	6개 지방고용노동청 및 관할 소속기관
무기계약직 (장애인 제한경쟁)				6명	

※ 자세한 내용은 응시하려는 지방고용노동청 홈페이지 공고문 참조

응시자격

구 분	채용직종(직급)
학력 및 전공	학력 및 전공 무관
성별 및 연령	제한 없음(단, 정년연령인 만 60세 미만자)
병 역	남자의 경우 병역필 또는 면제자 ※ 단, 채용일 이전 전역 예정자로서 전형절차에 응시가능자 지원 가능
자격 및 경력	• 「국가기술자격법」에 따른 직업상담사 자격을 취득한 사람 • 「고등교육법」에 따른 4년제 대학 이상의 학위를 취득한 사람 • 고등학교 졸업 이상의 학력 소지자로서 직업상담 관련분야 근무경력이 5년 이상인 사람 (※ 직무설명자료 참조) ※ 직업상담 관련분야의 경력이란 「직업안정법」에 따른 국·공립 직업안정기관, 국·공·사립학교, 무료직업소개사업을 하는 비영리법인, 「근로자직업능력개발법」에 따른 직업훈련기관, 「사회복지사업법」에 따른 사업복지기관, 「청소년기본법」에 의한 공공청소년단체 등에서 직업소개, 직업지도, 직업훈련 그 밖에 직업상담과 관련 있는 업무를 수행한 경력을 말한다.
기 타	인사 관련 규정상 결격사유에 해당되지 않는 자(※기타 유의사항 참조)

전형절차

- 시험형태 : 3과목 각 객관식 25문항(총 75문항)
- 시험과목

  (필수) 고용보험법령, 직업상담학

  (선택) 사회(정치, 경제, 사회문화) 또는 국민기초생활보장법령 중 1과목

  ※ 법령은 시행규칙 제외 및 시험일 기준 시행 중인 법령

- 필기시험 합격자를 대상으로 면접전형 진행
- 공무수행자로서의 직업기초능력, 직무수행능력 등을 평가

필기시험과 면접시험 점수를 합산하여 고득점자 순 선발

전형일정

전형일정	일시	비고
지원서 접수	2022.3.10. 09:00 ~2022.3.17. 18:00	워크넷 e-채용마당 ※ 우편, 이메일, 방문접수 불가. 다만 장애인 전형은 현장 및 우편 접수 가능
필기시험	2022.4.9. 14:30	• 시험형태 : 3과목 각 25문항(총 75문항, 객관식) • 시험시간 : 70분 • 장소 : 대전(※ 구체적인 장소는 추후 공지)
필기시험 합격자 발표	2022.4.15.	각 지방고용노동청 홈페이지 공고 예정 ※ 과목별 40점 이상, 성적순으로 응시단위(지청)별 채용인원의 2배수로 선발. 다만 채용인원이 3명 미만인 경우 3배수 선발
면접전형	2022.4.20.	직무능력, 품성, 가치관, 조직 적응력 등 평가 ※ 면접은 첨부된 직무설명 자료를 바탕으로 진행
최종합격자 발표	2022.4.27.	• 필기시험과 면접 점수를 합산하여 고득점 순 선발 • 응시지역 관할 지방고용노동청(지청) 홈페이지에 공고 예정

※ 상기 일정은 변경될 수 있으며, 이 경우에는 각 (지)청 홈페이지 게시판에 공지

※ 최종합격자의 채용포기, 결격사유 등 사정으로 결원 발생 시 면접시험 성적에 따라 추가 합격자 결정

시험안내

전형일정

구분	우대사항		

구분	가점대상 자격증	가점
직무관련	직업상담사 1급	3점
	• 직업상담사 2급 • 사회복지사(1급, 2급) • 직업능력개발훈련교사	2점
정보처리분야	• 통신·정보처리 분야 정보관리기술사, 전자계산조직응용기술사(컴퓨터시스템응용기술사), 정보처리기사, 전자계산기조직응용기사, 사무자동화산업기사, 정보리산업기사, 전자계산기제어산업기사 • 사무관리분야 : 워드프로세서, 컴퓨터활용능력	1점

자격사항 〈필기전형〉

※ 폐지된 자격증으로서 국가기술자격법령 등에 따라 그 자격이 계속 인정되는 자격증은 가점대상 자격증으로 인정
※ 직무관련 자격증은 본인에게 유리한 자격증 1개만 적용(여러 개의 자격증을 제출하더라도 중복하여 가산하지 않음)
※ 정보처리분야 자격증은 1개만 적용(여러 개의 자격증을 제출하더라도 중복하여 가산하지 않음)

취업지원 대상자 〈필기·면접 전형〉

취업지원대상자를 규정한 법률에 따라 만점의 10점 또는 5점 부여

> ☞ **취업지원 대상자를 규정한 법률**
> ▶ 「국가유공자 등 예우 및 지원에 관한 법률」 제29조
> ▶ 「독립유공자예우에 관한 법률」 제16조
> ▶ 「보훈보상대상자 지원에 관한 법률」 제33조
> ▶ 「고엽제후유의증 등 환자지원 및 단체설립에 관한 법률」 제7조의9
> ▶ 「5.18민주유공자 예우에 관한 법률」 제20조
> ▶ 「특수임무유공자 예우 및 단체설립에 관한 법률」 제19조

※ 가점은 전형별 만점 배점 외로 추가 가산되며, 지원자가 가산대상에 중복 해당할 경우 중복하여 가산

※ 필기전형 시, 자격사항 가점 및 취업지원대상자 가점 모두 포함될 경우 중복 가산
※ 「고용상 연령차별금지 및 고령자고용촉진에 관한 법률」 제15조 제1항의 규정에 따른 준고령자와 고령자 우선고용 직종으로 동점자일 경우 고령자·준고령자 우대
※ 우대사항은 원서접수 마감일을 기준으로 함

Ministry of Employment and Labor

이 책의 목차

제1장 직업상담의 기초

1 직업상담의 이해

(1) 용어의 정의

① **진로(Career)**

   ㉠ 한 개인이 생애 동안 일과 관련하여 경험하고 거쳐 가는 모든 체험들을 의미한다.

   ㉡ 일생을 통해 행해지는 모든 행동을 포함한 보편적 생활 형태로, 좁은 의미에서는 '직업'을 의미하지만 직업이라는 용어보다 폭넓은 개념이며, 생애와 동일한 의미를 갖는다.

② **직업(Vocation)**

   ㉠ 일반적으로 보수를 받는 것을 전제로 한 일을 의미한다.

   ㉡ 주어진 시점에서 이루어지는 특수한 일을 지칭하므로 직업생활 준비에서부터 은퇴까지를 말한다.

③ **진로상담(Career Counseling)**

   ㉠ 인생 전반에 걸친 진로선택과 연관된 모든 상담활동을 의미하며, 그 대상은 어린아이부터 은퇴한 70세 이상의 노인까지 포함한다.

   ㉡ 개인의 진로발달을 촉진시키거나 진로계획, 진로 및 직업의 선택·결정·실천, 직업적응, 진로변경 등의 과정을 돕기 위한 활동이다.

④ **직업상담(Vocational Counseling)**

   ㉠ 진로상담에 비해 좁은 의미를 내포하는 것으로서, 직업선택과 준비, 직업생활, 은퇴기 등에 제공되는 상담을 말한다.

   ㉡ 선택 가능한 직업의 결정, 각 직업의 조건들, 취업에 필요한 조건, 취업절차 등 보다 구체적인 수준에서 취업을 돕는 활동이다.

⑤ **진로지도(Career Guidance)**

   ㉠ 사람들이 활동하는 생애 동안 그들의 진로발달을 자극하고 촉진하기 위해 전문상담자나 교사 등과 같은 전문인이 여러 다양한 장면에서 수행하는 활동을 의미한다.

   ㉡ 진로상담이나 직업상담에 비해 더욱 포괄적인 의미를 지닌 것으로서, 진로계획, 의사결정, 적응문제 등에 조력하는 등 다양한 방법들이 존재한다.

⑥ **직업지도(Vocational Guidance)**

   ㉠ 아동·청년이 적극적인 이해와 흥미를 가지고 스스로 적합한 직업을 선택하여 종사할 수 있도록 능력을 기르는 동시에 적합한 안내와 조언을 함으로써 복잡 다양한 직업생활에 올바르게 적응시키는 지도를 말한다.

ⓒ 직업의 선택과 원활한 적응을 기하기 위해 학교나 직업소개 기관을 중심으로 실시되는 신규취업자 등에 대한 교육활동을 의미한다.

⑦ 진로발달(Career Development)

ⓐ 각 개인이 자기가 설정한 진로목표에 접근해 가고 그 목표를 달성해 가는 과정을 의미한다.

ⓑ 신체적·정신적 발달과 마찬가지로 직업에 대한 지식, 태도, 기능이 어려서부터 발달하기 시작하여 죽을 때까지 계속된다는 의미를 포함한다.

> **COMMENT**
>
> 교재에 따라 'Career'를 '진로', '직업', 혹은 '경력'으로 번역하기도 합니다. 여기서는 원어의 개념 자체보다는 '진로상담'과 '직업상담'의 차이점에 주목하세요.

(2) 직업상담의 영역과 유형

① 직업상담의 영역

ⓐ 직업일반상담

ⓑ 취업상담

ⓒ 직업적응 상담

ⓓ 직업전환 상담

ⓔ 직업(정신)건강 상담

ⓕ 직업문제 치료

ⓖ 은퇴상담 등

② 직업상담의 주요 유형

구인·구직 상담	직업상담사는 구직자가 희망하는 구인처에 대한 요구사항을 분석하면서 구직자의 진로경로 개척을 위해 생애설계를 하도록 조언하며, 진로경로 및 구직자에 관한 정보들을 체계화하여 구인처와 구직자의 연결을 돕는다.
직업적응 상담	직업상담사는 신규 입직자나 직업인을 대상으로 조직문화, 인간관계, 직업예절, 직업의식과 직업관 등에 관한 정보를 제공하고 필요시 직업지도 프로그램에 참여하도록 유도한다.
직업전환 상담	직업상담사는 실업·실직 위기상황에 있거나 전직의 의도가 있는 직업인을 대상으로 직업경로 사항, 요구되는 전문지식, 직업전환을 위한 준비상태 등에 관한 정보를 수집 및 제공한다.
경력개발 상담	직업상담사는 주로 직업인을 대상으로 경력사다리(Career Ladder)를 제시하여 구체적인 경력개발 계획을 작성하고 이를 실천할 수 있도록 하며, 현장훈련, 위탁훈련, 향상훈련 등을 실시하는 기관 및 교육일정, 참여방법 등에 관한 정보를 제공한다.

③ 직업상담의 문제 유형에 따른 3가지 상담 유형

진학상담	상급학교에의 진학을 목표로 하는 학생들을 대상으로 졸업 후의 취업 문제를 다룬다.
취업상담	최초 취업을 준비하는 학생들(졸업자)과 재취업이 요구되는 사람들(실직자)을 대상으로 내담자 자기 자신과 직업세계에 대한 이해를 확장시키도록 돕는다.
직업적응 상담	직업선택의 문제라기보다는 취업 후 발생하는 적응 과정상의 문제들을 다룬다.

> **구직상담(Job Counseling)**
> • 직업을 구하고자 하는 사람을 대상으로, 적합한 직업을 결정하고 그 직업을 가질 수 있도록 조력하는 상담을 말한다.
> • 구직자의 자기이해 증진, 채용정보 제공, 구직기술 지도뿐만 아니라 취업실패의 원인 탐색, 구직 과정에서 겪는 다양한 심리적 문제 탐색에 대한 조력도 포함된다.

(3) 직업상담의 목적

① 내담자가 이미 잠정적으로 선택한 진로결정을 확고하게 해 주는 과정이다.

② 개인의 직업목표를 명백하게 해 주는 과정이다.

③ 내담자로 하여금 자기 자신과 직업세계에 대한 구체적인 이해 및 새로운 사실의 발견을 촉진하는 과정이다.

④ 내담자에게 진로 및 직업선택 관련 의사결정능력을 길러주는 과정이다.

⑤ 내담자에게 직업선택 및 직업생활에서의 능동적인 태도를 함양하도록 돕는 과정이다.

> **COMMENT**
>
> 직업상담의 목적은 학자마다 교재마다 다양하게 제시되고 있습니다. 다만, 직업상담의 목적이 문제해결 그 자체, 즉 직업을 직접 찾아주기보다는 내담자의 자기발전 및 자기개발에 초점을 둔다는 점을 유념해야 합니다.

(4) 직업상담의 일반적인 목표

① **예언과 발달 – 능력과 적성발달에 대한 관심**

직업상담의 실시는 계획과 의사결정에서 최상의 정보화된 관점에 기반을 두며, 개인의 적성과 흥미를 탐색하고 이를 확대하는 데 도움이 되는 경험을 제공한다.

② **처치와 자극 – 진로발달이나 직업문제에 대한 처치**

직업상담은 내담자의 진로발달이나 직업문제에 대한 처치를 포함해야 한다. 또한 내담자로 하여금 진로발달이나 직업문제를 인식하고 이를 해결하도록 자극해야 한다.

③ **결함과 유능 – 결함보다 유능성에 초점을 맞추는 것**

직업상담은 예방적 관점에서 내담자로 하여금 자신의 결함보다는 유능에 초점을 두고 이를 개척할 수 있도록 일깨워야 한다.

(5) 직업상담 프로그램의 목표

① 직업문제 인식

② 자아개념의 구체화를 통한 현실적인 자신의 이미지 형성

③ 일의 세계에 대한 이해

④ 직업선택에 대한 책임감

⑤ 의사결정능력 배양

⑥ 협동적 사회행동 추구

⑦ 직업에 대한 의식 및 태도 형성

⑧ 실업 등 직업에 대한 위기관리능력 배양

⑨ 생애직업설계(예 퇴직준비)에 대한 시도

(6) 진로 및 직업상담의 기본원리

① 진학과 직업선택, 직업적응에 초점을 맞추어 전개되어야 한다.

② 상담자와 내담자 간의 라포(Rapport)가 형성된 관계 속에서 이루어져야 한다.

③ 인간의 성격 특성과 재능에 대한 이해를 토대로 진행되어야 한다.

④ 내담자의 전 생애적 발달과정을 반영할 수 있어야 한다.

⑤ 직업상담에 있어서 가장 핵심적인 요소는 개인의 진로 혹은 직업의 결정이므로, 직업상담 과정 속에 개인의 의사결정에 대한 상담(지도) 과정이 포함되어야 한다.

⑥ 진로발달이론에 근거하여 진로발달이 진로선택에 영향을 미친다는 사실을 인식해야 한다.

⑦ 변화하는 직업세계에 대한 이해를 토대로 이루어져야 한다.

⑧ 각종 심리검사 결과를 기초로 합리적인 판단을 이끌어낼 수 있도록 도와주는 역할을 해야 한다.

⑨ 내담자에 대한 차별적 진단(분류) 및 차별적 지원(처치)의 자세를 견지해야 한다.

⑩ 상담윤리강령에 따라 전개되어야 한다. 즉, 윤리적인 범위 내에서 상담을 전개하여야 한다.

COMMENT

진로상담은 내담자의 일반적 특성과 상황적 맥락을 고려하여 대상에 맞는 차별적 진단과 차별적 처치가 이루어져야 합니다. 이는 전 생애적 발달의 측면에서 각 개인이 자신의 특성만이 아닌 환경과의 끊임없는 상호작용 속에서 변화하고 성장하는 존재이기 때문입니다. 참고로 진로 및 직업상담의 기본원리는 교재마다 약간씩 다르게 제시되고 있으나 내용상 큰 차이는 없습니다.

(7) 직업상담의 요인

① 내담자 특성 평가

② 외부정보 소개

③ 대안탐구

④ 직업적 가능성에 대한 명료성

⑤ 개인적 정보와 실제적 자료와의 통합

⑥ 의사결정 등

(8) 진로 및 직업발달의 영향 요인

① 개인의 진로발달에 영향을 미치는 요인(Tolbert)

ㄱ 직업적성

ㄴ 직업흥미

ㄷ 인 성

ㄹ 직업성숙도와 발달

ㅁ 성취도

ㅂ 가정·성별·인종

ㅅ 장애물

ㅇ 교육정도

ㅈ 경제적 조건 등

② 청소년의 직업발달에 영향을 미치는 요인

ㄱ 가정적 배경 : 부모의 직업, 가정의 구조, 부모의 사회적·경제적 지위

ㄴ 학교와 친구집단 : 학교와 교사의 관계, 또래집단

ㄷ 성역할의 사회화 : 진로의식화와 직업결정에 영향

ㄹ 일(근로)의 경험 : 아르바이트, 실습체험, 시간제 취업 등

2 직업상담사의 전문지식

(1) 직업상담사에게 요구되는 기술영역(미국 국립직업지도협회, NVGA)

① 일반상담능력

② 정보분석과 적용능력

③ 개인 및 집단검사 실시능력

④ 관리능력

⑤ 실행능력

⑥ 조언능력

(2) 직업상담사가 갖추어야 할 지식 및 능력(김병숙)

① 상담의 의미, 상담이론, 상담기술, 직업상담기법, 의사결정방법 등에 대한 기초적 지식과 상담수행 능력

② 인간의 진로발달, 적성·흥미·가치·성격 등에 대한 이해와 측정도구의 사용 및 해석능력

③ 직업문제를 갖고 있는 내담자에 대한 심리치료 능력

④ 직업의 종류, 일의 성격, 직무수준, 작업조건 및 안전, 요구되는 정신적·신체적 특질, 자격요건 등 직업에 관한 지식

⑤ 국가정책, 인구구조 변화, 인력수급 추계, 산업발전 추세, 미래사회 특징 등에 관한 지식

⑥ 조직 문화와 특징, 노동시장 행태 등에 관한 지식

⑦ 우리나라 직업발달에 관한 역사적 지식

⑧ 직업관, 직업윤리, 직업태도 등에 관한 지식

⑨ 직업정보를 계획적·체계적으로 수용·가공·관리하는 지식 및 능력

⑩ 직업상담을 위한 프로그램 개발 및 수행 능력

⑪ 상담실과 관련된 관리능력

⑫ 직업상담의 연구 및 평가능력

> **COMMENT**
>
> 직업상담사가 갖추어야 할 지식과 능력에 대한 내용은 학자나 교재에 따라 다양하게 제시되고 있습니다.

3 직업상담사의 자질과 역할

(1) 직업상담사의 자질요건

① 통일된 동일시

② 건설적인 냉철함

③ 정서적으로 분리된 지나치지 않은 동정심

④ 순수한 이해심을 가진 신중한 태도

⑤ 도덕적 판단

⑥ 두려움이나 충격에 대한 공감적 이해력

(2) 직업상담사의 역할

① 상담자

내담자의 직업욕구에 적절한 일반상담이나 직업상담 수행

② 정보분석자

직업정보의 수집·분석·가공·관리 및 환류에 의한 정보 축적

③ (검사도구)해석자

직업관련 심리검사의 해석

④ (직업문제)처치자

내담자의 직업문제 진단·분류 및 처치

⑤ 조언자

내담자 스스로 문제를 인식하여 문제해결을 하도록 조력

⑥ (직업지도 프로그램)개발자

다양한 직업지도 프로그램 개발

⑦ 지원자

직업상담 및 직업지도 프로그램의 실제 적용 및 결과 평가를 통한 프로그램 보완

⑧ 협의자

직업정보 생산 기관 및 단체들과의 유기적인 협의관계 구축·유지

⑨ 관리자

상담 과정, 직업정보 수집 과정, 상담실 관리 과정 등 일련의 업무 관리·통제

⑩ **연구 및 평가자**

직업관 및 직업욕구 변화에 따른 주기적인 조사연구, 상담 프로그램 개발을 위한 연구 및 평가

(3) 직업상담사의 상담사로서의 역할

① 구인·구직 상담

② 진학상담

③ 진로경로 개척상담

④ 직업적응 상담

⑤ 직업전환 상담

⑥ 은퇴 후 상담 등

(4) 미국 경력개발협회(NCDA)에 의한 직업상담사의 역할

① 상담 과정을 통해 내담자들이 인생과 직업의 목표를 명확히 할 수 있도록 돕는다.

② 내담자의 능력, 흥미, 적성 등을 평가하고, 내담자가 선택할 수 있는 직업대안들을 찾기 위해 관련 검사나 항목표를 실시하고 해석한다.

③ 과제물 이행, 직업계획 작성 등의 경험을 통해 내담자에게 직업에 대한 탐색활동을 장려한다.

④ 직업계획 시스템이나 직업정보 시스템을 활용하여 내담자로 하여금 직업세계에 대해 더 잘 이해할 수 있도록 돕는다.

⑤ 의사결정 기술을 향상시킬 수 있는 기회를 제공한다.

⑥ 내담자가 자신의 직업계획을 개발할 수 있도록 돕는다.

⑦ 내담자에게 직업탐색 전략과 기술을 가르치고 스스로 이력서를 작성할 수 있도록 돕는다.

⑧ 인간관계기술을 훈련시킴으로써 직장에서의 잠재적 갈등을 해결할 수 있도록 돕는다.

⑨ 직업과 삶에서의 다른 역할들 사이의 통합을 이해 및 수용할 수 있도록 돕는다.

⑩ 직무스트레스, 직무상실, 직업전환 등으로 인해 낙담한 내담자들을 지지해 준다.

(5) 직업상담사의 직무내용(Herr)

① 상담의 목적 및 상담자와 내담자의 역할을 확인한다.

② 특수한 상담기법을 통해서 내담자가 문제를 확인하도록 한다.

③ 직업선택이 근본적인 관심이라면 직업상담 실시를 확정한다.

④ 의사결정 틀을 설명한다.

⑤ 좋은 결정을 가져오기 위한 예비행동을 설명한다.

⑥ 내담자가 충분한 동기를 가지고 있는가를 확정한다.

⑦ 내담자에게 가능한 모든 대안을 확인하도록 한다.

⑧ 내담자가 원하고 윤리적으로 적절한 부가적 대안을 확인한다.

⑨ 내담자에 관한 모든 정보를 종합한다.

⑩ 내담자에 관한 부가적 정보를 종합한다.

⑪ 가능한 직업결정과 관련하여 내담자에 관한 정보를 제시한다.

⑫ 확인된 대안에 대한 장·단점을 내담자에게 설명하도록 한다.

⑬ 내담자의 마음속에 일어나는 부가적 장·단점을 확인한다.

⑭ 내담자가 대안을 평가하도록 한다.

⑮ 내담자에게서 가장 가망 있는 대안에 대한 부가적 정보를 얻는다.

⑯ 내담자가 가장 가망 있는 대안을 실행하도록 한다.

⑰ 선택한 대안이 만족스러운지를 확정한다.

⑱ 상담관계를 종결한다.

☎ 더 알아보기

직업상담사의 주요 역할 및 업무
- 직업상담과 직업지도 업무의 기획 및 평가
- 직업지도 프로그램 운영
- 구인·구직·직업적응, 경력개발 등 직업관련 상담
- 적성검사, 흥미검사 등 직업관련 심리검사의 실시 및 해석
- 노동시장, 직업세계 등과 관련된 직업정보의 수집·분석·가공·제공 등

4 직업상담의 과정

(1) 직업상담의 일반적인 5단계 Ⅰ

① 제1단계 - 관계형성(Rapport)

상호존중에 기초한 개방적이고 신뢰가 있는 관계를 형성한다.

② 제2단계 - 진단 및 측정

표준화된 심리검사를 이용한 공식적 측정절차를 통해 내담자들이 자신의 흥미, 가치, 적성, 개인적 특성, 의사결정 방식 등에 대해 자각할 수 있도록 돕는다.

③ 제3단계 - 목표설정

직업상담의 목적이 문제해결 그 자체가 아닌 자기발전 및 자기개발에 있음을 인식시키면서, 내담자들의 목표가 명백해지는 경우 잠재적 목표를 밝혀 우선순위를 정한다.

④ 제4단계 - 개입 또는 중재

내담자가 목표를 달성하는 데 도움이 될 수 있는 중재를 제안하여 개입한다.

⑤ 제5단계 - 평 가

상담자와 내담자는 그 동안의 중재가 얼마나 효과적으로 적용되었는지를 평가한다.

(2) 직업상담의 일반적인 5단계 II

① 제1단계 - 관계수립 및 문제의 평가

상담자는 내담자에 대한 수용, 공감적 반영, 진실성을 통해 허용적인 분위기를 형성함으로써 내담자와의 촉진적인 상담관계를 수립한다.

② 제2단계 - 상담목표의 설정

내담자의 진로 및 직업선택과 관련된 문제들이 규정되는 경우, 상담자는 내담자와 함께 상담의 목표를 설정한다.

③ 제3단계 - 문제해결을 위한 개입

상담자는 직업정보의 수집, 보유기술의 파악, 의사결정의 촉진, 과제물 부여 등의 방법들을 동원하여 내담자의 목표달성을 돕는다.

④ 제4단계 - 훈습(Working-through)

훈습은 개입 과정의 연장으로서, 내담자로 하여금 자기 이해를 더욱 공고히 하고 진로탐색 및 준비 과정을 효율적으로 실천할 수 있도록 재확인 및 재점검하는 것이다.

⑤ 제5단계 - 종결 및 추수지도

상담자는 내담자와 함께 합의한 목표에 충분히 도달했는지 확인하며, 앞으로 부딪힐 문제들을 예측하고 준비한다. 또한 추수지도를 통해 내담자의 진로선택 및 의사결정에 대한 만족도를 파악하여 필요한 조치를 취한다.

(3) 직업상담의 일반적인 5단계 III

① 제1단계 - 접수면접

내담자에 대한 다양한 정보를 수집하며, 내담자의 주된 문제가 진로문제인지 혹은 심리적인 문제인지를 감별한다.

② 제2단계 - 관계수립 및 내담자 분류

내담자와 긍정적·협력적인 관계를 수립하며, 진로욕구의 성격에 따라 내담자의 상태를 분류한다.

③ 제3단계 - 문제평가 및 목표설정

내담자가 호소하는 문제의 내용과 심각도, 내담자가 그 문제를 어떻게 이해하고 있는지를 파악하며, 이후 내담자와 함께 상담의 목표를 설정한다.

④ 제4단계 - 행동계획 수립 및 실행을 위한 조력

내담자로 하여금 목표와 행동계획의 실행을 위한 기대와 욕구를 정하도록 도우며, 목표와 계획의 재검토 및 유의미한 준거에 의한 평가 가능성 등을 확인한다.

⑤ 제5단계 - 종결 및 추수지도

상담 과정에서 다루어진 내용들을 살펴보고 진행 과정들을 점검하며, 내담자의 변화 및 목표 달성의 정도를 평가하고 다음 단계에 해야 할 일들을 검토한다.

(4) 직업상담의 2단계

① 제1단계 – 내담자의 목적 또는 문제 확인, 문제 명료화 및 상세화
  ㉠ 들어가기(직업관련 맺기)
  ㉡ 내담자 정보 수집하기
  ㉢ 내담자 행동이해 및 가정하기

② 제2단계 – 내담자의 목적 또는 문제 해결
  ㉠ 행동(조치) 취하기
  ㉡ 직업목표 및 행동(진로)계획 발전시키기
  ㉢ 사용된 개입의 영향 평가하기

(5) 직업상담의 8단계(Brammer)

① 제1단계 – 준비와 시작
  내담자의 상담을 받는 것에 대한 마음의 준비가 요구되는 단계

② 제2단계 – 명료화
  문제 자체가 무엇이며, 누가 상담의 대상인가를 분명하게 밝히는 단계

③ 제3단계 – 구조화
  심리적 조력관계의 본질, 상담의 목표 및 제한점, 상담자와 내담자의 역할 등을 명백히 규정하는 단계

④ 제4단계 – 상담관계(Rapport)의 심화
  상담자와 내담자 사이에 형성된 관계를 보다 심화시키는 단계

⑤ 제5단계 – 탐색
  문제 해결에 도움이 될 수 있는 방법과 절차를 결정하는 단계

⑥ 제6단계 – 견고화
  최선의 대안, 방법, 행동 등을 확정하여 이를 실천해 나가도록 하는 단계

⑦ 제7단계 – 계획수립 및 검토
  상담의 지속 혹은 종결을 결정할 때 필요한 여러 가지 계획을 수립 및 검토하는 단계

⑧ 제8단계 – 종료
  상담 초기에 수립한 목표에 비추어 어느 정도 성취를 이루었는지를 평가하는 단계

 더 알아보기

상담의 진행과정에 따른 일반적인 고려사항	
초기 단계	상담관계 형성, 심리적 문제파악(내담자의 문제 평가), 상담목표 및 전략 수립, 상담의 구조화 등
중기 단계	내담자의 문제해결을 위한 구체적인 시도, 내담자의 저항 해결, 내담자의 변화를 통한 상담과정 평가 등
종결 단계	합의한 목표달성, 상담종결 문제 다루기, 이별감정 다루기 등

5 상담의 구조화 및 라포(Rapport) 형성

(1) 상담의 구조화

① 의 의

ㄱ 상담자와 내담자가 상담목표를 성취하기 위해 상담의 기본성격, 상담자 및 내담자의 역할한계, 바람직한 태도 등을 설명하고 인식시켜 주는 작업이다.

ㄴ 상담자와 내담자가 상담에 대한 기본적인 기대를 맞추어가는 과정으로, 이를 통해 내담자는 상담에 대한 모호함과 불안감을 경감시킬 수 있다.

ㄷ 상담의 구조화가 필요한 이유는 상담이 계약관계로서 시간적·공간적 한계를 지니기 때문이다.

ㄹ 구조화에는 상담이 얼마동안 진행되는지, 얼마나 자주 만나는 것인지, 상담시간에는 무엇을 하는 것인지, 비밀보장은 어떻게 해 주는지 등이 포함된다.

ㅁ 특히 내담자가 검사도구에 대해 비현실적 기대를 가지고 있을 경우, 상담자는 검사 사용 목적에 대해 명확히 설명함으로써 제한을 설정할 필요가 있다.

ㅂ 상담자는 내담자에게 검사나 과제를 잘 이행할 것을 기대하고 있다는 것을 분명히 밝힌다.

② 상담의 구조화를 위해 다루어야 할 요소

ㄱ 상담의 목표

ㄴ 상담의 성격(성질)

ㄷ 상담자 및 내담자의 역할과 책임

ㄹ 상담절차 및 수단

ㅁ 상담시간과 장소

ㅂ 상담비 등

③ 상담의 구조화 시 중요하게 이루어지는 작업

ㄱ 상담 과정의 본질과 제한 조건 및 방향에 대해 알려주는 것

ㄴ 내담자의 역할과 상담자의 역할에 대해 분명히 알려주는 것

ㄷ 상담시간 및 내담자의 행동규범에 대해 알려주는 것

ㄹ 상담의 과정 및 목표에 대해 언급하는 것

(2) 라포(Rapport) 형성(관계형성)

① 의 의

ㄱ '라포(Rapport)'는 상담 초기 접수면접에서 이루어지는 것으로서, 상담자와 내담자 간의 친근감 및 신뢰감을 의미한다.

ㄴ 서로를 믿고 존경하는 감정의 교류에서 이루어지는 조화로운 인간관계이다.

ㄷ 라포의 형성은 상담자와 내담자 간의 상호적인 책임을 전제로 한다.

ㄹ 직업상담에서 실직자의 불안감 및 위축감을 해소하기 위해 가장 우선적으로 고려한다.

② 라포(Rapport)의 형성요인

    ㉠ 상담자는 인간존중의 가치관을 가지고 내담자를 대해야 한다.

    ㉡ 상담자는 내담자로 하여금 편안한 분위기에서 자연스럽게 자신을 표현할 수 있도록 허용적인 분위기를 조성해야 한다.

    ㉢ 상담자는 내담자 쪽으로 자세를 기울이며, 적극적인 표정이나 자세를 통해 내담자의 말에 경청하고 있음을 표현해야 한다.

    ㉣ 상담자는 내담자의 말에 공감하며, 민감한 반응을 보여야 한다.

    ㉤ 상담자는 내담자의 표현에 면박을 주거나 비판하지 않으며, 내담자가 처한 현실과 감정을 거부하지 않고 있는 그대로 수용해야 한다.

    ㉥ 상담자는 내담자에게 친절하고 따뜻하며 부드러운 태도를 취해야 한다.

    ㉦ 상담자는 내담자에게 은혜를 베푼다는 인상을 주지 말아야 한다.

6 집단상담(집단직업상담)

(1) 의 의

① 집단은 상담자로 하여금 적은 시간에 더 많은 내담자들을 상담할 수 있도록 해 준다.

② 집단 구성원들이 실생활의 장면 속에서 현실성을 검증하고 감정을 공유하며, 서로에게 피드백과 지원을 얻을 수 있도록 해 준다.

③ 구성원들 간의 협력과 상호 의존성의 분위기를 극대화시킬 수 있도록 해 준다.

④ 집단직업상담은 구성원들로 하여금 공동체의식과 희망을 갖도록 하며, 자기 확신을 향상시켜준다.

⑤ 타인들의 행동, 통찰력, 노력 등에 대해 학습할 수 있도록 해 주며, 환경적 및 사회적 이슈들에 대한 주의를 촉진시켜 준다.

(2) 집단상담의 장·단점

① 집단상담의 장점

    ㉠ 제한된 시간 내에 적은 비용으로 보다 많은 내담자들에게 접근하는 것을 가능하게 한다. 즉, 시간과 경제적인 측면에서 효율적이다.

    ㉡ 내담자들이 편안하고 친밀한 느낌을 가짐으로써 개인상담보다 더 쉽게 받아들이는 경향이 있다.

    ㉢ 효과적인 집단에는 언제나 직접적인 대인적 교류가 있으며, 이것이 개인적 탐색을 도와 개인의 성장과 발달을 촉진시킨다.

    ㉣ 구체적인 실천의 경험 및 현실검증의 기회를 가진다. 특히 집단 내 다른 사람으로부터 피드백을 받으면서 자신의 문제에 대한 통찰력을 얻는다.

    ㉤ 타인과 상호교류를 할 수 있는 능력이 개발되며, 동료들 간에 소속감 및 동료의식을 발전시킬 수 있다.

    ㉥ 개인상담이 줄 수 없는 풍부한 학습 경험을 제공한다.

    ㉦ 직업성숙도가 낮은 사람들에게 적합하다.

② 집단상담의 단점

　㉠ 내담자의 개인적인 문제를 등한시할 수 있다.

　㉡ 집단 내 개별성원의 사적인 경험을 집단성원 모두가 공유하게 되므로 비밀유지가 어렵다.

　㉢ 집단성원 모두에게 만족을 줄 수는 없다.

　㉣ 시간적으로나 문제의 복잡성으로 인해 집단을 구성하기가 쉽지 않다.

　㉤ 집단 내 개별성원에게 집단의 압력이 가해지는 경우 구성원 개인의 개성이 상실될 우려가 있다.

COMMENT

집단상담의 장·단점에 대한 내용은 교재에 따라 다양하게 제시되고 있으나 내용상 큰 차이점은 없습니다.

---

(3) 집단직업상담의 주요 고려사항

① 집단의 크기

대략 6명에서 10명 정도의 인원이 이상적이다.

② 집단의 구성

　㉠ 이질성/동질성 : 다양한 발달단계의 이질집단이 동질집단에 비해 자극이 될 수는 있어도 새로운 것을 받아들이는 데 효과적이지 못할 수도 있다.

　㉡ 구성원의 직업성숙도 : 집단직업상담은 직업성숙도가 낮고 많은 도움을 빠른 시간 내에 필요로 하는 사람들에게 더욱 효과적이다.

　㉢ 구성원의 성별 : 남성과 여성은 집단직업상담에 임할 때의 목표가 서로 다를 수 있으므로 성별을 고려해야 한다.

③ 집단의 리더

집단상담과 직업정보에 대해 잘 알고 있는 사람이어야 한다.

④ 모임의 횟수

가능한 한 모임의 횟수를 최소화하는 것이 바람직하다. 모임의 횟수가 많으면 비용·시간 등 경제적인 측면에서 효율성이 떨어질 수 있으며, 상담의 참여도가 낮아질 수 있다.

⑤ 집단상담 장소

가능하면 신체 활동이 자유로운 크기가 좋다.

⑥ 비밀유지

각 구성원은 집단직업상담 과정에서 이루어진 토의내용에 대한 비밀을 유지해야 한다.

⑦ 그 밖의 효과적인 집단상담을 위한 고려사항

　㉠ 게임의 활용 : 집단발달 과정 자체를 촉진시키기 위해 의도적으로 게임을 활용할 수 있다.

　㉡ 경험보고서 작성 : 매 회기가 끝난 후 각 집단 구성원에게 경험보고서를 쓰게 할 수 있다.

(4) 집단상담자의 자질

① 자기수용

자기 자신을 있는 그대로 받아들이고 인정하는 것으로서, 자신의 내면에 대한 깊이 있는 반성과 성찰을 전제로 한다. 사소한 실수에도 낙심하지 않으며, 집단성원들에게 자신의 약한 부분과 한계를 기꺼이 드러낸다.

② 개방적 소양 또는 개방적 태도

어떠한 새로운 경험이나 자신의 것과 다른 유형의 삶의 가치를 기꺼이 수용하는 것이다. 개방적 소양을 가진 집단상담자는 쉽게 위협을 느끼거나 불안해하지 않으며, 부정적인 피드백에 대해 과민한 반응을 보이지 않고 이를 솔직하게 다룰 수 있다.

③ 공감적 이해 능력

상대방의 감정을 함께 경험하고 나누는 것이다. 이는 동정이나 동일시와는 다른 것이며, 집단상담자가 집단성원들의 감정을 스스로 경험해 볼 수 있도록 자기 자신을 허용하는 것이다.

④ 타인의 복지에 대한 관심

다른 사람의 복지에 대해 깊은 관심을 가지는 것이다. 즉, 집단성원들은 물론 주변사람들로 하여금 안녕과 행복한 삶을 영위할 수 있도록 배려하고 보살피는 것이다. 여기에는 집단상담자가 자신의 이익을 위해 집단을 이용하지 않는다는 의미도 포함된다.

⑤ 자발적 모범

집단성원들의 바람직한 행동 변화를 위한 모델로서의 역할을 수행하는 것이다. 집단성원들은 집단상담자의 개방적 소양, 수용적 자세, 타인에 대한 배려 등을 보면서 대리학습의 기회를 가지게 된다.

⑥ 그 밖에 유머 감각, 심리적 에너지, 새로운 경험 추구, 창의성, 호의, 따스한 배려, 객관성, 진실성, 정직, 힘, 인내 등이 있다.

(5) 집단직업상담 과정에서 나타나는 5가지 활동유형(Tolbert)

① 자기탐색

집단성원들은 수용적인 분위기 속에서 각자 자신의 가치, 감정, 태도 등을 탐색한다.

② 상호작용

집단성원들은 각자 자신의 직업계획 및 목표에 대해 이야기하며, 그것에 대해 다른 집단성원들로부터 피드백을 받는다.

③ 개인적 정보 검토

집단성원들은 자기탐색 및 다른 집단성원들과의 상호작용을 통해 확보한 자신과 관련된 개인적 정보들을 체계적으로 면밀히 검토하며, 이를 자신의 직업적 목표와 연계한다.

④ 직업적·교육적 정보 검토

집단성원들은 각자 자신의 관심직업에 대한 최신의 정보들과 함께 다양한 교육적 자료들을 면밀히 검토한다.

⑤ 합리적인 의사결정

집단성원들은 개인적 정보와 직업적·교육적 정보들을 토대로 자신에게 적합한 직업에 대해 합리적인 의사결정을 내린다.

(6) Butcher(부처)의 집단직업상담을 위한 3단계 모델

탐색단계	자기개방, 흥미와 적성에 대한 측정, 측정결과에 대한 피드백, 불일치의 해결 등이 이루어진다.
전환단계	자아상과 피드백 간의 일치가 이루어지면, 집단구성원들은 자기 지식을 직업세계와 연결하고, 일과 삶의 가치를 조사한다. 또한 자신의 가치에 대해 피드백을 받고, 가치 명료화를 위해 또다시 자신의 가치와 피드백 간의 불일치를 해결한다.
행동단계	목표설정, 행동계획의 개발, 목표달성을 촉진시키기 위한 자원의 탐색, 정보의 수집과 공유, 즉각적·장기적 의사결정 등이 이루어진다.

7 사이버 직업상담

(1) 사이버 상담의 필요성

① 인터넷 보급이 확대되어 간편하고 저렴하며, 활용이 용이하다.

② 내담자의 익명성이 보장되어 보다 솔직한 대화와 감정 표현이 가능하며, 내담자의 불안, 죄의식, 망설임을 감소시킨다.

③ 청소년 내담자의 경우 전화나 면접보다 인터넷 상담에 더욱 친밀감을 느낀다.

④ 가명을 사용하여 상담사례를 소개할 수 있으며, 그에 대한 대처방안을 제시할 수 있다.

⑤ 내담자가 자신의 문제를 해결하는 데 도움이 될 수 있는 자료들을 쉽게 찾아볼 수 있다.

⑥ 내담자로 하여금 시간적인 여유를 두고 생각을 정리한 후 반응하는 것을 허용하므로 자기성찰 능력을 향상시킨다.

(2) 사이버 상담의 특징

① 단회성
인터넷을 이용한 사이버 상담은 대면 상담과 달리 단회로 끝나는 경우가 많다.

② 신속성
실시간 상담의 경우 상담이 신속히 이루어질 수 있다.

③ 문자 중심의 상호작용
상담 과정이 구두에 의한 대화보다는 문자나 채팅에 의해 이루어진다.

④ 익명성
내담자의 익명성이 보장되므로 보다 솔직한 대화 및 감정 표현이 가능하다.

⑤ 자발성·주도성
상담 과정에서 내담자의 자발적·주도적 참여가 이루어진다.

⑥ 시·공간의 초월성
시간 및 공간상의 제약이 다른 방법에 비해 상대적으로 적다.

⑦ 개방성
사이버 공간에 게시된 정보는 모든 사람이 접속할 수 있다.

⑧ 경제성
내담자가 상담실을 방문하는 데 드는 비용, 상담자가 상담의 제반 여건을 갖추는 데 드는 비용 등을 절감할 수 있다.

⑨ 자기성찰의 기회 제공
내담자로 하여금 시간적인 여유를 두고 생각을 정리한 후 반응하는 것을 허용하므로 자기성찰 능력을 향상시킨다.

(3) 사이버 직업상담의 기법

① 주요 진로논점 파악하기
상담자는 내담자의 주요 진로논점을 분석함으로써 진로논점 자체에 논리성이 결여되어 있는지, 내담자가 단순히 작업정보를 원하는 것인지, 또는 상담자의 보다 적극적인 개입을 요구하는지 파악한다.

② 핵심 진로논점 분석하기
상담자는 내담자의 핵심 진로논점이 명확히 드러나도록 반복적으로 읽고 해독한다.

③ 진로논점 유형 정하기
상담자는 직업상담 기법을 구성하기 전에 내담자의 핵심 진로논점이 구체적인 진로논점인지, 내담자의 성격에서 비롯되는 논점인지, 단순한 정보요구인지에 대해 파악한다.

④ 답변내용 구상하기
상담자는 직업정보를 가공할 것인지, 직업정보를 제공하는 과정에서 논박을 할 것인지, 진로의사결정에 도움이 되도록 조언을 할 것인지 답변의 방향을 결정한다.

⑤ 직업정보 가공하기

상담자는 적절한 답변을 위해 내담자의 특성에 부합하도록 직업정보를 가공한다.

⑥ 답변 작성하기

상담자는 내담자에 대한 존중의 표시로 반드시 존칭을 사용하며, 라포(Rapport) 형성을 위해 친숙한 표현방식으로 답변을 작성한다.

(4) 사이버 직업상담의 장·단점

① 사이버 직업상담의 장점

㉠ 개인의 지위, 연령, 신분, 권력 등을 짐작할 수 있는 사회적 단서가 제공되지 않으므로 전달되는 내용 자체에 많은 주의를 기울이고 의미를 부여할 수 있다.

㉡ 내담자의 자발적 참여로 상담이 진행되는 경우가 대면 상담에 비해 압도적으로 많으므로 내담자들의 문제해결에 대한 동기가 높다.

㉢ 상담자와 직접 얼굴을 마주하지 않으므로 자신의 행동이나 감정에 대한 즉각적인 판단이나 비판을 염려하지 않아도 된다.

㉣ 대면 상담에 비해 비용면에서 효율적이며, 그로 인해 상담료 또한 저렴한 편이다.

㉤ 상담 내용의 저장, 유통, 가공, 검색, 재검토 등이 용이하다.

② 사이버 직업상담의 단점

㉠ 주로 문자 등의 시각적 자료에 의존해야 하므로 대면 상담에서와 같은 보다 깊이 있는 의사소통을 기대하기 어려우며, 내담자의 복잡한 정서적인 내용을 파악하기 곤란하다.

㉡ 상담자의 입장에서 내담자의 신상과 상담 내용을 신뢰하기 어려우며, 내담자와의 라포(Rapport) 형성이 쉽지 않다.

㉢ 내담자 자신의 정보를 선택적으로 공개할 수 있으며, 언제든지 상담을 중단해 버릴 수 있다.

㉣ 기본적으로 컴퓨터 시스템이 필요하며, 네트워크상의 불안정성 등의 문제에 영향을 받는다.

㉤ 익명성에 따른 부적절한 대화예절, 노골적인 성적 표현 등의 문제가 제기될 수 있다.

㉥ 내담자가 여러 개의 아이디를 사용하여 현재 자신의 문제와 관련 없는 과거의 부정적인 경험 등을 제시함으로써 단순한 역할시험의 장(場)으로 오용될 수 있다.

㉦ 자구적인 노력이나 책임감 없이 습관적으로 상담요청을 할 수 있다.

직업상담의 문제유형

1 내담자의 직업선택 문제

(1) 진로결정 상태에 따른 내담자의 분류(Sampson, Peterson, Reardon)

진로 결정자	• 자신의 선택이 잘 되었음을 명료화하기 원하는 내담자 • 자신의 선택을 이행하기 위해 도움이 필요한 내담자 • 진로를 결정한 것처럼 보이지만 실제로는 결정을 못하는 내담자
진로 미결정자	• 자신의 모습, 직업 혹은 의사결정을 위한 지식이 부족한 내담자 • 다양한 능력으로 인해 진로결정이 어려운 내담자 • 진로결정은 어려워하지만 성격적인 문제는 없는 내담자
진로 무결정자	• 생활 전반에 걸쳐 불안을 동반한 내담자 • 일반적으로 문제해결에서 부적응적인 성격을 지니고 있는 내담자

(2) 내담자의 의사결정 수준에 따른 분류

진로결정자	진로에 대한 정보를 가지고 있고 적합한 직업을 선택하는 데 어려움이 없으나, 자신의 진로선택에 대한 확신이 부족하다.
진로미결정자	진로선택에 따른 심리적 부적응의 문제를 가지고 있지는 않지만, 진로에 대한 정보가 부족하여 진로선택에 있어서 미결정의 상태에 있다.
우유부단형	진로에 대한 정보는 가지고 있으나, 자신에 대한 신뢰감 부족 등 심리적 부적응으로 인해 진로선택을 하지 못한다.
회피형	진로관련 정보도 없고 심리적 부적응 상태에 있는 내담자로 진로계획 자체가 없다.

(3) 직업선택에서 내담자의 우유부단 및 결정성 문제의 일반적인 이유

① **실패에 대한 두려움**

실패에 대한 두려움이 강한 사람은 과감한 시도를 통해 실패 확률을 최소화하려고 노력하기보다는 오히려 아무것도 시도하지 않는 경향이 있다.

② **중요한 타인들의 영향**

자신의 선택이 중요한 다른 사람에게 미칠지도 모르는 부정적인 결과에 대해 두려움과 죄의식을 가진다.

③ **완벽추구의 욕구**

융통성 없고 완벽하려는 욕구가 선택에 있어서 우유부단함을 야기한다.

④ 성급한 결정내리기

성격이 급한 내담자는 일단 직업목록을 가지게 되는 경우 의사결정 과정을 피해가고 싶은 유혹을 느끼게 된다.

⑤ 우유부단에 대한 강화

우유부단은 선택의 의사결정을 미룸으로써 가질 수 있는 부차적 이점 등의 강화요인에 의해 지속될 수 있다.

⑥ 다재다능함

내담자가 다양한 분야에 대해 관심과 재능을 보이는 경우 어떠한 선택에 대해서도 스스로 만족할 가능성이 상대적으로 낮다.

⑦ 좋은 직업들의 부재

가장 심각한 이유로서, 자신이 선택하려는 직업 중에 좋은 직업이 없는 경우이다.

2 문제유형의 분류

(1) 윌리엄슨(Williamson)의 직업선택 문제유형 분류

직업 무선택 또는 미선택	• 내담자가 직접 직업을 결정한 경험이 없거나, 선호하는 몇 가지의 직업이 있음에도 불구하고 어느 것을 선택할지를 결정하지 못하는 경우이다. • 내담자는 자신의 선택의사를 표현할 수 없으며, 자신이 무엇을 원하는지조차 모른다고 대답한다.
직업선택의 확신부족 (불확실한 선택)	• 직업을 선택하기는 하였으나, 자신의 선택에 대해 자신감이 없고 타인으로부터 자기가 성공하리라는 위안을 받고자 추구하는 경우이다. • 내담자는 교육수준 부족, 자기이해 부족, 직업세계에 대한 이해 부족, 실패에 대한 두려움, 자신의 적성에 대한 불신 등으로 인해 직업선택에 대해 확신을 가지지 못한다.
흥미와 적성의 불일치 (흥미와 적성의 모순 또는 차이)	• 흥미를 느끼는 직업에 대해서 수행능력이 부족하거나, 적성에 맞는 직업에 대해서 흥미를 느끼지 못하는 경우이다. • 내담자가 흥미를 느끼는 직업에 적성이 없거나, 적성을 가지고 있는 직업에 흥미를 느끼지 못하는 등 흥미와 적성이 일치하지 않는다.
현명하지 못한 직업선택 (어리석은 선택)	• 동기나 능력이 부족한 사람이 고도의 능력이나 특수한 재능을 요구하는 직업을 선택하는 경우, 흥미가 없고 자신의 성격에 부합하지 않는 직업을 선택하는 경우 또는 자신의 능력보다 훨씬 낮은 능력이 요구되는 직업을 선택하거나 안정된 직업만을 추구하는 경우이다. • 내담자는 목표와 맞지 않는 적성이나 자신의 흥미와 관계없는 목표를 가지고 있을 수 있다. 또한 직업적응을 어렵게 하는 성격적 특징이나 특권에 대한 갈망을 가지고 있을 수도 있다.

COMMENT

'직업선택 문제유형 분류'는 '직업문제 분류범주', '진로선택 유형진단', '직업상담 변별진단의 결과', '직업상담 변별진단의 범주', '변별진단 결과 분류의 범주' 등으로 시험에 출제될 수 있습니다. 여기서 '변별진단(Differential Diagnosis)'은 일련의 관련 있는 또는 관련 없는 사실들로부터 일관된 의미를 논리적으로 파악하여 문제를 하나씩 해결하는 과정을 의미합니다.

(2) 보딘(Bordin)의 직업선택 문제유형 분류

의존성	자신에게 부여된 진로 및 직업 문제의 해결 과제를 다른 사람에게 의존함으로써 자신을 억누르는 책임감에서 벗어나고자 한다.
정보의 부족	자신의 진로 선택 및 직업 결정과 관련된 정보를 충분히 얻지 못함으로써 직업적 문제를 해결하는 데 어려움을 겪는다.
자아갈등 (내적 갈등)	둘 혹은 그 이상의 자아개념과 관련된 반응기능 사이의 갈등으로 인해 자신의 진로 및 직업의 선택, 결혼 등 삶의 중요한 결정을 내려야 하는 상황에서 갈등을 경험한다.
직업(진로)선택의 불안	자신이 하고자 희망하는 일이 사회적인 요구나 중요한 타인의 기대에서 벗어나는 경우 선택의 문제에 따른 불안을 경험한다.
확신의 결여 (문제없음)	자신의 진로 선택 및 직업 결정에 대한 확신이 부족한 경우, 이미 스스로 타당한 선택을 내린 이후에도 단지 확인을 위한 절차로서 상담자를 찾기도 한다.

(3) 크라이티스(Crites)의 직업선택 문제유형 분류

① 적응성(적응 문제)

적응형	흥미와 적성이 일치하는 분야를 발견한 유형(흥미를 느끼는 분야와 적성에 맞는 분야가 일치하는 사람)
부적응형	흥미와 적성이 일치하는 분야를 찾지 못한 유형(흥미를 느끼는 분야도 없고 적성에 맞는 분야도 없는 사람)

② 결정성(우유부단 문제)

다재다능형	재능(가능성)이 많아 흥미와 적성에 맞는 직업 사이에서 결정을 내리지 못하는 유형
우유부단형	흥미와 적성에 관계없이 어떤 직업을 선택할지 결정을 내리지 못하는 유형

③ 현실성(비현실성 문제)

비현실형	자신의 적성수준보다 높은 적성을 요구하는 직업을 선택하거나, 흥미를 느끼는 분야가 있지만 그 분야에 적성이 없는 유형
강압형	적성 때문에 직업을 선택했지만 그 직업에 흥미가 없는 유형
불충족형	흥미와는 일치하지만 자신의 적성수준보다 낮은 적성을 요구하는 직업을 선택하는 유형

COMMENT

'적응성', '결정성', '현실성'은 직업선택 관련 변인이고, 각 변인별 하위분류(예 적응형, 부적응형)는 구체적인 문제유형에 해당합니다. 참고로 'Crites'는 교재에 따라 '크리츠', '크릿츠', '크라이티스'로도 제시되고 있습니다.

(4) 필립스(Phillips)의 상담목표에 따른 진로문제의 분류 범주

자기탐색과 발견	자기의 능력이 어느 정도인지, 어떤 분야의 직업을 원하는지, 왜 일하는 것이 싫은지 등의 고민이 있는 경우
선택을 위한 준비	적성 및 성격과 직업 간의 관계, 관심 있는 직업에 관한 정보 등이 필요한 경우
의사결정 과정	진로선택 및 직업결정 방법의 습득, 선택과 결정에의 장애요소 발견 등이 필요한 경우
선택과 결정	진로를 선택해야만 하는 상황에 직면한 경우(여러 가지 여건들을 고려하여 최선의 선택을 하고 만족할만한 결정을 내리도록 돕는 것이 중요함)
실 천	선택과 결정에 대한 만족 여부 및 확신 정도를 확인하는 일이 중요함

01 다음 중 직업상담에 대한 설명으로 옳지 않은 것은?

① 직업상담은 진로상담에 비해 좁은 의미를 내포한다.
② 직업상담은 어린아이부터 은퇴한 70세 이상의 노인을 대상으로 한다.
③ 직업상담은 예언과 발달이라는 목적을 지니고 있다.
④ 직업적응은 직업상담과 산업상담의 영역이기도 하다.

> **해설**
> ② 어린아이부터 은퇴한 70세 이상의 노인을 대상으로 하는 상담은 직업상담이 아닌 진로상담이다. 직업상담은 직업선택과 준비, 직업생활, 은퇴기 등에 제공되는 상담을 말한다.

02 다음 중 신규 입직자나 직업인을 대상으로 조직문화, 인간관계, 직업예절, 직업의식과 직업관 등에 관한 정보를 제공하고 필요시 직업지도 프로그램에 참여하도록 유도하는 상담유형은?

① 직업전환 상담   ② 구인·구직 상담
③ 직업적응 상담   ④ 경력개발 상담

> **해설**
> ① 직업전환 상담은 실업·실직 위기상황에 있거나 전직의 의도가 있는 직업인을 대상으로 직업경로 사항, 요구되는 전문지식, 직업전환을 위한 준비상태 등에 관한 정보를 수집 및 제공하는 상담이다.
> ② 구인·구직 상담은 구직자가 희망하는 구인처에 대한 요구사항을 분석하면서 구직자의 진로경로 개척을 위해 생애설계를 하도록 조언하며, 진로경로 및 구직자에 관한 정보들을 체계화하여 구인처와 구직자의 연결을 돕는 상담이다.
> ④ 경력개발 상담은 주로 직업인을 대상으로 경력사다리(Career Ladder)를 제시하여 구체적인 경력개발 계획을 작성하고 이를 실천할 수 있도록 돕는 상담이다.

03 다음 중 직업상담의 목적과 가장 거리가 먼 것은?

① 내담자가 이미 잠정적으로 선택한 진로결정을 확고하게 해 주는 과정이다.
② 개인의 직업목표를 명백히 해 주는 과정이다.
③ 내담자가 최대한 고소득 직업을 선택하도록 돕는 것이다.
④ 내담자가 자기 자신과 직업세계에 대해 알지 못했던 사실을 발견하도록 돕는 것이다.

③ 직업상담은 내담자가 고소득 직업을 선택하도록 돕는 것이 아닌 내담자의 흥미와 적성에 맞는 직업을 선택하도록 돕는 것이다.

04 직업상담의 단계는 일반적으로 크게 2가지의 주요 단계로 구분할 수 있다. 다음 중 제2단계의 내용에 해당하는 것은?

① 들어가기   ② 행동 취하기
③ 내담자 정보 수집하기   ④ 내담자 행동 이해 및 가정하기

직업상담의 2단계 과정 중 제2단계(내담자의 목적 또는 문제 해결)의 내용
• 행동(조치) 취하기
• 직업목표 및 행동(진로)계획 발전시키기
• 사용된 개입의 영향 평가하기

05 다음 중 헤어(Herr)가 제시한 직업상담사의 직무내용에 해당하지 않는 것은?

① 내담자에 관한 모든 정보를 종합한다.
② 내담자에 관한 부가적 정보를 종합한다.
③ 좋은 결정을 가져오기 위한 예비행동을 설명한다.
④ 직업선택이 근본적인 관심사인 내담자에 대해서는 직업상담 실시를 보류하도록 한다.

해설
④ 직업선택이 근본적인 관심사인 내담자에 대해서는 직업상담 실시를 확정하도록 한다.

06 다음 중 진로상담의 주요 원리에 해당하지 않는 것은?

① 진로상담은 진학과 직업선택에 초점을 맞추어 전개되어야 한다.
② 진로상담은 상담자와 내담자 간의 라포가 형성된 관계 속에서 이루어져야 한다.
③ 진로상담은 항상 집단적인 진단과 처치의 자세를 견지한다.
④ 진로상담은 상담윤리강령에 따라 전개되어야 한다.

해설
③ 진로상담은 내담자에 대한 차별적 진단(Differential Diagnosis)과 차별적 처치(Differential Treatment)의 자세를 견지해야 한다. 즉, 내담자의 일반적 특성과 상황적 맥락을 고려하여 대상에 맞는 차별적 진단과 차별적 처치가 이루어져야 한다. 이는 전 생애발달의 측면에서 각 개인이 자신의 특성만이 아닌 환경과의 끊임없는 상호작용 속에서 변화하고 성장하는 존재이기 때문이다.

07 다음 중 직업상담사의 역할과 가장 거리가 먼 것은?

① 진학상담   ② 직업적응 상담

③ 직무분석 수행   ④ 은퇴 후 상담

③ 직무분석은 직무를 구성하는 내용 및 직무수행을 위해 요구되는 조건들을 조직적으로 밝히는 과정이다. 해당 직무에서 어떤 활동이 이루어지고 작업조건이 어떠한지를 기술하며, 직무를 수행하는 사람에게 요구되는 지식, 기술, 능력 등의 정보를 활용하기 위한 것으로서, 보통 인적자원관리 및 인적자원개발 분야 전문가에 의해 수행된다.

08 직업상담사의 역할과 가장 거리가 먼 것은?

① 직업정보의 수집 및 분석
② 직업관련 이론의 개발 및 강의
③ 직업관련 심리검사의 실시 및 해석
④ 구인, 구직, 직업적응, 경력개발 등 직업관련 상담

② 직업관련 이론을 개발하는 것은 관련 분야의 학자 및 이론가들의 역할에 해당한다.

09 다음 중 미국의 국립직업지도협회(National Vocational Guidance Association)에서 제시한 직업상담사에게 요구되는 6가지 기술영역에 해당하지 않는 것은?

① 타협능력   ② 실행능력

③ 조언능력   ④ 관리능력

해설

미국의 국립직업지도협회(NVGA)에서 제시한 직업상담사에게 요구되는 6가지 기술영역
- 일반상담능력
- 정보분석과 적용능력
- 개인 및 집단검사 실시능력
- 관리능력
- 실행능력
- 조언능력

10 다음 중 진로상담의 일반적인 과정을 순서대로 올바르게 나열한 것은?

> ㄱ. 상담목표의 설정   ㄴ. 관계수립 및 문제의 평가
> ㄷ. 문제해결을 위한 개입   ㄹ. 훈습(Working-through)
> ㅁ. 종 결

① ㄱ → ㄴ → ㄷ → ㄹ → ㅁ   ② ㄴ → ㄱ → ㄷ → ㄹ → ㅁ
③ ㄱ → ㄴ → ㄹ → ㄷ → ㅁ   ④ ㄴ → ㄹ → ㄱ → ㄷ → ㅁ

직업상담의 일반적인 5단계 과정
관계수립 및 문제의 평가 → 상담목표의 설정 → 문제해결을 위한 개입 → 훈습(Working-through) → 종결 및 추수지도

11 다음 중 상담 과정에 대한 설명으로 옳지 않은 것은?

① 라포(Rapport) 형성 - 상담자와 내담자가 신뢰관계를 형성하는 단계이다.
② 명료화 - 문제 자체가 무엇이며 누가 상담의 대상인가를 분명하게 밝히는 단계이다.
③ 탐색 - 문제해결에 도움이 될 수 있는 방법과 절차를 결정하는 단계이다.
④ 구조화 - 상담목표를 위해 제시된 대안이나 대체될 행동들을 실제로 적용해 나가는 단계이다.

해설
④ 브래머(Brammer)가 제시한 직업상담의 8단계 중 제6단계의 '견고화'에 해당한다.

12 다음 중 직업상담 과정의 구조화 단계에서 상담자의 역할에 대한 설명으로 가장 옳은 것은?

① 내담자에게 상담자의 자질, 역할, 책임에 대해서 미리 알려줄 필요가 없다.
② 내담자에게 검사나 과제를 잘 이행할 것을 기대하고 있다는 것을 분명히 밝힌다.
③ 상담 중에 얻은 내담자에 대한 비밀을 지키는 것은 당연하므로 사전에 이것을 밝혀두는 것은 오히려 내담자를 불안하게 만든다.
④ 상담 과정은 예측할 수 없으므로 상담 장소, 시간, 상담의 지속 등에 대해서 미리 합의해서는 안 된다.

해설
① 내담자에게 상담자의 자질, 역할, 책임 등에 대해서 미리 알려줄 필요가 있다. 이는 내담자의 알 권리에 해당한다.
③ 상담자의 비밀유지의 책임에 대해 좀 더 명확히 해야 할 필요가 있다. 상담자는 상담 내용에 대한 비밀유지를 약속하고 내담자로 하여금 안심하고 자기개방을 할 수 있도록 격려해야 한다.
④ 상담 장소, 시간, 상담의 지속 등에 대해서 미리 합의가 이루어져야 한다.

13 다음 보기의 사례에서 상담자가 내담자를 상담할 경우 가장 먼저 해야 할 것은?

> 갑자기 구조조정 대상이 되어 직장을 떠난 40대 후반의 남성이 상담을 받으러 왔다. 전혀 눈 마주침도 못하며, 상당히 위축되어 있는 상태이고 미래에 대한 불안감을 호소하고 있다.

① 관계형성   ② 상담자의 전문성 소개
③ 상담 구조 설명   ④ 상담목표 설정

 해설

상담 초기 접수면접에서의 관계형성
급작스런 구조조정으로 인해 실직상태에 놓인 사람들은 처음 상담자를 찾게 될 때 위축감과 미래에 대한 불안감을 호소하기도 한다. 이때 상담자가 가장 먼저 해야 할 것은 내담자와의 관계형성이다.

14 다음 중 보기의 행동특성을 모두 포함하는 집단상담자의 자질로 옳은 것은?

> • 내면에 대한 깊이 있는 반성
> • 사소한 실수에도 낙심하지 않음
> • 집단성원들에게 자신의 약한 부분과 한계를 기꺼이 드러냄

① 타인의 복지에 대한 관심   ② 자기수용
③ 개방적 소양   ④ 공감적 이해 능력

 해설

자기수용(Self-acceptance)
• 자기 자신을 있는 그대로 받아들이고 인정하는 것이다. 즉, 자신의 강점뿐만 아니라 약점도 수용하고 이를 기꺼이 드러내는 것이다.
• 집단상담자가 스스로 완벽한 존재가 아님을 인정하고 자기수용을 통해 집단성원들과 상호작용을 할 때 집단 과정은 촉진된다.

15 다음 중 집단상담에 대한 설명으로 옳지 않은 것은?

① 집단상담의 최대 장점은 한 상담자가 동시에 많은 내담자를 도울 수 있다는 효율적인 점이다.
② 집단상담에서는 특정 개인의 문제가 충분히 다루어지지 않을 가능성이 높은 제한점이 있다.
③ 집단상담 구성원들은 개인적인 조언보다 주변사람들의 공통된 의견을 더 잘 받아들이는 경향이 있다.
④ 다양한 발달단계의 이질집단이 동질집단에 비해 자극이 되고 새로운 것을 받아들이는 데 더 효과적이다.

④ 동질집단이라도 집단성원 상호 간의 유사성과 차이성을 통해 서로를 자극하며 더욱 촉진적으로 영향을 미칠 수 있으므로, 집단역동적 측면에서 이질집단이 동질집단에 비해 새로운 자극을 받아들이는 데 더욱 효과적이라고 단정지을 수는 없다.

16 다음 중 집단상담의 장점으로 보기 어려운 것은?

① 시간과 경제적인 측면에서 효율적이다.
② 타인과 상호교류를 할 수 있는 능력이 개발된다.
③ 개인상담보다 심층적인 내면의 심리를 다루기에 더 효율적이다.
④ 내담자들이 개인상담보다 더 쉽게 받아들이는 경향이 있다.

③ 심층적인 내면의 심리를 다루기에는 개인상담이 더 효율적이다.

17 다음 중 집단직업상담에 관한 설명으로 틀린 것은?

① 각 구성원은 집단직업상담 과정에서 이루어진 토의내용에 대한 비밀을 유지해야 한다.
② 집단의 리더는 집단상담과 직업정보에 대해 잘 알고 있는 사람이어야 한다.
③ 6명에서 10명 정도의 인원이 이상적이다.
④ 가능한 모임의 횟수를 최대화하여야 한다.

④ 가능한 한 모임의 횟수를 최소화하는 것이 바람직하다.

18 다음 중 Butcher의 집단직업상담을 위한 3단계 모델에 해당하지 않는 것은?

① 행동단계   ② 계획단계
③ 전환단계   ④ 탐색단계

부처(Butcher)의 집단직업상담을 위한 3단계 모델
탐색단계 → 전환단계 → 행동단계

19 다음 중 사이버 직업상담의 장점과 가장 거리가 먼 것은?

① 개인의 지위, 연령, 신분, 권력 등을 짐작할 수 있는 사회적 단서가 제공되지 않으므로 전달되는 내용 자체에 많은 주위를 기울이고 의미를 부여할 수 있다.

② 내담자의 자발적 참여로 상담이 진행되는 경우가 대면 상담에 비해 압도적으로 많으므로 내담자들의 문제해결에 대한 동기가 높다고 할 수 있다.

③ 상담자와 직접 얼굴을 마주하지 않으므로 자신의 행동이나 감정에 대한 즉각적인 판단이나 비판을 염려하지 않아도 된다.

④ 내담자 자신의 정보를 선택적으로 공개할 수 있고 언제든지 상담을 중단할 수 있어 매우 편리하다.

해설
④ 사이버 직업상담의 단점에 해당한다.

20 다음 중 윌리암슨(Williamson)이 분류한 직업선택의 문제유형에 해당하지 않는 것은?

① 직업선택의 확신부족   ② 현명하지 못한 직업선택
③ 가치와 흥미의 불일치   ④ 직업 무선택

해설
윌리암슨(Williamson)의 직업선택 문제유형 분류
• 직업 무선택 또는 미선택(선택하지 않음)
• 직업선택의 확신부족(불확실한 선택)
• 흥미와 적성의 불일치(흥미와 적성의 모순 또는 차이)
• 현명하지 못한 직업선택(어리석은 선택)

21 다음 중 보딘(Bordin)이 분류한 직업선택의 문제유형에 해당하지 않는 것은?

① 의존성   ② 확신의 결여
③ 직업선택에 대한 불안   ④ 흥미와 적성의 모순

해설
보딘(Bordin)의 직업선택 문제유형 분류
• 의존성
• 정보의 부족
• 자아갈등(내적 갈등)
• 직업(진로)선택의 불안
• 확신의 결여(문제없음)

22 다음 중 직업선택에 대해 내담자들이 보이는 우유부단함의 일반적인 이유와 가장 거리가 먼 것은?

① 실수 영역을 예견하고 그에 대비하는 융통성
② 자신의 선택이 중요한 다른 사람에게 나쁜 결과를 줄 것이라는 죄의식
③ 자신이 선택하려는 직업영역에서의 다재다능함
④ 자신이 선택하려는 직업 중에 좋은 직업이 없음

해설

직업선택에서 내담자들의 우유부단함의 일반적인 이유

• 실패에 대한 두려움
• 중요한 타인들의 영향
• 완벽추구의 욕구
• 성급한 결정내리기
• 우유부단에 대한 강화
• 다재다능함
• 좋은 직업들의 부재

23 크라이티스(Crites)는 흥미와 적성을 3가지 변인과 관련지어 포괄적 진단체계를 개발하였다. 다음 중 3가지 변인에 해당하지 않는 것은?

① 충족성
② 적응성
③ 결정성
④ 현실성

해설

크라이티스(Crites)의 직업선택 관련 3가지 변인

• 적응성(적응 문제)
• 결정성(우유부단 문제)
• 현실성(비현실성 문제)

24 다음 중 직업상담의 문제유형에 관한 크라이티스(Crites)의 분류에 해당하지 않는 것은?

① 적응형

② 현실형

③ 다재다능형

④ 불충족형

② '현실형'이 아닌 '비현실형'에 해당한다.

25 다음 중 직업상담의 문제유형에 관한 크라이티스(Crites)의 분류에서 가능성이 많으므로 흥미를 느끼는 직업들과 적성에 맞는 직업들 사이에 결정을 내리지 못하는 것은?

① 다재다능형

② 우유부단형

③ 불충족형

④ 비현실형

② 우유부단형은 흥미와 적성에 관계없이 어떤 직업을 선택할지 결정을 내리지 못하는 유형이다.

③ 불충족형은 흥미와는 일치하지만 자신의 적성수준보다 낮은 적성을 요구하는 직업을 선택하는 유형이다.

④ 비현실형은 자신의 적성수준보다 높은 적성을 요구하는 직업을 선택하거나, 흥미를 느끼는 분야가 있지만 그 분야에 적성이 없는 유형이다.

제2편

직업상담의 이론 및 접근방법

제 1 장 상담이론의 이해

1 정신분석적 상담

(1) 개 요

① 프로이트(Freud)의 정신분석이론은 인간을 비합리적이고 결정론적이며, 생물학적 충동과 본능을 만족시키려는 욕망에 의해 동기화된 존재로 가정한다.

② 어린 시절의 경험과 무의식을 강조하며, 인간의 적응을 방해하는 요소를 무의식 속에서 동기로 작용하고 있는 억압된 충동으로 본다.

③ 상담 과정은 어떤 위협이나 비난받을 위험이 없는 안전한 분위기 속에서 내담자로 하여금 과거에 효과적으로 대처할 수 없었던 장면들에 직면하도록 하고, 억압되어 있는 감정이나 충동을 자유롭게 표현하도록 함으로써 무의식의 세계를 의식적 수준으로 끌어올려 자각할 수 있도록 한다.

(2) 정신분석적 상담이론의 특징

① 심리성적 결정론에 기초한다.

② 인생초기의 발달 과정을 중시한다.

③ 내담자의 유아기적 갈등과 감정을 중요하게 다룬다.

④ 내담자의 심리적 장애의 근원을 과거 경험에서 찾고자 한다.

⑤ 내담자의 심리적 문제는 증상 형성(Symptom Formation)에서 비롯된다.

⑥ 내담자의 무의식적 자료와 방어를 탐색하는 작업을 한다.

⑦ 심리적 장애행동과 관련된 표준화된 자료를 활용하기보다는 자유연상, 꿈의 분석, 저항의 분석 등 다소 직관적인 방법을 활용한다.

⑧ 상담자의 '텅 빈 스크린(Bland-Screen)'으로서의 역할을 강조한다.

⑨ 분석가로서 상담자의 중립적 태도가 내담자의 전이를 촉진시키는 데 중요하다.

⑩ 심리성적 발달단계로서 '구강기 → 항문기 → 남근기 → 잠복기 → 생식기'를 제시한다.

> **COMMENT**
>
> '텅 빈 스크린(Bland-Screen)'은 상담자의 익명성 및 중립성을 강조하는 개념이며, '증상 형성(Symptom Formation)'은 무의식적 충동에 대한 자아의 방어가 효율적이지 못할 때 무의식적 충동에 대처하기 위해 심리적 증상을 형성하는 것을 말합니다.

(3) 성격의 구조

① 정신의 3요소

의 식 (Consciousness)	어떤 순간에 우리가 알거나 느낄 수 있는 모든 감각과 경험으로서, 특정 시점에 인식하는 모든 것을 말한다.
전의식 (Preconsciousness)	의식과 무의식의 교량역할로서, 현재는 의식하지 못하지만 조금만 노력하면 의식으로 가져올 수 있는 정신세계의 일부분이다.
무의식 (Unconsciousness)	정신 내용의 대부분에 해당하는 것으로서, 의식적 사고의 행동을 전적으로 통제하는 힘이다.

② 성격의 3요소

원초아 (Id)	'쾌락의 원리(Pleasure Principle)'에 따르며, 현실적 여건을 고려하지 않고 즉각적으로 욕구를 충족시키고자 한다.
자 아 (Ego)	'현실의 원리(Reality Principle)'에 따르며, 현실적 여건을 고려하여 판단하고 욕구충족을 지연시키며, 행동을 통제한다.
초자아 (Superego)	'도덕의 원리(Moral Principle)'에 따르며, 행동의 옳고 그름을 판단하는 도덕적 규범이나 가치관에 따라 기능한다.

(4) 상담기법

① 자유연상(Free Association)
㉠ 프로이트는 기존의 최면술의 한계를 깨닫고, 내담자의 무의식적 욕구와 충동을 인식하기 위한 기법으로서 자유연상을 도입하였다.

㉡ 자유연상은 내담자로 하여금 마음속에 떠오르는 것을 의식의 검열을 거치지 않은 채 표현하도록 하는 것이다.

② 해석(Interpretation)
㉠ 내담자가 직접 진술하지 않은 내용이나 개념을 그의 과거 경험이나 진술을 토대로 하여 추론해서 말하는 것이다.

㉡ 자유연상이나 꿈, 저항, 전이 등을 분석하여 그 의미를 설명해 주는 것이다.

③ 전이의 분석(Analysis of Transference)
㉠ 전이란 내담자가 상담과정에 대해 가지고 있는 일종의 왜곡으로, 과거에 중요한 인물에게 느꼈던 감정을 현재의 상담자에게 옮기는 것을 의미한다.

㉡ 내담자는 상담을 통해 이전에 자신이 가지고 있다가 억압했던 감정·신념·소망 등을 표현하게 되는데, 상담자는 이러한 전이를 분석·해석함으로써 내담자의 무의식적 갈등과 문제의 의미를 통찰하도록 돕는다.

④ 저항의 분석(Analysis of Resistance)
㉠ 저항이란 상담을 방해하고 내담자가 무의식적인 자료를 생산하지 못하게 방해하는 모든 것으로, 현재 상태를 유지하고 변화를 방해하려는 의식적·무의식적인 생각, 태도, 감정, 행동을 의미한다.

㉡ 상담자는 내담자의 저항을 분석·해석함으로써 그가 무의식적으로 숨기고자 하는 것, 피하고자 하는 것, 불안해하거나 두려워하는 대상 등에 대한 정보를 얻고 그러한 저항과 무의식적인 갈등의 의미를 파악하여 내담자로 하여금 통찰을 얻게 한다.

⑤ 꿈의 분석(Analysis of Dream)

　　㉠ 내담자는 상담 도중 꿈 이야기를 자주 하게 되는데, 꿈의 분석을 통해 내담자의 억압된 욕망과 무의식적 동기가 무엇인지 진단할 수 있다.

　　㉡ 현재몽에 대한 자유연상을 통해 잠재몽을 더 쉽게 이해할 수 있으므로, 이를 통해 꿈의 내용 속에 잠재된 상징적 의미를 찾아낸다.

COMMENT

꿈의 내용에는 꿈에 나타난 그대로의 '현재몽(顯在夢)'과 그 현재몽이 상징하고 있는 '잠재몽(潛在夢)'의 2가지가 있습니다. 자아가 의식하기에는 너무나 고통스럽고 위협적인 잠재몽을 비교적 덜 고통스럽고 비위협적인 현재몽으로 바꾸는 작업을 '꿈의 작업'이라고 합니다.

⑥ 통찰(Insight)

상담자는 해석을 통해 내담자로 하여금 현실과 환상, 과거와 현재를 구분하도록 해 주며, 아동기의 무의식적이고 환상적인 소망의 힘을 깨닫도록 유도한다.

⑦ 훈습(Working-through)

내담자의 갈등과 방어를 탐색하고 이를 해석해 나가는 과정으로, 반복, 정교화, 확대(확장)의 활동들로 이루어진다. 즉, 내담자가 이전에는 회피하였던 무의식적 자료를 정확히 이해하고 통합하여 활용할 수 있을 때까지 반복적인 해석을 받는 과정이다.

⑧ 버텨주기(Holding)

내담자가 막연하게 느끼지만 스스로는 직면할 수 없는 불안과 두려움에 대해 상담자의 이해를 적절한 순간에 적합한 방법으로 전해주면서, 내담자에게 의지가 되어주고 따뜻한 배려로써 마음을 녹여준다.

⑨ 간직하기(Containing)

내담자가 불안과 두려움을 느끼는 충동과 체험에 대해 상담자가 즉각적으로 반응하는 대신 이를 마음속에 간직하여 적절히 통제함으로써 위험하지 않도록 변화시킨다.

 더 알아보기

역전이(Counter Transference)
- 내담자의 태도 및 외형적 행동에 대한 상담자의 개인적인 정서적 반응이자 투사이다. 즉, 상담자가 내담자와의 관계에서 이전에 다른 사람에게 가졌던 동일한 감정을 내담자에게 갖게 되는 현상이다.
- 상담자는 자기분석(Self-analysis)을 통해 과거 경험이 현재에 미치는 영향을 분석하며, 교육분석(Training Analysis)을 통해 자기분석 결과 및 경험 내용을 지속적으로 축적한다. 이러한 자기분석과 교육분석을 받을 수 없는 경우 슈퍼바이저의 지도·감독을 받도록 한다.

(5) 불안의 3가지 유형

① **현실 불안(Reality Anxiety)**

'객관적 불안(Objective Anxiety)'이라고도 하며, 외부세계에서의 실제적인 위협을 지각함으로써 발생하는 감정적 체험이다.

② **신경증적 불안(Neurotic Anxiety)**

자아(Ego)가 본능적 충동인 원초아(Id)를 통제하지 못할 경우 발생할 수 있는 불상사에 대해 위협을 느낌으로써 나타난다.

③ **도덕적 불안(Moral Anxiety)**

원초아와 초자아(Superego) 간의 갈등에 의해 야기되는 불안으로서, 본질적 자기 양심에 대한 두려움과 연관된다.

(6) 주요 방어기제

① **억압(Repression)**

죄의식이나 괴로운 경험, 수치스러운 생각을 의식에서 무의식으로 밀어내는 것으로서 선택적인 망각을 의미한다.

예 부모의 학대에 대한 분노심을 억압하여 부모에 대한 이야기를 무의식적으로 꺼리는 경우

② **부인 또는 부정(Denial)**

감당하기 어려운 고통이나 욕구를 무의식적으로 부정하는 것이다.

예 자신의 애인이 교통사고로 사망했음에도 불구하고 그의 죽음을 인정하지 않은 채 여행을 떠난 것이라고 주장하는 경우

③ **합리화(Rationalization)**

현실에 더 이상 실망을 느끼지 않기 위해 또는 정당하지 못한 자신의 행동에 그럴듯한 이유를 붙이기 위해 자신의 말이나 행동에 대해 정당화하는 것이다.

예 여우가 먹음직스런 포도를 발견하였으나 먹을 수 없는 상황에 처해 "저 포도는 신 포도라서 안 먹는다"고 말하는 경우

④ **반동형성(Reaction Formation)**

자신이 가지고 있는 무의식적 소망이나 충동을 본래의 의도와 달리 반대되는 방향으로 바꾸는 것이다.

예 "미운 놈에게 떡 하나 더 준다"

⑤ **투사(Projection)**

사회적으로 인정받을 수 없는 자신의 행동과 생각을 마치 다른 사람의 것인 양 생각하고 남을 탓하는 것이다.

예 자기가 화가 난 것을 의식하지 못한 채 상대방이 자기에게 화를 낸다고 생각하는 경우

⑥ **퇴행(Regression)**

생의 초기에 성공적으로 사용했던 생각이나 감정, 행동에 의지하여 자기 자신의 불안이나 위협을 해소하려는 것이다.

예 대소변을 잘 가리던 아이가 동생이 태어난 후 밤에 오줌을 싸는 경우

⑦ 전위 또는 전치(Displacement)

자신이 어떤 대상에 대해 느낀 감정을 보다 덜 위협적인 다른 대상에게 표출하는 것이다.

예 직장상사에게 야단맞은 사람이 부하직원이나 식구들에게 트집을 잡아 화풀이를 하는 경우("종로에서 빰맞고 한강에서 눈 흘긴다")

⑧ 대치(Substitution)

받아들여질 수 없는 욕구나 충동 에너지를 원래의 목표에서 대용 목표로 전환시킴으로써 긴장을 해소하는 것이다.

예 "꿩 대신 닭"

⑨ 격리(Isolation)

과거의 고통스러운 기억에서 그에 동반된 부정적인 감정을 의식으로부터 격리시켜 무의식 속에 억압하는 것이다.

예 직장상사와 심하게 다툰 직원이 자신의 '상사살해감정'을 무의식 속으로 격리시킨 채 업무에 있어서 잘못된 것이 없는지 서류를 강박적으로 반복하여 확인하는 경우

⑩ 보상(Compensation)

어떤 분야에서 탁월하게 능력을 발휘하여 인정을 받음으로써 다른 분야의 실패나 약점을 보충하여 자존심을 고양시키는 것이다.

예 "작은 고추가 맵다"

⑪ 승화(Sublimation)

정서적 긴장이나 원시적 에너지의 투입을 사회적으로 인정될 수 있는 행동방식으로 표출하는 것이다.

예 예술가가 자신의 성적 욕망을 예술로 승화하는 경우

⑫ 동일시(Identification)

자기가 좋아하거나 존경하는 대상과 자기 자신 또는 그 외의 대상을 같은 것으로 인식하는 것이다.

예 자신이 좋아하는 연예인의 옷차림을 따라하는 경우

⑬ 주지화(Intellectualization)

위협적이거나 고통스러운 정서적 문제를 피하기 위해 또는 그것을 둔화시키기 위해 사고, 추론, 분석 등의 지적 능력을 사용하는 것이다.

예 죽음에 대한 불안감을 덜기 위해 죽음의 의미와 죽음 뒤의 세계에 대해 추상적으로 사고하는 경우

2 아들러(Adler)의 개인주의 상담

(1) 개 요

① 아들러(Adler)는 프로이트(Freud)의 곁을 떠나 개인심리학을 창시하였다. 그 이유는 본능적 충동이나 무의식적 과정보다 사회적 충동이나 의식적 사고가 더 중요하다고 생각했기 때문이다.

② 아들러는 프로이트의 생물학적이고 심리성적인 결정론에 반발하여 인간의 성장가능성과 잠재력을 중시하였다.

③ 프로이트의 정신분석이 생물학적 토대에 기초를 둔 반면, 아들러의 개인심리학은 사회심리학적 토대에 기초를 둔다.

④ 개인의 행동은 무의식에 의해 지배되는 것이 아닌 개인의 가치, 신념, 태도, 목표, 현실지각 등에 의해 결정되는 의식적·목표지향적인 것이다.

안심Touch

프로이트(Freud)의 정신분석은 다양한 상담이론들에 직접적 혹은 간접적 영향을 미치게 됩니다. 물론 대부분의 새로 탄생된 상담이론들이 프로이트의 정신분석을 확장하거나 비판하면서 나타났으므로, 엄밀한 의미에서 프로이트의 영향을 받지 않은 상담이론을 찾기는 어렵습니다. 다만, 셀리그만(Seligman)은 프로이트의 영향을 받아 형성된 몇몇 상담이론들이 서로 대비되는 주장을 펼치고 있음에도 그 배경과 맥락을 같이 한다는 점에서 공통성이 있다고 보았습니다. 그와 같은 관점에서 프로이트(Freud)의 정신분석, 아들러(Adler)의 개인심리학, 융(Jung)의 분석심리학 등을 정신역동적 관점으로 한 데 묶을 수 있으며, 정신역동 상담이론의 범주에 포함시킬 수 있습니다.

(2) 개인주의 상담의 특징

① 사회적 관계를 강조한다.
② 행동수정보다는 동기수정에 관심을 둔다.
③ 열등감의 극복과 우월성의 추구가 개인의 목표이다.
④ 상담은 내담자의 잘못된 가치와 목표를 수정하는 데 초점을 둔다.
⑤ 내담자의 잘못된 사회적 가치를 바꾸도록 함으로써 건전한 사회적 관심을 갖도록 돕는다.
⑥ 상담 과정은 사건의 객관성보다는 주관적 지각과 해석을 중시한다.
⑦ 과거 사건에 대한 개인의 지각과 해석이 현재의 행동에 어떠한 영향을 미치는가에 중점을 두고 개인의 선택과 책임, 삶의 의미, 성공 추구 등을 강조한다.
⑧ 상담자와 내담자 간의 상호 계약과 협력을 중시한다.
⑨ 상담 과정은 정보 제공, 교육, 안내, 격려 등에 초점을 둔다. 특히 상담자는 내담자에 대한 광범위한 격려의 사용을 권장한다.

 더 알아보기

프로이트(Freud)의 정신분석적 접근과 아들러(Adler)의 개인심리학적 접근의 인간관 비교

• 프로이트는 발달 초기의 사건들에 대한 탐색을 강조하였으나, 아들러는 과거에 대한 지각과 해석의 현재 행동에 대한 영향력을 강조하였다.
• 프로이트는 인간이 성적인 충동에 의해 동기화된다고 보았으나, 아들러는 인간이 주로 사회적인 충동에 의해 동기화된다고 보았다.
• 프로이트는 인간을 무의식적 본능의 지배를 받는 존재로 보았으나, 아들러는 인간을 가치, 신념, 태도 등에 의해 합리적인 결정과 목표지향적인 행동을 하는 존재로 보았다.
• 프로이트는 인간을 무기력한 존재로 보았으나, 아들러는 인간을 창조적인 존재로 보았다.
• 프로이트는 인간의 성격을 원초아, 자아, 초자아로 구분하였으나, 아들러는 인간의 성격을 총체적·통합적인 관점에서 분리할 수 없는 전체로 보았다.

---

(3) 주요 개념

① 초기기억(Early Recollections)

㉠ 초기기억은 생후 6개월부터 9세까지의 선별된 기억들로서, 내담자의 생활양식, 잘못된 신념, 사회적 상호작용, 행동목표에 관한 의미 있는 단서를 제공한다.

㉡ 중요한 기억은 내담자가 '마치 지금 일어나고 있는 것처럼' 기술할 수 있다.

㉢ 초기기억은 삶, 자기, 타인에 대한 내담자의 현재 세계관과 일치하는 경향이 있다.

㉣ 상담자는 내담자의 초기기억을 통해 내담자 개인의 생활양식에 관한 밑그림을 구성할 수 있으며, 이를 통해 내담자의 삶의 목표를 파악하는 데 도움을 얻을 수 있다.

② 열등감(Inferiority)

㉠ 아들러는 개인이 자기완성을 이루기 위해 자신이 느끼는 열등감을 극복해야 한다고 강조하였다.

㉡ 열등감을 자기완성을 위한 필수요인으로 간주함으로써 긍정적인 측면에서 보았다.

㉢ 과도한 열등감에 사로잡힐 경우 열등감 콤플렉스에 빠지게 되며, 이는 신경증을 일으키는 원인이 된다.

㉣ 아들러는 열등감 콤플렉스의 주요 원인으로 기관열등감, 과잉보호, 양육태만을 제시하였다.

COMMENT

'기관열등감'은 개인의 신체와 연관된 것으로서, 외모나 신체적 불완전 등 자신의 신체에 대한 부정적인 인식에서 비롯되는 열등감을 말합니다.

③ 우월성의 추구(Striving for Superiority)

㉠ 아들러는 우월성의 개념을 일종의 자기완성 혹은 자아실현의 의미로 사용하였다.

㉡ 우월성의 추구는 모든 사람의 선천적 경향성으로서, 일생을 통해 환경을 적절히 조정하며, 동기의 지침이 되어 심리적인 활동은 물론 행동을 안내한다.

㉢ 출생에서 사망에 이르기까지 우월성 추구에의 노력은 개인을 현 단계에서 다음 단계로의 발달로 이끌어 준다.

④ 사회적 관심(Social Interest)

㉠ 아들러는 개인이 본질적으로 집단에 소속되어 사회적 문제의 해결을 추구하는 사회적 존재로 보았다.

㉡ 사회적 관심은 공감, 타인과의 동일시, 타인지향을 의미하는 것으로, 이러한 사회적 관심은 한 개인의 심리적 건강을 측정하는 유용한 척도가 된다.

⑤ 생활양식(Life Style)

㉠ 인생에 대한 기본태도로서 생의 초기(대략 4~5세경)에 형성되며, 이후 거의 변하지 않는다.

㉡ 개인이 행하는 모든 것은 기본적으로 자신의 독특한 생활양식의 영향을 받는다.

㉢ 아들러는 생활양식을 사회적 관심과 활동수준의 두 차원을 기준으로 네 가지 유형을 구분하였다.

지배형	활동수준은 높으나 사회적 관심이 낮은 유형으로, 독선적이고 공격적이며 활동적이지만 사회적 관심이 거의 없다.
획득형 (기생형)	기생적인 방식으로 외부세계와 관계를 맺으며, 다른 사람에게 의존하여 자신의 욕구를 충족한다.
회피형 (도피형)	성공하고 싶은 욕구보다 실패에 대한 두려움이 더 강하기 때문에 도피하려는 행동을 자주 한다.
사회적으로 유용한 형	사회적 관심과 활동 수준이 모두 높은 유형으로, 자신과 타인의 욕구를 동시에 충족시키며, 인생과업을 완수하기 위해 다른 사람과 협력한다.

(4) 인생과제(생애과제)

① 아들러는 세계와 개인의 관계에 관한 3가지 과제로서 일, 사회, 성(性)을 제시하였다.

② 개인은 일, 사회, 성(性)의 생애과제에 반응해야 한다.

③ 이 3가지 과제들은 서로 얽혀 있어서 어느 한 부분에서의 어려움이 나머지 부분에서의 어려움과 연관되어 있다.

> **COMMENT**
>
> 아들러(Adler)의 개인심리학과 그가 제시한 일, 사회, 성(性)의 3가지 인생과제는 생애진로사정(Life Career Assessment)의 이론적 태도가 됩니다.

(5) 허구적 최종목적론(Fictional Finalism)

① 인간의 행동은 과거 경험에 의해 좌우되기보다는 미래에 대한 기대에 의해서 더 좌우된다.

② 허구적 최종목적은 미래에 실재하는 것이기보다는 주관적으로 혹은 정신적으로 현재의 행동에 영향을 주는 이상으로서 지금-여기(여기-지금) 존재하는 것이다.

(6) 출생순위(가족구도)

① 가정에서 부모를 중심으로 자녀와의 가족관계가 어떠한 가족구도를 형성하고 있는가는 자녀의 생활양식 형성에 지대한 영향을 미친다.

② 아들러는 동일한 가정에서 태어난 자녀들이라도 출생순위에 따라, 즉 맏이, 둘째아이, 중간아이, 막내, 독자 등의 위치에 따라 그 행동방식이 달라지며, 이는 어른이 되었을 때 사회와 상호작용을 하는 데 영향을 미치게 된다고 주장하였다.

(7) 개인주의 상담 과정의 목표(Mosak)

① 사회적 관심을 갖도록 돕는다.

② 패배감을 극복하고 열등감을 감소시킬 수 있도록 돕는다.

③ 잘못된 가치와 목표를 수정하도록 돕는다.

④ 잘못된 동기를 바꾸도록 돕는다.

⑤ 타인과 동질감을 갖도록 돕는다.

⑥ 사회의 구성원으로서 기여하도록 돕는다.

(8) 개인주의 상담기법

① 단추(초인종) 누르기

상담자는 내담자에게 '행복단추'와 '우울단추'를 머릿속에 상상하도록 하여 각 단추를 누르도록 지시가 내려진 순간 행복한 사건과 우울한 사건을 떠올리도록 요구한다.

② 내담자의 수프에 침 뱉기

상담자는 내담자의 잘못된 생각이나 행동에 '침'을 뱉음으로써 내담자가 이후 그와 같은 생각이나 행동을 수행하려고 할 때 이전과 같은 편안한 감정을 느끼지 못하도록 한다.

③ 마치 ~인 것처럼 행동하기

상담자는 내담자에게 "만약 당신에게 그와 같은 문제가 없다면 당신의 삶은 어떻게 달라질까요?"라고 질문으로써 내담자로 하여금 새로운 행동과 신념을 시작할 때 재정향(Reorientation)을 용이하게 하거나 내담자의 실제 행동을 변화시킬 수 있다.

④ 격려하기

상담자는 내담자를 존중하고 내담자에게 믿음을 보여주며, 내담자의 능력이 만족할만한 수준으로 충분히 기능할 것이라는 기대를 가지도록 한다.

⑤ 타인을 즐겁게 하기

상담자는 내담자에게 다른 사람을 위해 좋은 일을 하도록 요구함으로써 내담자로 하여금 사회적인 흐름 속으로 되돌아오도록 촉진한다.

(9) 개인주의 상담의 4단계 치료과정

① 제1단계 - 상담관계의 형성 및 치료목표 설정

협력적인 분위기에서 상담자와 내담자 간의 신뢰관계를 형성하며, 상호 합의 하에 치료목표를 설정하고 치료과정을 구성한다.

② 제2단계 - 개인역동성의 탐색

내담자의 개인역동성에 대한 심층적인 탐색을 통해 내담자의 생활양식과 가족환경, 개인적 신념과 부정적 감정, 자기 파괴적인 행동양상 등을 파악하여, 그것이 현재 생활의 문제에 있어서 어떻게 기능하는지를 이해한다.

③ 제3단계 - 해석을 통한 통찰

상담자는 해석과 직면을 통해 내담자로 하여금 자신의 생활양식을 자각하며, 자신의 외면적 행동을 통해 나타나는 내재적 원인에 대해 통찰할 수 있도록 한다.

④ 제4단계 - 재교육 혹은 재정향

상담자는 해석을 통해 획득된 내담자의 통찰이 실제 행동으로 전환될 수 있도록 다양한 능동적인 기술을 사용한다.

3 실존주의 상담

(1) 개 요

① 실존주의 상담은 구체적인 기법을 갖춘 하나의 이론적 상담모델이라기보다는 실존주의 철학을 상담에 적용한 것이다.

② 실존주의 상담자들은 인간이 단순히 환경의 피해자가 아니며, 자기자각(Self-awareness) 능력이 있다고 믿는다.

③ 인간은 자기자각 능력을 통해 각자 자신의 삶의 방식을 선택할 책임이 있으며, 그와 같은 선택이 자신의 운명에 영향을 미치게 된다는 것을 자각할 수 있다.

④ 개인이 겪는 불안은 하나의 삶의 조건으로서, 특히 자유와 책임의 양면성에 대한 자각은 인간으로 하여금 실존적 불안으로 이끌게 된다.

⑤ 실존주의 상담은 특히 대면적 관계를 중시하는데, 이는 진정한 대면을 통해서만이 내담자가 성장할 수 있다는 가정에서 비롯된다.

(2) 실존적 존재로서 인간의 궁극적 관심사

① **자유와 책임**

인간은 자기결정적인 존재로서, 자신의 삶의 방향을 결정하고 그에 대해 책임진다.

② **삶의 의미성**

인간은 자신의 삶의 목적과 의미를 찾기 위해 노력한다.

③ **죽음과 비존재**

인간은 자신이 죽는다는 것을 스스로 자각한다.

④ **진실성**

인간은 자신을 정의하고 긍정하는 데 필수적인 어떤 것이든지 한다.

(3) 실존주의 상담의 인간본성에 대한 철학적 기본가정(Patterson & Mischel)

① 인간은 자각하는 능력을 가지고 있다.

② 인간은 정적인 존재가 아닌 항상 변화하는 상태에 있는 존재이다.

③ 인간은 자유로운 존재인 동시에 자기 자신을 스스로 만들어 가는 존재이다.

④ 인간은 즉각적인 상황과 과거 및 자기 자신을 초월할 수 있는 능력을 가지고 있다.

⑤ 인간은 장래의 어느 시점에서 무존재가 될 운명을 지니고 있으며, 자기 스스로 그와 같은 사실을 자각하고 있는 존재이다.

(4) 상담의 목표

① 내담자에 대한 치료가 아닌 내담자로 하여금 자신의 현재 상태에 대해 인식하고 피해자적 역할로부터 벗어날 수 있도록 돕는다.

② 내담자가 효과적이고 책임질 수 있는 방법으로 행동하여 자신의 욕구를 충족시킬 수 있도록 돕는다.

③ 내담자로 하여금 자신의 행동들의 가치를 검토 및 판단할 수 있도록 하며, 행동변화를 위한 계획을 세우도록 돕는다.

(5) 실존주의 상담에서 상담관계의 기본원리

① 비도구성의 원리

상담자와 내담자의 관계는 기술적인 관계가 아니므로 상담은 도구적·지시적이 되어서는 안 된다.

② 자아중심성의 원리

실존주의 상담의 초점은 내담자의 자아에 있다. 자아중심성은 개인의 자아세계 내면에 있는 심리적 실체를 중심으로 이루어지는 것이다.

③ 만남의 원리

실존주의 상담은 '여기-지금'에서의 상담자와 내담자의 만남을 중시한다. 만남은 과거의 인간관계에서 알 수 없었던 것을 현재의 상담관계에서 알게 되는 것이다.

④ 치료할 수 없는 위기의 원리

실존주의 상담은 적응이나 치료를 상담의 핵심으로 간주하지 않는다. 즉, 실존주의 상담의 목적은 위기의 극복이 아닌 인간 존재의 순정성 회복에 있다.

(6) 실존주의 상담에서 내담자의 자기인식능력 증진을 위한 상담자의 치료원리

① 죽음의 실존적 상황에 직면하도록 격려한다.

② 삶에 대한 자유와 책임을 자각하도록 촉진한다.

③ 자신의 인간관계 양식을 점검하도록 돕는다.

④ 삶의 의미를 발견하고 창조하도록 돕는다.

(7) 평 가

① 공헌점

㉠ 개인의 개별성과 자아의 발달을 강조하고 철학적인 배경으로 삶의 의미와 방향성을 제시하였다.

㉡ 자유와 책임을 강조하고 보다 능동적인 삶을 살도록 하였다.

㉢ 개인의 독특성과 주관성을 강조하고 창조적인 삶을 추구하는 긍정적 측면에서 인간을 이해하였다.

② 제한점

철학적인 측면에 치우쳐 구체적인 기법이 부족하고, 학자들이 통합적으로 접근한 상담기법이어서 체계적이지 못하며, 추상적인 면이 많았다.

4 내담자중심 상담(인간중심 상담)

(1) 개 요

① 로저스(Rogers)의 상담경험에서 비롯된 대표적인 인본주의적 접근방법으로서, '비지시적 상담' 또는 '인간중심 상담'이라고도 한다.

② 로저스는 인간이 현실에 대한 자신의 지각에 따라 스스로를 구조화하고, 자신이 지각하는 현실 속에서 자기(자아)를 실현하고자 하는 동기를 가지고 있다고 보았다. 또한 인간이 자신의 삶 속에서 스스로를 불행하게 만드는 요인이 무엇인가를 이해할 수 있을 뿐만 아니라 자신의 나아갈 방향을 찾고 건설적인 변화를 이끌 수 있다고 보았다.

③ 내담자중심 상담에서는 내담자를 현실적 자기(Real Self), 이상적 자기(Ideal Self), 타인이 본 자기(Perceived Self) 간의 불일치 때문에 불안을 경험하는 사람으로 간주된다.

④ 개인이 일관된 자기개념(자아개념)을 가지고 자신의 기능을 최대로 발휘하는 사람이 되도록 도울 수 있는 환경을 제공하는 것을 기본목표로 한다.

⑤ 내담자중심 접근의 인간행동에 대한 기본 관점은 선천적인 잠재력 및 자기실현 경향성으로 표현할 수 있다.

> **COMMENT**
>
> 사실 엄밀한 의미에서 '자기(Self)'와 '자아(Ego)'는 다릅니다. 로저스(Rogers)는 개인이 스스로에 대해 가지고 있는 조직적이고 지속적인 인식으로서 '자기(Self)'와 함께 인간행동의 기본적인 동기로서 '자기실현 경향(Self-actualization)'을 강조한 바 있습니다. 그러나 직업상담 관련 교재들에서 '자기'와 '자아'를 명확히 구분하지 않은 채 이를 혼용하는 경향이 있습니다. 그에 따라 본 교재에서도 '자기'와 '자아'를 엄격히 구분하기보다는 이를 적절히 혼용하고 있는 점을 유념하시기 바랍니다. 참고로 분석심리학의 대표적인 학자인 융(Jung)은 '자아(Ego)'를 의식의 중심으로 본 반면, '자기(Self)'를 의식과 무의식을 포함한 전체 정신의 중심으로 간주하면서 이 둘을 명확히 구분한 바 있습니다.

(2) 상담의 기본가정

① 인간은 성장, 건강, 적응을 이루려는 기본적 충동과 자기실현을 이루려는 경향을 가지고 있다.

② 적응의 지적 측면보다 정서적 측면을 강조한다.

③ 유년기의 외상적 경험보다 현재의 직접적인 장면(경험)을 강조한다. 과거의 외상적 경험은 행동의 발생을 이해하는 데 있어서 중요하지만, 치료가 이루어지기 위해 반드시 필요한 것은 아니다.

④ 치료적 관계 그 자체가 성장의 경험이다.

⑤ 인간의 개별성과 독자성을 존중하면서 적극적으로 대인관계의 심화와 문화차이의 극복을 강조한다.

(3) 상담의 목표

① 내담자들이 경험에 보다 개방적이 되도록 돕는다.

② 내담자의 내적 기준에 대한 신뢰를 증가시키도록 돕는다.

③ 지속적인 성장 경향성을 촉진시켜 준다.

(4) 상담기법

① 내담자중심 상담은 특정 기법을 사용하기보다는 내담자와 상담자 간의 안전하고 허용적인 '나와 너'의 관계를 중시한다.

② 기본적인 상담기법들로서 적극적 경청, 감정의 반영, 명료화, 공감적 이해 등이 사용되는 반면, 내담자 정보탐색, 조언, 설득, 가르치기 등은 사용되지 않는다.

(5) 상담의 특징

① 상담자중심이 아니라 내담자중심의 상담을 중시한다.

② 내담자와 상담자는 동등한 관계라는 입장을 취한다.

③ 기법보다는 태도를 강조한다.

④ 상담자와 내담자 간의 관계형성(Rapport)을 강조한다.

⑤ 지적인 면보다는 정의적인 면을 강조한다.

⑥ 인간을 현상학적 존재로 보며, 내담자의 자기인식과 세계인식에 주로 관심을 기울인다.

⑦ 동일한 상담원리를 정상적인 상태에 있는 사람이나 정신적으로 부적응 상태에 있는 사람 모두에게 적용한다.

⑧ 상담은 모든 건설적인 대인관계의 실례들 중 단지 하나에 불과하다.

⑨ 비지시적 상담을 원칙으로 자아와 일에 대한 정보 부족 혹은 왜곡에 초점을 둔다.

⑩ 상담의 과정과 그 결과에 대한 연구조사를 통해 개발되어 왔다.

(6) 상담자가 갖추어야 할 기본적인 태도

① 일치성과 진실성(진솔성)

상담자는 자신의 감정을 솔직하게 인정하고 내담자의 진솔한 감정 표현을 유도한다. 이는 내담자의 개방적 자기탐색을 촉진하는 요인이다.

② 공감적 이해와 경청

상담자는 내담자의 마음속으로 들어가 내담자로 하여금 자신의 감정을 강렬하게 경험하고 내부의 불일치를 인식하도록 돕는다.

③ 무조건적인 긍정적 수용(관심) 또는 존중

상담자는 아무런 조건 없이 수용적인 태도로써 내담자를 존중하며, 따뜻하게 수용한다.

(7) 현상학적 장(Phenomenal Field)

① '경험적 세계' 또는 '주관적 경험'으로도 불리는 것으로, 개인의 여기-지금(Here and Now)에서의 주관적인 경험을 중요시하는 대표적인 개념이다.

② 개인은 동일한 현상에 대해 서로 다르게 지각하고 경험하므로, 이 세상에는 개인적 현실, 즉 '현상학적 장(場)'만이 존재한다.

③ 개인은 객관적 현실이 아닌 자신의 현상학적 장에 입각하여 재구성된 현실에 반응한다.

④ 동일한 사건을 경험한 두 사람도 각기 다르게 행동할 수 있으며, 그로 인해 모든 개인은 서로 다른 독특한 특성을 보이게 된다.

(8) 실현화 경향성(Actualization Tendency)

① '실현화'는 유기체가 단순한 실체에서 복잡한 실체로, 의존성에서 독립성으로, 고정성 혹은 경직성에서 유연성 혹은 융통성으로 변화하고자 하는 유기체의 경향성을 의미한다.

② 실현화 경향성은 타고난 것으로서, 개인이 가진 모든 생리적·심리적 욕구와 연관된다. 따라서 실현화 경향성은 유기체를 유지하는 데 기여한다.

③ 실현화 경향성은 단지 유기체를 유지하는 것 이상이다. 그것은 유기체의 성장과 향상, 즉 발달을 촉진하고 지지한다.

④ 실현화는 개인이 자신의 욕구와 긴장을 줄이려는 경향성을 포함하나, 그것은 유기체를 향상시키는 활동으로부터 도출된 기쁨과 만족을 강조한다.

⑤ 실현화 경향성은 성숙의 단계에 포함된 성장의 모든 국면에 영향을 준다.

⑥ 사람이나 동물뿐만 아니라 모든 살아있는 것에서 볼 수 있다.

> **COMMENT**
>
> 로저스(Rogers)는 인간 성격의 핵심요소로서 '유기체(Organism)'의 개념을 제시하였습니다. 유기체란 전체 인간의 신체, 정서, 사고를 말하는 것으로서, 인간은 경험에 대해 한 유기체로서 반응하게 됩니다. 즉, 어떤 자극이 있을 때 특정 영역에 국한하여 반응이 나타나는 것이 아닌 전 존재가 반응하는 것입니다. 그런 의미에서 로저스의 이론은 총체적인 입장을 띱니다.

(9) 완전히(충분히) 기능하는 사람(Fully Functioning Person)

내담자중심 상담에서는 내담자들이 완전히(충분히) 기능하는 사람이 될 수 있다고 본다. 완전히(충분히) 기능하는 사람은 자신의 잠재력을 인식하고 능력과 자질을 발휘하여 자기실현의 방향으로 나아가는 사람으로서, 일반적으로 다음과 같은 특징을 지닌다.

① 경험에 대해 개방적이다.

② 실존적인 삶을 사는 사람이다.

③ 자신의 유기체에 대해 신뢰한다.

④ 자유 의식(경험적 자유)을 지니고 있다.

⑤ 창조성을 지니고 있다.

(10) 상담 결과

① 내담자는 불일치의 경험이 감소되고 자신의 경험에 개방적이며, 방어도 덜하게 된다.

② 내담자는 현실적이 되고 객관적이며, 자기 지각을 형성하는 데 외부 중심적으로 변한다.

③ 내담자는 문제해결에 있어서 보다 더 능률적이 된다.

④ 심리적 적응에 있어서 이전보다 훨씬 적절한 반응을 보이게 되며 최선의 상태를 지향하게 된다.

⑤ 불일치 상태가 제거됨에 따라 내담자는 위협이나 취약성이 현저하게 감소된다.

⑥ 내담자가 매우 현실적으로 변했기 때문에 이상적 자아개념이 좀 더 현실적인 것이 되고, 따라서 상담목표의 성취 가능성이 농후해진다.

⑦ 내담자가 심리적 적응을 잘하게 되고 위협이 감소되었기 때문에 자아는 그의 이상적 자아와 좀 더 일치감이 더해질 수 있다.

⑧ 이상적 자아에 근접함과 더불어 위협의 제거로 모든 종류의 긴장이 감소될 수 있다.

⑨ 내담자는 근본적 자아지각의 정도가 높아진다.

⑩ 내담자는 이 모든 절차의 결과로 상담 중 행해지는 평가의 핵심이 무엇인지를 파악하게 되고, 자기 스스로를 관리하는 데 보다 더 자신감이 생기며, 가치체계도 전체적인 면에서 검토하는 태도로 변화한다.

⑪ 내담자가 불일치를 극복하고 보다 더 현실적으로 되기 때문에 타인을 좀 더 현실적으로 보게 되며, 정확하게 파악할 수 있게 된다.

⑫ 타인을 좀 더 잘 수용할 수 있게 된다.

⑬ 타인도 내담자의 행동이 이전보다 훨씬 사회성이 높아지고, 성숙했다고 보게 된다.

⑭ 이런 과정을 통하여 내담자의 행동이 이전보다 창조적이며 독특하게 적응하고, 자기 자신의 목적과 가치를 유지하면서도 자기주장을 평탄하게 펴나갈 수 있게 된다.

5 형태주의 상담

(1) 개 요

① 펄스(Perls)에 의해 발전된 상담이론으로, '게슈탈트(Gestalt) 상담'이라고도 한다.

② 인간의 본성에 대한 실존주의적 철학과 인본주의적 관점의 토대 위에 '여기-지금(Here and Now)'에 대한 자각과 개인의 책임을 강조한다.

③ 인간은 과거와 환경에 의해 결정되는 존재가 아니라 현재의 사고, 감정, 느낌, 행동의 전체성과 통합을 추구하는 존재이다.

④ 개인의 발달과정에서 발생한 분노, 불안, 죄의식 등 부정적인 감정들이 밖으로 표출되지 못하고 충분히 자각되지 못한 채 미해결 과제로 남게 될 때 부적응이 발생하게 된다.

⑤ 미해결된 감정들이 배경(Ground)으로 남아 있다가 그 감정들과 연관된 상황에 접하게 될 때 개인으로 하여금 문제해결을 위한 변화보다는 회피를 택하도록 함으로써 타인과의 효과적인 접촉이나 자기 자신의 개인적 성장을 방해하게 된다.

(2) 형태주의 상담의 특징

① 개인의 발달 초기에서의 문제들을 중시한다는 점에서 정신분석적 상담과 유사하다.

② 현재 상황에 대한 자각에 초점을 두고 있다.

③ 지금 여기서 무엇을 어떻게 경험하느냐와 각성을 중시한다.

④ 인간의 성격이 자기 또는 자아(Self), 자기상 또는 자아상(Self-image), 존재(Being)의 3가지로 구성된다고 본다.

⑤ 인간은 신체, 정서, 사고, 감각, 지각 등 모든 부분이 서로 관련을 갖고 있는 전체로서 완성되려는 경향이 있다고 가정한다.

⑥ 개인이 자신의 내부와 주변에서 일어나는 일들을 충분히 자각할 수 있다면 자신이 당면하는 삶의 문제들을 개인 스스로가 효과적으로 다룰 수 있다고 가정한다.

⑦ 상담 과정은 지금 여기에서의 지각과 경험을 내담자와 공유하면서 현재 경험을 명료하게 하고, 자신에 대한 지각을 증진시키는 데 초점을 둔다.

(3) 주요 개념

① 여기-지금(Here and Now) 또는 지금-여기(Now and Here)

　㉠ 형태주의 상담은 '여기-지금'에서의 상황과 감정을 강조한다.

　㉡ 펄스는 현재를 온전히 음미하고 경험하는 학습을 강조하였다. 즉, 지금 여기서 무엇을 어떻게 경험하느냐가 중요한 것이다.

　㉢ 내담자가 자기 과거에 대해 이야기할 때 상담자는 과거를 지금 다시 재현함으로써 과거의 현재화를 요구한다.

　㉣ 상담자는 내담자에게 상상 속에서 "거기 머무르세요"라고 제시하여 과거에 경험했던 감정들을 재생시키고 재경험하게 함으로써 성숙한 인간으로 성장하도록 돕는다.

COMMENT

'여기-지금' 또는 '지금-여기'를 강조한 대표적인 상담이론으로 형태주의(게슈탈트) 상담, 실존주의 상담, 내담자중심(인간중심) 상담 등이 있습니다.

② 게슈탈트(Gestalt)

　㉠ '전체' 또는 '형태' 등의 뜻을 지닌 독일어로, 펄스는 게슈탈트를 "부분이 전체로 통합되는 독특한 지각형태"라는 의미로 사용하였다.

　㉡ 게슈탈트는 개체에 의해 지각된 유기체 욕구나 감정, 즉 개체가 자신의 욕구나 감정을 하나의 의미 있는 전체로 조직화하여 지각한 것을 의미한다.

③ 전경과 배경(Figure-Ground)

　㉠ 개체는 어떠한 대상이나 사건을 인식할 때 자신이 관심을 가지고 있는 부분을 부각시키는 반면, 그 외의 부분을 밀쳐내는 경향이 있다. 이때 관심의 초점으로 부각되는 부분을 '전경(Figure)', 관심 밖으로 밀려나는 부분을 '배경(Ground)'이라고 한다.

　㉡ 개인이 전경으로 떠올랐던 게슈탈트를 해소하고 나면 전경은 배경으로 물러나고 새로운 게슈탈트가 형성되어 다시 전경으로 떠오른다.

　㉢ 건강한 개인은 매 순간 자신에게 중요한 게슈탈트를 분명하게 전경으로 떠올릴 수 있는 데 비해, 그렇지 못한 개인은 전경을 배경과 명확하게 구별하지 못한다.

④ 미해결 과제(Unfinished Business)

    ㉠ 완결되지 않은 게슈탈트(Gestalt)를 의미하는 것으로서, 인간의 분노, 격분, 증오, 고통, 불안, 슬픔, 죄의식, 포기 등과 같은 표현되지 못한 감정을 포함한다.

    ㉡ 표현되지 못한 감정은 개인의 의식 배후에 자리하여 다른 사람과 효율적으로 접촉하는 것을 방해한다.

    ㉢ 미해결 과제가 확장되는 경우 욕구 해소에 실패하게 되며, 이는 신체적 · 심리적 장애로 이어진다.

⑤ 신경증의 층(Neurotic Layers)

펄스(Perls)는 인간의 인격을 양파껍질에 비유하면서, 개인이 심리적 성숙을 얻기 위해 신경증의 층들을 벗겨나가야 한다고 주장하였다.

피상층 (허위층)	진실성이 없이 상투적으로 대하는 거짓된 상태로서, 개인은 형식적 · 의례적인 규범에 따라 피상적인 만남을 한다.
공포층 (연기층)	개인은 자신의 고유한 모습으로 살아가지 못한 채 부모나 주위환경의 기대에 따라 역할을 수행한다.
곤경층 (교착층)	개인은 자신이 했던 역할연기를 자각하게 되면서 더 이상 같은 역할을 지속적으로 수행하는 데 대해 곤경과 허탈감, 무력감을 경험하게 된다.
내파층 (내적 파열층)	개인은 그 동안 억압해 온 자신의 욕구와 감정을 알아차리게 되지만 이를 겉으로 드러내지 못한 채 안으로 억제한다.
폭발층 (외적 파열층)	개인은 자신의 진정한 욕구와 감정을 더 이상 억압 또는 억제하지 않은 채 외부로 표출하게 된다.

(4) 개인과 환경 간의 접촉장애 유형

① 내사(Introjection)

개인이 환경과의 접촉을 통해 자신에게 필요한 행동방식이나 가치관을 외부로부터 무비판적으로 받아들임으로써 발생한다.

② 투사(Projection)

개인이 자신의 생각이나 욕구, 감정 등을 타인의 것으로 지각하는 현상이다.

③ 반전(Retroflection)

개인이 다른 사람이나 환경에 하고 싶은 행동을 자기 자신에게 하는 것 또는 타인이 자기에게 해 주기를 바라는 행동을 스스로 자기 자신에게 하는 것을 말한다.

④ 융합(Confluence)

밀접한 관계에 있는 두 사람이 서로 간에 차이점이 없다고 느끼도록 합의함으로써 발생한다.

⑤ 편향(Deflection)

감당하기 힘든 내적 갈등이나 환경 자극에 노출될 때, 이에 압도당하지 않으려고 자신의 감각을 둔화시켜서 환경과의 접촉을 피하거나 약화시키는 것이다.

(5) 상담의 목표

① 자각에 의한 성숙과 통합의 성취

상담자는 내담자로 하여금 현재의 경험을 더욱 명료하게 하고 자각을 증진시킴으로써 '여기-지금'의 삶에 충실하도록 도와야 한다. 이러한 과정을 통해 내담자는 감정, 지각, 사고, 신체가 모두 하나의 전체로서 통합된 기능을 발휘할 수 있게 된다.

② 자신에 대한 책임감

상담자는 외부환경에 의존하던 내담자로 하여금 책임의 방향을 내담자 자신에게 돌리도록 함으로써 자신의 행동의 결과를 수용하고 책임감을 가지도록 도와야 한다.

③ 잠재력의 실현에 따른 변화와 성장

상담자는 내담자로 하여금 자신에 대한 각성과 함께 외부 지지에서 자기 지지(Self-support)로 전환하도록 함으로써 삶을 더욱 풍요롭게 하고 변화와 성장을 향해 나아가도록 도와야 한다.

(6) 상담 기법

① 욕구와 감정의 자각

상담자는 내담자의 생각이나 주장의 배후에 내재된 '여기-지금'에 체험되는 욕구와 감정을 자각하도록 도와야 한다.

② 신체 자각

상담자는 내담자에게 현재 상황에서 느끼는 신체 감각을 자각하도록 함으로써 자신의 욕구와 감정을 깨닫도록 도와야 한다.

③ 환경 자각

상담자는 내담자에게 스스로의 욕구와 감정을 명확히 하도록 환경과의 접촉을 증진하며, 주위 환경에서 체험하는 것을 자각하도록 도와야 한다.

④ 언어 자각

상담자는 내담자의 말에서 행동의 책임소재가 불명확한 경우, 자신의 감정과 동기에 책임을 지는 문장으로 말하도록 해야 한다.

⑤ 과장하기

상담자는 내담자가 감정을 체험하지만 그 정도와 깊이가 약한 경우 행동이나 언어를 과장하게 표현하도록 함으로써 감정 자각을 도와야 한다.

⑥ 반대로 하기(반전기법 또는 역전기법)

상담자는 내담자에게 평소 행동과 반대되는 행동을 해 보도록 요구함으로써 내담자가 억압하고 통제해온 부분을 표출하도록 해야 한다.

⑦ 감정에 머무르기(머물러 있기)

상담자는 내담자에게 미해결 감정들을 회피하지 않고 견뎌내도록 함으로써 이를 해소하도록 한다.

⑧ 역할연기

상담자는 내담자로 하여금 과거 혹은 미래의 어떤 장면을 현재에 벌어지는 장면으로 상상하여 실제 행동으로 연출해 보도록 한다.

⑨ 직 면

상담자는 내담자의 부적절한 행동을 지적하고 진정한 동기를 직면시켜 줌으로써 미해결 과제를 해소하도록 한다.

⑩ 빈 의자 기법

상담자는 내담자로 하여금 상대방이 맞은 편 빈 의자에 앉아 있다고 상상하도록 한 채 대화를 유도함으로써 상대방의 감정을 이해하도록 하는 동시에 외부로 투사된 자기 자신의 감정을 자각하도록 도와야 한다.

⑪ 자기 부분들 간의 대화

상담자는 내담자의 인격에서 분열된 부분 또는 갈등을 느끼는 부분들 간에 대화가 이루어지도록 해야 한다.

⑫ 꿈을 통한 통합(꿈 작업)

상담자는 내담자의 꿈을 통해 나타나는 소외된 부분 또는 갈등된 부분을 현실로 재현하도록 하며, 이를 성격으로 통합하도록 도와야 한다.

⑬ 대화실험

상담자는 내담자에게 특정 장면을 연출하거나 공상 대화를 하도록 제안함으로써 내담자로 하여금 내적인 분할을 인식하도록 도와야 한다.

COMMENT

위의 상담 기법들은 오로지 형태주의 상담에서만 사용되는 기법은 아닙니다. 예를 들어, 역할연기, 직면 등은 형태주의 상담은 물론 다른 상담방법에서도 널리 사용되고 있는 기법입니다.

(7) 평 가

① 공헌점

비교적 단시간에 자기 각성을 시킬 수 있는 방법으로, 과거의 감정을 현재 중심의 관점에서 재경험하도록 돕는다.

② 한계점

㉠ 상담의 인지적 측면을 고려하지 않는 반지성적 관점이다.

㉡ 인지적 요소를 무시하고 감정과 신체를 강조하면 최적의 균형을 이룰 수 없다.

㉢ 상담자 자신이 현재 지금의 느낌을 솔직하게 개방함으로써 내담자에게 영향을 미치고 상담자 자신의 성숙도 함께 이루어져야 한다.

6 교류분석적 상담(TA ; Transactional Analysis)

(1) 개요

① 교류분석적 상담은 개인의 현재 결정이 과거에 설정된 전제나 신념들을 토대로 이루어진다고 가정한다.

② 번(Berne)은 과거의 전제나 신념들이 한때 인간의 생존욕구를 충족시키는 데 적합했지만, 현재에는 적합하지 않은 것일 수 있으므로 문제를 경험하게 된다고 보았다.

③ 어릴 적 부모로부터 부정적 명령 혹은 금지명령을 받고 자란 아이들은 그와 같은 부정적 메시지를 토대로 잘못된 초기결정을 내리게 되며, 타인과의 진실하지 못한 상호작용 방식을 형성하게 된다.

④ 교류분석적 상담은 내담자로 하여금 현재의 행동과 앞으로의 삶의 방향에 대한 새로운 결정을 내릴 수 있도록 도우며, 초기 발달 과정에서 결정된 부적절한 삶의 방식의 대안들을 학습하도록 격려하는 것을 기본적인 목적으로 한다.

COMMENT

'교류(Transaction)'는 본래 '거래', '흥정행위'를 의미하는 상업용어이지만, '의사교류', '의사소통', '의사거래' 등으로도 번역됩니다. 따라서 '교류분석'을 '의사교류분석', '의사거래분석' 등으로도 부릅니다.

(2) 교류분석적 상담이론의 특징

① 인간을 자율적인 존재, 자유로운 존재, 선택할 수 있는 존재, 책임질 수 있는 존재로 본다.

② 초기결정의 변화 가능성과 함께 새로운 결정을 내릴 수 있는 개인의 능력을 강조한다.

③ 대부분의 다른 이론들과 달리 계약적이고 의사결정적인 양상을 보인다.

④ 개인 간 그리고 개인 내부의 상호작용을 분석하기 위한 구조를 제공한다.

⑤ 상담 과정에서 내담자의 성격 자아상태 분석을 실시한다.

⑥ 각본(대본)분석 평가항목이나 질문지를 사용하며, 게임과 삶의 위치분석, 가족모델링 등의 기법을 활용한다.

(3) 상담의 목표

교류분석적 상담에서 상담자는 내담자로 하여금 자각, 자발성, 친밀성의 능력을 회복하도록 조력한다.

자 각 (Awareness)	자신과 타인과 세상을 왜곡하지 않은 채 있는 그대로 순수하게 지각하는 것을 말한다.
자발성 (Spontaneity)	문제에 대처할 때 자신이 취할 수 있는 모든 대안을 놓고 선택할 수 있는 능력을 말한다.
친밀성 (Intimacy)	라켓 감정이나 게임에 의존하지 않고 자신의 진정한 감정을 표현하는 것을 말한다.

(4) 성격구조(3가지 자아상태)

교류분석적 상담은 성격에 대한 자아상태를 부모(P), 성인(A), 아동(C)으로 구분하여 타인들과의 상호작용을 통해 자아상태를 분석한다.

① 부모 자아 또는 어버이 자아(P ; Parent)

    ㉠ 출생에서부터 5년간 주로 부모를 통해 모방 또는 학습하게 되는 태도 및 기타 지각 내용과 그 행동들로 구성된다.

    ㉡ 어릴 때 부모로부터 받은 영향을 그대로 재현하는 상태로서 개인의 가치, 도덕, 신념 등을 나타낸다.

    ㉢ 기능상 '비판적 부모 자아(CP ; Critical Parent)'와 '양육적 부모 자아(NP ; Nurturing Parent)'로 구분된다.

② 성인 자아 또는 어른 자아(A ; Adult)

    ㉠ 대략 18개월부터 발달하기 시작하여 12세경에 정상적으로 기능하는 자아상태이다.

    ㉡ 현실을 합리적이고 객관적으로 판단하며, 문제에 대한 적절한 해결책을 찾는다.

    ㉢ 다른 두 자아상태를 중재한다. 즉, 아동 자아와 부모 자아의 갈등을 완화시키고 부모 자아로부터 아동 자아가 위협받는 것을 보호해 준다.

③ 아동 자아 또는 어린이 자아(C ; Child)

    ㉠ 어린아이처럼 행동하거나 어린아이의 감정을 그대로 표현하는 자아상태이다.

    ㉡ 자발성, 창의성, 충동, 매력, 기쁨 등을 특징으로 흥미로운 생각과 행동을 일으키는 내적 강도의 원천이다.

    ㉢ 기능상 '자유로운 아동 자아(FC ; Free Child)'와 '순응적 아동 자아(AC ; Adapted Child)'로 구분되며, 더 나아가 성인 자아의 축소판으로서 '어린이 교수 자아(LP ; Little Professor)'로 삼분하기도 한다.

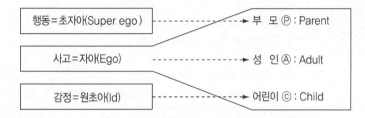

(5) 구조분석

① 내담자 자신의 부모(어버이) 자아, 성인(어른) 자아, 아동(어린이) 자아의 내용이나 기능을 이해하는 방법이다.

② 내담자의 사고, 감정, 행동을 3가지 자아상태와 결부시켜 자아상태에 대한 이해 및 적절한 활용을 돕는다.

③ 특히 구조분석에서는 성격구조와 관련하여 '오염(Contamination)'과 '배제(Exclusion)'의 문제가 제기된다.

오 염 (Contamination)	특정 자아상태가 다른 자아상태의 경계를 침범함으로써 침범된 자아상태가 본래의 기능을 발휘하지 못하는 것이다.
배 제 (Exclusion)	3가지 자아상태 간의 경계가 경직적·폐쇄적이어서 하나 또는 2가지 자아상태를 제대로 사용하지 못하는 것이다.

(6) 교류분석 또는 의사교류분석(Transactional Analysis)

두 사람 간의 의사소통 과정에서 나타나는 3가지 교류 유형, 즉 상보교류(Complementary Transaction), 교차교류(Crossed Transaction), 이면교류(Ulterior Transaction)를 파악하여 효율적인 교류가 이루어지도록 돕는다.

상보교류	두 자아상태가 상호 지지하고 있는 교류로서, 발신자가 기대하는 대로 수신자가 반응한다. 1. 엄마! 저 친구하고 영화 보러 갔다 올게요. 2. 그래, 그렇게 하렴
교차교류	두 사람 사이에 복수의 자아상태가 개입되어 상호 충돌함으로써 서로 기대하고 있는 발신과 수신이 이루어지지 않는다. 1. 엄마! 저 친구하고 영화 보러 갔다 올게요. 2. 넌 도대체 공부는 안 하고 놀러 다닐 생각만 하는구나.
이면교류	현재적 교류와 잠재적 교류가 동시에 작용하는 것으로서, 대화 속에 숨어있는 의사를 교류한다. 〈현재적 교류〉 1. 엄마! 저 도서관에 가서 공부하고 올게요. 2. 그래, 늦지 않게 집으로 오거라. 〈잠재적 교류〉 (1) 엄마! 저 친구하고 놀다가 올게요. (2) 도서관에서 친구들하고 놀 생각하지 말고 집에 일찍 들어와!

(7) 라켓 및 게임 분석(Racket & Game Analysis)

① '라켓(Racket)'은 라켓 감정에 이르는 조작된 행동을 의미하며, '라켓 감정(Racket Feelings)'은 자신의 진정한 감정 대신 부모가 허용한 감정을 표현하는 것이다.

> 예 누나는 동생이 자신의 인형을 망가뜨려 화를 냈다가 어머니에게 야단을 맞았다. 이후 또 다시 동생이 자신의 인형을 망가뜨리자 이번에는 화를 내는 대신 이를 참고 혼자 울먹였다. 어머니는 화를 내지 않는 모습에 칭찬을 해 주었고, 그러자 누나는 화가 나더라도 이를 참고 혼자 울먹이게 되었다.

② '게임(Game)'은 라켓 감정을 유발하는 이면교류이다. 인생각본을 따르므로 예측 가능한 결과를 나타내며, 각본신념을 강화하는 양상을 보인다.

  예 구직자가 직업상담사를 찾아와서 자신에게 적합한 직업을 소개해달라고 요청하였다. 직업상담사가 다양한 제안을 했으나 구직자는 여러 이유들을 제시하면서 받아들이지 않았다. 구직자는 이후에도 몇 차례 더 직업상담사에게 문의를 하였다. 직업상담사가 "이건 어떨까요?"라고 물으면, 구직자는 "예, 그런데..."로 답하기를 반복하였다. 그러나 사실 심리적 수준에서 직업상담사의 경우 "어디 당신이 받아들일만한 일자리를 제안하나봐라", 구직자의 경우 "아무리 떠들어봐라, 내가 받아들이는가?"라는 메시지를 주고받은 것이다.

③ 사람들은 애정이나 인정 자극(Stroke)을 얻기 위해 게임을 하나, 반복적이고 무의식적으로 이루어지는 게임이 교류 당사자들 간에 좋지 않은 결과를 초래하기도 한다.

④ 상담자는 내담자로 하여금 라켓 감정과 게임을 깨닫도록 하여 부정적 자아상태에서 긍정적 자아상태로 전환하도록 도와야 한다.

 더 알아보기

> **사람들이 게임을 하는 이유**
> • 첫째, 애정이나 인정 자극을 받기 위해서 한다.
> • 둘째, 생활시간을 구조화하기 위해서 한다.
> • 셋째, 자신의 만성적인 부정 감정을 유지하기 위해서 한다.
> • 넷째, 자신의 기본적인 생활태도를 반복하고 확인하기 위해서 한다.

(8) 각본분석 또는 생활각본분석(Script Analysis)

① 각본분석은 내담자로 하여금 현 자아상태에서의 각본신념을 깨닫고 '여기-지금(Here & Now)'에서 이를 적절히 효율적인 신념으로 변화시키는 과정이다.

② 각본에 따르는 것은 과거의 부적응적인 사고, 감정, 행동을 반복하는 것이므로, 이와 같은 자기제한적 각본신념을 변화시키고 자율성을 획득할 필요가 있다.

③ 생활각본(인생각본)은 생의 초기에 있어서 개인이 경험하는 외적 사태들에 대해 자신의 해석을 토대로 결정·형성된 반응양식으로, 보통 어린 시절 부모의 금지명령에 대한 반응에서 비롯된 초기결정을 토대로 한다.

④ 각본분석을 통해 내담자의 각본 형성 과정과 함께 각본에 따른 삶의 양상, 각본을 정당화시키기 위해 사용하는 라켓 감정과 게임을 밝힐 수 있다.

> **COMMENT**
> 각본분석은 '대본분석', '스크립트 분석'이라고도 합니다. 본래 'Script'는 연극의 각본(대본)을 일컫는 것으로, 개개인이 어떤 인생의 사건들을 경험하고 역할을 받아서 그 각본에 따라 연기를 한다는 의미에서 비롯됩니다.

(9) 인정 자극 또는 스트로크(Stroke)

피부접촉, 표정, 태도, 감정, 언어, 기타 여러 형태의 행동을 통해 상대방에 대한 반응을 알리는 인간인식의 기본 단위를 말한다. 스타이너(Steiner)는 스트로크의 제한규칙으로서 이른바 '스트로크 경제(The Stroke Economy)'를 제시하였다.

① 스트로크를 줄 수 있다고 해도 무작정 주지 마라.

② 스트로크가 필요하다고 해서 함부로 요구하지 마라.

③ 스트로크를 원해도 쉽게 받아들이지 마라.

④ 스트로크를 원하지 않더라도 애써 거절하지 마라.

⑤ 자기 자신에게 스트로크를 주지 마라.

> **COMMENT**
>
> 스타이너(Steiner)는 개인이 어린 시절 부모로부터 스트로크의 제한규칙을 강요받게 된다고 하였는데, 이는 부모가 무한정한 스트로크를 줄 수 있는 상황을 변화시켜 스트로크의 공급량을 낮춤으로써 부모-자녀의 관계에서 부모에게 유리하도록, 즉 자녀가 부모의 뜻에 따르도록 상황을 조장한다는 것입니다.

(10) 생활자세

① 자기 부정, 타인 긍정(I'm not OK, You're OK)

　타인과 비교하여 자신을 무력한 사람, 희생당한 사람으로 본다.

② 자기 긍정, 타인 부정(I'm OK, You're not OK)

　타인과 비교하여 자신의 우월성을 강조하는 반면, 타인의 열등성을 비난한다.

③ 자기 부정, 타인 부정(I'm not OK, You're not OK)

　인생의 모든 희망을 포기하고 흥미를 상실하며, 인생이 아무런 가망이 없다고 생각한다.

④ 자기 긍정, 타인 긍정(I'm OK, You're OK)

　신뢰성, 개방성, 교환에의 의지를 가지며, 타인을 있는 그대로 수용한다.

(11) 평 가

① 공헌점

　㉠ 대인관계에 있어서 의사소통의 질을 개선할 수 있는 구체적인 방안을 제시하였다.

　㉡ 상담자와 내담자 간의 계약을 중시하였으며, 이를 통해 자유와 책임을 분명히 해 주었다.

② 제한점

　㉠ 주요 개념들이 인지적이므로 지적 능력이 낮은 내담자의 경우 부적절할 수도 있다.

　㉡ 주요 개념들이 창의적인 면도 있지만 추상적이어서 실제 적용에 어려움이 많다.

　㉢ 주요 개념들에 대한 실증적 연구도 있지만 아직 그와 같은 개념들이 과학적인 증거로 제시되었다고 보기는 어렵다.

7 행동주의 상담

(1) 개 요

① 인간의 행동은 모두 학습에 의한 것이며, 학습을 통해 변화가 가능하다고 가정한다.

② 학습이론에 바탕을 두고 체계적인 관찰, 철저한 통제, 자료의 계량화, 결과의 반복이라는 과학적 방법을 강조한다.

③ 행동주의적 접근은 파블로프(Pavlov)의 고전적 조건형성, 스키너(Skinner)의 조작적 조건형성, 반두라(Bandura)의 사회학습이론으로 발전하였으므로, 이를 토대로 한 상담이론은 학자들에 따라 인간관이나 상담기법 등에서 많은 견해차를 보인다.

④ 초창기 인간의 자기 결정력 및 자유의 가능성을 철저히 배척한 방식에서 서서히 벗어나, 현재의 추세는 상담 과정에서 내담자들에게 통제력과 자율성을 확대하는 방향으로 상담절차가 발전하고 있다.

(2) 행동주의 상담의 특징

① 실험에 기초한 귀납적인 접근방법이며, 실험적 방법을 상담 과정에 적용한다.

② 인간행동과 관련하여 그 주관적인 가치를 완전히 배제한 채 외현적인 '자극(S : Stimulus) – 반응(R : Response)'으로 설명한다.

③ 내담자의 비정상적·부적응적인 행동이 무의식적 충동에 의해서가 아닌 학습에 의해 획득·유지된 것으로 보며, 이를 수정하기 위해 학습의 원리를 적용한다.

④ 심리적 장애행동과 관련된 학습경험들을 확인하고 이를 수정한다.

⑤ 상담자의 능동적이고 지시적인 역할을 강조한다.

(3) 행동주의 상담의 기본 가정

① 인간행동의 대부분은 학습된 것이므로 수정이 가능하다.

② 특정한 환경의 변화는 개인의 행동을 적절하게 변화시키는 데 도움이 된다.

③ 강화나 모방 등의 사회학습 원리는 상담기술의 발전을 위해 이용될 수 있다.

④ 상담의 효율성 및 효과성은 상담장면 밖에서의 내담자의 구체적인 행동 변화에 의해 평가된다.

⑤ 상담방법은 정적이거나 고정된 것 또는 사전에 결정된 것이 아니므로, 내담자의 특수한 문제를 해결하기 위해 독특한 방식으로 고안될 수 있다.

(4) 행동주의 상담의 목표

① 내담자의 문제를 학습 과정을 통해 습득된 부적응 행동으로 보고, 상담 과정을 통해 부적절한 행동을 밝혀서 제거하고, 보다 적절한 새로운 행동을 학습하도록 한다.

② 내담자의 바람직하고 효과적인 행동의 학습에 도움이 되는 조건을 찾아내어 이를 조성하기 위해 노력한다.

(5) 고전적 조건형성(Classical Conditioning)

① 의의 및 특징

㉠ 파블로프(Pavlov)에 의해 처음 연구된 것으로, 개에게 종소리를 들려준 후 먹이를 주자, 이후 종소리만 들려주어도 개가 침을 흘리는 실험 과정에서 비롯되었다.

㉡ 파블로프의 개 실험에서 먹이는 '무조건 자극(UCS ; Unconditioned Stimulus)', 먹이로 인해 나오는 침은 '무조건 반응(UCR ; Unconditioned Response)', 조건화되기 이전의 종소리는 '중성 자극(NS ; Neutral Stimulus)', 조건화된 이후의 종소리는 '조건 자극(CS ; Conditioned Stimulus)', 종소리로 인해 나오는 침은 '조건 반응(CR ; Conditioned Response)'에 해당한다.

㉢ S-R(자극-반응)이론으로 2차적 조건형성(Second-order Conditioning), 자극 일반화(Stimulus Generalization), 자극 변별(Stimulus Discrimination)을 설명한다.

㉣ 학습은 체계적·과학적 방법에 의해 외부로부터 유도될 수 있으며, 그 결과는 예측이 가능하다.

② 2차적 조건형성, 자극 일반화, 자극 변별

2차적 조건형성	어떠한 조건 자극이 조건 반응을 유도하는 힘을 가지게 된 후 다른 제2의 자극과 연결되어 새로운 조건반응을 야기한다.
자극 일반화	특정 조건 자극에 대해 조건 반응이 성립되었을 때 그와 유사한 조건 자극에 대해서도 똑같은 조건 반응을 보인다.
자극 변별	특정 자극에 대한 조건화가 완전해지는 경우 다른 유사한 자극에 대해 반응을 일으키지 않는데, 이는 둘 이상의 자극을 서로 구별하는 것이다.

(6) 조작적 조건형성(Operant Conditioning)

① 의의 및 특징

㉠ 스키너(Skinner)가 고전적 조건형성을 확장한 것으로, 자신이 고안한 '스키너 상자(Skinner Box)'에서의 쥐 실험을 통해 구체화되었다.

㉡ 상자 내부에 지렛대를 누르면 먹이가 나오는 장치에서, 먹이는 무조건 자극, 먹이를 먹는 것은 무조건 반응, 지렛대는 조건 자극, 지렛대를 누르는 것은 조건 반응에 해당한다.

㉢ 인간이 환경적 자극에 수동적으로 반응하여 형성되는 행동인 반응적 행동에 몰두한 파블로프의 고전적 조건형성과 달리, 스키너는 인간이 환경의 자극에 능동적으로 반응하여 나타내는 행동인 조작적 행동을 설명한다.

㉣ 스키너의 조작적 조건형성은 보상에 의한 강화를 통해 반응행동을 변화시키려는 방법이므로 '강화이론(Reinforcement Theory)'이라고도 불린다.

② 강화와 처벌

정적 강화	유쾌 자극을 부여하여 바람직한 반응의 확률을 높인다. 예 교실 청소를 하는 학생에게 과자를 준다.
부적 강화	불쾌 자극을 제거하여 바람직한 반응의 확률을 높인다. 예 발표자에 대한 보충수업 면제를 통보하여 학생들의 발표를 유도한다.
정적 처벌	불쾌 자극을 부여하여 바람직하지 못한 반응의 확률을 감소시킨다. 예 장시간 컴퓨터를 하느라 공부를 소홀히 한 아이에게 매를 가한다.
부적 처벌	유쾌 자극을 제거하여 바람직하지 못한 반응의 확률을 감소시킨다. 예 방청소를 소홀히 한 아이에게 컴퓨터를 못하게 한다.

③ 강화계획 또는 강화스케줄(Reinforcement Schedule)

ㄱ 계속적(연속적) 강화계획(Continuous Reinforcement Schedule)

반응의 횟수나 시간에 상관없이 기대하는 반응이 나타날 때마다 강화를 부여한다.

예 아이가 숙제를 모두 마치는 경우 TV를 볼 수 있도록 허락한다.

ㄴ 간헐적(부분적) 강화계획(Intermittent Reinforcement Schedule)

• 반응의 횟수나 시간을 고려하여 간헐적 또는 주기적으로 강화를 부여한다.

• 반응률이 높은 강화계획 순서는 '변동비율계획(VR) > 고정비율계획(FR) > 변동간격계획(VI) > 고정간격계획(FI)' 순이다.

고정간격계획 (Fixed-Interval Schedule)	요구되는 행동의 발생빈도에 상관없이 일정한 시간 간격에 따라 강화를 부여한다. 예 주급, 월급, 일당, 정기적 시험 등
변동(가변)간격계획 (Variable-Interval Schedule)	일정한 시간 간격을 두지 않은 채 평균적으로 확인할 수 있는 시간 간격이 지난 후에 강화를 부여한다. 강화 시간은 불규칙적이지만 강화가 주어진 시간을 분석하는 경우 평균 시간마다 한 번씩 강화를 받게 되는 셈이다. 예 아이에게 사탕을 평균 1분에 한 번씩 준다고 했을 경우, 이는 1초~120초 사이의 어느 순간에 사탕을 주겠다는 것이다.
고정비율계획 (Fixed-Ratio Schedule)	행동중심적 강화방법으로서, 일정한 횟수의 바람직한 반응이 나타난 다음에 강화를 부여한다. 예 옷 공장에서 옷 100벌을 만들 때마다 1인당 100만원의 성과급을 지급한다.
변동(가변)비율계획 (Variable-Ratio Schedule)	반응행동에 변동적인 비율을 적용하여 불규칙한 횟수의 바람직한 행동이 나타난 후 강화를 부여한다. 예 카지노의 슬롯머신, 복권 등

(7) 사회학습이론

① 의의 및 특징

ㄱ 반두라(Bandura)는 인간의 행동이 외부자극에 의해 통제된다는 기존의 행동주의이론에 반발하여 인간의 인지 능력에 관심을 가졌다.

ㄴ '사회학습'이란 인간은 어떤 모델의 행동을 관찰·모방함으로써 학습하게 된다는 것으로, 여기서 학습은 주위 사람과 사건들에 주의집중하여 정보를 획득하는 것을 말한다.

ⓒ 관찰자는 관찰대상이 보상이나 벌을 받는 것을 관찰함으로써 간접적인 강화를 받는데, 이때의 간접적 강화를 가리켜 '대리적 강화(Vicarious Reinforcement)'라고 한다.

ⓔ 강화는 인간의 행동을 절대적으로 통제하지는 못하며, 강화의 효과 또한 행동과 그 결과에 대한 인간의 의식에 의해 좌우된다.

ⓜ 인간은 자신의 인지적 능력을 활용하여 창조적으로 사고함으로써 합리적으로 행동을 계획할 수 있다.

② 주요 개념

모델링 (Modeling)	다른 사람의 행동을 보고 들으면서 그 행동을 따라하는 것으로, 관찰학습을 의미한다.
자기조절 (Self-regulation)	자신의 행동을 스스로 평가·감독하는 것으로, 자기평가적 반응과 연관된다.
자기강화 (Self-reinforcement)	자신이 통제할 수 있는 보상을 자기 스스로에게 주어서 자신의 행동을 유지하거나 변화시키는 과정이다.
자기효능감 (Self-efficacy)	내적 표준과 자기강화에 의해 형성되는 것으로, 어떤 행동을 성공적으로 수행할 수 있다는 신념이다.

(8) 상담기법

① 체계적 둔감법 또는 체계적 둔감화(Systematic Desensitization)

ⓙ 특정한 상황이나 상상에 의해 조건형성된 불안이나 공포에 대해 불안(공포)자극을 단계적으로 높여가며 노출시킴으로써, 내담자의 불안(공포)반응을 경감 또는 제거시킨다.

ⓛ 체계적 둔감법은 다음의 단계에 따라 진행된다.

근육이완훈련 (제1단계)	근육이완훈련을 통해 몸의 긴장을 풀도록 한다.
불안위계목록 작성 (제2단계)	낮은 수준의 자극에서 높은 수준의 자극으로 불안위계목록을 작성한다.
불안위계목록에 따른 둔감화 (제3단계)	불안유발상황을 단계적으로 상상하도록 유도하여 불안반응을 점진적으로 경감 또는 제거시킨다.

COMMENT

체계적 둔감법은 고전적 조건형성의 원리에 기초를 둔 대표적인 불안감소기법으로서, 체계적 탈감화, '단계적 둔감화' 등 다양한 명칭으로 번역되고 있습니다.

② 내적 모델링 및 인지적 모델링(Internal Modeling & Cognitive Modeling)

내적 모델링	상담자가 내담자에게 상상해야 할 것을 말해주어 내담자로 하여금 그 지시에 따라 행동을 수행하는 모델을 상상하도록 한다.
인지적 모델링	상담자가 모델링 장면에서 먼저 시범을 보이면서 무엇을 하고 어떻게 느낄지에 대해 내담자에게 설명하며, 내담자는 그것을 듣고 목표행동을 반복적으로 수행한다.

③ 인지적 재구조화(Cognitive Restructuring)

내담자 자신의 인지를 확인·평가하고, 어떤 사고에 의해 일어나는 행동의 부정적 영향을 이해하며, 이러한 인지를 좀 더 현실적이고 적절한 사고로 대체하는 것을 학습하는 과정이다. 즉, 내담자의 부정적인 자기패배적 사고 대신 긍정적인 자기적응적(자기향상적) 사고를 가지도록 하는 기법이다.

④ 사고중지 또는 사고정지(Thought Stopping)

내담자가 부정적인 인지를 억압하거나 제거함으로써 비생산적이고 자기패배적인 사고와 심상을 통제하도록 도와주기 위해 사용된다. 특히 돌이킬 수 없는 과거사건에 대해 고심하는 내담자, 발생할 것 같지 않은 사건에 대한 생각에 빠져 있는 내담자, 자기패배적인 심상에 빠져있는 내담자 등에게 적합하다.

⑤ 정서적 심상법 또는 정서적 상상(Emotive Imagery)

내담자에게 실제 장면이나 행동에 대한 정서적인 느낌이나 감정을 마음속으로 상상해 보도록 하는 기법이다. 내담자의 불안 및 공포를 제거하는 데 효과적인 방법으로, 상담자는 내담자로 하여금 불안유발 상황에 대처하도록 긍정적이고 유쾌한 상상에 주의를 집중시킨다.

⑥ 스트레스 접종(Stress Inoculation)

예상되는 신체적·정신적 긴장을 약화시켜 내담자가 충분히 자신의 문제를 다룰 수 있도록 준비시키는 기법이다.

⑦ 토큰경제 또는 상표제도(Token Economy)

바람직한 행동들에 대한 체계적인 목록을 정해놓은 후 그러한 행동이 이루어질 때 그에 상응하는 보상(토큰)을 하는 기법이다.

⑧ 모델링(Modeling) 또는 대리학습(Vicarious Learning)

타인의 행동에 대한 관찰 및 모방에 의한 학습을 통해 내담자로 하여금 문제행동을 수정하거나 학습을 촉진시키는 기법이다.

⑨ 주장훈련 또는 주장적 훈련(Assertive Training)

내담자의 대인관계에 있어서의 불안과 공포를 해소하기 위한 효과적인 치료기법이다. 불안을 역제지하는 방법으로, 내담자로 하여금 불안 이외의 감정을 표현하도록 하여 대인관계에서 오는 불안을 제거하도록 한다.

⑩ 혐오치료(Aversion Therapy)

바람직하지 못한 행동에 혐오 자극을 제시함으로써 부적응적인 행동을 제거하는 기법이다.

⑪ 역할연기(Role Playing)

일상생활 속에서 수행하지 못하거나 수행하기 곤란한 역할행동 때문에 부적응적인 행동을 하는 내담자로 하여금 현실적 장면이나 극적인 장면을 통해 역할행동을 반복적으로 시연시킴으로써 부적응적 행동을 적응적 행동으로 바꾸도록 하는 기법이다.

⑫ 행동계약(Behavioral Contract)

두 사람이나 그 이상의 사람들이 정해진 기간 내에 각자가 해야 할 행동을 분명하게 정해 놓은 후 그 내용을 서로가 지키기로 계약을 맺는 것이다.

⑬ 자기관리 프로그램(Self-management Program)

내담자가 자기지시적인 삶을 영위하고 상담자에게 의존하지 않도록 하기 위해, 상담자가 내담자의 지식을 공유하면서 자기강화기법을 적극적으로 활용하는 것이다.

⑭ 바이오피드백(Biofeedback)

이른바 '생체자기제어'라고도 불리는 것으로서, 근육긴장도, 심박수, 혈압, 체온 등의 자율신경계에 의한 각종 생리적인 변수를 병적 증상의 완화나 건강 유지를 위해 부분적으로 조절할 수 있도록 하는 기법이다.

⑮ 과잉교정(Overcorrection)

문제행동에 대한 대안행동이 거의 없거나 효과적인 강화인자가 없을 때 유용한 기법으로서 파괴적이고 폭력적인 행동을 수정하는 데 효과적이다.

⑯ 내현적 가감법 또는 내면적 가감법(Covert Sensitization)

혐오치료의 일종으로서, 원하지 않는 행동과 그로 인해 나타날 수 있는 불쾌한 결과를 함께 상상하도록 함으로써 부적응행동을 방지하기 위한 것이다.

☎ 더 알아보기

행동주의 상담(행동치료)의 치료기술		
내적 행동변화 촉진	• 체계적 둔감법 • 인지적 모델링 • 사고중지(사고정지) • 스트레스 접종 등	• 근육이완훈련 • 인지적 재구조화 • 정서적 심상법(정서적 상상)
외적 행동변화 촉진	• 상표제도(토큰경제) • 주장훈련(주장적 훈련) • 행동계약 • 혐오치료	• 모델링(대리학습) • 역할연기 • 자기관리 프로그램 • 바이오피드백(Biofeedback) 등

(9) 평 가

① 공헌점

㉠ 구체적인 것에 초점을 맞추며, 상담기법의 적용에 있어서 체계적인 방법으로 접근하였다.

㉡ 내담자의 행동변화를 위한 활동계획 수립을 돕기 위해 구체적인 행동기법을 제공하였다.

㉢ 상담의 방향을 책임감 있게 제시하였다.

② 제한점

㉠ 감정과 정서의 역할을 상대적으로 경시하였다.

㉡ 문제해결을 지나치게 강조하였다.

㉢ 내담자의 현재 문제에 과도하게 집중하는 양상을 보였다.

8 인지 · 정서 · 행동적 상담(REBT)

(1) 개 요

① 인지이론과 행동주의적 요소가 결합된 것으로서, 인지과정의 연구로부터 도출된 개념과 함께 행동주의 및 사회학습이론으로부터 나온 개념들을 통합하여 적용한 것이다.

② 엘리스(Ellis)는 인간이 합리적인 사고를 할 수 있는 동시에 비합리적인 사고를 할 수 있다고 가정하였다. 따라서 내담자의 모든 행동적 · 정서적 문제는 경험적으로 타당성이 없는 비논리적이고 비합리적인 사고로 인해 발생한 것으로 보았다.

③ 인지 · 정서 · 행동적 상담은 내담자의 비합리적 신념에 대한 논박을 통해 사고와 감정의 변화를 도모하고자 한다.

④ 문제에 초점을 둔 시간제한적 접근으로서, 내담자가 자신의 사고와 행동을 통제하기 위한 대처기제를 학습하는 교육적 접근을 강조한다.

⑤ 비합리적이거나 비논리적 사고체계를 지닌 구직자에게 가장 효율적인 상담기법으로 볼 수 있다.

☎ 더 알아보기

> **REBT의 발전 과정**
> - 엘리스(Ellis)는 1955년 인본주의적 치료와 철학적 치료, 행동주의적 치료를 혼합하여 '합리적 치료(RT ; Rational Therapy)'를 처음 고안하였으며, 이후 정서의 측면을 강조하기 위해 1962년 '합리적 · 정서적 치료(RET ; Rational-Emotive Therapy)'로 명칭을 변경하였다. 그리고 1993년 자신의 치료법에 행동적 측면이 상당 부분 포함되어 있음을 받아들여 이를 '합리적 · 정서적 행동치료(REBT ; Rational-Emotive Behavior Therapy)'라 공식적으로 명명하였다. 그러나 그는 자신이 개발한 치료법의 명칭에 '인지적(Cognitive)'이라는 표현 대신 '합리적(Rational)'이라는 표현을 사용한 것에 대해 그것이 자신의 실수였음을 최근에야 비로소 고백한 바 있다. 그 이유는 '합리적'이라는 표현이 이성에 의한 합리성의 한계를 지적한 포스트모던의 새로운 조류에 부합하지 않았기 때문이다.
> - 사실 엘리스가 제시한 '합리적(Rational)'의 표현에는 경험적 · 논리적으로 타당한 인지, 효율적인 동시에 자기개선적인 인지라는 의미가 포함되어 있으므로, '인지적(Cognitive)'의 표현과 같다고 볼 수 있다. 그럼에도 불구하고 엘리스가 그 명칭을 변경하지 못한 이유는 1970년대 중반 이후부터 벡(Beck)과 마이켄바움(Meichenbaum)이 각각 인지치료(CT ; Cognitive Therapy), 인지 · 행동치료(CBT ; Cognitive-Behavioral Therapy)의 개념을 보편화시켰으므로, 그와 같은 상황에서 뒤늦게 명칭을 변경하는 것이 적절하지 못하다고 판단했기 때문이다.

(2) 인지 · 정서 · 행동적 상담(REBT)의 기본원리

① 인지는 인간의 정서를 결정하는 가장 중요한 요소이다.

② 역기능적 사고는 정서장애의 중요한 결정 요인이다.

③ 정서적인 문제를 해결하기 위해서는 사고를 분석하는 데서 시작하는 것이 효과적이다.

④ 유전과 환경을 포함한 다양한 요인들이 불합리한 사고나 정신병리를 일으키는 원인이 된다.

⑤ 행동에 대한 과거의 영향보다는 현재에 초점을 둔다.

⑥ 인간이 지닌 신념은 쉽지는 않지만 변화한다고 믿는다.

(3) 상담의 목표

① 내담자의 비논리적이고 비합리적인 신념체계를 합리적인 것으로 대치함으로써 행동적·정서적 문제들을 해결한다.

② 내담자가 가지고 있는 자기파괴적이고 자기패배적인 신념을 최소화하며, 현실적이고 관대한 철학을 가지도록 돕는다.

③ 내담자로 하여금 자신의 삶에 대한 책임을 받아들임으로써 문제에 직면하도록 돕는다.

(4) 비합리적 신념의 유형(Ellis)

① 인간은 주위의 모든 중요한 사람들에게서 항상 사랑과 인정을 받아야만 한다.

② 인간은 자신이 가치 있다고 인정받으려면 모든 영역에서 반드시 유능하고 성취적이어야 한다.

③ 어떤 사람은 악하고 나쁘며 야비하다. 따라서 그와 같은 행위에 대해서는 반드시 준엄한 저주와 처벌이 내려져야 한다.

④ 일이 내가 바라는 대로 되지 않는 것은 끔찍스러운 파멸이다.

⑤ 인간의 불행은 외부 환경 때문이며, 인간의 힘으로는 그것을 통제할 수 없다.

⑥ 위험하거나 두려운 일이 일어날 가능성은 상존하므로, 그것이 실제로 일어날 가능성에 대해 항상 유념해야 한다.

⑦ 인생에 있어서 어떤 난관이나 책임을 직면하는 것보다 회피하는 것이 더욱 쉬운 일이다.

⑧ 인간은 다른 사람에게 의지해야 하며, 자신이 의지할만한 더욱 강력한 누군가가 있어야 한다.

⑨ 인간의 현재 행동은 과거의 경험이나 사건에 의해 결정되며, 인간은 과거의 영향에서 결코 벗어날 수 없다.

⑩ 인간은 다른 사람의 문제나 곤란에 대해 항상 신경을 써야 한다.

⑪ 인간의 문제에는 항상 완전한 해결책이 있으므로, 이를 찾지 못하는 것은 매우 유감스러운 일이다.

⑫ 세상은 반드시 공평해야 하며, 정의는 반드시 승리한다.

⑬ 항상 고통이 없이 편안해야 한다.

⑭ 나는 아마도 미쳐가고 있는지 모른다. 그러나 미쳐서는 안 된다. 왜냐하면 그것을 견딜 수 없기 때문이다.

(5) 비합리적 신념의 뿌리를 이루는 3가지 당위성

① **자신에 대한 당위성**

나는 반드시 훌륭하게 일을 수행해 내야 한다.

② **타인에 대한 당위성**

타인은 반드시 나를 공정하게 대우해야 한다.

③ **세상(조건)에 대한 당위성**

세상의 조건들은 내가 원하는 방향으로 돌아가야만 한다.

(6) ABCDE(ABCDEF) 모델(모형)

① A(Activating Event ; 선행사건)

내담자의 감정을 동요하거나 내담자의 행동에 영향을 미치는 사건을 의미한다.

② B(Belief System ; 비합리적 신념체계)

선행사건에 대한 내담자의 비합리적 신념체계나 사고체계를 의미한다.

③ C(Consequence ; 결과)

선행사건을 경험한 후 자신의 비합리적 신념체계를 통해 그 사건을 해석함으로써 느끼게 되는 정서적·행동적 결과를 말한다.

④ D(Dispute ; 논박)

내담자가 가지고 있는 비합리적 신념이나 사고에 대해 그것이 사리에 부합하는 것인지 논리성·실용성·현실성에 비추어 반박하는 것으로서, 내담자의 비합리적 신념체계를 수정하기 위한 것이다.

⑤ E(Effect ; 효과)

논박으로 인해 나타나는 효과로서, 내담자가 가진 비합리적인 신념을 철저하게 논박하여 합리적인 신념으로 대체한다.

⑥ F(Feeling ; 감정)

내담자는 합리적인 신념으로 인해 자신에 대한 수용적인 태도와 긍정적인 감정을 가지게 된다.

[ABCDEF 모델의 예]

COMMENT

엘리스(Ellis)의 ABCDE 모델(모형)은 'ABC 모델', 'ABCD 모델' 혹은 'ABCDEF 모델'로도 불립니다. 다만, 여기서 'ABC 모델'은 행동주의이론 또는 행동치료의 'ABC 패러다임'과 다릅니다. 'ABC 패러다임'은 〈선행요인(Antecedents) → 행동(Behavior) → 결과(Consequences)〉를 의미합니다.

(7) 인지행동적 접근의 주요 상담기법

① 인지적 재구성(Cognitive Restructuring)

비합리적인 사고와 신념을 인지적 방법과 행동적 방법을 사용하여 합리적인 사고와 신념으로 수정 및 개선하는 기법이다.

② 대처기술훈련(Coping Skill Training)

문제 장면에서의 구체적인 대처기술을 집중적으로 훈련시킴으로써 내담자로 하여금 상황에 적절하게 대응할 수 있도록 하기 위한 기법이다.

③ 문제해결 접근(Problem Solving)

내담자들이 겪는 부적응의 문제를 해결하기 위해 인지적 재구성과 대처기술훈련을 복합적으로 적용한다.

9 인지치료(Cognitive Therapy)

(1) 개 요

① 벡(Beck)에 의한 인지행동 상담기술로서, 인간의 사고와 행동이 서로 밀접하게 연관되어 있다는 가정에서 비롯된다.

② 개인이 정보를 수용하여 처리하고 반응하기 위한 지적인 능력을 개발시키는 방법에 몰두한다.

③ 특히 내담자의 역기능적이고 자동적인 사고 및 스키마, 신념, 가정의 대인관계행동에서의 영향력을 강조하며, 이를 수정하여 내담자의 정서나 행동을 변화시키는 데 역점을 둔다.

④ 치료 과정은 보통 단기적·한시적이고 구조화되어 있으며, 상담자(치료자)는 내담자에 대한 보다 적극적이고 교육적인 치료를 수행한다.

⑤ 엘리스(Ellis)가 개인이 가진 비합리적 사고나 신념에 문제의 초점을 두었다면, 벡(Beck)은 개인이 가지고 있는 정보처리 과정상의 인지적 왜곡에 초점을 두었다.

(2) 인지적 오류의 주요 유형

① 임의적 추론 또는 자의적 추론(Arbitrary Inference)

어떤 결론을 지지하는 증거가 없거나 그 증거가 결론에 위배됨에도 불구하고 그와 같은 결론을 내린다.

예 남자친구가 사흘 동안 전화를 하지 않은 것은 자신을 사랑하지 않고 이미 마음이 떠났기 때문이라고 자기 멋대로 추측하는 경우

② 선택적 추상 또는 선택적 추상화(Selective Abstraction)

다른 중요한 요소들은 무시한 채 사소한 부분에 초점을 맞추고, 그 부분적인 것에 근거하여 전체 경험을 이해한다. 특히 상황의 긍정적인 양상을 여과하는 데 초점이 맞추어져 있고 극단적으로 부정적인 세부사항에 머문다.

예 아내가 자신의 장단점을 이야기해 주었을 때 약점에 대해서만 집착한 나머지 아내의 진심을 왜곡하고 아내가 자신을 비웃고 헐뜯는 것으로 받아들이는 경우

③ 과잉일반화(과일반화) 또는 과도한 일반화(Overgeneralization)

한두 가지의 고립된 사건에 근거해서 일반적인 결론을 내리고 그것을 서로 관계없는 상황에 적용한다.

예 영어시험을 망쳤으니 (자신의 노력이나 상황 변화와 관계없이) 이번 시험은 완전히 망칠 것이라 결론을 내리는 경우

④ 개인화 또는 사적인 것으로 받아들이기(Personalization)

자신과 관련시킬 근거가 없는 외부사건을 자신과 관련시키는 성향으로서, 실제로는 다른 것 때문에 생긴 일에 대해 자신이 원인이고 자신이 책임져야 할 것으로 받아들인다.

예 친구가 오늘 기분이 나쁜 것이 내게 화가 나 있기 때문인 것으로 간주하는 경우

⑤ 이분법적 사고 또는 흑백논리(Dichotomous Thinking)

모든 경험을 한두 개의 범주로만 이해하고 중간지대가 없이 흑백논리로써 현실을 파악한다.

예 100점이 아니면 0점과 다를 바 없다고 보는 경우

⑥ 과장/축소 또는 의미확대/의미축소(Magnification/Minimization)

어떤 사건 또는 한 개인이나 경험이 가진 특성의 한 측면을 그것이 실제로 가진 중요성과 무관하게 과대평가하거나 과소평가한다.

예 시험을 잘 보았을 때 운이 좋아서 혹은 시험이 쉽게 출제되어서 좋은 결과에 이르렀다고 보는 경우

⑦ 긍정 격하(Disqualifying the Positive)

자신의 긍정적인 경험이나 능력을 객관적으로 평가하지 않은 채 그것을 부정적인 경험으로 전환하거나 자신의 능력을 낮추어 본다.

예 누군가 자신이 한 일에 대해 칭찬을 할 때 그 사람들이 착해서 아무것도 아닌 일에 칭찬을 하는 것이라 생각하는 경우

⑧ 잘못된 명명(Mislabelling)

과잉일반화의 극단적인 형태로서, 내담자가 어느 하나의 단일사건이나 극히 드문 일에 기초하여 완전히 부정적으로 상상하는 것이다.

예 한 차례 지각을 한 학생에 대해 지각대장이라는 이름표를 붙이는 경우

COMMENT

인지적 오류의 유형과 관련된 예는 반드시 어느 하나의 정답이 있는 것은 아닙니다. 경우에 따라 2가지 이상의 오류가 혼합된 것일 수도 있습니다.

(3) 인지치료적 접근의 주요 상담기법

① 정서적 기법

  ㉠ 내담자의 자동적 사고는 정서 경험을 통해 분명해지므로, 정서도식의 활성화를 통해 자동적 사고를 끌어낸다.

  ㉡ 최근의 정서 경험을 구체적으로 이야기하기, 심상기법, 역할연기, 상담 중 정서 변화에 주목하기 등을 통해 내담자의 자동적 사고를 파악한다.

② 언어적 기법

  ㉠ 소크라테스식 질문을 통해 내담자로 하여금 자신의 자동적 사고가 현실적으로 타당한지를 평가하도록 한다.

  ㉡ 질문의 내용은 생각의 근거, 대안적 사고 찾기, 실제 그 일이 일어난다면 어떨 것인가 등이다.

③ 행동적 기법

  ㉠ 내담자가 가진 부정적 사고의 현실적 타당성을 검증하기 위해 행동실험을 적용한다.

  ㉡ 행동실험은 인지의 변화를 목적으로 수행되며, 이는 상담 중에 이루어질 수도 혹은 과제로 부과될 수도 있다.

> **COMMENT**
>
> '소크라테스식 질문' 또는 '소크라테스식 대화'는 내담자의 사고를 직접적으로 논박하기보다는 일련의 신중한 질문들을 통해 내담자 스스로 자신의 해결책을 찾도록 돕는 기법입니다.

10 현실치료(현실주의 상담)

(1) 개 요

① 1950년대에 글래서(Glasser)가 정신분석의 결정론적 입장에 반대하여 그에 대비되는 치료적 접근방법을 개발하였다.

② 현실치료는 인간이 자신의 욕구를 충족시키기 위해 행동하며, 그러한 행동은 인간이 스스로 선택하고 결정한 것이라는 점을 강조한다.

③ 인간은 생존의 욕구, 사랑과 소속의 욕구, 권력과 성취의 욕구, 자유의 욕구, 즐거움과 재미의 욕구 등 5가지의 기본적인 욕구를 가지고 있으며, 이와 같은 욕구에는 어떠한 위계도 존재하지 않는다.

④ 인간은 자유롭고 자신이나 환경을 통제할 수 있으며, 자신의 목표를 스스로 선택하고자 하는 욕구를 가지고 있다.

⑤ 현실치료는 내담자로 하여금 스스로의 삶을 더욱 효과적으로 통제할 수 있도록 하며, 결과에 대해 스스로 책임질 것을 강조한다.

(2) **치료의 특징**

① 과거나 미래보다 현재에 초점을 둔다.

② 내담자의 책임감과 행동의 도덕성을 강조한다.

③ 내담자의 자율적이고 합리적인 모습을 강조한다.

④ 내담자 스스로 계획을 수립하고 수행을 평가하도록 한다.

⑤ 내담자가 용기를 잃지 않고 자신감을 가질 수 있도록 배려한다.

⑥ 개입의 초점을 문제의 행동에 맞춘다.

⑦ 내담자의 책임감 없는 행동이나 변명, 합리화를 금지한다.

⑧ 효과적인 욕구 충족을 위해 새로운 방법을 교육시키고자 한다.

(3) **치료목표**

① 내담자로 하여금 현실적이고 책임질 수 있는 행동을 하도록 하며, 성공적인 정체감을 개발하여 궁극적으로 자율성을 획득하도록 한다.

② 내담자로 하여금 행동에 대한 가치판단과 함께 자기결정을 할 수 있도록 한다.

(4) **치료기법**

① **질문하기**

상담자는 내담자에게 욕구와 바람이 무엇인지, 또한 그것이 얼마나 강한지 물어본다.

② **유머 사용**

상담관계 형성과 긴장 해소를 위해 적절한 유머를 사용한다.

③ **토의와 논쟁**

내담자의 욕구충족을 위한 방법이 현실성이 있는지, 그에 대한 책임감을 가지고 있는지에 초점을 두고 토의와 논쟁을 한다.

④ **직 면**

토의나 논쟁의 과정에서 내담자가 현실적 책임과 관련된 모순을 보일 때 이를 직면시킨다.

특성-요인 직업상담

1 개 요

(1) 특성-요인 직업상담의 의의

① 윌리암슨(Williamson)이 파슨스(Parsons)의 직업이론 원리를 토대로 발전시킨 것으로, '지시적 상담'이라고도 불린다.

② 개인차 심리학과 응용심리학에 근거를 두고 있으며, 개인의 특성과 직업을 구성하는 요인을 연결시키는 것에 초점을 둔다.

③ 특성(Trait)은 성격, 적성, 흥미, 가치관 등 검사에 의해 측정 가능한 개인의 특징을 의미한다. 반면, 요인(Factor)은 책임감, 성실성, 직업성취도 등 성공적인 직업수행을 위해 요구되는 특징을 의미한다.

> **COMMENT**
>
> 내담자중심 상담은 '비지시적 상담', 특성-요인 상담은 '지시적 상담'에 해당합니다. 참고로 파슨스(Parsons), 패터슨 (Paterson) 그리고 윌리암슨(Williamson)은 특성-요인 접근에 이론적 강조점을 둔 학자들입니다. 개인차 심리학의 성장은 파슨스 사후에도 과학적 측정을 통한 특성의 확인을 가능하게 하였으며, 이는 패터슨의 진로상담을 위한 심리검사 도구들의 개발과 함께 윌리암슨의 미네소타 관점에서의 특성-요인이론의 확립으로 이어졌습니다. 참고로 여기서 패터슨은 'D. Paterson'을 말하며, 내담자중심(인간중심) 상담에서 거론되는 'C. H. Patterson'이 아니라는 점을 기억해 두시기 바랍니다.

(2) 특성-요인 직업상담의 특징

① 상담자 중심의 상담방법으로서, 과학적이고 합리적인 문제해결 방법을 따른다.

② '직업과 사람을 연결시키기'라는 심리학적 관점을 토대로 한다.

③ 내담자에 대한 정서적 이해보다 문제의 객관적 이해에 중점을 둔다.

④ 내담자에게 정보를 제공하고 학습기술 및 사회적 적응기술을 알려주는 것을 중시한다.

⑤ 내담자를 객관적으로 이해하고, 올바른 예언을 하기 위해 사례나 사례연구를 상담의 중요한 자료로 삼는다.

⑥ 흥미, 지능, 적성, 성격 등 표준화 검사의 실시와 결과의 해석을 강조한다.

⑦ 특성-요인 직업상담에 있어서 상담자의 역할은 교육자의 역할이며, 상담자는 주장적이고 주도적인 역할을 수행한다.

(3) 특성-요인 직업상담의 목표

① 내담자가 자신의 문제를 해결하도록 한다.

② 내담자로 하여금 자기통제를 가능하도록 한다.

③ 내담자가 자기 자신의 가능성을 확인하고 그 가능성을 활용할 수 있게 한다.

④ 내담자가 자신이 필요로 하는 정보를 수집, 분석, 종합할 수 있도록 한다.

⑤ 합리적인 과정을 통해 내담자 개인의 학문적·직업적 능력에 부합하는 직업을 선택하도록 돕는다.

2 특성-요인이론에 의한 직업상담 과정

(1) 특성-요인이론의 3가지 요소(Parsons)

① **자신(개인)에 대한 이해(내담자 특성의 객관적인 분석)**

ㄱ 파슨스(Parsons)는 특히 진로선택과 관련하여 자기 자신에 대한 올바른 이해를 강조하였다.

ㄴ 상담자는 내담자로 하여금 성격, 적성, 흥미, 가치관, 능력, 신체적 특징 등에 대해 올바르게 이해할 수 있도록 도와야 한다.

② **직업세계에 대한 이해(직업세계의 분석)**

ㄱ 직업세계에 대한 체계적인 분석을 의미하는 것으로서, 이는 현대 사회의 다양화·복잡화로 인해 직업세계 또한 급속도로 분업화·전문화된 것에서 비롯된다.

ㄴ 상담자는 내담자로 하여금 직업세계에 대한 다양한 정보를 제공하는 동시에 앞으로의 변화양상에 대해 올바르게 이해할 수 있도록 도와야 한다.

③ **자신과 직업의 합리적 연결(과학적 조언을 통한 매칭)**

ㄱ 내담자는 부모의 요구나 친구의 권유에 의해 또는 자신의 왜곡된 편견이나 다른 외적인 요구에 의해 불합리한 의사결정을 할 수 있다.

ㄴ 상담자는 최종적으로 진로선택을 결정하는 단계에 직면하여 내담자로 하여금 과학적·합리적인 의사결정을 통해 최선의 선택에 이르도록 도와야 한다.

(2) 특성-요인 직업상담의 과정(Williamson)

분 석 (제1단계)	내담자에 관한 자료수집, 표준화검사, 적성·흥미·동기 등의 요소들과 관련된 심리검사가 주로 사용된다.
종 합 (제2단계)	내담자의 성격, 장·단점, 욕구, 태도 등에 대한 이해를 얻기 위해 정보를 수집·종합한다.
진 단 (제3단계)	문제의 원인들을 탐색하며, 내담자의 문제를 해결할 수 있는 다양한 방법들을 검토한다.
예후(예측) 또는 처방 (제4단계)	조정 가능성, 문제들의 가능한 여러 결과를 판단하며, 대안적 조치와 중점사항을 예측한다.
상담 또는 치료 (제5단계)	미래에 혹은 현재에 바람직한 적응을 위해 무엇을 해야 하는가에 대해 함께 협동적·능동적으로 상의한다.
추수지도 또는 사후지도 (제6단계)	새로운 문제가 야기되었을 때 위의 단계를 반복하며, 바람직한 행동 계획을 실행하도록 계속적으로 돕는다.

3 특성-요인 직업상담의 기술 및 기법

(1) 특성-요인 직업상담의 상담기술(Williamson)

① 촉진적 관계형성

상담자는 신뢰감을 줄 수 있는 분위기를 조성하며, 내담자의 문제해결을 촉진할 수 있는 관계를 형성한다.

② 자기이해의 신장

상담자는 내담자가 자신의 장점이나 특징들에 대해 개방된 평가를 하도록 돕는다. 또한 자신의 장점이나 특징들이 문제해결에 어떻게 관련되는지 통찰력을 가질 수 있도록 격려한다.

③ 행동계획의 권고와 설계

상담자는 내담자가 이해하는 관점에서 상담 또는 조언을 한다. 또한 내담자가 표현한 학문적·직업적 선택 또는 감정, 습관, 행동, 태도와 일치하거나 반대되는 증거를 언어로 정리해 주며, 실제적인 행동을 계획하고 설계할 수 있도록 돕는다.

④ 계획의 수행

상담자는 내담자가 진로선택을 하는 데 있어서 직접적인 도움이 되는 여러 가지 제안을 함으로써 내담자가 계획을 실행에 옮겨 직업을 선택할 수 있도록 돕는다.

⑤ 위임 또는 의뢰

상담자는 내담자의 문제가 합리적으로 해결될 수 있도록 필요한 경우 다른 상담자를 만나보도록 권유한다.

(2) 특성-요인 직업상담의 검사 해석단계에서 이용할 수 있는 상담기법(Williamson)

① 직접충고(Direct Advising)

㉠ 검사결과를 토대로 상담자가 내담자에게 자신의 견해를 솔직하게 표명하는 것이다.

㉡ 윌리암슨(Williamson)은 내담자가 상담자에게 솔직한 견해를 요구할 때, 내담자가 실패와 좌절에 이를 수 있는 행동이나 선택을 하려고 할 때 이 방법을 사용하도록 권장하였다.

② 설득(Persuasion)

㉠ 상담자가 내담자에게 합리적이고 논리적인 방법으로 검사자료를 제시하는 것이다.

㉡ 상담자는 내담자에게 검사결과가 암시하는 바를 이해시킴으로써 내담자로 하여금 자신의 문제를 해결할 수 있도록 설득할 수 있다.

③ 설명(Explanation)

㉠ 상담자가 검사자료 및 비검사자료들을 해석하여 내담자의 진로선택을 돕는 것이다.

㉡ 상담자는 내담자에게 선택 가능한 대안들과 그 대안들의 예상되는 결과들에 대해 이해할 수 있도록 돕는다.

제2편

제3장 내담자중심 직업상담(인간중심 직업상담)

1 개 요

(1) 내담자중심 직업상담의 의의

① 내담자중심 직업상담은 로저스(Rogers)의 상담 경험에서 비롯된다.

② 내담자중심 상담에 뿌리를 두고 있으며, 내담자들을 선천적인 잠재력과 자기실현(자아실현)의 경향성을 지닌 존재로 규정한다.

③ 로저스(Rogers)는 직접적으로 직업의사결정에 대해 언급한 바가 없었다. 다만, 몇몇 내담자중심 상담자들은 내담자가 심리적으로 잘 적응한다면 자신이 직면한 진로문제라 할지라도 특별한 상담 과정을 거치지 않고서 해결할 수 있다고 믿었다.

④ 특성–요인 접근법이 각 개인을 특성과 요인의 집합체로 정의하고 특성과 요인에 따라 개인을 분류·비교하려고 한 반면, 내담자중심 접근법은 각 개인이 현실을 지각하고 구성하는 방법이 개별적·현상적이며, 독특하다는 것에 초점을 둔다.

⑤ 내담자중심 직업상담이 하나의 직업상담 접근법으로 정착하게 된 것은 패터슨(Patterson)의 개념화 작업에서 비롯된다.

(2) 내담자중심 직업상담의 특징

① 비지시적 상담을 원칙으로 자기(자아)와 일에 대한 정보 부족 혹은 왜곡에 초점을 맞춘다.

② 자기개념(자아개념)을 중심으로 자기(자아)와 일의 세계에 대한 정보 부족과 일치성 부족으로 내담자의 부적응이 발생한다고 본다.

③ 모든 내담자는 공통적으로 자기와 경험의 불일치로 인해서 고통을 받고 있기 때문에, 직업상담 과정에서 내담자가 지니고 있는 직업문제를 진단하는 것 자체가 불필요하다고 본다.

④ 진로 및 직업선택과 관련된 내담자의 불안을 줄이고 자기의 책임을 수용하도록 한다.

(3) 내담자중심 직업상담의 목적

① 내담자중심 상담의 직접적인 목적은 상담 과정을 통한 내담자의 성장이지만, 그 궁극적인 목적은 자기실현(자아실현)에 있다. 그러나 내담자중심 상담과 달리 내담자중심 직업상담은 직업적 문제의 해결에 대한 성공적인 결과를 반드시 자기(자아)의 재구성과 결부시키지는 않는다.

② 내담자중심 직업상담의 목적 및 결과는 상담을 통해 직업적 역할 속에서 자기(자아)가 이행되는 정도, 즉 일치성의 정도에 달려 있다.

③ 내담자중심 직업상담은 내담자가 직업발달의 연속선상에서 어느 위치에 있든지 간에 직업적 역할 속에서 자기(자아)의 개념을 명백히 하고 실행할 수 있도록 돕는다.

(4) 직업상담사가 갖추어야 할 3가지 기본 태도

① **일치성·진실성**

직업상담사는 진실하고 개방적이어야 한다.

② **공감적 이해**

직업상담사는 내담자의 현상학적 세계를 인식하고 내담자의 내면세계를 마치 자신의 내면세계인 것처럼 느껴야 한다.

③ **(무조건적) 수용**

직업상담사는 내담자를 무조건적이고 긍정적으로 존중해야 한다.

(5) 반응 범주화

스나이더(Snyder)는 상담자가 상담 동안 나타내 보일 수 있는 반응들을 4개의 범주들로 구분하고, 상황에 따라 어떠한 반응범주를 사용해야 하는지에 대한 준거체계를 개발하였다.

① **안내를 수반하는 범주(Lead-taking Categories)**

면접의 방향을 결정짓는 범주로서, 상담자가 내담자로 하여금 이야기해야 할 것이 무엇인지를 제시해 주는 것이다.

② **감정에 대한 비지시적 반응범주(Nondirective Response-to-feeling Categories)**

해석이나 충고, 비평이나 제안 없이 내담자가 표현하는 감정을 재진술하는 범주이다.

③ **감정에 대한 준지시적 반응범주(Semidirective Response-to-feeling Categories)**

내담자의 감정에 대해 해석하는 범주로서, 내담자의 정서나 반응에 대한 상담자의 의미부여 또는 해석 등의 반응이 포함된다.

④ **지시적 상담범주(Directive Counseling Categories)**

상담자가 내담자의 생각을 변화시키려 시도하거나 내담자의 생각에 상담자의 가치를 주입하려 하는 범주이다.

(6) 검사의 사용 및 해석

로저스(Roger)는 검사의 사용이 내담자의 방어적 태도를 증가시키고 자기수용과 책임을 감소시키며, 상담자에 대한 의존성을 높인다는 이유로 반대하였다. 그러나 패터슨(Patterson) 등 몇몇 내담자중심 직업상담자들은 내담자에 대한 객관적인 이해의 목적이 아닌 내담자의 자기 명료화를 위해 검사의 사용이 필요하다고 제안하였다. 내담자중심 직업상담에서 상담자가 심리검사를 사용할 때의 활동원칙은 다음과 같다.

① 상담자는 우선 심리검사의 장단점, 제한점 등을 철저히 알고 있어야 한다.

② 내담자가 검사를 원하는 이유를 탐색하고, 과거에 검사받은 경험을 알아본다.

③ 내담자가 알고자 하는 정보와 관련된 검사의 가치와 제한점을 설명한다.

④ 점수로써 검사 결과의 의미를 전달하지 말아야 한다.

⑤ 검사 결과를 입증하기 위한 더 많은 자료가 수집될 때까지는 시험적인 태도로 조심스럽게 제시되어야 한다.

⑥ 검사 결과를 전할 때 평가적인 말투를 사용해서는 안 되며, 항상 중립성을 지켜야 한다.

⑦ 상담자는 항상 의미 있고 명확한 해석을 해야 한다.

⑧ 적성검사의 결과는 확률적 표현으로 예언해 줄 수 있다.

⑨ 검사 결과의 해석에 내담자가 참여하도록 한다.

⑩ 내담자에게 낮은 점수의 검사 결과를 해석해 줄 경우 특히 조심스럽게 해야 한다.

(7) 직업정보 활용의 원리(Patterson)

내담자중심 직업상담에서 직업정보 활용의 원리는 검사해석의 원리와 같다. 패터슨은 이를 다음과 같이 설명하고 있다.

① 내담자의 입장에서 필요할 때 제공되어야 한다.

② 내담자에게 영향을 주거나 내담자를 조작하기 위해 사용하지 않는다.

③ 내담자 스스로 얻도록 격려한다.

④ 직업과 일에 대한 내담자의 감정과 태도가 자유롭게 표현되어야 한다.

(8) 평 가

① 상담 상황의 특수성을 간과함으로써 내담자의 지각과 행동에 미치는 환경의 영향에 대해 정교화하고 있지 못하다.

② 직업상담사가 교훈적 역할이나 내담자의 자기(자아)를 명료화하고 자기실현을 시킬 수 있는 적극적 태도를 취하지 않는다면, 내담자에게 직업에 대한 정보를 효과적으로 알려줄 수 없다.

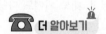 더 알아보기

내담자중심 직업상담과 특성-요인 직업상담의 차이점

내담자중심 직업상담	특성-요인 직업상담
• 내담자는 문제를 스스로 해결할 수 있는 능력이 있다. • 내담자는 자유롭고 신뢰할 수 있는 존재이므로, 상담자는 보조자로서 내담자 스스로 당면한 문제를 해결하도록 돕는다. • 상담은 비지시적·수용적인 분위기에서 이루어진다. • 내담자의 주관적·감정적 측면을 강조하는 반면, 객관적 자료의 중요성을 간과하는 경향이 있다. • 상담 과정에서 내담자와의 관계형성이 절대적이다. • 상담 이전에 심리진단이 필요하지 않다.	• 내담자는 문제를 스스로 해결할 수 없는 나약한 존재이다. • 상담자는 주도자로서 내담자의 문제를 종합·진단하며, 문제해결을 위한 정보를 제공한다. • 상담은 내담자에 대한 충고와 설득을 통한 지시적인 방식으로 이루어진다. • 내담자의 주관적·감정적 측면을 소홀히 한 채 객관적인 자료에만 의존하는 경향이 있다. • 상담 과정에서 내담자와의 관계형성이 절대적인 것은 아니다. • 상담 이전에 심리진단이 필요하다.

1 개 요

(1) 정신역동적 직업상담의 의의

① 정신역동적 직업상담은 정신분석학을 토대로 특성-요인이론과 내담자중심 직업상담의 개념과 기법을 통합한 접근법이다.

② 정신역동적 접근은 내담자의 내적 세계뿐만 아니라 검사정보도 독특한 방식으로 직업결정 과정에 활용한다.

③ 정신역동적 직업상담의 대표적 학자인 보딘(Bordin)과 동료들에 의해 발전되었다.

(2) 정신역동적 직업상담의 특징

① 정신역동적 직업상담은 그 뿌리를 정신분석학에 두고 있지만 내담자중심 직업상담에 영향을 받아 내담자의 내적 세계와 직업선택에 미치는 내적 요인의 영향을 강조한다.

② 특성-요인 접근법과 마찬가지로 '사람과 직업을 연결시키는 것'에 기초를 두고 있다.

③ 상담과 검사해석의 기법들은 내담자중심 접근을 많이 따르고 있지만 '비지시적' 및 '반영적' 태도 외에도 다양한 접근방법들을 포함하고 있다.

④ 직업선택에 있어서 심리학적 요인을 중시하는 이론으로, 정신분석적 측면뿐만 아니라 내담자의 욕구와 발달과정을 중시하며, 욕구를 직업선택의 주요 요인으로 간주한다.

⑤ 보딘은 5가지 진단범주, 즉 의존성, 정보의 부족, 자아갈등(내적 갈등), 직업(진로)선택의 불안, 확신의 결여(문제없음)를 제시하였다.

2 보딘(Bordin)의 정신역동적 직업상담

(1) 보딘(Bordin)의 직업상담 과정

① **제1단계 - 탐색과 계약설정(계약체결)**

내담자의 정신역동적 상태에 대한 탐색 및 상담전략에 대한 합의가 이루어진다.

② **제2단계 - 핵심결정(중대한 결정)**

내담자는 중대한 결정을 통해 자신의 목표를 성격 변화 등으로 확대할 것인지 고민한다.

③ **제3단계 - 변화를 위한 노력**

내담자는 자아 인식 및 자아 이해를 확대해 나가며, 지속적인 변화를 모색한다.

(2) 보딘(Bordin)의 상담기법

① 명료화

내담자의 문제와 관련된 생각이 어떤 것인지 언어적 표현에 초점을 두고 요약해 준다. 전형적으로 명료화는 개방형 질문, 부드러운 명령, 단순화된 진술 등의 형태를 취한다.

② 비 교

2가지 또는 그 이상의 주제들의 역동적 현상들 사이의 유사성이나 차이점들을 보다 분명하게 부각시키기 위해 대비시킨다.

③ 소망-방어체계에 대한 해석

상담자는 내담자의 내적 동기 상태와 진로결정 과정 사이의 관계를 내담자로 하여금 자각하도록 시도한다.

COMMENT

'소망-방어체계(Wish-defense Systems)'라는 어려운 용어가 등장했는데요, 예를 들어 설명하면, 의대 과정을 잘 다니던 내담자가 갑자기 자신의 전공을 건축학으로 바꾸려고 합니다. 상담자는 상담 과정에서 내담자의 어머니가 자식의 뒷바라지를 하다가 뇌출혈로 쓰러졌던 사실을 알게 됩니다. 상담자는 내담자가 건축학으로 전공을 바꾸려는 이유가 어머니의 건강 악화에 대한 죄의식과 함께 건축물이 가지는 여성의 상징성 때문인 것으로 해석합니다. 즉, 건축을 통해 어머니의 건강이 회복되기를 바라는 열망에서 비롯되었다는 것입니다. 상담자는 이와 같이 소망-방어체계에 내포된 의미를 해석하면서 내담자로 하여금 내적 동기 상태와 직업결정 사이의 관계를 인식하도록 돕게 됩니다.

---

(3) 검사결과의 활용

보딘(Bordin)은 내담자가 적극적으로 검사의 선택에 참여해야 한다고 제안하였다. 그는 직업상담사가 내담자에게 검사를 실시한 후 그 결과를 다음의 목적에 사용할 수 있다고 보았다.

① 첫째, 내담자에 대한 진단적 정보로 활용한다.
② 둘째, 내담자로 하여금 직업상담에 대해 현실적인 기대를 가지도록 돕는다.
③ 셋째, 내담자로 하여금 평가자료에 대해 거부감을 가지지 않도록 한다.
④ 넷째, 검사를 통해 내담자가 자기탐색을 보다 깊이 할 수 있도록 돕는다.

(4) 정신역동적 집단상담의 장점

① 집단장면에서 발생하는 관계는 안전하며 좋은 결과를 가져온다.

② 다른 집단성원이나 상담자에게 전이감정을 느끼며 훈습할 기회가 많아 자기 이해를 증진할 수 있다.

③ 자신의 방어와 저항이 어떻게 작용하는지에 대해 좀 더 극적인 통찰을 얻을 수 있다.

④ 다른 집단성원에게서 피드백을 받을 수 있으므로 상담자(치료자)의 권위에 대한 의존성이 개인치료보다 적다.

⑤ 다른 집단성원의 작업을 관찰함으로써 자신이 의식하지 못했던 감정을 가지고 있음을 이해하게 된다.

⑥ 실제나 상상을 통해 상담자뿐만 아니라 동료들과의 상호작용 속에서 자신과 다른 사람에 대해 배울 수 있는 기회를 가진다.

⑦ 집단 환경은 집단성원에게 자신의 계획을 검토하도록 격려한다. 특히 상호노출과 탐색의 분위기에서 저항과 방어는 약화된다.

⑧ 집단에서의 분석은 상담자와 독점적 관계를 가질 것이라는 집단성원의 이상적인 기대에 즉각 직면하도록 한다. 다른 사람을 지지해 주고 보편적인 갈등을 경험함으로써 개인치료보다 더 폭넓은 반응을 하도록 격려한다.

(5) 평 가

① 직업선택에 미치는 내적 요인의 영향을 지나치게 강조한 나머지 외적 요인의 영향에 대해서는 충분하게 고려하고 있지 못하다.

② 외적으로 나타나는 직업 의사결정 행동에 대해 내적 욕구만을 분석하여 중재하려는 경향이 있다.

③ 행동주의 관점에서 볼 때, 정신역동적 접근은 관찰할 수 없는 인간의 동기 측면에 지나치게 초점을 둠으로써 직업결정의 개념을 매우 복잡하게 만든다.

제5장

발달적 직업상담

1 개 요

(1) 발달적 직업상담의 의의

① 내담자의 생애단계를 통한 진로발달의 측면을 중시한다.

② 발달의 의사결정적 측면을 강조한 정신역동적 직업상담과 달리, 내담자의 직업 의사결정 문제와 직업성숙도(진로성숙도) 사이의 일치성에 초점을 둔다.

③ 직업상담을 통해 개인의 진로발달을 도움으로써 내담자의 개인적 및 사회적 발달이 촉진될 수 있도록 조력한다.

> **COMMENT**
>
> 직업선택을 하나의 발달과정으로 설명한 학자들로는 긴즈버그(Ginzberg), 수퍼(Super), 타이드만(Tiedeman), 터크맨(Tuckman), 고트프레드슨(Gottfredson) 등이 있습니다. 다만, 전 생애의 관점에서 진로발달 과정의 다양하고 복합적인 현상들을 종합적으로 제시한 수퍼(Super)의 이론을 좁은 의미의 발달적 직업상담으로 제시하기도 합니다.

(2) 발달적 직업상담의 특징

① 직업선택의 과정을 아동기에서부터 시작하여 일의 세계를 은퇴할 때까지 계속되는 연속적인 과정으로 본다. 따라서 개인의 과거와 현재뿐만 아니라 미래까지도 동시에 고려한다.

② 수퍼(Super)는 '진단(Diagnosis)'이라는 표현 대신 '평가(Appraisal)'라는 용어를 사용하였다. 그 이유는 두 개념이 근본적으로 동일하지만, '평가'라는 표현이 '진단'보다는 더 포괄적이고 긍정적이기 때문이다.

③ 수퍼는 내담자의 문제들뿐만 아니라 잠재력에도 초점을 두어 다음의 3가지 평가유형을 제시하였다.

문제의 평가	내담자가 겪고 있는 어려움이나 직업상담에 대한 내담자의 기대를 평가한다.
개인의 평가	내담자의 신체적·심리적·사회적 상태에 대한 통계자료 및 사례연구에의 분석이 이루어진다.
예언평가 (예후평가)	내담자에 대한 직업적·개인적 평가를 토대로 내담자가 성공하고 만족할 수 있는 것에 대한 예언이 이루어진다.

2 발달적 직업상담의 과정 및 방법

(1) 발달적 직업상담의 과정

상담자는 내담자의 생애발달단계와 직업성숙도(진로성숙도)를 측정하여 그 결과에 따라 직업상담 전략을 수립하여야 한다.

① **내담자의 직업성숙도가 상대적으로 낮은 경우**

안내와 탐색 등 직업준비에 중점을 둔다.

② **내담자의 직업성숙도가 상대적으로 높은 경우**

내담자와 함께 관련 직업정보를 수집·분석하며, 이를 내면화하도록 하여 직업 의사결정에 이를 수 있도록 돕는다.

(2) 발달적 직업상담의 결과

① 발달적 직업상담은 내담자의 긴장을 이완시키고 느낌을 명료화하며, 내담자의 통찰을 돕고 자신의 직업분야에서 유능감을 경험하도록 돕는다.

② 내담자의 약점보다 강점을 강조함으로써 내담자로 하여금 자신의 삶의 의미를 설정하도록 돕는다.

③ 내담자의 진로발달은 물론 일반적 발달 모두 향상시키는 것을 목표로 하는 만큼, 내담자의 직업적응 향상을 통해 일상생활에서의 전반적인 적응에도 긍정적인 효과를 가질 수 있도록 한다.

(3) 발달적 직업상담의 6단계(Super)

① **제1단계 - 문제 탐색 및 자아(자기)개념 묘사**

비지시적 방법으로 문제를 탐색하고 자아(자기)개념을 묘사한다.

② **제2단계 - 심층적 탐색**

지시적 방법으로 심층적 탐색을 위한 주제를 설정한다.

③ **제3단계 - 자아수용 및 자아통찰**

자아수용 및 자아통찰을 위해 비지시적 방법으로 사고와 느낌을 명료화한다.

④ **제4단계 - 현실검증**

심리검사, 직업정보, 과외활동 등을 통해 수집된 사실적 자료들을 지시적으로 탐색한다.

⑤ **제5단계 - 태도와 감정의 탐색과 처리**

현실검증에서 얻어진 태도와 감정을 비지시적으로 탐색하고 처리한다.

⑥ **제6단계 - 의사결정**

대안적 행위들에 대한 비지시적 고찰을 통해 자신의 직업을 결정한다.

(4) 발달적 직업상담에서 직업정보가 갖추어야 할 조건

① 사회경제적 측면에서 수준별 직업의 유형 및 그러한 직업들이 갖는 직업적 특성에 대한 정보

② 높은 수준의 직업이란 어느 정도의 수준을 의미하는지, 부모의 사회경제적 수준과 개인의 직업수준 사이에는 어떤 관계가 있는지에 대한 정보

③ 낮은 수준의 직업에서 높은 수준의 직업으로 옮겨갈 수 있는 방법, 이를 위해 요구되는 지식과 기술에 대한 정보

④ 사람들이 주로 어떤 직업에서 어떤 직업으로 옮겨가고 있는지, 그 비율은 어느 정도인지, 이러한 직업의 이동 방향과 비율을 결정하는 요인에는 어떤 것들이 있는지에 대한 정보(주의 : 직업 이동의 일반적인 양상에 관한 것이지 근로자의 이직 양상에 관한 것이 아님)

⑤ 특정 직업분야나 산업분야에의 접근가능성과 개인의 적성, 가치관, 성격특성 등의 요인들 간의 관계에 대한 정보

⑥ 부모와 개인의 직업적 수준과 그 차이, 그리고 그들의 적성, 흥미, 가치, 개인적 특성들 간의 관계에 대한 정보

(5) 발달적 직업상담의 주요 기법

① **진로자서전**

내담자가 과거에 어떻게 의사결정을 했는지 알아보기 위해 학과선택, 아르바이트 경험 등 일상적 결정에 대해 내담자가 자유롭게 기술하게 한다. 내담자가 과거에 어떻게 진로의사결정을 했는가를 알아보는 재검토 자료로서 뿐만 아니라 결정에 영향을 미치는 타인에 관한 자료, 면담하는 동안 토론을 촉진시켜주는 자료가 된다.

② **의사결정일기**

내담자가 매일 어떻게 결정을 하는가 하는 현재에 초점이 맞춰져 있으며, 일상적인 자신의 의사결정(무엇을 입고, 무엇을 먹을 것인가 등)에 대해 의사결정 방식을 작성해 보도록 한다. '진로자서전'의 보충역할을 한다.

(6) 평 가

① 발달적 직업상담 접근이 개념적으로 공허하고 지나치게 포괄적이므로 직업상담의 효과가 크지 못하다는 주장이 있다.

② 정신역동적 직업상담자들의 경우 발달적 접근의 개념이나 원리들이 단지 기술적·규범적인 수준에 머물러 있다고 주장하기도 한다.

③ 행동주의적 직업상담자들의 경우 직업행동이 그 선행요인에 의해서가 아닌 결과에 의해 조건화되는 것이므로, 개인의 발달적 역사에 초점을 두는 것이 불필요하다고 주장하기도 한다.

제6장 행동주의 직업상담

1 개 요

(1) 행동주의 직업상담의 의의

① 기존의 직업상담 접근법들이 과정보다 내용을 강조한 반면, 행동주의 접근법은 직업 의사결정에 영향을 미치는 학습과정만을 다룬다.

② 직업상담의 초점은 내담자의 불완전하고 부적응적인 학습의 발생 원인을 밝혀 이를 변화시키고자 한다.

③ 내담자의 문제행동을 학습된 부적응행동으로 보고, 다양한 방법에 의해 내담자의 부적응행동을 바람직한 새로운 적응행동으로 대치시키는 데 초점을 둔다.

④ 행동주의 직업상담은 내담자의 의사결정 문제의 원인이 되는 불안을 감소 또는 제거하고 새로운 적응행동을 학습 시키며, 직업결정기술을 습득시키는 것을 목표로 한다.

(2) 행동주의 직업상담의 특징

굿스타인(Goodstein)은 내담자가 의사결정을 내리지 못하는 문제의 원인으로서 불안을 강조하며, 다음과 같이 우유 부단(Indecision)과 무결단성(Indecisiveness)을 구분하였다.

우유부단	• 내담자의 제한된 경험과 세계에 대한 정보의 부족으로 인해 직업선택 시 문제가 발생한다. • 내담자는 자신의 직업발달이 성숙되어 있지 못한 것에 대해 불안을 느낀다. • 불안은 우유부단의 선행요인이 아닌 결과에 해당한다.
무결단성	• 내담자의 직업선택에 대한 불안이 오래 지속됨으로써 발생한다. • 내담자는 부모의 강압이나 지시에 의해 직업을 선택하는 등 자신의 직업선택에 대한 무력감을 경험한다. • 불안은 직업 무결정의 선행요인이자 결과로서 작용한다.

2 행동주의 직업상담의 과정 및 방법

(1) 행동주의 직업상담의 과정

① 무결단성의 경우

내담자의 불안을 반조건형성 등의 방법으로 제거한 후 도구적 학습을 통해 내담자로 하여금 직업선택에 요구되는 반응을 획득할 수 있도록 한다.

② 우유부단의 경우

불안이 선행요인이 아닌 결과이므로 불안 제거의 과정을 생략한 채 도구적 학습단계에서 시작한다.

(2) 행동주의 직업상담의 불안감소기법

① 체계적 둔감법 또는 체계적 둔감화(Systematic Desensitization)

행동주의 상담에서 널리 사용되고 있는 고전적 조건형성의 기법으로, 혐오스런 느낌이나 불안한 자극에 대한 위계목록을 작성한 다음 낮은 수준의 자극에서 높은 수준의 자극으로 상상을 유도함으로써 혐오나 불안에서 서서히 벗어나도록 한다. 불안과 공포증이 있는 내담자에게 그로 인한 부적응 행동이나 회피행동을 치료하는 데 효과가 있다.

② 금지조건형성(Inhibitory Conditioning) 또는 내적 금지(Internal Inhibition)

내담자에게 충분히 불안을 일으킬 수 있을만한 단서를 어떠한 추가적인 강화 없이 지속적으로 제시함으로써 처음에 불안반응을 보이던 내담자가 점차적으로 불안반응을 느끼지 않게 되는 것이다. 즉, 불안야기단서의 계속적인 제시에도 불구하고 반응 중지 현상이 나타나는 것이다.

③ 반조건형성 또는 역조건형성(Counterconditioning)

조건 자극과 새로운 자극(조건 자극과 조건 반응과의 연합을 방해하는 자극)을 함께 제시함으로써 불안을 감소시키는 기법이다. 예를 들어, 직업상담장면에서 내담자의 불안은 직업결정에 관한 내담자의 '말(Talk)'에서 비롯된다. 따라서 상담자는 조건 자극으로서 '말'과 조건 반응으로서 '불안'에 새로운 조건 자극인 '촉진적 상담관계'를 형성함으로써 내담자의 불안을 감소시킬 수 있다.

④ 홍수법(Flooding)

불안이나 두려움을 발생시키는 자극들을 계획된 현실이나 상상 속에서 지속적으로 제시하는 기법이다. 혐오스런 느낌이나 불안한 자극에 대해 미리 준비를 갖추도록 한 후 가장 높은 수준의 자극에 오랫동안 지속적으로 노출시킴으로써 시간이 경과함에 따라 혐오나 불안을 극복하도록 한다.

⑤ 혐오치료(Aversion Therapy)

바람직하지 못한 행동에 혐오 자극을 제시함으로써 부적응적인 행동을 제거하는 기법이다. 예를 들어, 술을 끊고자 하는 사람에게 술을 맛보도록 하는 동시에 전기 쇼크나 구토를 일으키는 약물을 부여함으로써 점차적으로 술에 대해 혐오적인 반응을 보이도록 한다.

⑥ 주장훈련 또는 주장적 훈련(Assertive Training)

내담자의 대인관계에 있어서의 불안과 공포를 해소하기 위한 효과적인 기법으로서, 내담자로 하여금 불안 이외의 감정을 표현하도록 하여 불안을 제거하도록 하는 것이다. 행동시연을 활용하여 상담자가 가상의 대인관계 장면을 설정함으로써 내담자에게 자신의 감정을 나타내도록 유도한다.

⑦ 자기표현훈련(Self-expression Training)

자기표현을 통해 다른 사람과 상호작용하는 방법을 습득하도록 하는 기법으로서, 대인관계에서 비롯되는 불안요인을 제거하기 위한 것이다. 자기표현행동을 하는 사람은 자신을 자유롭게 표현하고 자신의 가치를 높이며, 자신을 위해 신중하게 행동을 선택함으로써 설정된 목표를 달성할 수 있다.

(3) 행동주의 직업상담의 학습촉진기법

① 강화(Reinforcement)

상담자는 내담자의 직업선택이나 직업결정 행동에 대해 적절하게 긍정적 반응이나 부정적 반응을 보임으로써, 내담자의 바람직한 행동을 강화시킨다. 예를 들어, 상담자는 내담자의 바람직한 행동에 대해 칭찬을 하거나 바람직하지 못한 행동에 대해 상담관계를 끊을 수 있다고 위협을 하는 등 다양한 방법을 동원할 수 있다.

② 변별학습(Discrimination Learning)

변별(Discrimination)은 본래 둘 이상의 자극을 서로 구별하는 것을 말하는 것으로서, 직업상담장면에서 변별학습은 직업선택이나 직업결정 능력을 검사나 기타 다른 도구들을 이용하여 살펴보도록 함으로써 자신의 능력과 태도 등을 변별하고 비교해 보도록 하는 것이다.

③ 사회적 모델링과 대리학습(Social Modeling & Vicarious Learning)

타인의 직업결정 행동에 대한 관찰 및 모방에 의한 학습을 통해 내담자로 하여금 자신의 직업결정 행동을 학습할 수 있도록 하는 기법이다. 특히 집단상담에서 주로 사용하는 것으로, 동료 집단성원의 성공적인 행동을 관찰함으로써 자신의 태도를 바꾸거나 새로운 기술을 학습할 수 있다.

④ 행동조성 또는 조형(Shaping)

내담자가 원하는 방향 안에서 일어나는 다양한 반응들만을 강화하고, 원하지 않는 방향의 행동에 대해 강화 받지 못하도록 하여 결국 원하는 방향의 행동을 할 수 있도록 하는 것이다. 점진적 접근방법으로서, 행동을 구체적으로 세분화하여 단계별로 구분한 후 각 단계마다 강화를 제공함으로써 내담자가 단번에 수행하기 어렵거나 그 반응을 촉진하기 어려운 행동 또는 복잡한 행동 등을 학습하도록 한다.

⑤ 토큰경제 또는 상표제도(Token Economy)

행동주의 상담에서 널리 사용되고 있는 조작적 조건형성의 기법으로서, 바람직한 행동들에 대한 체계적인 목록을 정해놓은 후 그러한 행동이 이루어질 때 그에 상응하는 보상(토큰)을 하는 기법이다. 토큰경제는 무형의 강화 수단이 작용하지 않는 경우 행동 형성에 효과적으로 사용할 수 있다.

> **COMMENT**
>
> 행동주의 직업상담의 기법은 행동주의 상담의 기법을 따릅니다. 행동주의 상담에서는 '내적인 행동변화를 촉진시키는 방법'과 '외적인 행동변화를 촉진시키는 방법'으로 상담기법을 구분하였으며, 여기서는 '불안감소기법'과 '학습촉진기법'으로 구분하였습니다. 이 2가지 구분방법이 모두 시험에 출제될 수 있으므로, 내용상 겹치는 부분이 있더라도 반드시 기억해 두시기 바랍니다.

(4) 평 가

① 행동주의 직업상담은 내담자의 불안을 감소시키고 바람직한 행동을 촉진하는 데 장점이 있다. 특히 불안의 감소는 내담자의 정보획득 부족으로 인한 우유부단함을 치료하는 데 효과적이다.

② 행동주의 직업상담은 무결단성 내담자들의 불안 문제를 규명할 명확한 체계를 가지고 있지 못하다. 즉, 직업결정 문제의 원인으로 불안에 대한 이해와 불안을 규명하는 방법이 결여되어 있다.

제7장

포괄적 직업상담

1 개 요

(1) 포괄적 직업상담의 의의

① 특성-요인이론, 정신분석이론, 행동주의이론, 인간중심이론 등 다양한 상담이론을 절충·통합한 것으로서, 크라이티스(Crites)가 제시하였다.

② 직업상담에 대한 과거의 접근들과 함께 일반상담 혹은 심리치료의 개념 및 원리들을 포괄하고 있으며, 이와 같은 이론적 배경에 많은 직업상담자들의 상담사례들에서 얻어진 경험들을 반영하고 있다.

③ 크라이티스는 직업상담의 과정에 '진단 → 문제분류 → 문제구체화 → 문제해결'의 단계가 포함된다고 보았다. 또한 직업상담의 목적에 '진로선택, 의사결정기술의 습득, 일반적 적응의 고양' 등이 포함된다고 보았다. 그리고 이와 같은 목적을 달성하기 위해 직업상담 과정에 '면담기법, 검사해석, 직업정보' 등이 포함되어야 한다고 강조하였다.

(2) 포괄적 직업상담의 특징

① 논리적인 것과 경험적인 것을 의미 있게 절충시킨 모형이다.

② 진단은 변별적이고 역동적인 성격을 가지고 있다.

③ 검사의 역할을 중시하며 검사를 효율적으로 사용한다.

④ 진단을 통해 문제에 대한 배경지식을 얻은 후 진로성숙도검사(CMI ; Career Maturity Inventory)와 같은 도구를 이용하여 내담자의 직업선택에 대한 태도와 능력이 얼마나 성숙되어 있는지, 그것이 내담자의 직업문제와 어떻게 연관되어 있는지를 결정한다.

2 포괄적 직업상담의 과정 및 방법

(1) 포괄적 직업상담의 과정

① 제1단계 - 진 단

내담자의 진로문제를 진단하기 위해 내담자의 태도, 능력, 의사결정유형, 성격, 흥미 등 내담자에 대한 폭넓은 검사자료와 상담을 통한 자료가 수집되는 단계이다.

② 제2단계 - 명료화 또는 해석

문제를 명료화하거나 해석하는 단계로서, 상담자와 내담자가 협력해서 의사결정 과정을 방해하는 태도와 행동을 확인하며 대안을 탐색한다.

③ 제3단계 - 문제해결

내담자가 자신의 문제를 확인하고 적극적으로 참여하여 문제해결을 위해 어떤 행동을 실제로 취해야 하는가를 결정하는 단계로서, 특히 도구적 학습에 초점을 둔다. 내담자는 자기 자신과 일의 세계에 관한 정보가 어떻게 수집되며, 직접 목표를 설정할 때 어떤 제한을 가해야 하는지, 그리고 예상하지 못한 사건이 발생했을 때 어떻게 대처해야 하는지에 대해 책임감을 가지고 해결하도록 노력해야 한다.

(2) 포괄적 직업상담의 기법(단계별 주요 접근법)

포괄적 직업상담은 여러 가지 다양한 기법들을 절충하고 있다.

① 상담 초기 단계

발달적 접근법과 내담자중심 접근법을 통해 내담자에 대한 탐색 및 문제의 원인에 대한 토론을 촉진시킨다.

② 상담 중간 단계

정신역동적 접근법을 통해 내담자의 문제에서 원인이 되는 요인을 명료히 밝혀 이를 제거한다.

③ 상담 마지막 단계

특성-요인적 접근법과 행동주의적 접근법을 통해 상담자가 보다 능동적·지시적인 태도로 내담자의 문제해결에 개입하게 된다.

COMMENT

포괄적 직업상담의 상담기법은 여러 이론적 접근들로부터 다양한 기법들을 절충하고 있으므로, 특정 접근법에 한정하여 상담을 진행하지 않습니다.

---

(3) 진단검사의 유형

변별적 진단검사	직업성숙도검사, 직업적성검사, 직업흥미검사 등을 실시하여 직업상의 문제를 가려낸다.
역동적 진단검사	상담자와 내담자의 상호작용을 통해 상담자에 의한 주관적 오류를 보완하며, 상담 과정에서 얻은 다양한 자료들을 통해 심리측정 자료에 의한 통계적인 오류를 보완한다.
결정적 진단검사	직업선택 및 의사결정의 과정에서 나타나는 내담자의 다양한 문제를 체계적으로 분석한다.

(4) 평 가

① 긍정적 평가

포괄적 직업상담은 여러 직업상담 접근방법들의 장점을 부각시키고 단점을 보완함으로써 상담자로 하여금 다양한 상담장면에서 다양한 내담자들의 문제에 대해 폭넓게 적용할 수 있는 가능성을 확대시켰다.

② 부정적 평가

포괄적 직업상담도 다른 직업상담이론들과 마찬가지로 진학상담과 취업상담에 적합할 뿐 취업 후 직업적응 문제들을 깊이 있게 다루지 못하고 있으므로, 향후 직업상담의 전반적인 문제들을 포함하는 좀 더 포괄적인 이론이 제안될 필요가 있다.

더 알아보기

직업선택이론의 유형	
자아욕구 결정론	• 직업선택은 무의식적 욕구가 표현된 결과이다. • 아동의 초기 경험이 사물이나 사람에 대한 일반적 태도형성에 영향을 주므로, 직업흥미 또한 아동기 초기 경험으로부터 결정된다고 본다.
흥미 · 태도의 발달단계론	• 직업선택은 직업에 대한 흥미 및 태도가 주요 발달단계를 거쳐 결정된다. • 직업에 대한 현실적 견해보다는 직업에 대한 개인의 지각이 큰 영향을 미친다고 본다.
환경적응론	• 직업에 대한 개인의 태도가 가족 및 사회의 압력, 내면적 욕구와 능력 간의 갈등을 해소하여 외부환경에 적응하려는 결과로 형성된다. • 직업적 욕구를 자아개념과 관련지음으로써 직업에 대해 비교적 안정된 흥미를 갖게 된다는 관점이다.
자아개념 결정론	• 직업선택은 자아개념에 의해 결정된다는 이론이다. • 각 직업이 특정한 유형의 능력과 성격특성을 필요로 한다는 점을 토대로 한다.
성격유형 상관론	• 성격유형과 직업선택 간의 관계에 초점을 둔 이론이다. • 인간의 경험적 목표, 역할의 호오(好惡) 정도, 활동범위 및 자아개념에 따라 분류될 수 있는 성격유형이 직업에 대한 태도 및 선택과 깊은 관련이 있다고 주장한다.

안심Touch

01 다음 중 정신분석적 상담과정에 대한 설명으로 옳지 않은 것은?

① 심리적 장애의 근원을 과거 경험에서 찾고자 한다.
② 내담자의 유아기적 갈등과 감정을 중요하게 다룬다.
③ 내담자의 무의식적 자료와 방어를 탐색하는 작업을 한다.
④ 심리적 장애행동과 관련된 표준화된 자료를 활용한다.

> 해설
> ④ 정신분석적 상담은 심리적 장애행동과 관련된 표준화된 자료를 활용하기보다는 자유연상, 꿈의 분석, 저항의 분석 등 다소 직관적인 방법을 활용한다.

02 다음 중 정신분석적 상담에서 내담자의 갈등과 방어를 탐색하고 이를 해석해 나가는 과정에 해당하는 것은?

① 논 박
② 조 정
③ 통 찰 ·
④ 훈 습

> 해설
> ④ 훈습(Working-though)은 내담자의 갈등과 방어를 탐색하고 이를 해석해 나가는 과정으로, 반복, 정교화, 확대(확장)의 활동들로 이루어진다.

03 다음 중 정신분석적 상담에서 내담자가 과거의 중요한 인물에게서 느꼈던 감정이나 생각을 상담자에게 투사하는 현상은?

① 증상 형성
② 전 이
③ 저 항
④ 자유연상

> 해설
> ① 증상 형성(Symptom Formation)은 무의식적 충동에 대한 자아의 방어가 효율적이지 못할 때 무의식적 충동에 대처하기 위해 심리적 증상을 형성하는 것을 말한다.
> ③ 저항(Resistance)은 상담의 진행을 방해하고 현재 상태를 유지하려는 내담자의 의식적 또는 무의식적 사고와 감정을 말한다.
> ④ 자유연상(Free Association)은 내담자에게 무의식적 감정과 동기에 대해 통찰하도록 하기 위해 마음속에 떠오르는 것을 의식의 검열을 거치지 않은 채 표현하도록 하는 것이다.

04 직장상사에게 야단맞은 사람이 부하직원이나 식구들에게 트집을 잡아 화풀이를 하는 것은 스트레스에 대한 방어적 대처 중 어떤 개념과 가장 일치하는가?

① 합리화(Rationalization)
② 동일시(Identification)
③ 보상(Compensation)
④ 전위(Displacement)

전위 또는 전치(Displacement)
자신이 어떤 대상에 대해 느낀 감정을 보다 덜 위협적인 다른 대상에게 표출하는 것이다.
예 종로에서 뺨 맞고 한강에서 눈 흘긴다.

05 다음 중 아들러(Adler)의 개인주의 상담에 대한 설명으로 가장 옳은 것은?

① 내담자의 잘못된 행동을 수정하는 데 초점을 둔다.
② 상담 과정은 사건의 객관성보다는 주관적 지각과 해석을 중시한다.
③ 상담자는 조력자의 역할을 하며 내담자가 상담을 주도적으로 이끈다.
④ 내담자의 사회적 관심보다는 개인적 열등감의 극복을 궁극적 목표로 삼는다.

① 개인주의 상담은 내담자의 잘못된 가치와 목표를 수정하는 데 초점을 둔다. 특히 행동수정보다는 동기수정에 관심을 둔다.
③ 로저스(Rogers)의 내담자중심 상담(인간중심 상담)의 특징에 해당한다.
④ 상담자는 내담자로 하여금 사회적 관심을 갖도록 도우며, 열등감을 극복하고 우월성을 추구하도록 돕는 것을 목표로 한다.

06 다음 중 아들러(Adler)의 개인주의 상담에 대한 설명으로 옳지 않은 것은?

① 사회적 관계를 강조한다.
② 행동수정보다는 동기수정에 관심을 둔다.
③ 개인의 목표는 열등감을 극복하고 우월성을 추구하는 것이다.
④ 열등감은 개인을 무기력 상태에 빠지도록 하므로 반드시 제거되어야 한다.

④ 아들러(Adler)는 열등감을 동기유발의 요인이자 자기성숙 및 자기완성의 필수적인 요소로 간주하여, 이와 같은 열등감을 긍정적으로 해결하고 우월성을 통해 자기완성에 도달하는 것을 개인의 목표로 제시하였다.

07 다음 중 개인주의 상담의 상담기법에 해당하지 않는 것은?

① 격려하기
② 초인종 누르기
③ 타인을 즐겁게 하기
④ 반대행동하기

④ '반대행동하기' 또는 '반대로 하기'는 반전기법으로서, 게슈탈트(형태주의) 상담의 상담기법에 해당한다. 상담자는 내담자에게 평소 행동과 반대되는 행동을 해 보도록 요구함으로써 내담자가 억압하고 통제해온 부분을 표출하도록 해야 한다. 내담자는 반대의 행동을 통해 자신의 다른 측면을 접촉하고 통합할 수 있게 된다.

08 다음 중 실존주의 상담에 대한 설명으로 옳은 것은?

① 인간은 과거와 환경에 의해 결정되는 것이 아니라 현재의 사고, 감정, 느낌, 행동의 전체성과 통합을 추구하는 존재이다.
② 인간은 자신의 삶 속에서 스스로를 불행하게 만드는 요인이 무엇인가를 이해할 수 있을 뿐만 아니라 자신의 나아갈 방향을 찾고 건설적인 변화를 이끌 수 있다.
③ 치료가 상담목표가 아니라 내담자로 하여금 자신의 현재 상태에 대해 인식하고 피해자적 역할로부터 벗어날 수 있도록 돕는 것이다.
④ 과거 사건에 대한 개인의 지각과 해석이 현재의 행동에 어떠한 영향을 미치는가에 중점을 두고 개인의 선택과 책임, 삶의 의미, 성공 추구 등을 강조한다.

③ 실존주의 상담은 상담기술보다는 내담자의 세계를 그대로 이해하려는 상담기법으로, 상담의 목표는 치료가 아니라 내담자들로 하여금 자신의 현재 상태에 대해 인식하고 피해자적 역할로부터 벗어날 수 있도록 돕는 것이다.
① 형태주의 상담, ② 내담자중심 상담, ④ 개인주의 상담

09 다음 중 내담자중심 상담의 상담목표에 해당하지 않는 것은?

① 내담자의 내적 기준에 대한 신뢰를 증가시키도록 도와주는 것
② 경험에 보다 개방적이 되도록 도와주는 것
③ 지속적인 성장 경향성을 촉진시켜 주는 것
④ 내담자의 자유로운 선택과 책임의식을 증가시켜 주는 것

④ 실존주의 상담의 주요 목표에 해당한다.

10 다음 중 내담자중심 상담에서 강조되는 상담자의 특성에 해당하지 않는 것은?

① 분석적 사고
② 무조건적 수용
③ 일치성
④ 공감적 이해

내담자중심 상담에서 상담자가 갖추어야 할 기본적인 태도
• 일치성과 진실성(진솔성)
• 공감적 이해와 경청
• 무조건적인 긍정적 수용(관심) 또는 존중

11 다음 중 내담자중심 상담이론에 대한 설명으로 옳지 않은 것은?

① Rogers의 상담경험에서 비롯된 이론이다.
② 상담의 기본목표는 개인이 일관된 자아개념을 가지고 자신의 기능을 최대로 발휘하는 사람이 되도록 도울 수 있는 환경을 제공하는 것이다.
③ 특정 기법을 사용하기보다는 내담자와 상담자 간의 안전하고 허용적인 '나와 너'의 관계를 중시한다.
④ 상담기법으로 적극적 경청, 감정의 반영, 명료화, 공감적 이해, 내담자 정보검색, 조언, 설득, 가르치기 등이 이용된다.

④ 내담자중심 상담에서는 적극적 경청, 감정의 반영, 명료화, 공감적 이해 등이 사용되는 반면, 내담자 정보검색, 조언, 설득, 가르치기 등은 사용되지 않는다.

12 다음 중 내담자중심 상담이론의 특징에 대한 설명으로 옳지 않은 것은?

① 동일한 상담원리를 정상적 상태에 있는 사람이나 정신적으로 부적응 상태에 있는 사람 모두에게 적용한다.
② 상담은 모든 건설적인 대안관계의 실례들 중 단지 하나에 불과하다.
③ 상담의 과정과 그 결과에 대한 연구조사를 통해 개발되어 왔다.
④ 실험에 기초한 귀납적인 접근방법이며, 실험적 방법을 상담 과정에 적용한다.

해설

④ 행동주의 상담이론의 특징에 해당한다.

13 다음 중 형태주의 상담에 대한 설명으로 옳지 않은 것은?

① 인간을 과거와 환경에 의해 결정되는 존재로 보았다.

② 개인의 발달 초기에서의 문제들을 중요시한다는 점에서 정신분석적 상담과 유사하다.

③ 형태주의 상담에서는 현재 상황에 대한 자각에 초점을 두고 있다.

④ 개인이 자신의 내부와 주변에서 일어나는 일들을 충분히 자각할 수 있다면 자신이 당면하는 삶의 문제들을 개인 스스로가 효과적으로 다룰 수 있다고 가정한다.

 해설

① 형태주의 상담은 인간을 과거와 환경에 의해 결정되는 존재가 아니라 현재의 사고, 감정, 느낌, 행동의 전체성과 통합을 추구하는 존재로 본다.

14 다음 형태주의 상담에서 펄스(Perls)가 제안한 신경증의 층 중 개인이 자신의 고유한 모습으로 살아가지 않고 부모나 주위환경의 기대역할에 따라 행동하며 살아가는 단계는?

① 피상층   ② 곤경층

③ 공포층   ④ 내파층

해설

신경증의 층(Perls)

피상층 (허위층)	진실성이 없이 상투적으로 대하는 거짓된 상태로서, 개인은 형식적·의례적인 규범에 따라 피상적인 만남을 한다.
공포층 (연기층)	개인은 자신의 고유한 모습으로 살아가지 못한 채 부모나 주위환경의 기대에 따라 역할을 수행한다.
곤경층 (교착층)	개인은 자신이 했던 역할연기를 자각하게 되면서 더 이상 같은 역할을 지속적으로 수행하는 데 대해 곤경과 허탈감, 무력감을 경험하게 된다.
내파층 (내적 파열층)	개인은 그 동안 억압해 온 자신의 욕구와 감정을 알아차리게 되지만 이를 겉으로 드러내지 못한 채 안으로 억제한다.
폭발층 (외적 파열층)	개인은 자신의 진정한 욕구와 감정을 더 이상 억압 또는 억제하지 않은 채 외부로 표출하게 된다.

15 다음 중 교류분석에서 사용하는 대표적인 성격 자아상태에 해당하지 않는 것은?

① 부모자아(Parent Ego)   ② 성인자아(Adult Ego)

③ 청년자아(Youth Ego)   ④ 아동자아(Child Ego)

해설

교류분석적 상담은 성격에 대한 자아상태를 부모(P), 성인(A), 아동(C)으로 구분하여 타인들과의 상호작용을 통해 자아상태를 분석하는 상담방법이다.

16 다음 중 행동주의 상담에서 내적인 행동변화를 촉진시키는 방법에 해당하지 않는 것은?

① 체계적 둔감법
② 근육이완훈련
③ 인지적 모델링과 사고정지
④ 상표제도

해설
④ 상표제도(토큰경제)는 외적인 행동변화를 촉진시키는 방법에 해당한다.

17 다음 인지행동적 기법 중 예상되는 신체적 · 정신적 긴장을 약화시켜 내담자가 충분히 자신의 문제를 다룰 수 있도록 준비시키는 데 사용되는 것은?

① 근육이완훈련   ② 인지적 재구조화
③ 스트레스 접종   ④ 정서적 상상

해설
③ 스트레스 접종(Stress Inoculation)은 내담자에게 비교적 약한 자극을 주어 잘 견디도록 한다음 점차적으로 자극의 강도를 높임으로써 스트레스에 대처할 수 있는 능력을 향상시키는 것이다.

18 다음 중 인지적 상담기법에 대한 설명으로 옳은 것은?

① 로저스(Rogers), 아들러(Adler)는 인지적 상담기법을 주장한 대표적인 사람이다.
② 인지적 상담기법을 이해하기 위해서는 자아, 초자아, 방어기제와 같은 개념을 명확히 구분해야 한다.
③ 반두라(Bandura)는 이전 경험에 의해 형성된 스키마 때문에 자신과 현상에 대한 오류와 왜곡이 일어난다고 보았다.
④ 엘리스(Ellis)의 ABCDE 모형에서 D는 내담자의 비합리적인 신념을 합리적 신념으로 바꾸기 위한 논박을 말한다.

해설
① 인지적 상담기법을 주장한 대표적인 학자로는 엘리스(Ellis), 벡(Beck), 마이켄바움(Meichenbaum) 등이 있다.
② 자아(Ego), 초자아(Superego), 방어기제(Defense Mechanism)와 같은 개념은 정신분석적 상담에서 주로 활용하는 개념에 해당한다.
③ 인지상 오류와 왜곡이 자신과 세계에 관한 개인의 정보처리 과정에서 발생한다고 보고, 역기능적이고 자동적인 사고 및 스키마, 신념, 가정 등의 수정을 강조한 대표적인 학자는 벡(Beck)이다.

19 다음 중 인지·정서·행동적 상담(REBT)에서 내담자의 비합리적 사고를 합리적 사고로 대체하는 기본 절차를 순서대로 올바르게 나열한 것은?

① 선행사건 → 비합리적 신념체계 → 정서적·행동적 결과 → 효과 → 논박
② 선행사건 → 정서적·행동적 결과 → 비합리적 신념체계 → 논박 → 효과
③ 선행사건 → 비합리적 신념체계 → 논박 → 정서적·행동적 결과 → 효과
④ 선행사건 → 비합리적 신념체계 → 정서적·행동적 결과 → 논박 → 효과

> **해설**
> 인지·정서·행동적 상담(REBT)의 ABCDE 모형
> 내담자는 선행사건을 통해 비합리적 신념체계를 형성하게 되고 이로 인하여 부정적인 정서적·행동적 결과를 초래한다. 상담자는 내담자가 가지고 있는 비합리적 신념체계를 논박함으로써 합리적인 신념으로 대치하여 긍정적 효과로 이끈다.

20 다음 중 직업상담 과정과 직업상담사의 역할을 잘못 짝지은 것은?

① 인지치료 – 수동적이고 수용적인 태도
② 행동치료 – 능동적이고 지시적인 역할
③ 내담자중심 상담 – 촉진적인 관계형성 분위기 조성
④ 현실치료 – 교육적인 도움을 주는 역할

> **해설**
> 인지치료(Cognitive Therapy)의 치료 과정은 보통 단기적·한시적이고 구조화되어 있으며, 상담자(치료자)는 내담자에 대한 보다 적극적이고 교육적인 치료를 수행한다.

21 다음 중 특성-요인 직업상담에 대한 내용으로 옳지 않은 것은?

① 윌리암슨(Williamson)이 파슨스(Parsons)의 직업이론 원리를 토대로 발전시켰다.
② 개인차 심리학에 근거를 둔 비지시적 상담이다.
③ 개인의 특성과 직업을 구성하는 요인을 연결시키는 데 초점을 둔다.
④ '요인'은 책임감, 성실성, 직업성취도 등 성공적인 직업수행을 위해 요구되는 특징을 말한다.

> **해설**
> ② 특성-요인 직업상담은 지시적 상담에 해당한다.

22 다음 중 특성-요인 직업상담의 특징으로 옳지 않은 것은?

① 상담자 중심의 상담방법이다.

② 문제의 객관적 이해보다는 내담자에 대한 정서적 이해에 중점을 둔다.

③ 내담자에게 정보를 제공하고 학습기술과 사회적 적응기술을 알려주는 것을 중시한다.

④ 사례연구를 상담의 중요한 자료로 삼는다.

해설

② 내담자중심 상담(인간중심 상담)에 대한 설명에 해당한다.

23 다음 중 파슨스(Parsons)가 제안한 특성-요인이론의 핵심적인 3가지 요소에 포함되지 않는 것은?

① 내담자 특성의 객관적인 분석

② 직업세계의 분석

③ 과학적 조언을 통한 매칭(Matching)

④ 주변 환경의 분석

해설

특성-요인이론의 3가지 요소(Parsons)

• 자신(개인)에 대한 이해 – 내담자 특성의 객관적인 분석

• 직업세계에 대한 이해 – 직업세계의 분석

• 자신과 직업의 합리적 연결 – 과학적 조언을 통한 매칭(Matching)

24 다음 중 특성-요인 직업상담의 과정을 순서대로 올바르게 나열한 것은?

ㄱ. 분 석	ㄴ. 종 합
ㄷ. 진 단	ㄹ. 예 후
ㅁ. 상 담	

① ㄱ → ㄴ → ㄷ → ㄹ → ㅁ   ② ㄱ → ㄴ → ㄷ → ㅁ → ㄹ

③ ㄷ → ㄱ → ㄴ → ㄹ → ㅁ   ④ ㄷ → ㅁ → ㄱ → ㄹ → ㄴ

해설

특성-요인 직업(진로)상담의 과정(Williamson)

분석 → 종합 → 진단 → 예후(처방) → 상담(치료) → 추수지도(사후지도)

25 다음 중 비지시적 상담을 원칙으로 자아와 일에 대한 정보 부족 혹은 왜곡에 초점을 맞춘 직업상담은?

① 내담자중심 직업상담　　　　　　　② 정신분석 직업상담
③ 행동적 직업상담　　　　　　　　　④ 발달적 직업상담

내담자중심 직업상담
- 로저스(Rogers)의 상담 경험에서 비롯된 것으로서, '비지시적 상담' 또는 '인간중심 상담'으로도 불린다.
- 각 개인이 현실을 지각하고 구성하는 방법이 개별적·현상적이며 독특하다는 것에 초점을 두면서, 자기(자아)구조와 주관적 경험 사이의 일치를 강조한다.
- 상담의 기본목표는 개인이 일관된 자기개념을 가지고 자신의 기능을 최대로 발휘할 수 있는 '완전히(충분히) 기능하는 사람(Fully Functioning Person)'이 되도록 환경을 마련하는 것이다.

26 다음 중 내담자중심 직업상담에서 상담자가 심리검사를 사용할 때의 활동원칙으로 옳지 않은 것은?

① 내담자가 알고자 하는 정보와 관련된 검사의 가치와 제한점을 설명한다.
② 검사 결과를 명확하게 전달하기 위해 평가적인 언어를 사용한다.
③ 내담자에게 낮은 점수의 검사 결과를 해석해 줄 경우 특히 조심스럽게 해야 한다.
④ 검사 결과의 해석에 내담자가 참여하도록 한다.

② 검사 결과를 전달할 때 상담자는 평가적인 말투를 사용해서는 안 되며, 항상 중립성을 지켜야 한다. 또한 상담자 개인의 가치관이 투사되지 않도록 결과 자체만을 말하며, 내담자 스스로 구체적으로 평가를 하도록 하는 것이 바람직하다.

27 다음 중 보딘(Bordin)의 정신역동적 직업상담에서 사용하는 기법에 해당하지 않는 것은?

① 명료화　　　　　　　　　　　　　② 비 교
③ 소망-방어체계　　　　　　　　　　④ 반응 범주화

보딘(Bordin)의 정신역동적 직업상담의 기법
- 명료화 : 내담자의 문제와 관련된 생각이 어떤 것인지 언어적 표현에 초점을 두고 요약해 준다.
- 비 교 : 2가지 또는 그 이상의 주제들의 역동적 현상들 사이의 유사성이나 차이점들을 보다 분명하게 부각시키기 위해 대비시킨다.
- 소망-방어체계에 대한 해석 : 상담자는 내담자의 내적 동기 상태와 진로결정 과정 사이의 관계를 내담자로 하여금 자각하도록 시도한다.

28 다음 중 수퍼(Super)가 제시한 발달적 직업상담의 단계를 순서대로 올바르게 나열한 것은?

ㄱ. 문제 탐색 및 자아개념 묘사	ㄴ. 현실검증
ㄷ. 자아수용 및 자아통찰	ㄹ. 심층적 탐색
ㅁ. 태도와 감정의 탐색과 처리	ㅂ. 의사결정

① ㄱ → ㄴ → ㄷ → ㄹ → ㅁ → ㅂ
② ㄱ → ㄹ → ㄷ → ㄴ → ㅁ → ㅂ
③ ㄱ → ㄷ → ㄴ → ㄹ → ㅁ → ㅂ
④ ㄱ → ㄴ → ㄹ → ㄷ → ㅁ → ㅂ

수퍼(Super)의 발달적 직업상담 단계
• 제1단계 : 문제 탐색 및 자아(자기)개념 묘사
• 제2단계 : 심층적 탐색
• 제3단계 : 자아수용 및 자아통찰
• 제4단계 : 현실검증
• 제5단계 : 태도와 감정의 탐색과 처리
• 제6단계 : 의사결정

29 다음 중 발달적 직업상담에서 내담자의 잠재력에 중점을 둔 3가지 평가유형에 해당하지 않는 것은?

① 문제의 평가
② 개인의 평가
③ 예언평가
④ 환경평가

내담자의 잠재력에 초점을 둔 평가유형(Super)
• 문제의 평가(Problem Appraisal)
• 개인의 평가(Personal Appraisal)
• 예언평가 또는 예후평가(Prognostic Appraisal)

30 행동주의 직업상담에서 내담자가 직업선택에 대해서 무력감을 느끼게 되고, 그로 인해 발생된 불안 때문에 직업결정을 못하게 되는 것을 무엇이라고 하는가?

① 우유부단
② 부적응성
③ 미결정성
④ 무결단성

내담자가 의사결정을 내리지 못하는 문제의 원인(Goodstein)
• 우유부단 : 내담자는 자신의 직업발달이 성숙되어 있지 못한 것에 대해 불안을 느낀다.
• 무결단성 : 내담자는 부모의 강압이나 지시에 의해 직업을 선택하는 등 자신의 직업선택에 대한 무력감을 경험한다.

31 다음 행동주의 상담기법 중 불안감소기법에 해당하는 것은?

① 강 화
② 변별학습
③ 체계적 둔감법
④ 행동조성

행동주의 상담의 불안감소기법과 학습촉진기법

불안감소기법	체계적 둔감법, 금지조건형성(내적 금지), 반조건형성(역조건형성), 홍수법, 혐오치료, 주장훈련(주장적 훈련), 자기표현훈련 등
학습촉진기법	강화, 변별학습, 사회적 모델링과 대리학습, 행동조성(조형), 토큰경제(상표제도) 등

32 다음 중 행동주의 직업상담에서 사용하는 학습촉진기법과 가장 거리가 먼 것은?

① 강 화
② 내적 금지
③ 사회적 모델링과 대리학습
④ 변별학습

해설

② 내적 금지(Internal Inhibition) 또는 금지조건형성(Inhibitory Conditioning)은 내담자에게 충분히 불안을 일으킬 수 있을만한 단서를 어떠한 추가적인 강화 없이 지속적으로 제시함으로써 처음에 불안반응을 보이던 내담자가 점차적으로 불안반응을 느끼지 않게 되는 것이다. 즉, 불안야기단서의 계속적인 제시에도 불구하고 반응 중지 현상이 나타나는 것으로서, 학습촉진기법이 아닌 불안감소기법에 해당한다.

33 다음 중 포괄적 직업상담에서 내담자가 지닌 직업상의 문제를 가려내기 위해 실시하는 변별적 진단검사와 가장 거리가 먼 것은?

① 직업성숙도검사
② 직업적성검사
③ 경력개발검사
④ 직업흥미검사

해설

포괄적 직업상담에서의 진단검사의 유형

변별적 진단검사	직업성숙도검사, 직업적성검사, 직업흥미검사 등을 실시하여 직업상의 문제를 가려낸다.
역동적 진단검사	상담자와 내담자의 상호작용을 통해 상담자에 의한 주관적 오류를 보완하며, 상담 과정에서 얻은 다양한 자료들을 통해 심리측정 자료에 의한 통계적인 오류를 보완한다.
결정적 진단검사	직업선택 및 의사결정의 과정에서 나타나는 내담자의 다양한 문제를 체계적으로 분석한다.

34 다음 중 포괄적 직업상담에 대한 설명으로 옳지 않은 것은?

① 논리적인 것과 경험적인 것을 의미 있게 절충시킨 모형이다.

② 진단은 변별적이고 역동적인 성격을 가지고 있다.

③ 검사의 역할을 중시하며 검사를 효율적으로 사용한다.

④ 상담의 전반적인 진행에서 특성-요인이론과 행동주의이론으로 접근한다.

> **해설**
>
> ④ 포괄적 직업상담의 상담기법은 여러 이론적 접근들로부터 다양한 기법들을 절충한 것이다. 우선 상담의 초기 단계에서는 내담자에 대한 탐색 및 문제의 원인에 대한 토론을 촉진시키기 위해 발달적 접근법과 내담자중심 접근법이 주로 활용된다. 다음으로 중간 단계에서는 내담자의 문제에서 원인이 되는 요인을 명료히 밝혀 이를 제거하기 위해 주로 정신역동적 접근법을 활용한다. 마지막 단계에서는 상담자가 내담자의 문제해결에 보다 능동적이고 지시적인 태도로 개입하기 위해 특성-요인 및 행동주의적 접근법을 활용한다.

35 다음 중 포괄적 직업상담 프로그램의 단점으로 가장 옳은 것은?

① 직업결정 문제의 원인으로 불안에 대한 이해와 불안을 규명하는 방법이 결여되어 있다.

② 직업상담의 문제 중 진학상담과 취업상담에 적합할 뿐 취업 후 직업적응 문제들을 깊이 있게 다루지 못하고 있다.

③ 직업선택에 미치는 내적 요인의 영향을 지나치게 강조한 나머지 외적 요인의 영향에 대해서는 충분하게 고려하고 있지 못하다.

④ 직업상담사가 교훈적 역할이나 내담자의 자아를 명료화하고 자아실현을 시킬 수 있는 적극적 태도를 취하지 않는다면, 내담자에게 직업에 대한 정보를 효과적으로 알려줄 수 없다.

> **해설**
>
> ① 행동주의 직업상담의 부정적 평가에 해당한다.
> ③ 정신역동적 직업상담의 부정적 평가에 해당한다.
> ④ 내담자중심 직업상담의 부정적 평가에 해당한다.

제3편

직업상담의 기법

제 1 장 초기면담

1 초기면담의 유형

(1) 내담자 대 상담자의 솔선수범 면담

초기면담은 내담자에 의해 시작된 면담과 상담자에 의해 시작된 면담으로 구분된다.

내담자에 의해 시작된 면담	상담자는 내담자의 목적을 확신하지 못하여 불안감을 가지게 된다. 따라서 가능한 한 열심히 내담자가 하는 말에 귀를 기울이면서 그와 같은 불안감을 극복하여야 한다.
상담자에 의해 시작된 면담	상담자는 우선 내담자에게 상담을 실시하는 이유를 설명함으로써 내담자의 긴장을 완화시켜야 한다.

(2) 정보지향적 면담

초기면담의 목적이 정보수집에 있는 경우 상담의 틀은 상담자에게 초점을 두어야 한다. 이때 상담자는 정보수집을 위해 탐색해 보기(탐색하기), 폐쇄형 질문, 개방형 질문을 사용한다.

탐색해 보기 (탐색하기)	• '누가, 무엇을, 어디서, 어떻게'로 시작되는 질문으로, 한두 마디 단어 이상의 응답을 요구한다. 예 "일자리를 구하기 위해서 당신은 어떤 계획을 가지고 있나요?" • 대부분의 질문에서 '왜'라는 표현은 삼가는데, 이는 어떤 이유를 캐묻는 듯한 인상을 주어 내담자의 방어적인 반응을 유발할 수 있기 때문이다.
폐쇄형 질문	• '예/아니요'와 같이 특정하고 제한된 응답을 요구하는 질문으로, 짧은 시간에 상당한 양의 정보를 추출해 내는 데 효과적이다. • 내담자가 대답할 수 있는 범위를 제한함으로써 보다 정교화된 정보를 입수하기 어렵다.
개방형 질문	• 폐쇄형 질문과 대조적인 것으로, 보통 '무엇을, 어떻게'로 질문을 시작한다. • 내담자로 하여금 말할 수 있는 시간을 충분히 부여하여 가능한 한 많은 대답을 선택할 기회를 제공하나, 그와 같은 질문에 익숙지 않은 내담자에게 오히려 답변에 대한 부담감을 줄 수도 있다.

(3) 관계지향적 면담

관계지향적 면담에서는 재진술과 감정의 반향 등이 주로 이용된다.

재진술	내담자에 대한 반사적 반응으로서, 내담자로 하여금 상담자가 적극적으로 듣고 있음을 알려 준다.
감정의 반향	언어적·비언어적 표현임을 제외하고 재진술과 유사하나, 반향은 여러 수준에서 이루어지며, 다른 것 이상의 공감을 전달한다.

2 초기면담의 주요 요소

(1) 신뢰관계(Rapport) 형성

내담자의 긴장을 풀어주고 상담 과정에서의 비밀유지에 대해 설명해 줌으로써, 불안을 감소하고 친밀감을 형성시킨다.

(2) 감정이입(Empathy)

상담자가 길을 전혀 잃어버리지 않고 마치 자신이 내담자 세계에서의 경험을 갖는 듯한 능력을 의미한다. 이러한 감정이입에는 '지각'과 '의사소통'의 기법이 있다.

(3) 언어적 · 비언어적 행동

언어적 행동	내담자에게 중요한 것이 무엇인지를 논의하거나 이해시키려는 열망을 보여주는 의사소통을 포함한다. 예 이해 가능한 언어 사용, 적절한 호칭의 사용, 긴장을 줄이기 위한 유머 사용, 개방적 질문의 사용 등
비언어적 행동	미소, 몸짓, 기울임, 눈 맞춤, 끄덕임 등 상담자가 관심을 가지고 열린 마음으로 내담자를 끌어들이는 매우 효과적인 방법이다. 예 내담자와 유사한 언어의 톤 사용, 내담자에게 신체적으로 가깝게 기울이며 근접함, 가끔 고개를 끄덕임, 경청하는 태도, 내담자를 편안하게 만드는 개방적 태도 등

☎ 더 알아보기

상담 과정에서 도움이 되지 않는 주요 행동

언어적 행동	비언어적 행동
• 충고하기 • 타이르기 • 달래기 • 비난하기 • 광범위한 시도와 질문하기 • 지시적 · 요구적 행동하기 • 생색내는 태도 보이기 • 과도한 해석 또는 분석하기 • 내담자가 이해하지 못하는 단어 사용하기 • 자신에 대해 너무 많이 이야기하기 등	• 내담자를 멀리 쳐다보기 • 내담자로부터 떨어져 앉거나 돌아앉기 • 조소하기 • 얼굴을 찡그리기 • 언짢은 표정 짓기 • 입을 꽉 물기 • 손가락질하기 • 몸짓을 흩트리기 • 하품하거나 눈을 감기 • 너무 빠르게 혹은 너무 느리게 이야기하기 • 단호한 결단력 등

(4) 상담자 노출하기

① 자신의 사적인 정보를 드러내 보임으로써 자기 자신을 다른 사람이 알 수 있도록 하는 것이다.
② 내담자 측면에서는 성공적인 상담을 위해 유용한 반면, 상담자 측면에서는 꼭 필요한 것이 아니다.

(5) 즉시성(Immediacy)

① 상담자가 자신의 바람은 물론 내담자의 느낌, 인상, 기대 등에 대해 이를 깨닫고 대화를 나누는 것으로서, 상담자는 이를 상담 과정의 주제로 삼게 된다. 이러한 즉시성에는 '관계 즉시성'과 '지금-여기(여기-지금)에서의 즉시성'이 있다.

관계 즉시성	상담자-내담자 관계가 긴장되어 있는지, 지루한지, 생산적인지 등 그 관계의 질에 대해 내담자와 이야기를 나누는 상담자의 능력을 말한다.
지금-여기(여기-지금)에서의 즉시성	발생하고 있는 어느 특정 교류에 대해 의논하는 것을 말한다. 예를 들어, 내담자가 특정 사실을 숨기고 있는 것에 대해 상담자가 어떻게 생각하는지를 알고자 할 수 있으며, 이때 상담자가 그 순간 내담자의 생각과 느낌을 탐색하게 된다.

② 즉시성은 다음과 같은 경우 유용하게 사용된다.
  ㉠ 방향성이 없는 관계일 경우
  ㉡ 긴장감이 감돌고 있을 경우
  ㉢ 신뢰성에 의문이 제기될 경우
  ㉣ 상담자와 내담자 간에 상당한 정도의 사회적 거리가 있을 경우
  ㉤ 내담자가 의존성이 있을 경우
  ㉥ 역의존성이 있을 경우
  ㉦ 상담자와 내담자 간에 친화력이 있을 경우

(6) 유머(Humor)

① 상담장면에서 유머는 결코 품위를 떨어뜨리는 것이 아니다. 오히려 이를 적절히 활용할 경우 여러 가지 치료적 시사를 갖는 임상도구로 볼 수 있다.

② 유머를 통해 상담 과정에서의 긴장감을 없애고 내담자의 저항이나 심리적 고통을 경감하며, 내담자에게 상황을 분명하게 지각하도록 할 수 있다.

(7) 직면(Confrontation)

① 내담자로 하여금 행동의 특정 측면을 검토해 보고 수정하게 하며 통제하도록 도전하게 하는 것이다.

② 상담자는 내담자에게 현재의 상황과 문제행동의 결과를 분명히 알 수 있도록 하며, 효율적인 생활과 타인과의 바람직한 관계형성을 위해 어떻게 변화해야 하는지 각성하도록 한다.

③ 주의 깊고 적절한 직면은 성장을 유도하고 용기를 주나, 때로는 상담자가 직면에 실패할 수 있으므로 실제로 내담자에게 해로울 수 있다.

(8) 계약(Contracting)

① 목표 달성에 포함된 과정과 최종결과에 초점을 두는 것이다.

② 상담자는 계약의 초점이 변화에 있음을 강조해야 한다. 따라서 내담자의 행동, 사고 등의 변화를 촉진하는 계약이 강조된다.

(9) 리허설(Rehearsal)

① 내담자에게 선정된 행동을 연습하거나 실천하도록 함으로써 내담자가 계약을 실행하는 기회를 최대화하도록 돕는 것이다.

② 리허설은 내담자가 하고자 하는 것을 말로 표현하거나 행위로 보이는 명시적인 것(명시적 리허설), 원하는 것을 상상하거나 숙고해 보는 암시적인 것(암시적 리허설)의 2가지 종류로 구분된다.

3 초기면담의 종결

(1) 초기면담을 종결할 때 수행해야 할 활동 및 유의사항

① 상담자와 내담자 간의 역할 및 비밀유지에 대해 상호 동의한 내용을 요약한다.

② 상담 과정에서 필요한 과제물을 부여한다.

③ 상담 시 반드시 지켜야 할 준수사항을 엄수한다.

④ 내담자에 대한 정보를 얻을 수 있는 모든 자료를 검토하며, 조급하게 내담자에 대한 결론을 내리지 않는다.

⑤ 찾아올 내담자에게 초점을 맞추기 위해 마음의 준비를 한다.

⑥ 내담자와 긍정적인 관계를 형성할 수 있는 기법을 사용한다.

⑦ 직업상담의 과정 및 역할에 대해 서로 간의 기대를 명확히 한다.

⑧ 내면적 가정이 외면적 가정을 논박하지 못하도록 수행한다.

⑨ 제시된 문제 및 목표와 함께 자료평가 방법을 결정한다.

⑩ 내담자의 동기를 평가한다.

⑪ 다음 상담으로 넘어갈 근거를 마련한 후 종결한다.

> **COMMENT**
>
> 여기서 말하는 '종결'은 직업상담 전체 과정의 종결단계에서 수행해야 할 내용이 아닌 초기면담의 종결 과정에서 수행해야 할 내용에 관한 것입니다. 즉, 초기면담의 종결을 거친 이후 상담자가 본격적인 개입을 시도하게 되는 것입니다.

(2) 초기면담을 마친 후 면담 정리를 위해 검토해야 할 사항

① 사전자료를 토대로 내렸던 내담자에 대한 결론은 얼마나 정확했는가?

② 상담에 대한 내담자의 기대와 상담자의 기대는 얼마나 일치했는가?

③ 내담자에 대하여 어떤 점들을 추가적으로 평가해야 할 것인가?

④ 다음 상담회기를 어떻게 시작할 것인가?

1 생애진로주제의 확인 및 분석

(1) 의 의

① 생애진로주제는 사람들이 자신의 생각, 가치, 태도, 자신의 신념('나'에 대한 진술), 다른 사람에 대한 신념('타인'에 대한 진술), 세상에 대한 신념('생애'에 대한 진술) 등을 표현하기 위해 사용하는 개념이다.

② 직업상담에서 내담자의 생애진로주제를 확인하는 주된 이유는 내담자의 사고과정을 이해하고 행동을 통찰하도록 도와주기 때문이다.

③ 생애진로주제의 확인 및 분석을 위해서는 생애역할이 고려되어야 한다. 생애역할은 내담자나 내담자 자신이 살고 일하는 세계와 연관된 생애진로주제를 직접적이고 실제적으로 조직화하는 방법을 제공한다.

(2) 내담자의 생애진로주제를 확인하는 데 도움이 되는 자료

인간행동의 모형들은 인간과 환경의 특성을 서술하는 방법을 제공한다. 이와 같은 모형들은 내담자가 생애진로주제를 진술할 때 사용하는 언어를 분석하는 것으로, 특히 생애역할 구조와 쉽게 연결될 수 있는 모형은 다음과 같다.

생애역할	모 형	
작업자	• 자료-관념-사람-사물(Prediger) • 기술 확인(Bolles)	• 직업적 성격 및 작업환경(Holland)
학습자	• 학습자 형태(Kolb)	• 학습 형태(Canfield)
개 인	• 생애 형태(Adler)	• 대뇌반구상의 기능

> **COMMENT**
>
> 작업자 역할, 학습자 역할, 개인적 역할은 아들러(Adler)가 생애진로주제를 이해하기 위해 활용한 3가지 차원에 해당합니다.

(3) 생애진로주제의 확인 및 분석에 있어서의 유의사항

① 내담자에 대한 정보가 모두 수집될 때까지 내담자 주제의 해석 및 설명을 보류하지 말고, 직업상담 과정에서 내담자가 나타낸 행동과 주제의 독특한 화합에 관한 전제를 구상해 나가도록 한다.

② 분류된 주제를 기초로 해서 내담자를 속단하거나 절대적으로 분류하는 것을 삼가도록 한다.

③ 직업상담에서의 생애진로주제 분석만큼 다양한 방법으로 내담자에 대한 각각의 정보를 구할 수 있음을 유념하도록 한다.

2 생애진로주제의 역할모형

(1) 작업자 역할

① 자료-관념-사람-사물 : 프레디저(Prediger)

프레디저는 홀랜드(Holland)의 6가지 직업영역, 즉 현실적·탐구적·예술적·사회적·진취적·관습적 영역을 보다 단순화하여 이를 4가지 체계, 즉 자료(Data), 관념(Idea), 사람(People), 사물(Thing)로 제시하였다. 이와 같이 프레디저가 제시한 체계는 '자료-관념'과 '사람-사물'로 구분되는 이차원적인 체계에 해당한다.

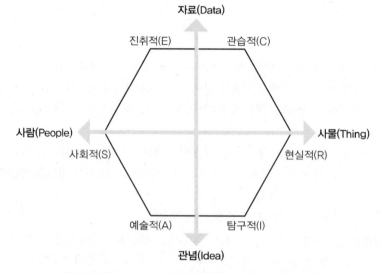

[프레디저(Prediger)의 작업자 역할에 기초한 직업분류체계]

② 직업적 성격 및 작업환경 : 홀랜드(Holland)

㉠ 홀랜드의 직업적 분류체계는 6가지 모형(현실적·탐구적·예술적·사회적·진취적·관습적 성격 및 환경)으로 성격과 환경을 분류한다.

㉡ 성격형태와 환경을 서술하기 위해 홀랜드가 사용한 언어는 내담자의 심상을 주제논술로 전환하는 데 유용하다. 특히 홀랜드의 모형은 내담자에게 결과를 해석하는 수단으로서 많은 흥미검사에서 사용된다.

③ 기술 확인 : 볼레스(Bolles)

㉠ 볼레스는 기술의 3가지 중요한 범주로 '자기관리 기술, 기능적·전환적 기술, 일의 내용 기술'을 제시하였다.

㉡ 기술의 3가지 범주에서 사람이 소유한 기술을 서술할 때 사용되는 언어는 특히 주제분석에 도움이 된다.

④ 작업자 역할모형 결합

㉠ 작업자 역할과 관련하여 내담자 주제를 확인 또는 서술하는 것을 돕는 위의 모형들은 혼합하여 사용하기도 한다.

㉡ 프레디저는 '자료-관념-사람-사물'과 홀랜드의 직업적 분류체계를 혼합하였으며, 볼레스도 기술분류 과정에 홀랜드의 직업분류로부터 성격형태를 혼합하였다.

(2) 학습자 역할

① 학습자 형태 : 콜브(Kolb)

- ㉠ 콜브는 학습이 어떻게 지각되고 어떤 과정을 통해 전개되는가에 기초하여 학습형태를 설명하는 학습모형을 개발하였다.
- ㉡ 콜브는 개인에게서 나타나는 뚜렷한 양상의 학습유형이 유전의 결과, 과거생활 경험, 가족·학교·직업 등 현재 환경의 요구 등에 의해 결정된다고 보았다.
- ㉢ 콜브는 학습형태를 측정하는 도구로 학습형태검사(LSI ; Learning Style Inventory)라 불리는 자기보고식 검사를 개발하였으며, 이를 토대로 다음의 4가지 학습유형을 제시하였다.

집중형 (Converger)	추상적 개념화(AC ; Abstract Conceptualization)와 활동적 실험(AE ; Active Experimentation)에 유용한 사고형으로서, 정확한 추론과 함께 생각을 실제에 적용하는 데 강점이 있다.
확산형 (Diverger)	확고한 경험(CE ; Concrete Experience)과 사려 깊은 관찰(RO ; Reflective Observation)에 유용한 사고형으로서, 상상력과 함께 의미 있는 통찰에 의한 다양한 관계의 구조화에 강점이 있다.
동화형 (Assimilator)	추상적 개념화(AC)와 사려 깊은 관찰(RO)에 유용한 사고형으로서, 관찰을 통해 귀납적 이론을 이끌어내는 데 강점이 있다. 다만, 집중형과 같이 이론의 실제적인 사용에는 관여하지 않는다.
적응형 (Adaptor)	확고한 경험(CE)과 활동적 실험(AE)에 유용한 사고형으로서, 새로운 경험을 통해 실험과 계획을 이끌어내는 데 강점이 있다. 다른 유형들에 비해 위험과 시행착오를 감수하며, 직관에 의해 문제를 해결하는 경향이 있다.

COMMENT

콜브(Kolb)의 학습형태검사(LSI)에 의한 4가지 학습유형은 다음의 도표를 이용하여 간단히 기억해 두시기 바랍니다.

	확고한 경험(CE)		
활동적 실험 (AE)	적응형(Adaptor)	확산형(Diverger)	사려 깊은 관찰 (RO)
	집중형(Converger)	동화형(Assimilator)	
	추상적 개념화(AC)		

② 학습형태 : 캔필드(Canfield)

- ㉠ 캔필드는 학습에 대한 효과적인 연구와 교수상황에서의 유효한 적용을 위해 학습형태 모형을 제안하였다. 특히 그는 학습형태 분류의 유효한 변인으로서 조건, 내용, 양식, 기대를 제시하였다.
- ㉡ 캔필드도 콜브와 마찬가지로 학습형태검사(LSI ; Learning Style Inventory)를 개발하였는데, 이는 개인의 조건, 내용, 양식, 기대의 수행 등을 확인하기 위한 것이다.

(3) 개인 역할

① 생애형태 : 아들러(Adler)

㉠ 아들러는 개인이 사회적 환경에서 자신의 위치를 발견하기 위해 노력하여야 하며, 각자 주위환경을 다루기 위해 독특한 개인적 논리를 가지고 있다고 보았다.

㉡ 아들러는 세계와 개인의 관계에 관한 3가지 과제로서 일, 사회, 성(性)을 제시하였으며, 개인이 이와 같은 인생과제(생애과제)에 반응하여야 한다고 보았다.

㉢ 성격과 특성요인은 가족집단 내에서의 운동의 표현이다. 특히 한 가정에서 태어난 두 아이는 결코 동일한 상황에서 자라는 아이로 볼 수 없다.

② 대뇌반구상의 기능

㉠ 스플리트(Split)의 인간의 뇌에 관한 연구는 인간의 뇌가 중추와 관계를 갖는 2개의 반구로 이루어져 있으며, 좌반구 및 우반구가 다른 방법으로 정보를 투과하는 것을 설명하였다.

㉡ 보통 좌반구는 언어를 구성하고 언어정보를 저장하며, 가치를 배우고 사회적 역량의 근원을 준비하는 것 등과 연결된다. 반면, 우반구는 공간과 지각형태, 방향적 지향성, 시각적 묘사 등을 포함한 비언어적 통합기능과 연결된다.

㉢ 대부분의 직업상담 접근은 단어, 논리적 분석, 단계적 행동계획 등 좌반구 전략에 의해 지배되어 왔다. 따라서 그와 같은 전략과 함께 상상과 은유, 이야기, 실제 경험 등 우반구 전략을 통해 진로탐색 단계에 있는 내담자를 도울 수 있다.

제**3**장 구조화된 면담법

1 생애진로사정(LCA ; Life Career Assessment)

(1) 의 의

① 생애진로사정은 상담자가 내담자와 처음 만났을 때 이용할 수 있는 구조화된 면접기법으로서, 내담자에 대한 가장 기초적인 직업상담 정보를 얻는 질적인 평가절차이다.

② 검사실시나 검사해석의 예비적 단계에서 특별히 유용한 것으로서, 직업상담의 주제와 관심을 표면화하는 데 덜 위협적인 방법의 단계로 볼 수 있다.

③ 아들러(Adler)의 개인심리학(개인차 심리학)에 기초를 둔 것으로서, 내담자와 환경과의 관계를 이해할 수 있는 정보를 제공한다.

④ 아들러는 개인과 세계의 관계를 '일(직업)', '사회(사회적 관계)', '성(사랑)'의 3가지 인생과제로 구분하였으며, 이 3가지 인생과제가 서로 긴밀히 연결되어 있다고 보았다.

⑤ 내담자로 하여금 자신의 신념, 태도, 가치관에서 비롯되는 생활양식을 포착하도록 하여, 내담자의 생애에 대한 근본적인 접근이 명백히 밝혀지도록 돕는다.

(2) 특 징

① 생애진로사정에서는 작업자, 학습자, 개인의 역할 등을 포함한 다양한 생애역할에 대한 정보를 탐색해간다.

② 생애진로사정은 진로사정, 전형적인 하루, 강점과 장애, 요약으로 이루어진다.

③ 전체 면접은 대략 30~45분 정도 비교적 단시간에 끝날 수 있으며, 필요한 경우 10~15분 정도 나누어 진행할 수도 있다.

④ 내담자의 다양한 생애역할에서의 기술수준을 파악하는 것은 물론 장애를 극복하기 위한 정보를 산출한다.

⑤ 비판단적이고 비위협적인 대화 분위기로써 내담자와 긍정적인 관계를 형성하는 데 도움이 된다.

⑥ 내담자의 진로계획을 향상시키며, 내담자의 문제 해결 및 장애 극복을 위한 목표달성계획을 수립하도록 한다.

⑦ 생애진로사정에서는 내담자가 학교에서나 훈련기관에서의 평가 과정을 통해 부정적인 선입견을 가지고 있을 가능성이 있는 인쇄물이나 소책자, 지필도구 등의 표준화된 진로사정 도구는 가급적 사용을 삼간다.

(3) 구 조

① 진로사정

㉠ 내담자가 일의 경험 또는 훈련 및 학습 과정에서 가장 좋았던 것과 싫었던 것에 대해 질문하며, 여가시간의 활용, 우정관계 등을 탐색한다.

ⓛ 내담자의 직업경험(시간제 · 전임, 유 · 무보수), 교육 또는 훈련과정과 관련된 문제들, 여가활동에 대해 사정한다.

직업경험	• 이전 직업 • 가장 싫었던 점	• 가장 좋았던 점 • 다른 직업에서의 경험
교육 또는 훈련과정과 관련된 문제들	• 지금까지 받았던 교육 및 훈련에 대한 전반적인 평가 • 가장 좋았던 점 • 가장 싫었던 점 • 지식, 기술, 기능의 수준이나 형태를 위한 교육 또는 훈련	
여가활동	• 여가시간의 활용 • 사회활동 • 사랑과 우정관계	

② 전형적인 하루
  ㉠ 내담자가 생활을 어떻게 조직하는지를 시간의 흐름에 따라 체계적으로 기술한다.
  ㉡ 내담자가 의존적인지 또는 독립적인지, 자발적(임의적)인지 또는 체계적인지 자신의 성격차원을 파악하도록 돕는다.

의존적-독립적 차원	• 다른 사람에 대한 의존 정도 • 다른 사람이 결정해 주기를 원함
자발적-체계적 차원	• 안정적이고 판에 박힌 일 • 끈기 있고 주의 깊음

③ 강점과 장애
  ㉠ 내담자가 스스로 생각하는 3가지 주요 강점 및 장애에 대해 질문한다.
  ㉡ 현재 내담자가 직면하고 있는 문제나 환경적 장애를 탐구하며, 이를 극복하기 위해 가지고 있는 대처자원이나 잠재력을 탐구한다.

주요 강점	• 내담자가 가지고 있는 자원 • 내담자에게 요구되는 자원
주요 장애	• 강점과 관련된 장애 • 주제와 관련된 장애

④ 요 약
  ㉠ 내담자 스스로 자신에 대해 알게 된 내용을 요약해 보도록 함으로써 자기인식을 증진시킨다.
  ㉡ 내담자의 문제 해결 및 장애 극복을 위해 목표달성계획을 세울 수 있도록 한다.

요약의 내용	• 생애주제에 동의하기 • 내담자 자신의 용어를 사용하기 • 목표설정 또는 문제해결과 연결시키기

(4) 생애진로사정을 통해 알 수 있는 정보
  ① 내담자의 직업경험과 교육수준을 나타내는 객관적인 사실
  ② 내담자의 기술과 유능성에 대한 자기평가 및 상담자의 평가 정보
  ③ 내담자의 가치관 및 자기인식 정도

2 직업가계도(Genogram)

(1) 개 요

① 직업가계도(진로가계도)는 직업과 관련된 내담자의 가계력을 알아보는 기법으로서, 내담자의 직업의식, 직업선택, 직업태도에 대한 가족의 영향력을 분석하는 대표적인 질적 평가기법이다.

② 특히 경력 상담 시 내담자의 가족이나 선조들의 직업 특징에 대한 시각적 표상을 얻기 위해 도표를 만드는 방식이다.

③ 오키쉬(Okiishi)는 직업구조가 개인과 원가족 간의 상호작용에 영향을 미친다는 점을 강조하였다.

④ 직업가계도에는 직업 및 직업선택, 진로경로포부 등과 관련하여 내담자에게 영향을 미친 사람들이 포함된다.

⑤ 직업가계도를 생애진로사정에 추가하는 경우 상담자는 가족구조 역할이라는 보다 폭넓은 시각에서 내담자에 관한 정보를 이해하는 데 도움을 받게 된다.

(2) 활 용

① 직업가계도는 보통 직업상담의 초기과정에서 내담자에 대한 정보수집을 위해 사용된다.

② 내담자의 직업에 대한 제한적인 고정관념, 다양한 직업기회의 결과에 대한 기대들, 그리고 직업가치와 흥미에 대한 근본원인 등을 측정하는 데 활용된다.

③ 내담자의 직업의식, 직업선택, 직업태도에 대한 가족의 영향력을 분석할 수 있다.

④ 내담자의 직업적 지각 및 선택에 영향을 미친 모델이 누구인지 탐색할 수 있다.

⑤ 내담자에게 심리적인 압박으로 작용할 수 있는 가족의 미완성된 과제를 발견할 수 있다.

⑥ 내담자의 직업선택과 관련된 무의식적 과정과 함께 자기지각의 근거를 밝히는 데 도움이 된다.

[직업가계도(Genogram)]

> **COMMENT**
>
> 직업가계도(Genogram)에서 남성은 사각형, 여성은 원으로 나타냅니다. 자녀는 연령순에 따라 배치되며, 왼쪽에서부터 나이가 많은 사람을 위치시킵니다.

제4장

내담자 사정

1 동기 · 역할사정하기

(1) 개 요

① 동기(Motivation)와 역할(Role)을 사정하는 데에는 자기보고법이 가장 많이 사용된다.

② 자기보고법은 내담자 스스로 자신을 탐색하도록 하는 방법으로, 내담자로 하여금 현재 상황과 미래에 대한 기대수준을 진단하도록 함으로써 진로선택에 대한 중요성 및 이를 위한 자기효능감을 증가시키도록 한다.

③ 자기보고법은 인지적 명확성이 있는 내담자에게 효과적인 반면, 그렇지 못한 내담자에게는 부적합하다. 따라서 내담자가 인지적 명확성이 낮은 경우 우선적으로 개인상담을 시행한 후 자기보고를 통해 직업상담으로 전환하는 것이 바람직하다.

(2) 인지적 명확성 결여 사정

① 의 의

동기의 결여는 여러 요인에 의한 것일 수 있으며, 인지적 명확성 결여도 포함된다. 예를 들어, 너무 높은 목표를 잡아서 낮은 자긍심으로 힘들어하는 사람은 목표달성의 동기가 높지 않을 수 있다. "의대를 못 가면 내 인생은 실패작이다"라면서 양극적으로 사고하는 사람에 대해 의대 진로를 제외하면 직업상담을 계속 할 수가 없게 된다.

② 인지적 명확성 결여에 대한 사정

상황의 중요성 사정	지금 시점에서 진로를 선택하거나 현 진로를 바꾸는 것이 얼마나 중요한가?
자기효능감 기대	진로를 선택하거나 현재의 진로를 바꾸는 것을 성공적으로 했는지에 대해 어느 정도 확신하고 있는가?
결과기대	자신의 상황이 나아질 것이라고 어느 정도 확신하는가?
수행에 대한 기준	진로를 선택하거나 바꾸는 데 있어 일을 잘한다는 것이 얼마나 중요하다고 생각하는가?

(3) 동기사정하기에서 내담자가 성공에 대해 낮은 동기를 가지고 있을 때의 대처방안

① 진로선택에 대한 중요성 증가시키기

② 좋은 선택이나 전환을 할 수 있는 자기효능감 증가시키기

③ 기대한 결과를 이끌어 낼 수 있는지에 대한 확신 증가시키기

④ 직업상담의 결과를 최대화하기 위해 내담자가 충분한 노력을 기울였는지를 확인하는 기준 증가시키기

(4) 상호역할관계 사정

① 의 의

역할사정은 어떤 역할들이 상호보완적이며, 보상적 혹은 상충적인지를 확인하는 것이다. 특히 직업상담에서 상호역할관계 사정은 현재나 미래의 어느 시점에서 작업역할을 방해하는 역할들을 결정하고, 내담자가 불운한 작업역할에 빠져있을 때 부정적인 작업결과를 보상하는 역할들을 찾아내며, 지금 혹은 앞으로 보완될 역할들을 결정하는 것을 목표로 한다.

② 상호역할관계의 사정방법

질문을 통해 사정하기	내담자가 개입하고 있는 생애역할들을 나열하기, 각각의 역할에 소요되는 시간의 양을 추정하기, 내담자의 가치들을 이용하여 순위 정하기, 상충적·보상적·보완적 역할들을 찾아내기 등에 초점을 둔다.
동그라미로 역할관계 그리기	역할관계상의 문제, 즉 가치갈등, 역할과부하 등을 파악하는 동시에 이를 최소화할 수 있는 이상적인 역할관계를 그려보도록 한다.
생애-계획연습으로 전환시키기	각 생애단계에서 내담자의 가치와 시간의 요구 간의 갈등이 발생하는지, 이 경우 갈등의 속성은 무엇인지, 내담자 또한 삶의 다양한 역할들 간의 관계를 파악할 수 있는지, 마음속에 떠오르는 생애계획을 토대로 개선욕구를 알 수 있는지 등을 탐색한다.

☎ 더 알아보기

직업상담의 일반적인 상담과정에서의 사정단계
- 제1단계 : 인지적 명확성 존재(내담자에게 인지적 명확성이 존재하는가?)
- 제2단계 : 내담자의 동기 존재(내담자에게 동기가 존재하는가?)
- 제3단계 : 내담자의 자기진단(내담자가 자기진단을 통해 자신을 노출하고 있는가?)
- 제4단계 : 내담자의 자기진단 탐색(내담자가 자기진단을 확인했는가, 안 했는가?)

② 가치사정하기

(1) 개 요

① 가치(Value)란 사람의 기본 신념에 해당하며, 신념이란 사람들이 가장 신성하게 간직하고 있는 것이다.

② 가치는 동기의 원천이자 개인적인 충족의 근거가 되며 일정 영역에서의 개인적인 수행기준, 개인의 전반적인 달성목표의 원천 등이 되기도 한다.

③ 인간은 "자신의 삶에서 무엇을 지향할 것인가"에 관하여 다양한 생각을 가지고 있는데, 어떤 사람들은 자신이 지향하는 환경 안에서 외면적으로 표현하는 반면, 어떤 사람들은 내면적으로 표현한다. 이는 개인적인 가치들이 인간의 행동을 결정하는 중요한 역할을 한다는 것을 의미한다.

(2) 가치사정의 용도

① 내담자의 자기인식(Self-awareness)을 발전시킨다.

② 현재의 직업적 상황에 대한 불만족의 근거를 찾는다.

③ 역할 갈등의 근거를 찾는다.

④ 저수준의 동기 또는 성취의 근거를 찾는다.

⑤ 개인의 다른 측면, 즉 흥미나 성격 등에 대한 예비사정 용도로 활용한다.

⑥ 진로선택이나 직업전환의 기틀을 제시하기 위한 용도로 활용한다.

(3) 자기보고식 가치사정법

① 체크목록 가치에 순위 매기기
목록 중 중요하다고 생각되는 가치와 중요하지 않다고 생각되는 가치에 대해 '+', '−' 표시를 하도록 하며, 그 결과에 대해 순위를 매긴다.

② 과거의 선택 회상하기
직업의 선택, 여가의 선택 등 과거 선택에 있어서의 경험을 파악하며, 그것을 선택한 기준에 대해 조사한다.

③ 절정경험 조사하기
자신이 체험한 최고의 경험에 대해 회상하도록 하거나 이를 상상하도록 하여 그 과정에 대해 설명하게 한다.

④ 자유시간과 금전의 사용
자신에게 자유시간이 주어지는 경우 또는 예상치 못한 돈이 주어지는 경우 이를 어떠한 목적으로 어떻게 사용할 것인지 상상하도록 한다.

⑤ 백일몽 말하기
자신이 가지고 있는 개인적인 환상으로서의 백일몽을 이야기하도록 한다.

⑥ 존경하는 사람 기술하기
자신이 존경하는 사람들이 누구인지 제시하도록 한다.

3 흥미사정하기

(1) 개 요
① 흥미(Interest)는 개인의 관심이나 호기심을 자극하거나 일으키는 어떤 것이라고 정의내릴 수 있다. 즉, 흥미는 개인이 하고 싶어 하는 것이나 즐기거나 좋아하는 것의 지표이다.

② 개인의 흥미, 좋아하고 싫어하는 것, 선호 활동에 대한 정보는 다양한 방법을 통해 수집할 수 있다.

(2) 흥미사정의 목적
① 자기인식 발전시키기

② 직업대안 규명하기

③ 여가선호와 직업선호 구별하기

④ 직업·교육상 불만족 원인 규명하기

⑤ 직업탐색 조장하기

(3) 수퍼(Super)가 제시한 흥미사정의 방법(기법)

① 표현된 흥미(Expressed Interest)

어떤 활동이나 직업에 대해 좋고 싫음을 간단하게 말하도록 요청한다. 직업의 각 분야에 대해 어느 정도 좋아하고 관심을 가지고 있는지 직업카드 분류하기나 흥미탐색 체크리스트 등을 통해 간편하게 파악할 수 있다.

② 조작된 흥미(Manifest Interest)

특정 활동에 대해 질문을 하거나 해당 활동에 참여하는 사람들이 어떻게 시간을 보내는지를 관찰한다. 이는 개인의 흥미가 자신이 좋아하거나 즐기는 활동과 밀접하게 연관된다는 가정에 기초한 것으로서, 특히 작업경험에 대한 분석을 통해 파악할 수 있다.

③ 조사된 흥미(Inventoried Interest)

개인은 다양한 활동에 대해 좋고 싫음을 묻는 표준화된 검사를 완성한다. 해당 검사 결과는 특정 직업에 종사하는 사람들의 흥미와 어느 정도 유사성이 있는지 비교하는 절차를 거치게 된다.

(4) 흥미사정의 구체적인 기법

① 표현된 흥미와 조작된 흥미 유발하기

표현된 흥미로써 어떤 활동이나 직업에 대해 '좋다/싫다'를 간략하게 말하도록 요청하며, '조작된 흥미'로써 특정 활동이나 직업에서의 시간 사용 양상 또는 참여 수준 등을 관찰한다.

② 작업경험 분석

작업경험 분석은 흥미에 대한 사정뿐만 아니라 내담자의 가치, 기술, 생활방식 선호도, 인생의 진로주제들, 그 밖의 직업관련 선호도 등을 규명하는 데 광범위하게 사용될 수 있다.

③ 직업카드 분류전략

홀랜드(Holland)의 6각형 이론과 관련된 일련의 직업카드를 주고 직업을 선호군, 혐오군, 미결정 중성군으로 분류하도록 하는 방법이다.

> **COMMENT**
>
> 직업카드분류를 통해 내담자의 직업흥미는 물론 직업선택의 동기와 가치 등 다양한 정보들을 입수할 수 있으나, 그 기본적인 토대는 내담자의 흥미사정에 있습니다.

④ 직업선호도검사 실시

우리나라 직업안정기관에서 사용하고 있는 직업선호도검사는 홀랜드의 성격검사를 표준화한 것이다.

⑤ 로(Roe)의 분류체계 이용

로는 2차원 분류체계를 개발하였는데, 수평차원은 활동에 초점을 둔 것이고, 수직차원은 기능 수준(책임감, 능력, 기술 정도)에 초점을 둔 것이다.

⑥ 흥미평가기법

상담자는 내담자로 하여금 종이에 알파벳을 쓰고, 그 알파벳에 맞추어 흥밋거리를 기입하도록 요구한다. 그런 다음 과거에 중요했던 주제와 흥미에 대해 생각해 보도록 지시한다.

> **자신의 흥미 및 적성에 대한 이해가 부족한 내담자를 대상으로 한 상담 과정**
>
> 희망직업 또는 자신의 흥미, 적성에 대한 이해가 부족한 내담자를 상담하게 되었을 때 상담 및 직업지도 서비스 업무
> 과정은 다음의 순서로 진행된다.
>
> - 제1단계 : 직업적성검사 및 흥미검사 실시
> - 제2단계 : 직업지도 시스템을 통한 검사결과 처리
> - 제3단계 : 적합 직업 탐색
> - 제4단계 : 직업에 관한 상세 정보 제공

4 성격사정하기

(1) 개 요

① 성격(Personality)은 직업선택과 직업적응에서 핵심적인 설명변인에 해당된다.

② 그동안의 연구에서 어떤 특정한 성격특성이 특정 직업에 필수적이라는 생각은 검증된 바가 없으나 비(非)표준화된 성격 사정도구를 통한 탐색은 상당히 보편성을 가지고 있다.

(2) 성격사정의 목표

① 자기인식을 증진시킬 수 있다.

② 좋아하는 일·역할, 작업기능, 작업환경 등을 확인할 수 있다.

③ 작업불만족의 근원을 확인할 수 있다.

(3) 홀랜드 유형

① 홀랜드 모형을 바탕으로 한 흥미항목표를 통해 내담자의 유형을 분류할 수 있다.

② 홀랜드는 개인이 지속적이고 비교적 영구적인 성격 혹은 행동유형을 발전시키면서 직업을 선택할 때 자신의 성격을 표출한다고 제언하였다.

③ 홀랜드가 제시한 6가지 기본적인 성격유형, 즉 현실형·탐구형·예술형·사회형·진취형·관습형은 다음의 형용사들과 연관된다.

현실형(R)	순응적인, 솔직한, 겸손한, 꾸밈없이 순수한, 실용적인
탐구형(I)	호기심이 많은, 분석적인, 비판적인, 지적인, 신중한
예술형(A)	표현이 풍부한, 독창적인, 비순응적인, 이상적인, 직관적인
사회형(S)	설득력 있는, 협조적인, 관대한, 남을 도와주는, 사교적인
진취형(E)	모험적인, 야망이 있는, 지배적인, 낙관적인, 충동적인
관습형(C)	순응적인, 양심적인, 보수적인, 질서정연한, 지구력 있는

홀랜드(Holland)의 이론은 '성격이론(인성이론)' 혹은 '흥미이론'이라고 하며, 육각형 모델을 통해 제시되는 6가지 유형은 '성격유형' 혹은 '흥미유형'이라고도 합니다. 참고로 위의 홀랜드 유형별 관련 단어는 흥미항목표의 형용사 목록 일부만을 제시한 것입니다. 또한 관련 단어 각각은 특정 유형에 배타적으로 해당되는 것은 아닙니다(예 '순응적인'은 현실형 및 관습형에 공통적으로 해당됨). 이는 인접한 유형의 경우 서로 유사한 특성들을 공유하고 있기 때문입니다.

(4) 마이어스-브릭스 성격유형검사(MBTI ; Myers-Briggs Type Indicator)

① 융(Jung)의 분석심리학에 의한 심리유형론을 토대로 고안된 성격검사이다.

② 직업상담 장면에서 활용 가능한 객관적 검사로, 자기보고식의 강제선택 검사이다.

③ 내담자가 선호하는 작업역할, 기능, 환경을 찾아내는 데 유용하다.

④ 4개의 양극차원과 각 차원별 2개의 선호 중 한 부분에 대해 개인을 할당·분류하는 방식이다.

ㄱ 에너지의 방향 – 세상에 대한 일반적인 태도

• 외향형(E ; Extroversion) : 사람과 사건 등 외부세계에 관심이 있는가?

• 내향형(I ; Introversion) : 관념과 내적 반응 등 내부세계에 관심이 있는가?

ㄴ 인식기능 – 지각적 또는 정보수집적 과정

• 감각형(S ; Sensing) : 오관을 통해 정보를 수집하고 사실과 자료에 초점을 맞추는가?

• 직관형(N ; Intuition) : 직관을 거친 개연성과 육감에 초점을 맞추는가?

ㄷ 판단기능 – 정보의 사정(평가) 또는 판단 과정

• 사고형(T ; Thinking) : 논리와 이성에 따라 정보를 평가하는가?

• 감정형(F ; Feeling) : 개인의 가치에 따라 다른 사람에 대한 영향을 고려하면서 평가하는가?

ㄹ 생활양식 또는 이행양식 – 정보 박탈

• 판단형(J ; Judging) : 일을 종결하기 위해 신속하고 확고한 의사결정을 하는가?

• 인식형(P ; Perceiving) : 정보를 더 수집하기 위해 의사결정을 미루는가?

'생활양식(이행양식)'에서의 '정보 박탈'은 쉽게 말해 정보가 부족한 상황에서의 의사결정 속도와 연관됩니다.

제 5 장

목표설정 및 진로시간전망

1 목표설정

(1) 의 의

① 목표는 상담의 방향을 제시해 주는 것이다.

② 상담의 전반적인 목표는 내담자의 욕구들에 의해 결정된다.

③ 목표설정은 내담자와 상담자 간의 협조적 과정이다.

④ 상담자의 개입이 필요한 이유는 내담자가 명확하고 구체적인 목표를 설정하도록 돕기 위해서이다.

(2) 용 도

① 상담의 방향을 제공한다.

② 상담전략의 선택 및 개입에 관한 기초(기준)를 제공한다.

③ 상담 결과를 평가하는 기초(기준)를 제공한다.

(3) 상담의 바람직한 목표설정 방향

① 목표는 구체적이어야 한다.

② 목표는 실현가능해야 한다.

③ 목표는 내담자가 원하고 바라는 것이어야 한다.

④ 내담자의 목표는 상담자의 기술과 양립 가능해야만 한다.

(4) 내담자의 목표 확인

① 일단 현존하는 문제를 평가하고 나서 목표설정 과정으로 들어간다.

② 내담자의 목표를 끌어내기 위한 기법으로 '면접안내(Interview Leads)'가 있다.

③ 전반적인 목표가 설정되면 내담자와 함께 목표의 실현가능성을 탐색한다.

④ 전반적인 목표가 결정되면 하위목표를 확인함으로써 그 목표에 대한 안내지도를 확립한다.

⑤ 내담자가 목표추구에 필요한 시간과 에너지를 투자할 마음이 있는지 목표에 대한 내담자의 몰입도를 평가한다.

2 진로시간전망

(1) 의 의
① '진로시간전망'은 진로에 관한 과거, 현재, 미래의 정신적 상을 말한다.
② 상담자는 진로시간전망의 개입을 통해 미래에 대한 내담자의 관심을 증가시키고, 현재의 행동을 미래의 목표에 연결시키며, 내담자로 하여금 미래에 초점을 맞추어 자신의 미래를 설계할 수 있도록 한다.

(2) 진로시간전망 검사지의 사용목적
① 미래의 방향을 이끌어내기 위해
② 미래에 대한 희망을 심어주기 위해
③ 미래가 실제인 것처럼 느끼도록 하기 위해
④ 계획에 대해 긍정적 태도를 강화하기 위해
⑤ 목표설정을 촉구하기 위해
⑥ 현재의 행동을 미래의 결과와 연계시키기 위해
⑦ 계획기술을 연습하기 위해
⑧ 진로의식을 높이기 위해

(3) 진로계획
① 직업상담에서 진로계획은 내담자의 전 생애를 조망하는 시각들을 제시하고자 하는 중요한 단계이다.
② 휴즈(Hughes)는 진로를 '객관적 진로'와 '주관적 진로'로 구분하였다.

객관적 진로	자신의 생애주기 동안 가졌던 일련의 지위로 구성되므로 외적인 관찰이 가능하다.
주관적 진로	직업의 과거, 현재, 미래에 대한 생각으로 구성되므로 외적인 관찰이 불가능하다.

③ 누구나 객관적 진로를 가지고 있으나 주관적 진로를 가지는 것은 아니다.
④ 과거를 회상하고 미래를 예측함으로써 사람들로 하여금 자신의 주관적 진로를 인식하도록 해 준다.

(4) 시간차원에 따른 진로결정
① 미래에 초점을 둔 진로결정
　㉠ 진로결정의 초점을 미래에 둔 사람은 현재 가장 좋은 것이 무엇인지 혹은 과거에 무엇이 가장 좋았는지 보다는 미래에 무엇이 가장 좋을 것인지에 기초하여 진로를 선택하는 경향이 있다.
　㉡ 이들은 미래에 대한 불안을 감소시키기 위해 학교공부에 충실하고 직업계획을 통해 내일을 준비하며, 미래의 직업설계를 위한 방법으로 직업상담을 찾는다.
② 과거에 초점을 둔 진로결정
　㉠ 진로결정의 초점을 과거에 둔 사람은 가족의 전통에 부합하는 직업을 찾는 것에 대해 더욱 많은 고심을 하며, 타인에 의해 자신의 역할이 결정되는 경우 스스로 그 역할을 수행하는 경향이 있다.
　㉡ 이들은 보통 직업선택을 위한 직업상담을 요청하지 않으며, 설령 직업상담을 요청한다고 해도 세습된 목표를 성취하기 위한 계획을 세우거나, 목표 성취의 방해요소들을 해결하기 위해 도움을 청한다.

③ 현재에 초점을 둔 진로결정

　㉠ 진로결정의 초점을 현재에 둔 사람은 음식이나 주거 등의 생존적인 문제 혹은 당장 필요한 돈이나 단기적 만족을 제공하는 오락 등에 더욱 많은 관심을 가지는 경향이 있다.

　㉡ 이들은 지금 당장 직업이 필요하여 직업상담을 요청하는 경우가 대부분이며, 미래를 논의하기 위해 직업상담을 찾는 경우는 드물다.

(5) 미래지향적 시간전망 개입

① 내담자에게 미래에 초점을 맞추고 자신의 미래를 설계할 수 있도록 함으로써 진로선택과 조정에 필요한 계획태도와 기술을 발달시킬 수 있다.

② 직업상담은 과거나 현재에 지향되어 있는 내담자로 하여금 미래를 그려보고, 그 안에서 생활하고 있는 자신의 모습을 믿도록 돕는다.

❸ 코틀(Cottle)의 원형검사(The Circles Test)

(1) 의 의

① 진로시간전망검사 중 가장 효과적인 시간전망 개입도구이다.

② 과거·현재·미래를 뜻하는 세 개의 원을 이용하여 어떤 시간차원이 개개인의 시간전망을 지배하는지, 그리고 개개인이 어떻게 시간차원과 연관이 되는지를 평가하기 위해 고안되었다.

③ 특히 원형검사에서 원의 크기는 시간차원에 대한 상대적 친밀감을 의미하는 반면, 원의 배치는 시간차원이 각각 어떻게 연관되어 있는지를 나타낸다.

④ 원형검사에 기초한 진로시간전망 개입은 시간에 대한 심리적 경험의 3가지 측면에 반응하는 3가지 국면, 즉 방향성, 변별성, 통합성을 제시한다.

(2) 진로시간전망 개입의 3가지 측면

① **방향성**

미래지향성을 증진시키기 위해 미래에 대한 낙관적인 입장을 구성하는 것을 목표로 한다.

② **변별성**

미래를 현실처럼 느끼도록 하고 미래 계획에 대한 정적(긍정적) 태도를 강화시키며, 목표설정이 신속히 이루어지도록 하는 것을 목표로 한다.

③ **통합성**

현재 행동과 미래의 결과를 연결시키며, 계획한 기법의 실습을 통해 진로인식을 증진시키는 것을 목표로 한다.

(3) 원의 상대적 배치에 따른 시간관계성

① 어떤 것도 접해 있지 않은 원

  ㉠ 시간차원의 고립을 의미한다.

  ㉡ 자신의 미래를 향상시키기 위한 어떠한 시도도 하지 않음을 나타낸다.

② 중복되지 않고 경계선에 접해 있는 원

  ㉠ 시간차원의 연결을 의미한다.

  ㉡ 사건들이 아직 개별적·독립적으로 구분되어 있으며, 비록 연속적일지라도 통제되지 않는 상태를 나타낸다.

③ 부분적으로 중첩된 원

  ㉠ 시간차원의 연합을 의미한다.

  ㉡ 과거가 현재에, 현재가 미래에 영향을 미친다는 점을 나타낸다. 특히 현재와 미래의 원이 중첩된 부분은 현재 상황에서의 미래에 대한 예측 및 전망과 연관된다.

④ 완전히 중첩된 원

  ㉠ 시간차원의 통합을 의미한다.

  ㉡ 과거와 미래의 원을 현재의 원 안에 중첩시킴으로써, 오로지 현재에서 과거를 기억하고 미래를 예측한다는 점을 나타낸다.

1 인지적 명확성의 이해

(1) 인지적 명확성의 의미

① 자기 자신의 강점과 약점을 객관적으로 평가하고, 그 평가를 환경적 상황에 연관시킬 수 있는 능력을 말한다.

② 내담자에게 인지적 명확성이 없는 경우 개인상담 후 직업상담을 실시하며, 인지적 명확성이 있는 경우 바로 직업상담을 실시한다. 따라서 개인상담도 직업상담 과정에 포함시킨다.

(2) 인지적 명확성 문제의 원인과 직업상담 과정

① **정보결핍 → 직업상담 실시**

자신과 직업에 대한 지식부족에서 비롯되는 단순결핍, 읽기문제나 학습장애 등 정보사용 불능에 의한 성장결핍, 필요한 정보와 불필요한 정보의 변별력 불능에 의한 과도한 정보 등

② **고정관념 → 직업상담 실시**

경험부족, 가치관 고착에 따른 고정성, 어느 정도의 심리적 문제에 따른 고정성, 의무감에 대한 집착 등

③ **경미한 정신건강문제 → 다른 치료 후 직업상담 실시**

잘못된 결정방식이 진지한 결정을 방해하는 경우, 낮은 효능감이 다른 선택사항에 대한 고려를 방해하는 경우, 비논리적 사고나 다른 배제적 사고유형에서 의사결정 방해가 나타나는 경우, 공포증이나 말더듬 등의 문제가 다른 직업선택을 방해하는 경우 등

④ **심각한 정신건강문제 → 다른 치료 후 직업상담 실시**

정신증으로 인해 직업선택 능력이 심각하게 손상된 경우, 심각한 약물남용 장애 등

⑤ **외적 요인 → 개인상담 후 직업상담 실시**

일시적인 위기(예 주변사람과의 사별이나 부부 간의 불화), 일시적 혹은 장기적 스트레스로 인한 직업문제에의 집중 곤란(예 실업충격) 등

(3) 인지적 명확성을 사정하는 경우 고려사항

① 내담자가 우울증과 같은 심리적인 문제를 가지고 있다면 직업선택 및 적응결정을 적절하게 할 수 없다. 따라서 이와 같은 심리적 문제로 인지적 명확성이 부족한 경우 진로문제에 대한 결정은 당분간 보류하는 것이 좋다.

② 직업상담에서는 상담 과정을 완수하려는 내담자의 동기가 반드시 필요하다. 동기의 문제는 정신건강상의 문제나 단순정보 결핍, 상담 과정에서의 복잡한 문제 등에 의해서도 유발될 수 있다. 이와 같은 문제는 목표설정 과정에 앞서 우선적으로 확인되고 해결되어야 한다.

③ 내담자의 직장인으로서의 역할은 다른 생애 역할과 복잡하게 얽혀 있다. 이러한 역할들은 상호의존적이어서 어느 한 역할의 변화가 다른 역할에도 영향을 미치게 된다. 따라서 직업계획이나 재적응을 생각할 때 다른 생애 역할의 맥락을 함께 고려해야 한다.

④ 직장을 처음 구하는 사람 또는 자신의 진로를 처음 선택하는 사람과 직업전환 또는 직업적응 중에 있는 사람에 대해서는 직업상담의 사정 과정이 서로 다르다. 특히 직업상담사는 직장을 처음 구하는 내담자를 대상으로 상담하는 경우 내담자의 자기인식 정도, 직업세계에 대한 지식, 적절한 직업기회를 인식하는 정도, 직업선택에서의 자신감 및 보유기술 등을 구별할 수 있어야 한다.

2 인지적 명확성이 부족한 내담자의 주요 유형 및 개입방법

(1) 단순 오정보 – 정보제공

> 내담자 : 그 대학은 부자들만 들어갈 수 있어요. 그 대학에 다니는 학생들 대부분이 강남 출신이에요.
> 상담자 : 학생은 그 대학에 대해 부정적인 감정을 가지고 있군요. 과거에는 강남 출신 학생들이 많았는데, 점차 바뀌고 있어요. 서울에 사는 학생들 중에서도 강남 출신은 10%밖에 안 되는데요.

(2) 복잡한 오정보 – 논리적 분석

> 내담자 : 저는 아직도 결정을 못했어요. 그 대학에 다니는 4명의 학생들을 아는데, 그들은 모두가 강남 출신인걸요.
> 상담자 : 학생이 말한 것을 논리적으로 분석해 봅시다. 그 대학의 전체 학생 수는 약 5,000명이에요. 학생은 단지 그들 중 4명만 만나고는 그와 같은 결론을 내리고 있지요. 전체적으로 생각해 보세요. 어떤 고정관념보다는 사실에 근거해서 결정을 내리는 것이 중요합니다.

(3) 구체성의 결여 – 구체화시키기

> 내담자 : 사람들이 요즘은 취직을 하기가 어렵다고들 해요.
> 상담자 : 어떠한 사람들을 이야기하시는지 짐작이 안 되네요.
> 내담자 : 모두 다예요. 제가 상의할 수 있는 상담사, 담당교수님들, 심지어는 친척들까지도요. 정말 그런가요?
> 상담자 : 그래요? 그럼 사실이 어떤지 알아보도록 하죠.

(4) 가정된 불가능/불가피성 – 논리적 분석, 격려

내담자 : 난 자격시험에 합격할 수 없을 것 같아요.
상담자 : 그동안 선생님은 자격시험 공부를 매우 열심히 하신 걸로 아는데요.
내담자 : 하지만 단념했어요. 내 친구는 자격시험이 어렵다고 했어요.
상담자 : 선생님은 자격시험에 불합격할 것이라고 생각하고 있군요. 그 이유는 친구분이 어렵다고 했기 때문이고요. 그러면 선생님과 친구분과의 공통점을 알아보기로 하죠.

(5) 원인과 결과의 착오 – 논리적 분석

내담자 : 난 사업을 할까 생각중이에요. 그런데 그 분야에서 일하는 여성들은 대부분 이혼한다고 합니다.
상담자 : 선생님이 사업을 하면 이혼할까 두려워하시는군요. 직장여성들의 이혼율과 다른 분야에 종사하는 여성들에 대한 통계를 알아보도록 하죠.

(6) 파행적 의사소통 – 저항에 다시 초점 맞추기

상담자 : 제가 내준 과제인 진로일기를 작성하는 데 많은 어려움이 있다고 하셨지요. 지금 하는 일을 조절하도록 도와드리면 도움이 될 것 같네요.
내담자 : 그거 괜찮은 생각 같네요. 제가 왜 진로일기를 작성하는 데 힘든지 아셨죠. 그런데 오늘 제가 멋진 영화를 보려고 해요. 그 생각만 해도 즐거워요.
상담자 : 진로문제가 선생님이 당면한 주요 관심사 같네요. 제가 그러한 것을 제안할 때마다 선생님께서는 회피하시는군요. 진로일기를 작성하고 나서 선생님의 진로문제를 해결하면 어떤 느낌을 갖게 될까요?

(7) 강박적 사고 – 합리적 · 정서적 치료(RET 또는 REBT기법)

내담자 : 저는 변호사가 될 거예요. 우리 아버지도, 할아버지도, 형도 변호사예요.
상담자 : 학생은 자신이 변호사가 될 거라고 확신하고 있네요.
내담자 : 예, 물론이에요.
상담자 : 만약 변호사가 안 된다면 어떤 일이 벌어질까요?
내담자 : 모든 것이 엉망이 되겠지요. 그건 정말 끔찍한 일이에요.
상담자 : 학생은 자신이 하길 바라는 것을 하지 못했을 때 끔찍하게 느끼는군요. 그럼 ABCDE 모델에 따라 이야기를 해 보도록 하죠.

(8) 양면적 사고 - 역설적 사고(증상의 기술)

> 내담자 : 나는 기계공학 전공 말고는 아무것도 생각할 수 없어요. 그 외의 일을 한다는 것을 생각해 본 적도 없어요.
>
> 상담자 : 학생이 기술자가 되지 못한다면 재앙이라도 일어날 것처럼 들리는군요. 그런데 학생은 기계공학을 하기에는 성적이 좋지 않군요.
>
> 내담자 : 그래서 미칠 것 같아요. 난 낙제할 것 같아요.
>
> 상담자 : 학생 인생에서 다른 대안을 생각해 보지 않는다면 정말 문제가 되겠네요. 그럼 한 가지 제안을 합시다. 학생 마음속에 있는 "기계공학 전공이 아니면 안 돼"라는 생각을 계속하는 겁니다. 다음 주까지 매일 반복해서 그 생각을 하고 있어야 해요. 생각을 바꿀 필요가 있다고 동의했지만, 반대로 그렇게 하지 않도록 해 보는 거예요.

(9) 걸러내기 - 재구조화, 역설적 기법 쓰기

> 내담자 : 제 상관은 저한테 잘했다는 말을 한 번도 한 적이 없어요. 항상 제 흠을 봐요. 지난번에도 제가 왼손잡이라고 불평을 하는 거예요.
>
> 상담자 : 선생님의 상관은 항상 선생님께만 관심이 있는 것처럼 보이는군요. 자, 그렇다면 대안을 찾아볼까요? 그 상관의 의도가 어떻든 간에 선생님이 일하는 데 영향을 주는 것 같군요. 물론 상관의 행동이 유쾌하지는 않겠지만, 선생님이 그것에 대해 꽤 많이 신경을 쓰고 있는 것 같네요. 다른 사람들도 알고 있을 거라 생각되는데요.

(10) 비난하기 - 직면, 논리적 분석

> 내담자 : 저는 우리 아버지를 꼭 닮았어요. 아버지는 회사에서도 술을 드세요. 사람들은 저를 보고 아버지를 닮아서 그렇다고들 해요. 저도 요즘은 그 말이 사실이라는 생각이 들어요.
>
> 상담자 : 선생님의 술과 관련된 문제가 아버지 때문이라는 소리로 들리는군요. 과연 그것이 사실인지 생각해 보세요. 물론 알코올중독이 유전적 요인을 가지고 있다고 하니 선생님의 부친이 어느 정도 문제 상황에 일조한 것이 사실일 수 있겠지요. 그렇지만 선생님은 그동안 문제해결을 위해 무엇을 했나요?

(11) 잘못된 의사결정방식 - 불안에 대처하도록 심호흡을 시킨다. 의사결정도움을 사용한다.

> 내담자 : 저는 어떻게 해야 할지 모르겠어요. 중요한 결정을 할 때, 그것을 해내고 극복하고 싶어요. 선생님께서는 이 학교가 제가 처음 지원서를 낸 학교이기 때문에 선택한 사실을 알고 계세요?
>
> 상담자 : 학생은 의사결정을 하는 데 불안을 많이 느끼는 것 같네요. 그런 불안감을 계속 가지고만 있지 말고 선택을 하세요. 우선 어떤 결정을 할 때 불안을 느끼는지, 불안을 어떻게 다루는지를 보도록 하죠. 그런 다음 결정을 할 때의 체계적인 방법에 대해 살펴보도록 하죠.

(12) 자기인식의 부족 - 은유나 비유 쓰기

> 내담자 : 난 사람들에게 호의를 가지고 대하는데, 그들이 왜 그렇게 반응하는지 이해할 수 없어요.
> 상담자 : 사람들이 선생님의 기대에 부응하지 않을 때 화가 좀 나시겠어요.
> 내담자 : 화가 나다가도 곧 우울해져요. 난 사무실에서 왕따인걸요.
> 상담자 : 사람들이 선생님을 어떻게 보는지에 대해 이야기나 속담, 동화를 비유해서 말씀해 보시겠어요?
> 내담자 : 이건 좀 이상하게 들릴 수도 있을 텐데요, 꼭 미운오리새끼 같아요.
> 상담자 : 그래도 미운오리새끼는 나중에 아름다운 백조가 되어 모두에게 환대를 받지요.

(13) 무력감 - 지시적 상상

> 내담자 : 난 이 모든 것을 어떻게 할 수가 없어요. 난 가족도 있고, 당장 직장도 구해야 해요. 지금 이 모든 상황이 주는 문제에 대처할 수 없기 때문에 좌절감을 느껴요.
> 상담자 : 선생님은 좌절하고 있고, 또 당황스러워 하고 있는 것 같군요. 그렇다면 선생님의 무력감을 다루는 데 도움을 되는 지시적 상상 기법을 사용하는 것이 좋겠네요.
> 내담자 : 좋아요. 어떻게 하는 건데요?
> 상담자 : 일단 긴장을 푸시고, 선생님의 능력이 뛰어나다고 상상해 보세요.

(14) 고정성 - 정보를 주기, 가정에 도전하기

> 내담자 : 어떤 사람이 남자인 저보고 간호사를 해 보는 게 어떻겠느냐 권한 적이 있어요. 하지만 전 여성 간호사들과 함께 일할 수 있을 것 같지가 않아요.
> 상담자 : 선생님은 여성만이 간호사가 된다고 생각하고 있는 것 같군요.
> 내담자 : 그게 맞잖아요. 저는 남자 간호사를 본 적이 없는걸요.
> 상담자 : 그렇다면 간호사에 대해 좀 더 알아보고, 남자들이 이 분야에서 얼마나 일하고 있는지를 알아보도록 하죠.
> 내담자 : 그런데 그런 남자들은 도대체 어떤 사람들이죠? 전 그 사람들을 좋아할 것 같지 않네요.
> 상담자 : 간호사를 하는 남자들도 당신과 똑같은 사람들이에요. 선생님이 그런 사람들을 어떻게 보고 있는지에 대해 좀 더 자세히 말씀해 주세요. 그리고 선생님 자신에 대해 어떻게 보고 있는지와 비교해 보세요.

제3편
제7장 내담자의 정보 및 행동에 대한 이해와 해석

1 개 요

(1) 내담자의 정보 및 행동에 관한 문제

직업상담사는 내담자 행동의 이해와 해석을 통해 정보를 수집하게 되며, 그 과정에서 다음과 같은 문제에 직면하게 된다.

① 방어적이고 도피적인 것은 어떤 것인가?

② 근거 없는 믿음과 왜곡된 사고의 결과는 어떤 것인가?

③ 그와 같은 정보와 행동에 대처하는 데 어떤 기술이 필요한가?

(2) 내담자의 정보 및 행동에 대한 이해의 필요성

① 내담자의 정보들이 의미하는 것이 무엇인지, 이를 어떻게 해석할 것인지, 내담자로 하여금 자신의 목표와 문제에 적절히 대응하도록 어떻게 처방을 내릴 것인지 등을 파악한다.

② 변덕이 심한 성격, 근거 없는 믿음, 왜곡된 사고, 동기 문제 등에 맞서 직업상담의 진행이 보다 순조롭게 이루어지도록 한다.

2 내담자의 정보 및 행동에 대한 이해기법

(1) 가정 사용하기

① 가정의 사용법은 가설에 의해 결정되며, 이를 통해 내담자의 행동을 추측할 수 있다.

② 상담자가 내담자에게 어떠한 특정 행동이 이미 존재했다고 가정하여 질문을 한다.

③ 내담자의 행동에 대한 가정은 내담자의 대답과 관련 없이 이미 그러한 행동이 구체적으로 표현되었기 때문이다.

④ 가정에는 단순한 지시가 적절하다.

> 예 • 당신은 계획을 가지고 있나요? → 당신의 계획은 어떤 것이죠?(이미 계획을 가진 상태임을 가정함)
>
> • 직업이 마음에 드십니까? → 당신의 직업에서 마음에 드는 것은 어떤 것입니까?
>
> • 직업상담을 해야겠다고 결정했나요? → 직업상담을 해야겠다고 결정을 내린 과정을 말씀해 주시겠어요?

(2) 의미 있는 질문 및 지시 사용하기

① 가정법을 지지하는 의미 있는 질문과 지시를 사용하는 기법으로서, 이때 질문은 강제적인 응답의 의지를 담기보다는 공손한 명령의 형태를 띤다.

② 경우에 따라 대답을 원하지 않으면서 내담자의 주의를 요하는 질문들을 사용하여 대답의 범위를 광범위하게 개방하는 동시에 내담자로 하여금 대답하기 쉽게 느끼도록 한다.

공손한 명령	당신이 특별히 좋아하는 것이 있다면 말씀해 주시겠어요?
주의를 요하는 질문	이게 맞는 건지 모르겠네요. 이 직업이 쉬운 건지 어려운 건지 잘 모르겠어요. 당신이 이 직업에서 자신의 능력을 발휘할 수 있을지 모르겠네요.

(3) 전이된 오류 정정하기

직업상담에서는 전이된 오류가 자주 발생하는데 여기에는 정보의 오류, 한계의 오류, 논리적 오류가 있다.

① **정보의 오류**

내담자가 직업세계에 대해 충분한 정보를 알고 있다고 잘못 생각하는 경우에는 보충질문을 하거나 되물음으로써 잘못을 정확히 인식시켜 주어야 한다.

㉠ 이야기 삭제 : 내담자의 경험을 이야기함에 있어서 중요한 부분이 빠졌을 경우

　예 • 내 생각이 옳아요. → 무엇에 대한 생각 말인가요?

　　• 나는 맞지 않아요. → 어디에 맞지 않는다는 거죠?

　　• 내 상사가 그러는데 나는 책임감이 없대요. → 무엇에 대한 책임감을 말하는 거죠?

㉡ 불확실한 인물의 인용(사용) : 내담자가 명사나 대명사를 잘못 사용했을 경우

　예 • 그들은 나를 잘 몰라요. → 누가 당신을 이해하지 못한다는 말씀인가요?

　　• 사람들은 나를 의기소침하게 만들지요. → 누가 특히 더 그렇지요?

㉢ 불분명한 동사의 사용 : 내담자가 모호한 동사를 사용했을 경우

　예 • 내 상관은 나를 무시하려 들어요. → 당신의 상관이 특히 어떤 점에서 당신을 무시한다는 생각이 드나요?

　　• 내가 믿고 있는 것과 정반대지요. → 어떻게 된 일인지 설명해 보세요.

㉣ 참고자료(구체적 진술자료)의 불충분 : 내담자가 어떤 사람이나 장소, 사건을 이야기할 때 구체적으로 말하지 않는 경우

　예 나는 확신할 수가 없어요. → 무엇을 확신할 수 없다는 거죠?

㉤ 제한된 어투의 사용 : 내담자가 한계를 표현하는 말을 사용하면서 자기 자신의 세계를 제한하려고 하는 경우

　예 • 나는 안 돼요. → 만약 한다면 어떻게 되는 건가요?

　　• 나는 이렇게 해야만 해요. → 만약 하지 않는다면 어떻게 되는 건가요?

② **한계의 오류**

제한된 기회 및 선택에 대한 견해를 갖고 있는 내담자들이 스스로 자신의 견해를 제한하기 위해 다음과 같은 방법들을 사용한다.

㉠ 예외를 인정하지 않는 것 : 내담자가 예외가 없다는 뜻을 내포한 '항상, 절대로, 모두, 아무도'와 같은 말을 자주 사용하는 경우

　　　예 사장님은 항상 제 말을 귀담아듣지 않아요. → 항상 그러하다는 말입니까?

　　㉡ 불가능을 가정하는 것 : 내담자가 자신의 능력에 한계를 지우는 '할 수 없다, 안 된다, 해서는 안 된다'는 말을 사용하는 경우

　　　예 나는 사장님께 말을 할 수 없어요. → 당신이 사장님과 대화하는 방법을 찾지 못한 것이겠죠.

　　㉢ 어쩔 수 없음을 가정하는 것 : 내담자가 '~해야만 한다, 필요하다, 된다, 선택의 여지가 없다' 등의 용어를 사용하는 경우

　　　예 나는 우리 사장님의 의견과 완전히 반대기 때문에 사표를 내는 것 말고는 다른 방법이 없어요.
　　　　→ 당신은 아무런 선택도 하지 않는다는 것을 이미 선택했어요. 당신은 사장님과 이런 상황을 해결하고 일을 할 수 있어요.

③ 논리적 오류

내담자가 논리적으로 맞지 않는 진술을 함으로써 의사소통까지 방해하는 경우로 잘못된 인간관계 오류, 마음의 해석, 제한된 일반화 등이 있다.

　　㉠ 잘못된 인간관계의 오류 : 내담자가 자신의 선택이나 통제에 전혀 개입을 하지 못하므로 책임도 없다는 식으로 생각하는 경우

　　　예 결국 사장님 때문에 일이 이렇게 되었어요. 저로서는 어떻게 해 볼 수 없어요. → 사장님이 어떤 식으로 당신의 기분을 상하게 했나요?

　　㉡ 마음의 해석 : 다른 사람과 직접 의사소통을 해 보지 않고서 그 사람의 마음을 읽을 수 있다고 자신하는 사람의 경우

　　　예 나의 상사는 나와 함께 일하는 데 불편을 느끼죠. → 그 사실을 어떻게 잘 알죠?

　　㉢ 제한된 일반화 : 한 사람의 견해가 모든 사람에게 공유된다는 개인적인 생각에서 비롯되는 경우

　　　예 당신의 느낌에 대해서 이야기하는 것은 아주 좋은 생각입니다. → 누구에게 좋은 생각이란 말입니까?

(4) 분류 및 재구성하기

① 내담자의 표현을 분류하고 재구성함으로써 내담자에게 자신의 세계를 다른 각도에서 볼 수 있도록 기회를 제공한다.

② '분류 및 재구성하기'에 의한 역설적 의도(Paradoxical Intention) 기법은 특히 내담자가 수행불안(예 구직면접시험 불안)이나 예기불안(예 불안에 대한 불안)이 있는 행동을 할 때에 도움을 줄 수 있다.

③ 역설적 의도의 원칙에 포함되는 사항

　　㉠ 이해하는 것 잊기

　　㉡ 증상-해결 주기(週期) 결정하기

　　㉢ 저항하기

　　㉣ 목표행동 정하기

     ⓜ 변화전략 세우기

     ⓗ 시간 제한하기

     ⓢ 증상 기록하기

     ⓞ 변화 꾀하기

     ⓩ 내담자 언어 재구성하기

     ⓩ 지시이행의 동의 구하기

     ⓚ 재발 예견하기

     ⓣ 계몽하기 또는 관계 끊기

(5) 저항감 재인식하기 및 다루기

① 상담에 대해 동기화되지 않거나 저항감을 나타내는 경우, 방어기제를 사용하거나 의도적으로 의사소통을 방해하는 경우 내담자를 이해하는 기법이다.

② 특히 내담자는 직설, 불신, 상담자의 능력과 방법 헐뜯기, 함축에 대한 도전, 책임에 대한 도전 등 다양한 전술로 의사소통을 고의로 방해한다.

③ 변형된 오류 수정하기, 내담자와 친숙해지기, 은유 사용하기, 대결하기 등의 전략으로 내담자의 저항감을 다룬다.

    예 불신의 전술

> 상담자 : 다른 회사들이 써 본 결과 많은 효과가 입증된 그런 투쟁 해결방법을 써보도록 하지요.
>
> 내담자 : 매우 흥미로운 일이군요. 그러나 그 방법은 K 주식회사에서는 효과가 있었는지 몰라도 우리 회사에서는 안 될 것입니다.

COMMENT

내담자가 고의로 의사소통을 방해하는 방식 중 이른바 '불신의 전술'은 변화의 과정이 너무 빠르거나 너무 멀리 나아가는 것에 대한 저항감의 표현이기도 합니다. 이때 내담자는 책임이 없는 위치에서 '험담'의 언어로 주어진 조건을 공격 또는 부인합니다.

---

(6) 근거 없는 믿음(신념) 확인하기

① 잘못된 믿음을 가진 사람들에게는 그들의 믿음과 노력이 근거 없는 잘못된 것임을 알게 함으로써 새로운 대안을 찾도록 한다.

② 거절에 대하여 두려워할 필요가 없고, 모든 사람이 원하는 직업을 다 갖는 것이 아니며, 거절당한다는 것은 단지 특별한 직업을 갖지 못한다는 것임을 깨닫도록 한다.

(7) 왜곡된 사고 확인하기

① '왜곡된 사고'란 결론 도출, 재능에 대한 지각, 지적 및 정보의 부적절, 부분적인 일반화 그리고 관념 등에서 정보의 한 부분만을 보는 경우를 말한다.

② 멕케이(Mckay) 등은 여과하기, 정당화하기, 극단적인 생각, 과도한 일반화, 인격화, 인과응보의 오류, 마음 읽기 등에 의해 사고가 왜곡된다고 보았다.

> **COMMENT**
>
> 왜곡된 사고의 대표적인 예로 '여과하기'는 상황의 긍정적인 면은 모두 여과시킨 채 부정적인 면만을 확대하는 것입니다.

(8) 반성의 장 마련하기

① 내담자 자신, 타인 그리고 내담자가 살고 있는 세계 등에 대한 판단을 내리는 과정을 알 수 있도록 상황을 만들어 주는 것이다.

② 내담자의 독단적인 사고를 밝히는 것에서부터 시작하여 지식의 불확실성에 대한 인식, 일반화된 지식과의 비교 및 대조 등의 과정을 통해 전반적인 반성적 판단이 이루어지도록 한다.

(9) 변명에 초점 맞추기

① 변명은 내담자가 자신의 행동에 대한 부정적인 인식을 감소시키는 동시에 긍정적인 인식을 지속화하려는 시도이다.

② 변명은 부정이나 비난, 알리바이 등에 의한 '책임을 회피하기', 축소, 정당화, 훼손 등에 의한 '결과를 다르게 조직하기(재구성)', 그렇게 할 수밖에 없었다고 주장하거나 본래의 의미와 다르다고 주장하는 '책임을 변형시키기' 등의 형태로 나타난다.

상담면접의 기본방법

1 효과적인 직업상담을 위한 방법

효과적인 직업상담을 진행하기 위해서는 상담의 기본원리와 기법을 따라야 한다. 직업상담은 일상적인 대화가 아닌 내담자의 적응을 돕기 위한 목적 있는 대화이므로, 상담자와 내담자 간의 일대일의 관계를 통해 내담자를 심리적으로 돕는 생산적인 관계가 되도록 해야 한다.

2 상담면접의 주요 기법

(1) 공감(감정에 대한 반영)

① 내담자가 전달하려는 내용에서 한 걸음 더 나아가 그 내면적 감정에 대해 반영하는 것이다.

② 상담자가 자신이 직접 경험하지 않고도 다른 사람의 감정을 거의 같은 수준으로 이해하는 능력을 말한다. 이때 상담자는 내담자의 세계를 상담자 자신의 세계인 것처럼 경험하지만 객관적인 위치에서 벗어나지 않는다.

③ 공감을 하기 위해 상담자는 내담자가 당면한 문제에 대해 내담자의 경험과 감정을 잘 듣고, 그가 처한 상황을 표현할 만한 언어를 생각하며, 상담자가 내담자의 경험을 잘 이해하고 있다는 것을 언어와 태도로써 표현해 주어야 한다.

④ 공감적 이해는 지금-여기에서의 내담자의 감정과 경험을 정확하게 이해하는 것이다. 이러한 공감적 이해를 위해서는 내담자의 입장에서 느끼고 생각해야 한다.

⑤ 공감적 이해는 내담자의 자기 탐색과 수용을 촉진시킨다.

 더 알아보기

> **공감적 이해의 5가지 수준**
> • 수준 1 : 상대방의 언어 및 행동 표현의 내용에 대해 별다른 주의를 기울이지 않으므로 감정 반응이나 의사소통에 있어서 상대방이 표현한 것보다 훨씬 못 미치게 소통이 이루어진다.
> 예 자네가 지난번에 처리했던 일이 아마 잘못 됐었지?
> • 수준 2 : 상대방의 표면적인 감정에는 어느 정도 반응하지만 상대방의 의도와 관련된 주목할 만한 감정이나 의사를 제외시킨 채 소통이 이루어진다. 예 기분이 나쁘더라도 상사의 지시대로 해야지.
> • 수준 3 : 상대방이 표현한 것과 본질적으로 같은 정서 및 의미를 표현함으로써 상호교류적인 의사소통이 이루어진다.
> 예 자네가 알아서 할 일을 내가 부당하게 간섭한다고 생각하지 말게.

- 수준 4 : 상대방이 스스로 표현할 수 있는 것보다 더 내면적인 감정을 표현하면서 의사소통이 이루어진다.
  - 예 자네 업무에 대해 이야기하는 것이 간섭받는다고 생각이 되어서 기분이 상했군.
- 수준 5 : 상대방의 표면적인 감정은 물론 내면적인 감정에 대해 정확하게 반응하며, 상대방의 내면적인 자기탐색과 동일한 몰입 수준에서 상대방이 표현한 정서 및 의미에 첨가하여 의사소통이 이루어진다.
  - 예 믿고 맡겨준다면 잘 할 수 있을 것 같은데, 간섭받는다는 기분이 들어 불쾌한 게로군.

(2) 요약과 재진술(내용에 대한 반영)

① 요약과 재진술은 내담자가 전달하는 이야기의 표면적 의미를 상담자가 다른 말로 바꾸어서 말하는 것이다.

② 상담자는 내담자가 전달하려는 내용을 다른 말과 용어를 사용하여 내담자에게 되돌려 줌으로써 상담자가 내담자의 이야기에 귀를 기울이면서 그를 이해하려 노력하고 있음을 내담자에게 전달할 수 있다.

③ 상담자는 내담자의 이야기를 좀 더 간략하게 반복함으로써 그 내용을 더욱 명확히 하는 동시에 내담자의 이야기를 상담자 자신이 정확히 이해하고 있는지를 점검해 볼 수 있다.

④ 내담자의 이야기를 요약하고 재진술할 때는 그 내용에 초점을 두어야 한다.

(3) 반 영

① 내담자가 전달하고자 하는 의사의 본질을 스스로 볼 수 있도록 내담자의 말과 행동에서 표현되는 감정·생각·태도를 상담자가 다른 참신한 말로 부연하는 기술을 말한다.

② 상담자는 반영을 통해 내담자의 태도를 거울에 비추어 주듯이 보여줌으로써 내담자의 자기 이해를 도와줄 뿐만 아니라 내담자로 하여금 자기가 이해받고 있다는 인식을 주게 된다.

③ 반영을 할 때는 말로 표현된 내용 자체보다는 그것의 밑바탕에 깔려 있는 감정을 그대로 되돌려주기 위해 노력해야 한다.

④ 상담자는 내담자의 행동을 유심히 관찰하여 말로써 표현한 것뿐만 아니라 자세, 몸짓, 목소리, 눈빛 등 비언어적 행동에서 나타나는 감정까지도 반영해 주어야 한다.

COMMENT

'반영'은 다른 상담기법들과 밀접하게 연관되어 있습니다. 특히 감정에 대한 반영은 '공감'으로 볼 수 있고, 내용에 대한 반영은 '요약과 재진술'로 볼 수 있습니다.

---

(4) 수 용

① 상담자가 내담자의 이야기에 주의를 집중하고 있고, 내담자를 인격적으로 존중하고 있음을 보여 주는 기법이다.

② 수용에 대한 표현은 "예", "계속 말씀하십시오", "그렇군요" 등 주로 간단한 언어적 표현을 통해 이루어진다.

③ 상담자로부터의 이와 같은 언어적 반응은 내담자에게 "어떤 이야기라도 안심하고 계속하십시오. 당신의 입장을 인간적으로 이해하고 있습니다"는 메시지를 전달함으로써 내담자의 감정표현을 촉진시키게 된다.

④ 상담에서 수용적 존중은 기본적으로 내담자의 감정, 경험 및 잠재력에 대해 긍정적인 존중과 관심을 전달하는 것이고, 궁극적으로는 내담자를 한 인간으로서의 가치와 자유인으로서의 잠재력에 대해 매우 깊은 긍정적 존중을 전달하는 것이다.

 더 알아보기

> **수용적 존중의 수준**
> • 제1수준 : 또 조퇴니? 일하기 싫으니 별 핑계를 다 대는구나.
> • 제2수준 : 몸이 조금 아프다고 자꾸 조퇴하면 안 되지.
> • 제3수준 : 몸이 아프면 힘들지. 그동안 좀 무리했지.
> • 제4수준 : 아플 땐 쉬어야지. 건강해야 일도 잘 할 수 있지.
> • 제5수준 : 그래, 자네니깐 그만큼이나 참았지. 자네 웬만하면 조퇴하지 않는 거 알지.

(5) 경청, 반영적 경청, 적극적 경청

① 경청은 내담자의 말과 행동에 상담자가 선택적으로 주목하는 것을 말한다. 즉, 상대적으로 더 비중을 두어야 할 내담자의 말과 행동을 선택하여 그것에 주목하는 것이다.

② 상담자가 경청을 할 때, 적극적으로 선택하여 듣는 것만이 중요한 것은 아니다. 상담자는 자신이 내담자의 말을 주목하여 듣고 있음을 전달해 줄 필요가 있다.

③ '반영적 경청'은 내담자가 말하는 것을 조용히 들어 주는 것에서 더 나아가 내담자가 한 말에 대해 상담자가 적절히 반응하는 것이다.

④ '적극적 경청'은 내담자의 말이나 사건의 내용은 물론 내담자의 심정을 파악함으로써 내담자가 표현하는 언어적인 의미 외에 비언어적인 의미까지 이해하는 것이다.

⑤ 상담자의 적극적 경청의 자세는 내담자로 하여금 자신의 기분, 감정, 생각 등을 상담자가 존중하고 있으며, 자신의 이야기에 관심이 있다고 느끼도록 함으로써 자신이 수용되고 있다는 느낌을 가지도록 한다.

(6) 탐색적 질문

① 상담자가 자신의 관심을 충족시키기 위해 하는 질문이 아니라, 내담자로 하여금 자기 자신과 자신의 문제를 자유롭게 탐색하도록 함으로써 내담자의 이해를 증진시키는 개방적 질문이다.

② 상담자는 탐색적 질문을 위해 다음의 사항들에 주의하여야 한다.
  ㉠ 첫째, 질문은 '예/아니요'로 답할 수 없는 개방형 질문이어야 한다.
  ㉡ 둘째, 질문은 내담자로부터 정보를 얻기 위한 것이기보다는 내담자의 감정을 이끌어내기 위한 것이어야 한다.
  ㉢ 셋째, 질문은 내담자로 하여금 자기 자신과 자신의 문제를 더욱 명료화하는 데 도움이 될 수 있는 것이어야 한다.

1. 개방형 질문과 폐쇄형 질문

개방형 질문 **(개방적 질문)**	• 보통 '무엇을, 어떻게'로 질문을 한다. • 내담자로 하여금 말할 수 있는 시간을 충분히 부여하며, 가능한 한 많은 대답을 선택할 기회를 제공한다. • 이와 같은 질문에 익숙지 않은 내담자에게 오히려 답변에 대한 부담감을 줄 수도 있다. 예 "지난주에 무슨 일이 있었습니까?", "시험이 끝나고서 기분이 어떠했습니까?"
폐쇄형 질문 **(폐쇄적 질문)**	• '예/아니요'와 같이 제한된 응답을 요구한다. • 짧은 시간에 상당한 양의 정보를 추출해 내는 데 효과적이다. • 내담자가 대답할 수 있는 범위를 제한함으로써 보다 정교화된 정보를 입수하기 어렵다. 예 "당신은 학교를 좋아하지요?"

2. 상담면접 시 피해야 할 질문
- 유도질문 : 내담자에게 특정한 방향의 응답을 하도록 유도하는 질문이다.
- 모호한 질문 : 내담자가 질문의 방향을 명확히 인지하지 못하거나 받아들이지 못하는 형태의 질문이다.
- 이중질문 : 내담자에게 한 번에 2가지 이상의 내용을 질문하는 것이다.
- 폭탄형 질문 : 내담자에게 한꺼번에 너무 많은 질문을 쏟아내는 것이다.
- '왜' 질문 : '왜(Why)' 의문사를 남용함으로써 내담자로 하여금 비난을 받고 있다는 느낌을 갖도록 하는 질문이다.

(7) 명료화

① 내담자의 말 속에 포함되어 있는 불분명한 측면을 상담자가 분명하게 밝히는 반응이다. 즉, 내담자의 실제 반응에서 암시되었거나 포함된 의미를 명확히 부각시켜 말해 주는 것이다.

② 어떤 문제의 밑바닥에 깔려 있는 혼란스러운 감정과 갈등을 가려내어 분명히 해 주는 것이다.

③ 내담자가 애매하게 느끼던 자료나 의미를 상담자가 밝혀준다는 점에서 내담자의 자기 이해를 촉진시키는 기법이기도 하다.

④ 명료화는 '요약 및 재진술'과 마찬가지로 내담자가 말한 이야기의 내용에 초점을 두며, 상담자가 그 내용과 관련하여 추가적인 의미를 부여하지 않는다는 점에서 유사하다. 다만, 요약 및 재진술이 내담자가 말한 이야기의 요점을 그대로 재확인시키기 위한 것인 반면, 명료화는 내담자가 말한 이야기의 요점을 더욱 분명하고 명확하게 부각시킨다는 점에서 차이가 있다.

(8) 해 석

① 내담자가 직접 진술하지 않은 내용이나 개념을 그의 과거 경험이나 진술을 토대로 하여 추론해서 말하는 것이다.

② 내담자가 새로운 방식으로 자신의 문제들을 볼 수 있도록 사건들의 의미를 설정해 주는 것이다.

③ 해석의 목표는 내담자로 하여금 자신의 문제에 대한 통찰력을 갖게 하며, 결국에는 생활 속의 사건들을 그들 스스로 해석하도록 돕는 데 있다.

④ 재진술이나 명료화에서는 내담자의 내면적 심리구조가 그대로 유지되는 데 반해, 해석을 통해서는 새로운 심리구조를 제공받게 된다.

(9) 직 면

① 내담자의 말이나 행동이 일치하지 않은 경우 또는 내담자의 말에 모순점이 있는 경우 상담자가 그것을 지적해 주는 것이다.

② 내담자가 모르고 있거나 인정하기를 거부하는 생각과 느낌에 대해 주목하도록 하는 것이다.

③ 문제를 있는 그대로 확인시켜 주어 내담자가 문제와 맞닥뜨리도록 함으로써, 내담자로 하여금 현실적인 대처방안을 찾을 수 있도록 도전시키는 과정이다.

④ 직면을 사용할 경우 내담자에 대해 평가하거나 비판하는 인상을 주지 않도록 해야 하며, 이를 위해 내담자가 보인 객관적인 행동과 인상에 대해 서술적으로 표현하는 것이 바람직하다.

> 예 집단모임에서 여러 명의 집단원들로부터 부정적인 피드백을 받은 한 집단원에게 다른 집단원이 그의 느낌을 묻자 아무렇지도 않다고 하지만 그의 얼굴 표정이 몹시 굳어있는 경우
> → "OO씨는 아무렇지도 않다고 말하지만, 지금 얼굴이 아주 굳어있고 목소리가 떨리는군요. 내적으로 지금 어떤 불편한 감정이 있는 것 같은데, OO씨의 반응이 궁금하군요."

(10) 저항의 처리

① 상담자는 내담자가 전혀 동기화되지 않거나 저항감을 나타내는 경우 저항의 목적이 무엇인지 파악하도록 한다.

② 저항은 일종의 자기보호를 위한 노력이므로, 상담자는 내담자의 저항을 자연스럽게 나타나는 반응으로 이해하고 존중하도록 한다.

③ 상담자는 내담자로 하여금 위협을 느끼지 않도록 하며, 고통을 공감해 주도록 한다.

④ 상담자는 내담자가 지속적인 저항을 보이는 경우 내담자와의 상담관계를 재점검하도록 한다.

(11) 침묵의 처리

① 상담자 개인에 대한 적대감에서 오는 저항이나 불안이 침묵의 원인일 수 있다.

② 내담자가 이전에 표현했던 감정 상태에서 생긴 피로를 회복하고 있다는 뜻이기도 하다.

③ 내담자가 상담자에게서 재확인을 바라거나 상담자의 해석 등을 기대하며 침묵에 들어갈 수도 있다.

④ 상담관계가 이루어지기도 전에 일어난 침묵은 대개 부정적이며 거절의 형태로 해석될 수 있다. 이는 상담자가 자기를 어떻게 볼 것인가에 대한 불안에서 비롯된다.

⑤ 내담자가 침묵할 때는 섣불리 말하지 말고 침묵의 의미를 이해한 후 말을 꺼낸다.

제9장

대안개발과 의사결정

1 직업정보 수집 및 대안개발

(1) 직업정보 수집 및 대안개발의 4단계

① 제1단계 - 직업분류 제시하기

내담자에게 직업분류체계를 제공한다.

② 제2단계 - 대안 만들기

내담자와 함께 대안직업들에 대한 광범위한 목록을 작성한다.

③ 제3단계 - 목록 줄이기

내담자와 함께 2~5개의 가장 적당한 대안으로 목록을 줄인다.

④ 제4단계 - 직업정보 수집하기

내담자에게 줄어든 목록 각각의 대안들에 관한 정보를 수집하도록 지시한다.

(2) 내담자가 수집한 대안목록의 직업들이 실현 불가능할 때 사용하는 상담전략

① 상담자의 견해는 자기 자신의 편견이나 부정적 경험의 결과가 아닌 내담자의 상황을 토대로 한 것이어야 한다.

② 자신의 판단이 잘못된 것일 수 있음을 염두에 두고 어떤 경우에서든 내담자를 특정 방향으로 가도록 설득할 권리가 없다는 점을 명심한다.

③ 객관적인 증거나 논리에서 추출한 것에 대해서만 이야기를 하여야 하며, 자신의 감정을 토대로 이야기하지 말아야 한다.

④ 최종 의사결정은 내담자의 몫이라는 점을 확실히 하며, 상담자는 내담자가 어떤 선택을 하던 이를 지지한다.

⑤ 내담자가 처음에 수집한 대안목록의 직업들이 실현 불가능해 보일 수 있다. 이 경우 상담자는 브레인스토밍 과정을 통해 내담자의 대안직업 대다수가 부적절한 것임을 명확히 한다.

⑥ 내담자의 직업들 대부분이 어떤 식으로든 실현 불가능한 것으로 여겨질 경우, 상담자는 내담자로 하여금 그와 같은 직업들에 정서적 열정을 소모하기 전에 신속히 개입하는 것이 중요하다.

> **COMMENT**
>
> '부적절한 대안목록 직업들'이란 내담자의 비현실적 능력 수준이 요구되는 직업, 내담자의 성격이나 특성과 일치하지 않는 직업, 내담자의 흥미나 과제와 전혀 관계가 없는 것으로 보이는 직업 등을 말합니다. 이는 특히 내담자의 선택의 권리와 상담자의 전문적 견해를 제공하려는 책임감 간의 갈등을 유발하는 본질적으로 윤리적인 문제에 해당합니다.

(3) 대안선택 과정에서 내담자가 달성해야 하는 과제

① 한 가지 선택을 하도록 준비한다.

② 각각의 직업들을 평가한다.

③ 평가한 직업들 가운데 한 가지를 선택한다.

④ 선택조건에 이른다.

(4) 선택할 직업에 대한 평가과정으로서 요스트(Yost)가 제시한 방법

① 원하는 성과연습

도표의 좌측에 선호사항을, 우측에 고려중인 직업들의 목록을 나열하여 각 직업들이 원하는 성과를 제공할 가능성을 제시하도록 한다.

② 찬반연습

각 직업들의 장기적·단기적 장단점을 각각의 카테고리에 작성하도록 한다.

③ 대차대조표연습

도표의 좌측에 가족, 건강, 재정 등을, 우측에 긍정적·부정적 효과를 작성하도록 한다.

④ 확률추정연습

각 직업마다 나타날 수 있는 긍정적·부정적 결과를 열거하고 그 확률을 제시하도록 한다.

⑤ 미래를 내다보는 연습

미래의 어느 직업의 결과에 대해 생각하거나 동일 직업의 미래의 양상을 상상하도록 한다.

(5) 대안개발과 의사결정 시 내담자의 부정적 인지에 대한 인지치료 과정(Yost, Beutler, Corbishley & Allender)

① 제1단계 : 내담자가 느끼는 감정의 속성이 무엇인지 확인한다.

② 제2단계 : 내담자의 감정과 연합된 사고, 신념, 태도 등을 확인한다.

③ 제3단계 : 내담자의 사고 등을 한두 가지의 문장으로 요약·정리한다.

④ 제4단계 : 내담자를 도와 현실과 사고를 조사해 보도록 개입한다.

⑤ 제5단계 : 내담자에게 과제를 부여하여 사고와 신념들의 적절성을 검증한다.

2 직업선택의 결정모형

직업선택 결정이론은 직업적 행위에 대한 개념들을 차례로 상호 비교하여 설명하기 위한 정리된 방법들을 제공한다. 직업정보의 제공이 직업결정 상태에 관계없이 유용한 것으로 나타났는데, 여러 학자들이 직업선택 및 의사결정과 관련하여 다양한 이론적 모형들을 제안하였다.

(1) 기술적 직업결정 모형

사람들의 일반적인 직업결정 방식을 나타내고자 시도한 이론으로, 타이드만과 오하라(Tiedeman & O'Hara), 힐튼(Hilton), 브룸(Vroom), 슈(Hsu), 플레처(Fletcher) 등이 제시하였다.

① 타이드만과 오하라(Tiedeman & O'hara)의 모형
  ㉠ 진로발달을 개인의 자기정체감(자아정체감) 분화, 발달과업 수행, 심리사회적 위기 해결의 지속적인 과정으로 보았다.
  ㉡ 직업선택을 결정하는 기간에 대해 연구하였으며, 이를 크게 '기대의 기간(예상기)'과 '실행 및 조정의 기간(실천기)'으로 구분하였다.
  ㉢ 특히 타이드만은 자기정체감을 지속적으로 구별해 내고 발달과제를 처리하는 과정으로 진로발달단계를 설명하며, 이를 시간의 틀 내에서 개념화하였다.

② 힐튼(Hilton)의 모형
  ㉠ 인간이 복잡한 정보에 접근하게 되는 구조에 근거를 둔 이론이다.
  ㉡ 진로결정 과정을 자신이 세운 계획과 전제 간의 불일치점 혹은 불균형점을 조사 및 시험해 보고, 이들 간의 부조화가 없을 때 현재 계획을 행위화시키는 과정으로 설명한다.
  ㉢ 직업선택결정 단계를 전제단계, 계획단계, 인지부조화 단계로 구분한다.

전제단계	직업을 선택하기 이전의 주변세계에 대해 조사하는 시기
계획단계	특정 직업에서 요구하는 행동을 상상하는 시기
인지부조화 단계	자신이 가지고 있는 특성과 반대되는 직업을 갖게 됨으로써 생겨나는 행동을 시험해 보는 시기

③ 브룸(Vroom)의 모형
  직업결정 요인을 균형과 기대 그리고 힘의 원리로써 설명하였다.

균 형	직업에 대한 실제 만족과 달리 기대된 만족
기 대	자신이 선택한 직업이 실현가능하다고 믿는 정도
힘	인간의 행위를 통제하는 가설적 인지요인

④ 슈(Hsu)의 모형
  ㉠ 브룸(Vroom)의 모형과 유사하나 '힘'의 개념을 다르게 표현하였다. 즉, '힘'은 직업결정자의 독특한 직업목표를 성취하기 위해 최대한도의 기회를 가진 것을 말한다.
  ㉡ 직업결정자는 선택과 목표 사이의 불균형을 극소화시키려고 시도한다고 가정한다.

⑤ 플레처(Fletcher)의 모형
  ㉠ 개념학습에 대한 생각에 근거를 둔 것으로서, 미래에 대한 개념이 기본적 인간욕구와 관련된 경험에 토대를 두며, 하나의 직업이 자기개념, 흥미, 태도, 가치관 등 여러 가지 요인들의 조합으로 이루어진다고 본다.
  ㉡ 플레처는 진로개념과 관련하여 '특수성 대 일반성', '구체성 대 추상성'의 두 차원이 있다고 강조하였다.

(2) 처방적 직업결정 모형

사람들로 하여금 직업을 결정하는 데 있어서 실수를 감소시키고 보다 나은 직업선택을 할 수 있도록 도우려는 의도에서 시도된 이론으로, 카츠(Katz), 겔라트(Gelatt), 칼도와 쥐토우스키(Kaldor-Zytowski) 등이 제시하였다.
① 카츠(Katz)의 모형
  직업결정자는 자신의 특성요인을 나열 및 개발하고 이들 간의 가치와 중요도에 따라 비교해 보며, 그 특성에 맞는 대안을 선택하고 그 대안이 제공하는 보수에 따라 평가하여야 한다고 주장하였다.

안심Touch

② 겔라트(Gelatt)의 모형

　　㉠ 직업선택의 결과보다는 그 선택 과정을 중시하였다. 특히 직업정보를 3차원으로 분리·조직하고 훌륭한 선택결정은 3차원의 정보체계, 즉 예언적 체계, 가치체계, 결정준거에서 각 체계마다 정보를 입수함으로써 가능하다고 보았다.

　　㉡ 특히 겔라트는 직업의사결정 과정을 다음과 같이 제시하였다.

> 목적의식(목표의식) → 정보수집 → 대안열거 → 대안의 결과 예측 → 대안의 실현 가능성 예측 → 가치평가 → 의사결정 → 평가 및 재투입

③ 칼도와 쥐토우스키(Kaldor-Zytowski)의 모형

　　㉠ 직업선택과 투입 또는 입력(Input)의 가치를 평가하는 직업적 유용도를 함수로 설명하였다.

　　㉡ 각각의 대안들에 적절한 가치의 순서를 가지고 대안에 이르기 위해 버려야 할 가치를 할당하는 관계를 제시하였다.

　　㉢ 힐튼은 직업결정자가 대안들에 대해 제한된 지식을 갖게 된다고 주장한 반면, 칼도와 쥐토우스키는 직업결정자가 대안에 대해 무제한의 정보를 갖게 된다고 강조하였다.

 더 알아보기

6개의 생각하는 모자(Six Thinking Hats)
직업상담의 중재(Intervention) 과정에서 의사결정의 촉진을 위한 것으로서, 에드워드 드 보노(Edward de Bono)에 의해 개발되었다. 상담자는 의사결정자인 내담자에게 6가지 색깔의 생각하는 모자를 써보고 각각의 모자의 색에 해당하는 역할을 수행하게 한다.

- 백색(하양) : 본인과 직업들에 대한 사실들만을 고려한다.
- 적색(빨강) : 직관에 의존하고, 직감에 따라 행동한다.
- 흑색(검정) : 비관적·비판적이며, 모든 일이 잘 안 될 것이라고 생각한다.
- 황색(노랑) : 낙관적이며, 모든 일이 잘 될 것이라고 생각한다.
- 녹색(초록) : 새로운 대안들을 찾으려 노력하고, 문제들을 다른 각도에서 바라본다.
- 청색(파랑) : 합리적으로 생각한다(사회자로서의 역할 반영).

01 다음 중 초기면담의 유형인 정보지향적 면담에서 주로 사용하는 기법에 해당하지 않는 것은?

① 폐쇄형 질문　　　　　　　　　　② 개방형 질문
③ 탐색하기　　　　　　　　　　　　④ 감정이입하기

해설
정보지향적 면담에서 사용하는 기법
• 탐색해 보기(탐색하기)
• 폐쇄형 질문
• 개방형 질문

02 다음 초기상담의 유형 중 정보지향적 면담에 대한 설명으로 옳지 않은 것은?

① 재진술과 감정의 반향 등이 주로 이용된다.
② '예, 아니요'와 같은 특정하고 제한된 응답을 요구하는 것이다.
③ '누가, 무엇을, 어디서, 어떻게'로 시작되는 개방형 질문이 사용된다.
④ 상담의 틀이 상담자에게 초점을 맞추어져 진행된다.

해설
① '재진술'과 '감정의 반향' 등이 주로 이용되는 초기상담의 유형은 관계지향적 면담에 해당한다.

03 다음 중 개방적 질문의 형태와 가장 거리가 먼 것은?

① 당신은 학교를 좋아하지요?
② 지난주에 무슨 일이 있었습니까?
③ 시험이 끝나고서 기분이 어떠했습니까?
④ 당신은 누이동생을 어떻게 생각하는지요?

해설
① '예/아니요'로 답할 수 있는 폐쇄형 질문에 해당한다.

04 다음 중 상담자가 자신의 바람은 물론 내담자의 느낌, 인상, 기대 등을 이해하고 이를 상담 과정의 주제로 삼는 상담기법에 해당하는 것은?

① 직 면

② 계 약

③ 리허설

④ 즉시성

해설

① 직면(Confrontation)은 내담자로 하여금 행동의 특정 측면을 검토·수정·통제하도록 도전하게 하는 것이다.

② 계약(Contracting)은 목표 달성에 포함된 과정과 최종결과에 초점을 두는 것이다.

③ 리허설(Rehearsal)은 내담자에게 선정된 행동을 연습하거나 실천하도록 함으로써 내담자가 계약을 실행하는 기회를 최대화하도록 돕는 것이다.

05 다음 초기면담의 주요 요소 중 내담자로 하여금 행동의 특정 측면을 검토해 보고 수정하게 하며 통제하도록 도전하게 하는 것은?

① 계 약

② 감정이입

③ 직 면

④ 리허설

해설

① 계약(Contracting)은 목표 달성에 포함된 과정과 최종결과에 초점을 두는 것이다.

② 감정이입(Empathy)은 상담자가 길을 전혀 잃어버리지 않고 마치 자신이 내담자 세계에서의 경험을 갖는 듯한 능력을 의미한다.

④ 리허설(Rehearsal)은 내담자에게 선정된 행동을 연습하거나 실천하도록 함으로써 내담자가 계약을 실행하는 기회를 최대화하도록 돕는 것이다.

06 다음 중 원하는 목표를 상상하거나 숙고해 보도록 하는 상담기법에 해당하는 것은?

① 직 면

② 계 약

③ 즉시성

④ 암시적 리허설

해설

④ '명시적 리허설'은 내담자로 하여금 하고자 하는 것을 말로 표현하거나 행위로 보이도록 하는 것인 반면, '암시적 리허설'은 원하는 것을 상상하거나 숙고해 보도록 하는 것이다.

07 다음 중 상담을 효과적으로 진행하는 데 장애가 되는 면담 태도로 가장 옳은 것은?

① 분석하고 충고하는 태도
② 경청하는 태도
③ 내담자와 유사한 언어의 톤을 사용하는 태도
④ 내담자를 편안하게 만드는 비방어적 태도

> **해설**
>
> ① 분석하고 충고하는 태도는 상담 과정에 도움이 되지 않는 행동에 해당한다.

08 다음 중 아들러(Adler)가 생애진로주제를 이해하기 위해 활용한 3가지 차원에 해당하지 않는 것은?

① 작업자 역할
② 학습자 역할
③ 개인적 역할
④ 기술자 역할

> **해설**
>
> 생애진로주제의 역할모형(Adler)
> 작업자 역할, 학습자 역할, 개인적 역할

09 다음 중 내담자의 생애진로주제와 이를 확인하는 데 도움이 되는 자료를 올바르게 연결한 것은?

① 기술 확인 – Prediger의 분류체계
② 작업자 역할 – 자료-관념-사람-사물
③ 직업적 성격 및 작업환경 – Bolles의 분류체계
④ 학습자 형태 – Holland의 분류체계

> **해설**
>
> 내담자의 생애진로주제를 확인하는 데 도움이 되는 자료
>
> | 생애역할 | 모 형 |
> | --- | --- |
> | 작업자 | • 자료-관념-사람-사물(Prediger)
• 직업적 성격 및 작업환경(Holland)
• 기술 확인(Bolles) |
> | 학습자 | • 학습자 형태(Kolb)
• 학습형태(Canfield) |
> | 개 인 | • 생애 형태(Adler)
• 대뇌반구상의 기능 |

10 다음 중 콜브(Kolb)의 학습형태검사(LSI)에서 추상적 개념화와 활동적 실험에 유용한 사고형은?

① 집중형   ② 확산형
③ 동화형   ④ 적응형

> **해설**

① 추상적 개념화와 활동적 실험에 유용한 사고형은 '집중형(Converger)'이다.

콜브(Kolb)의 학습형태검사(LSI)에 의한 4가지 학습유형

	확고한 경험(CE)		
활동적 실험 (AE)	적응형(Adaptor)	확산형(Diverger)	사려 깊은 관찰 (RO)
	집중형(Converger)	동화형(Assimilator)	
	추상적 개념화(AC)		

11 다음 중 생애진로사정(Life Career Assessment)에 대한 설명으로 옳지 않은 것은?

① 생애진로사정은 Jung의 분석심리학에 일부 이론적 기초를 두고 있다.
② 생애진로사정의 구조는 진로사정, 전형적인 하루, 강점과 장애 및 요약으로 이루어진다.
③ 생애진로사정은 검사실시나 검사해석의 예비적 단계에서 특별히 유용하다.
④ 생애진로사정은 구조화된 면담기술로서 짧은 시간에 체계적인 정보를 수집할 수 있다.

> **해설**

① 생애진로사정은 아들러(Adler)의 개인심리학에 일부 이론적 기초를 두고 있다. 아들러는 개인과 세계의 관계를 '일(직업)', '사회(사회적 관계)', '성(사랑)'의 3가지 인생과제로 구분하였으며, 이 3가지 인생과제가 서로 긴밀히 연결되어 있다고 보았다. 이와 같이 일, 사회, 성 등에 대한 내담자 접근방법을 사정하는 것은 생애에서 그들의 움직임을 분석하고 종합하는 확고한 방법을 제공한다.

12 다음 중 보기에서 설명하고 있는 생애진로사정의 주요 부분에 해당하는 것은?

> 개인이 자신의 생활을 어떻게 조직하는지를 발견하는 것이다. 내담자가 그들 자신의 생활을 체계적으로 조직하는지 아니면 매일 자발적으로 반응하는지 결정하는 데 도움을 준다.

① 진로사정   ② 전형적인 하루
③ 강점과 장애   ④ 요 약

① '진로사정'은 내담자가 일의 경험 또는 훈련 및 학습 과정에서 가장 좋았던 것과 싫었던 것에 대해 질문하며, 여가시간의 활용, 우정관계 등을 탐색하는 과정이다.

③ '강점과 장애'는 현재 내담자가 직면하고 있는 문제나 환경적 장애를 탐구하며, 이를 극복하기 위해 가지고 있는 대처자원이나 잠재력을 탐구하는 과정이다.

④ '요약'은 내담자 스스로 자신에 대해 알게 된 내용을 요약해 보도록 함으로써 자기인식을 증진시키는 과정이다.

13 다음 중 생애진로사정의 과정에 해당하는 것으로 가장 옳지 않은 것은?

① 내담자의 가계도(Genogram) 작성
② 내담자의 과거 직업경력에 대한 정보수집
③ 내담자의 과거 직업에 대한 전문지식 분석
④ 내담자가 가진 자원과 장애물에 대한 평가

③ 생애진로사정에서는 내담자로 하여금 과거 직업경험에서의 좋았던 점과 싫었던 점에 대해 기술하도록 함으로써 이를 통해 반복적이고 지속적으로 나타나는 어떤 일관성 있는 주제들을 깨닫도록 하는 과정을 거치게 된다. 다만, 이러한 과정은 내담자의 포부와 현재 가지고 있는 기술에 대한 탐색 혹은 정보수집 차원에서 이루어진다.

14 다음 생애진로사정의 구조 중 '전형적인 하루'에서 검토되어야 할 성격차원에 해당하는 것은?

① 의존적-독립적 차원
② 판단적-인식적 차원
③ 외향적-내성적 차원
④ 감각적-직관적 차원

① 생애진로사정의 구조 중 전형적인 하루에서는 내담자가 의존적인지 또는 독립적인지, 자발적(임의적)인지 또는 체계적인지 자신의 성격차원을 파악하도록 돕는다.

15 다음 중 직업상담에 사용되는 질적 측정도구에 해당하지 않는 것은?

① 역할놀이
② 제노그램
③ 카드분류
④ 욕구 및 근로 가치 척도

④ '욕구 및 근로 가치 척도(설문)'는 객관적 측정도구로서 양적 측정도구에 해당한다.

16 다음 중 경력 상담 시 내담자의 가족이나 선조들의 직업 특징에 대한 시각적 표상을 얻기 위해 도표를 만드는 방식에 해당하는 것은?

① 제노그램
② 경력개발 프로그램
③ 경력 사다리
④ 직업결정 나무

 해설

제노그램(Genogram), 즉 직업가계도는 직업과 관련된 내담자의 가계력을 알아보는 기법이다. 내담자의 직업의식, 직업선택, 직업태도에 대한 가족의 영향력을 분석하는 대표적인 질적 평가기법이다.

17 다음 중 내담자의 동기와 역할을 사정(Assessment)하는 데 있어서 가장 많이 사용되는 방법은?

① 개인상담
② 직업상담
③ 자기보고
④ 심리치료

 해설

③ 동기와 역할을 사정하는 데에는 자기보고법이 가장 많이 사용된다. 자기보고법은 내담자 스스로 자신을 탐색하도록 하는 방법으로, 내담자로 하여금 현재 상황과 미래에 대한 기대수준을 진단하도록 함으로써 진로선택에 대한 중요성 및 이를 위한 자기효능감을 증가시키도록 한다.

18 다음 중 역할사정에서 상호역할관계를 사정하는 방법에 해당하지 않는 것은?

① 질문을 통해 사정하기
② 동그라미로 역할관계 그리기
③ 역할의 위계적 구조 작성하기
④ 생애-계획연습으로 전환시키기

 해설

상호역할관계의 사정방법
• 질문을 통해 사정하기
• 동그라미로 역할관계 그리기
• 생애-계획연습으로 전환시키기

19 다음 중 내담자의 흥미를 사정하는 목적과 가장 거리가 먼 것은?

① 여가선호와 직업선호 구별하기
② 자기인식 발전시키기
③ 직업·교육상 불만족 원인 규명하기
④ 여가대안 규명하기

 해설

흥미사정의 목적
• 자기인식 발전시키기
• 직업대안 규명하기
• 여가선호와 직업선호 구별하기
• 직업·교육상 불만족 원인 규명하기
• 직업탐색 조장하기

20 다음 중 수퍼(Super)가 제시한 흥미사정의 기법에 해당하지 않는 것은?

① 표현된 흥미   ② 조작된 흥미
③ 선호된 흥미   ④ 조사된 흥미

 해설

수퍼(Super)가 제시한 흥미사정의 방법(기법)
• 표현된 흥미(Expressed Interest)
• 조작된 흥미(Manifest Interest)
• 조사된 흥미(Inventoried Interest)

21 다음 중 성공적인 상담결과를 위한 내담자 목표의 특징에 해당하지 않는 것은?

① 실현가능한 것이어야 한다.
② 변화될 수 없으며 구체적이어야 한다.
③ 내담자가 원하고 바라는 것이어야 한다.
④ 상담자의 기술과 양립 가능해야만 한다.

해설

② 내담자 목표는 구체적이어야 하나 고정불변한 것은 아니다.

22 진로시간전망검사 중 코틀(Cottle)의 원형검사에 기초한 진로시간전망 개입은 3가지 측면으로 구분할 수 있다. 이들 중 미래를 현실처럼 느끼게 하고, 미래계획에 대한 정적인 태도를 강화시키며 목표설정을 신속하게 하는 것을 목표로 하는 것은?

① 방향성   ② 변별성
③ 통합성   ④ 개별성

해설

진로시간전망 개입의 3가지 측면
- 방향성 : 미래지향성을 증진시키기 위해 미래에 대한 낙관적인 입장을 구성하는 것을 목표로 한다.
- 변별성 : 미래를 현실처럼 느끼도록 하고 미래 계획에 대한 정적(긍정적) 태도를 강화시키며, 목표설정이 신속히 이루어지도록 하는 것을 목표로 한다.
- 통합성 : 현재 행동과 미래의 결과를 연결시키며, 계획한 기법의 실습을 통해 진로인식을 증진시키는 것을 목표로 한다.

23 다음 중 보기의 상담장면에서 인지적 명확성이 부족한 내담자의 유형과 상담자의 개입방법이 올바르게 연결된 것은?

> 내담자 : 나는 기계공학 전공 말고는 아무것도 생각할 수 없어요. 그 외의 일을 한다는 것을 생각해 본 적도 없어요.
> 상담자 : 학생이 기술자가 되지 못한다면 재앙이라도 일어날 것처럼 들리는군요. 그런데 학생은 기계공학을 하기에는 성적이 좋지 않군요.
> 내담자 : 그래서 미칠 것 같아요. 난 낙제할 것 같아요.
> 상담자 : 학생 인생에서 다른 대안을 생각해 보지 않는다면 정말 문제가 되겠네요.

① 양면적 사고 − 역설적 사고에 의한 증상의 기술
② 파행적 의사소통 − 저항에 다시 초점 맞추기
③ 강박적 사고 − 합리적·정서적 치료
④ 원인과 결과의 착오 − 논리적 분석

해설

양면적 사고에 대한 개입
- 내담자의 양면적 사고 : 양립할 수 없는 상황에서 결정을 내리지 못한 채 2가지 생각에 놓여 있다.
- 역설적 사고에 의한 증상의 기술 : 바꿔야 할 사고를 인식시키기, 사고 전환에 대해 계약을 맺기, 이후 전환된 사고를 지속시키도록 하기

> 예 그럼 한 가지 제안을 합시다. 학생 마음속에 있는 "기계공학 전공이 아니면 안 돼"라는 생각을 계속하는 겁니다. 다음 주까지 매일 반복해서 그 생각을 하고 있어야 해요. 생각을 바꿀 필요가 있다고 동의했지만, 반대로 그렇게 하지 않도록 해 보는 거예요.

24 다음 중 보기의 상담장면에서 인지적 명확성이 부족한 내담자의 유형과 상담자의 개입방법이 올바르게 연결된 것은?

> 내담자 : 난 자격시험에 합격할 수 없을 것 같아요.
> 상담자 : 그동안 선생님은 자격시험 공부를 매우 열심히 하신 걸로 아는데요.
> 내담자 : 하지만 단념했어요. 내 친구는 자격시험이 어렵다고 했어요.
> 상담자 : 선생님은 자격시험에 불합격할 것이라고 생각하고 있군요. 그 이유는 친구분이 어렵다고 했기 때문이고요.
> 그러면 선생님과 친구분과의 공통점을 알아보기로 하죠.

① 단순 오정보 – 정보제공
② 구체성의 결여 – 구체화시키기
③ 자기인식의 부족 – 은유나 비유 쓰기
④ 가정된 불가능 – 논리적 분석, 격려

해설

가정된 불가능/불가피성에 대한 개입
• 실패(불합격)에 대한 가정 → 논리적 분석으로써 내담자의 가정이 잘못된 것임을 인식시킨다.
• 자신감의 결여 → 격려로써 내담자에게 자신감을 북돋운다.

25 다음 중 내담자의 인지적 명확성을 위한 직업상담 과정을 순서대로 올바르게 나열한 것은?

① 내담자와의 관계 → 진로와 관련된 개인적 사정 → 직업선택 → 정보통합과 선택
② 직업탐색 → 내담자와의 관계 → 정보통합과 선택 → 직업선택
③ 내담자와의 관계 → 인지적 명확성/동기에 대한 사정 → 예/아니요 → 개인상담/직업상담
④ 개인상담/직업상담 → 내담자와의 관계 → 인지적 명확성/동기에 대한 사정 → 예/아니요

해설

내담자의 인지적 명확성을 위한 직업상담 과정

26 다음 중 내담자의 인지적 명확성을 사정할 때 고려해야 할 사항으로 옳지 않은 것은?

① 직장을 처음 구하는 사람과 직업전환을 하는 사람의 직업상담에 관한 접근은 동일하게 해야 한다.

② 직장인으로서의 역할이 다른 생애 역할과 복잡하게 얽혀 있는 경우 생애 역할을 함께 고려한다.

③ 직업상담에서는 내담자의 동기를 고려하여 상담이 이루어져야 한다.

④ 우울증과 같은 심리적 문제로 인지적 명확성이 부족한 경우 진로문제에 대한 결정은 당분간 보류하는 것이 좋다.

> **해설**
>
> ① 직장을 처음 구하는 사람 또는 자신의 진로를 처음 선택하는 사람과 직업전환 또는 직업적응 중에 있는 사람에 대해서는 직업상담의 사정 과정이 서로 다르다. 특히 직업상담사는 직장을 처음 구하는 내담자를 대상으로 상담하는 경우 내담자의 자기인식 정도, 직업세계에 대한 지식, 적절한 직업기회를 인식하는 정도, 직업선택에서의 자신감 및 보유기술 등을 구별할 수 있어야 한다.

27 다음 중 내담자와 관련된 정보를 수집하고 내담자의 행동을 이해하고 해석하는 데 기본이 되는 상담기법에 해당하지 않는 것은?

① 왜곡된 사고 확인하기   ② 반성의 장 마련하기

③ 한정된 오류 정정하기   ④ 변명에 초점 맞추기

> **해설**
>
> 내담자의 정보 및 행동에 대한 이해와 해석을 위한 9가지 기법(Gysbers & Moore)
>
> • 가정 사용하기   • 의미 있는 질문 및 지시 사용하기
> • 전이된 오류 정정하기   • 분류 및 재구성하기
> • 저항감 재인식하기 및 다루기   • 근거 없는 믿음(신념) 확인하기
> • 왜곡된 사고 확인하기   • 반성의 장 마련하기
> • 변명에 초점 맞추기

28 직업상담을 진행함에 있어서 내담자들은 자신의 직업세계에 대해 충분한 정보를 알고 있다고 잘못 생각하는 경우가 많다. 다음 중 보기의 상황에서 내담자는 어떤 오류를 범하고 있는가?

> 내 상사가 그러는데 나는 책임감이 없대요.

① 삭 제   ② 참고자료

③ 불분명한 동사의 사용   ④ 제한된 어투의 사용

전이된 오류의 유형 중 정보의 오류
- 이야기 삭제 : 내담자의 경험을 이야기함에 있어서 중요한 부분이 빠졌을 경우
- 불확실한 인물의 인용(사용) : 내담자가 명사나 대명사를 잘못 사용했을 경우
- 불분명한 동사의 사용 : 내담자가 모호한 동사를 사용했을 경우
- 참고자료(구체적 진술자료)의 불충분 : 내담자가 어떤 사람이나 장소, 사건을 이야기할 때 구체적으로 말하지 않는 경우
- 제한된 어투의 사용 : 내담자가 한계를 표현하는 말을 사용하면서 자기 자신의 세계를 제한하려고 하는 경우

29 다음 상담기법 중 내담자가 전달하는 이야기의 표면적 의미를 상담자가 다른 말로 바꾸어서 말하는 것은?

① 요약과 재진술
② 탐색적 질문
③ 명료화
④ 적극적 경청

해설

② '탐색적 질문'은 상담자가 자신의 관심을 충족시키기 위해 하는 질문이 아니라, 내담자로 하여금 자기 자신과 자신의 문제를 자유롭게 탐색하도록 함으로써 내담자의 이해를 증진시키는 개방적 질문이다.
③ '명료화'는 내담자의 말 속에 포함되어 있는 불분명한 측면을 상담자가 분명하게 밝히는 반응이다.
④ '적극적 경청'은 내담자의 말이나 사건의 내용은 물론 내담자의 심정을 파악함으로써 내담자가 표현하는 언어적인 의미 외에 비언어적인 의미까지 이해하는 것이다.

30 다음 중 의사결정의 촉진을 위한 '6개의 생각하는 모자(Six Thinking Hats)' 기법의 모자 색상별 역할에 대한 설명으로 옳은 것은?

① 청색 – 낙관적이며, 모든 일이 잘 될 것이라고 생각한다.
② 적색 – 직관에 의존하고, 직감에 따라 행동한다.
③ 흑색 – 본인과 직업들에 대한 사실들만을 고려한다.
④ 황색 – 새로운 대안들을 찾으려 노력하고, 문제들을 다른 각도에서 바라본다.

해설

6개의 생각하는 모자(Six Thinking Hats)의 색상별 역할
- 백색(하양) : 본인과 직업들에 대한 사실들만을 고려한다.
- 적색(빨강) : 직관에 의존하고, 직감에 따라 행동한다.
- 흑색(검정) : 비관적·비판적이며, 모든 일이 잘 안 될 것이라고 생각한다.
- 황색(노랑) : 낙관적이며, 모든 일이 될 것이라고 생각한다.
- 녹색(초록) : 새로운 대안들을 찾으려 노력하고, 문제들을 다른 각도에서 바라본다.
- 청색(파랑) : 합리적으로 생각한다(사회자로서의 역할 반영).

여기서 멈출 거예요? 고지가 바로 눈앞에 있어요.
마지막 한 걸음까지 시대에듀가 함께할게요!

제4편

직업상담사의 윤리

혼자 공부하기 힘드시다면 방법이 있습니다.
SD에듀의 동영상 강의를 이용하시면 됩니다.
www.sdedu.co.kr → 회원가입(로그인) → 강의 살펴보기

상담 윤리강령

1 상담 윤리강령의 이해

(1) 상담 윤리강령의 필요성(Hoose)

① 정부로부터 상담자로서의 직업을 보호받는다.

② 내부의 불일치와 다툼을 조정하도록 도우며, 직업 내부의 안정성을 증진시킨다.

③ 일반인으로부터의 소송(특히 배임행위 소송)과 관련하여 상담자를 보호한다.

(2) 상담 윤리강령의 기능

① 직무수행 중의 갈등 해결 지침 제공

상담자가 직무수행 중의 갈등을 어떻게 처리해야 할지에 관한 기본지침을 제공한다.

② 내담자의 복리 증진

내담자의 복리를 증진시키고 내담자의 인격을 존중하는 의무기준을 제시한다.

③ 전문직으로서의 상담기능 보장

상담자의 활동이 전문직으로서의 상담기능 및 목적에 저촉되지 않도록 보장한다.

④ 지역사회의 도덕적 기대 존중

상담자의 활동이 사회윤리와 지역사회의 도덕적 기대를 존중할 것임을 보장한다.

⑤ 상담자 자신의 사생활과 인격 보호

상담자 자신의 사생활과 인격을 보호하는 근거를 제공한다.

> **COMMENT**
>
> 상담 윤리강령이 상담자 자신의 보호에 기여한다는 것은 내담자의 과도한 상담요구로 인해 고통 받지 않도록 한다는 것입니다.

(3) 상담 윤리강령 활용의 한계

① 상담 윤리강령으로 해결할 수 없는 문제도 있다.

② 상담 윤리강령을 회원들로 하여금 지키도록 강요하는 것이 쉽지 않다.

③ 상담 윤리강령을 제정하는 과정에서 내담자의 관심을 반영하지 못한다.

④ 상담 윤리강령으로 인해 갈등이 일어날 수 있다.

⑤ 법정판결 등에 의한 결과가 상담 윤리강령에서 기대했던 결과와 다르게 나타날 수 있다.

2 윤리적 행동의 개념

(1) 직업상담사의 반윤리적 행동(Levenson & Swanson)

① 비밀누설

② 자신의 전문적 능력 초월

③ 자신이 갖지 않은 전문성의 주장

④ 내담자에게 자신의 가치를 속이기

⑤ 내담자에게 의존성 심기

⑥ 내담자와의 성적 행위

⑦ 이해갈등

⑧ 의심스런 계약

⑨ 부당한 광고

⑩ 과중한 요금

⑪ 태만함 등

(2) 윤리적 행동의 연속적 추론발달단계(Hoose & Paradise)

처벌지향	상담자는 외부의 사회적 기준들을 행위판단의 기초라고 믿는다.
기관지향	상담자는 자신이 소속된 기관의 권위와 규칙을 믿고 따른다.
사회지향	상담자는 사회적 기준에 의해 결정하며, 사회와 개인 중에 사회의 요구를 항상 우선시한다.
개인지향	사회의 요구에 대해 관심을 갖지만, 개인을 위해 무엇이 최우선인가에 초점을 맞춘다.
양심지향	개인에 대한 관심이 주가 되며, 내면화된 윤리적 기준에 기초한다.

1 직업상담사 윤리강령의 주요 내용(출처 : 한국카운슬러협회)

(1) 일반원칙

상담자는 내담자가 자기 및 타인에 대한 이해를 통하여 보다 바람직한 사회생활을 할 수 있도록 돕는다. 이러한 역할을 수행하는 과정에서 상담자는 자기의 도움을 청하는 내담자의 복지를 보호한다. 내담자를 돕는 과정에서 상담자는 문의 및 의사소통의 자유를 갖되, 그에 대한 책임을 지며 동료의 관심 및 사회 공익을 위하여 최선을 다한다.

> **COMMENT**
>
> '카운슬링(Counseling)'은 '상담', '카운슬러(Counsellor)'는 '상담자(상담사)'로 번역됩니다.

(2) 개별원칙

① 사회관계

㉠ 상담자는 자기가 속한 기관의 목적 및 방침에 모순되지 않는 활동을 할 책임이 있다. 만일 그의 전문적 활동이 소속 기관의 목적과 모순되고, 윤리적 행동 기준에 관하여 직무수행 과정에서의 갈등을 해소할 수 없을 경우에는 그 소속 기관과의 관계를 종결하여야 한다.

㉡ 상담자는 사회 윤리 및 자기가 속한 지역사회의 도덕적 기준을 존중하며, 사회 공익과 자기가 종사하는 전문직의 바람직한 이익을 위하여 최선을 다한다.

㉢ 상담자는 자기가 실제로 갖추고 있는 자격 및 경험의 수준을 벗어나는 인상을 타인에게 주어서는 안 되며, 타인이 실제와 다른 인식을 가지고 있을 경우 이를 시정해 줄 책임이 있다.

② 전문적 태도

㉠ 상담자는 상담에 대한 이론적·경험적 훈련과 지식을 갖추는 것을 전제로 하며, 내담자를 보다 효과적으로 도울 수 있는 방법에 관하여 꾸준히 연구·노력하는 것을 의무로 삼는다.

㉡ 상담자는 내담자의 성장 촉진, 문제의 해결 및 예방을 위하여 시간과 노력상의 최선을 다한다.

㉢ 상담자는 자기의 능력 및 기법의 한계를 인식하고, 전문적 기준에 위배되는 활동을 하지 않는다. 만일, 자신의 개인 문제 및 능력의 한계 때문에 도움을 주지 못하리라고 판단될 경우에는 다른 전문직 동료 및 관련 기관에게 의뢰한다.

③ 개인정보의 보호
  ㉠ 상담자는 내담자 개인 및 사회에 임박한 위험이 있다고 판단될 때 극히 조심스러운 고려 후에만 내담자의 사회생활 정보를 적정한 전문인 혹은 사회 당국에 공개한다.
  ㉡ 상담에서 얻은 임상 및 평가 자료에 관한 토의는 사례 당사자에게 도움이 되는 경우 및 전문적 목적에 한하여 할 수 있다.
  ㉢ 내담자에 관한 정보를 교육장면이나 연구용으로 사용할 경우에는 내담자와 합의한 후 그의 정체가 전혀 노출되지 않도록 해야 한다.
④ 내담자의 복지
  ㉠ 상담자는 상담 활동의 과정에서 소속 기관 및 비전문인과의 갈등이 있을 경우, 내담자의 복지를 우선적으로 고려하고 자신의 전문적 집단의 이익을 부차적인 것으로 간주한다.
  ㉡ 상담자는 내담자가 자기로부터 도움을 받지 못하고 있음이 분명할 경우에는 상담을 종결하려고 노력한다.
  ㉢ 상담자는 상담의 목적에 위배되지 않는 경우에 한하여, 검사를 실시하거나 내담자 이외의 관련 인물을 면접한다.
⑤ 상담 관계
  ㉠ 상담자는 상담 전에 상담의 절차 및 있을 수 있는 주요 국면에 관하여 내담자에게 설명한다.
  ㉡ 상담자는 자신의 주관적 판단에만 의존하지 않고, 내담자와의 협의 하에 상담 관계의 형식, 방법 및 목적을 설정하고 결과를 토의한다.
  ㉢ 상담자는 내담자가 이해·수용할 수 있는 한도에서 상담의 기법을 활용한다.
⑥ 타 전문직과의 관계
  ㉠ 상담자는 상호 합의한 경우를 제외하고는 타 전문인으로부터 도움을 받고 있는 내담자에게 상담을 하지 않는다. 공동으로 도움을 줄 경우에는 타 전문인과의 관계와 조건에 관하여 분명히 할 필요가 있다.
  ㉡ 상담자는 자기가 아는 비전문인의 윤리적 행동에 관하여 중대한 의문을 발견했을 경우, 그러한 상황을 시정하는 노력을 할 책임이 있다.
  ㉢ 상담자는 자신의 전문적 자격이 타 전문분야에서 오용되는 것을 피하며, 자신의 이익을 위해 타 전문직을 손상시키는 언어 및 행동을 삼간다.

2 **상담전문가 윤리강령의 주요 내용**(출처 : 한국상담심리학회)

> **COMMENT**
>
> 한국상담심리학회의 윤리강령은 한국상담학회 윤리강령과 내용상 상당 부분 유사합니다. 여기서는 한국상담심리학회의 윤리강령을 소개합니다.

(1) 전문가로서의 태도

① 전문적 능력

㉠ 상담심리사는 자기 자신의 교육과 수련, 경험 등에 의해 준비된 범위 안에서 전문적인 서비스와 교육을 제공한다. 상담심리사는 자신의 능력의 한계를 인정하고 교육이나 훈련, 경험을 통해 자격이 주어진 상담활동만을 한다.

㉡ 상담심리사는 자신이 가진 능력 이상의 것을 주장하거나 암시해서는 안 되며, 타인에 의해 능력이나 자격이 오도되었을 때에는 수정해야 할 의무가 있다.

㉢ 상담심리사는 자신의 활동분야에 있어서 과학적이고 전문적인 정보와 최신 지식을 유지하기 위해 지속적인 교육과 연수의 필요성을 인식하고 참여한다.

㉣ 상담심리사는 정기적으로 전문인으로서의 능력과 효율성에 대한 자기반성이나 평가가 있어야 하며, 필요한 경우 자신의 효율성을 증진시키기 위해 지도감독을 받을 책무가 있다.

㉤ 상담심리사는 윤리강령과 시행세칙을 준수할 책임이 있다.

㉥ 상담기관에 상담심리사를 고용할 때는 전문적인 능력을 갖춘 이를 선발해야 한다.

② 성실성

㉠ 상담심리사는 자신의 신념체계, 가치, 제한점 등이 상담에 미칠 영향력을 자각하고, 내담자에게 상담의 목표, 기법, 한계점, 위험성, 상담의 이점, 자신의 강점과 제한점, 심리검사와 보고서의 목적과 용도, 상담료, 상담료 지불방법 등을 명확히 알린다.

㉡ 상담심리사는 개인의 이익을 위해 상담전문직의 가치와 권위를 훼손하는 행동을 해서는 안 된다.

㉢ 상담심리사는 능력의 한계나 개인적인 문제로 내담자를 적절하게 도와줄 수 없을 때에는 상담을 시작해서는 안 되며, 다른 상담심리사나 정신건강 전문가에게 의뢰하는 등 내담자를 도와줄 수 있는 방법을 강구한다.

㉣ 상담심리사는 자신의 질병, 죽음, 이동, 또는 내담자의 이동이나 재정적 한계 등과 같은 요인에 의해 상담이 중단될 경우, 이에 대한 적절한 조치를 취해야 한다.

㉤ 상담을 종결하는 데 있어서 어떤 이유보다도 우선적으로 내담자의 관점과 요구에 대해 논의해야 하며, 내담자가 다른 전문가를 필요로 할 경우에는 적절한 과정을 거쳐서 의뢰한다.

㉥ 상담심리사는 내담자나 학생, 연구 참여자, 동료들이 피해를 입지 않도록 적절한 조치를 취한다.

㉦ 상담심리사는 자신의 기술이나 자료가 다른 사람들에 의해 오용될 가능성이 있거나, 개선의 여지가 없는 활동에 참여해서는 안 되며, 이런 일이 일어난 경우에는 이를 바로잡거나 최소화하는 조치를 취한다.

(2) 사회적 책임

① 사회와의 관계

㉠ 상담심리사는 사회의 윤리와 도덕기준을 존중하고, 사회공익과 자신이 종사하는 전문직의 바람직한 이익을 위해 최선을 다한다.

㉡ 상담심리사는 경제적 이득이 없는 경우에도 자신의 전문적 활동에 헌신함으로써 사회에 공헌한다.

ⓒ 상담비용을 책정할 때 상담심리사들은 내담자의 재정상태와 지역성을 고려하여야 한다. 책정된 상담료가 내담자에게 적절하지 않을 때에는 가능한 비용에 적합한 서비스를 받을 수 있는 방법을 찾아줌으로써 내담자를 돕는다.

② 고용 기관과의 관계

ⓐ 상담심리사는 자신이 종사하는 기관의 목적과 방침에 공헌할 수 있는 활동을 할 책임이 있다. 만일 자신의 전문적 활동이 기관의 목적과 모순되고, 직무수행에서 갈등이 해소되지 않을 때에는 기관과의 관계를 종결해야 한다.

ⓑ 상담심리사는 근무기관의 관리자 및 동료들과의 관계를 통해서 상담업무, 비밀보장, 공적 자료와 개인자료의 구별, 기록된 정보의 보관과 처분, 업무량, 책임에 대한 상호 간의 동의가 이루어져야 한다. 이러한 동의는 구체적이어야 하며, 관련된 모든 사람이 알고 있어야 한다.

③ 다른 전문직과의 관계

ⓐ 공적인 자리에서 개인 의견을 말할 경우, 상담심리사는 그것이 자기 자신의 관점에서 나온 것이고, 모든 상담심리사의 견해를 대변하는 것이 아님을 분명히 해야 한다.

ⓑ 내담자가 다른 정신건강 전문가의 서비스를 받고 있음을 알게 되면, 내담자의 동의하에 상담 사실을 그 전문가에게 알리고, 긍정적이고 협력적인 치료관계를 맺도록 노력한다.

ⓒ 상담심리사는 다른 전문가로부터 의뢰비용을 받으면 안 된다.

④ 자 문

ⓐ 자문이란 개인, 집단, 사회단체가 전문적인 조력자의 도움이 필요하여 요청한 자발적인 관계를 말하는데, 상담심리사는 자문을 요청한 내담자나 기관의 문제 혹은 잠재된 문제를 규명하고 해결하는 데 도움을 준다.

ⓑ 상담심리사와 내담자는 문제 규명, 목표 변경, 상담 성과에 서로의 이해와 동의를 구해야 한다.

ⓒ 상담심리사는 자신이 자문에 참여하는 개인 또는 기관에게 도움을 주는 데 필요한, 충분한 자질과 능력을 갖추었는지를 합리적인 방법으로 명시해야 한다.

ⓓ 개인이나 기관의 가치관을 바꾸는 데 도움을 주고자 한다면 상담심리사 자신의 가치관, 지식, 기술, 한계성이나 욕구에 대한 깊은 자각이 있어야 하고, 자문의 초점은 문제를 가진 사람이 아니라 풀어나가야 할 문제 자체에 두어야 한다.

ⓔ 자문 관계는 내담자가 스스로 성장해 나가도록 격려하고 고양하는 것이어야 한다. 상담심리사는 이러한 역할을 일관성 있게 유지해야 하고, 내담자가 스스로의 의사결정자가 되도록 도와주어야 한다.

(3) 인간권리와 존엄성에 대한 존중

① 내담자 복지

ⓐ 상담심리사의 일차적 책임은 내담자의 복리를 증진하고 존엄성을 존중하는 것이다.

ⓑ 상담심리사는 내담자의 잠재력을 개발하여 건강한 삶을 영위하도록 도움을 주며, 어떤 방식으로도 해를 끼치지 않는다. 상담심리사는 내담자로 하여금 의존적인 상담관계를 형성하지 않도록 노력하여야 한다.

ⓒ 상담심리사는 상담관계에서 오는 친밀성과 책임감을 인식하고, 상담심리사의 개인적 욕구충족을 위해서 내담자를 희생시켜서는 안 된다.

  ② 상담심리사는 내담자의 가족이 내담자의 삶에 중요하다는 것을 인식하고, 필요하다면 가족의 이해와 참여를 얻기 위해 노력한다.

  ⑩ 상담심리사는 직업 문제와 관련하여 내담자의 능력, 일반적인 기질, 흥미, 적성, 욕구, 환경 등을 고려하면서 내담자와 함께 노력하지만, 내담자의 일자리를 찾아주거나 근무처를 정해줄 의무가 있는 것은 아니다.

② 다양성 존중

  ㉠ 상담심리사는 모든 인간의 기본적인 권리, 존엄성, 가치를 존중하며 연령이나 성별, 인종, 종교, 성적인 선호, 장애 등을 이유로 내담자를 차별하지 않는다.

  ㉡ 상담심리사는 내담자의 다양한 문화적 배경을 이해하려고 적극적으로 시도해야 하며, 상담심리사 자신의 고유한 문화적 정체성이 상담과정에 어떤 영향을 주는지를 인식해야 한다.

  ㉢ 상담심리사는 자신의 고유한 가치, 태도, 신념, 행위를 인식하여 그것이 어떻게 다양한 사회에서 적용되는지를 깨닫고 있어야 하고, 내담자에게 자신의 가치를 강요하지 않는다.

③ 내담자의 권리

  ㉠ 내담자는 비밀유지를 기대할 권리가 있고 자신의 사례기록에 대한 정보를 가질 권리가 있으며, 상담 계획에 참여할 권리, 어떤 서비스에 대해서는 거절할 권리, 그런 거절에 따른 결과에 대해 조언을 받을 권리 등이 있다.

  ㉡ 상담심리사는 내담자에게 상담 참여 여부를 선택할 자유와 어떤 전문가와 상담할 것인가를 결정할 자유를 주어야 한다. 내담자의 선택을 제한하는 제한점은 내담자에게 모두 설명해야 한다.

  ㉢ 미성년자 혹은 자발적인 동의를 할 수 없는 사람이 내담자일 경우, 상담심리사는 이런 내담자에게 최상의 복지를 염두에 두고 행동한다.

(4) 상담관계

① 이중 관계

  ㉠ 상담심리사는 객관성과 전문적인 판단에 영향을 미칠 수 있는 이중 관계는 피해야 한다. 가까운 친구나 친인척 등을 내담자로 받아들이면 이중 관계가 되어 전문적 상담의 성과를 기대할 수 없으므로, 다른 전문가에게 의뢰하여 도움을 준다.

  ㉡ 상담심리사는 상담할 때에 내담자와 상담 이외의 다른 관계가 있다면, 특히 자신이 내담자의 상사이거나 지도교수 혹은 평가를 해야 하는 입장에 놓인 경우라면 그 내담자를 다른 전문가에게 의뢰한다. 그러나 다른 대안이 불가능하고, 내담자의 상황을 판단해 볼 때 상담관계 형성이 가능하다고 여겨지면 상담관계를 유지할 수도 있다.

  ㉢ 상담심리사는 특별한 경우를 제외하고는 내담자와 상담실 밖에서 사적인 관계를 유지하지 않도록 한다.

  ㉣ 상담심리사는 내담자와의 관계에서 상담료 이외의 어떠한 금전적, 물질적 거래관계도 맺어서는 안 된다.

② 성적 관계

  ㉠ 상담심리사는 내담자와 어떠한 종류이든 성적 관계는 피해야 한다.

  ㉡ 상담심리사는 이전에 성적인 관계를 가졌던 사람을 내담자로 받아들이지 않는다.

  ㉢ 상담심리사는 상담관계가 종결된 이후 최소 2년 내에는 내담자와 성적 관계를 맺지 않는다. 상담 종결 이후 2년이 지난 후에 내담자와 성적 관계를 맺게 되는 경우에도 상담심리사는 이 관계가 착취적인 특성이 없다는 것을 철저하게 검증해야 한다.

(5) 정보의 보호

① 사생활과 비밀보호

- ㉠ 상담심리사는 사생활과 비밀유지에 대한 내담자의 권리를 최대한 존중해야 할 의무가 있다.
- ㉡ 내담자의 사생활 보호에 대한 권리는 내담자나 내담자가 위임한 법적 대리인에 의해 유예될 수 있다.
- ㉢ 상담심리사는 내담자의 사생활 침해를 최소화하기 위해서 문서 및 구두상의 보고나 자문 등에서 실제 의사소통된 정보만을 포함시킨다.

② 기 록

- ㉠ 법, 규제 혹은 제도적 절차에 따라, 상담심리사는 내담자에게 전문적인 서비스를 제공하기 위해서 반드시 기록을 보존한다.
- ㉡ 상담심리사는 녹음 및 기록에 관해 내담자의 동의를 구한다.
- ㉢ 상담심리사는 면접기록, 심리검사자료, 편지, 녹음·녹화 테이프, 기타 문서기록 등 상담과 관련된 기록들이 내담자를 위해 보존된다는 것을 인식하며, 상담기록의 안전과 비밀보호를 책임진다.
- ㉣ 상담기관이나 연구단체는 상담기록 및 보관에 관한 규정을 작성해야 하며, 그렇지 않을 경우 상담기록은 상담심리사가 속해 있는 기관이나 연구단체의 기록으로 간주한다. 상담심리사는 내담자가 기록에 대한 열람이나 복사를 요구할 경우, 그 기록이 내담자에게 잘못 이해될 가능성이 없고 내담자에게 해가 되지 않으면 응하는 것이 원칙이다. 단, 여러 명의 내담자를 상담하는 경우, 다른 내담자와 관련된 사적인 정보는 제외하고 열람하도록 한다.
- ㉤ 상담심리사는 상담과 관련된 기록을 보관하고 처리하는 데 있어서 비밀을 보호해야 하며, 이를 타인에게 공개할 때에는 내담자의 직접적인 동의가 있을 때에만 가능하다.
- ㉥ 상담심리사는 다음에 정한 바와 같이 비밀보호의 예외가 존재하는 경우를 제외하고는, 내담자의 서면 동의 없이는 제 삼의 개인, 단체에게 상담기록을 밝히거나 전달하지 않는다.

③ 비밀보호의 한계

- ㉠ 내담자의 생명이나 사회의 안전을 위협하는 경우가 발생한 경우에 한하여 내담자의 동의 없이도 내담자에 대한 정보를 관련 전문인이나 사회에 알릴 수 있다. 이런 경우 상담 시작 전에 이러한 비밀보호의 한계를 알려준다.
- ㉡ 내담자가 감염성이 있는 치명적인 질병이 있다는 확실한 정보를 가졌을 때, 상담심리사는 그 질병에 위험한 수준으로 노출되어 있는 제 삼자(내담자와 관계 맺고 있는)에게 그러한 정보를 공개할 수 있다.
- ㉢ 법적으로 정보의 공개가 요구될 때에는 비밀보호의 원칙에서 예외이지만, 법원이 내담자의 허락 없이 사적인 정보를 밝힐 것을 요구할 경우, 상담심리사는 내담자와의 관계를 해칠 수 있기 때문에 정보를 요구하지 말 것을 법원에 요청한다.
- ㉣ 상황들이 사적인 정보의 공개를 요구할 때 오직 기본적인 정보만을 밝힌다. 더 많은 사항을 밝히기 위해서는 사적인 정보의 공개에 앞서 내담자에게 알린다.
- ㉤ 만약 내담자의 상담이 여러 전문가로 구성된 팀에 의한 지속적인 관찰을 포함하고 있다면, 팀의 존재와 구성을 내담자에게 알린다.
- ㉥ 상담이 시작될 때와 상담과정 중 필요한 때에, 상담심리사는 내담자에게 비밀보호의 한계를 알리고 비밀보호가 불이행되는 상황에 대해 인식시킨다.
- ㉦ 비밀보호의 예외 및 한계에 관한 타당성이 의심될 때에 상담심리사는 동료 전문가의 자문을 구한다.

④ 집단상담과 가족상담

ㄱ 집단상담에서 상담심리사는 비밀보호의 중요성을 설명하고, 집단에서의 비밀보호와 관련된 어려움들을 토론한다. 집단구성원들에게 비밀보호가 완벽하게는 보장될 수 없음을 알린다.

ㄴ 가족상담에서 한 가족구성원에 대한 정보는, 허락 없이는 다른 구성원에게 공개될 수 없다. 상담심리사는 각 가족구성원의 사생활에 대한 권리를 보호한다.

ㄷ 자발적인 언행이 불가능하거나 미성년인 내담자를 상담할 때, 상담의 과정에서 필요하면 부모나 보호자가 참여할 수 있음을 알린다. 그러나 상담심리사는 내담자의 이익을 위해 최선을 다한다.

⑤ 기타 목적을 위한 내담자 정보의 사용

ㄱ 교육이나 연구 또는 출판을 목적으로 상담관계로부터 얻어진 자료를 사용할 때에는 내담자의 동의를 구해야 하며, 각 개인의 익명성이 보장되도록 자료 변형 및 신상정보의 삭제와 같은 적절한 조치를 취하여 내담자의 신상에 피해를 주지 않도록 한다.

ㄴ 다른 전문가의 자문을 구할 경우, 상담심리사는 사전에 내담자의 동의를 구해야 하며, 적절한 조치를 통해 내담자의 사생활과 비밀을 보호하도록 노력한다.

COMMENT

교육이나 연구를 목적으로 한다고 해도 내담자에 관한 정보를 임의로 활용해서는 안 됩니다.

 더 알아보기

비밀보장의 한계(출처 : 한국상담학회 윤리강령)

상담자는 아래와 같은 내담자 개인 및 사회에 임박한 위험이 있다고 판단될 때 내담자에 관한 정보를 사회 당국 및 관련 당사자에게 제공해야 한다.

- 내담자가 자신이나 타인의 생명 혹은 사회의 안전을 위협하는 경우
- 내담자가 감염성이 있는 치명적인 질병이 있다는 확실한 정보를 가졌을 경우
- 미성년인 내담자가 학대를 당하고 있는 경우
- 내담자가 아동학대를 하는 경우
- 법적으로 정보의 공개가 요구되는 경우

01 다음 중 상담 윤리강령의 기능으로 가장 옳지 않은 것은?

① 전문직으로서의 상담기능 보장
② 상담자 자신의 복리 증진
③ 상담자 자신의 사생활과 인격 보호
④ 지역사회의 도덕적 기대 존중

해설

상담 윤리강령의 기능
• 직무수행 중의 갈등 해결 지침 제공
• 내담자의 복리 증진
• 전문직으로서의 상담기능 보장
• 지역사회의 도덕적 기대 존중
• 상담자 자신의 사생활과 인격 보호

02 다음 중 레벤슨(Levenson)이 제시한 직업상담사의 반윤리적 행동에 해당하는 것은?

① 적절한 상담비용을 청구한다.
② 내담자에게 부당한 광고를 하지 않는다.
③ 상담자의 능력 내에서 내담자의 문제를 다룬다.
④ 상담자에 대한 내담자의 의존성을 최대화한다.

해설

직업상담사의 반윤리적 행동(Levenson & Swanson)
• 비밀누설
• 자신이 갖지 않은 전문성의 주장
• 내담자에게 의존성 심기
• 이해갈등
• 부당한 광고
• 태만함 등
• 자신의 전문적 능력 초월
• 내담자에게 자신의 가치를 속이기
• 내담자와의 성적 행위
• 의심스런 계약
• 과중한 요금

03 다음 중 직업상담사의 윤리에 대한 설명으로 옳은 것은?

① 내담자 개인 및 사회에 임박한 위험이 있다고 판단되더라도 개인정보와 상담내용에 대한 비밀을 유지해야 한다.

② 상담을 통해 내담자가 도움을 받지 못하더라도 내담자보다 먼저 종결을 제안해서는 안 된다.

③ 심층적인 심리상담이 아니므로 직업상담은 비밀유지 의무가 없다.

④ 자기의 능력 및 기법의 한계를 넘어서는 문제에 대해서는 다른 전문가에게 의뢰해야 한다.

04 다음 중 직업상담사가 지켜야 할 윤리사항으로 옳은 것은?

① 습득된 직업정보를 가지고 다니면서 직업을 찾아준다.

② 습득된 직업정보를 먼저 가까운 사람들에게 알려준다.

③ 상담에 대한 이론적 지식보다는 경험적 훈련과 직관을 앞세워 구직활동을 도와준다.

④ 내담자가 자기로부터 도움을 받지 못하고 있음이 분명한 경우에는 상담을 종결하려고 노력한다.

05 다음 중 상담자의 윤리강령으로 옳지 않은 것은?

① 상담 활동의 과정에서 소속 기관 및 비전문인과 갈등이 있을 때 내담자의 복지를 우선적으로 고려한다.

② 타 전문인과 상호 합의가 없었지만 내담자가 간절히 원하면 타 전문인으로부터 도움을 받고 있는 내담자라도 상담한다.

③ 자신의 개인 문제 및 능력의 한계 때문에 도움을 주지 못하리라고 판단될 경우는 다른 전문가 동료 및 관련기관에 의뢰한다.

④ 사회공익과 자기가 종사하는 전문직의 바람직한 이익을 위하여 최선을 다한다.

06 다음 중 직업상담자가 지켜야 할 윤리적 행동과 가장 거리가 먼 것은?

① 내담자에 관한 정보를 교육과 연구를 위해 임의로 적극 활용한다.
② 내담자를 좀 더 효율적으로 도울 수 있는 방법을 꾸준히 연구 개발한다.
③ 내담자와 협의 하에 상담관계의 형식, 방법, 목적을 설정하고 토의한다.
④ 자신이 종사하는 전문직의 바람직한 발전을 위하여 최선을 다한다.

해설
① 내담자에 관한 정보를 교육장면이나 연구용으로 사용할 경우에는 내담자와 합의한 후 그의 정체가 전혀 노출되지 않도록 해야 한다.

07 다음 중 상담자의 윤리적 태도와 행동으로 가장 옳은 것은?

① 내담자와 상담관계 외에도 사적으로 친밀한 관계를 형성한다.
② 과거 상담사와 성적 관계가 있었던 내담자라도 상담관계를 맺을 수 있다.
③ 내담자의 사생활과 비밀보호를 위해 상담 종결 즉시 상담기록을 폐기한다.
④ 비밀보호의 예외 및 한계에 관한 갈등상황에서는 동료 전문가의 자문을 구한다.

해설
① 상담자는 특별한 경우를 제외하고는 내담자와 상담실 밖에서 사적인 관계를 유지하지 않도록 한다.
② 상담자는 이전에 성적인 관계를 가졌던 사람을 내담자로 받아들이지 않는다.
③ 법, 규제 혹은 제도적 절차에 따라, 상담자는 내담자에게 전문적인 서비스를 제공하기 위해서 반드시 기록을 보존한다.

08 다음 중 상담장면에서 내담자의 권리에 해당하는 것을 올바르게 모두 고른 것은?

> ㄱ. 상담 계획에 참여할 권리
> ㄴ. 어떤 서비스에 대해 거절할 권리
> ㄷ. 자신의 사례기록에 대한 정보를 가질 권리
> ㄹ. 비밀유지를 기대할 권리

① ㄱ, ㄴ, ㄷ
② ㄱ, ㄴ, ㄹ
③ ㄱ, ㄷ, ㄹ
④ ㄱ, ㄴ, ㄷ, ㄹ

해설

상담장면에서 내담자의 권리
- 비밀유지를 기대할 권리(ㄹ)
- 자신의 사례기록에 대한 정보를 가질 권리(ㄷ)
- 상담 계획에 참여할 권리(ㄱ)
- 어떤 서비스에 대해 거절할 권리(ㄴ)
- 조언을 받을 권리

---

09 다음 중 상담내용에 대한 비밀을 지키지 않아도 되는 상황을 올바르게 모두 고른 것은?

> ㄱ. 내담자가 자신이나 다른 사람을 위험에 빠뜨릴 가능성이 클 때
> ㄴ. 내담자의 법적 보호자가 내담자의 정보를 구할 때
> ㄷ. 법적으로 정보의 공개가 요구되는 경우
> ㄹ. 내담자가 감염성이 있는 치명적인 질병에 걸린 경우

① ㄱ, ㄴ, ㄷ   ② ㄱ, ㄴ, ㄹ
③ ㄱ, ㄷ, ㄹ   ④ ㄴ, ㄷ, ㄹ

해설

비밀보장의 한계(출처 : 한국상담학회 윤리강령)
- 내담자가 자신이나 타인의 생명 혹은 사회의 안전을 위협하는 경우(ㄱ)
- 내담자가 감염성이 있는 치명적인 질병이 있다는 확실한 정보를 가졌을 경우(ㄹ)
- 미성년인 내담자가 학대를 당하고 있는 경우
- 내담자가 아동학대를 하는 경우
- 법적으로 정보의 공개가 요구되는 경우(ㄷ)

---

10 다음 중 상담자가 내담자와 상담한 내용에 대해 보고할 의무가 없는 상황으로 가장 옳은 것은?

① 내담자가 적개심이 강할 때
② 가족을 폭행했을 때
③ 내담자가 범법행위를 했을 때
④ 미성년자로 성적인 학대를 당한 희생자일 때

해설

① 상담자의 상담내용에 대한 비밀유지의 의무가 유효하게 적용되는 상황에 해당한다.

여기서 멈출 거예요? 고지가 바로 눈앞에 있어요.
마지막 한 걸음까지 시대에듀가 함께할게요!

직업선택 및 발달이론

합격의 공식
온라인 강의

혼자 공부하기 힘드시다면 방법이 있습니다.
SD에듀의 동영상 강의를 이용하시면 됩니다.
www.sdedu.co.kr → 회원가입(로그인) → 강의 살펴보기

특성-요인이론

1 개 요

(1) 의의 및 특징

① 특성-요인이론은 파슨스(Parsons)의 직업지도모델에 기초하여 형성되었다.

② 파슨스는 각 개인들이 객관적으로 측정될 수 있는 독특한 능력을 지니고 있으며, 이를 직업에서 요구하는 요인과 합리적인 추론을 통하여 매칭시키면 가장 좋은 선택이 된다고 주장하였다.

③ 특성-요인이론은 모든 사람에게는 자신에게 옳은 하나의 직업이 존재한다는 가정에서 출발한다. 즉, 개인은 자신의 성격에 맞는 직업을 찾아야 만족하게 된다는 것이다.

④ 심리검사 이론과 개인차 심리학에 그 기초를 두고 있으며, 진단 과정을 매우 중시한다.

⑤ 개인적 흥미나 능력 등을 심리검사나 객관적 수단을 통해 밝혀내고자 한다.

⑥ 특성-요인이론에 따른 직업상담 방법들은 합리적이고 인지적인 특성을 가지며, 정신역동적 직업상담이나 내담자 중심 직업상담에서와 같은 가설적 구성개념을 가정하지 않는다.

⑦ 윌리암슨(Williamson), 헐(Hull) 등을 비롯한 미네소타 대학의 연구자들이 파슨스의 이론을 확장하였다.

(2) 파슨스(Parsons)가 강조하는 현명한 직업선택을 위한 필수 요인

① 자신의 흥미, 적성, 능력, 가치관 등 내면적인 자신에 대한 명확한 이해(→ 자신에 대한 이해)

② 직업에서의 성공, 이점, 보상, 자격요건, 기회 등 직업세계에 대한 지식(→ 직업세계에 대한 이해)

③ 개인적인 요인과 직업관련 자격요건, 보수 등의 정보를 기초로 한 현명한 선택(→ 자신과 직업의 합리적 연결)

2 주요 내용

(1) 특성-요인이론의 기본적인 가설(Klein & Weiner)

① 인간은 신뢰롭고 타당하게 측정할 수 있는 독특한(고유한) 특성을 지니고 있다.

② 다양한 특성을 지닌 개인들이 주어진 직무를 성공적으로 수행해낸다 할지라도, 직업은 그 직업에서의 성공을 위한 매우 구체적인 특성을 지닐 것을 요구한다.

③ 진로선택은 다소 직접적인 인지과정이므로 개인의 특성과 직업의 특성을 짝짓는 것이 가능하다.

④ 개인의 특성과 직업의 요구사항이 서로 밀접한 관계를 맺을수록 직업적 성공의 가능성은 커진다.

(2) 인간본성에 대한 기본 가정(Williamson)

① 인간은 선과 악의 잠재력을 모두 지니고 있는 존재이다.

② 인간은 선을 실현하는 과정에서 타인의 도움을 필요로 하는 존재이다.

③ 인간의 선한 생활을 결정하는 것은 바로 자기 자신이다.

④ 선의 본질은 자아의 완전한 실현이다.

⑤ 우주와 인간의 관계, 즉 세계관은 개인적인 것으로, 인간은 누구나 그 자신만의 독특한 세계관을 가진다.

3 특성-요인이론에 관한 쟁점

(1) 특성은 안정적이고 지속적인 것인가?

트라이온과 아나스타시(Tryon & Anastasi)는 특성-요인이론이 가정하는 특성의 안정성과 지속성에 대해 의문을 제기하였다. 그들은 특성이 학습된 것이며, 특정 상황에 대해서만 타당한 것으로 간주하였다.

(2) 특성이 연구를 통해 정확한 활용가치를 측정할 수 있는가?

헤어와 크래머(Herr & Crammer)는 특성-요인적 접근이 통계적인 정교함과 검사의 세련화에도 불구하고 특정 직업에서의 개인의 성공을 예언하는 데 있어서 부정확하다고 주장하였다.

제2장

홀랜드(Holland)의 인성이론

1 개 요

(1) 의의 및 특징

① 홀랜드(Holland)는 사람들의 인성(성격)과 환경을 현실형, 탐구형, 예술형, 사회형, 진취형, 관습형으로 구분하고, 육각형 모델을 통해 효과적인 직업결정 방법을 제시하였다.

② 홀랜드의 인성이론은 "직업적 흥미는 일반적으로 성격이라고 불리는 것의 일부분이기 때문에 개인의 직업적 흥미에 대한 설명은 개인의 성격에 대한 설명이다"라는 가정에 기초한다. 이는 개인의 직업선택을 타고난 유전적 소질(성격)과 문화적 요인(환경) 간 상호작용의 산물로 보는 견해이기도 하다.

③ 개인의 특성과 직업세계의 특징 간의 최적의 조화를 이루는 것을 강조하며, 개인이 자신의 성격을 표현할 수 있는 적합한 환경을 추구한다고 주장한다.

④ 개인-환경 적합성(Person-Environment Fit) 모형을 통해 개인의 행동이 그들의 성격에 부합하는 직업환경 특성들 간의 상호작용에 의해 결정된다고 본다. 특히 개인-환경 적합성 모형은 개인의 지속적인 직업흥미 유형이 직업선택이나 직업적응과 밀접한 관계가 있음을 시사한다.

(2) 홀랜드(Holland) 인성이론의 4가지 기본 가정

① 첫째, 대부분의 사람들은 여섯 가지 유형, 즉 '현실적(Realistic), 탐구적(Investigative), 예술적(Artistic), 사회적(Social), 진취적(Enterprising), 관습적(Conventional)' 유형의 하나로 분류될 수 있다.

② 둘째, 환경에도 '현실적(R), 탐구적(I), 예술적(A), 사회적(S), 진취적(E), 관습적(C)'인 여섯 가지 종류가 있으며, 대부분 각 환경에는 그 성격유형과 일치하는 사람들이 있다.

③ 셋째, 사람들은 자신의 능력과 기술을 발휘하고 태도와 가치를 표현하고 자신에게 맞는 역할을 수행할 수 있는 환경을 찾는다.

④ 넷째, 개인의 행동은 성격과 환경의 상호작용에 의해 결정된다. 개인의 성격과 그의 직업환경에 대한 지식은 진로선택, 직업변경, 직업성취 등에 관한 중요한 결과를 예측할 수 있도록 해 준다.

2 6가지 직업성격 유형

(1) 현실형 또는 현실적(실재적) 유형(R ; Realistic Type)

성격 특징	• 솔직하고 성실하며, 검소하고 지구력이 있다. • 말이 적고 고집이 세며, 직선적이고 단순하다.
선호하는 활동	• 분명하고, 질서정연하고, 체계적인 것을 좋아하며, 연장이나 기계의 조작을 주로 하는 활동 내지 신체적인 기술들에 흥미를 보인다. • 기계, 도구, 동물에 관한 체계적인 조작활동, 현장에서 몸으로 부대끼는 활동을 좋아하지만, 사회적 기술이 부족하고 사교적이지 못하여 대인관계가 요구되는 상황에서 어려움을 느낀다.
대표적인 직업	기술자, 정비사, 엔지니어, 전기·기계기사, 비행기조종사, 트럭운전사, 조사연구원, 농부, 목수, 운동선수 등

(2) 탐구형 또는 탐구적 유형(I ; Investigative Type)

성격 특징	• 논리적·분석적·합리적이며. 추상적·과학적이고 호기심이 많다. • 조직적이며 정확한 반면, 내성적이고 수줍음을 잘 탄다.
선호하는 활동	• 관찰적·상징적·체계적이고 과제 지향적이며, 물리적·생물학적·문화적 현상의 창조적인 탐구를 수반하는 활동들에 흥미를 보인다. • 사회적이고 반복적인 활동들에는 관심이 부족한 편이며, 흔히 리더십 기술이 부족하다.
대표적인 직업	과학자, 생물학자, 화학자, 물리학자, 인류학자, 지질학자, 의료기술자, 의사, 심리학자, 분자공학자 등

(3) 예술형 또는 예술적 유형(A ; Artistic Type)

성격 특징	• 표현이 풍부하고 창의적·독창적이며, 개성이 강하고 비순응적이다. • 상상력이 풍부하고 감수성이 강하며, 자유분방하고 개방적이다.
선호하는 활동	• 변화와 다양성을 좋아하고 틀에 박힌 것을 싫어하며, 모호하고, 자유롭고, 상징적인 활동들에 흥미를 보인다. • 체계적이고 구조화된 활동, 협동이 요구되는 활동에는 흥미가 없다.
대표적인 직업	예술가, 작곡가, 음악가, 무대감독, 작가, 배우, 소설가, 미술가, 무용가, 디자이너 등

(4) 사회형 또는 사회적 유형(S ; Social Type)

성격 특징	• 사람들과 어울리기를 좋아하고 대인관계에 뛰어나며, 친절하고 이해심이 많다. • 남을 잘 돕고 봉사적이며, 감정적이고 이상주의적이다.
선호하는 활동	• 타인의 문제를 듣고, 이해하고, 도와주고, 치료해 주고, 봉사하는 활동들에 흥미를 보인다. • 다른 사람과 함께 일하거나 다른 사람을 돕는 것을 즐기지만, 도구와 기계를 포함하는 질서정연하고 조직적인 활동에는 흥미가 없다.
대표적인 직업	사회복지사, 사회사업가, 교육자, 교사, 종교지도자, 상담사(카운슬러), 바텐더, 임상치료사, 간호사, 언어재활사 등

(5) 진취형 또는 진취적(설득적) 유형(E ; Enterprising Type)

성격 특징	• 지배적이고 통솔력 · 지도력이 있으며, 말을 잘하고 설득적이다. • 경쟁적이고 야심적이며, 외향적이고 열성적이다.
선호하는 활동	• 조직의 목적과 경제적인 이익을 얻기 위해 타인을 선도, 계획, 통제, 관리하는 일과 그 결과로 얻어지는 위신, 인정, 권위에 흥미를 보인다. • 관찰적 · 상징적 · 체계적 활동에는 흥미가 없으며, 과학적 능력이 부족하다.
대표적인 직업	정치가, 사업가, 기업경영인, 판사, 영업사원, 상품구매인, 보험회사원, 판매원, 관리자, 연출가 등

(6) 관습형 또는 관습적 유형(C ; Conventional Type)

성격 특징	• 정확하고 조심성이 있으며, 세밀하고 계획성이 있다. • 다소 보수적이고 변화를 좋아하지 않으며, 완고하고 책임감이 강하다.
선호하는 활동	• 구조화된(조직적인) 환경을 선호하며, 질서정연하고 체계적인 자료정리를 좋아한다. • 정해진 원칙과 계획에 따라 자료들을 기록, 정리, 조직하는 일을 좋아하고, 체계적인 작업환경에서 사무적 · 계산적 능력을 발휘하는 활동들에 흥미를 보인다.
대표적인 직업	사서, 은행원, 행정관료, 공인회계사, 경리사원, 경제분석가, 세무사, 법무사, 감사원, 안전관리사 등

COMMENT

홀랜드(Holland)의 인성이론에 의한 6가지 성격유형들은 서로 완전히 배타적인 특징을 가지는 것은 아니므로, 어느 하나의 요소만으로 특정 유형을 한정할 수 없습니다. 예를 들어, '질서정연함'은 현실형(R)과 관습형(C)에서 공통적으로 선호하는 특징인 반면, 예술형(A)과 사회형(S)에서 공통적으로 선호하지 않는 특징에 해당합니다. 마찬가지로 성격유형별 대표적인 직업들이 반드시 어느 하나의 유형에 배타적으로 분류된다고 볼 수 없습니다. 그 이유는 각 직업들이 6가지 성격유형 및 작업환경 특성을 사실상 모두 가지고 있으며, 단지 정도의 차이에 의해 보다 밀접하게 연관된 유형으로 분류하는 것이기 때문입니다. 따라서 교재에 따라 특정 직업이 서로 다른 유형으로 분류되어 제시되는 경우도 있습니다.

3 직업적 성격의 관계모형

(1) 홀랜드의 육각형 모델과 직업성격 유형의 차원

① 홀랜드의 육각형 모델(모형)에서 '현실형(R)과 사회형(S)', '탐구형(I)과 진취형(E)', '예술형(A)과 관습형(C)'은 서로 대각선에 위치하여 대비되는 특성을 지닌다.

② '사회형(S)과 진취형(E)'은 '사회형(S)과 관습형(C)'에 비해 서로 간의 거리가 가까우며, 상대적으로 유사한 직업성격을 지닌다.

[홀랜드(Holland)의 육각형 모델]

(2) 홀랜드의 육각형 모델과 해석 차원

① 일관성(Consistency)

   ⊙ 개인의 흥미 하위유형 간의 내적 일관성을 말하는 것으로서, 개인의 흥미유형이 얼마나 서로 유사한가를 의미한다.

   ⓒ 어떤 쌍들은 다른 유형의 쌍들보다 공통점을 더 많이 가지고 있다. 즉, 육각형 모델의 둘레를 따라 서로 인접한 직업유형들은 유사성이 있는 반면, 떨어져 있는 직업유형들은 유사성이 거의 없다.

② 변별성 또는 차별성(Differentiation)

   ⊙ 개인의 흥미유형 혹은 작업환경은 특정 흥미유형 혹은 작업환경과 매우 유사한 반면, 다른 흥미유형 혹은 작업환경과 차별적이다.

   ⓒ 흥미의 차별성에 대한 측정치로서, 6가지 흥미유형 중 특정 흥미유형의 점수가 다른 흥미유형의 점수보다 높은 경우 변별성도 높지만, 이들의 점수가 대부분 비슷한 경우 변별성이 낮다고 할 수 있다.

③ 정체성(Identity)

   ⊙ 성격적 측면에서의 정체성은 개인의 목표, 흥미, 재능에 대한 명확하고 견고한 청사진을 말하는 반면, 환경적 측면에서의 정체성은 조직의 투명성 및 안정성, 목표 · 일 · 보상의 통합을 의미한다.

   ⓒ 자기직업상황(MVS)의 직업정체성 척도는 개인의 정체성 요인을 측정하는 데 사용된다.

④ 일치성(Congruence)

　㉠ 개인의 흥미유형과 개인이 몸담고 있거나 소속되고자 하는 환경의 유형이 서로 부합하는 정도를 말한다.

　㉡ 한 개인이 자기 자신의 성격과 동일하거나 유사한 환경에서 일하고 생활하는 경우에 해당한다. 즉, 개인은 자신의 유형 또는 정체성과 비슷한 환경에서 일하거나 생활할 때 일치성이 높아진다.

⑤ 계측성 또는 타산성(Calculus)

　㉠ 유형들 내 또는 유형들 간의 관계는 육각형 모델에 의해 정리되며, 육각형 모델에서의 유형들 간의 거리는 그 이론적인 관계에 반비례한다.

　㉡ 육각형은 이론의 본질적 관계를 설명해 주는 것으로서, 여러 가지 실제적인 용도를 가지고 있다. 실제로 육각형은 상담자로 하여금 그 이론을 이해할 수 있도록 해 주며, 내담자가 육각형 모델을 사용할 수 있도록 돕는다.

 더 알아보기

홀랜드 육각형 모델의 해석 차원 중 일관성(Consistency)

• 육각형 모델의 해석 차원에서 '일관성'을 알아보는 가장 간단한 방법은 홀랜드 코드 첫 두 문자를 사용하는 것이다. 즉, 육각형 모델에서 첫 두 문자가 서로 인접한 경우 일관성이 높은 것으로 보는 반면, 서로 멀리 떨어져 있는 경우 일관성이 낮은 것으로 간주한다.

• 예를 들어, 'RIE 코드'의 'RI'가 'RSE 코드'의 'RS'보다 더 인접해 있으므로 일관성이 높다고 할 수 있다. 참고로 'RI'는 높은 수준의 일관성, 'RA'는 중간 수준의 일관성, 'RS'는 낮은 수준의 일관성을 나타낸다고 볼 수 있다.

4 홀랜드 인성이론의 적용실례 - 검사도구

(1) 직업선호도검사(VPI ; Vocation Preference Inventory)

내담자가 160개의 직업목록에 흥미 정도를 표시하는 것이다. 이 도구는 많은 사람들의 직업적 선택이 직업목록의 자극물에 의해 고무되듯이, 그들의 생각과 감정에 의해서 측정될 수 있다는 홀랜드의 신념에서 발전하였다.

(2) 자기방향탐색검사 또는 자가흥미탐색검사(SDS ; Self Directed Search)

1971년에 처음으로 발표되어 1977년과 1985년에 개정되었다. SDS에는 내담자가 점수를 기록하는 1시간용 측정워크북과 소책자가 있다.

(3) 직업탐색검사(VEIK ; Vocational Exploration and Insight Kit)

1980년에 홀랜드는 미래 진로문제에 대해서 스트레스를 받는 내담자에게 사용하기 위하여 직업탐색검사(VEIK)를 개발하였다. VEIK는 미래 진로로 생각하고 있는 직업의 수를 증가시키며, 과거 경험과 현재 직업의 목표가 어떻게 관련되는지를 알 수 있도록 돕는다.

(4) 자기직업상황검사 또는 개인직업상황검사(MVS ; My Vocational Situation)

점수를 쉽게 기록할 수 있는 검사도구로 스스로 실시할 수 있으며 간단하다. 20개의 질문으로 구성되어 있으며, 직업정체성, 직업정보에 대한 필요, 선택된 직업목표에 대한 장애 등을 측정하는 것을 목적으로 한다.

(5) 경력의사결정검사(CDM ; Career Decision Making)

홀랜드의 육각형 모델에 따라 6가지 흥미점수가 도출되며, 그중 원점수가 가장 높은 두세 가지 흥미척도가 탐색대상 직업군이 된다. 능력, 근로가치, 미래계획, 선호하는 교과목 등을 자가평정한 결과를 직업관련 의사결정 시스템 전반에 통합시킨다.

> **COMMENT**
>
> 검사도구의 우리말 명칭은 교재에 따라 약간씩 다르게 번역되어 제시되고 있습니다. 가급적 영문 약어와 함께 기억해 두세요.

5 평 가

(1) 공헌점

① 직업선호도검사(VPI), 자기방향탐색검사 또는 자가흥미탐색검사(SDS), 직업탐색검사(VEIK), 자기직업상황검사 또는 개인직업상황검사(MVS), 경력의사결정검사(CDM) 등 매우 유용한 검사도구들을 개발하였다.

② 직업사전(DOT ; Dictionary of Occupational Titles)을 홀랜드 직업코드사전(DOHC ; Dictionary of Holland Occupational Codes)으로 번안하였다.

(2) 제한점(비판점)

① 성격만이 편파적으로 강조되어 여러 가지 다른 중요한 개인적・환경적 요인이 무시되고 있다.

② 진로상담에 적용할 수 있는 구체적인 절차를 제공해 주지 못하고 있다. 특히 상담자와 내담자 간의 대면관계에서 사용할 수 있는 과정 및 기법에 대한 안내가 없다.

③ 홀랜드 모형을 측정하는 검사도구가 성적 편파(Gender Bias)의 문제를 해결하고 있지 못하다.

④ 성격요인을 중요시하고 있으면서도 정작 그 발달과정에 대한 설명이 결여되어 있다.

⑤ 개인이 자신의 환경 및 자기 자신을 변화시킬 수 있는 가능성이 있음에도 불구하고 이를 고려하지 않고 있다.

제 3 장

데이비스와 롭퀴스트(Dawis & Lofquist)의 직업적응이론

1 개 요

(1) 의의 및 특징

① 직업적응이론(TWA ; Theory of Work Adjustment)은 미네소타 대학의 데이비스와 롭퀴스트(Dawis & Lofquist)가 1950년대 후반부터 지속적으로 수행해 온 직업적응 프로젝트의 연구 성과를 토대로 정립된 이론이다.

② 미네소타 직업분류체계 Ⅲ((MOCS Ⅲ)와 관련하여 발전한 직업발달이론이다.

③ 개인의 욕구와 능력을 환경에서의 요구사항과 연관지어 직무만족이나 직무유지 등의 진로행동에 대해 설명한다.

④ 개인과 환경 간의 상호작용을 통한 욕구충족을 강조하는 이론으로, 최근에는 '개인-환경 조화 상담(Person-Environment Correspondence Counseling)'으로도 불리고 있다. 이는 개인의 욕구와 환경의 요구가 동시에 충족되는 경우 조화(Correspondence) 상태에 이르는 반면, 동시에 충족되지 못하는 경우 부조화(Discorrespondence) 상태에 이른다는 주장을 담고 있다.

> **COMMENT**
>
> 홀랜드(Holland) 인성이론의 '개인-환경 적합성 모형'과 데이비스와 롭퀴스트(Dawis & Lofquist) 직업적응이론의 '개인-환경 조화 상담'을 혼동하지 않도록 합시다.

(2) 미네소타 직업분류체계 Ⅲ(MOCS Ⅲ ; Minnesota Occupational Classification System Ⅲ)

① 이 분류체계에서 직업은 2가지 차원으로 분류된다. 한 차원은 직업 내에 존재하는 강화물 체계로 제시되고, 또 다른 차원은 직업에서 요구되는 능력에 의해 표현된다.

② 능력 범주와 강화물 범주의 2차원 매트릭스에서, 각 직업명은 한 축에 직업의 능력요건(지각적 · 인지적 · 운동적 요건)을, 다른 축에 강화물 요건(내부적 · 사회적 · 환경적 요건)을 묘사하게 된다.

③ 미네소타 직업분류체계 Ⅲ는 능력 수준 및 능력 유형, 다양한 직업이 제공하는 강화자 등에 대한 지표를 제공하며, 이러한 지표는 작업기술을 작업요건과 일치시키거나 해당 직업이 제공하는 강화물을 결정하기 위한 수단 등으로 사용된다.

2 직업적응 유형

(1) 성격양식 차원(직업성격적 측면)

민첩성 (Celerity)	반응속도 및 과제 완성도와 연관되며, 정확성보다는 속도를 중시한다.
역 량 (Pace)	에너지 소비량과 연관되며, 작업자(근로자)의 평균활동 수준을 의미한다.
리 듬 (Rhythm)	활동에 대한 다양성을 의미한다.
지구력 (Endurance)	환경과의 상호작용 시간과 연관되며, 다양한 활동수준의 기간을 의미한다.

(2) 적응방식 차원(적응방식적 측면)

융통성 또는 유연성 (Flexibility)	개인이 작업환경과 개인적 환경 간의 부조화를 참아내는 정도를 의미한다.
끈기 또는 인내 (Perseverance)	환경이 자신에게 맞지 않아도 개인이 얼마나 오랫동안 견뎌낼 수 있는지의 정도를 의미한다.
적극성 (Activeness)	개인이 작업환경을 개인적 방식과 좀 더 조화롭게 만들어가려고 노력하는 정도를 의미한다.
반응성 (Reactiveness)	개인이 작업성격의 변화로 인해 작업환경에 반응하는 정도를 의미한다.

3 실제적 적용

(1) 직업적응이론에 기초한 직업적응 관련 주요 검사도구

① 미네소타 중요성질문지(MIQ ; Minnesota Importance Questionnaire)

개인이 일의 환경에 대하여 지니는 20가지의 욕구와 6가지의 가치관을 측정하는 도구로서, 190개의 문항으로 구성되어 있다.

② 미네소타 직무기술질문지(JDQ 또는 MJDQ ; Minnesota Job Description Questionnaire)

일의 환경이 MIQ에서 정의한 20개의 욕구를 만족시켜 주는 정도를 측정하는 도구로서, 하위척도는 MIQ와 동일하다.

③ 미네소타 만족질문지(MSQ ; Minnesota Satisfaction Questionnaire)

직무만족의 원인이 되는 일의 강화요인을 측정하는 도구로 능력의 사용, 성취, 승진, 활동, 다양성, 작업조건, 회사의 명성, 인간자원의 관리체계 등의 척도로 구성되어 있다.

(2) 미네소타 중요성질문지(MIQ)에 대한 연구를 통해 발견한 6가지 가치차원(직업가치)

　① 성취(Achievement)

　　자신의 능력을 사용하는 것, 성취에 대한 느낌을 가지는 것

　② 이타심 또는 이타주의(Altruism)

　　타인과의 조화, 타인에 대해 봉사하는 것

　③ 자율성 또는 자발성(Autonomy)

　　독립적으로 존재하는 것, 자기 통제력을 가지는 것

　④ 안락함 또는 편안함(Comfort)

　　편안한 느낌을 가지는 것, 스트레스를 받지 않는 것

　⑤ 안정성 또는 안전성(Safety)

　　안정과 질서, 환경에 대한 예측능력을 가지는 것

　⑥ 지위(Status)

　　타인으로부터의 인정, 중요한 지위에 있는 것

1 개 요

(1) 의의 및 특징

① 개인의 진로발달 과정에서 사회나 환경의 영향을 상대적으로 많이 고려하는 이론이다.

② 심리적 에너지가 흥미를 결정하는 중요한 요소라고 본다.

③ 로(Roe)는 성격이론과 직업분류 영역을 통합하는 데 관심을 두었다.

④ 직업선택에서 개인의 욕구와 함께 초기 아동기의 경험을 중시하였다.

⑤ 직업과 기본욕구 만족의 관련성이 매슬로우(Maslow)의 욕구위계이론을 바탕으로 할 때 가장 효율적이라고 보았다.

⑥ 여러 가지 다른 직업에 종사하고 있는 사람들이 각기 다른 욕구를 가지고 있으며, 이러한 욕구의 차이는 어린 시절 (12세 이전의 유아기 내지 아동기)의 부모-자녀 관계에 기인한다고 주장하였다(주의 : 청소년기 부모-자녀 관계가 아님).

⑦ 직업을 8개의 군집으로 나누고, 각 군집에 해당하는 직업들의 목록을 작성하였다.

⑧ 로(Roe)는 개인의 진로방향을 결정하는 것은 가족과의 초기관계와 그 효과에 있다고 보았다. 특히 개인의 초기 경험이 부모와의 관계에 의해 영향을 받는다고 주장하면서, 발달 초기 부모 행동으로서 부모의 유형 혹은 양육방식 이 진로선택에 미치는 영향에 주목하였다(주의 : 자녀의 부모에 대한 애착이 아님).

⑨ 로(Roe)의 이론은 진로발달이론이라기 보다는 진로선택이론에 해당된다.

(2) 로(Roe)의 욕구이론에 따른 5가지 가설(명제)

로(Roe)는 직업발달이론을 이해하려면 먼저 매슬로우(Maslow)의 욕구위계이론을 머리에 두어야 한다고 주장하였다. 특히 초기 가정환경이 이후의 직업선택에 중요한 영향을 미친다고 보고, 유아기(내지 아동기)의 경험과 직업선택에 관한 5가지의 가설을 수립하였다.

① 첫째, 개인이 가지고 있는 여러 가지 잠재적 특성의 발달에는 한계가 있다. 다만, 그 한계의 정도는 개인에 따라 차이가 있다.

② 둘째, 개인의 유전적 특성의 발달정도 및 발달통로는 개인의 유일하고 특수한 경험에 의해 영향을 받는다. 또한 가정의 사회경제적 배경 및 일반사회의 문화배경에 의해서도 영향을 받는다.

③ 셋째, 개인의 흥미나 태도는 유전의 제약을 비교적 덜 받으므로 주로 개인의 경험에 따라 발달유형이 결정된다.

④ 넷째, 심리적 에너지는 흥미를 결정하는 중요한 요소이다.

⑤ 다섯째, 개인의 욕구와 만족 그리고 그 강도는 성취동기의 유발 정도에 따라 결정된다.

2 직업분류체계

(1) 직업분류체계의 구조

① 로(Roe)는 미네소타 직업평가척도(MORS ; Minnesota Occupational Rating Scales)에서 힌트를 얻어 일의 세계를 8가지 장(Field)과 6가지 수준(Level)으로 구성된 2차원의 체계로 조직화했다.

② 로의 직업분류체계는 8가지 장, 즉 '직업군'과 6가지 수준, 즉 '직업수준'을 의미하는 원뿔구조로 나타낼 수 있다.

③ 원주상의 순서대로 8가지 장은 서비스, 사업상 접촉(비즈니스), 조직, 기술, 옥외, 과학, 예술과 연예, 일반문화로 이루어진다.

④ 6가지 수준은 근로자의 직업과 관련된 정교화, 책임, 보수, 훈련의 정도를 묘사한다. '수준 1'은 가장 높은 수준으로서 전문직 혹은 관리직을 의미하며, '수준 6'은 가장 낮은 수준으로서 비숙련(비숙련직)을 나타낸다.

[로(Roe)의 직업분류체계]

(2) 8가지 직업군

서비스직 (Service)	사회사업, 가이던스 등 기본적으로 다른 사람의 욕구와 복지에 관심을 가지고 봉사하는 직업이 해당된다.
비즈니스직 (Business Contact)	주로 일대일 만남으로 상대방을 설득하여 공산품, 투자상품, 부동산 등을 판매하는 직업이 해당된다.
단체직 (Organization)	사업, 제조업, 행정에 종사하는 관리직 화이트칼라 등 기업의 조직과 효율적인 기능에 관련된 직업이 해당된다.

기술직 (Technology)	상품과 재화의 생산·유지·운송과 관련된 직업을 포함하며, 공학, 기계, 정보통신, 무역 등의 직업이 해당된다.
옥외활동직 (Outdoor)	농산물, 수산자원, 지하자원, 임산물, 기타의 천연자원을 개발, 보존, 수확하는 것과 축산업에 관련된 직업이 해당된다.
과학직 (Science)	기술직과 달리 과학이론 및 그 이론을 특정한 환경에 적용하는 직업이 해당된다.
예능직 (Arts and Entertainment)	창조적인 예술과 연예에 관련된 특별한 기술을 사용하는 것과 관련된 직업이 해당된다.
일반문화직 (General Culture)	개인보다는 인류의 활동에 흥미를 가지며, 문화유산의 보존 및 전수에 관련된 직업이 해당된다.

(3) 6가지 직업수준(수직차원)

고급 전문관리 (전문적·관리적 단계 1)	중요하고 독립적이며 다양한 책임을 진다. 정책을 만들며, 박사나 그에 준하는 정도의 교육 수준이 요구된다.
중급 전문관리 (전문적·관리적 단계 2)	중요성 및 다양성의 측면에서 자신과 타인에 대한 중간 수준의 책임을 진다. 정책을 해석하며, 석사학위 이상 또는 박사보다 낮은 교육 수준이 요구된다.
준전문관리	타인에 대한 낮은 수준의 책임을 진다. 정책을 적용하거나 자신만을 위한 의사결정을 하며, 고등학교나 기술학교 또는 그에 준하는 정도의 교육 수준이 요구된다.
숙련 (숙련직)	견습이나 다른 특수한 훈련 및 경험이 요구된다.
반숙련 (반숙련직)	약간의 훈련 및 경험이 요구되나, 숙련직보다는 낮은 수준이다.
비숙련 (비숙련직)	특수한 훈련 및 교육을 필요로 하지 않으며, 단순반복적인 활동에 종사하기 위해 필요한 능력 이상이 요구되지 않는다.

3 부모-자녀 관계와 직업선택

(1) 부모-자녀 관계유형

로(Roe)는 가정의 정서적 분위기, 즉 부모와 자녀 간의 상호작용 유형에 따라 자녀의 욕구유형이 달라진다고 보았다.

수용형	• 무관심형 : 수용적으로 대하지만 자녀의 욕구나 필요에 대해 그리 민감하지 않고 또 자녀에게 어떤 것을 잘하도록 강요하지도 않는다. • 애정형 : 온정적이고 관심을 기울이며 자녀의 요구에 응하고 독립심을 길러 주며, 벌을 주기보다는 이성과 애정으로 대한다.
정서집중형	• 과보호형 : 자녀를 지나치게 보호함으로써 자녀에게 의존심을 키운다. • 과요구형 : 자녀가 남보다 뛰어나거나 공부를 잘하기를 바라므로 엄격하게 훈련시키고 무리한 요구를 한다.
회피형	• 거부형 : 자녀에 대해 냉담하여 자녀가 선호하는 것이나 의견을 무시하고 부족한 면이나 부적합한 면을 지적하며, 자녀의 욕구를 충족시켜 주려고 하지 않는다. • 무시형 : 자녀와 별로 접촉하려고 하지 않으며, 부모로서의 책임을 회피한다.

안심Touch

(2) 부모-자녀 관계에 따른 직업선택

부모의 양육방식에 따라 자녀는 사람지향적이거나 사람회피적인 직업을 갖게 된다.

① 따뜻한 부모-자녀의 관계에서 성장한 사람

어렸을 때부터 어떤 필요나 욕구가 있을 경우 사람들과의 접촉을 통해 이를 충족시키는 방식을 습득하게 됨으로써 이후 인간지향적인 직업(예 서비스직, 비즈니스직, 단체직, 예능직, 일반문화직)을 선택하려는 경향을 나타내 보이게 된다.

② 차가운 부모-자녀의 관계에서 성장한 사람

어렸을 때부터 자신의 문제에 대해 부모나 주위 사람의 도움을 청하지 않고 사람과의 접촉이 개입되지 않는 다른 수단을 통해 이를 해결하는 방법을 습득하게 됨으로써 이후 비인간지향적인 직업(예 기술직, 옥외활동직, 과학직)을 선택하려는 경향을 나타내 보이게 된다.

4 평 가

(1) 공헌점

① 로(Roe)의 이론은 성격과 직업분류를 통합하는 업적을 남겼다.

② 독특한 방식으로 직업을 분류하는 모델을 제시하였다.

③ 부모-자녀 관계를 측정하기 위한 도구로서 '부모-자녀 관계 질문지(PCR I ; Parent-Child Relations Questionnaire)'를 개발하였다.

(2) 문제점

① 실증적인 근거가 결여되어 있다.

로(Roe) 자신도 본인의 이론이 추리적인 것이며, 이론의 가정에 대한 직접적인 증거가 거의 없음을 인정하였다.

② 검증하기가 매우 어렵다.

예를 들어, 부모-자녀 관계는 이론처럼 획일적이거나 단순하지 않다. 즉, 자녀의 발달 과정 동안 일관되지 않으며, 자녀에 대한 아버지의 태도와 어머니의 태도가 각기 다를 수 있다.

③ 진로상담을 위한 구체적인 절차를 제공하지 못하고 있다.

로(Roe)는 이론의 공식화하에 집중하였으므로, 실제적인 적용성의 결여로 인해 이론의 발달에 제약을 가져왔다.

제5장

긴즈버그(Ginzberg)의 진로발달이론

1 개 요

(1) 의의 및 특징

① 인간의 신체와 정신이 발달하는 것처럼 직업에 대한 지식, 태도, 기능도 어려서부터 발달하기 시작하여 일련의 단계를 거치면서 발달한다.

② 직업선택의 과정은 일생동안 계속 이루어지는 과정이기 때문에 다양한 단계에서 도움을 필요로 한다.

③ 긴즈버그(Ginzberg)는 처음으로 발달적 관점에서 직업선택이론을 제시하여 직업선택을 하나의 발달 과정으로 제시하였다.

④ 긴즈버그는 아동 및 청소년에 대한 면담과 기존 문헌에 대한 연구를 통해 진로선택 과정을 환상기, 선택의 변화기, 현실적 선택 시기로 설명하였다.

(2) 직업선택의 양상

① 직업선택은 일련의 결정들이 계속적으로 이루어지는 과정이다.

② 직업선택은 가치관, 정서적 요인, 교육의 양과 종류, 환경 영향 등의 상호작용에 의해 결정된다.

③ 직업선택의 과정은 바람(Wishes)과 가능성(Possibility) 간의 타협(Compromise)이다. 즉, 개인은 자신의 욕구, 능력, 가치관, 흥미 등의 내적 요인과 가정환경, 부모의 영향, 직업조건 등의 외적 요인 간의 타협으로 직업을 선택한다.

④ 직업선택은 단일 결정이 아닌 장기간에 걸친 일련의 결정이며, 나중에 이루어지는 결정은 그 이전 결정의 영향을 받는다.

> **COMMENT**
>
> 직업선택 과정에 있어서 '타협'의 원리를 적용한 대표적인 학자로 긴즈버그(Ginzberg)와 고트프레드슨(Gottfredson)이 있습니다. 참고로 'Ginzberg'와 'Ginsberg'는 서로 다른 학자이나, 발달적 관점에서 진로선택의 과정을 함께 연구하였습니다.

2 진로발달 및 직업선택의 단계

(1) 환상기(Fantasy Period, 6~11세 또는 11세 이전)

① 이 시기에 아동은 자기가 원하는 직업이면 무엇이든 하고 싶고, 하면 된다는 식의 환상 속에서 비현실적인 선택을 하는 경향이 있다.

② 직업선택과 관련하여 자신의 능력이나 가능성, 현실여건 등을 고려하지 않은 채 자신의 욕구를 중시한다.

③ 놀이와 상상을 통해 미래 직업에 대해 생각한다.

④ 초기는 놀이중심의 단계이며, 이 단계의 마지막에서는 놀이가 일 중심으로 변화되기 시작한다.

(2) 잠정기(Tentative Period, 11~17세)

① 이 시기에 아동 및 청소년은 자신의 흥미나 취미에 따라 직업선택을 하는 경향이 있다.

② 후반기에 가면 능력과 가치관 등의 요인도 어느 정도 고려하지만, 현실 상황을 그다지 고려하지 않으므로 직업선택의 문제에서 여전히 비현실적인, 즉 잠정적인 성격을 띤다.

③ 일이 요구하는 조건에 대하여 점차적으로 인식하는 단계로서, 흥미, 능력, 일의 보상, 가치, 시간적 측면에 대한 인식으로 발전한다.

④ 잠정기는 다음의 4가지 하위단계로 구분된다.

흥미단계 (Interest Stage)	• 자신의 흥미나 취미에 따라 직업을 선택하려고 한다. • 자신이 좋아하는 것과 싫어하는 것, 흥미 등에 대해 보다 구체적인 결정을 하게 된다.
능력단계 (Capacity Stage)	• 자신이 흥미를 느끼는 분야에서 성공을 거둘 수 있는 능력을 지니고 있는지 시험해 보기 시작한다. • 다양한 직업이 있고 직업에 따라 보수나 훈련조건, 작업조건 등이 다르다는 사실을 처음으로 의식하게 된다.
가치단계 (Value Stage)	• 직업선택 시 다양한 요인을 고려해야 한다는 사실을 인식한다. • 자신이 좋아하는 직업에 관련된 모든 정보를 알아보려고 하며, 그 직업이 자신의 가치관 및 생애 목표에 부합하는지 평가해 본다.
전환단계 (Transition Stage)	주관적 요소에서 현실적 외부요인으로 관심이 전환되며, 이러한 현실적인 외부요인이 직업선택의 주요인이 된다.

(3) 현실기(Realistic Period, 17세 이후~성인 초기 또는 청·장년기)

① 이 시기에 청소년은 자신의 개인적 요구 및 능력을 직업에서 요구하는 조건과 부합함으로써 현명한 선택을 시도한다.

② 이 단계에서의 직업선택은 개인의 정서 상태, 경제적 여건 등으로 인해 지체되기도 한다.

③ 능력과 흥미의 통합단계로서, 가치의 발달, 직업적 선택의 구체화, 직업적 패턴의 명료화가 이루어진다.

④ 현실기는 다음의 3가지 하위단계로 구분된다.

탐색단계 (Exploration Stage)	직업선택의 다양한 가능성을 탐색하며, 직업선택의 기회와 경험을 가지기 위해 노력한다.
구체화 단계 (Crystallization Stage)	직업목표를 정하기에 이르며, 자신의 결정과 관련된 내적·외적 요인을 두루 고려하여 특정 직업분야에 몰두하게 된다.
특수화(정교화) 단계 (Specification Stage)	자신의 결정에 대해 세밀한 계획을 세우며, 고도로 세분화·전문화된 의사결정을 하게 된다.

제6장 수퍼(Super)의 진로발달이론

1 개 요

(1) 의의 및 특징

① 긴즈버그(Ginzberg)의 진로발달이론을 비판하고 보완하면서 발전된 이론이다.

② 수퍼(Super)는 1955년 직업성숙(Vocational Maturity)을 소개한 이후 이를 수정하여 보다 포괄적인 개념인 진로성숙(Career Maturity)에 대해 광범위한 연구를 수행하였다.

③ 수퍼의 진로성숙은 "한 개인이 속해 있는 연령단계에서 이루어져야 할 직업발달 과업에 대한 준비도"로 간주된다.

④ 진로발달(직업발달)은 '성장기 – 탐색기 – 확립기 – 유지기 – 쇠퇴기'의 순환과 재순환 단계를 거친다.

⑤ 진로성숙은 생애단계 내에서 성공적으로 수행된 발달과업을 통해 획득된다.

⑥ 수퍼의 이론은 '전 생애(Life-span)', '생애역할(Life Role)', '자아개념(Self-concept)'의 3가지 개념을 통해 개인의 진로발달 및 직업선택을 설명한다.

(2) 자아개념 또는 자기개념(Self-concept)

① 수퍼(Super) 이론의 기저를 이루고 있는 것은 '자아개념(자기개념)'으로, 수퍼는 인간이 자신의 자아 이미지와 일치하는 직업을 선택한다고 보았다. 즉, "나는 이런 사람이다"하고 느끼고 생각하던 바를 살릴 수 있는 직업을 선택한다는 것이다.

② 그는 진로 및 직업발달에 있어서 본질적인 역할을 하는 자아개념이 유아기에서부터 형성(Formation), 전환(Translation), 실천(Implementation)의 과정을 거쳐 사망에 이르기까지 계속적으로 발달·보완되지만, 실질적으로 청년기 이후에는 큰 변화를 나타내지 않는 것으로 보았다.

> **COMMENT**
>
> 자기(Self)와 자아(Ego)는 엄밀한 의미에서 차이가 있으나, 수퍼가 강조한 'Self-concept'는 교재에 따라 '자아개념' 혹은 '자기개념'으로도 제시되고 있습니다.

(3) 수퍼(Super) 진로발달이론의 기본 가정(명제)

① 개인은 능력, 흥미, 성격에 있어서 각기 차이점을 가지고 있다.

② 이러한 특성의 차이로 인해 개인은 각각에 적합한 직업적 능력을 가지고 있다.

③ 각 직업군에는 그 직업에 요구되는 능력, 흥미, 성격특성이 있다.

④ 개인의 직업선호성이나 능력, 자아개념 등은 시간의 경과와 경험에 따라 변화한다. 따라서 직업선택 및 직업적응은 일생을 통해 변화하는 일련의 계속적인 과정이다.

⑤ 이 과정은 일련의 생애단계로서 성장기, 탐색기, 확립기, 유지기, 쇠퇴기로 나눌 수 있다.

⑥ 개인의 진로유형의 본질은 부모의 사회경제적 수준, 개인의 지적 능력, 성격특성, 직업계획 등에 의해 결정된다.

⑦ 개인의 진로발달은 능력, 흥미, 성숙의 과정을 촉진시키거나 자아개념의 발달을 도움으로써 이루어질 수 있다.

⑧ 직업발달은 주로 자아개념을 발달시키고 실천해 나가는 과정이다.

⑨ 개인과 사회적 요인 간의 타협, 자아개념과 현실 간의 타협은 직업발달 과정에서의 역할수행의 과정이며, 이와 같은 역할수행은 환상(상상), 상담, 면접 또는 학급이나 클럽에서의 활동과 여가활동 및 취업활동 등을 통해 이루어진다.

⑩ 직업과 인생에 대한 만족의 정도는 개인이 그의 능력과 적성, 성격특성, 가치관에 맞는 진로를 찾아 종사했느냐에 달려 있다. 또한 자신의 성숙도와 탐색경험에 비추어 일관성 있고 자신에게 적합하다고 판단되는 일의 유형 및 작업환경 그리고 생활양식을 찾아서 얼마나 성실히 임했는지에 의해 결정된다.

2 진로발달단계 및 진로발달과업

(1) 진로발달단계(직업발달단계)

① 성장기(Growth Stage, 출생~14세)

㉠ 자기(Self)에 대한 지각이 생겨나고 직업세계에 대한 기본적인 이해가 이루어지는 시기이다. 가정과 학교에서 중요한 인물과 동일시함으로써 자아개념(자기개념)을 발달시킨다.

㉡ 욕구와 환상이 지배적이나 사회참여와 현실검증력의 발달로 점차 흥미와 능력을 중시하게 된다.

㉢ 환상기(Fantasy Substage), 흥미기(Interest Substage), 능력기(Capacity Substage)의 하위단계로 구분된다.

환상기 (4~10세)	욕구가 지배적이며, 환상적인 역할수행이 중시된다.
흥미기 (11~12세)	진로의 목표와 내용을 결정하는 데 있어서 흥미(개인의 취향)가 중요 요인이 된다.
능력기 (13~14세)	능력을 더욱 중시하며, 직업의 요구조건 또한 고려한다.

② 탐색기(Exploration Stage, 15~24세)

　㉠ 미래에 대한 계획을 세우는 시기이다. 학교생활, 여가활동, 시간제 일을 통해 자아를 검증하고 역할을 수행하며 직업탐색을 시도한다.

　㉡ 잠정기(Tentative Substage), 전환기(Transition Substage), 시행기(Trial Substage)의 하위단계로 구분된다.

잠정기 (15~17세)	자신의 욕구, 흥미, 능력, 가치와 취업기회 등을 고려하면서 환상이나 토론, 일의 경험 등을 통해 잠정적으로 진로를 선택해 본다.
전환기 (18~21세)	장래 직업세계로 들어갈 때 필요한 교육이나 훈련을 받으며, 직업선택에 있어서 보다 현실적인 요인을 중시하게 된다.
시행기 (22~24세)	자기에게 적합하다고 판단되는 직업을 선택하여 종사하기 시작하며, 그 직업이 자신에게 적합한지의 여부를 시험해 보게 된다.

③ 확립기(Establishment Stage, 25~44세)

　㉠ 자신에게 적합한 분야를 발견해서 종사하고 생활의 터전을 잡으려고 노력한다.

　㉡ 시행기(Trial Substage), 안정기(Stabilization Substage)의 하위단계로 구분된다.

시행기 (25~30세)	자신이 선택한 일의 분야가 적합하지 않을 경우, 적합한 일을 발견할 때까지 한두 차례 변화를 시도한다.
안정기 (31~44세)	진로유형이 안정되는 시기로서, 개인은 그의 직업세계에서 안정과 만족감, 소속감, 지위 등을 갖게 된다.

④ 유지기(Maintenance Stage, 45~64세)

　직업세계에서 자신의 위치가 확고해지고 자신의 자리를 유지하기 위해 노력하며, 안정된 삶을 살아간다.

⑤ 쇠퇴기(Decline Stage, 65세 이후)

　정신적・육체적 기능이 쇠퇴함에 따라 직업전선에서 은퇴하게 되며, 다른 새로운 역할과 활동을 찾게 된다.

COMMENT

수퍼(Super)의 진로발달단계(직업발달단계)의 명칭은 번역상 차이로 인해 일부 교재에서 약간씩 다르게 제시되기도 합니다. 예를 들어, '쇠퇴기'는 '해체기'나 '은퇴기'로 제시되기도 하며, 탐색기의 하위단계인 '시행기'는 '수정기'로 제시되기도 합니다. 특히 하위단계로서 '시행기'가 상위단계인 '탐색기'와 '확립기'에 걸쳐 나타난다는 점을 유념하시기 바랍니다.

(2) 진로발달과업(직업발달과업)

구체화 (Crystallization, 14~17세)	• 자신의 흥미, 가치는 물론 가용자원과 장차 일어날지도 모를 일, 선호하는 직업을 위한 계획 등을 인식하여 일반적인 직업 목적을 형성하는 지적 과정 단계의 과업이다. • 선호하는 진로에 대하여 계획하고 그 계획을 어떻게 실행할 것인지를 고려한다.
특수화 (Specification, 18~21세)	• 잠정적인 직업에 대한 선호로부터 특정한 직업에 대한 선호로 옮기는 단계의 과업이다. • 직업선택을 객관적으로 명백히 하고, 선택된 직업에 대해서 더욱 구체적으로 이해하여 진로계획을 특수화한다.
실행화 (Implementation, 22~24세)	선호하는 직업을 위한 교육훈련을 끝마치고 취업하는 단계의 과업이다.
안정화 (Stabilization, 25~35세)	직업에서 실제 일을 수행하고 재능을 활용함으로써, 진로선택이 적절한 것임을 보여주고 자신의 위치를 확립하는 단계의 과업이다.
공고화 (Consolidation, 35세 이후)	승진, 지위획득, 경력개발 등을 통해 자신의 진로를 안정되게 하는 단계의 과업이다.

③ 수퍼(Super)의 후기 진로발달이론

(1) 전생애 발달이론 또는 평생발달이론

① 수퍼(Super)의 초기 진로발달이론은 '성장기 – 탐색기 – 확립기 – 유지기 – 쇠퇴기'의 5단계 대순환 모형을 중심으로 하지만, 이후 성인기의 진로발달을 대폭 수정하였다.

② 수퍼는 성인기의 진로발달이 생물학적인 발달, 즉 연령의 발달과 거의 관련이 없다는 입장을 취하게 되었으며, 주어진 단계를 성공적으로 마쳐서 얻어진 심리적 변화가 반드시 영속적인 것이 아님을 강조하게 되었다.

③ 수퍼는 진로발달이 순환과 재순환의 단계를 거친다고 보았다. 재순환의 개념은 정상적인 발달 궤적 중 본래 생애순환 과정에서 초기에 놓인다고 보았던 단계로 복귀하는 것을 포함한다.

④ 순환과 재순환에 따라 인생에서 진로발달 과정은 전 생애에 걸쳐 계속되면서 성장, 탐색, 정착, 유지, 쇠퇴 등의 대주기(Maxi Cycle)를 거치는 동시에, 대주기 외에 각 단계마다 같은 성장, 탐색, 정착, 유지, 쇠퇴로 구성된 소주기(Mini Cycle)가 있음을 가정한다.

⑤ 수퍼의 후기 이론에서 재순환은 아동 및 청소년 심리학에서의 병리적 퇴행을 의미하는 것이 아니다. 이는 이전 단계로의 회귀로써 성숙과 적응능력, 창의적 문제해결을 위한 수단이 된다.

(2) 생애공간이론

① 수퍼(Super)는 직업과 직접적으로 관련이 없으나 간접적으로 연관을 맺고 있는 다양한 삶의 역할에 대해 관심을 가지게 되었다.

② 한 개인이 감당하는 삶의 다양한 역할이 그의 생활양식을 구성하며, 그와 같은 전체적인 역할의 구조가 진로양식을 구성한다.

③ 개인은 동시에 여러 가지 역할을 함께 수행하며, 발달단계마다 다른 역할에 비해 중요한 역할이 있다. 이와 같은 여러 가지 역할들의 결합과 그에 부여하는 중요성이 개인의 생애구조를 형성한다.

④ 수퍼가 제시한 개인의 전 생애에 걸친 9가지 주요한 생애역할과 함께 이러한 생애역할이 수행되는 공간으로서 이른바 4가지 '개인극장'은 다음과 같다.

생애역할	자녀, 학생, 여가인, 시민, 근로자, 배우자, 주부, 부모, 은퇴자
개인극장	가정, 학교, 직장, 지역사회

⑤ 한 개인이 전 생애 중 여러 가지 생애역할에 항상 효과적으로 참여하기란 어려우므로, 다양한 시점에서 특정한 생애역할에 우선권이 주어질 필요가 있다.

⑥ 개인은 생애역할들이 서로 조화를 이루면서도 자신이 추구하는 삶의 가치를 적절히 표현할 수 있게 될 때 행복감을 느끼는 반면, 생애역할들이 서로 어긋나고 자신이 추구하는 삶의 가치를 적절히 표현할 기회가 적을 때 불행감을 느끼게 된다.

COMMENT

수퍼(Super)의 후기 진로발달이론을 '전생애 발달이론'과 '생애공간이론'으로 구분한 이유는 그가 시간적 측면(Span)으로서의 기간과 공간적 측면(Space)으로서의 역할을 부각시키면서 자신의 이론을 'Life-span Theory', 'Life-space Theory'라는 용어를 사용하여 각각 제시하였기 때문입니다.

(3) 생애진로 무지개(Life-career Rainbow)

① 수퍼(Super)는 진로발달에 대한 전 생애적·생애공간적(생활공간적) 접근을 통해 삶의 단계와 역할을 묶고, 결정요인 및 상호작용과 더불어 다양한 역할들의 진로를 포괄적으로 나타낸 '생애진로 무지개'를 제시하였다.

② 생애진로 무지개는 2가지 차원, 즉 '진로성숙'과 '역할 현저성'으로 묘사된다.

진로성숙	• 생애와 삶의 과정의 대순환을 나타내는 것으로, 특히 외부의 띠는 주요 삶의 단계와 대략적인 나이를 보여준다. • 진로성숙도는 각 발달단계에 이른 사람들에 대한 사회의 기대와 함께 생물적·사회적 발달에 따른 발달과업에 대처하는 개인의 준비도로 정의된다.
역할 현저성	• 삶의 공간으로서, 사람들에 의해 수행되는 역할과 직위의 배열을 나타낸다. • 역할은 광범위하고 보상적이며 중립적이 될 수도 있는데, 특히 다른 역할에 필요한 시간과 에너지를 침해할 경우 갈등을 유발하기도 한다.

[생애진로 무지개]

(4) (진로)아치문 모델(Archway Model)

① 인간발달의 생물학적·심리학적·사회경제적 결정인자로 직업발달이론을 설명한다.

② (진로)아치문 모델에서 이른바 '개인기둥'으로 불리는 왼쪽 기둥은 욕구나 지능, 가치, 흥미 등으로 이루어진 개인의 성격적 측면을 나타내는 반면, '사회기둥'으로 불리는 오른쪽 기둥은 경제자원, 사회제도, 노동시장 등으로 이루어진 사회정책적 측면을 의미한다.

③ 활모양의 아치는 왼쪽 기둥과 오른쪽 기둥을 연결함으로써 개인과 사회의 상호작용을 나타내는데, 그에 따라 또래집단, 가족이나 학교, 지역사회는 개인의 흥미, 적성, 가치 등에 영향을 미치며, 동시에 개인은 자신의 흥미와 능력을 발휘하여 사회에 영향을 미치게 된다.

④ 아치의 양쪽 끝에는 각각 발달단계가 있는데 왼쪽 기둥은 아동기와 청소년기를, 오른쪽 기둥은 성년기와 장년기를 의미한다. 개인은 각 발달단계에서 사회적 기대에 따른 발달과제에 직면하게 되며, 이러한 단계들을 거쳐 일정한 지위를 얻고 역할에 대한 자아개념(자기개념)을 발달시키게 된다.

⑤ 아치문의 바닥은 생물학적·지리학적인 기초 측면을 의미하며, 아치문의 지붕은 발달단계와 역할에 대한 자아개념으로 이루어진 상호작용적 측면을 나타낸다.

[(진로)아치문 모델]

4 평 가

(1) 공헌점

① 수퍼(Super)의 이론은 발달적 진로이론 중 직업적 성숙 과정을 가장 체계적으로 기술하고 있다.

② 내담자가 생애역할 정체감과 자신이 생애역할에서 표현하고자 하는 가치를 보다 명확히 하도록 돕는 데 유용한 이론적 틀을 제공한다.

③ 연구자로 하여금 생애역할 정체감 발달 과정을 연구하는 데 유용한 이론적 틀을 제공한다.

(2) 제한점

① 이론이 매우 광범위하며, 자아개념을 지나치게 강조한다는 비판을 받고 있다.

② 수퍼의 전 생애적 관점은 한 개인의 전체성이 기능하는 방식과 각 변인들 간의 관계가 모든 사람들에게서 동일하다는 가정에 근거하고 있다.

③ 발달에 대한 유기체적 관점, 즉 개인의 발달이 다양하고 상호 연결된 맥락들 간의 역동적인 상호작용임을 간과하고 있다.

제 7 장

고트프레드슨(Gottfredson)의 직업포부 발달이론(제한-타협이론)

1 개 요

(1) 의의 및 특징

① 직업포부(Occupational Aspiration)의 발달은 고트프레드슨(Gottfredson)이 제시한 이론의 주요 주제로서, 이는 개인이 특정 시점에서 가장 좋은 것으로 생각하는 직업적 대안으로서의 희망직업을 의미한다.

② 수퍼(Super)와 마찬가지로 발달적 단계를 다루면서, 사람이 어떻게 특정 직업에 매력을 느끼게 되는가를 기술한다.

③ 개인은 자신의 자아(자기) 이미지에 알맞은 직업을 원하기 때문에 직업발달에서 자아개념(자기개념)은 진로선택의 중요한 요인이 된다.

④ 개인의 직업선호는 신체적·정신적 성장과 더불어 복잡하게 나타나는데, 직업선호의 주요 결정요인은 자아개념이 발달하면서 포부에 대한 한계를 설정하는 방향으로 나아간다.

⑤ 고트프레드슨은 자아개념 발달 과정에서 사회적·경제적 배경과 지능수준을 강조하였으며, 개인이 직업세계에서 자신의 사회적 공간, 지적 수준, 성 유형에 맞는 직업을 선택한다고 보았다.

(2) 제한과 타협(한계와 절충)

① 고트프레드슨의 직업포부 발달이론은 직업포부의 형성 및 변화의 과정을 설명하기 위해 제한(Circumscription) 및 타협(Compromise)의 원리를 제시함으로써 '제한-타협이론'으로도 불린다.

② '제한(또는 한계)'은 자아개념과 일치하지 않는 직업들을 배제하는 과정으로 자아개념의 발달단계에 따라 이루어지는 것이고, '타협(또는 절충)'은 제한을 통해 선택된 선호하는 직업대안들 중 자신이 극복할 수 없는 문제를 가진 직업을 어쩔 수 없이 포기하는 것이다.

③ 고트프레드슨은 개인이 진로장벽에 부딪혔을 때 자신의 포부를 제한하고 의사결정시 타협을 한다고 제안하였다.

④ 직업선택의 개인적 타협 과정에서 성 유형, 권위(명성), 흥미의 순서로 그 중요도를 매기고 있으며, 직업에 대한 흥미가 가장 먼저 희생되고, 두 번째는 직업의 권위수준, 마지막으로 성 유형이 희생된다고 보았다. 즉, 개인이 성 유형을 타협하여 자신의 성 유형과 배치되는 직업을 선택하는 경우 적응을 하는 데 있어서 가장 큰 어려움을 겪게 된다는 것이다.

COMMENT

고트프레드슨(Gottfredson) 이론의 주요 원리로서 'Circumscription'는 '제한' 혹은 '한계'로, 'Compromise'는 '타협' 혹은 '절충'으로 번역됩니다. 또한 'Self'는 '자기' 혹은 '자아'로 번역됩니다.

직업포부와 진로장벽	
직업포부 (Occupational Aspiration)	개인이 특정 시점에서 가장 좋은 것으로 생각하는 직업적 대안으로서의 희망직업을 말하는 것으로서, 개인의 직업적 흥미, 능력, 가치, 성취동기 등의 개념과도 밀접하게 연관된다.
진로장벽 (Career Barriers)	개인이 취업, 진학, 승진, 직업의 지속, 가사와 직장생활의 병행 등 여러 경험들을 수행하는 과정에서 개인의 진로선택, 진로목표, 직업포부, 동기 등에 영향을 미치거나 역할행동을 방해할 것으로 지각되는 다양한 부정적 사건 혹은 사태 등을 의미한다.

2 직업포부의 발달단계

(1) 제1단계 - 힘과 크기 지향성(Orientation to Power and Size)

① 3~5세에 해당하는 시기로, 서열 획득 단계에 해당한다.

② 사고과정이 구체화되며, 어른이 된다는 것의 의미를 알게 된다.

③ 구체적인 사고를 통해 자신의 직업에 대해 긍정적인 입장을 취하게 된다.

④ 성(性)이나 성역할에 대해 알고 있지는 못하지만 남성과 여성이 신체적으로 다르다는 사실은 인지하고 있다.

(2) 제2단계 - 성역할 지향성(Orientation to Sex Roles)

① 6~8세에 해당하는 시기로, 성역할을 획득하는 단계에 해당한다.

② 자아개념(자기개념)이 성의 발달에 의해서 영향을 받게 된다.

③ 또래집단을 통해 자신과 동일한 성별의 친구와 친밀감을 형성한다.

④ 성 역할 경계를 형성하기 시작하여 동성의 사람들이 많이 수행하는 직업들을 선호하게 되며, 자신이 선호하는 직업에 대해 보다 엄격한 평가를 내린다.

(3) 제3단계 - 사회적 가치 지향성(Orientation to Social Valuation)

① 9~13세에 해당하는 시기로, 아동 및 청소년이 사회적 가치를 인지하는 단계에 해당한다.

② 사회계층과 사회질서에 대한 개념이 발달하기 시작하면서 '상황 속 자아(Self-in-Situation)'를 인식하기에 이른다.

③ 아동 및 청소년은 또래집단이나 보다 큰 사회적 집단 내에서의 지위와 명성에 보다 더 민감해진다.

④ 평가를 위한 보다 많은 기준들로써 자신이 추구하는 사회적 명성과 능력에 부합하는 직업들에 대해 집중적인 관심을 보이며, 지위 하한선과 상한선을 형성하게 된다.

(4) 제4단계 – 내적, 고유한 자아(자기) 지향성(Orientation to Internal, Unique Self)

① 14세 이후에 해당하는 시기로, 내면적 사고를 통해 자기인식 및 자아정체감이 발달하며, 사회인지를 통해 타인의 감정이나 생각, 의도를 이해하는 단계에 해당한다.

② 자아성찰과 사회계층의 맥락에서 직업적 포부가 더욱 발달하게 된다.

③ 청소년은 자신의 가치, 성격 및 능력 등에 대해 알게 되며, 이를 토대로 자신에게 맞는 직업을 선택하고자 한다.

④ 앞선 단계들과 달리 가능한 대안들 중 최선의 선택을 하는 것에 초점을 둔다.

제8장

타이드만과 오하라(Tiedeman & O'Hara)의 진로발달이론

1 개 요

(1) 의의 및 특징

① 진로발달단계를 개인이 자아정체감을 지속적으로 구별해 내고 발달과제를 처리하는 과정으로 설명하였다.

② 진로발달을 직업정체감을 형성해 가는 과정으로 보았으며, 새로운 경험을 쌓을수록 개인의 정체감은 발달한다고 하였다.

③ 에릭슨(Erikson)의 심리사회적 발달단계를 토대로 하여, 개인이 심리사회적 위기를 해결하는 과정을 통해 자아가 성숙되는 동시에 일에 대한 태도가 발달된다고 보았다.

④ 개인의 진로발달은 자신을 동일시하면서 계속적으로 분화하고 통합하는 과정이라고 보았다.

⑤ 개인이 연속적인 의사결정 과정을 통해 자신의 특성을 파악하고 자아를 실현시키기 위한 방법을 고려하면서 진로를 결정하는 방식이므로 '의사결정 발달이론'이라고도 불린다.

 더 알아보기

> **에릭슨(Erikson)의 심리사회적 발달단계와 위기**
> 에릭슨은 심리사회적 발달의 8단계를 제시하였으며, 각 단계별로 위기 혹은 해결해야 할 과제들을 제시하였다.
>
> > • 유아기(0~18개월) : 기본적 신뢰감 대 불신감
> > • 초기아동기(18개월~3세) : 자율성 대 수치심·회의
> > • 학령전기 또는 유희기(3~5세) : 주도성 대 죄의식
> > • 학령기(5~12세) : 근면성 대 열등감
> > • 청소년기(12~20세) : 자아정체감 대 정체감(역할) 혼란
> > • 성인 초기(20~24세) : 친밀감 대 고립감
> > • 성인기(24~65세) : 생산성(생성감) 대 침체감
> > • 노년기(65세 이후) : 자아통합 대 절망

COMMENT

에릭슨(Erikson)의 심리사회적 발달단계의 각 단계별 연령 및 명칭 등은 교재에 따라 약간씩 다르게 제시되고 있습니다. 따라서 대략적인 연령을 토대로 구분하시기 바랍니다.

(2) 분화와 통합

① '분화(Differentiation)'는 개인의 인지구조 발달에 따라 내적으로 일어나는 것으로, 다양한 직업을 구체적으로 학습 함으로써 나타나는 자아의 복잡한 발달과정에 해당한다.

② '통합(Integration)'은 개인이 사회의 일원이자 직업세계의 일원으로서 자신의 고유성과 직업세계의 고유성을 일치 시키는 과정에 해당한다.

③ 분화는 분리된 경험의 문제이고, 통합은 확장된 경험을 모아 구조화하는 문제이다.

④ 분화와 통합은 논리적으로는 분리되지만 실제경험에서는 분리되지 않으며, 연령이 증가하고 경험이 쌓일수록 발달 하게 된다.

2 직업정체감 형성과정(의사결정 과정)

타이드만과 오하라(Tiedeman & O'Hara)는 의사결정 과정을 인지적인 구조의 분화와 통합에 의한 의식적인 문제해결 행동으로 보고 있다. 따라서 이 의사결정 과정을 예상기(전직업기)와 실천기(적응기)로 나누고, 이를 다시 7단계의 하 위단계로 구분하여 설명하고 있다.

(1) 예상기(Anticipation Period)

'전직업기(Preoccupation Period)'라고도 불리며, 다음과 같이 문제를 한정하고 정보를 수집하며 대안들을 평가하고 선택하는 과정인 4가지 하위단계로 구분된다.

탐색기 (Exploration)	• 자신의 진로목표 및 대안을 탐색해 본다. • 자신의 진로목표를 성취할 수 있는 능력과 여건이 갖추어져 있는지에 대해 예비평가를 한다.
구체화기 (Crystallization)	• 개인은 구체적으로 자신의 진로를 준비하기 시작한다. • 대안적 진로들의 보수나 보상 등을 고려하여 진로 방향을 구체화한다.
선택기 (Choice)	• 구체적인 의사결정에 임하게 되는 시기이다. • 자기가 하고 싶어 하는 일과 그렇지 않은 일을 확실히 알게 되며, 자신에게 적합하지 않은 진로를 탈락시킨다.
명료화기 (Clarification)	• 이미 내린 선택을 보다 신중히 분석 및 검토해 본다. • 검토 과정에서 미흡한 점이나 의심스러운 사항이 있는 경우 이를 명확히 한다.

(2) 실천기(Implementation Period)

'적응기(Adjustment Period)'라고도 하며, 이 단계는 앞에서 내린 잠정적 결정을 실천에 옮기는 과정으로 다음의 3가 지 하위단계로 구분된다.

순응기 (Induction)	• 개인은 새로운 상황에 들어가서 인정과 승인을 받고자 수용적인 자세로 업무에 임한다. • 새 집단이나 조직의 풍토에 적응하기 위해 자신의 일면을 수정하거나 버리기도 한다.
개혁기 (Reformation)	• 수용적이던 이전 단계와 달리 자신의 역할에 대해 보다 강경하고 주장적인 태도를 보이기 시작한다. • 조직 내에서 자신의 의지를 펼쳐 조직을 개혁하고자 하는 마음을 가지게 된다.
통합기 (Integration)	• 개인은 집단에 소속된 일원으로서의 자기 자신에 대해 새로운 자아개념을 형성하게 된다. • 개인의 욕구와 조직의 요구를 균형 있게 조절할 수 있게 되어 타협과 통합을 이루게 된다.

제9장

레빈슨(Levinson)의 발달이론

1 개 요

(1) 의의 및 특징

① 레빈슨(Levinson)은 성인의 인생구조 형성과정이 연령의 증가에 따라 일정한 '계열(Sequence)'을 형성한다고 보았다.

② 출생에서 죽음에 이르는 과정으로서 '인생주기(Life Cycle)' 또는 '인생구조(Life Structure)'는 마치 자연의 사계절과 같은 진행과정을 나타내 보이는데, 이는 사계절의 질적인 특징이 인간발달의 양상과 유사하기 때문이다.

③ 레빈슨의 발달이론에서 성인은 연령에 따라 안정과 변화의 계속적인 과정을 거쳐 발달하게 되며, 이러한 과정단계는 남녀나 문화에 상관없이 적용 가능하다.

> **COMMENT**
>
> 본래 '인생주기(Life Cycle)'는 인간의 기본적·보편적 양상에 따라 진행되는 탄생에서 죽음까지의 과정을 말하며, '인생구조 (Life Structure)'는 특정 시기에 있어서 개인의 생활의 기초가 되는 유형이나 설계를 의미합니다.

(2) 레빈슨의 인생구조

① 인생구조는 크게 '성인이전시기 또는 전성인기(0~22세)', '성인초기 또는 성인전기(17~45세)', '성인중기(40~65세)', '성인후기(60세 이후)'의 사계절 또는 4개의 시대로 구분된다.

② 각 시대는 대략 5년 정도 지속되는 몇 개의 시기들의 계열로 이루어진다.

③ 각 시기들의 계열은 안정과 변화의 순환원리에 의해 진행되며, 그 과정에서 혼돈과 갈등의 변화요인에 의한 '전환기'와 함께, 새로운 삶의 구조를 형성하는 '안정기'가 서로 교차되어 나타난다.

④ 특히 '성인중기'는 생물학적 능력이 감소하지만 사회적 책임은 더욱 커지고, 지혜나 판단력이 절정을 이루며, 정력적으로 일에 몰두하는 시기이다.

❷ 레빈슨(Levinson)의 인생주기 모형

(1) 성인발달단계

① 초기 성인변화단계(17~22세)
　ⓐ 성인으로 변화하기 위한 단계이다.
　ⓑ 성역할과 자아정체성을 형성하며, 다양한 가능성을 탐색하고 시험적으로 수행해 본다.

② 초기 성인세계단계(22~28세)
　ⓐ 성인 생활양식을 형성하는 시기이다.
　ⓑ 새로운 도전의 시기로서 자신의 창조력과 잠재력을 표출하나, 상당수가 심각한 위기를 경험하기도 한다.

③ 30세 변화단계(28~33세)
　ⓐ 초기의 생활양식을 재평가 및 수정하는 기회를 가지며, 다음의 인생구조를 계획하는 단계이다.
　ⓑ 현실적 삶으로 가는 과도기로서, 인생구조에서의 문제점을 인식한다.

④ 정착단계(33~40세)
　ⓐ 초기 성인단계가 완성되고 안정되는 시기이다.
　ⓑ 자신의 직업적 경력에서 정점에 도달하고자 역주하나, 한창의 시기에 마치 사다리에서 떨어지는 듯한 느낌을 경험하기도 한다.

⑤ 중년변화단계(40~45세)
　ⓐ 중년시기로 접어드는 또 하나의 새로운 이동시기이다.
　ⓑ 과거를 돌이켜보며 환멸과 무력감을 경험하기도 하지만, 때로는 이와 같은 우울의 상태가 새로운 목적과 활력의 전조가 되기도 한다.

⑥ 중기 성인단계(45~50세)
　ⓐ 새로운 시대에 적합한 생활양식을 형성하는 시기이다.
　ⓑ 인생을 전환할 수 있는 여러 가능성과 변화된 전망, 새로운 가치에의 인식을 통해 창조적이고 활력적인 시도를 펼치기도 한다.

⑦ 50세 변화단계(50~55세)
　ⓐ 처음의 계획을 수정 및 향상시키는 단계이다.
　ⓑ 불안과 방향상실감을 경험하나, 지나친 일에의 몰두로 미처 깨닫지 못한 채 넘어가기도 한다.

⑧ 중년기 마감단계(55~60세)
　ⓐ 중년기가 완성되는 단계이다.
　ⓑ 성공적인 절정인생구조를 형성한 경우 만족에 이르나 '생산성 대 침체감'의 위기를 경험하기도 한다.

⑨ 말기 성인변화단계(60~65세)
　ⓐ 중기와 말기 사이를 연결하는 단계이다.
　ⓑ 발달주기에서 중요한 전환점에 해당하며, 쇠퇴감과 장래에 대한 두려움을 느끼게 된다.

⑩ 말기 성인단계(65세 이상)
　ⓐ 인생의 마지막 단계로서 다시 한 번 새로운 시대에 적합한 생활양식을 형성하는 시기이다.
　ⓑ 노화에 따른 압박과 갈등에도 불구하고 자아통합과 조화를 통해 내면적인 평화를 추구한다.

(2) 성인발달단계의 특징

① 성인은 연령에 따라 안정과 변화의 계속적인 과정을 거쳐 발달하게 된다.

② 변화단계는 현재의 인생목표를 재평가하고 새로운 변화가능성을 탐색하는 시기이며, 각 변화단계의 말년에 앞으로의 미래에 대한 중요한 결정을 내리게 된다.

③ 구조형성의 시기는 인생의 목표를 설정하고 그 속에서 더 나은 삶을 만들기 위해 노력하는 시기이다.

④ 이와 같이 성인발달단계는 구조형성과 변화가 계속적으로 반복되어 나타난다.

(3) 성인발달단계의 시사점

① 성인발달단계는 특히 경력개발과 관련하여 시사하는 바가 크다. 즉, 경력개발 프로그램 설계 시 각 시기에 적합한 경력개발 프로그램을 만들어야 하며, 특히 변화단계에 초점을 맞추어야 한다는 것이다.

② 게디와 스트릭랜드(Geddie & Strickland)는 이를 적용하여 각 단계에서의 목표를 정하고, 목표성취의 장애물이 무엇인지 파악한 후 그에 적합한 경력개발 프로그램을 제시한 바 있다.

안심Touch

제10장 크롬볼츠(Krumboltz)의 사회학습이론

1 개 요

(1) 의의 및 특징

① 크롬볼츠(Krumboltz)는 학습이론의 원리를 직업선택의 문제에 적용하여 행동주의 방법을 통해 진로선택을 도와야 한다고 주장하였다.

② 진로선택의 사회학습이론은 진로선택 결정에 영향을 미치는 삶의 사건들에 관심을 두며, 개인의 신념과 일반화가 사회학습 모형에서 매우 중요하다고 본다.

③ 사회학습이론은 개인의 독특한 학습경험을 통해 그의 성격과 행동을 설명할 수 있다고 가정한다. 개인의 학습경험이 긍정적 또는 부정적으로 강화된 사건들에 대한 개인의 직접적 경험을 비롯하여 사건들에 대한 인지적 분석으로 이루어진다고 강조하고 있는데, 이는 기존의 강화이론, 고전적 행동주의이론, 인지적 정보처리이론에 영향을 받은 바 크다고 말할 수 있다.

④ 사회학습이론은 학과 전환 등 진로의사결정과 관련된 개인의 특수한 행위들에 대해 관심을 둔다.

⑤ 개인의 교육적·직업적 선호 및 기술이 어떻게 획득되며, 교육프로그램, 직업, 현장의 일들이 어떻게 선택되는지를 설명한다.

> **COMMENT**
>
> 'Krumboltz'는 교재에 따라 '크롬볼츠', '크룸볼츠', '크럼볼츠'로도 제시되고 있습니다. 이 모두가 동일인물을 지칭하는 것이므로 혼동하지 않도록 합시다.

(2) 자기관찰 일반화와 세계관 일반화

① 사회학습이론은 진로결정 요인들이 상호작용하여 '자기관찰 일반화(Self-observation Generalizations)'와 '세계관 일반화(World-view Generalizations)'를 형성한다고 주장한다.

② '자기관찰 일반화'는 자기 자신에 대한 관찰 결과 얻어진 것으로서, 태도, 가치관, 흥미, 능력 수준에 대한 일반화를 말한다.

③ '세계관 일반화'는 자신의 환경에 대한 관찰 결과 얻어진 것으로서, 이를 토대로 다른 환경조건이나 미래에 일어날 일들에 대해 예측할 수 있게 된다.

④ 사회학습이론은 이와 같은 자기관찰 일반화 및 세계관 일반화를 토대로 앞으로의 사건들을 예측하고 현재의 진로 결정을 이해할 수 있다고 본다.

2 진로결정

(1) 진로결정에 영향을 미치는 요인

① 크롬볼츠(Krumboltz)는 진로결정 및 진로발달 과정에 영향을 미치는 요인으로서 환경적 요인과 심리적 요인을 제시하였으며, 환경적 요인으로 '유전적 요인과 특별한 능력' 및 '환경조건과 사건'을, 심리적 요인으로 '학습경험' 및 '과제접근기술'을 제시하였다.

② 환경적 요인은 개인에게 영향을 미치나 일반적으로 개인이 통제할 수 있는 영역 밖에 있는 것으로서 상담을 통해 변화시키는 것이 불가능하다. 반면, 심리적 요인은 개인의 생각과 감정과 행동을 결정하며, 상담을 통해 변화가 가능하다.

유전적 요인과 특별한 능력 (Genetic Endowment and Special Abilities)	• 개인의 진로기회를 제한하는 타고난 특질을 말한다. • 물려받거나 생득적인 개인의 특성들을 포함한다. 예 인종, 성별, 신체적 특징, 지능, 예술적 재능 등		
환경조건과 사건 (Environmental Conditions and Events)	• 환경에서의 특정한 사건이 기술개발, 활동, 진로 선호 등에 영향을 미친다. • 보통 개인의 통제를 벗어나는 사회적·문화적·정치적·경제적 사항들이 해당한다. 예 취업 가능 직종의 내용, 교육훈련 가능 분야, 정책, 법, 기술의 발달 정도 등		
학습경험 (Learning Experiences)	개인이 과거에 학습한 경험은 현재 또는 미래의 교육적·직업적 의사결정에 영향을 미치는데, 크롬볼츠는 이를 크게 2가지 유형으로 가정하고 있다.		
	도구적 학습경험	주로 어떤 행동이나 인지적 활동에 대한 정적·부적 강화에 의해 이루어진다.	
	연상적 학습경험	이전에 경험한 감정적 중립 사건이나 자극을 정서적으로 비중립적인 사건이나 자극과 연결시킴으로써 이루어진다.	
과제접근기술 (Task Approach Skills)	개인이 환경을 이해하고 그에 대처하며, 미래를 예견하는 능력이나 경향을 말하는 것으로, 목표 설정, 가치 명료화, 대안 형성, 직업적 정보 획득 등을 포함하는 기술이다. 예 문제해결 기술, 일하는 습관, 정보수집 능력, 감성적 반응, 인지적 과정 등		

(2) 진로결정 요인들의 상호작용 결과

진로결정 요인들은 상호작용하여 다음과 같은 유형의 결과로 나타난다.

① 자기관찰 일반화

자기 자신의 직접적 혹은 간접적 수행이나 자신의 흥미, 가치를 평가하는 외현적 혹은 내면적 자기진술로서, 특히 선행 학습경험에 의해 영향을 받을 뿐만 아니라 새로운 학습경험의 결과에도 영향을 미친다.

② 세계관 일반화

학습경험에 따라 자기가 살고 있는 환경을 관찰하고 이를 일반화하여 또 다른 환경에서 어떤 일이 일어날 것인지를 예측하는 데 이용할 수 있다.

③ 과제접근기술

중요한 의사결정 상황의 인식, 과제에 대한 현실적인 파악, 자기관찰 일반화와 세계관 일반화에 대한 검토 및 평가, 다양한 대안의 도출, 대안에 관한 정보수집, 매력적이지 못한 대안의 제거 등의 능력을 포함한다.

④ 행위의 산출

학습경험을 비롯한 앞서 제시된 3가지의 결과로서, 의사결정과 관련된 특수한 행위들로 구성된다(예 특정 교육훈련에의 지원, 전공의 변경, 학과 전환 등).

(3) 진로결정에 영향을 미치는 기술

① 과제접근기술의 수정

과제접근기술은 문제해결 기술, 일하는 습관 등 개인이 발달시켜 온 기술 일체를 포함하는 것으로, 이는 개인이 직면한 문제와 과업의 결과를 상당 정도 결정한다. 그러나 이와 같은 과제접근기술은 종종 바람직한 혹은 바람직하지 못한 결과를 통해 수정된다.

> 예1 학생의 경우
> 고등학교 3학년인 A양은 가끔 수업노트를 가지고 공부하는데, 비록 고등학교에서는 그녀가 좋은 성적을 받더라도, 대학에서는 이런 방법이 실패하게 되어 그녀의 노트기록 습관과 학습습관을 수정하게 할지도 모른다.
> 예2 직장인의 경우
> 신입사원 A는 직무 매뉴얼을 참고하여 업무수행을 한다. 그러나 이런 방법을 통해 신입사원 때 좋은 결과를 얻더라도, 승진하여 새로운 업무를 수행할 때는 기존의 업무수행 방법을 수정해야 할지도 모른다.

② 우연한 사건을 다루기 위한 기술

    ㉠ 호기심 : 새로운 학습기회를 탐색하게 한다.

    ㉡ 인내심 : 좌절에도 불구하고 노력을 계속하게 한다.

    ㉢ 융통성 : 태도와 상황을 변화시키는 것이다.

    ㉣ 낙관성 : 새로운 기회를 긍정적이고 달성 가능하다고 보는 것이다.

    ㉤ 위험감수 : 불확실한 결과에 직면하더라도 실행을 계속하게 한다.

(4) 사회학습이론에서 직업상담사의 역할

① 첫째, 내담자의 능력과 흥미를 확장시킨다.

표준화 검사 등에 국한하여 내담자의 특성을 결정하기보다는 내담자의 새로운 가능성을 개발하도록 한다.

② 둘째, 직업의 변화에 대비하도록 준비시킨다.

직업이 안정적으로 유지될 것이라 생각하기보다는 업무의 변화에 대비하도록 준비시켜야 한다.

③ 셋째, 내담자에 대한 진단과 행동을 유도한다.

내담자에 대한 정확한 진단과 함께 내담자 자신의 진로선택을 실천하도록 동기를 부여할 필요가 있다.

④ 넷째, 모든 직업 및 진로 문제를 다룬다.

직업상담사는 직업선택뿐만 아니라 직업 및 진로와 관련된 모든 문제를 다룰 수 있어야 한다.

3 시사점

(1) 사회학습 모형 접근에서 상담자의 유의사항

① 개인은 해결할 수 있는 문제가 존재한다는 사실을 인식하지 않을지도 모른다.

② 개인은 결정하거나 문제를 해결하는 데 필요한 노력을 기울이지 않을지도 모른다.

③ 개인은 부적절한 이유로 잠재적인 만족을 주는 대안을 제거할지도 모른다.

④ 개인은 부적절한 이유로 부적절한 대안을 선택할지도 모른다.

⑤ 개인은 목표를 달성하기에 스스로 무능력하다는 생각으로 인해 불안해하거나 분노를 겪을지도 모른다.

(2) 사회학습 모형 접근에 의한 진로상담에서의 주요 발견점

① 진로결정은 학습된 기술이다.

② 진로선택을 했다고 주장하는 사람들 또한 도움이 필요하다.

③ 상담의 성공 여부는 진로결정에서의 내담자의 기술에 의해 평가된다.

④ 내담자는 다양한 집단으로부터 나온다.

⑤ 내담자는 진입한 진로가 확실하지 않다고 해서 죄책감을 느낄 필요가 없다.

⑥ 어떠한 직업도 모든 개인에게 가장 좋은 것으로 보이지는 않는다.

제11장 진로이론의 최근 경향

1 인지적 정보처리이론(CIP ; Cognitive Information Processing)

(1) 의의 및 특징

① 피터슨, 샘슨, 리어든(Peterson, Sampson, Reardon)에 의해서 개발된 것으로, 개인이 어떻게 정보를 이용해서 자신의 진로에 관한 문제해결 능력과 의사결정 능력을 향상시킬 수 있는가에 대한 종합적인 시각을 제공한다.

② 인간의 문제해결 과정이 컴퓨터의 정보처리 과정과 유사하다는 점에 착안하여 진로선택의 과정을 정보처리의 과정으로 간주하고 있으며, 진로선택 자체의 적절성보다는 인지적으로 정보를 처리하는 인간의 사고과정을 중요시하고 있다.

③ 개인이 자신의 운명을 결정 및 통제하는 데 있어서 무엇보다도 인지의 역할이 크다는 것을 강조한다.

④ 진로발달과 선택에서 내담자로 하여금 욕구를 분류하고 지식을 획득하여, 자신의 욕구가 무엇인지 알 수 있도록 돕는다.

(2) 인지적 정보처리의 주요 전제(기본 가정)

① 진로선택은 인지적 및 정의적 과정들의 상호작용의 결과이다.

② 진로를 선택한다는 것은 하나의 문제해결 활동이다.

③ 진로문제 해결자의 잠재력은 지식뿐만 아니라 인지적 조작의 가용성에 의존한다.

④ 진로문제 해결은 고도의 기억력을 요하는 과제이다.

⑤ 동기의 근원을 앎으로써 자신을 이해하고 만족스러운 진로선택을 하려는 욕망을 갖게 된다.

⑥ 진로발달은 지식구조의 끊임없는 성장과 변화를 포함한다.

⑦ 진로정체성은 자기지식에 의존한다.

⑧ 진로성숙은 진로문제를 해결할 수 있는 자신의 능력에 의존한다.

⑨ 진로상담의 최종목표는 정보처리기술의 신장을 촉진시킴으로써 달성된다.

⑩ 진로상담의 최종목표는 진로문제의 해결자이고 의사결정자인 내담자의 잠재력을 증진시키는 것이다.

(3) 인지적 정보처리의 과정(진로문제 해결의 절차)

인지적 정보처리이론에서 상담자는 내담자로 하여금 욕구를 분류하고 지식을 획득하여 자신의 욕구가 무엇인지 알 수 있도록 돕는다. 즉, 진로문제 해결은 일차적으로 인지적 과정이며, 다음과 같은 일련의 절차를 통해 증진시킬 수 있다.

의사소통 (Communication)	질문들을 받아들여 부호화하며 이를 송출한다.
분 석 (Analysis)	한 개념적 틀 안에서 문제를 찾고 이를 분류한다.
통 합 (Synthesis)	일련의 행위를 형성한다.
가치부여 또는 평가 (Valuing)	성공과 실패의 확률에 따라 각각의 행위를 판단하며, 다른 사람에게 미칠 파급효과를 평가한다.
집행 또는 실행 (Execution)	책략을 통해 계획을 실행한다.

COMMENT

인지적 정보처리의 과정, 즉 진로문제 해결 절차의 5단계는 영문 앞 글자를 따서 이른바 'CASVE'라 부릅니다.

2 사회인지적 진로이론(SCCT ; Social Cognitive Career Theory)

(1) 의의 및 특징

① 반두라(Bandura)의 사회학습이론(사회인지이론)을 토대로 렌트, 브라운, 헥케트(Lent, Brown & Hackett) 등에 의해 확장되었다.

② 개인의 사고와 인지는 기억과 신념, 선호, 자기지각에 영향을 미치며, 이는 진로발달 과정의 일부로 볼 수 있다.

③ 개인적 특성 및 환경적 요인 등의 선행변인들과 함께 진로결정 및 만족도 등의 결과변인들을 통합적으로 파악하며, 이들 간의 관계에 대해 설명하고자 한다.

④ 진로발달 및 진로선택이 개인의 타고난 성향 및 환경 간의 상호작용의 결과라는 전통적인 관점에서 벗어나 자기효능감(Self-efficacy)의 개념을 도입함으로써, 진로발달과 선택에서 진로와 관련된 자신에 대한 평가와 믿음의 인지적 측면을 강조한다.

⑤ 인지적 측면의 변인으로서 결과기대(성과기대)와 개인적 목표가 자기효능감과 상호작용하여 개인의 진로관련 활동의 방향을 결정한다고 주장한다.

⑥ 학습경험을 형성하고 진로행동에 단계적으로 영향을 주는 구체적인 매개변인을 찾는 데 목표를 둔다.

⑦ 사회인지적 진로이론은 이론의 범위를 확장하여 개인의 진로선택과 수행에 영향을 미치는 성(Gender)과 문화적 이슈 등에 대해서도 민감하게 다루었다.

COMMENT

사회인지적 진로이론은 개인의 직업행동을 이해하는 데 상대적으로 '흥미'를 중요하게 다루지 않습니다.

(2) 진로발달의 결정요인

반두라의 사회인지이론은 사회인지적 진로이론(SCCT)에 자기효능감(자아효능감), 결과기대(성과기대), 개인적 목표 등 인지적 측면에서의 개념들을 제공하였다.

자기효능감 또는 자아효능감 (Self-efficacy)	목표한 과업을 완성시키기 위해 필요한 행동을 계획하고 수행할 수 있는 자신의 능력에 대한 신념을 말한다.
결과기대 또는 성과기대 (Outcome Expectations)	특정 과업을 수행했을 때 자기 자신 및 주변에서 일어날 일에 대한 평가를 말하는 것으로서, 어떤 과업을 수행했을 때 자신 및 타인에게 일어날 일에 대한 믿음을 의미한다.
개인적 목표 (Personal Goals)	특정 활동에의 참여 또는 특정 결과를 성취하기 위한 개인의 의도를 말하는 것으로서, 개인은 특정한 목표를 세워 그에 필요한 행동을 실행하고 어떤 성취를 추구하게 된다.

 더 알아보기

> **자기효능감에 영향을 미치는 요인(Lent, Brown & Hackett)**
> 자기효능감은 다음 4가지 종류의 학습경험을 거쳐서 발전하게 된다.
> • 개인적 수행성취(성취경험)
> • 간접경험(대리경험)
> • 사회적 설득
> • 생리적 상태와 반응

(3) 3축 호혜성 인과적 모형

① 사회인지적 진로이론은 개인과 환경 간의 상호작용하는 인과적 영향을 분류 및 개념화하기 위해 '3축 호혜성(Triadic Reciprocal)'이라 부르는 반두라의 인과적 모형을 기술한다.

② 개인 내의 요인과 환경이 행동에 영향을 미칠 뿐만 아니라 행동 또한 정서·인지 등 개인 내 요인과 환경에 다시 영향을 미친다.

③ '개인적·신체적 속성', '외부환경요인', '외형적 행동'의 상보적 인과관계를 수용함으로써 개인의 진로발달을 개인의 특성과 환경의 단순한 결과물이 아닌 개인의 의지와 인지적 판단이 포함된 끊임없는 상호작용의 결과로 간주한다.

④ 개인은 '개인-행동-상황의 상호작용'에 의해 유전과 환경의 단순한 결과물이 아닌 진로발달의 역동적 주체가 된다.

(4) 3가지 영역모형

① 흥미모형

㉠ 자기효능감(Self-efficacy)과 결과기대(Outcome Expectations)는 개인의 흥미발달에 직접적인 영향을 미친다.

㉡ 개인이 어떤 분야에 대해 흥미를 가지게 되는 경우, 그 특정 활동을 수행하기 위해 지속적으로 열의를 가지고 노력하게 된다.

② 선택모형

    ㉠ 흥미는 단순히 자기효능감(Self-efficacy)이나 결과기대(Outcome Expectations)에 의해 형성되는 것이 아니다. 즉, 그 근원으로서 학습경험(Learning Experiences)이 개인적 배경 및 환경적 배경에 의해 제한을 받게 된다.

    ㉡ 주변 상황이나 맥락은 흥미를 제한하기도 하지만, 개인은 어떤 가능한 대안이 있는지, 자신의 자기효능감과 결과기대는 어느 정도인지, 그리고 주변에서 얻을 수 있는 지지나 자원 또는 장애가 어떤 것인지에 의해 진로를 선택한다.

③ 수행모형

    ㉠ 개인의 수행 수준 및 수행의 지속성을 설명하기 위해 개인의 능력(Ability), 자기효능감(Self-efficacy), 결과기대(Outcome Expectations) 그리고 수행목표(Performance Goals)를 요인으로 제시한다.

    ㉡ 수행 수준은 개인의 직업적 과제에 대한 성공 정도나 숙련도를 의미하며, 수행의 지속성은 특정 과제나 경력을 선택하는 데 있어서 행동을 계속해서 유지해 나가는 정도를 말한다.

3 가치중심적 진로접근 모형

(1) 의의 및 특징

① 브라운(Brown)이 제안한 것으로서, 인간행동이 개인의 가치에 의해 상당 부분 영향을 받는다는 가정에서 출발한다.

② 개인에 의해 확립된 행동규준들은 발달과정에 있어서 매우 중요한 것이며 가치에 기반을 둔 것으로서, 개개인이 스스로의 행위와 타인의 행위를 판단하는 규칙들이 된다.

③ 다른 이론들과 달리 흥미를 진로결정에 큰 영향을 미치지 않는 것으로 보는 반면, 가치를 행동역할을 합리화하는 데 매우 강력한 결정요인으로 본다. 예를 들어, 사회봉사의 가치를 중시하는 사람은 다른 사람들을 돕는 직업을 찾게 되고, 독립성의 가치를 중시하는 사람은 행동의 자유가 허용되는 작업환경을 찾게 된다.

④ 가치는 개인의 물려받은 특성과 경험의 상호작용에 의해 형성된다.

⑤ 개인이 자신의 행동을 설명하기 위해 특정 가치를 활용할 수 있을 때 그 가치는 비로소 구체화된다. 또한 개인이 처한 환경에서 행동을 이끄는 중요도에 따라 가치에 우선순위가 매겨진다.

⑥ 발달상 어느 특정 시점에서 가치가 서열화・정교화 되지만, 그와 같은 가치의 처리과정은 개인의 인지적 명료성의 지대한 영향을 받는다.

(2) 기본 명제

① 개인이 우선권을 부여하는 가치들은 얼마 되지 않는다.

② 우선순위가 높은 가치들은 일정한 조건 하에서 생애역할 선택에 가장 중요한 결정요인이 되기도 한다.

③ 가치는 환경 속에서 가치를 담은 정보를 획득함으로써 학습된다.

④ 생애만족은 중요한 모든 가치들을 만족시키는 생애역할들에 의존한다.

⑤ 한 역할의 특이성(현저성)은 역할 안에 있는 필수적인 가치들의 만족 정도와 직접 관련된다.

⑥ 생애역할에서의 성공은 학습된 기술, 인지적・정의적・신체적 적성 등 다양한 요인들에 의해 결정된다.

(3) 시사점

브라운은 상담자가 다음과 같은 사항에 유의하여 상담을 진행해야 한다고 제언했다.

① 면접과정에서 정서적인 문제를 주의 깊게 살펴보아야 한다.

② 양적 및 질적인 방법으로 가치들이 평가되어야 한다.

③ 검사결과를 해석하고 그에 대해서 이야기를 나누는 것도 하나의 개입으로 생각할 수 있다.

④ 상담자의 역할은 직업탐색 프로그램이나 컴퓨터를 이용한 진로탐색 프로그램 등을 활용하여 내담자의 가치와 진로를 연결시켜 주는 것이다.

4 맥락주의(Contextualism)

(1) 의의 및 특징

① 구성주의(Constructivism)의 철학적 입장을 토대로 한 것으로 진로연구와 진로상담에 대한 맥락상의 행위설명을 확립하기 위해 고안되었다.

② 구성주의자들은 개인이 정보를 조직화하는 나름대로의 방식을 구축하며, 진리나 실재는 지각의 문제에서 비롯된다고 보았다. 따라서 맥락주의는 내담자가 현재의 행위와 후속적인 경험으로부터 어떻게 개인적인 의미를 구성하는지를 파악하고자 한다.

③ 기존의 진로선택 및 진로발달의 이론들은 특히 개인의 내적 특성이나 직무의 성격, 그리고 두 요소들 간의 매칭(Matching)에만 초점을 둠으로써 환경적 요소에 대한 깊이 있는 논의가 부족했다. 특히 이론의 초점을 온통 개인에게 집중함으로써 정작 개인의 진로선택에 상당한 영향을 미치는 외부요소들을 경시하였다.

④ 맥락주의는 '진로 환경(Environment of Career)'에 관심을 기울이면서 개인의 진로에 영향을 미치는 다양한 환경적 요소를 고려한다. 즉, 산업화, 세계화, 기술의 발전, 노동시장, 조직 내부의 리엔지니어링 등을 관심요소에 포함시킨다.

(2) 주요 개념

① 개인과 환경의 상호작용

  ㉠ 개인 혹은 환경 어느 한 쪽에 관심을 기울이는 것이 아닌 맥락적 그물(Context Web) 안에서 이들 간의 관계와 상호작용에 초점을 둔다. 이는 개인과 환경을 서로 분리할 수 없는 하나의 단위로 보는 것이다.

  ㉡ 발달은 상호작용하는 개인과 환경이 서로 어떻게 영향을 미치는지에 따라 여러 개의 이질적인 경로로 진행될 수 있다.

② 행 위

  ㉠ 맥락주의의 주요 관심대상이다. 이때 행위란 인지적·사회적으로 방향 지어지는 것이며, 일상의 경험을 반영하는 것으로 개념화된다.

  ㉡ 사회적 과정으로 개인의 사회문화적 세계를 반영하는 한편, 관점상 강의노트 같은 행동을 표출하는 것이고, 시험불안과 같은 내부과정이며, 진로에서의 성공과 같은 사회적 의미를 지닌다.

③ 행위체계

　　㉠ '투사(Project)'와 '진로(Career)'로 구성된다. '투사'는 둘 이상 사람들 간의 행위에 대한 일종의 합의를 말하는 것인 반면, '진로'는 행위들 간의 연결을 통한 계획, 목표, 정서 및 인지의 결과로서 평가를 위한 도구로 활용되는 요소이다.

　　㉡ '진로'는 '투사'에 비해 더욱 많은 행위를 포함하며, 장기적인 시간에 걸쳐 확장된다. 이러한 복잡한 행위들이 더 큰 사회적 의미를 포함하게 됨으로써 '직업(Vocation)'의 관념에 근접하게 된다.

5 자기효능감 이론

(1) 의의 및 특징

① 진로발달에 대한 초기의 이론들은 대체로 사람들의 진로발달을 설명하였으나, 근래에 이르러 성차에 대한 설명이 시도되고 있다.

② 성차에 대한 연구에는 여성들이 자신의 능력과 재능을 충분히 활용하지 않았다고 지적하는 연구, 여성과 남성의 발달과정의 차이를 지적하는 연구도 있었다.

③ 대표적 이론으로 반두라(Bandura)의 사회학습이론을 토대로 한 헥케트과 베츠(Hackett & Betz)의 자기효능감 이론을 들 수 있다.

(2) 헥케트과 베츠(Hackett & Betz)의 자기효능감 이론

① 반두라의 사회학습이론에 따르면, 자기효능감 수준이 높은 사람의 경우 수행을 긍정적으로 이끌어가고, 문제소지에 대해서도 좋은 해결방안을 인지적으로 시연하는 반면, 자기효능감 수준이 낮은 사람의 경우 일이 어떻게 잘못될 것인지를 생각하여 수행 동기를 약화시키는 경향이 있다.

② 헥케트와 베츠(Hackett & Betz)에 따르면, 자기효능감 수준이 낮은 여성들의 경우 진로이동뿐만 아니라 진로선택에 있어서도 제약을 받는다. 또한 여성들이 성취에 대한 보상을 남성과 동등하게 받지 못하는 작업환경에 있는 경우 자기효능감 개발에 방해를 받게 된다.

③ 자기효능감은 선택권의 제한과 자신의 능력을 십분 발휘하지 못하는 경험 등에 의해 영향을 받게 되므로, 자기효능감이 낮은 여성들의 경우 진로결정을 포기, 지연 혹은 회피하는 경향이 있다.

1 인간관계이론

(1) 메이요(Mayo)의 호손연구와 인간관계이론

① 메이요(Mayo) 등 하버드 대학의 경영학과 교수들이 미국의 웨스턴일렉트릭사(Western Electric Co.)의 호손(Hawthorne) 공장에서 수행한 일련의 실험에 의해 이론적 틀이 마련되었다.

② 조직의 생산성 향상을 위해 인간의 정서적인 요인과 함께 사회적·심리적·비공식적 요인에 역점을 두어 인간을 관리하는 기술 또는 방법에 관한 이론체계이자 관리체계이다.

③ 조직성원의 생산성이 생리적·경제적 요인으로만 자극받는 것이 아니라 사회적·심리적 요인에 의해 크게 영향을 받는다고 주장하며, 작업장면의 사회적 환경과 조직성원의 사회적·심리적 욕구 및 조직 내 비공식집단을 중시한다.

④ 인간관계가 작업능률과 생산성을 좌우하며, 조직 내 비공식 집단이 개인의 생산성에 영향을 미친다고 본다. 따라서 조직의 목표와 조직성원들의 목표 간 균형유지를 위한 민주적·참여적 관리방식을 지향한다.

(2) 맥그리거(McGregor)의 X·Y 이론

① 맥그리거(McGregor)는 인간의 본성에 상반된 가정을 토대로 부정적인 관점을 반영한 'X 이론'과 함께 긍정적인 관점을 반영한 'Y 이론'을 제시하였다.

② 자신의 이론을 통해 부정적인 인간관에 대해 반론을 제기하는 동시에 긍정적인 인간관에 따라 조직 내 인간관계를 분석해야 한다고 주장하였다.

③ 일반적으로 X 이론은 전통적인 인간관을, Y 이론은 현대적인 인간관을 반영한다.

X 이론	• 인간은 본래 일을 하기 싫어하며, 신체적·정신적 수고를 요하는 일을 회피하고자 한다. • 인간은 자발적으로 책임을 지기보다는 오히려 지시받기를 좋아한다. • 조직 내 목표달성을 위해 통제, 명령, 처벌이 필요하다. • 저차원의 욕구, 즉 생리적 욕구와 안전에 대한 욕구 수준에 머문다.
Y 이론	• 인간은 본래 일을 하기 좋아하며, 신체적·정신적 수고는 놀이나 휴식과도 같다. • 인간은 자율적이고 능동적으로 자신의 의지에 따라 스스로를 통제할 수 있다. • 조직 내 목표달성을 위한 의지는 목표달성에 따른 보상 및 그에 대한 기대에서 비롯된다. • 고차원의 욕구, 즉 자아실현의 욕구 수준에 이른다.

COMMENT

룬트슈테트(Lundstedt)는 맥그리거(McGregor) 이론의 결함을 보완하기 위해 이른바 'Z이론'을 제안하였습니다. Z이론은 과학자나 학자 등의 경우 자율적인 분위기 조성이 생산성 향상에 효과적이라고 주장합니다.

2 동기부여이론

(1) 매슬로우(Maslow)의 욕구위계이론

① 욕구위계이론의 2가지 기본 가정

⊙ 첫째, 인간은 특정한 형태의 충족되지 못한 욕구들을 만족시키기 위하여 동기화되어 있는 동물이다. '생리적 욕구', '안전(안정)에 대한 욕구', '애정과 소속에 대한 욕구', '자기존중 또는 존경의 욕구', '자아실현의 욕구'가 그것으로, 이러한 욕구들 가운데 충분히 충족되지 못한 욕구들이 긴장을 유발한다.

⊙ 둘째, 대부분의 사람들이 추구하는 욕구들은 사람에 따라 서로 다르기는 하지만, 이를 분류하면 몇 가지 공통된 범주로 구분할 수 있다. 또한 보편성을 가진 이와 같은 공통적 욕구들은 충족되어야 할 순서에 따라 위계적인 형태로 계열화되어 있다.

② 인간욕구의 위계 5단계

⊙ 인간욕구를 계층별로 구분하였으며, 인간에게 기본적으로 5가지의 욕구가 있다고 보았다.

⊙ 특히 제1단계의 '생리적 욕구'에서 제4단계의 '자기존중 또는 존경의 욕구'에 이르는 욕구를 '결핍 욕구'로, 제5단계의 '자아실현의 욕구'를 '성장 욕구'로 구분하였다.

생리적 욕구 (제1단계)	• 의·식·주, 먹고 자는 것, 종족 보존 등 최하위 단계의 욕구이다. • 유기체의 생존 및 유지와 관련된 욕구로서, 모든 욕구 중에서도 가장 기본적이고 강력한 욕구이다.
안전(안정)에 대한 욕구 (제2단계)	• 신체적·정신적 위험에 의한 불안과 공포에서 벗어나고자 하는 욕구이다. • 추위·질병·위험 등으로부터 자신의 건강과 안전을 지키고자 하는 욕구는 물론, 질서 있고 안정적이며, 예측할 수 있는 삶을 지속적으로 유지하려는 욕구를 포함한다.
애정과 소속에 대한 욕구 (제3단계)	• 가정을 이루거나 친구를 사귀는 등 어떤 조직이나 단체에 소속되어 애정을 주고받고자 하는 욕구이다. • 개인은 다른 사람과의 친밀한 관계 혹은 특별한 관계를 맺기를 원하며, 의미 있는 집단에 소속되기를 바란다.
자기존중 또는 존경의 욕구 (제4단계)	• 개인이 소속단체의 구성원으로서 명예나 권력을 누리려는 욕구, 타인으로부터 자신의 행동이나 인격이 승인을 얻음으로써 자신감, 명성, 힘, 주위에 대한 통제력 및 영향력을 느끼고자 하는 욕구이다. • 매슬로우는 이와 관련하여 인간이 자신으로부터의 존중과 타인으로부터의 존경을 필요로 한다는 점을 지적한 바 있다.
자아실현의 욕구 (제5단계)	• 자신의 재능과 잠재력을 충분히 발휘하여 자기가 이룰 수 있는 모든 것을 성취하려는 최고 수준의 욕구이다. • 이는 사회적·경제적 지위와 상관없이 자신이 소망한 분야에서 최대의 만족감과 행복감을 느끼고자 하는 욕구로 볼 수 있다.

③ 인간욕구의 특성

⊙ 욕구위계에서 하위의 욕구가 더 강하고 우선적이다.

⊙ 욕구위계에서 상위의 욕구는 전 생애 발달 과정에서 후반에 점차적으로 나타난다.

⊙ 욕구위계에서 상위의 욕구의 만족은 지연될 수 있다.

⊙ 욕구위계에서 하위의 욕구는 생존에 필요하고 상위의 욕구는 성장에 필요하다.

⊙ 욕구위계에서 상위의 욕구는 더 좋은 외적 환경을 요구한다.

⊙ 욕구위계에서 어떤 욕구는 위계의 다음 욕구가 중요시되기 이전에 충분히 만족될 필요가 없다.

☎ **더 알아보기**

매슬로우(Maslow)가 제시한 자아실현자(자기실현한 사람)의 주요 특징
- 현실을 왜곡하지 않고 객관적으로 지각한다.
- 자신이 하는 일에 몰두하고 만족스러워 한다.
- 즐거움과 아름다움을 느낄 수 있는 감상능력이 있다.
- 형식적·외면적으로 꾸미기보다는 있는 그대로 자연스럽게 표현하는 것을 더 좋아한다.
- 환경과 문화에 영향을 받지 않으며, 사회적인 압력에 굴하지 않는다.
- 사회적 관심과 함께 인간미를 가지고 있으며, 인간적인 관계를 깊이 한다.
- 창의적이며, 감성이 풍부하다.
- 최대한 많은 것을 알고 경험하려 한다.

(2) 알더퍼(Alderfer)의 ERG이론

① 매슬로우의 욕구위계이론과 유사한 직무동기이론으로서, 매슬로우의 '만족-진행(Satisfaction-Progression)'의 욕구 전개를 비판하고 '좌절-퇴행(Frustration-Regression)'의 욕구 전개를 주장한다.

② 알더퍼(Alderfer)는 저차원 욕구와 고차원 욕구 간의 기본적인 구별이 필요하다고 보았으며, 매슬로우의 5단계 욕구를 3가지 범주로 구분하였다.

존재욕구 (E ; Existence)	생리적 욕구 + 안전(안정)에 대한 욕구
(인간)관계욕구 (R ; Relatedness)	애정과 소속에 대한 욕구 + 자기존중 또는 존경의 욕구(일부)
성장욕구 (G ; Growth)	자기존중 또는 존경의 욕구(일부) + 자아실현의 욕구

③ '좌절-퇴행'의 요소를 추가하였으며, 이를 통해 고차원 욕구가 좌절되었을 때 오히려 저차원 욕구의 중요성이 커진다고 주장하였다.

(3) 맥클리랜드(McClelland)의 성취동기이론

① 맥클리랜드(McCelland)는 개인의 성격이 행위를 유발하는 잠재적인 요소들, 즉 '성취욕구', '권력욕구', '친교욕구'로 구성되어 있다고 보았다. 그는 특히 3가지 욕구 중 성취욕구의 중요성을 강조하였으며, 이를 토대로 성취동기이론을 전개하였다.

성취욕구 (Achievement)	• 어려운 일을 성취하려는 욕구, 목표를 달성하고 그것을 능가하려는 욕구이다. • 일을 신속하고 독자적으로 해내려고 하며, 스스로의 능력을 성공적으로 발휘하여 자긍심을 높이려고 한다.
권력욕구 (Power)	• 조직의 지도자가 되어 다른 사람을 통제・지시하려는 욕구이다. • 다른 사람에 대해 영향력을 행사하여 자기가 바라는 대로 이끌고자 한다.
친교욕구 (Affiliation)	• '친화욕구' 또는 '귀속욕구'라고도 하며, 다른 사람과 친근하고 밀접한 관계를 맺으려는 욕구이다. • 다른 사람들과 좋은 관계를 유지하려고 노력하며, 친절하고 동정심이 많다.

② 높은 성취욕구를 가진 사람은 일을 더 잘하려는 희망에 의해 다른 사람들과 구별된다. 그들은 문제해결책을 찾는데 개인적인 책임을 부여하는 상황을 선호하고, 그들의 성과에 대한 개선 여부를 알기 위해 신속하고 명확한 피드백을 받을 수 있는 상황을 원한다.

③ 적절하고 도전적인 목표를 설정할 수 있는 상황을 원하며, 타인의 행동이나 우연에 의해 결과가 나오는 것보다는 성공이나 실패에 대해 자신이 책임을 지는 도전적인 일을 원한다.

④ 맥클리랜드가 제시한 성취욕구는 매슬로우의 '자아실현의 욕구'와 흡사하며, 친교욕구는 '애정과 소속에 대한 욕구'와 밀접하다.

COMMENT

'McClelland'는 교재에 따라 '맥클리랜드' 또는 '맥클랜드'로, 'Alderfer'는 '알더퍼' 또는 '앨더퍼'로 제시되고 있습니다. 각각 동일인물을 지칭하는 것이므로 혼동하지 않도록 합시다.

(4) 허즈버그(Herzberg)의 2요인이론(동기-위생이론)

① 욕구충족요인 이원론

ㄱ 직무에 만족을 주는 요인과 불만을 주는 요인이 무엇인지 알아내어 근로자를 동기화시킴으로써 성과를 올리기 위해 어떻게 해야 하는지에 대한 방법을 제시해 주는 이론이다.

ㄴ 허즈버그(Herzberg)는 인간이 이원적 욕구구조 즉, 불만을 일으키는 요인(위생요인)과 만족을 일으키는 요인(동기요인)을 가진다고 보았다.

ㄷ 낮은 수준의 욕구를 만족하지 못하면 직무불만족이 생긴다. 그러나 자아실현과 같은 높은 수준의 욕구의 실패가 직무불만족을 초래하는 것은 아니다.

ㄹ 직무만족을 산출해내는 동기요인이 근로자로 하여금 높은 수준의 성과를 얻도록 자극한다.

② 동기요인과 위생요인

동기요인 (직무)	직무만족과 관련된 보다 직접적인 요인으로서 동기요인이 충족되지 않아도 불만족은 생기지 않으나, 이 요인을 좋게 하면 일에 대해 만족하게 되어 직무성과가 올라간다. 예 직무 그 자체, 직무상의 성취, 직무성취에 대한 인정, 승진, 책임, 성장 및 발달 등
위생요인 (환경)	일과 관련된 환경요인으로서 위생요인을 좋게 하는 것은 불만족을 감소시킬 수는 있으나, 만족감을 산출할 힘은 갖고 있지 못하다. 예 조직(회사)의 정책과 관리, 감독, 봉급, 개인 상호 간의 관계, 지위 및 안전, 근무환경 등

(5) 아담스(Adams)의 공정성(형평성) 이론

① 어떤 조직체에서 한 개인이 얼마나 동기화가 많이 되느냐 하는 것은 타인들이 기울이는 노력의 정도와 자신이 기울이는 노력의 정도에 대한 비교를 통해 결정된다.

② 작업동기와 관련된 이론 중 집단의 영향을 강조하고 타인에 대한 지각을 중시하며, 행동이 활성화되고 유지되는 과정을 이해하는 데 초점을 둔 이론이다.

③ 개인이 자기 자신의 투입 대 산출의 비율을 동일한 작업상황 내의 다른 사람들의 투입 대 산출 비율과 비교해서 어느 한 쪽이 크거나 작은 경우 불공정성을 지각하고, 같은 경우 공정성을 지각하게 된다.

④ 개인의 행위는 타인과의 관계에서 공정성을 유지하는 방향으로 동기부여가 되며, 업무에서 공평하게 취급받으려고 하는 욕망이 개인으로 하여금 동기를 가지게 한다.

(6) 브룸(Vroom)의 기대이론

① 인간이 서로 다른 욕구와 열망 그리고 목적을 가지고 있으며, 결과에 대한 자신들의 인지를 통해 행동을 결정한다는 진로의사결정에 관한 이론이다.

② 인간이 행동하는 방향과 강도는 그 행동이 일정한 성과로 이어진다는 기대와 강도, 실제로 이어진 결과에 대해 느끼는 매력에 달려 있다. 즉, 노력과 성과, 그리고 그에 대한 보상적 결과에 대한 믿음으로 작업동기를 설명한다.

③ 주요 변수로서 기대감(Expectancy), 유의성 또는 유인가(Valence), 도구성 또는 수단성(Instrumentality)이 있다. 기대감은 노력을 통해 특정한 목표행위를 성취할 수 있는가에 대한 주관적인 확률을 말하며, 유의성은 개인이 특정 행위를 통해 달성한 1차적 결과에 의해 얻게 되는 2차적 결과에 대한 욕구를 말한다. 또한 도구성은 1차적 결과를 달성했을 때 2차적 결과를 얻게 되리라는 주관적인 믿음을 의미한다.

④ 직무에서 열심히 일함으로써 긍정적 유의성(유인가)이 높은 성과들을 얻을 확률이 높다고 지각하는 경우 작업동기는 높아진다.

(7) 로크와 래덤(Locke & Latham)의 목표설정이론

① 설정된 목표가 일반적일 때보다 구체적으로 설정될 때 근로자들의 직무수행이 보다 높아진다.

② 설정된 목표가 어려울수록 직무수행의 정도는 보다 높아진다. 즉, 목표에 대한 몰입이 목표의 난이도에 비례한다.

③ 목표를 달성하는 데 있어서 얼마만큼의 성과를 거두고 있는지에 대한 피드백을 받게 될 때 보다 높은 수준의 직무수행을 보여준다.

④ 목표설정 시 참여하게 되는 경우 결정사항에 대해 더욱 애착을 가지게 되며, 이는 어려운 목표에 대한 수용가능성을 높인다.

(8) 데시(Deci)의 내재적 동기이론(인지평가이론)

① 데시(Deci)는 사람들이 내재적 동기와 외재적 동기 모두에 의해 영향을 받는다고 보았으며, 특히 내재적 동기를 강조하였다.

② 외재적으로 동기화되었다는 것은 돈과 같은 외적인 보상에 의해 행동을 하게 된다는 것이고, 내재적으로 동기화되었다는 것은 행위 자체에서 오는 즐거움에 의해 행동을 하게 된다는 것이다.

③ 사람들은 외적인 보상보다는 즐거움 때문에 일을 하는 경향이 있으므로, 처벌이나 보상에 의해 어떤 행동을 하도록 만들어지는 경우 행동에 대한 통제감을 상실할 수 있다.

④ 어떤 일을 하는 것에 대해 금전과 같은 외적인 보상을 주게 되면, 근로자들이 직무를 수행할 때 원래 가지고 있던 내재적 동기가 약화된다. 즉, 금전적 보상이 오히려 직무동기를 낮추는 요인이 될 수 있다는 것이다.

01 다음 중 특성-요인이론에 대한 설명으로 가장 옳지 않은 것은?

① 특성-요인 직업상담은 정신역동적 가설에서 비롯되었다.
② Parsons는 이 이론의 기반이 되는 3요소 직업지도모델을 구체화하였다.
③ 특성의 안정성과 지속성은 의문을 제기하는 학자들이 있어 논쟁이 되고 있다.
④ 특성-요인이론에 따른 직업상담 방법들은 합리적이고 인지적인 특성을 가진다.

해설

① 특성-요인 직업상담은 통계적으로 예측 가능한 것만을 다루는 반면, 정신역동적 직업상담이나 내담자중심 직업상담에서와 같은 가설적 구성개념을 가정하지 않는다.

02 다음 중 Klein과 Weiner가 제시한 특성-요인이론의 기본적인 가설에 해당하지 않는 것은?

① 개인의 직업선호는 부모의 양육환경 특성에 의해 좌우된다.
② 인간은 신뢰롭고 타당하게 측정할 수 있는 독특한 특성을 지니고 있다.
③ 모든 직업마다 성공에 필요한 독특한 특성을 가지고 있다.
④ 개인의 특성과 직업의 요구사항 간에 상관이 높을수록 직업적 성공의 가능성이 커진다.

해설

특성-요인이론의 기본적인 가설(Klein & Weiner)
• 인간은 신뢰롭고 타당하게 측정할 수 있는 독특한(고유한) 특성을 지니고 있다.(②)
• 다양한 특성을 지닌 개인들이 주어진 직무를 성공적으로 수행해낸다 할지라도, 직업은 그 직업에서의 성공을 위한 매우 구체적인 특성을 지닐 것을 요구한다.(③)
• 진로선택은 다소 직접적인 인지과정이므로 개인의 특성과 직업의 특성을 짝짓는 것이 가능하다.
• 개인의 특성과 직업의 요구사항이 서로 밀접한 관계를 맺을수록 직업적 성공의 가능성은 커진다.(④)

03 다음 중 Holland 이론에 대한 설명과 가장 거리가 먼 것은?

① 개인의 성격과 진로선택과의 관계를 기초로 한 모델이다.

② 욕구이론적 접근을 사용하여 직업선택을 설명한다.

③ 사람들은 능력을 발휘하며 자신의 가치관에 따라 일할 수 있는 직업환경을 찾는다.

④ 직업환경은 현실적, 탐구적, 예술적, 사회적, 진취적, 관습적 6가지 환경으로 나눌 수 있다.

해설

② 직업선택을 설명하는 데 있어서 욕구이론적 접근(Needs-theory Approach)을 사용한 대표적인 학자는 로(Roe)이다. 로는 매슬로우 (Maslow)의 욕구위계이론을 토대로 인간의 욕구와 직업선택의 관련성을 설명하고자 하였다.

04 다음 중 Holland의 직업선택이론에 대한 설명으로 옳은 것은?

① RIE 코드가 RSE 코드보다 일관성이 높다.

② 관습적 유형(Conventional Type)은 기계, 도구, 동물에 관한 체계적인 조작활동을 좋아하나 사회적 기술이 부족하다.

③ 현실적 유형(Realistic Type)에 맞는 대표적인 직업은 공인회계사, 사서, 경리사원 등이다.

④ 사회적 유형(Social Type)의 성격특징은 표현이 풍부하고 독창적이며 비순응적이다.

해설

① 홀랜드(Holland)의 육각형 모델에서 'RIE 코드'의 'RI'는 'RSE 코드'의 'RS'보다 더 인접해 있으므로 일관성이 높다고 할 수 있다.

② 기계, 도구, 동물에 관한 체계적인 조작활동을 좋아하나 사회적 기술이 부족한 유형은 현실적 유형(Realistic Type)에 해당한다. 반면, 관습적 유형(Conventional Type)은 정확성을 요하는 활동, 회계 등과 같이 숫자를 이용하는 활동을 좋아하나 비구조화된 상황, 창의 성을 요하는 활동에 적합하지 않은 유형이다.

③ 현실적 유형(Realistic Type)에 맞는 대표적인 직업으로는 기술자, 정비사, 엔지니어, 비행기조종사, 조사연구원, 농부 등이 있다. 반면, 공인회계사, 사서, 경리사원 등은 관습적 유형(Conventional Type)의 대표적인 직업에 해당한다.

④ 사회적 유형(Social Type)은 사람들과 어울리기를 좋아하고 대인관계에 뛰어나며, 다른 사람과 함께 일하거나 다른 사람을 돕는 것을 즐긴다. 반면, 표현이 풍부하고 독창적이며 비순응적인 성격을 가진 유형은 예술적 유형(Artistic Type)에 해당한다.

05 다음 Holland의 육각형 모델과 해석 차원 중 개인의 흥미유형과 개인이 몸담고 있거나 소속되고자 하는 환경의 유형이 서로 부합하는 정도를 무엇이라고 하는가?

① 일치성(Congruence)

② 일관성(Consistency)

③ 변별성(Differentiation)

④ 정체성(Identity)

② 일관성(Consistency) : 개인의 흥미 하위유형 간의 내적 일관성을 말하는 것으로서, 개인의 흥미유형이 얼마나 서로 유사한가를 의미한다.

③ 변별성(Differentiation) : 개인의 흥미유형 혹은 작업환경은 특정 흥미유형 혹은 작업환경과 매우 유사한 반면, 다른 흥미유형 혹은 작업환경과 차별적이다.

④ 정체성(Identity) : 성격적 측면에서의 정체성은 개인의 목표, 흥미, 재능에 대한 명확하고 견고한 청사진을 말하는 반면, 환경적 측면에서의 정체성은 조직의 투명성 및 안정성, 목표 · 일 · 보상의 통합을 의미한다.

06 다음 중 Holland의 진로발달모델에 근거한 검사도구에 해당하지 않는 것은?

① 자기방향탐색검사(SDS)

② 직업탐색검사(VEIK)

③ 경력의사결정검사(CDM)

④ 진로발달검사(CDI)

④ 진로발달검사(CDI ; Career Development Inventory)는 홀랜드(Holland)의 진로발달모델이 아닌 수퍼(Super)의 진로발달이론에 기초한 검사도구이다. 진로발달검사(CDI)는 학생들의 진로발달 및 진로성숙도, 진로결정을 위한 준비도를 측정함으로써 학생들의 교육 및 진로계획 수립에 도움을 주기 위해 개발되었다.

Holland의 진로발달모델에 근거한 주요 검사도구
- 직업선호도검사(VPI)
- 자기방향탐색검사 또는 자가흥미탐색검사(SDS)
- 직업탐색검사(VEIK)
- 자기직업상황검사 또는 개인직업상황검사(MVS)
- 경력의사결정검사(CDM) 등

07 다음 중 Holland의 진로발달에 관한 육각형에서 서로 대각선에 위치하여 대비되는 특성을 지닌 유형들을 짝지은 것으로 옳지 않은 것은?

① 예술형(A)과 사회형(S)

② 진취형(E)과 탐구형(I)

③ 현실형(R)과 사회형(S)

④ 관습형(C)과 예술형(A)

홀랜드(Holland)의 육각형 모델과 직업성격 유형의 차원

08 다음 중 보기의 내용은 Holland의 6가지 성격유형 중 무엇에 해당하는가?

> • 다른 사람과 함께 일하거나 다른 사람을 돕는 것을 즐기지만, 도구와 기계를 포함하는 질서정연하고 조직적인 활동을 싫어한다.
> • 기계적이고 과학적인 능력이 부족하며, 대표적으로 카운슬러, 바텐더가 해당된다.

① 현실적 유형   ② 탐구적 유형
③ 사회적 유형   ④ 관습적 유형

③ 사회적 유형은 대인관계가 뛰어나며, 다른 사람과 함께 일하거나 다른 사람을 돕는 것을 즐긴다.
① 현실적 유형은 분명하고, 질서정연하고, 체계적인 것을 좋아하며, 연장이나 기계의 조작을 주로 하는 활동 내지 신체적인 기술들에 흥미를 보인다.
② 탐구적 유형은 관찰적·상징적·체계적이고 과제 지향적이며, 물리적·생물학적·문화적 현상의 창조적인 탐구를 수반하는 활동들에 흥미를 보인다.
④ 관습적 유형은 구조화된(조직적인) 환경을 선호하며, 질서정연하고 체계적인 자료정리를 좋아한다.

09 Dawis와 Lofquist의 직업적응이론에서 적응방식 차원에 대한 설명으로 옳지 않은 것은?

① 융통성 – 개인이 작업환경과 작업성격 간의 부조화를 참아내는 정도
② 끈기 – 환경이 자신에게 맞지 않아도 개인이 얼마나 오랫동안 견뎌낼 수 있는지의 정도
③ 적극성 – 개인이 작업환경을 개인적 방식과 좀 더 조화롭게 만들어가려고 노력하는 정도
④ 반응성 – 개인이 작업성격의 변화로 인해 작업환경에 반응하는 정도

① 융통성(유연성)은 개인이 작업환경과 개인적 환경 간의 부조화를 참아내는 정도를 의미한다.

10 Dawis와 Lofquist의 직업적응이론에서 직업성격적 측면의 성격양식 차원에 대한 설명으로 옳지 않은 것은?

① 민첩성 – 정확성보다는 속도를 중시한다.
② 역량 – 근로자의 평균활동 수준을 의미한다.
③ 리듬 – 활동에 대한 단일성을 의미한다.
④ 지구력 – 다양한 활동수준의 기간을 의미한다.

해설
③ 리듬은 활동에 대한 다양성을 의미한다.

11 다음 중 직업적응이론과 관련하여 개발된 검사도구에 해당하지 않는 것은?

① MIQ(Minnesota Importance Questionnaire)
② JDQ(Minnesota Job Description Questionnaire)
③ CMI(Career Maturity Inventory)
④ MSQ(Minnesota Satisfaction Questionnaire)

해설
③ 진로성숙도검사(CMI)는 크라이티스(Crites)가 개발한 것으로서, 진로탐색 및 직업선택에 있어서 태도 및 능력이 얼마나 발달하였는지를 측정하는 표준화된 진로발달 검사도구이다.

12 다음 중 보기의 내용과 연관된 진로지도 및 직업선택이론을 제시한 학자는?

> 직업발달이론을 이해하려면 먼저 매슬로우(Maslow)의 욕구의 위계(Hierarchy of Needs) 이론을 머리에 두어야 한다며, 유아기의 경험과 직업선택에 관계되는 5가지 가설을 수립하였다.

① 로(Roe)   ② 수퍼(Super)
③ 홀랜드(Holland)   ④ 터크맨(Tuckman)

해설
로(Roe)의 욕구이론
• 로(Roe)는 매슬로우(Maslow)의 욕구위계이론을 토대로 인간의 욕구와 직업선택의 관련성을 설명하고자 하였다.
• 여러 가지 다른 직업에 종사하고 있는 사람들이 각기 다른 욕구를 가지고 있으며, 이러한 욕구의 차이는 어린 시절(12세 이전의 유아기 내지 아동기)의 부모–자녀 관계에 기인한다고 주장하였다.
• 가정의 정서적 분위기, 즉 부모와 자녀 간의 상호작용 유형에 따라 자녀의 욕구유형이 달라진다고 보았다.

13 다음 중 Roe의 욕구이론에 대한 설명으로 옳은 것은?

① 심리적 에너지가 흥미를 결정하는 중요한 요소라고 본다.
② 청소년기 부모–자녀 간의 관계에서 생긴 욕구가 직업선택에 영향을 미친다는 이론이다.
③ 부모의 사랑을 제대로 받지 못하고 거부적인 분위기에서 성장한 사람은 다른 사람들과 함께 일하고 접촉하는 서비스 직종의 직업을 선호한다.
④ Roe는 직업군을 10가지로 분류했다.

② 로(Roe)는 12세 이전의 유아기 내지 아동기 부모–자녀 간의 관계에서 비롯된 욕구의 차이가 직업선택에 영향을 미친다고 주장하였다.
③ 부모의 사랑을 제대로 받지 못하고 거부적인 분위기에서 성장한 사람은 다른 사람과의 접촉이 적은 기술직, 옥외활동직, 과학직 등의 직업을 선호한다.
④ 로는 직업군을 8가지, 즉 서비스직, 비즈니스직, 단체직, 기술직, 옥외활동직, 과학직, 예능직, 일반문화직으로 분류하였다.

14 다음 중 보기의 내용은 Roe가 제안한 8가지 직업군 가운데 어디에 해당하는가?

> • 상품과 재화의 생산·유지·운송과 관련된 직업을 포함하는 군집이다.
> • 운송과 정보통신에 관련된 직업뿐만 아니라 공학, 기계, 무역에 관련된 직업들도 이 영역에 속한다.
> • 대인관계는 상대적으로 덜 중요하며, 사물을 다루는 데 관심을 둔다.

① 비즈니스직(Business Contact)
② 서비스직(Service)
③ 기술직(Technology)
④ 옥외활동직(Outdoor)

해설
로(Roe)의 8가지 직업군
• 서비스직(Service) : 사회사업, 가이던스 등 기본적으로 다른 사람의 욕구와 복지에 관심을 가지고 봉사하는 직업이 해당된다.
• 비즈니스직(Business Contact) : 주로 일대일 만남으로 상대방을 설득하여 공산품, 투자상품, 부동산 등을 판매하는 직업이 해당된다.
• 단체직(Organization) : 사업, 제조업, 행정에 종사하는 관리직 화이트칼라 등 기업의 조직과 효율적인 기능에 관련된 직업이 해당된다.
• 기술직(Technology) : 상품과 재화의 생산·유지·운송과 관련된 직업을 포함하며, 공학, 기계, 정보통신, 무역 등의 직업이 해당된다.
• 옥외활동직(Outdoor) : 농산물, 수산자원, 지하자원, 임산물, 기타의 천연자원을 개발, 보존, 수확하는 것과 축산업에 관련된 직업이 해당된다.
• 과학직(Science) : 기술직과 달리 과학이론 및 그 이론을 특정한 환경에 적용하는 직업이 해당된다.
• 예능직(Arts and Entertainment) : 창조적인 예술과 연예에 관련된 특별한 기술을 사용하는 것과 관련된 직업이 해당된다.
• 일반문화직(General Culture) : 개인보다는 인류의 활동에 흥미를 가지며, 문화유산의 보존 및 전수에 관련된 직업이 해당된다.

15 다음 중 Ginzberg가 제시한 진로발달단계를 순서대로 올바르게 나열한 것은?

① 잠정기 → 환상기 → 현실기

② 환상기 → 잠정기 → 현실기

③ 성장기 → 탐색기 → 확립기 → 유지기 → 은퇴기

④ 성장기 → 확립기 → 탐색기 → 유지기 → 은퇴기

긴즈버그(Ginzberg)의 진로발달단계
- 환상기(Fantasy Period, 6~11세 또는 11세 이전)
- 잠정기(Tentative Period, 11~17세)
- 현실기(Realistic Period, 17세 이후~성인 초기 또는 청·장년기)

16 다음 보기의 사례에서 A군은 Ginzberg의 진로발달단계 중 어디에 해당하는가?

> A군은 직업을 선택할 때 고려해야 하는 다양한 요인들을 인정하고 있으며, 따라서 특수한 직업선호와 관련된 모든 요인들을 알아보고, 그러한 직업선호를 자신의 가치관 및 생애목표에 비추어 평가하고 있다.

① 가치단계　　　　　　　　　　② 전환단계

③ 구체화 단계　　　　　　　　　④ 특수화 단계

긴즈버그(Ginzberg)의 진로발달단계
- 환상기(11세 이전) : 직업선택과 관련하여 자신의 능력이나 가능성, 현실여건 등을 고려하지 않은 채 자신의 욕구를 중시하는 단계이다.
- 잠정기(11~17세)
  - 흥미단계 : 자신의 흥미나 취미에 따라 직업을 선택하려고 한다.
  - 능력단계 : 자신이 흥미를 느끼는 분야에서 성공을 거둘 수 있는 능력을 지니고 있는지 시험해 보기 시작한다.
  - 가치단계 : 직업선택 시 다양한 요인을 고려해야 한다는 사실을 인식한다.
  - 전환단계 : 주관적 요소에서 현실적 외부요인으로 관심이 전환되며, 이러한 현실적인 외부요인이 직업선택의 주요인이 된다.
- 현실기(17세 이후~성인 초기 또는 청·장년기)
  - 탐색단계 : 직업선택의 다양한 가능성을 탐색하며, 직업선택의 기회와 경험을 가지기 위해 노력한다.
  - 구체화 단계 : 직업목표를 정하기에 이르며, 자신의 결정과 관련된 내적·외적 요인을 두루 고려하여 특정 직업분야에 몰두하게 된다.
  - 특수화(정교화) 단계 : 자신의 결정에 대해 세밀한 계획을 세우며, 고도로 세분화·전문화된 의사결정을 하게 된다.

17 다음 중 Ginzberg의 진로발달이론에 대한 설명으로 옳지 않은 것은?

① 직업선택 과정은 바람(Wishes)과 가능성(Possibility) 간의 타협이다.

② 직업선택은 가치관, 정서적 요인, 교육의 양과 종류, 환경 영향 등의 상호작용으로 결정된다.

③ 직업선택은 일련의 결정들이 계속적으로 이루어지는 과정이다.

④ 나중에 이루어지는 결정은 이전 결정의 영향을 받지 않는다.

해설

④ 긴즈버그(Ginzberg)는 직업선택을 하나의 발달과정으로 보았다. 즉, 직업선택은 단 한 번의 결정이 아닌 일련의 결정들이 계속적으로 이루어지는 것이며, 각 단계의 결정이 전 단계의 결정 및 다음 단계의 결정과 밀접한 관계를 가진다는 것이다. 이와 같이 긴즈버그는 직업선택을 단일 결정이 아닌 장기간에 걸친 일련의 결정으로 보았으며, 나중에 이루어지는 결정은 그 이전 결정의 영향을 받는다고 주장하였다.

18 다음 중 Super의 진로발달이론에 대한 설명으로 옳지 않은 것은?

① Ginzberg의 진로발달이론에 대한 비판에서 시작된 이론이다.

② 지나치게 대인관계 지향적이며, 정의적 측면을 강조한다는 비판을 받고 있다.

③ 진로성숙은 생애단계 내에서 성공적으로 수행된 발달과업을 통해 획득된다.

④ 전 생애, 생애역할, 자아개념으로 개인의 진로발달 및 직업선택을 설명한다.

해설

② 내담자중심 상담이론에 대한 비판점에 해당한다. 참고로 수퍼(Super)의 진로발달이론은 진로성숙 과정에 대해 체계적으로 기술하고 있으나, 이론이 매우 광범위하며 자아개념을 지나치게 강조한다는 비판을 받고 있다.

19 다음 중 Super의 진로발달 5단계를 순서대로 올바르게 나열한 것은?

① 성장기 → 탐색기 → 확립기 → 유지기 → 쇠퇴기

② 성장기 → 유지기 → 탐색기 → 확립기 → 쇠퇴기

③ 성장기 → 탐색기 → 유지기 → 확립기 → 쇠퇴기

④ 성장기 → 확립기 → 유지기 → 탐색기 → 쇠퇴기

해설

수퍼(Super)의 진로발달(경력개발) 단계

• 성장기(출생~14세) : 환상기(4~10세), 흥미기(11~12세), 능력기(13~14세)
• 탐색기(15~24세) : 잠정기(15~17세), 전환기(18~21세), 시행기(22~24세)
• 확립기(25~44세) : 시행기(25~30세), 안정기(31~44세)
• 유지기(45~64세)
• 쇠퇴기(65세 이후)

20 다음 중 Super의 진로발달이론에 대한 설명으로 가장 옳은 것은?

① 반두라(Bandura)의 사회학습이론에 근거하여 성차에 대한 설명이 보다 많이 시도되고 있다.

② 이론의 기저를 이루고 있는 것은 '자아개념'으로 인간은 자신의 이미지와 일치하는 직업을 선택한다는 주장이다.

③ 진로발달을 환상적 직업선택, 시험적 직업선택, 현실적 직업선택 단계로 나누어 설명하였다.

④ 사회경제적인 상황과 노동시장 등은 다루지 않고 있다.

② 수퍼(Super) 이론의 기저를 이루고 있는 것은 '자아개념(자기개념)'으로서, 수퍼는 인간이 자신의 자아 이미지와 일치하는 직업을 선택한다고 보았다.

① 성차(星次)를 설명한 가장 유력한 이론은 반두라(Bandura)의 사회학습이론을 토대로 한 헥케트와 베츠(Hackett & Betz)의 자기효능감 이론이다.

③ '환상기 - 잠정기 - 현실기'라는 진로발달의 3단계를 제시한 이론은 긴즈버그(Ginzberg)의 진로발달이론이다.

④ 수퍼는 진로유형에 관한 연구를 통해 개인의 진로유형의 본질이 부모의 사회경제적 수준, 개인의 지적 능력, 인성적 특성, 직업계획 등에 의해 결정된다고 보았다.

21 다음 중 Super의 평생발달이론에서 아치문 모델의 왼쪽 기둥을 이루고 있는 것은?

① 생리학적 · 지리학적인 기초 측면

② 욕구나 지능, 가치, 흥미 등으로 이루어진 개인의 성격적 측면

③ 경제자원, 사회제도, 노동시장 등으로 이루어진 사회 정책 측면

④ 발달단계와 역할에 대한 자아개념으로 이루어진 상호작용적 측면

해설

수퍼(Super)의 (진로)아치문 모델에서 이른바 '개인기둥'으로 불리는 왼쪽 기둥은 욕구나 지능, 가치, 흥미 등으로 이루어진 개인의 성격적 측면을 나타내는 반면, '사회기둥'으로 불리는 오른쪽 기둥은 경제자원, 사회제도, 노동시장 등으로 이루어진 사회정책적 측면을 의미한다.

22 다음 중 보기의 내용과 연관된 이론에 해당하는 것은?

> • 크게는 진로발달이론의 범주에 속한다.
> • 자아개념을 진로선택의 중요한 요인으로 본다.
> • 한계와 절충이라는 개념을 중시한다.
> • 사람이 어떻게 특정 직업에 매력을 느끼게 되는가를 기술한다.

① 사회학습이론   ② 직업포부 발달이론

③ 가치중심적 진로이론   ④ 사회인지적 진로이론

고트프레드슨(Gottfredson)의 직업포부 발달이론(제한-타협이론)
- 개인의 직업선호의 주요 결정요인은 자아개념이 발달하면서 포부에 대한 한계를 설정하는 방향으로 나아간다.
- 고트프레드슨은 자아개념 발달 과정에서 사회적·경제적 배경과 지능수준을 강조하였으며, 개인이 직업세계에서 자신의 사회적 공간, 지적 수준, 성 유형에 맞는 직업을 선택한다고 보았다.
- 자아개념과 일치하지 않는 직업들을 배제하는 과정으로서 '제한(또는 한계)', 제한을 통해 선택된 선호하는 직업대안들 중 자신이 극복할 수 없는 문제를 가진 직업을 어쩔 수 없이 포기하는 과정으로서 '타협(또는 절충)'의 개념을 중시한다.

23 다음 중 Gottfredson의 직업포부 발달단계에 대한 설명으로 옳지 않은 것은?

① 힘과 크기 지향성 – 사고과정이 구체화되며, 어른이 된다는 것의 의미를 알게 된다.
② 성역할 지향성 – 자아개념이 성의 발달에 의해서 영향을 받게 된다.
③ 사회적 가치 지향성 – 사회계층에 대한 개념이 생기면서 타인에 대한 개념이 완성된다.
④ 내적, 고유한 자아 지향성 – 자아성찰과 사회계층의 맥락에서 직업적 포부가 더욱 발달하게 된다.

고트프레드슨(Gottfredson)의 직업포부 발달단계
- 제1단계(3~5세) : 힘과 크기 지향성(Orientation to Power and Size)
  사고과정이 구체화되며, 어른이 된다는 것의 의미를 알게 된다.
- 제2단계(6~8세) : 성역할 지향성(Orientation to Sex Roles)
  자아개념(자기개념)이 성의 발달에 의해서 영향을 받게 된다.
- 제3단계(9~13세) : 사회적 가치 지향성(Orientation to Social Valuation)
  사회계층과 사회질서에 대한 개념이 발달하기 시작하면서 '상황 속 자아(Self-in-Situation)'를 인식하기에 이른다.
- 제4단계(14세 이후) : 내적, 고유한 자아(자기) 지향성(Orientation to Internal, Unique Self)
  자아성찰과 사회계층의 맥락에서 직업적 포부가 더욱 발달하게 된다.

24 다음 중 '탐색 – 구체화 – 선택 – 명료화 – 순응 – 개혁 – 통합'의 직업정체감 형성과정으로 진로발달이론을 설명한 학자는?

① Super
② Crites
③ Gottfredson
④ Tiedeman & O'Hara

④ 타이드만과 오하라(Tiedeman & O'Hara)는 의사결정 과정을 인지적인 구조의 분화와 통합에 의한 의식적인 문제해결 행동으로 보았다. 따라서 의사결정 과정을 예상기(전직업기)와 실천기(적응기)로 나누고, 이를 다시 7단계의 하위단계로 구분하여 설명하였다.

25 다음 중 Levinson의 발달이론에 대한 설명으로 옳지 않은 것은?

① 초기 성인변화단계는 17~22세까지로 성인으로 변화하기 위한 단계이다.

② 초기 성인세계단계는 22~28세까지로 성인 생활양식을 형성하는 시기이다.

③ 중기 성인단계는 35~40세까지로 초기 성인단계가 완성되고 안정되는 시기이다.

④ 중년기 마감단계는 55~60세까지로 중년기가 완성되는 단계이다.

해설

③ 정착단계(33~40세)에 해당한다.

레빈슨(Levinson)의 발달이론에 따른 인생주기 모형
• 초기 성인변화단계(17~22세) : 성인으로 변화하기 위한 단계
• 초기 성인세계단계(22~28세) : 성인 생활양식을 형성하는 시기
• 30세 변화단계(28~33세) : 초기의 생활양식을 재평가 및 수정하는 기회를 가지며, 다음의 인생구조를 계획하는 단계
• 정착단계(33~40세) : 초기 성인단계가 완성되고 안정되는 시기
• 중년변화단계(40~45세) : 중년시기로 접어드는 또 하나의 새로운 이동시기
• 중기 성인단계(45~50세) : 새로운 시대에 적합한 생활양식을 형성하는 시기
• 50세 변화단계(50~55세) : 처음의 계획을 수정 및 향상시키는 단계
• 중년기 마감단계(55~60세) : 중년기가 완성되는 단계
• 말기 성인변화단계(60~65세) : 중기와 말기 사이를 연결하는 단계
• 말기 성인단계(65세 이상) : 인생의 마지막 단계로서 다시 한 번 새로운 시대에 적합한 생활양식을 형성하는 시기

26 다음 중 Krumboltz의 사회학습이론에 대한 설명으로 옳지 않은 것은?

① 진로결정에 영향을 미치는 요인으로 유전적 요인, 환경조건, 학습경험, 과제접근기술 등 4가지를 제시하고 있다.

② 강화이론, 고전적 행동주의이론, 인지적 정보처리이론에 영향을 받았다.

③ 진로결정 요인들이 상호작용하여 자기관찰 일반화와 세계관 일반화를 형성한다.

④ 학과 전환 등 진로의사결정과 관련된 개인의 행동에 대해서는 관심을 두지 않고 있다.

해설

④ 사회학습이론은 진로발달 과정에 영향을 미치는 요인들이 상호작용하여 자기관찰 일반화, 세계관 일반화, 과제접근기술, 행위의 산출로 이어진다고 주장하면서, 진로의사결정과 관련된 개인의 특수한 행위들에 관심을 두고 있다.

27 다음 중 보기의 내용과 연관된 진로발달이론으로 가장 옳은 것은?

> 진로선택은 하나의 문제해결 활동이며, 진로발달은 지식구조의 끊임없는 성장과 변화를 포함한다. 진로상담의 최종 목표는 진로문제의 해결자이고 의사결정자인 내담자의 잠재력을 증진시키는 것이다.

① 인지적 정보처리이론
② 사회인지적 진로이론
③ 가치중심적 진로이론
④ 자기효능감 이론

해설

① 인지적 정보처리이론은 개인이 어떻게 정보를 이용해서 자신의 진로에 관한 문제해결 능력과 의사결정 능력을 향상시킬 수 있는가에 대한 종합적인 시각을 제공한다. 따라서 진로상담의 최종목표는 진로문제의 해결자이자 의사결정자로서 내담자의 잠재력을 증진시키는 데 있다.
② 사회인지적 진로이론은 진로선택에 있어서 개인의 평가와 믿음의 인지적 측면을 강조한다. 인지적 측면의 변인으로서 결과기대(성과기대)와 개인적 목표가 자기효능감과 상호작용하여 개인의 진로관련 활동의 방향을 결정한다고 주장한다.
③ 가치중심적 진로이론은 개인의 물려받은 특성과 경험의 상호작용에 의해 형성되는 가치를 행동역할을 합리화하는 데 매우 강력한 결정요인으로 본다.
④ 자기효능감 이론은 자기효능감이 선택권의 제한과 자신의 능력을 십분 발휘하지 못하는 경험 등에 의해 영향을 받는다고 주장하면서, 특히 자기효능감 수준이 낮은 여성들의 진로문제들을 제시한다.

28 다음 중 가치중심적 진로접근 모형에 대한 설명으로 옳지 않은 것은?

① 개인이 우선권을 부여하는 가치들은 얼마 되지 않는다.
② 가치는 환경 속에서 가치를 담은 정보를 획득함으로써 학습된다.
③ 생애만족은 긴요한 모든 가치들을 만족시키는 생애역할들에 의존한다.
④ 생애역할에서의 성공은 학습된 기술과 인지적 · 정의적 · 신체적 적성을 제외한 요인들에 의해 결정된다.

해설

④ 생애역할에서의 성공은 학습된 기술과 인지적 · 정의적 · 신체적 적성을 포함한 다양한 요인들에 의해 결정된다.

29 다음 중 Herzberg의 직무만족 2요인이론에 대한 설명으로 옳지 않은 것은?

① 낮은 수준의 욕구를 만족하지 못하면 직무불만족이 생긴다.

② 자아실현의 실패로 직무불만족이 생기는 것은 아니다.

③ 동기요인은 높은 수준의 성과를 얻도록 자극하는 요인이다.

④ 위생요인은 직무만족과 관련된 직접적인 요인이다.

해설

④ 허즈버그(Herzberg)의 2요인이론(동기-위생이론)에서 직무만족과 관련된 보다 직접적인 요인은 동기요인에 해당한다. 동기요인은 비록 그것이 충족되지 않아도 불만족은 생기지 않으나, 그 요인을 좋게 하면 일에 대해 만족하게 되어 직무성과가 올라가게 된다.

30 다음 중 금전적 보상이 직무동기를 낮출 수도 있다고 설명하는 이론에 해당하는 것은?

① 기대이론   ② 내재적 동기이론
③ 공정성 이론   ④ 목표설정이론

해설

데시(Deci)의 내재적 동기이론(내적 동기이론)

• 외재적 동기화는 돈과 같은 외적인 보상에 의해 행동을 하는 것인 반면, 내재적 동기화는 행위 자체에서 오는 즐거움에 의해 행동을 하는 것이다.

• 데시는 어떤 일에 대해 금전과 같은 외적인 보상을 하는 경우 근로자들이 직무를 수행할 때 원래 가지고 있던 내재적 동기가 약화된다고 보았다.

제6편

직업심리검사

제 1 장

직업심리검사의 이해

1 개 요

(1) 심리검사의 의의

① 심리검사는 지능, 성격, 적성, 흥미 등 인간의 지적 능력이나 심리적 특성을 파악하기 위해 양적 또는 질적으로 측정 및 평가를 수행하는 일련의 절차를 말한다.

② 심리검사는 알아보려는 심리특성을 대표하는 행동진술문들을 표집해 놓은 측정도구이다.

③ 심리적 현상에 있어서 개인 간의 차이를 비교·분석함으로써 개인의 인격적·행동적 측면을 이해할 수 있도록 하기 위한 심리학적 측정 과정이다.

④ 객관적인 측정을 위해서 표준화된 절차에 따라 실시된다.

⑤ 심리전문가라고 하더라도 각 검사에 대한 훈련을 마친 후에 그 검사를 사용해야 한다.

(2) 심리검사의 목적

① **분류 및 진단**

내담자(수검자)의 적성·흥미·동기 등 내담자에 관한 자료를 수집하여 내담자의 문제 원인을 파악하며, 이를 해결하기 위한 효과적인 도구로 활용한다.

② **자기이해의 증진**

표준화된 검사를 통해 과학적이고 객관적인 결과를 제시함으로써 내담자로 하여금 자기 자신에 대한 올바른 이해와 더불어 현명하고 합리적인 의사결정을 내릴 수 있도록 한다.

③ **예 측**

심리검사를 통해 내담자의 특성을 밝혀냄으로써 내담자의 장래 행동이나 성취 등을 예측하며, 이를 토대로 가능한 여러 결과들을 예측하여 대안적 조치를 마련한다.

(3) 심리검사의 용도

① **기술적 진단**

심리검사는 개인의 행동상 나타나는 문제나 요인들에 대한 원인적 요인을 진단한다. 즉, 심리검사를 사용함으로써 개인의 결함이나 결점을 파악할 수 있는 것은 물론 원인을 발견할 수 있다.

② **미래 행동의 예측**

심리검사 결과의 개인 간 상호비교를 통해 특정 개인이 수행할 행동을 확률적으로 예측한다. 특히 회사에서 인사선발 및 배치와 관련해서 심리검사를 실시하는 이유에 해당한다.

③ **개성 및 적성의 발견**

개인으로 하여금 개성과 적성을 발견하도록 한다. 특히 청소년을 대상으로 한 심리검사에서는 진로적성 및 학업성취도를 객관적으로 제시함으로써 개인의 발전을 도모하도록 한다.

④ 조사 및 연구

개인은 물론 집단의 일반적인 경향을 파악하도록 한다. 특정 집단의 심리적 성향이나 행동적 양상에 대한 조사 및 연구를 통해 해당 집단의 특징을 기술하거나 인과관계를 규명할 수 있다.

> **COMMENT**
>
> 심리검사의 목적 및 용도는 교재에 따라서 약간씩 다르게 제시되고 있으나, 내용상 별다른 차이는 없습니다.

2 주요 개념

(1) 행동 표본과 타당화 과정

① 심리검사는 본질적으로 개인의 어떤 행동을 정량적으로 측정하는 표준화된 도구이다.

② 행동 표본(Behavior Sample)을 측정한다는 것은 경제적인 측면을 고려하여 일정 공간 및 일정 시간상에서의 행동을 수집하는 것을 말한다.

③ 행동 표본이 필요한 이유는 측정하려는 심리적 속성과 관련된 개인의 모든 행동을 측정하는 것이 매우 비효율적이기 때문이다.

④ '타당화(Validation) 과정'은 특정한 종류의 한 검사로 측정하려는 행동 표본이 삶의 곳곳에 나타나는 행동을 얼마나 잘 대표하는지에 대한 문제를 해결하려는 과정이다.

> **COMMENT**
>
> '정량적(Quantitative)'은 자료의 수치화를 강조하는 개념인 반면, '정성적(Qualitative)'은 자료의 특성 묘사를 강조하는 개념입니다. 쉽게 말해, '양(量)'과 '질(質)'의 차이입니다.

(2) 심리적 구성물 또는 심리적 구성개념

① 개인의 심리적 속성(예 생각, 감정, 태도 등)은 추상적이고 비가시적이므로 이를 직접 측정하기 어려우며, 심지어 그런 것들이 정말 존재하는지에 대해 의심할 수도 있다.

② 심리학에서는 적성, 지능, 흥미, 동기, 직무만족 등 추상적 개념들을 측정하게 되는데, 이러한 추상적 개념들을 '구성개념(Constructs)'이라 한다.

③ 심리학자는 특정의 구체적인 행동을 관찰 가능한 형태로 정의하고, 이를 토대로 행동을 관찰한 다음 개인의 심리적 구성물 또는 심리적 구성개념(Psychological Constructs)을 추론한다.

(3) 측 정

① 측정(Measurement)은 어떤 일정한 규칙에 따라 대상이나 사건에 수치를 할당하는 과정이다.

② 지능검사나 성격검사 등의 심리검사는 특정 대상의 지적 능력이나 성격을 수치로 표현해 주는 측정도구로 볼 수 있다.

(4) 분류와 분류변인

① 분류(Classification)는 질적 속성에 대한 가장 낮은 수준의 계량화작업으로, 이는 측정대상을 속성에 따라 범주별로 분류하는 것이다.

② 조사설계에서 독립변인은 처치변인(Treatment Variable)과 분류변인(Classification Variable)으로 구분할 수 있다. 처치변인은 연구자가 직접 통제하거나 변경시킬 수 있는 것을 말하는 반면, 분류변인은 실험 이전부터 존재하고 있기는 하지만 이를 직접 통제할 수 없는 것을 말한다.

③ 연령, 지능, 성격특성, 태도 등 피험자의 속성에 관한 개인차 변인들은 분류변인에 해당하며, 이는 개인차에 대한 진로사정의 범주가 된다. 이와 같은 분류변인은 통제의 어려움으로 인해 기본적으로 내적 타당도가 낮으며, 특히 이를 독립변인으로 사용하는 경우 외적 타당도가 낮아진다.

> **COMMENT**
>
> '내적 타당도'는 어떤 연구에서 종속변인에 나타난 변화가 독립변인의 영향 때문이라고 추론할 수 있는 정도를 말하는 반면, '외적 타당도'는 연구의 결과에 의해 기술된 인과관계가 연구대상 이외의 경우로 확대·일반화될 수 있는 정도를 말합니다.

(5) 표준화

① 표준화(Standardization)는 검사의 실시와 채점 절차의 동일성을 유지하는 데 필요한 세부사항들을 잘 정리한 것을 말한다. 즉, 검사재료, 시간제한, 검사순서, 검사장소 등 검사 실시의 모든 과정과 응답한 내용을 어떻게 점수화하는가 하는 채점절차를 세부적으로 명시하는 것을 말한다.

② 표준화는 검사 실시에 영향을 미치는 외적 변수들을 가능한 한 제거하는 것을 목표로 한다.

 더 알아보기

표준화 검사와 비표준화 검사	
표준화 검사	• 정해진 절차에 따라 실시되고 채점되는 검사이다. 즉, 검사 조건이 모든 수검자(피검사자)에게 동일하며, 검사의 실시와 채점이 객관적이다. • 표준화된 평가 절차를 위해 검사의 구조, 실시방법, 해석에 대한 특정한 기준을 갖추고 있다. • 대부분의 표준화 검사는 검사의 신뢰도와 타당도를 확보한 검사이다. 즉, 신뢰도와 타당도가 비교적 높다. • 검사 결과는 대규모 표집으로부터 얻은 규준 자료를 참고하여 해석되며, 이를 통해 규준집단에 비교해서 수검자의 상대적 위치를 알 수 있다.
비표준화 검사	• 상담에 활용되는 많은 심리검사들은 검사 해석을 위한 대표적 규준집단, 검사 채점의 신뢰도 등의 기준을 갖추고 있지 않은 경우가 많다. • 비표준화 검사는 표준화된 검사에 비해 신뢰도가 떨어지지만, 기존의 심리검사에 의해 다루어지지 못한 측면들을 융통성 있게 고려할 수 있다. • 투사법, 직접행동 관찰법, 에세이 검사(Essay Test) 등이 포함된다. 이러한 방법들은 평가 절차상 신뢰도는 낮지만 검사 대상자의 일상생활, 주관적인 생각 등 표준화 검사를 통해 얻기 어려운 정보들을 제공해 준다.

> **COMMENT**
>
> 에세이 검사(Essay Test)는 제시되는 특정 상황과 주제에 대해 수검자가 문장을 기술하는 방식이고, 투사법은 반응 형태가 고정되어 있지 않은 채 수검자가 자유롭게 반응을 창조하여 완성하는 방식입니다.

3 좋은 검사도구의 조건

(1) 신뢰도(Reliability)

① 동일한 대상에 대해 같거나 유사한 측정도구를 사용하여 반복 측정할 경우 동일하거나 비슷한 결과를 얻을 수 있는가를 말한다. 즉, 신뢰도가 높은 검사란 측정하고자 하는 특성을 일관성 있게 측정하는 검사이다.

② 예를 들어, 어떤 직업상담사가 내담자의 지능을 알아보기 위해 정확도가 보장된 체중계로 내담자의 몸무게를 측정했다면, 타당도는 낮지만 신뢰도는 높은 측정으로 볼 수 있다.

(2) 타당도(Validity)

① 측정하고자 하는 개념이나 속성을 얼마나 실제에 가깝게 정확히 측정하고 있는가를 말한다.

② 예를 들어, 직업상담사 자격시험 문항 중 대학수학능력을 측정하는 문항이 섞여있을 경우 타당도가 문제시된다.

(3) 객관도(Objectivity)

① 검사자의 채점이 어느 정도 신뢰할만하고 일관성이 있는가를 말한다.

② 주로 채점이 객관적인 것을 말하며, 정답과 오답의 구분이 명확하고 채점이 용이한 것이 표준화 검사로서 바람직하다.

> **COMMENT**
>
> 객관도(Objectivity)는 신뢰도의 일종으로서, '검사자의 신뢰도'라고도 불립니다.

(4) 실용도(Usability)

① 검사도구가 얼마나 적은 시간과 비용, 노력을 투입하여 얼마나 많은 목표를 달성할 수 있는가를 말한다.

② 타당도나 신뢰도가 높다고 하더라도 검사 실시나 채점이 복잡하고 어렵다면 검사의 효율성은 낮아진다.

4 심리검사의 분류

(1) 실시방식에 따른 분류

① 속도검사와 역량검사 - 실시시간을 기준으로 하는 분류

속도검사 (Speed Test)	시간제한을 두는 검사이며, 보통 쉬운 문제로 구성하는 것이 일반적이다. 따라서 문제해결력보다는 숙련도를 측정한다. 예 웩슬러 지능검사의 소검사들과 같이 수검자가 답을 몰라서 못 푸는 것이 아닌 시간이 부족해서 다 풀지 못하는 문제들로 구성된다.
역량검사 (Power Test)	어려운 문제들로 구성되며, 사실상 시간제한이 없고 숙련도보다는 궁극적인 문제해결력을 측정한다. 예 수학경시대회의 문제들과 같이 수검자가 시간이 부족해서 못 푸는 것이 아닌 문제의 답을 몰라서 못 푸는 문제들로 구성된다.

② 개인검사와 집단검사 - 수검자의 수에 따른 분류

개인검사 (Individual Test)	한 명의 수검자와 한 명의 검사자에 의해 일대일 방식으로 이루어지는 검사로서, 수검자 개인에 대한 심층적 분석에 유리한 방법이다. 예 한국판 웩슬러 지능검사(K-WAIS), 일반 직업적성검사(GATB), 주제통각검사(TAT), 로샤검사(Rorschach Test) 등
집단검사 (Group Test)	한 번에 여러 명의 수검자들을 대상으로 실시하는 검사로서, 시간 및 비용 면에서 효율적이며, 선별검사 (Screening Test)로 사용하기에 적합한 방법이다. 예 미네소타 다면적 인성검사(MMPI), 마이어스-브릭스 성격유형검사(MBTI), 캘리포니아 성격검사(CPI) 등

③ 지필검사와 수행검사 - 검사의 도구에 따른 분류

지필검사 (Paper-pencil Test)	종이에 인쇄된 문항에 연필로 응답하는 방식으로, 물리적인 조작이나 신체행동을 필요로 하지 않으므로 가장 손쉽게 실시할 수 있다. 예 각종 국가자격시험의 필기시험, 자기-보고 검사(Self-report Inventory), 미네소타 다면적 인성검사 (MMPI), 마이어스-브릭스 성격유형검사(MBTI) 등
수행검사 (Performance Test)	수검자가 대상이나 도구를 직접 다루어야 하는 방식으로, 특히 일상생활을 모사한 상황에서 직접 행동을 하는 방식도 있다. 예 운전면허시험의 주행시험, 웩슬러 지능검사(K-WAIS)의 토막짜기 소검사, 일반 직업적성검사(GATB)의 각종 동작검사 등

(2) 사용목적에 따른 분류

두 검사의 구분은 검사 점수를 다른 대표집단 사람들의 점수와 비교해서 해석하는가, 아니면 특정 기준을 토대로 해석하고 사용하는가의 차이이다.

① 규준참조검사(Norm-reference Test) - 상대평가

㉠ 개인의 점수를 다른 사람의 점수와 비교해서 상대적으로 어떤 수준인지를 알아보는 검사이다.

㉡ 비교기준이 되는 점수들을 '규준(Norm)'이라고 하며, 이러한 비교점수들은 규준집단(Norm Group) 또는 표준화 집단이라고 하는 대표적 표본집단을 통해 얻어낸다.

㉢ 각종 심리검사나 선발검사 등은 일반적으로 규준참조검사에 해당한다.

② 준거참조검사(Criterion-reference Test) - 절대평가

    ㉠ 검사 점수를 다른 사람들과 비교하는 것이 아니라, 어떤 기준점수와 비교해서 이용하려는 검사이다.

    ㉡ 기준점수는 검사에 따라, 검사를 사용하는 기관이나 조직의 특성에 따라, 검사의 시기나 목적에 따라 달라질
      수 있다. 즉, 준거참조검사는 규준참조검사와 달리 규준(Norm)을 갖고 있지 않으며, 특정의 당락점수(Cut-off
      Score)만 가지고 있다.

    ㉢ 당락점수가 정해져 있는 대부분의 국가자격시험은 준거참조검사에 해당한다.

(3) 측정내용에 따른 분류

① 인지적 검사(성능검사)

    ㉠ 인지능력을 평가하기 위한 검사로, 일정한 시간 내에 자신의 능력을 최대한 발휘하도록 하는 '극대수행검사'에
      해당한다.

    ㉡ 개인의 능력 전체가 아닌 일부의 능력을 측정하는 능력검사이다.

    ㉢ 보통 문항에 정답이 있으며, 응답에 시간제한이 있다.

    ㉣ 지능검사, 적성검사, 성취도검사 등이 해당한다.

지능검사	• 스탠포드-비네 지능검사(Stanford-Binet Intelligence Scale) • 한국판 웩슬러 성인용 지능검사(K-WAIS) • 한국판 웩슬러 아동용 지능검사(K-WISC) 등
적성검사	• 일반적성검사 또는 일반 직업적성검사(GATB) • 차이적성검사 또는 적성분류검사(DAT) 등
성취도검사	• 학업성취도검사(교과시험) • 표준학력검사(Standardized Achievement Test) 등

② 정서적 검사(성향검사)

    ㉠ 비인지적 검사로서, 일상생활에서의 습관적인 행동을 검토하는 '습관적 수행검사'에 해당한다.

    ㉡ 개인의 인지능력 외에 정서, 흥미, 태도, 가치 등을 측정하며, 응답자의 정직한 응답을 요구한다.

    ㉢ 문항에 정답이 없으며, 응답에 시간제한도 없다.

    ㉣ 성격검사, 흥미검사, 태도검사 등이 해당한다.

성격검사	• 마이어스-브릭스 성격유형검사(MBTI) • 미네소타 다면적 인성검사(MMPI) • 성격 5요인(Big-5) 검사 • 캘리포니아 성격검사(CPI) • 로샤 검사(Rorschach Test) 등
흥미검사	• 직업선호도검사(VPI) • 스트롱-캠벨 흥미검사(SCII) • 쿠더 직업흥미검사(KOIS) 등
태도검사	• 직무만족도검사(JSS) • 구직욕구검사 등

5 직업심리검사의 분류

(1) 아이작슨과 브라운(Isaacson & Brown)의 직업(진로)검사도구 분류

평가 유형	검사도구
양적 평가	• 직업요구 및 가치관 검사(욕구 및 근로 가치 설문) • 흥미검사 • 성격검사 • 다중적성검사 • 진단적 검사(진로결정, 진로발달, 진로신념 등) • 다목적 검사 등
질적 평가	• 자기효능감 척도(자기효능감 측정) • 카드분류(직업카드분류) • 직업가계도(제노그램) • 역할놀이(역할극) 등

(2) 직업상담에 사용되는 주요 질적 측정도구

① 자기효능감 척도 또는 자기효능감 측정(Self-efficacy Measurement)

ⓐ 어떤 과제를 어느 정도 수준으로 수행할 수 있는 능력을 갖추었다고 스스로 판단하는지의 정도를 측정한다.

ⓑ 우선 내담자에게 수행해야 할 과제를 제시하여 내담자로 하여금 그 과제의 난이도와 자신이 그 과제를 잘 수행할 수 있는지의 확신도를 말하도록 한 다음, 관련된 상황에서 그 수행 수준을 측정하는 과정으로 이루어진다.

ⓒ 내담자가 직업선호나 역량과 관련하여 어떻게 자신을 인식하고 있는지를 파악할 수 있도록 한다.

② 카드분류 또는 직업카드분류(Vocational Card Sort)

ⓐ '직업카드분류'란 직업카드를 개발하고 이를 분류하는 활동을 통해 내담자의 직업에 대한 선호 및 흥미, 직업선택의 동기와 가치를 질적으로 탐색하는 방법이다.

ⓑ 내담자의 가치관, 흥미, 직무기술, 라이프 스타일 등의 선호형태를 측정하는 데 유용하다.

ⓒ 내담자가 직업카드를 분류할 때는 보통 좋아함, 싫어함, 미결정 등 3가지로 구분한다.

③ 직업가계도 또는 제노그램(Genogram)

ⓐ 직업가계도는 직업과 관련된 내담자의 가계력을 알아보는 도구로서, 내담자의 직업의식, 직업선택, 직업태도에 대한 가족의 영향력을 분석하는 대표적인 질적 평가도구이다.

ⓑ 내담자의 가족 내 직업적 계보를 통해 내담자의 직업에 대한 고정관념이나 직업가치 및 흥미 등의 근본 원인을 파악한다.

④ 역할놀이 또는 역할극(Role Playing)

ⓐ 진로 및 직업상담에서 역할놀이는 주로 내담자에게 가상 상황을 제시하여 취업에 필요한 면담이나 사용자와의 대화 등 다양한 영역에서 발휘되는 내담자의 사회적 기술들을 측정하기 위해 활용된다.

ⓑ 내담자의 수행행동을 나타낼 수 있는 업무상황을 제시해 주는 것으로, 구두보고를 대신할 수 있는 방법이다.

제 2 장

규준과 점수해석

◢1◣ 변인 및 척도

(1) 변인 또는 변수

① 의의 및 특징

⊙ 변인 또는 변수(Variable)는 서로 다른 수치를 부여할 수 있는 모든 사건이나 대상의 속성을 의미한다.

ⓛ 성별, 연령, 교육수준 등과 같이 둘 이상의 값(Value) 혹은 범주(Category)를 가지는 개념을 말한다.

ⓒ 개인의 연령, 불안 및 스트레스 수준, 직무만족도, 직업선호도 등은 직업상담 연구자가 관심을 가지는 변인일 수 있다.

> **COMMENT**
>
> '남자'는 변인(변수)이 될 수 없습니다. 반면, '성별'은 '남자 혹은 여자'와 같이 둘 이상의 값을 가지므로 변인(변수)이 될 수 있습니다. 예를 들어, 주민등록번호에서 남자는 '1', 여자는 '2'로 구분하는 경우를 볼 수 있습니다.

② 변인(변수)의 적용과 통제

⊙ 직업심리학의 연구방법 중 실험법은 독립변인의 조작, 종속변인의 측정, 그리고 가외변인의 통제를 통해 이루어진다.

ⓛ 효과를 연구하기 위해 사용되는 특정 변인으로 독립변인 또는 독립변수(Independent Variable), 종속변인 또는 종속변수(Dependent Variable), 가외변인 또는 외생변수(Extraneous Variable) 등이 있다.

독립변인(독립변수)	어떤 다른 변인의 원인이 되는 변인
종속변인(종속변수)	독립변인의 결과가 되는 변인
가외변인(외생변수)	독립변인이 아니면서도 종속변인에 영향을 미치는 변인

ⓒ 모든 변인들은 연구에 따라 독립변인 혹은 종속변인으로도 사용할 수 있다. 즉, 독립변인 혹은 종속변인의 여부는 변인 자체의 특성에 의해 결정되는 것이 아닌 연구자가 해당 변인을 어떻게 다루느냐에 따라 분류된다.

(2) 척 도

① 명명척도(명목척도)

숫자의 차이가 대상에 따라 측정한 속성이 다르다는 것만을 나타내는 척도이다.

예 축구선수인 영구는 10번, 맹구는 11번, 짱구는 12번의 등번호를 할당받았다고 하자. 이는 세 사람이 같은 사람이 아니라는 차이정보만을 나타낼 뿐 그 외에 아무런 정보를 갖고 있지 못한다.

② 서열척도

숫자의 차이가 측정한 속성의 차이에 관한 정보뿐만 아니라, 그 순위관계에 대한 정보도 포함하는 척도이다.

예 학급의 석차를 내기 위해 총점을 계산해 보니 영구가 1등, 맹구가 2등, 짱구가 3등이었다고 하자. 이때 1, 2, 3의 숫자는 세 사람의 성적이 서로 다르다는 차이정보를 제공하는 것은 물론, 2를 할당받은 맹구의 경우 1을 할당받은 영구에 비해 성적이 나쁘지만 3을 받은 짱구보다는 성적이 더 좋다는 서열정보를 제공한다.

③ 등간척도

수치상의 차이가 실제 측정한 속성들 간의 차이와 동일한 숫자집합으로서의 척도이다. 서열척도의 차이정보, 서열정보는 물론 수의 차이가 반영하는 속성의 차이가 동일하다는 등간정보도 포함한다.

예 영구가 어제와 오늘의 기온을 온도계로 측정하였다고 가정하자. 오전 5시 기온이 0도에서 5도로, 오후 5시 기온이 15도에서 20도로 올랐다면, 오늘의 기온이 어제의 기온에 비해 전반적으로 5도 올랐다고 볼 수 있다.

④ 비율척도

차이정보, 서열정보, 등간정보 외에 수의 비율에 관한 정보까지 담고 있는 척도이다. 특히 등간척도가 지니는 성격에 더하여 절대 '0'의 값(절대영점)을 가짐으로써 비율의 성격을 지닌다.

예 영구의 몸무게가 90kg, 맹구의 몸무게가 60kg, 짱구의 몸무게가 30kg이라고 가정할 때, 각 수치는 세 사람이 서로 다르다는 차이정보, 맹구가 영구보다는 가볍지만 짱구보다는 무겁다는 서열정보, 맹구와 영구의 무게차이가 맹구와 짱구의 무게차이와 같다는 등간정보 외에도, 영구의 몸무게는 짱구의 몸무게의 세 배에 달한다는 비율정보도 포함한다.

2 통계의 기본개념

(1) 중심경향치로서 대푯값

평균값 또는 평균치 **(Mean)**	• 어떤 분포에서 모든 점수의 합을 전체 사례 수로 나누어 얻은 값이다. • 한 집단의 특성을 가장 간편하게 표현하기 위한 개념으로서, 통계적인 조작이 쉬우며, 가장 안정되고 정확한 통계치라는 점에서 가장 널리 사용된다. 예 주사위를 10번 던져 나온 수가 '3, 6, 4, 4, 2, 5, 1, 2, 3, 6'인 경우, 모든 점수를 합하여 이를 사례 수(10번)로 나누면 '3.6'이 평균값이 된다.
중앙값 또는 중앙치 **(Median)**	• 모든 점수를 크기의 순서대로 배열해 놓았을 때 위치상 가장 중앙에 있는 값이다. • 한 집단의 점수분포에서 전체 사례를 상위 1/2과 하위 1/2로 나누는 점을 말하는 것으로, 정규분포상 평균점수에 해당한다. 예 사례가 홀수(5개)인 '12, 13, 16, 19, 20'의 경우, 그 중앙에 위치한 '16'이 중앙값이 된다. 반면, 사례가 짝수(6개)인 '12, 13, 16, 19, 20, 22'의 경우, (16+19)/2=17.5, 즉, '17.5'가 중앙값이 된다.
최빈값 또는 최빈치 **(Mode)**	• 빈도분포에서 빈도가 가장 높은 점수 혹은 빈도가 가장 높은 급간의 중간 점수이다. • 빈도분포에서 모든 점수나 범주의 빈도가 같은 경우에는 최빈값이 존재하지 않는다. 예 11개 사례의 값이 '12, 12, 14, 14, 18, 18, 18, 18, 19, 20, 20'인 경우, '18'은 그 빈도가 4로 가장 많으므로 '18'이 최빈값이 된다.

(2) 분산 정도를 판단하기 위한 기준

범 위 (Range)	• 점수분포에 있어서 최고점수와 최저점수까지의 거리를 말한다. • 범위를 'R'이라고 할 때, 'R = 최고점수 − 최저점수 + 1'의 공식으로 나타낸다. 예 '2, 5, 6, 8' 네 점수가 있는 경우 범위는 '8-2+1=7'이 된다.
분산 또는 변량 (Variance)	• 한 변수(변인)의 분포에 있는 모든 변숫값들을 통해 흩어진 정도를 추정하는 것이다. • 편차를 제곱하여 총합한 다음 이것을 전체 사례 수로 나눈 값으로, 표준편차를 제곱한 값에 해당한다.
표준편차 (Standard Deviation)	• 점수집합 내에서 점수들 간의 상이한 정도, 즉 평균에서 각 점수들이 평균적으로 이탈된 정도를 나타낸다. • 표준편차가 작을수록 해당 집단의 사례들이 서로 동질적인 것으로, 표준편차가 클수록 해당 집단의 사례들이 서로 이질적인 것으로 볼 수 있다.
사분편차 또는 사분위편차 (Quartile Deviation)	• 자료를 일렬로 늘어놓고 제일 작은 쪽에서 1/4 지점(제1사분위수), 3/4 지점(제3사분위수)에 있는 자료 두 개를 택하여 그 차이를 2로 나눈 값이다. • 범위(Range)가 양극단의 점수에 의해 좌우되는 단점을 가지므로 점수 분포상에서 양극단의 점수가 아닌 어떤 일정한 위치에 있는 점수 간의 거리를 비교하고자 하는 것이다.

(3) 표준오차(SE ; Standard Error)

① 추출된 표본들의 평균이 실제 모집단의 평균과 어느 정도 떨어져서 분포되어 있는지를 나타내는 수치이다.

② 검사의 표준오차는 검사 점수의 신뢰도를 나타내는 수치이다.

③ 검사의 표준오차는 작을수록 좋다. 표준오차가 작을수록 표본의 대표성이 높다고 볼 수 있다.

④ 표준오차를 고려할 때 오차 범위 안의 점수 차이는 무시해도 된다. 즉, 표준오차는 5% 내외의 수치이므로 크건 작건 큰 차이로 받아들이지 않는다. 다만, 표준오차가 너무 큰 경우 검사 자체가 무의미해진다.

(4) 정상분포 또는 정규분포(Normal Distribution)

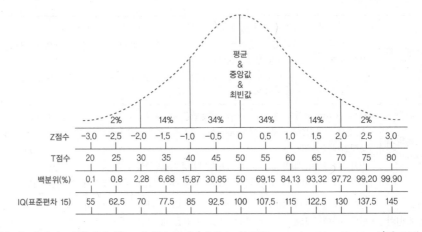

① 연속확률변수와 관련된 전형적인 분포 유형으로서 '가우스 분포(Gaussian Distribution)'라고도 한다.

② 관찰한 사례 수가 충분할 경우 분포도는 평균을 중심으로 연속적 · 대칭적 종 모양의 형태를 띠게 된다.

③ 정상분포(정규분포)는 평균값이 최빈값 및 중앙값과 일치한다. 따라서 정상분포를 따르는 심리검사에서 내담자가 규준에 비추어 중앙값을 얻었다면, 동일 연령집단의 점수분포에서 평균점수를 얻은 것으로 볼 수 있다.

④ 정상분포에서는 전체 사례의 약 68.3% 정도가 평균을 중심으로 1표준편차($1SD$)보다 크거나 작은 값을 가지게 되며, 전체 사례의 약 95.4% 정도가 2표준편차($2SD$), 전체 사례의 약 99.7%가 3표준편차($3SD$) 내의 점수대에 위치하게 된다. 즉, 평균이 100, 표준편차가 15인 정상분포인 경우, 85~115점(평균$\pm 1SD$) 안에 전체 사례의 약 68.3%가 속하게 되고, 70~130점(평균$\pm 2SD$) 안에 전체 사례의 약 95.4%가 속하게 된다는 것이다.

(5) 상관계수와 결정계수

① 상관계수(Correlation Coefficient)

　㉠ 상관계수는 두 변인이 서로 관계되어 있는 정도를 나타내는 지수로서, 한 변인이 변해감에 따라 다른 변인이 얼마만큼 함께 변하는가를 보여주는 것이다.

　㉡ 상관계수는 '−1'에서 '+1' 사이의 값을 갖는다. '+1'은 측정의 오차가 없음을 의미하는 '정적상관', '0'은 '상관없음', '−1'은 '부적상관'을 의미한다.

> 예 100명의 학생들이 특정 심리검사를 받고 한 달 후에 동일한 검사를 다시 받았는데, 두 번의 검사에서 각 학생의 점수가 동일했다면 상관계수는 '+1(+1.00)'이 된다.

② 결정계수(Coefficient of Determination)

　㉠ 보통 두 변수의 관계를 알아보기 위해서는 결정계수를 구해야 한다. 결정계수란 크기가 다른 여러 상관계수를 비교하고자 할 때 변량(Variance)을 가지고 비교하는 것을 말한다.

　㉡ 결정계수는 상관계수를 제곱한 것으로서, 두 변수가 공유하고 있는 변량의 비를 나타낸다.

> 예1 지능검사 점수와 학교에서의 성적 간의 상관계수가 0.30일 경우
> → 학교에서의 성적에 관한 변량의 9%(0.30을 제곱한 0.09, 즉 9%)가 지능검사에 의해 설명될 것이다.
> 예2 지능검사 점수와 학교에서의 성적 간의 상관계수가 0.50일 경우
> → 학교에서의 성적에 관한 변량의 25%(0.50을 제곱한 0.25, 즉 25%)가 지능검사에 의해 설명될 것이다.

COMMENT

결정계수는 상관계수와 달리 변인 간 영향을 주는 정도 혹은 인과관계 정도를 정량화해서 나타낸 수치에 불과합니다.

3 규준의 제작

(1) 원점수(Raw Score)

① 의 의

원점수는 실시한 심리검사를 채점해서 얻는 최초의 점수를 말한다. 만약 직업적성검사에서 20점 만점 중 15점을 받아 그 점수가 그대로 기록되었다면 이는 원점수에 해당한다.

② 한 계

ㄱ 원점수는 해당 검사 또는 하위검사의 문항 수나 채점체계에 따라 매우 다양하므로, 그 자체로는 거의 아무런 정보를 주지 못한다.

ㄴ 기준점이 없기 때문에 특정 점수의 크기를 표현하기 어렵다.

ㄷ 서로 다른 검사의 결과를 동등하게 비교할 수가 없다.

ㄹ 척도의 종류로 볼 때 서열척도에 불과할 뿐 사실상 등간척도가 아니다.

> **COMMENT**
>
> 심리검사의 원점수 자체는 서열척도에 불과합니다. 그로 인해 능력검사 중 하나인 지능검사의 경우에도 수검자의 원점수 자체를 사용하지 않고 이를 표준점수로 변환하여 사용합니다. 물론 등간척도로서 지능지수(IQ) 100과 110의 지능수준 차이가 지능지수(IQ) 110과 120의 지능수준 차이와 완전히 같다고 단정하기 어려우나, 표준화 지능검사는 다양한 통계적 기법들을 활용하여 각 수치들이 일반적으로 등간척도의 성질을 갖도록 제작됩니다. 이와 같이 지능검사에서 서열척도로서 원점수를 그대로 사용하지 않고 이를 등간척도인 표준점수로 변환하는 이유는 척도의 유형에 따라 적용할 수 있는 통계적 분석방법에 제약이 있기 때문입니다.

(2) 규준(Norm)

① 의 의

ㄱ 규준은 한 개인의 점수를 다른 사람들의 점수와 비교할 때, 비교가 되는 점수를 의미한다.

ㄴ 원점수를 표준화된 집단의 검사 점수와 비교하기 위한 개념으로서, 대표집단의 사람들에게 실시한 검사 점수를 일정한 분포도로 작성한, 특정 검사 점수의 해석에 필요한 기준이 되는 자료를 말한다.

② 규준의 필요성

ㄱ 다른 사람들의 검사 점수를 참고로 하여 개인점수의 상대적 위치를 앎으로써 검사 점수의 상대적인 해석을 할 수 있다.

예 어떤 지능검사의 평균이 100, 표준편차가 15인 경우, 특정 개인의 지능점수 100은 평균 수준, 130은 매우 우수한 수준임을 나타낸다.

ㄴ 상호비교가 가능한 상대적 측정치이므로, 한 개인이 서로 다른 종류의 검사에서 얻은 결과를 비교하는 것이 가능하다.

예 개인이 산수추리검사에서 20점, 어휘검사에서 40점의 원점수를 받았을 때, 이들 두 점수를 직접 비교해서 두 가지 능력의 상대적인 크기를 알아낼 수는 없다. 그러나 이를 표준점수로 바꾸거나 규준을 통한 점수로 전환시킬 경우, 두 검사 점수를 직접 비교하는 것이 가능하다.

③ 규준 해석의 유의점

㉠ 규준은 절대적이거나 보편적인 것이 아니며, 영구적인 것도 아니다. 규준집단은 모집단을 잘 대표하여야 한다.

㉡ 규준집단이 충분히 다양한 변인들을 잘 고려해서 구성된 것인지 확인하여야 한다. 표본 수가 너무 작거나 지역적으로 편중되어서는 안 된다.

㉢ 규준제작 시기가 너무 오래되어서는 안 된다.

☎ 더 알아보기 🚨

각종 심리검사가 특정 집단에 불리하고 편파적으로 사용되지 않도록 하기 위한 방안
• 규준집단의 특성 및 표집방법을 잘 파악하여 결과를 해석한다.
• 하나의 검사에만 의존하지 않고 여러 방법들을 평가하여 결과의 일치성을 확인한다.
• 검사에 대한 경험과 자기표현 동기가 부족한 수검자에 대한 라포(Rapport) 형성에 노력한다.
• 편파에 의해서 불이익을 당할 가능성이 있는 대상에게 계속적으로 불리한 결과가 나타날 것으로 판단되는 경우 검사 사용 자체를 제고한다.

4 규준의 종류

(1) 발달규준

발달규준은 수검자가 정상적인 발달경로상에서 어느 정도 수준에 위치해 있는지를 표현하는 방식으로 원점수에 의미를 부여한다.

① 연령규준(정신연령규준)

심리검사의 문항들이 연령 수준별 척도로 구성되어, 해당 검사를 통해 주어지는 결과점수가 수검자의 정신연령 수준을 반영하도록 되어 있다.

② 학년규준

주로 학교에서 실시하는 성취도검사에 이용하기 위해 학년별 평균이나 중앙치를 이용하여 규준을 제작한다.

③ 서열규준

발달검사 과정에서 검사자는 수검자의 행동을 관찰하여 행동의 발달단계상 어느 수준에 위치하는지 나타낼 수 있다.

④ 추적규준

각 개인은 신체발달 및 정신발달에 있어서 독특한 양상을 보이며, 이를 발달곡선으로 표시하는 경우 연령에 따라 다른 높낮이를 보인다. 그러나 이를 동일 연령집단의 발달곡선으로 표시하는 경우 연령이 증가하더라도 일정한 범위 내에 위치하게 되며, 이를 토대로 개인의 발달양상을 연령에 따라 예측할 수 있다.

(2) 집단 내 규준

개인의 원점수를 규준집단의 수행과 비교해 볼 수 있도록 하는 것으로서, 원점수가 서열척도에 불과한 것에 비해 집단 내 규준점수들은 심리측정상 등간척도의 성질을 갖도록 변환한 것이다.

① 백분위 점수

ㄱ 원점수의 분포에서 100개의 동일한 구간으로 점수들을 분포하여 변환점수를 부여한 것이다.

ㄴ 표준화 집단에서 특정한 원점수 이하에 속하는 사례의 비율을 통해 나타내는 상대적 위치이다. 즉, 특정 집단의 점수분포에서 한 개인의 상대적 위치를 나타내는 점수이다.

ㄷ 점수 유형 중 그 의미가 모든 사람에게 단순하고 직접적이며, 한 집단 내에서 개인의 상대적인 위치를 살펴보는 데 적합하다.

ㄹ 예를 들어, 검사 결과로 제시되는 백분위 95는 내담자의 점수보다 낮은 사람들이 전체의 95%가 된다는 의미이다. 또한 한 개인의 점수가 70점일 때, 이 점수보다 낮은 점수를 받은 사람들이 전체의 60%라면, 백분위 점수는 60이다.

COMMENT

백분위와 백분율은 사용상에 있어서 매우 유사하나 동일한 것이 아닙니다. 백분위는 최댓값을 100으로 하여 특정 대상의 상대적인 위치를 수치화한 값입니다. 반면, 백분율은 최댓값이 1이며, 여기에 분모 100을 적용하여 분자의 값만을 표기한 것입니다. 따라서 백분위의 경우 산출되는 값을 그대로 사용할 수 있으나, 백분율의 경우 해당 값이 항상 1보다 작은 값을 가지게 됩니다(예 퍼센트 '%' 기호를 사용하여 100분의 1을 1%로 표현).

② 표준점수

ㄱ 원점수를 주어진 집단의 평균을 중심으로 표준편차 단위를 사용하여 분포상 어느 위치에 해당하는가를 나타낸 것이다.

ㄴ 표준화된 심리검사에서 표준점수는 개인의 점수가 평균으로부터 떨어져 있는 거리를 의미한다.

ㄷ 원점수를 표준점수로 변환함으로써 상대적인 위치를 짐작할 수 있으며, 검사 결과를 비교할 수도 있다.

Z점수	• 원점수를 평균이 0, 표준편차가 1인 Z분포상의 점수로 변환한 점수이다. 예를 들어, Z점수 0은 원점수가 정확히 평균값에 위치한다는 의미이며, Z점수 -1.5는 원점수가 참조집단의 평균으로부터 하위 1.5표준편차만큼 떨어져 있다는 것이다. • Z점수는 소수점과 음수값으로 제시되기도 하는데, 이는 계산 및 해석을 어렵게 만든다. • $Z점수 = \dfrac{원점수 - 평균}{표준편차}$
T점수	• 소수점과 음수값을 가지는 Z점수의 단점을 보완하기 위해, 원점수를 변환해서 평균이 50, 표준편차가 10인 분포로 만든 것이다. • 가장 널리 사용되는 정규화된 표준점수로서 미네소타 다면적 인성검사(MMPI) 등이 있다. • $T점수 = 10 \times Z점수 + 50$

③ 표준등급

㉠ '스테나인(Stanine) 척도'라고도 하며, 이는 'Standard'와 'Nine'의 합성어에 해당한다. 2차 세계대전 중에 미국 공군에서 개발한 것으로, 모든 원점수를 1~9까지의 한자리 숫자체계로 전환시킨 것이다.

㉡ 원점수를 비율에 따라 1~9까지의 구간으로 구분하여 각각의 구간에 일정한 점수나 등급을 부여한 것이다.

㉢ 특히 학교에서 실시하는 성취도검사나 적성검사의 점수를 정해진 범주에 집어넣어 학생들 간의 점수 차가 작을 때 생길 수 있는 지나친 확대해석을 미연에 방지할 수 있다.

[정상분포(정규분포)에서 표준등급에 해당하는 면적 비율]

Stanine	1	2	3	4	5	6	7	8	9
백분율(%)	4	7	12	17	20	17	12	7	4

신뢰도(Reliability)

1 개 요

(1) 개 념

① 신뢰도는 측정도구가 측정하고자 하는 현상을 일관성 있게 측정하는 능력을 말한다. 만약 어떤 측정도구를 사용해서 동일한 대상을 측정하였을 때 항상 같은 결과가 나온다면, 해당 측정도구는 신뢰도가 매우 높다고 할 수 있다.

② 검사의 신뢰도는 동일한 사람에게 검사를 실시했을 때 점수가 얼마나 일관성 있게 나오는지를 측정한 것이다. 따라서 측정의 오차가 작을수록 신뢰도는 높은 경향이 있다.

(2) 신뢰도 계수

① 신뢰도 계수는 결과의 일관성을 보여주는 값이다.

② 신뢰도 계수의 범위는 '0'에서 '1' 사이의 값을 갖는다. 이때 '0'에 가까울수록 신뢰도가 낮은 반면, '1'에 가까울수록 신뢰도가 높은 것을 의미한다.

③ 신뢰도 계수는 개인차가 클수록 커진다. 만약 수검자의 개인차가 전혀 없다면 신뢰도 계수는 '0'이 된다.

④ 신뢰도 계수는 신뢰도 추정방법에 따라서 달라질 수 있다.

⑤ 일반적으로 표준화된 지능검사가 표준화된 성취검사나 태도검사에 비해 보다 높은 신뢰도 계수를 기대할 수 있다.

> **COMMENT**
>
> 신뢰도 계수는 관찰점수의 변량 가운데 진점수의 변량이 얼마나 되는가를 비율로 나타낸 수치입니다. 이때 관찰점수에 있어서 오차변량이 작을수록 진점수의 변량은 커지고 결과적으로 신뢰도 계수는 '1'에 접근하게 되며, 반대로 오차변량이 클수록 '0'에 접근하게 됩니다.

2 검사-재검사 신뢰도(Test-retest Reliability)

(1) 의의 및 특징

① 동일한 검사를 동일한 수검자에게 일정 시간 간격을 두고 두 번 실시하여 얻은 두 검사 점수의 상관계수에 의해 신뢰도를 추정하는 방법이다.

② 검사 점수가 시간의 변화에 따라 얼마나 일관성이 있는지를 의미하므로, 시간에 따른 안정성을 나타내는 '안정성 계수(Coefficient of Stability)'라고도 부른다.

③ 검사-재검사 신뢰도에서 오차의 근원은 바로 시간 간격, 즉 두 검사의 실시 간격이다. 만약 검사 간격이 짧은 경우 신뢰도가 높게 나타나는 반면, 검사 간격이 긴 경우 신뢰도가 상대적으로 낮게 나타난다.

④ 예를 들어, 100명의 학생들이 특정 심리검사를 받고 한 달 후에 동일한 검사를 다시 받았는데 두 번의 검사에서 각 학생의 점수가 동일했다면, 검사-재검사 신뢰도 계수는 1이 된다. 그러나 이와 같은 경우는 극히 드물며, 보통 검사-재검사 신뢰도는 1보다 작게 나타난다. 이는 검사와 재검사 기간 동안 일어나는 여러 가지 오차요인이 검사 점수에 영향을 미치기 때문이다.

(2) 검사-재검사를 통해 신뢰도를 추정할 경우 충족되어야 할 조건

① 첫째, 측정내용 자체는 일정 시간이 경과하더라도 변하지 않는다고 가정할 수 있어야 한다.

② 둘째, 동일한 수검자에게 검사를 두 번 실시하지만, 앞서 받은 검사 경험이 뒤에 받은 검사의 점수에 영향을 미치지 않는다는 확신이 있어야 한다.

③ 셋째, 검사와 재검사 사이의 어떤 학습활동이 두 번째 검사의 점수에 영향을 미치지 않는다고 가정할 수 있어야 한다.

(3) 검사-재검사법으로 신뢰도 추정치를 구할 경우 주요 단점

① 성숙효과

두 검사 사이의 시간 간격이 너무 클 경우 측정대상의 속성이나 특성이 변화할 수 있다.

예 초등학생을 대상으로 독해력 측정시험을 3월에 처음 실시하고 이를 9월에 재실시한다고 가정할 때, 그 6개월 동안 아동의 독해실력은 본인의 노력이나 부모들의 극성으로 인해 상당한 변화를 보일 가능성이 있다.

② 반응민감성

'반응민감성(Reactivity)'은 검사를 치르는 경험이 개인의 진점수를 변화시킬 가능성을 의미한다. 이러한 반응민감성의 영향으로 검사를 치르는 경험이 후속 반응에 영향을 줄 수 있다.

예 학교에서 국사시험을 치른 후 일부 학생들은 확실하지 않은 답에 대해 교재를 찾게 될 것이다. 그로 인해 국사에 관한 지식이 늘게 되어 두 번째 시험점수에 영향을 미치게 되는 것이다.

③ 이월효과(기억효과)

두 검사 사이의 시간 간격이 너무 짧을 경우 앞에서 답한 것을 기억해서 뒤의 응답 시 활용할 수 있다.

예 수검자들 중 일부는 재검사 시 첫 번째 검사에서 자신이 답한 것을 기억해서 그대로 답을 쓸 것이다.

④ 시간 및 비용 소요

동일검사를 두 번 실시하는 것은 그만큼 시간도 오래 걸리고 경비도 이중으로 든다.

3 동형검사 신뢰도(Parallel-form Reliability)

(1) 의의 및 특징

① 새로 개발한 검사와 여러 면에서 거의 동일한 검사를 하나 더 개발해서 두 검사 점수 간의 상관계수를 구하는 방법이다.

② 동일한 수검자에게 첫 번째 시행한 검사와 동등한 유형의 검사를 실시하여 두 검사 점수 간의 상관계수에 의해 신뢰도를 추정한다.

③ 상관계수가 두 검사의 동등성 정도를 나타낸다는 점에서 '동등성(동형성) 계수(Coefficient of Equivalence)'라고도 부른다.

④ 동형검사 신뢰도 계수는 오차변량의 원인을 특정 문항의 표집에 기인한 것으로 가정한다. 이는 동형검사 신뢰도가 두 검사의 문항의 차이나 문항의 표집에서 생기는 검사도구의 신뢰도에 초점을 두기 때문이다.

⑤ 이미 신뢰성이 입증된 유사한 검사 점수와의 상관계수를 검토하는 방식으로 이루어지는 경우가 많다.

(2) 동형검사 신뢰도를 통해 신뢰도를 추정할 경우 충족되어야 할 조건

① 두 검사가 근본적으로 측정하려 하는 영역에서 동일한 내용이 표집되어야 한다.

② 동일한 문항 수와 동일한 형식으로 표현되어야 한다.

③ 문항의 난이도(곤란도) 수준이 동등해야 한다.

④ 검사의 지시내용, 시간제한, 구체적인 설명까지 모두 동등성이 보장되어야 한다.

(3) 동형검사 신뢰도의 제한점

① 실제로 완벽한 동형검사를 제작하기가 매우 어렵다.

　측정 영역이 한정되어 있을 수 있으며, 동일한 난이도의 문항을 표집하는 것도 어렵다.

② 동형검사는 연습효과에 취약하다.

　물론 동일한 검사를 두 번 실시하는 것보다는 연습효과를 줄일 수 있겠지만, 연습효과를 완전히 배제할 수는 없다.

4 반분신뢰도(Split-half Reliability)

(1) 의의 및 특징

① 전체 문항 수를 반으로 나눈 다음 상관계수를 이용하여 두 부분이 모두 같은 개념을 측정하는지 일치성 또는 동질성 정도를 비교하는 방법이다.

② 한 검사를 어떤 집단에 실시하고 그 검사의 문항을 동형이 되도록 두 개의 검사로 나눈 다음 두 부분의 점수가 어느 정도 일치하는가를 상관계수를 통해 추정한다.

③ 둘로 구분된 문항들의 내용이 얼마나 일관성이 있는가를 측정한다는 점에서 '내적합치도 계수(Coefficient of Internal Consistency)'라고도 부른다. 따라서 내적합치도 계수가 낮다는 것은 검사가 성질상 매우 다른 속성을 측정하는 문항들로 구성되어 있다는 의미이다.

④ 검사를 한 번만 실시하여 구하는 방식이므로 시간적 안정성은 포함하지 않는다.

(2) 반분신뢰도 추정을 위한 주요 방법

반분신뢰도를 추정하기 위해 우선적으로 해야 할 일은 한 검사를 두 부분으로 나누어 두 평형검사를 얻는 것이다. 이를 위해 다음의 방법들이 널리 사용되고 있다.

전후절반법 또는 전후양분법 (First-Second Half Method)	• 전체 검사를 문항 순서에 따라 전반부와 후반부로 반분한 후 두 점수 간의 상관계수를 추정하여 신뢰도를 구하는 방법이다. • 비교적 문항 수가 적고, 문항의 난이도가 고른 분포를 보일 경우 적합하다. • 지능검사와 같은 속도검사인 경우, 문항의 수가 많거나 검사가 문항의 난이도 순위에 따라 구성된 경우 적합하지 못하다. 이는 능력이 부족한 수검자의 경우 후반부의 문제들에 미처 답을 하지 못할 수 있기 때문이다.
기우절반법 또는 기우양분법 (Odd-Even Method)	• 전체 검사를 문항의 번호에 따라 홀수와 짝수로 반분하는 방법이다. • 비교적 문항 수가 많고, 문항이 난이도에 따라 배열되어 있는 경우 적합하다. • 다른 신뢰도 추정방법에 비해 신뢰도 계수가 불합리하게 높게 나오는 경향이 있다.
짝진 임의배치법 또는 임의적 짝짓기법 (Method of Matched Random Subsets)	• 전체 검사를 문항의 난이도와 문항과 총점 간의 상관계수를 토대로 반분하는 방법이다. • 산출된 통계치는 좌표상의 산포도로 작성되며, 거리상 가까이 위치한 두 문항끼리 짝을 지은 후 그 중 한 문항을 임의로 선택하는 방식으로 검사를 양분한다.

(3) 반분신뢰도의 제한점

① 일반적으로 문항 수와 상관계수의 크기는 비례하므로, 검사를 양분했을 경우 상관계수의 크기가 작아지는 경향이 있다.

② 문항의 수를 무조건 증가시킨다고 해서 검사의 신뢰도가 증가하는 것은 아니다.

③ 검사의 신뢰도가 낮을 경우 신뢰도를 높이기 위해 기존 검사에 포함된 문항들 중 이질적인 문항들을 제거하거나 기존 문항과 동질적인 문항을 개발하여 새로 부가할 필요가 있다.

5 문항내적합치도(Item Internal Consistency)

(1) 의의 및 특징

① 단일의 신뢰도 계수를 계산할 수 없는 반분법의 문제점을 고려하여, 가능한 한 모든 반분신뢰도를 구한 다음 그 평균값을 신뢰도로 추정하는 방법이다.

② 한 검사 내에 있는 각 문항들을 독립된 별개의 검사로 간주하고, 문항들 간의 일관성이나 합치성을 신뢰도로 규정한다.

③ 한 검사에 포함된 문항들에 대한 반응의 일관성이 문항의 동질성 여부에 따라 결정되므로, 이를 흔히 '동질성 계수(Coefficient of Homogeneity)'라고도 한다.

④ 검사 문항을 분리하기 위한 다양한 방법이 사용되며, 하나의 검사로 한번만 검사를 실시하면 되므로 시간과 비용 면에서 적용하기 편리하다.

문항내적합치도는 문항 간 동질성을 강조한다는 점에서 반분신뢰도와 흡사하며, 그로 인해 일부 교재에서는 문항내적합치도를 반분신뢰도와 함께 설명하기도 합니다.

(2) 문항내적합치도 추정을 위한 주요 방법

쿠더-리차드슨 (Kuder-Richardson) 계수	• 응답문항 유형이 '예/아니요' 또는 '정(正)/오(誤)'인 검사에 사용된다. • 검사의 문항 간 정답과 오답의 일관성을 종합적으로 추정한 상관계수이다.
크론바흐 알파 (Cronbach's α)계수	• 서답형, 논문형, 평정형 등 이분법적으로 채점되지 않는 경우에도 사용할 수 있다. • 크론바흐 알파 값은 '0~1'의 값을 가지며, 값이 클수록 검사 문항들이 동질적이고 신뢰도가 높은 것을 나타낸다.

(3) 문항내적합치도의 제한점

① 어떤 검사가 단일 특성을 측정하지 않거나 문항의 난이도(곤란도)가 일정하지 않을 경우 문항내적합치도로 신뢰도를 구한다면 신뢰도는 과소평가될 수 있다.

② 어떤 검사가 단일 요인이 아닌 여러 요인을 재고 있다면 어느 정도가 반응의 일관성 부족으로 인한 오차인지, 어느 정도가 검사 내용의 이질성 때문에 생긴 오차인지 분간하기 어렵게 된다.

6 채점자 간 신뢰도(Inter-rater Reliability)

(1) 의의 및 특징

① 채점자들의 채점을 어느 정도 믿을 수 있고 일관성이 있는가를 상관계수로 나타낸 것으로, 채점자들 간의 객관도 및 채점에 대한 일관성 정도와 연관된다.

② 투사적 검사와 같이 채점자에게 많은 재량권이 있는 검사의 경우 채점자가 누구냐에 따라 동일한 수검자에 대해서도 다른 점수가 나타날 수 있다.

③ 채점 대상물인 한 집단의 검사용지를 두 명 이상의 채점자들이 각자 독립적으로 채점하여 어느 정도 일관된 채점이 이루어졌는지를 확인한다.

④ 사지선다형 검사의 경우 채점자 간 신뢰도가 높게 나타나는 반면, 에세이 검사(Essay Test)나 투사법 등은 상대적으로 채점자 간 신뢰도가 낮게 나타난다.

(2) 채점자(평정자)로 인한 오차

동일한 채점자가 자유반응형 검사를 채점할 때 신뢰도를 높이기 위하여 다음과 같은 오류들을 배제해야 한다.

① 후광효과(Halo Effect)로 인한 오류

수검자에 대한 채점자의 인상이 채점이나 평정에 영향을 미친다.

② 관용(Leniency)의 오류

채점자의 반응태세가 일반적으로 후한 점수를 주는 경향을 말한다.

③ 중앙집중경향(Concentration Tendency)의 오류

가급적 아주 높은 점수 혹은 아주 낮은 점수를 피하고 중간 점수를 주는 경향을 말한다.

④ 논리적 오류(Logical Error)

어떤 한 특성의 점수를 알고 있으면 관련이 있는 다른 특성의 평정에 영향을 미치는 것을 말한다.

7 신뢰도의 영향요인 및 신뢰도 제고 방법

(1) 심리검사의 신뢰도에 영향을 주는 요인

① 개인차

검사대상이 되는 집단의 개인차가 클수록 검사 점수의 변량은 커지며, 그에 따라 신뢰도 계수도 커지게 된다.

② 문항 수

문항 수가 많은 경우 신뢰도는 어느 정도 높아진다. 다만, 문항 수를 무작정 늘린다고 해서 검사의 신뢰도가 정비례하여 커지는 것은 아니다.

③ 문항반응 수

문항반응 수는 적정한 크기를 유지하는 것이 바람직하며, 만약 이를 초과하는 경우 신뢰도는 향상되지 않는다. 일반적으로 리커트(Likert) 척도에서 문항반응 수가 5점 내지 7점을 초과하는 경우 신뢰도 계수는 더 이상 커지지 않는 것으로 보고되고 있다.

④ 검사유형(속도검사의 신뢰도)

문항 수가 많고 주어진 시간이 제한되어 있는 속도검사의 경우 특히 전후절반법(전후반분법)을 이용하여 신뢰도를 추정하는 것은 바람직하지 못하다. 그 이유는 응답자가 후반부로 갈수록 문항에 답할 충분한 시간이 없으므로 상대적으로 낮은 점수를 받게 되기 때문이다.

⑤ 신뢰도 추정방법(검증법)

신뢰도를 추정하는 각 방법은 오차를 포함하는 내용이 서로 다르므로 동일한 검사에 여러 가지 방법을 동시에 사용하여 얻어진 신뢰도 계수는 서로 다를 수밖에 없다. 특히 측정오차가 클수록 신뢰도 계수는 그만큼 작게 계산될 가능성이 높다.

(2) 심리검사의 신뢰도를 높이는 방법(측정오차를 줄이기 위한 방법)

① 검사의 실시와 채점 과정을 표준화하여 오차변량을 줄인다.

② 검사의 문항 수를 늘린다.

③ 검사의 신뢰도에 나쁜 영향을 미치는 문항들을 제거한다.

8 신뢰도 추정 시 고려사항

(1) 심리적 특성의 불안정성

어떤 심리적 특성은 상황이나 생리적 변인에 민감할 수 있다. 예를 들어, 피부전기반응으로 측정한 정서적 반응은 소음, 사고과정, 스트레스, 우발적 사건 등과 같은 요인에 의해 쉽게 변한다. 따라서 피부전기반응으로 측정한 정서반응과 같은 불안정한 심리적 특성의 신뢰도를 정확히 추정하기 위해서는 검사-재검사를 거의 동시에 실시해야 한다.

(2) 속도검사와 역량검사

① 난이도 수준이 낮은 문항들로 구성된 속도검사의 경우 전통적인 기우양분법(기우절반법)으로 반분신뢰도를 추정할 때 신뢰도 계수가 과대추정되는 경향이 있다.

일반적으로 속도검사는 거의 획일적이고 대체로 난이도 수준이 높지 않은 문항들로 구성되므로, 대부분의 수검자들이 이를 쉽게 풀 수 있기 때문이다.

② 신뢰도 추정에 영향을 미치는 요인은 상관계수에 영향을 미치는 요인과 유사하다.

표본의 동질성 신뢰도는 두 평형검사의 관찰점수 간 상관으로 정의되므로, 상관계수에 영향을 미치는 요인이 곧 신뢰도 추정에 영향을 미친다.

③ 신뢰도 추정에 영향을 미치는 요인 중 가장 중요한 요인은 표본의 동질성이다.

표본의 동질성 요인과 관련하여 가장 문제시 되는 것은 측정범위의 제한(Restriction of Range)이다. 일반적으로 상관계수의 추정에 사용되는 자료의 값의 범위가 제한되거나 축소된 자료에서 추정된 상관계수의 크기는 제한되지 않은 자료에서 추정된 상관계수보다 작아지는 경향이 있다.

제4장

타당도(Validity)

1 개 요

(1) 개 념

① 타당도는 그 검사가 측정하고자 의도하는 속성을 얼마나 정확하게 측정하고 있는가를 말한다. 즉, 검사가 측정하고자 하는 심리적 구인(구성개념)을 정확하게 측정하는 것이 타당도의 개념이다.

② 검사의 타당도는 검사 점수를 이용하여 그 검사가 측정하려는 속성에 관해 추론하는 것이 타당한 일인가를 결정해 주는 것이다.

(2) 측정의 신뢰도와 타당도

① 타당도는 신뢰도와 밀접한 관계가 있다. 어떤 검사의 신뢰도 크기는 이론적으로 그 검사의 타당도의 최댓값이다.

② 타당도는 신뢰도의 충분조건인 반면, 신뢰도는 타당도의 필요조건에 해당한다. 즉, 신뢰도가 높다고 하여 반드시 타당도가 높은 것은 아니며, 타당도가 낮다고 하여 반드시 신뢰도가 낮은 것은 아니다. 따라서 어떤 검사의 신뢰도 계수만으로 해당 검사의 타당도 계수를 알 수는 없다.

③ 만약 어떤 직업상담사가 내담자의 지능을 알아보기 위해 정확도가 보장된 체중계로 내담자의 몸무게를 측정했다면, 이는 타당도는 낮지만 신뢰도는 높은 측정에 해당한다.

2 내용타당도(Content Validity)

(1) 의의 및 특징

① 검사의 문항들이 그 검사가 측정하고자 하는 내용영역을 얼마나 잘 반영하고 있는지를 나타낸다. 즉, 내용타당도는 내용영역을 얼마나 정확하고 자세하게 기술하는가에 달려 있다.

② 논리적 사고에 입각한 논리적인 분석과정으로 판단하는 주관적인 타당도로서, 객관적인 자료에 근거하지 않으므로 타당도 계수를 산출하기 어렵다.

③ 본질적으로 해당 분야 전문가의 판단에 의존한다.

④ 흔히 성취도 검사의 타당도를 평가하는 방법으로 많이 사용된다.

⑤ 만약 고용주가 직무수행에 필요한 지식, 기술, 능력 등을 평가하는 검사들을 개발한다고 가정할 때, 이러한 검사의 내용이 실제 직무와 얼마나 관련되어 있는지를 살펴보기 위해서는 내용타당도를 살펴보아야 한다.

(2) 안면타당도 또는 액면타당도(Face Validity)와의 차이점

① 안면타당도는 내용타당도와 마찬가지로 측정항목이 연구자가 의도한 내용대로 실제로 측정하고 있는가 하는 것으로서, 내용타당도가 전문가의 평가 및 판단에 근거한 반면, 안면타당도는 전문가가 아닌 일반인의 일반적인 상식에 준하여 분석한다.

② 실제로 무엇을 재는가의 문제가 아니라 검사가 잰다고 말하는 것을 재는 것처럼 보이는가의 문제이다. 즉, 검사를 받는 사람들에게 그 검사가 타당한 것처럼 보이는가를 뜻한다.

③ 만약 심리검사를 받은 수검자들이 자신들이 받은 심리검사가 측정하고자 하는 것을 제대로 측정하는 것이라고 판단한다면, 이 검사는 안면타당도가 높다고 할 수 있다.

> **COMMENT**
>
> 안면타당도는 "타당한 것처럼 보이는가"와 관련된 것일 뿐이므로, 일부에서는 이를 진정한 의미의 타당도로 인정하지 않는 경우도 있습니다.

3 준거타당도(Criterion Validity)

(1) 의의 및 특징

① '기준타당도' 또는 '준거관련 타당도(Criterion-related Validity)'라고도 하며, 경험적 근거에 의해 타당도를 확인하는 방법이다.

② 어떤 심리검사가 특정 준거와 어느 정도 연관성이 있는지를 나타내는 것이다. 즉, 검사와 준거 간의 상관관계를 분석해서 검사의 타당도를 평가하는 방법이다.

③ 일반적으로 이미 전문가가 만들어놓은 신뢰도와 타당도가 검증된 측정도구에 의한 측정결과를 준거로 활용한다.

④ 준거타당도의 분석방법으로 기대표(Expectancy Table)가 활용된다. 기대표는 세로에 연구도구 점수의 범주를, 가로에 준거 점수의 범주를 분류한 이원분류표이다.

(2) 준거타당도의 분류

준거타당도는 현재에 초점을 맞춘 '동시타당도 또는 공인타당도(Concurrent Validity)'와 미래에 초점을 맞춘 '예언타당도 또는 예측타당도(Predictive Validity)'로 구분할 수 있다.

동시타당도 (공인타당도)	새로운 검사를 제작했을 때 새로 제작한 검사의 타당도를 위해 기존에 타당도를 보장받고 있는 검사와의 유사성 혹은 연관성에 의해 타당도를 검증하는 방법이다. 즉, 동시타당도는 동일 시점에서 새로운 검사와 준거를 동시에 측정해서 두 결과 간의 상관계수를 추정한다. 예 근무실적과 시험성적에 대한 자료를 동시에 수집하여 상관관계를 검토할 수 있다. 재직자에게 응시자용 문제를 제시하여 시험을 실시한 후 재직자의 평소 근무실적과 시험성적을 비교하여 근무실적이 좋은 재직자가 시험에서도 높은 성적을 얻었다면, 해당 시험은 준거타당도를 갖추었다고 볼 수 있는 것이다.

예언타당도 (예측타당도)	• 어떠한 행위가 일어날 것이라고 예측한 것과 실제 대상자 또는 집단이 나타낸 행위 간의 관계를 측정하는 것이다. 즉, 예언타당도는 검사 점수를 가지고 다른 준거 점수들을 어느 정도 예측할 수 있는가 하는 정도이다. • 특히 타당도 중에서 수치(타당도 계수)로 나타낼 수 있다. • 한 검사에서의 점수와 나중에 그 사람이 실제로 직무를 수행할 때의 수행수준 간 관련성이 높을 때 그 검사는 예언타당도가 높다. 예 적성검사에서 높은 점수를 받은 사람들이 입사 후 업무수행이 우수한 것으로 나타났다면, 해당 검사는 타당도를 갖추었다고 볼 수 있다.

4 구성타당도(Construct Validity)

(1) 의의 및 특징

① '구인타당도' 또는 '개념타당도'라고도 하며, 검사가 해당 이론적 개념의 구성인자들을 제대로 측정하고 있는 정도를 나타낸다.

② 객관적인 관찰이 어려운 추상적인 개념, 즉 적성, 지능, 흥미, 직무만족, 동기, 내향성과 같은 성격특성 등을 얼마나 잘 측정하는지를 나타낸다.

③ 심리검사는 추상적 구성개념들을 실제적인 수준에서 관찰 가능한 행동 표본들로 구성한 것이다. 따라서 심리검사가 포함하고 있는 행동 표본들이 실제 그 검사로 측정하고자 하는 구성개념을 잘 반영하는가 하는 것이 구성타당도이다.

④ 응답 자료가 계량적 방법에 의해 검증되므로, 과학적이고 객관적이라 할 수 있다.

(2) 구성타당도의 분석(검증) 방법

구성타당도를 분석하는 방법으로 '수렴타당도 또는 집중타당도(Convergent Validity)', '변별타당도 또는 판별타당도(Discriminant Validity)', '요인분석(Factor Analysis)' 등이 있다.

수렴타당도 (집중타당도)	검사 결과가 이론적으로 해당 속성과 관련 있는 변수들과 어느 정도 높은 상관관계를 가지고 있는지를 측정한다. 따라서 상관계수가 높을수록 타당도가 높다. 예 지능지수(IQ)와 학교성적과 같이 검사 결과가 이론적으로 연관되어 있는 변수들 간의 상관관계를 측정하는 경우 두 검사 간의 상관계수가 높게 나타났다면, 새로운 지능검사는 지능이라는 개념을 잘 측정한 것으로 간접적인 결론을 내릴 수 있다. 이 경우 검사의 수렴타당도가 높다고 한다.
변별타당도 (판별타당도)	검사 결과가 이론적으로 해당 속성과 관련 없는 변수들과 어느 정도 낮은 상관관계를 가지고 있는지를 측정한다. 따라서 상관계수가 낮을수록 타당도가 높다. 예 지능지수(IQ)와 외모와 같이 검사 결과가 이론적으로 연관되어 있지 않은 변수들 간의 상관관계를 측정하는 경우 두 검사 간의 상관계수가 높게 나타났다면, 새로운 지능검사는 지능이라는 개념을 잘 측정하지 못한 것으로 볼 수 있다.
요인분석	검사를 구성하는 문항들의 상관관계를 분석하여 상관이 높은 문항들을 묶어주는 통계적 방법이다. 예 수학과 과학 문항들을 혼합하여 하나의 시험으로 치르는 경우, 수학을 잘 하는 학생의 경우 수학 문항들에 대해, 과학을 잘 하는 학생의 경우 과학 문항들에 대해 좋은 결과를 나타내 보일 것이므로 해당 문항들은 두 개의 군집, 즉 요인으로 추출될 것이다.

안심Touch

(3) 다속성·다측정방법(다특성·다방법) 또는 중다특성·중다방법 행렬표(MTMM ; Multitrait-Multimethod Matrix)

① 한 번에 수렴타당도와 변별타당도를 동시에 확인할 수 있는 방법이다.

② 둘 이상의 속성에 대해 둘 이상의 방법으로 측정하여 그 결과를 분석하는 방법으로서, 동일한 속성에 대해 서로 다른 방법으로 측정하여 그 결과가 어느 정도 상관관계를 나타내는지 확인하는 것이다.

③ 다속성·다측정방법 행렬표로 확인하는 절차는 다음과 같다.

제1단계	동일한 속성들을 이질적인 방법으로 측정한 결과 해당 점수들 간의 상관계수가 높은지 확인한다.
제2단계	앞선 1단계에서의 상관계수가 이질적인 속성들을 동일한 방법으로 측정한 결과 나타난 점수들 간의 상관계수와 비교하여 보다 높은 수준을 나타내는지 확인한다.
제3단계	앞선 2단계에서의 상관계수가 이질적인 속성들을 이질적인 방법으로 측정한 결과 나타난 점수들 간의 상관계수와 비교하여 보다 월등히 높은 수준을 나타내는지 확인한다.

5 직업상담에서의 준거타당도

(1) 직업상담에서 준거타당도가 중요한 이유

① 검사도구가 미래의 행위를 예언하므로 선발이나 배치, 훈련 등의 인사관리에 관한 의사결정의 설득력을 제공한다.

② 경험적 근거에 따른 비교적 명확한 준거를 토대로 내담자의 직업선택을 위한 효과적인 정보를 제공한다.

(2) 직업상담이나 산업장면에서 준거타당도가 낮은 검사를 사용해서는 안 되는 이유

① 선발이나 평가과정의 효율성을 떨어뜨린다.

검사가 유용한 것이기 위해서는 그 검사를 사용하지 않았을 때에 비해 직무성과나 생산성이 더 높을 가능성이 있는 사람을 선발할 수 있어야 하는데, 준거타당도가 낮다면 이를 기대할 수 없다.

② 인사관리에 관한 의사결정의 공정성을 저해한다.

준거타당도는 선발이나 배치, 훈련 등 인사관리에 관한 의사결정이 얼마나 공정하게 이루어졌는가를 결정하는데, 준거타당도가 낮다면 공정성을 기대하기 어려우므로 부적절한 의사결정에 의해 차별이 발생할 수 있다.

(3) 심리검사에서 준거타당도 계수의 크기에 영향을 미치는 요인(실증 연구의 타당도 계수를 낮추는 요인)

① 표집오차

검사 점수와 준거 점수의 상관계수는 일부 표본을 대상으로 얻게 되는데, 이 표본이 모집단을 잘 대표하지 못하는 경우 표집오차가 커지고 그 결과 타당도 계수가 낮아진다. 즉, 표집오차는 표본의 크기가 작아지면 급격하게 증가한다.

② 준거측정치의 신뢰도

어떤 검사의 준거타당도 계산을 위해 사용한 준거측정치의 신뢰도는 그 검사의 타당도 계수에 영향을 미친다. 즉, 준거측정치의 신뢰도가 낮으면 검사의 준거타당도도 낮아지게 된다.

③ 준거측정치의 타당도

준거측정도구가 개념준거의 내용을 충분히 반영하지 못하는 경우를 '준거결핍(Criterion Deficiency)'이라 하고, 개념준거와 관련이 없는 내용을 포함하고 있는 경우를 '준거오염(Criterion Contamination)'이라 하는데, 이를 합쳐서 '준거왜곡(Criterion Distortion)'이라고 한다. 이러한 준거왜곡이 준거측정치의 타당도에 영향을 미친다.

④ 범위제한

준거타당도 계산을 위해 얻은 자료들이 검사 점수와 준거 점수의 전체범위를 포괄하지 않고 일부만을 포괄하는 경우, 상관계수의 크기는 실제 상관계수보다 작게 된다.

1 문항분석

(1) 의 의

① 문항분석은 검사의 각 문항들에 대한 응답을 분석함으로써 문항의 난이도나 변별도, 추측도 등에 관한 자료를 얻는 것이다.

② 검사개발에서 문항분석이 중요한 이유는 그 과정을 통해 검사의 길이를 줄일 수 있을 뿐만 아니라 검사의 신뢰도와 타당도를 높일 수 있기 때문이다.

③ 만약 어떤 문항을 제거한 나머지 문항들로 구성한 검사의 신뢰도가 해당 문항을 포함한 신뢰도보다 높다면, 해당 문항은 제거하는 것이 신뢰도에 도움이 된다.

(2) 주요 개념

① **문항의 난이도 혹은 곤란도(Item Difficulty)**

㉠ 문항의 쉽고 어려운 정도를 나타내는 것으로서, 총 피험자 중 정답을 맞힌 피험자의 비율 혹은 해당 문항에 정답을 제시할 확률을 의미한다.

㉡ 일반적으로 한 문항에 대해 올바르게 응답한 사례 수를 총 사례 수의 백분율로 표시한다.

② **문항의 변별도(Item Discrimination)**

㉠ 어떤 평가의 개개 문항이 해당 검사에서 높은 점수를 얻은 사람과 낮은 점수를 얻은 사람을 식별 또는 구별해 줄 수 있는 변별력을 의미한다.

㉡ 특정 문항에 대해 총점이 높은 응답자들이 대부분 맞게 답하는 반면, 총점이 낮은 응답들이 대부분 틀리게 답을 했다면, 해당 문항은 변별력이 높다고 볼 수 있다.

③ **문항의 추측도(Item Guessing)**

㉠ 능력이 전혀 없음에도 불구하고 문항의 답을 맞힐 확률을 의미한다.

㉡ 일반적으로 어려운 문항일수록 피험자들이 능력보다는 추측으로 답을 할 확률이 높아지므로, 문항의 추측도가 상대적으로 높은 문항은 추후 수정하거나 제거해야 한다.

④ **오답의 능률도(Effectiveness of Distractors)**

㉠ 선다형 문항에서 오답지(교란지)가 정답지처럼 보여 응답자로 하여금 오답지를 정답으로 선택할 수 있는 가능성을 의미한다.

㉡ '오답의 매력도(Attractiveness of Distractors)'라고도 하며, 문항반응분포(Item Response Distribution)를 작성하는 절차를 거치게 된다.

(3) 문항 난이도의 수준

① 문항 난이도는 전체 응답자 중 특정 문항을 맞힌 사람들의 비율로서 보통 'P'로 표시한다.

② 문항 난이도 지수는 0.00에서 1.00 사이의 값을 가지며, 문항 난이도 지수가 높을수록 쉬운 문제이다.

③ 문항이 너무 쉽거나 너무 어려운 경우 검사 점수의 변량이 낮아져서 검사의 신뢰도나 타당도가 낮아진다.

④ 문항 난이도가 0.50일 때 검사 점수의 분산도(Variability)가 최대가 된다. 이는 문항마다 문항을 맞히는 사람들이 반, 못 맞히는 사람들이 반일 때 그만큼 사람들의 전체 점수에서 변화폭이 클 가능성이 많아짐을 의미한다.

⑤ 문항 난이도는 성취검사나 적성검사와 같이 정답이 있는 사지선다형의 문항분석에서 주로 사용된다.

2 검사의 개발

(1) 검사 개발의 일반적인 과정

검사의 사용목적 파악 → 구성개념을 대표하는 행동 파악 → 범주별 상대적 중요도 결정 → 문항개발 → 문항검토 → 사전검사 실시 → 검사 실시 → 자료분석 → 검사의 규준화 → 발행 및 수정(개정)

(2) 심리적 구성개념을 대표하는 행동을 파악하기 위한 주요 방법

내용분석	개방형 질문을 통해 사람들에게 측정하려는 구성개념과 관련이 있다고 생각되는 행동들을 자유롭게 작성하도록 한 후, 그 반응들을 몇 개의 범주로 구분한다.
관찰법	검사 개발자가 직접관찰을 통해 심리적 구성개념과 관련 있는 행동을 파악한다.
문헌연구	현재 측정하려는 심리적 구성개념과 관련된 내용을 다루는 기존 문헌들을 참고하여 검사의 주요 행동범주에 관한 정보를 획득한다.

(3) 심리검사에서 흔히 사용되는 전통적 척도화 방식

응답자 중심 방식	문항은 척도화하지 않고 직접적으로 응답자만을 척도화하는 데 중점을 둔다. 예 리커트(Likert)의 총화평정척도
자극 중심 방식	응답자들을 척도화하기 이전에 문항을 먼저 척도화하는 데 중점을 둔다. 예 서스톤(Thurstone)의 등현등간척도
반응 중심 방식	응답자와 문항을 동시에 척도화하는 데 중점을 둔다. 예 거트만(Guttman)의 누적척도

1 객관적 검사와 투사적 검사

(1) 객관적 검사

① 객관적 검사(Objective Tests)는 검사과제가 구조화되어 있으므로 '구조적 검사(Structured Tests)'라고도 한다.

② 검사에서 제시되는 문항의 내용이나 그 의미가 객관적으로 명료화되어 있으므로 모든 사람에게서 동일한 방식의 해석이 내려질 것을 기대하는 검사이다.

③ 객관적 검사의 목적은 개인의 독특성을 측정하기보다는 개인마다 공통적으로 지니고 있는 특성이나 차원을 기준으로 하여 개인들을 상대적으로 비교하는 데 있다.

④ 선다형이나 '예/아니요' 등의 질문지를 이용한 객관적 형태의 자기보고식 검사가 심리검사에 많이 사용된다.

⑤ 한국판 성인용 웩슬러 지능검사(K-WAIS), 미네소타 다면적 인성검사(MMPI), 마이어스-브릭스 성격유형검사(MBTI), 기질 및 성격검사(TCI), 16성격 요인검사(16PF) 등이 해당한다.

(2) 투사적 검사

① 투사적 검사(Projective Tests)는 비구조적 검사 과제를 제시하여 개인의 다양한 반응을 무제한적으로 허용하므로 '비구조적 검사(Unstructured Test)'라고도 한다.

② 검사자극 내용을 불분명하게 함으로써 막연한 자극을 통해 수검자가 자신의 내면적인 욕구나 성향을 외부에 자연스럽게 투사할 수 있도록 유도한다.

③ 투사적 검사는 검사 지시 방법이 간단하고 일반적인 방식으로 주어지며, 개인의 독특한 심리적 특성을 측정하는 데 주목적을 둔다.

④ 로샤 검사(Rorschach Test/Rorschach Inkblot Test), 주제통각검사(TAT), 집-나무-사람 그림검사(HTP), 문장완성검사(SCT), 문장완성검사(ISB), 인물화 검사(Draw-A-Person) 등이 해당한다.

COMMENT

'ISB(Incomplete Sentences Blank)'는 '문장완성검사' 혹은 '불완전문장검사'라고도 불립니다. 수검자에게 문장 줄기만을 제시하여 수검자로 하여금 자신의 언어로 문장을 완성하도록 하는 투사적 검사입니다.

(3) 객관적 검사와 투사적 검사의 장·단점 비교

구 분	객관적 검사	투사적 검사
장 점	• 신뢰도와 타당도 수준이 비교적 높음 • 검사의 시행·채점·해석이 용이함 • 검사자나 상황변인의 영향을 덜 받음 • 검사자의 주관성이 배제되어 객관성이 보장됨	• 수검자의 독특한 반응을 이끌어냄 • 수검자의 방어적 반응이 어려우므로 솔직한 응답이 유도됨 • 수검자의 풍부한 심리적 특성 및 무의식적 요인이 반영됨
단 점	• 사회적 바람직성*, 반응 경향성*, 묵종 경향성*에 영향을 받음 • 수검자의 감정이나 신념, 무의식적 요인을 다루는 데 한계가 있음 • 문항 내용 및 응답의 범위가 제한됨	• 신뢰도와 타당도의 검증이 어려움 • 검사의 채점 및 해석에 있어서 높은 전문성이 요구됨 • 검사자나 상황변인의 영향을 받아 객관성이 결여됨

* 참고
• 사회적 바람직성(Social Desirability) : 수검자가 본래의 자기 모습이 아닌 사회적으로 바람직한 방향으로 반응함
• 반응 경향성(Orientation) : 수검자가 자신의 취향이나 의도에 따라 일정한 흐름으로 반응함
• 묵종 경향성(Acquiescence) : 수검자가 문항 내용과 상관없이 일괄적으로 '네' 또는 '아니요'로 반응함

2 심리검사의 시행

(1) 심리검사의 일반적인 시행 과정

① 제1단계 – 심리검사의 선택

검사자는 다양한 심리검사의 내용 및 특징 등에 대한 정확한 정보를 토대로 검사 내용상 검사 목적에 가장 잘 부합하는 심리검사를 선택한다.

② 제2단계 – 검사요강에 대한 이해

검사요강에는 해당 심리검사의 목적, 특징, 개발 배경 및 과정, 검사 및 문항의 형식, 검사의 실시·채점·해석에 관한 사항, 검사양호도 및 문항양호도 등에 대한 사항들이 기록되어 있다.

③ 제3단계 – 검사에 대한 동기화

검사에 대한 동기화는 수검자가 심리검사를 받을 준비상태에 놓이는 것을 의미한다. 검사자는 수검자의 심리검사에 대한 거부감을 해소하여 수검자로 하여금 심리검사에 적극적으로 참여하도록 유도한다.

④ 제4단계 – 검사의 실시

검사자는 검사요강에 제시된 검사 실시 관련 정보들을 숙지한 채 실제 검사장면에서 다양한 조건들을 정확하게 적용한다.

⑤ 제5단계 – 검사의 채점

검사자는 특히 단답형 문항과 자유반응형 문항이 혼용되어 있는 검사의 경우 검사요강에 제시된 기준을 충실히 이행함으로써 객관성을 유지하도록 노력해야 한다.

⑥ 제6단계 – 검사 결과에 대한 해석

검사자는 수검자 개인의 심리검사 결과를 보다 정확하게 해석하기 위해 사전에 백분위와 표준점수 체계 등 전문적 지식을 보유하고 있어야 한다.

(2) 심리검사 선택 시 고려사항

① 검사의 사용여부

상담자는 평가검사지의 적절성 및 유용성을 결정하기 이전에 검사를 하려는 내담자의 목적을 완전히 탐색할 필요가 있다.

② 내담자의 목표 및 특성과 연관된 검사도구의 심리측정적 속성

상담자는 검사도구의 신뢰도 및 타당도, 적합성 등을 평가하며, 그 밖에 검사비용, 검사의 가독성, 검사받는 시간 및 채점의 용이성 등 다양한 기술적 특성들을 고려해야 한다.

③ 검사선택에 내담자 포함시키기(내담자와 함께 검사를 선택하기)

상담자가 선택과정에 내담자를 개입시키기 위해서는 내담자에게 도움이 되고 유용할 것으로 판단되는 적당한 도구를 제안할 수 있어야 하며, 검사를 통해 알 수 있는 결과의 유형을 명확히 기술할 수 있어야 한다.

(3) 심리검사 결과 해석 시 유의사항

① 검사결과를 내담자에게 이야기해 줄 때 가능한 한 이해하기 쉬운 언어를 사용한다.

② 해석에 대한 내담자의 반응을 고려한다.

③ 내담자의 방어를 최소화하기 위해 중립적이고 무비판적인 자세를 견지한다.

④ 상담자의 주관적 판단은 배제하고 검사점수에 대하여 중립적인 입장을 취한다.

⑤ 내담자에게 검사점수를 그대로 전하기보다는 진점수의 범위를 말해주는 것이 좋다.

⑥ 검사가 측정하는 것이 무엇이고, 측정하지 않는 것이 무엇인지를 명확히 제시한다.

⑦ 검사결과에 대해 객관적이고 표준화된 자료를 활용하여 설명해 준다.

⑧ 검사결과를 상담자가 일방적으로 해석하기보다 내담자와 함께 해석함으로써 내담자 스스로 자신의 진로를 결정할 수 있도록 돕는다.

(4) 심리검사 결과 통보 시 유의사항

① 검사결과를 기계적으로 전달하지 않으며, 적절한 해석을 담은 설명과 함께 전달한다.

② 내담자가 검사결과로 도출된 결론을 오해하지 않도록 주의를 기울인다.

③ 내담자의 교육수준, 지식수준 등은 물론 검사결과의 통보에 따른 정서적 반응까지 고려한다.

④ 검사결과를 상담의 한 부분으로 간주하고 상담자-내담자 관계 속으로 끌어들인다.

⑤ 검사결과를 내담자의 특정 문제에 대한 설명이나 해결책으로 활용한다.

(5) 심리검사 사용의 윤리적 문제에 관한 유의사항

① 평가기법을 이용할 때 그에 대해 고객에게 충분히 설명해 주어야 한다.

② 새로운 기법을 개발하고 표준화할 때 기존의 과학적 절차를 충분히 따라야 한다.

③ 평가 결과를 보고할 때 신뢰도 및 타당도에 관한 모든 제한점을 지적한다.

④ 평가 결과가 시대에 뒤떨어질 수 있음을 인정한다.

⑤ 검사 사용 과정과 프로그램의 타당도에 대한 적절한 증거를 갖출 수 있도록 한다.

⑥ 적절한 훈련이나 교습, 후원이나 감독을 받지 않은 사람들이 심리검사 기법을 이용하지 않도록 한다.

1 지능검사

(1) 지능의 개념

① 지능에 대한 정의는 학자들에 따라 다양하게 제시되고 있으며, 일반적으로 학습능력, 적응능력, 추상적 사고능력 등 독특한 능력을 대변하는 심리적 구성물로 간주된다.

② 지능검사는 인지적 검사에 해당하는 것으로서 개인의 지적인 능력 수준을 평가하며, 인지기능의 특성을 파악할 수 있도록 한다.

(2) 유동성 지능과 결정성 지능(Cattell)

카텔(Cattell)은 성인기에 지능이 쇠퇴한다고 단정지었던 과거의 관점에 수정을 가하였으며, 인간의 지능을 '유동성(유동적) 지능(Fluid Intelligence)'과 '결정성(결정적) 지능(Crystallized Intelligence)'으로 구분하였다.

유동성 지능 (유동적 지능)	• 개인의 독특한 신체구조와 과정에 기초한 선천적인 지능이다. • 익숙지 않은 자극에 직면할 때 즉각적인 적응력과 융통성을 활용하여 문제를 해결하는 능력이다. • 뇌손상이나 정상적인 노령화에 따라 감소하며, 특히 14세까지는 지속적으로 발달되다가 대략 22세 이후 급격히 감소된다.
결정성 지능 (결정적 지능)	• 유동성 지능을 바탕으로 개인의 문화적·교육적 경험에 따라 영향을 받는 지능이다. • 이전의 훈련, 교육, 문화적인 자극을 통해 개발된 지적 능력이다. • 환경에 따라 대략 40세까지 혹은 그 이후에도 발전 가능한 지능이다.

(3) 비율지능지수와 편차지능지수

비율지능지수 (Ratio IQ)	• 개인의 지적능력을 정신연령(MA ; Mental Age)과 생활연령 또는 신체연령(CA ; Chronological Age)의 비율로써 나타내는 것이다. • 생활연령의 지속적인 증가에도 불구하고 정신연령은 대략 15세 이후로 증가하지 않는다는 사실을 간과함으로써 15세 이후의 청소년이나 성인을 대상으로 하는 검사로는 부적합하다. $$비율지능지수(RIQ) = \frac{정신연령(MA)}{생활연령(CA)} \times 100$$
편차지능지수 (Deviation IQ)	• 개인의 어떤 시점의 지능 수준을 동일 연령대 집단의 평균치와 대조하여 그 이탈된 정도를 통해 상대적인 위치로써 나타내는 것이다. • 편차는 지능지수의 분포형태와 관련된 것으로서, 편차지능지수는 연령의 차이에 의해 점수가 변하지 않는다. 즉, 어떤 사람의 10세 때 지능지수가 학습경험의 향상으로 인해 20세에 이르러 상승하지 않는다는 것이다.

편차지능지수 (Deviation IQ)	• 일반적으로 표준편차를 '15' 또는 '16'으로 사용한다.
	$$편차지능지수(DIQ) = 15 \times \frac{개인점수 - 해당\ 연령규준의\ 평균}{해당\ 연령규준의\ 표준편차} + 100$$

(4) 한국판 웩슬러 성인용 지능검사(K-WAIS ; Korean Wechsler Adult Intelligence Scale)

① 내담자의 직무능력을 언어성 능력과 동작성 능력으로 구분하여 분석하는 대표적인 검사이다.

② 반응 양식이나 검사행동 양식으로 개인의 독특한 심리 특성도 파악할 수 있다.

③ 편차지능지수 방식을 사용하며, 평균 100, 표준편차 15를 적용하여 산출한다.

④ 신뢰도와 타당도가 높다.

⑤ 언어성 검사와 동작성 검사로 대별되며, 총 11개의 하위검사(소검사)로 구성되어 있다.

언어성 검사(Verbal)	동작성 검사(Performance)
• 기본지식(Information) • 숫자 외우기(Digit Span) • 어휘문제(Vocabulary) • 산수문제(Arithmetic) • 이해문제(Comprehension) • 공통성 문제(Similarity)	• 빠진 곳 찾기(Picture Completion) • 차례 맞추기(Picture Arrangement) • 토막짜기(Block Design) • 모양 맞추기(Object Assembly) • 바꿔쓰기(Digit Symbol)

 더 알아보기

한국판 웩슬러 성인용 지능검사 제4판(K-WAIS-IV)

2012년에 우리말로 개정·번안된 것으로서, 기존 1992년에 번안된 원판과는 그 구성에 있어서 차이를 보이고 있다. 특히 언어이해, 지각추론, 작업기억, 처리속도 등 4요인 구조에 대한 측정이 이루어지며, 소검사는 핵심 소검사와 보충 소검사로 구분된다.

언어이해 (Verbal Comprehension)	• 공통성(Similarity) • 어휘(Vocabulary) • 상식(Information) • 이해-보충(Comprehension)
지각추론 (Perceptual Reasoning)	• 토막짜기(Block Design) • 행렬추론(Matrix Reasoning) • 퍼즐(Visual Puzzles) • 무게비교-보충(Figure Weights) • 빠진 곳 찾기-보충(Picture Completion)
작업기억 (Working Memory)	• 숫자(Digit Span) • 산수(Arithmetic) • 순서화-보충(Letter-Number Sequencing)
처리속도 (Processing Speed)	• 동형찾기(Symbol Search) • 기호쓰기(Coding) • 지우기-보충(Cancellation)

2 성격검사

(1) 성격의 개념

① 성격에 대한 정의는 학자들에 따라 다양하게 제시되고 있다. 특히 올포트(Allport)는 "환경에 대한 한 개인의 독특한 적응방식을 결정하는 정신적·물리적 제 조직의 역동적 체제"로 규정하였으며, 힐가드(Hilgard)는 "환경에 독자적으로 적응하도록 하게 하는 개인의 특성이나 행동양식의 전체적 통합체"로 정의하였다.

② 일반적으로 성격에는 개인의 욕구, 자아개념, 성취동기, 포부수준, 대인관계 등 다양한 요인들이 포함되어 작용한다.

(2) 16성격 요인검사(16PF ; Sixteen Personality Factor Questionnaire)

① 1949년 카텔(Cattell)이 자신의 성격이론을 입증하기 위해 고안한 검사도구이다.

② 성격 특성과 연관된 4,500여 개의 개념들에서 최소한의 공통요인으로 추출한 16개의 요인을 토대로 정상인의 성격을 측정한다.

16성격 요인검사(16PF)의 16가지 요인

- 온정성(Warmth)
- 추리력(Reasoning)
- 정서적 안정성(Emotional Stability)
- 지배성(Dominance)
- 쾌활성(Liveliness)
- 규칙 준수성(Rule Consciousness)
- 대담성(Social Boldness)
- 예민성(Sensitivity)

- 불신감(Vigilance)
- 추상성(Abstractedness)
- 개인주의(Privateness)
- 걱정(Apprehension)
- 변화 개방성(Openness to Change)
- 독립성(Self-reliance)
- 완벽주의(Perfectionism)
- 긴장감(Tension)

COMMENT

16성격 요인검사(16PF)의 16가지 요인은 교재마다 약간씩 다르게 번역되고 있습니다. 그 이유는 16PF가 수차례 작고 큰 개정 과정을 거친데다가, 16PF 원판을 충실히 따른 표준화된 한국판이 없기 때문입니다.

(3) 성격 5요인(Big-5) 검사

① 1981년 골드버그(Goldberg)는 기존의 다양한 학자들에 의해 시도된 성격 5요인 모델을 새롭게 발전시켰으며, 이를 'Big Five(Big-5)'라는 명칭으로 불렀다.

② 성격 5요인은 몇몇 학자들에 의해 검사도구로 개발되었으며, 특히 코스타와 맥크레이(Costa & McCrae)가 이를 토대로 NEO 인성검사(NEO-PI ; NEO Personality Inventory)를 개발하였다.

③ 성격 5요인은 다음과 같이 성격의 5가지 차원을 제시하고 있다.

외향성 (Extraversion)	타인과의 상호작용을 원하고 타인의 관심을 끌고자 하는 정도를 측정한다.
호감성 또는 친화성 (Agreeableness, Likability)	외향성과 함께 대인관계적인 양상과 밀접한 관련이 있는 것으로서, 타인과 편안하고 조화로운 관계를 유지하는 정도를 측정한다.
성실성 (Conscientiousness)	사회적 규칙, 규범, 원칙 등을 기꺼이 지키려는 정도를 측정한다.
정서적 불안정성 (Neuroticism, Negative Affectivity)	정서적으로 얼마나 안정되어 있고 자신이 세상을 얼마나 통제할 수 있으며, 세상이 위협적이지 않다고 느끼는 정도를 측정한다.
경험에 대한 개방성 (Openness to Experience)	자기 자신을 둘러싼 세계에 대한 관심 및 호기심, 다양한 경험에 대한 추구 및 포용성 정도를 측정한다.

(4) 마이어스-브릭스 성격유형검사(MBTI ; Myers-Briggs Type Indicator)

① 융(Jung)의 분석심리학에 의한 심리유형론을 토대로 고안된 자기보고식의 강제선택 검사이다.

② 내담자가 선호하는 작업역할, 기능, 환경을 찾아내는 데 유용하다.

③ 다음의 4가지 양극차원(선호지표)으로 응답자를 분류한다.

외향형(E)/내향형(I)	에너지의 방향(세상에 대한 일반적인 태도)
감각형(S)/직관형(N)	인식기능(지각적 또는 정보수집적 과정)
사고형(T)/감정형(F)	판단기능(정보의 사정 또는 판단 과정)
판단형(J)/인식형(P)	생활양식 또는 이행양식(정보 박탈)

(5) 미네소타 다면적 인성검사(MMPI ; Minnesota Multiphasic Personality Inventory)

① 하더웨이와 매킨리(Hathaway & McKinley)가 고안한 것으로, 정신건강에 문제가 있는 사람을 측정하고 구별하기 위해 사용하는 자기보고식 검사이다.

② 검사의 일차적 목적은 정신과적 진단분류이지만, 일반적 성격특성에 관한 유추도 어느 정도 가능하다.

③ 20C 초반 대다수의 심리검사들이 이론적·논리적 제작방법에 의해 고안된 반면, MMPI는 실제 환자들의 반응을 토대로 경험적 제작방법에 의해 만들어졌다.

④ 객관형 검사도구이지만 임상가의 풍부한 경험이 결과 해석에 있어서 매우 중요하다.

⑤ 원점수를 T점수로 환산하여 평가하며, 이때 T점수는 평균이 50, 표준편차가 10이 되도록 Z점수를 변환한 점수에 해당한다. 특히 70T는 평균보다 2표준편차 높은 것을 의미하며, 수검자가 특정 척도에서 70T 이상을 나타낸 경우 해당 척도와 관련하여 임상적으로 유의미한 증상을 가진 것으로 볼 수 있다.

⑥ 수검자의 수검태도(검사태도)를 측정하는 4가지 타당도(타당성) 척도와 주요 비정상행동을 측정하는 10가지 임상 척도로 이루어진다.

타당도 척도	• ? 척도(무응답 척도, Cannot Say) • L척도(부인 척도, Lie) • F척도(비전형 척도, Infrequency) • K척도(교정 척도, Correction)
임상척도	• 척도 1 - 건강염려증(Hs ; Hypochondriasis) • 척도 2 - 우울증(D ; Depression) • 척도 3 - 히스테리(Hy ; Hysteria) • 척도 4 - 반사회성(Pd ; Psychopathic Deviate) • 척도 5 - 남성성-여성성(Mf ; Masculinity-Femininity) • 척도 6 - 편집증(Pa ; Paranoia) • 척도 7 - 강박증(Pt ; Psychasthenia) • 척도 8 - 정신분열증(Sc ; Schizophrenia) • 척도 9 - 경조증(Ma ; Hypomania) • 척도 0 - 내향성(Si ; Social Introversion)

3 적성검사

(1) 적성의 개념

① 적성은 어떤 과제나 임무를 수행하는 데 있어서 개인에게 요구되는 특수한 능력이나 잠재력을 의미한다.

② 일반적으로 적성은 개인이 가지고 있는 일반능력으로서 지능과 구분되는 특수한 능력을 말한다.

③ 적성은 개인이 어떤 직업에서 얼마만큼 그 직무를 성공적으로 수행할 수 있을지를 예측해 주는 요인이 된다.

(2) 일반적성검사 또는 일반 직업적성검사(GATB ; General Aptitude Test Battery)

① 검사의 구성

㉠ 미국 노동청 고용위원회에서 개발한 검사를 토대로 표준화한 것으로서 여러 특수검사를 포함하고 있다.

㉡ 모두 15개의 하위검사를 통해 9가지 분야의 적성을 측정할 수 있도록 제작된 것으로서, 15개의 하위검사 중 11개는 지필검사이고 4개는 기구검사(수행검사 또는 동작검사)이다.

㉢ 다양한 직업에 필요한 인간의 능력을 9가지 영역으로 구분하여 측정한다.

㉣ 2~3개의 적성분야를 조합해서 15개의 직무군을 제공한다.

㉤ 현재 국내의 GATB는 검사의 타당화에 대한 연구가 별로 없어서 타당도에 대한 증거가 미흡하다.

② GATB의 하위검사별 검출되는 적성요인

GATB는 하위검사들을 조합해서 모두 9개의 적성을 검출해 내도록 되어 있다.

측정방식	하위검사명	검출되는 적성요인
지필검사	기구대조검사	형태지각(P)
	형태대조검사	
	명칭비교검사	사무지각(Q)
	타점속도검사	운동반응(K)
	표식검사	
	종선기입검사	
	평면도판단검사	공간적성(S)
	입체공간검사	공간적성(S), 지능(G)
	어휘검사	언어능력(V), 지능(G)
	산수추리검사	수리능력(N), 지능(G)
	계수검사	수리능력(N)
기구검사 (수행검사)	환치검사	손의 재치(M)
	회전검사	
	조립검사	손가락 재치(F)
	분해검사	

③ GATB에서 측정하는 직업적성(검출 적성)의 측정 내용

검출 적성	측정 내용
지 능 (G ; General Intelligence) 또는 일반학습능력 (G ; General Learning Ability)	일반적인 학습능력 및 원리이해 능력, 추리·판단능력
언어능력 또는 언어적성 (V ; Verbal Aptitude)	언어의 뜻과 함께 그와 관련된 개념을 이해하고 사용하는 능력
수리능력 또는 수리적성 (N ; Numerical Aptitude)	신속하고 정확하게 계산하는 능력
사무지각 (Q ; Clerical Perception)	문자나 인쇄물, 전표 등의 세부를 식별하는 능력
공간적성 (S ; Spatial Aptitude)	공간상의 형태를 이해하고 평면과 물체의 관계를 이해하는 능력
형태지각 (P ; Form Perception)	실물이나 도해 또는 표에 나타나는 것을 세부까지 바르게 지각하는 능력
운동반응 또는 운동협응 (K ; Motor Coordination)	눈과 손 또는 눈과 손가락을 함께 사용하여 빠르고 정확하게 운동할 수 있는 능력
손가락 재치 또는 손가락 정교성 (F ; Finger Dexterity)	손가락을 정교하고 신속하게 움직이는 능력
손의 재치 또는 손 정교성 (M ; Manual Dexterity)	손을 마음대로 정교하게 조절하는 능력

4 흥미검사

(1) 흥미의 개념

① 흥미는 어떤 종류의 활동 또는 사물에 대해 특별한 관심이나 주의를 가지게 하는 개인의 일반화된 행동경향을 말한다.

② 개인이 잠재적으로 가치 있다고 생각하는 것에 주의를 기울이고 그것을 향해 나아가려는 일반적인 정서적 특성을 의미한다.

③ 흥미검사는 이론이나 경험적 근원을 떠나서 특정 직업 활동에 대한 호오(好惡)나 선호를 측정하기 위해 만들어진 것이다.

(2) 직업흥미검사의 주요 종류

직업흥미검사는 기존 직업인들의 직업선호도와 개인의 직업선호도의 일치 정도를 판단하는 스트롱(Strong) 방식, 특정 직업군에서 나타나는 동질적 내용의 활동들을 토대로 개인의 직업선호도를 판단하는 쿠더(Kuder) 방식, 그리고 사람들의 성격과 직업 활동의 유형을 분석하는 홀랜드(Holland) 방식으로 분류할 수 있다.

① 스트롱과 캠벨(Strong & Campbell)이 개발한 스트롱-캠벨 흥미검사(SCII ; Strong-Campbell Interest Inventory)

② 쿠더와 다이아몬드(Kuder & Diamond)가 개발한 쿠더 직업흥미검사(KOIS ; Kuder Occupational Interest Survey)

③ 홀랜드의 직업선택이나 적응이론을 기반으로 한 자기방향탐색 혹은 자가흥미탐색(SDS ; Self Directed Search), 직업선호도검사(VPI ; Vocational Preference Inventory), 경력의사결정검사(CDM ; Career Decision Making System) 등

(3) Strong 진로탐색검사

① 광범위한 영역의 흥미 탐색을 통한 포괄적 흥미영역 규명 및 계열선택, 진학계획 수립의 기초자료를 제공하기 위한 목적으로 개발되었다.

② '1부 진로성숙도검사'와 '2부 직업흥미검사'로 구성되어 있다.

진로성숙도검사(1부)	진로정체감, 가족일치도, 진로준비도, 진로합리성, 정보습득률 등을 측정한다.
직업흥미검사(2부)	직업, 활동, 교과목, 여가활동, 능력, 성격특성 등에 대한 문항을 통해 학생들의 흥미유형을 포괄적으로 파악한다.

(4) Strong 직업흥미검사

미국의 스트롱 흥미검사(SII ; Strong Interest Inventory)의 한국판으로서, 개인의 흥미영역 세분화에 초점을 두고 보다 구체적인 직업탐색 및 경력개발 등에 효과적으로 사용할 수 있도록 만들어졌다.

① 일반직업분류(GOT ; General Occupational Themes)

홀랜드(Holland)의 직업선택이론에 의한 6가지 주제(RIASEC)로 구성되어 있으며, 수검자의 흥미에 대한 포괄적인 전망과 함께 그 속에 내재된 보편적인 패턴을 측정한다.

② 기본흥미척도(BIS ; Basic Interest Scales)

일반직업분류(GOT)를 특정한 흥미들로 세분화한 것으로서, 수검자의 특정한 활동이나 주제에 대한 흥미도를 측정한다.

③ 개인특성척도(PSS ; Personal Style Scales)

업무 유형(Work Style), 학습 유형(Learning Environment), 리더십 유형(Leadership Style), 모험심 유형(Risk Tasking/Adventure)의 4개 척도를 통해 일상생활과 일의 세계에서 어떠한 방식을 개인이 선호하고 편안하게 느끼는지 측정한다.

(5) 직업선호도검사(VPI ; Vocational Preference Inventory)

① 홀랜드(Holland)의 성격검사를 표준화하여 특정 직업 활동에 대한 선호도를 측정하기 위해 고안된 검사이다.

② 워크넷 제공 직업선호도검사는 L(Long)형과 S(Short)형으로 구분된다. L형은 내담자가 어느 정도 시간적인 여유가 있는 상태에서 보다 상세한 정보를 얻고자 할 때 실시하는 반면, S형은 시간적인 여유가 없을 때 또는 필요한 정보만을 얻고자 할 때 실시한다.

③ L형은 (직업)흥미검사, 성격검사, 생활사검사로 구성되는 반면, S형은 진로 및 직업상담 장면에서 가장 많이 활용되는 홀랜드의 흥미이론을 기초로 한 흥미검사만으로 구성된다.

(직업)흥미검사	• 홀랜드(Holland)의 모형을 기초로 한 것으로, 개인으로 하여금 적합한 직업선정을 하도록 돕는다. • 직업흥미유형을 크게 현실형, 탐구형, 예술형, 사회형, 진취형, 관습형으로 분류한다.
성격검사	• 일상생활 속에서 나타나는 개인의 성향을 측정한다. • 개인의 성격특성을 5가지 요인, 즉 외향성, 호감성(친화성), 성실성, 정서적 불안정성, 경험에 대한 개방성으로 분류한다.
생활사검사	• 개인의 과거 또는 현재의 생활특성을 통해 직업선택 시 고려될 수 있는 정보를 제공한다. • 개인의 생활경험을 9가지 요인, 즉 대인관계지향, 독립심, 가족친화, 야망, 학업성취, 예술성, 운동선호, 종교성, 직무만족으로 분류한다.

5 진로성숙검사

(1) 진로성숙의 개념

① 진로성숙에 대한 정의는 학자들에 따라 다양하게 제시되고 있다. 특히 수퍼(Super)는 "한 개인이 속해 있는 연령단계에서 이루어야 할 직업적 발달과업에 대한 준비도"로 보는 반면, 크라이티스(Crites)는 "동일한 연령층의 학생들과의 비교를 통해 나타나는 상대적인 직업준비 정도"로 개념화하고 있다.

② 진로성숙은 자아의 이해, 일과 직업세계의 이해를 토대로 자신의 진로계획과 진로선택을 통합·조정해 나아가는 발달단계의 연속이다.

③ 각 발달단계마다 수행해야 할 발달과업이 있는데, 이러한 발달과업의 인지 및 수행 여부를 파악하고, 이를 통해 다음 단계로의 발달을 촉진 및 이해하는 데 중요한 조건으로 간주된다.

④ 진로성숙이 진로의 계획과 선택이란 점에서, 직업성숙이 직업의 선택과 결정이란 점에서 차이가 있을 뿐 이 둘의 측정하는 준거는 거의 유사하다.

(2) 진로성숙도검사(CMI ; Career Maturity Inventory)

① 크라이티스(Crites)가 개발한 것으로서, 초등학교 6학년부터 고등학교 3학년을 대상으로 표준화한 검사도구이다.

② 진로탐색 및 직업선택에 있어서 태도 및 능력이 얼마나 발달하였는지를 측정하는 표준화된 진로발달 검사도구이다(주의 : 직업적응이론과 관련하여 개발된 검사도구가 아님).

③ 태도척도(Attitude Scale)와 능력척도(Competence Scale)로 구성되며, 진로선택 내용과 과정이 통합적으로 반영되었다. 특히 태도척도에는 선발척도(Screening Form)와 상담척도(Counseling Form) 2가지가 있다.

태도척도	• 결정성(Decisiveness) : 선호하는 진로의 방향에 대한 확신의 정도 예 "나는 선호하는 진로를 자주 바꾸고 있다." • 참여도 또는 관여도(Involvement) : 진로선택 과정에의 능동적 참여의 정도 예 "나는 졸업할 때까지는 진로선택 문제에 별로 신경을 쓰지 않겠다." • 독립성(Independence) : 진로선택을 독립적으로 할 수 있는 정도 예 "나는 부모님이 정해 주시는 직업을 선택하겠다." • 지향성 또는 성향(Orientation) : 진로결정에 필요한 사전이해와 준비의 정도 예 "일하는 것이 무엇인지에 대해 생각한 바가 거의 없다." • 타협성(Compromise) : 진로선택 시 욕구와 현실에 타협하는 정도 예 "나는 하고 싶기는 하나 할 수 없는 일을 생각하느라 시간을 보내곤 한다."
능력척도	• 자기평가(Self-appraisal) : 자신의 성격, 흥미, 태도를 명확히 지각하고 이해하는 능력 • 직업정보(Occupational Information) : 직업세계에 대한 지식, 고용에 관한 정보 등을 획득·평가하는 능력 • 목표선정(Goal Selection) : 자아와 직업세계에 대한 지식을 토대로 합리적인 직업선택을 하는 능력 • 계획(Planning) : 직업목표 선정 후 이를 달성하기 위한 계획을 수립하는 능력 • 문제해결(Problem Solving) : 진로선택이나 의사결정 과정에서 경험하는 다양한 문제들을 해결하는 능력

(3) 진로발달검사 또는 경력개발검사(CDI ; Career Development Inventory)

① 수퍼(Super) 진로발달의 이론적 모델에 근거한 검사이다(주의 : Holland의 모델에 근거한 검사가 아님).

② 진로발달 및 직업성숙도, 진로결정을 위한 준비도, 경력관련 의사결정에 대한 참여 준비도 등을 측정하기 위한 것이다.

③ 개인상담 시 분석적 자료 및 예언적 정보를 제공하며, 상담을 필요로 하는 특별영역을 찾아내는 데 유용하다. 또한 진로교육 프로그램의 시행결과를 측정하기 위한 도구로도 유용하다.

④ CDI는 다음과 같이 8개의 하위척도로 구성되어 있다. 그중 5개는 진로발달 특수영역을 측정하기 위해, 나머지 3개는 5개 하위척도 가운데 같은 특성을 측정하는 척도들을 조합하여 만든 것이다.

- CP : 진로계획 또는 경력계획(Career Planning)
- CE : 진로탐색 또는 경력탐색(Career Exploration)
- DM : 의사결정(Decision-making)
- WW : 일의 세계에 대한 정보 또는 직업분야 정보(World of Work Information)
- PO : 선호직업군에 대한 지식(Knowledge of Preferred Occupational Group)
- CDA : 진로발달(경력발달)-태도(Attitude) → CP + CE
- CDK : 진로발달(경력발달)-지식과 기술(Knowledge and Skills) → DM + WW
- COT : 총체적인 진로성향 또는 경력지향성 전반(Career Orientation Total) → CP + CE + DM + WW

---

6 경력진단검사

(1) 경력진단의 개념

① 경력진단은 경력개발상의 문제를 측정하는 것을 말한다.

② 경력검사들은 연구에도 쓰이지만 경력개발이나 경력의사결정 절차를 제한하거나 지연시키는 문제가 무엇인지 결정하는 데 있어서 신뢰로운 것으로 나타났다.

(2) 주요 경력진단검사

① 진로결정척도 또는 경력결정척도(CDS ; Career Decision Scale)

　㉠ 오시포(Osipow)가 본래 상담에서 사용하기 위한 진단적 도구로 설계한 것이나, 고등학생부터 성인을 대상으로 진로 혹은 경력 관련 의사결정 실패에 관한 정보를 제공하기 위해 개발되었다.

　㉡ '확신 또는 확실성(Certainty)'과 '비결정 또는 미결정성(Indecision)'의 2가지 하위척도를 통해 진로 혹은 경력과 관련된 비결정 여부를 추정하고 비결정의 선행단서들을 파악할 수 있도록 한다.

　㉢ 개인의 진로결정에 장애가 되는 요인을 파악하고 교육 및 진로 미결정의 선행요인을 알아내기 위한 목적으로 사용된다.

② 자기직업상황 또는 개인직업상황검사(MVS ; My Vocational Situation)
  ㉠ 홀랜드(Holland) 등이 개발한 것으로, 주로 직업적 정체성 형성여부를 파악하기 위한 것이다.
  ㉡ '직업정체성', '직업정보', '장애'의 3가지 하위척도 점수를 통해 직업선택에 필요한 정보 및 환경, 개인적인 장애
     가 무엇인지 알 수 있다.
③ 경력태도검사 또는 진로신념검사(CBI ; Career Beliefs Inventory)
  ㉠ 크롬볼츠(Krumboltz)가 개발한 것으로, 고등학생부터 성인까지를 대상으로 한다.
  ㉡ 내담자로 하여금 자아인식 및 세계관에 대한 문제를 확인하도록 돕기 위한 것이다. 즉, 내담자의 진로목표 성취
     를 방해할 수 있는 진로신념을 확인할 수 있도록 한다.

COMMENT

여기서 경력진단은 포괄적인 의미로서, 사실상 진로발달이나 경력개발과 관련된 문제들을 측정하는 모든 방법을 일컫습니다.
따라서 앞서 살펴본 진로발달검사 또는 경력개발검사(CDI) 등을 포함한 다양한 검사도구들도 넓은 의미에서 경력진단검사에
포함된다고 볼 수 있습니다.

01 A회사에서는 인사선발 및 배치와 관련하여 심리검사를 실시하고자 한다. 이는 심리검사의 목적 혹은 용도 중 무엇에 해당하는가?

① 예 측   ② 연 구

③ 진 단   ④ 조 사

① 회사에서 인사선발 및 배치를 하는 경우 적성검사나 흥미검사 등과 같은 심리검사를 실시한다. 이때 심리검사는 지원자의 직무선호도, 직무적합도, 직무역량 등을 평가하여 최적의 부서에 배치하기 위함이다. 이와 같은 목적으로 실시하는 심리검사는 지원자 개인의 심리적 특성을 사전에 파악하여 인적자원을 효과적으로 확보 및 관리하기 위한 조직적 차원의 인적자원관리 활동으로 볼 수 있다.

02 다음 중 분류변인(Classification Variable)에 대한 설명으로 옳은 것은?

① 분류는 질적 속성에 대한 가장 높은 수준의 계량화작업이다.

② 연령, 지능, 성격특성, 태도 등과 같이 피험자의 속성에 관한 개인차 변인들을 말한다.

③ 분류변인은 통제가 용이하므로 내적 타당도가 높다.

④ 분류변인을 독립변인으로 사용하면 외적 타당도가 높아진다.

해설

① 분류(Classification)는 질적 속성에 대한 가장 낮은 수준의 계량화작업으로, 이는 측정대상을 속성에 따라 범주별로 분류하는 것이다.
③·④ 분류변인은 통제의 어려움으로 인해 기본적으로 내적 타당도가 낮으며, 특히 이를 독립변인으로 사용하는 경우 외적 타당도가 낮아진다.

03 다음 중 비표준화 검사와 비교할 때 표준화 검사의 특징과 가장 거리가 먼 것은?

① 신뢰도와 타당도가 비교적 높다.

② 검사의 실시와 채점이 객관적이다.

③ 체계적 오차는 있어도 무선적 오차는 없다.

④ 규준집단에 비교해서 수검자의 상대적 위치를 알 수 있다.

③ 체계적 오차(Systematic Error)는 응답자 개인이나 검사 자체의 특성으로 인해 발생하는 오차인 반면, 무선적 오차(Random Error)는 검사 과정에서 통제되지 않은 요인들에 의해 우연하게 발생하는 오차이다. 표준화 검사는 검사제작 과정에서 신뢰도와 타당도 검증이 이루어지고 검사의 실시 · 채점 · 해석이 객관적으로 수행되므로 비표준화 검사에 비해 전반적으로 오차가 적다. 그러나 이와 같은 낮은 오차율은 검사자 변인이나 검사상황 변인에 의한 영향을 적게 받음으로써 나타나는 결과일 뿐 표준화 검사에도 오차는 있기 마련이다.

04 다음 중 직업상담에 사용되는 질적 측정도구에 해당하지 않는 것은?

① 욕구 및 근로 가치 설문　　　　　② 제노그램
③ 카드분류　　　　　　　　　　　④ 역할놀이

① 욕구 및 근로 가치 설문(직업요구 및 가치관 검사)은 양적 측정도구에 해당한다.

05 다음 중 표준편차에 대한 설명으로 옳은 것은?

① 최저점과 최고점의 점수차
② 최빈치와 최소치 간의 점수차의 평균
③ 각 점수들이 평균에서 벗어난 평균면적
④ 평균에서 각 점수들이 평균적으로 이탈된 정도

④ 표준편차(Standard Deviation)는 점수집합 내에서 점수들 간의 상이한 정도, 즉 변숫값이 평균값에서 어느 정도 떨어져 있는지를 나타낸다. 집단의 각 점수들이 평균에서 벗어난 평균거리를 의미하므로, 표준편차가 작을수록 해당 집단의 사례들이 서로 동질적인 것으로, 표준편차가 클수록 해당 집단의 사례들이 서로 이질적인 것으로 볼 수 있다.

06 다음 중 검사 점수의 표준오차에 대한 설명으로 가장 옳은 것은?

① 검사의 표준오차는 클수록 좋다.
② 검사의 표준오차는 검사 점수의 타당도를 나타내는 수치다.
③ 표준오차를 고려할 때 오차 범위 안의 점수 차이는 무시해도 된다.
④ 표준오차와 표준편차는 동일한 개념이다.

③ 표준오차(Standard Error)는 5% 내외의 수치이므로 크건 작건 큰 차이로 받아들이지 않는다. 다만, 표준오차가 너무 큰 경우 검사 자체가 무의미해진다.

① 검사의 표준오차는 작을수록 좋다. 표준오차가 작을수록 표본의 대표성이 높다고 볼 수 있다.

② 검사의 표준오차는 신뢰도를 나타내는 수치이다. 참고로 신뢰도를 추정하기 위해 표준오차, 표준편차, 신뢰구간, 신뢰수준 등이 활용된다.

④ 표준오차와 표준편차(Standard Deviation)는 서로 다른 개념이다. 표준오차는 추출된 표본들의 평균이 실제 모집단의 평균과 어느 정도 떨어져서 분포되어 있는지를 나타내는 수치이다. 반면, 표준편차는 점수집합 내에서 점수들 간의 상이한 정도, 즉 변숫값이 평균값에서 어느 정도 떨어져 있는지를 나타내는 수치이다.

07 다음 중 심리검사에 대한 설명으로 옳지 않은 것은?

① 대부분의 심리검사는 준거참조검사이다.

② 측정의 오차가 작을수록 신뢰도는 높은 경향이 있다.

③ 검사의 신뢰도가 높으면 타당도도 높게 나타나지만 항상 그런 것은 아니다.

④ 검사가 측정하고자 하는 심리적 구성개념을 정확하게 측정하는 것은 타당도의 개념이다.

① 각종 심리검사나 선발검사 등은 일반적으로 규준참조검사(Norm-referenced Test)에 해당한다.

08 지능검사 점수와 학교에서의 성적 간의 상관계수가 0.30이다. 다음 중 이에 대한 설명으로 옳은 것은?

① 지능검사를 받은 학생들 중 9%가 높은 학교성적을 받을 것이다.

② 지능검사를 받은 학생들 중 30%가 높은 학교성적을 받을 것이다.

③ 학교에서의 성적에 관한 변량의 9%가 지능검사에 의해 설명될 것이다.

④ 학교에서의 성적에 관한 변량의 30%가 지능검사에 의해 설명될 것이다.

③ 지능검사 점수와 학교성적의 두 변수의 관계를 알아보기 위해서는 결정계수를 구해야 한다. 결정계수는 상관계수를 단순히 제곱한 것으로서, 두 변수가 공유하고 있는 변량의 비를 나타낸다. 문제상에서 보고된 상관계수가 0.30이므로 결정계수는 이를 제곱한 0.09, 즉 9%에 해당한다. 다만, 두 개 혹은 그 이상의 변수들의 관계를 조직적으로 분석하기 위한 회귀분석은 미래의 예측을 목적으로 하는 것이 아닌 변수들 간의 관계를 설명하는 것을 목적으로 하므로 ①은 해당하지 않는다.

09 다음 중 심리검사에서 규준을 설명한 것으로 가장 옳은 것은?

① 한 집단의 특성을 가장 간편하게 표현하기 위한 개념으로 그 집단의 대푯값을 말한다.

② 한 집단의 수치가 얼마나 동질적인지를 표현하기 위한 개념으로 점수들이 그 집단의 평균치로부터 벗어난 평균 거리를 말한다.

③ 서로 다른 체계로 측정한 점수들을 동일한 조건에서 비교하기 위한 개념으로 원점수에서 평균을 뺀 후 표준편차로 나눈 값을 말한다.

④ 원점수를 표준화된 집단의 검사점수와 비교하기 위한 개념으로 대표집단의 검사점수 분포도를 작성하여 개인의 점수를 해석하기 위한 것이다.

해설
④ 규준은 한 개인의 점수를 다른 사람들의 점수와 비교할 때, 비교가 되는 점수를 의미한다.
① 평균, ② 표준편차, ③ 표준점수

10 평균이 100, 표준편차가 15이고 정상분포를 이루고 있는 검사의 경우, 전체 사례의 68%가 속하게 되는 점수의 범위는?

① 85~115
② 70~130
③ 65~145
④ 50~160

해설
① 평균이 100, 표준편차가 15이고 정상분포(정규분포)를 이루는 검사에서 전체 사례의 약 68%가 속하게 되는 점수의 범위는 Z점수의 '-1'과 '1' 사이에 해당하는 '85~115'이다.

11 다음 중 심리검사에서 사용되는 원점수에 대한 설명으로 옳지 않은 것은?

① 척도의 종류로 볼 때 등간척도에 불과할 뿐 사실상 서열척도가 아니다.

② 그 자체로는 거의 아무런 정보를 주지 못한다.

③ 서로 다른 검사의 결과를 동등하게 비교할 수 없다.

④ 기준점이 없기 때문에 특정 점수의 크기를 표현하기 어렵다.

해설
① 원점수는 척도의 종류로 볼 때 서열척도에 불과할 뿐 사실상 등간척도가 아니다. 예를 들어, 능력검사의 원점수에서 50점과 40점의 차이에 해당하는 능력의 차이는 60점과 50점의 차이에 해당하는 능력의 차이와 동일하지 않다.

12 다음 보기의 내용과 연관된 규준의 종류에 해당하는 것은?

> 학교에서 실시하는 성취도검사나 적성검사의 결과를 나타낼 때 주로 사용되며, 이 방법은 학생들의 점수를 정해진 범주에 집어넣음으로써 학생들 간의 점수 차가 작을 때 생길 수 있는 지나친 확대해석을 미연에 방지할 수 있다.

① 백분위 점수
② 표준점수
③ 표준등급
④ 학년규준

해설
③ 표준등급은 원점수를 비율에 따라 1~9까지의 구간으로 구분하여 각각의 구간에 일정한 점수나 등급을 부여한 것이다.

13 다음 중 검사-재검사법을 이용한 신뢰도 측정에 대한 설명과 가장 거리가 먼 것은?

① 두 검사 사이의 시간 간격이 너무 클 경우 측정대상의 속성이나 특성이 변화할 수 있다.
② 반응민감성의 영향으로 검사를 치르는 경험이 후속 반응에 영향을 줄 수 있다.
③ 앞에서 답한 것을 기억해서 뒤의 응답시 활용할 수 있다.
④ 시간적 안정성을 포함하지 않는다.

해설
④ 검사-재검사법은 시간적 안정성을 포함한다. 검사-재검사 신뢰도는 검사 점수가 시간의 변화에 따라 얼마나 일관성이 있는지를 의미하므로, 시간에 따른 안정성을 나타내는 '안정성 계수(Coefficient of Stability)'라고도 부른다. 반면, 검사를 한 번만 실시하여 신뢰도를 구하는 반분신뢰도의 경우 시간적 안정성을 포함하지 않는다.

14 다음 중 이미 신뢰성이 입증된 유사한 검사점수와의 상관계수를 검토하는 신뢰도는?

① 검사-재검사 신뢰도
② 동형검사 신뢰도
③ 반분신뢰도
④ 채점자 간 신뢰도

해설
② 동형검사 신뢰도(Parallel-form Reliability)는 이미 신뢰성이 입증된 유사한 검사 점수와의 상관계수를 검토하는 것으로서, 이 상관계수를 토대로 두 검사의 동등성 정도를 나타낸다는 점에서 '동등성(동형성) 계수(Coefficient of Equivalence)'라고도 부른다. 검사 간격에 따라 새로 개발한 검사와 여러 면에서 거의 동일한 검사를 하나 더 개발해서 두 검사 점수 간의 상관계수를 구하는 방법이다.

15 다음 중 어떤 심리검사의 내적합치도 계수가 매우 낮을 때의 설명으로 가장 옳은 것은?

① 검사가 측정하고자 하는 것을 측정하고 있지 못하다.
② 검사의 두 가지 형태가 매우 다른 개념을 측정하고 있다.
③ 검사가 성질상 매우 다른 속성을 측정하는 문항들로 구성되어 있다.
④ 검사를 받은 사람이 또 다시 검사를 받을 때 매우 다른 점수를 받을 것이다.

> **해설**
>
> 내적합치도 계수(Coefficient of Internal Consistency)
> • 어떤 검사를 구성하는 문항들을 각각 독립된 검사로 간주하여 해당 문항들이 동일한 측정대상에 대해 어느 정도 일관성 있게 측정하는지를 반영한다.
> • 검사가 성질상 유사한 속성을 측정하는 문항들로 구성되어 있는 경우 높게 나타나는 반면, 서로 다른 속성을 측정하는 문항들로 구성되어 있는 경우 낮게 나타난다.

16 다음 검사의 신뢰도 중 크론바흐 알파(Cronbach's α)값이 크다는 것이 나타내는 의미로 가장 옳은 것은?

① 검사의 예언력이 높다는 것을 의미한다.
② 검사의 채점 과정을 신뢰할 수 있다는 것을 나타낸다.
③ 검사 문항들이 동질적이라는 것을 나타낸다.
④ 시간이 흐르더라도 검사점수가 변하지 않는다는 것을 의미한다.

> **해설**
>
> ③ 크론바흐 알파(Cronbach's α)계수는 동일한 개념을 측정하는 항목인 경우 그 측정 결과에 일관성이 있어야 한다는 논리에 기초한다. 즉, 문항 반응에서의 높은 일관성은 검사 문항들의 동질성에서 비롯된다는 것이다.

17 다음 중 신뢰도 계수에 대한 설명으로 옳지 않은 것은?

① 신뢰도 계수는 결과의 일관성을 보여주는 값이다.
② 신뢰도 계수는 개인차가 클수록 커진다.
③ 신뢰도 계수는 신뢰도 추정방법에 따라서 달라질 수 있다.
④ 신뢰도 계수는 문항 수가 증가함에 따라 정비례하여 커진다.

> **해설**
>
> ④ 문항 수가 많은 경우 신뢰도는 어느 정도 높아진다. 다만, 문항 수를 무작정 늘린다고 해서 검사의 신뢰도가 정비례하여 커지는 것은 아니다.

18 어떤 직업적성검사의 신뢰도 계수가 1.0이면 그 검사의 타당도 계수는?

① 알 수 없다.　　　　　　　　　　　　② 0

③ 0.5　　　　　　　　　　　　　　　　④ 1.0

 해설

① 타당도는 신뢰도의 충분조건인 반면, 신뢰도는 타당도의 필요조건에 해당한다. 즉, 신뢰도가 높다고 하여 반드시 타당도가 높은 것은 아니며, 타당도가 낮다고 하여 반드시 신뢰도가 낮은 것은 아니다.

19 다음 중 타당도 계수를 산출하기 어려운 타당도는?

① 예언타당도　　　　　　　　　　　　② 준거타당도

③ 수렴타당도　　　　　　　　　　　　④ 내용타당도

 해설

내용타당도(Content Validity)
- 검사의 문항들이 그 검사가 측정하고자 하는 내용영역을 얼마나 잘 반영하고 있는지를 나타낸다.
- 논리적 사고에 입각한 논리적인 분석과정으로 판단하는 주관적인 타당도로서, 객관적인 자료에 근거하지 않으므로 타당도 계수를 산출하기 어렵다.

20 다음 중 보기의 내용과 연관된 타당도는?

> 실제로 무엇을 재는가의 문제가 아니라 검사가 잰다고 말하는 것을 재는 것처럼 보이는가의 문제이다. 즉, 검사를 받는 사람들에게 그 검사가 타당한 것처럼 보이는가를 뜻한다.

① 내용타당도(Content Validity)

② 준거관련 타당도(Criterion-related Validity)

③ 예언타당도(Predictive Validity)

④ 안면타당도(Face Validity)

 해설

안면타당도(Face Validity)
- 내용타당도와 마찬가지로 측정항목이 연구자가 의도한 내용대로 실제로 측정하고 있는가 하는 것으로서, 내용타당도가 전문가의 평가 및 판단에 근거한 반면, 안면타당도는 전문가가 아닌 일반인의 일반적인 상식에 준하여 분석한다.
- 검사가 타당한 것처럼 보이는가의 문제이므로, 만약 심리검사를 받은 수검자들이 자신들이 받은 심리검사가 측정하고자 하는 것을 제대로 측정하는 것이라고 판단한다면, 이 검사는 안면타당도가 높다고 할 수 있다.

21 한 검사에서의 점수와 나중에 그 사람이 실제로 직무를 수행할 때의 수행수준 간의 관련성이 높을 때 그 검사는 어떤 타당도가 높다고 하는가?

① 구성타당도
② 내용타당도
③ 예언타당도
④ 동시타당도

③ 예언타당도는 "미래 행위를 잘 예측하느냐?"에 달려 있다. 예를 들어, 대학에 입학할 때 성적이 우수했던 사람이 대학을 가서도 계속 우수하다면 예언타당도가 높은 것이다.

22 다음 중 검사의 구성타당도 분석방법으로 적합하지 않은 것은?

① 기대표 작성
② 확인적 요인분석
③ 실험을 통한 집단 간 차이검증
④ 유사한 특성을 측정하는 기존 검사와의 상관계수 분석

① '기대표(Expectancy Table) 작성'은 준거타당도 분석방법에 해당한다. 기대표는 세로에 연구도구 점수의 범주를, 가로에 준거 점수의 범주를 분류한 이원분류표를 말한다.
② 구성타당도 분석방법 중 요인분석에 해당한다. 요인분석은 검사를 구성하는 문항들의 상관관계를 분석하여 상관이 높은 문항들을 묶어주는 통계적 방법이다.
③ 구성타당도 분석방법 중 변별타당도(판별타당도) 분석에 해당한다. 변별타당도 분석은 검사 결과가 이론적으로 해당 속성과 관련 없는 변수들과 어느 정도 낮은 상관관계를 가지고 있는지를 측정한다. 따라서 상관계수가 낮을수록 타당도가 높다.
④ 구성타당도 분석방법 중 수렴타당도(집중타당도) 분석에 해당한다. 수렴타당도 분석은 검사 결과가 이론적으로 해당 속성과 관련 있는 변수들과 어느 정도 높은 상관관계를 가지고 있는지를 측정한다. 따라서 상관계수가 높을수록 타당도가 높다.

23 다음 중 문항 난이도에 대한 설명으로 옳지 않은 것은?

① 문항 난이도 지수는 0.00에서 1.00 사이의 값을 가진다.
② 문항 난이도 지수가 높을수록 어려운 문제이다.
③ 문항의 난이도가 0.5일 때 검사 점수의 분산도가 최대가 된다.
④ 문항이 어려울수록 검사 점수의 변량이 낮아져서 검사의 신뢰도가 낮아진다.

② 문항 난이도 지수는 0.00에서 1.00 사이의 값을 가지며, 문항 난이도 지수가 높을수록 쉬운 문제이다.

24 다음 중 심리검사에서 흔히 사용되는 전통적 척도화 방식에 해당하지 않는 것은?

① 응답자 중심 방식   ② 관찰자 중심 방식
③ 자극 중심 방식   ④ 반응 중심 방식

전통적 척도화 방식
• 응답자 중심 방식 : 문항은 척도화하지 않고 직접적으로 응답자만을 척도화하는 데 중점을 둔다. 예 리커트(Likert)의 총화평정척도
• 자극 중심 방식 : 응답자들을 척도화하기 이전에 문항을 먼저 척도화하는 데 중점을 둔다. 예 서스톤(Thurstone)의 등현등간척도
• 반응 중심 방식 : 응답자와 문항을 동시에 척도화하는 데 중점을 둔다. 예 거트만(Guttman)의 누적척도

25 다음 중 객관적 검사에 해당하는 것은?

① RIT(Rorschach Inkblot Test)
② TAT(Thematic Apperception Test)
③ ISB(Incomplete Sentences Blank)
④ MBTI(Myers-Briggs Type Indicator)

④ 마이어스-브릭스 성격유형검사(MBTI ; Myers-Briggs Type Indicator)는 융(Jung)의 분석심리학에 의한 심리유형론을 토대로 고안
된 자기보고식의 강제선택 검사로서 객관적 검사에 해당한다.

26 다음 중 심리검사 결과 해석 시 유의사항에 해당하지 않는 것은?

① 해석에 대한 내담자의 반응을 고려해야 한다.
② 검사결과에 대해 여러 정보에 근거한 주관적인 견해를 설명해 준다.
③ 검사결과에 대해 내담자가 이해하기 쉬운 언어를 사용한다.
④ 검사결과에 대한 내담자의 방어를 최소화하도록 한다.

해설
② 검사결과에 대해 객관적이고 표준화된 자료를 활용하여 설명해 준다.

27 다음 중 심리검사 사용의 윤리적 문제에 관한 유의사항에 해당하지 않는 것은?

① 심리검사의 목적과 절차를 충분히 설명해 주어야 한다.
② 새로운 기법을 개발하고 표준화 할 때 과학적 절차를 따라야 한다.
③ 검사결과를 평가기관의 사용목적에 따라 자유롭게 사용한다.
④ 적절한 훈련을 받지 않은 사람은 심리검사를 자유롭게 이용해서는 안 된다.

해설
③ 검사결과를 내담자의 특정 문제에 대한 설명이나 해결책으로 활용한다.

28 다음 중 편차지능지수(Deviation IQ)에 대한 설명으로 옳지 않은 것은?

① 일반적으로 표준편차를 '15' 또는 '16'으로 사용한다.
② 정신연령(MA)과 생활연령(CA)의 비율이다.
③ 편차는 지능지수의 분포형태와 관련된다.
④ 집단용 지능검사에 사용된다.

해설
② 개인의 지적능력을 정신연령(MA ; Mental Age)과 생활연령 또는 신체연령(CA ; Chronological Age)의 대비를 통해 비율로써 나타내는 것은 비율지능지수(Ratio IQ)이다.

29 다음 중 K-WAIS의 언어성 검사에 해당하지 않는 것은?

① 숫자 외우기   ② 산수문제
③ 바꿔쓰기   ④ 이해문제

해설
한국판 웩슬러 성인용 지능검사(K-WAIS)의 구성

언어성 검사 (Verbal)	• 기본지식(Information) • 어휘문제(Vocabulary) • 이해문제(Comprehension)	• 숫자 외우기(Digit Span) • 산수문제(Arithmetic) • 공통성 문제(Similarity)
동작성 검사 (Performance)	• 빠진 곳 찾기(Picture Completion) • 토막짜기(Block Design) • 바꿔쓰기(Digit Symbol)	• 차례 맞추기(Picture Arrangement) • 모양 맞추기(Object Assembly)

30 다음 중 성격 5요인(Big-5) 검사의 하위요인에 포함되지 않는 것은?

① 외향성(Extraversion)

② 강인성(Hardiness)

③ 성실성(Conscientiousness)

④ 경험에 대한 개방성(Openness to Experience)

 해설

성격 5요인(Big-5) 검사의 하위요인

- 외향성(Extraversion)
- 호감성 또는 친화성(Agreeableness, Likability)
- 성실성(Conscientiousness)
- 정서적 불안정성(Neuroticism, Negative Affectivity)
- 경험에 대한 개방성(Openness to Experience)

31 다음 중 MBTI의 4가지 양극차원에서 정보를 사정(평가)하는 방식과 가장 관련이 깊은 것은?

① 외향형(E)/내향형(I)

② 감각형(S)/직관형(N)

③ 사고형(T)/감정형(F)

④ 판단형(J)/인식형(P)

 해설

MBTI의 4가지 양극차원

외향형(E)/내향형(I)	에너지의 방향(세상에 대한 일반적인 태도)
감각형(S)/직관형(N)	인식기능(지각적 또는 정보수집적 과정)
사고형(T)/감정형(F)	판단기능(정보의 사정 또는 판단 과정)
판단형(J)/인식형(P)	생활양식 또는 이행양식(정보 박탈)

32 다음 중 다면적 인성검사(MMPI)에 대한 설명으로 옳지 않은 것은?

① 대부분의 문항들이 경험주의적 접근보다는 논리적 제작방법에 의해 만들어졌다.

② 객관형 검사도구이지만 임상가의 풍부한 경험이 결과 해석에 매우 중요하다.

③ 검사의 일차적 목적은 정신과적 진단분류이지만, 일반적 성격특성에 관한 유추도 어느 정도 가능하다.

④ 검사에 타당도 척도가 포함되어 있어 수검자의 수검태도를 측정할 수 있다.

 해설

① 미네소타 다면적 인성검사(MMPI ; Minnesota Multiphasic Personality Inventory)는 임상장면의 규준집단을 사용하여 개발된 것이다. 20C 초반 대다수의 심리검사들이 이론적·논리적 제작방법에 의해 고안된 반면, MMPI는 실제 환자들의 반응을 토대로 경험적 제작방법에 의해 만들어졌다. 즉, 검사 제작 초기에 검사 개발을 목표로 이론적인 접근을 하여 문항을 제시하기는 하지만, 최종 단계에서 문항을 질문에 포함시킬 것인지는 목표집단과 통제집단의 반응 차이 여부에 따라 결정이 이루어진다.

33 다음 중 직업적성검사에 속하는 심리검사에 해당하는 것은?

① GATB
② MMPI
③ TAT
④ K-WAIS

② 미네소타 다면적 인성검사(MMPI ; Minnesota Multiphasic Personality Inventory)는 수검자의 검사태도를 측정하는 4가지 타당도 척도와 주요 비정상행동을 측정하는 10가지 임상척도로 이루어진 성격검사에 해당한다.
③ 주제통각검사(TAT ; Thematic Apperception Test)는 투사적 검사로서, 총 31장의 카드(1장의 백지카드 포함)를 이용하여 자아와 환경관계 및 대인관계의 역동적 측면 등을 평가하는 성격검사에 해당한다.
④ 한국판 성인용 웩슬러 지능검사(K-WAIS ; Korean Wechsler Adult Intelligence Scale)는 언어성 소검사와 동작성 소검사로 이루어진 편차지능지수 방식의 지능검사에 해당한다.

34 다음 중 일반 직업적성검사(GATB)에서 실물이나 도해 또는 표에 나타나는 것을 세부적인 면까지 바르게 지각하는 능력에 해당하는 것은?

① 지 능
② 공간적성
③ 사무지각
④ 형태지각

① 지능(G ; General Intelligence) : 일반적인 학습능력 및 원리이해 능력, 추리·판단하는 능력
② 공간적성(S ; Spatial Aptitude) : 공간상의 형태를 이해하고 평면과 물체의 관계를 이해하는 능력
③ 사무지각(Q ; Clerical Perception) : 문자나 인쇄물, 전표 등의 세부를 식별하는 능력

35 다음 중 일반 직업적성검사(GATB)에서 사무지각(Clerical Perception) 적성을 측정하기 위한 검사에 해당하는 것은?

① 표식검사
② 계수검사
③ 명칭비교검사
④ 평면도판단검사

GATB 적성검사의 구성
• 형태지각 : 기구대조검사, 형태대조검사
• 사무지각 : 명칭비교검사
• 운동반응 : 타점속도검사, 표식검사, 종선기입검사
• 공간적성 : 평면도판단검사, 입체공간검사
• 언어능력 : 어휘검사
• 수리능력 : 산수추리검사, 계수검사
• 지능 : 입체공간검사, 어휘검사, 산수추리검사
• 손의 재치 : 환치검사, 회전검사
• 손가락 재치 : 조립검사, 분해검사

36 다음 중 직업에 관련된 흥미를 측정하는 직업흥미검사에 해당하는 것을 올바르게 모두 고른 것은?

> ㄱ. Strong Interest Inventory
> ㄴ. Vocational Preference Inventory
> ㄷ. Self Directed Search
> ㄹ. California Psychological Inventory

① ㄱ, ㄴ   ② ㄷ, ㄹ

③ ㄱ, ㄴ, ㄷ   ④ ㄴ, ㄷ, ㄹ

해설

ㄱ·ㄴ·ㄷ. 스트롱 흥미검사(SII ; Strong Interest Inventory), 직업선호도검사(VPI ; Vocational Preference Inventory), 자기방향탐색 혹은 자가흥미탐색(SDS ; Self Directed Search)은 수검자의 흥미를 측정하는 검사도구들이다.

ㄹ. 캘리포니아 성격검사(CPI ; California Psychological Inventory)는 정신병리에 대한 진단적 성격이 강한 미네소타 다면적 인성검사 (MMPI)와 달리 일반인의 심리적 특성을 이해하기 위해 제작된 것으로서, 4개의 척도군과 20개의 하위척도를 포함한 성격검사이다.

37 다음 중 Strong 검사에 대한 설명으로 옳은 것은?

① 기본흥미척도(BIS)는 Holland의 6가지 유형을 제공한다.
② Strong 진로탐색검사는 진로성숙도검사와 직업흥미검사로 구성되어 있다.
③ 기본흥미척도(BIS)는 업무, 학습, 리더십, 모험심의 4개 하위척도로 구성되어 있다.
④ 개인특성척도(BSS)는 일반직업분류(GOT)의 하위척도로서 특정 흥미분야를 파악하는 데 도움이 된다.

해설

① 홀랜드(Holland)의 직업선택이론에 의한 6가지 주제로 구성되어 있으며, 수검자의 흥미에 대한 포괄적인 전망과 함께 그 속에 내재된 보편적인 패턴을 측정하는 것은 일반직업분류(GOT ; General Occupational Themes)에 해당한다.

③ 업무 유형(Work Style), 학습 유형(Learning Environment), 리더십 유형(Leadership Style), 모험심 유형(Risk Tasking / Adventure) 의 4개 척도를 통해 일상생활과 일의 세계에서 어떠한 방식을 개인이 선호하고 편안하게 느끼는지 측정하는 것은 개인특성척도(PSS ; Personal Style Scales)에 해당한다.

④ 일반직업분류(GOT)를 특정한 흥미들로 세분화한 것으로서, 수검자의 특정한 활동이나 주제에 대한 흥미도를 측정하는 것은 기본흥미 척도(BIS ; Basic Interest Scales)이다.

38 다음 중 진로성숙도검사(CMI)에 대한 설명으로 옳지 않은 것은?

① 태도척도에는 선발척도와 상담척도 두 가지가 있다.
② 진로선택 과정에 대한 수검자의 태도와 진로결정에 영향을 미치는 성향적 반응경향성을 측정한다.
③ 능력척도는 자기평가, 직업정보, 목표선정, 계획의 4가지 영역만을 측정한다.
④ 초등학교 6학년부터 고등학교 3학년을 대상으로 표준화되었다.

> **해설**
> ③ 능력척도는 자기평가, 직업정보, 목표선정, 계획, 문제해결의 5개 하위영역으로 이루어져 있다.

39 다음 중 진로성숙도검사(CMI)의 태도척도 영역과 이를 측정하는 문항의 예를 올바르게 연결한 것은?

① 결정성 – 나는 선호하는 진로를 자주 바꾸고 있다.
② 독립성 – 나는 졸업할 때까지는 진로선택 문제에 별로 신경을 쓰지 않겠다.
③ 타협성 – 일하는 것이 무엇인지에 대해 생각한 바가 거의 없다.
④ 지향성 – 나는 하고 싶기는 하나 할 수 없는 일을 생각하느라 시간을 보내곤 한다.

> **해설**
> ② 참여도(관여도), ③ 지향성(성향), ④ 타협성

40 다음 중 경력진단검사에 대한 설명으로 옳지 않은 것은?

① 경력결정척도(CDS)는 경력관련 의사결정 실패에 관한 정보를 제공하기 위해 개발되었다.
② 개인직업상황검사(MVS)는 직업적 정체성 형성여부를 파악하기 위한 것이다.
③ 경력개발검사(CDI)는 경력관련 의사결정에 대한 참여 준비도를 측정하기 위한 것이다.
④ 경력태도검사(CBI)는 직업선택에 필요한 정보 및 환경, 개인적인 장애가 무엇인지를 알려준다.

> **해설**
> ④ 직업선택에 필요한 정보 및 환경, 개인적인 장애가 무엇인지 알려주는 것은 개인직업상황검사(MVS ; My Vocational Situation)에 해당한다. 반면, 경력태도검사(CBI ; Career Beliefs Inventory)는 내담자로 하여금 자아인식 및 세계관에 대한 문제를 확인하도록 돕기 위한 것으로서 크롬볼츠(Krumboltz)가 개발하였다.

여기서 멈출 거예요? 고지가 바로 눈앞에 있어요.
마지막 한 걸음까지 시대에듀가 함께할게요!

제7편

경력개발과 직업전환

합격의 공식
온라인 강의

잠깐!

혼자 공부하기 힘드시다면 방법이 있습니다.
SD에듀의 동영상 강의를 이용하시면 됩니다.
www.sdedu.co.kr → 회원가입(로그인) → 강의 살펴보기

경력개발

1 경력개발의 이해

(1) 경력개발의 의의

① 경 력

개인이 일생 동안 일과 관련된 경험, 즉 개인이 입사하여 퇴사할 때까지의 전 과정 중 조직에서 축적한 개인 특유의 직무, 직위, 경험들로 이력서에 나타난 직무들의 집합을 말한다.

② 경력개발

조직의 인력개발 계획 속에서 조직성원으로 하여금 자신의 진로를 결정하고 실행에 옮기는 것을 돕기 위해 평가, 상담, 계획수립 및 훈련 등을 실시하는 것이다.

(2) 경력개발의 목적

개인적 차원	• 개인의 능력개발을 통해 경력욕구를 충족시킨다. • 개인의 자기개발을 통해 일로부터 심리적 만족을 얻도록 한다. • 직장에 대한 안정감을 가지고 개인의 능력을 발휘하도록 성취동기를 유발시킨다.
조직적 차원	• 조직 내의 적합한 곳에 개인능력을 활용함으로써 조직의 유효성을 높인다. • 조직의 인력계획, 교육훈련, 직무분석, 인사고과, 승진관리 등 여러 인적자원의 관리 과정 및 효율적인 확보·배치를 통해 조직의 효율성을 높인다.

(3) 경력발달의 과정(Hall)

탐색기(25세 미만)	자아개념을 정립하고 경력지향(Career Orientation)을 결정하는 단계이다.
확립기(25~45세)	특정 직무영역에 정착하는 시기로서, 새로운 시도를 계획하기보다는 탐색기에 선택한 직업에 정착하려고 노력하는 이른바 전진단계(Advancement Stage)이다.
유지기(45~65세)	생산의 시기로서, 자신의 전문성과 업무상 확고한 지위를 유지하려고 하는 단계이다.
쇠퇴기(65세 이후)	은퇴를 준비하는 시기로서, 자신의 조직생활을 통합하려고 노력하는 단계이다.

(4) 경력개발의 과정

경력계획	• 구성원의 인적자료 수집 • 직무분석과 인력개발 및 인력계획 • 경력기회에 대한 커뮤니케이션
경력개발	• 경력상담과 경력목표 설정 • 경력경로의 설정과 경력개발의 추구
평가 · 피드백	결과분석 및 경력개발계획의 조정

2 경력개발 프로그램

(1) 경력개발 프로그램 개발을 위한 조사연구

① 요구분석(요구조사) 또는 니즈평가(Need Assessment or Needs Analysis)

㉠ 경력개발을 위한 교육훈련을 실시할 때 가장 먼저 고려해야 하는 것은 현 시점에서 어떤 훈련이 필요한지에 대한 요구분석이다.

㉡ 경력개발 프로그램을 설계할 때 누구를 대상으로, 어떤 프로그램을 만들 것인지 우선적으로 알아보는 평가이다.

㉢ 요구분석은 조직 내외의 환경변화와 직무여건, 조직구성원의 경력개발 욕구 등에 대한 다각적인 검토를 포함한다.

㉣ 보통 설문조사나 면접을 통해 자료를 수집하게 된다.

② 파일럿 연구(Pilot Study)

㉠ 경력개발 프로그램의 개발 과정에 있어서 특정 경력개발 프로그램을 대규모로 적용하기 전에 소규모 집단에 시범적으로 실시하는 과정을 말한다.

㉡ 프로그램 참여자로부터 프로그램에 대한 평가와 피드백을 받은 후, 그에 대한 대책을 마련하여 개발된 경력개발 프로그램을 본격적으로 정착시키는 데 활용된다.

㉢ 이는 처음부터 대규모 집단에 적용할 경우 소규모 집단을 대상으로 실시할 때보다 새로운 변화에 대한 저항이 크기 때문이다.

(2) 경력개발 프로그램의 유형

자기평가 도구	• 대부분의 조직들이 경력개발 프로그램을 실시하고자 할 때 최초로 시행한다. • 보통 자신의 역할, 흥미, 기술, 작업태도, 경력목표 및 기회 등을 묻는 질문지를 활용한다. 예 경력워크숍(Career Workshop), 경력연습책자(Career Workbooks) 등
개인상담	• 종업원이 상담자와 일대일로 상담을 하면서 자신의 경력목표를 설정하고, 목표달성 방법 및 가능성을 명확히 한다. • 상담 내용은 주로 종업원의 흥미, 목표, 현 직무활동, 수행, 경력목표 등에 초점을 둔다.
정보제공	최근 조직들은 각종 경력정보를 쉽고 자세하게 알려줄 수 있는 방법을 제안하고 있다. 예 사내공모제(Job Posting), 기술목록(Skills Inventory), 경력자원기관(Career Resource Center) 등
종업원 평가	과거 평가 프로그램이 조직에서 인사선발에만 주로 사용되었으나, 최근 종업원의 경력개발에 유용한 정보를 제시할 수 있다는 인식이 늘고 있다. 예 평가기관(Assessment Center), 심리검사(Psychological Testing), 조기발탁제(Promotability Forecasts) 등
종업원 (능력)개발	최근 종업원의 자기개발과 만족을 위한 다양한 프로그램이 도입되고 있다. 예 훈련 프로그램(Training Program), 후견인 프로그램(Mentoring Program), 직무순환 프로그램(Job Rotation) 등

COMMENT

평가기관(Assessment Center)은 '인적평정(Human Assessment)' 혹은 '인적평정센터(Human Assessment Center)'라고 도 합니다.

(3) 주요 경력개발 프로그램

① 경력워크숍(Career Workshop)

㉠ 신입사원을 대상으로 부서 배치 후 6개월 이내에 자신이 도달하고 싶은 미래의 모습을 경력목표로 정하고 목표에 도달하기 위한 계획을 작성, 제출하도록 하여 자율적으로 경력목표를 달성할 수 있도록 지원한다.

㉡ 신입사원을 집단으로 모아놓고 보통 5일 이내의 단기간에 걸쳐 자신의 경력계획을 어떻게 준비하고 실행할 수 있는지에 대해 배워나가도록 한다.

② 사내공모제(Job Posting)

㉠ 기업에서 특정 프로젝트나 신규 사업을 위한 인력배치 또는 결원충원 등을 위해 사내에서 필요한 인재를 모으는 제도이다.

㉡ 내부노동시장에서 지원자를 모집하는 방법이므로 이동성 및 신축성이 있는 인사정책을 통해 급변하는 경영환경에 유연하게 대처할 수 있으며, 능력과 적성을 고려한 인력의 적재적소 배치에 따라 직무생산성을 극대화할 수 있다.

③ 평가기관 또는 평가센터(Assessment Center)

　　㉠ 미국의 AT & T(American Telephone and Telegraph)사에서 처음 운영한 이래 직원들의 관리능력을 평가하기 위한 방법으로 사용되고 있다.

　　㉡ 종업원의 경력개발을 위해 일반적으로 2~3일 간에 걸쳐 지필검사, 면접, 리더 없는 집단토의, 경영게임(비즈니스게임) 등 다양한 형태의 연습을 실습을 통해 한 뒤, 복수의 전문가들에게 개인능력, 성격, 기술 등에 대해 종합적인 평가를 받도록 한다.

④ 조기발탁제(Promotability Forecasts)

　잠재력이 높은 종업원을 조기에 발견하여 그들에게 특별한 경력경험을 제공하는 제도이다. 능력주의 승진제도의 한 유형으로서, 종업원 개인에게는 상위직으로의 승진 및 보상 등의 처우를 제공하는 한편, 기업의 측면에서는 유연한 조직구조의 형성을 통해 조직의 발전에 이바지할 수 있는 가능성을 높인다.

⑤ 훈련 프로그램(Training Program)

　　㉠ 컴퓨터와 관련된 교육에서부터 대인관계훈련까지 조직 내에서 실시하는 다양한 내용의 훈련 프로그램을 말한다.

　　㉡ 교육훈련을 실시할 때 현 시점에서 어떤 훈련이 필요한지에 대한 요구분석이 우선적으로 고려되어야 한다.

　　㉢ 과거에는 종업원의 업무능력배양에 초점을 두었으나, 최근에는 개인의 성취도 또는 자아실현에 초점을 둔 '열린 교육'을 강제하는 추세이다.

⑥ 후견인 프로그램(Mentoring Program) 또는 멘토십 시스템(Mentorship System)

　　㉠ 종업원이 조직에 쉽게 적응하도록 상사가 후견인이 되어 도와주는 프로그램을 말한다.

　　㉡ 후견인 제도는 종업원으로 하여금 상사와의 관계를 통해 조직 내에서 경력을 쌓는 데 도움을 주는 경력 기능, 상사가 종업원을 따뜻하게 대하고 어려운 일이 있을 때 상담자로서의 역할을 해주어 종업원으로 하여금 심리적 안정감을 가질 수 있도록 하는 심리사회적 기능을 한다.

⑦ 직무순환 프로그램(Job Rotation)

　　㉠ 종업원에게 다양한 직무를 경험하게 함으로써 여러 분야의 능력을 개발할 수 있도록 하는 프로그램을 말한다.

　　㉡ 종업원들이 완수해야 하는 직무는 그대로 둔 채 종업원들의 자리를 교대 이동시키는 방법으로, 단조로움, 권태 등에 따른 직무불만을 방지할 수 있을 뿐만 아니라 기업의 조직 유연성을 확보하는 데도 유용하다.

 더 알아보기

직무 확대, 직무 확충, 직무 재분류	
직무 확대 (Job Enlargement)	전문화와 표준화의 원리로부터 벗어나 직무를 재설계하려는 최초의 시도로서, 과업의 다양성을 증진시키기 위해 직무를 양적으로 확대하는 것이다.
직무 확충 (Job Enrichment)	직무수행 과정에 대한 권위와 책임 등의 통제권과 함께 자유와 독립성 등의 재량권을 보다 많이 부여함으로써 직무를 질적으로 확대하는 것이다.
직무 재분류 (Job Reclassification)	조직진단 및 직무분석을 통해 직무 내용과 직무수행 요건을 구체적으로 조사한 후 이를 토대로 직무의 종류 및 중요도에 따라 단위직무를 재분류하는 것이다.

3 다운사이징 시대의 경력개발

(1) 다운사이징(Downsizing)의 의미

① 조직의 '소형화' 혹은 '축소화'를 의미하는 것으로서, 인적자원관리 측면에서 다운사이징 현상이 나타나는 가장 큰 이유는 경기불황에 따른 조직의 인건비 조정 때문이다.

② 미르비스와 홀(Mirvis & Hall)은 계속되는 다운사이징과 조직구조의 변화로 인해 다운사이징 조직에서의 경력개발에 있어서 전통적인 경력개발 방향을 전환시켜야 한다고 제안하였다. 이를 위해 특히 앞으로는 수평이동에 중점을 두는 경력개발에 초점을 두어야 한다고 주장하였다.

③ 다운사이징 시대에 조직에서 필요로 하는 인력은 융통성을 갖춘 사람으로서, 계속된 환경의 변화에 적응하기 위해 끊임없이 학습하려 하고, 모호한 상황에 대처할 수 있는 능력을 가지려 하며, 변화하는 직무를 해낼 수 있는 능력을 가진 사람이다.

(2) 다운사이징 시대의 경력개발 방향

① 다운사이징 시대에는 장기고용이 어려워지며, 고용기간이 점차 짧아진다.

② 경력개발은 다른 부서나 분야로의 수평이동에 중점을 두어야 한다.

③ 조직구조의 수평화로 개인의 자율권 신장과 능력개발에 초점을 두어야 한다.

④ 기술, 제품, 개인의 숙련주기가 짧아져서 경력개발은 단기, 연속 학습단계로 이어진다.

⑤ 직무를 통해 다양한 능력을 학습할 수 있도록 다양한 프로젝트에의 참여가 요구된다.

⑥ 일시적이 아니라 계속적이고 평생학습으로의 경력개발이 요구된다.

⑦ 새로운 직무를 수행하는 데 요구되는 능력 및 지식과 관련된 재교육이 요구된다.

⑧ 불가피하게 퇴직한 사람들을 위한 퇴직자 관리 프로그램의 운영이 요구된다.

4 경력개발단계

(1) 초기 경력(경력초기 단계)

① 개인은 경력 초기경험을 통해 조직에서 스스로 자리를 확립할 기회를 가지게 된다. 특히 핵심작업자의 경우 작업장에 유입되는 시기는 곧 흥분의 시기이다.

② 개인 입장에서는 새로운 조직에 입문했으므로 빠른 조직적응과 원만한 인간관계를 구축하고 경력목표 등을 세우는 과정이며, 조직 입장에서는 종업원의 적성을 평가하고 경력계획을 세우는 데 도움을 주어야 하는 단계이다.

③ 이 단계에서는 조직에 적응하도록 방향을 설정하며, 지위와 책임을 깨닫고 만족스러운 수행을 증명해 보여야 한다. 또한 개인적인 목적과 승진기회의 관점에서 경력계획을 탐색하며, 승진 또는 지위변경의 계획을 실행에 옮겨야 한다.

④ 경력워크숍, 인턴십, 사전직무안내, 후견인 프로그램, 종업원 오리엔테이션 등의 경력개발 프로그램이 필요하다.

(2) 중기 경력(경력중기 단계)

① 개인의 작업생애와 사회적·정서적 욕구의 중간 국면에 해당하는 것으로, 수퍼(Super)의 경력개발(진로발달) 단계 상 '유지기(Maintenance)'의 시작으로 생각할 수 있다.

② 펠드만(Feldman)은 개인의 생애와 조직 간의 갈등을 일으키는 요구들을 해결한다는 의미에서 '해결 단계'로 명명하였다.

③ 개인이 경력에 대한 장기적인 차원을 점차적으로 깨달아 가는 시기로서, 일의 세계에서 개인 역할로 초점을 옮겨가는 시기이기도 하다.

④ 경력목표의 재평가와 자신을 파악하는 능력을 향상시키는 데 중점을 둔 경력상담, 직무순환제도 또는 최신 첨단기술이나 특정 전문 분야의 교육훈련 프로그램이 필요한 시기이다.

(3) 말기 경력(경력후기 단계)

① 개인이 외부의 흥미를 구축하고 조직으로부터 떨어져 나가기 시작하는 단계로, 수퍼는 이 단계를 은퇴 전의 특성을 포괄하는 '사양화(Decline)'로 표현하였다.

② 조직 활동은 '권력 역할(Power Role)'에서 '사소한 역할(Minor Role)'로 전환된다.

③ 개인은 일 역할의 감소를 수용하면서 작업정체성으로부터 서서히 벗어나게 된다.

④ 은퇴예정자를 대상으로 한 은퇴 전 프로그램, 유연성 있는 작업계획(파트타임, 변형근무제, 직무순환) 등이 필요한 시기이다.

제2장 직업전환

1 직업의식과 직업전환

(1) **직업의식**

① **의 의**

  ㉠ 주어진 시점에서의 일에 대하여 지각, 사고, 느낌을 통해 정확한 표상의 신념체계를 갖고 가치를 형성하는 것이다.

  ㉡ 다양한 신념체계에 의해 행동적인 표상인 태도를 가지며, 태도·가치·신념 등에 의해 복합적으로 표상되어 언어적으로 의견을 표현하고, 일에 대해 지속적으로 반복되는 행동인 습관을 갖는 것이다.

② **직업의식의 범위**

직업에 대한 가치	직업의 도구성을 강조하는 외재적 가치와, 직업을 통한 자기실현을 강조하는 내재적 가치로 구분
직업에 대한 태도	일 지향, 여가 지향, 사회활동 지향, 가족 지향 등으로 구분
직업에 대한 의견	전통적 영역과 비전통적 영역으로 구분
직업에 대한 관습	소명의식·직무몰입 등 긍정적인 기능과, 연고주의·권위주의·남성우월주의 등 부정적인 기능을 동시에 가짐

(2) **직업전환**

① **의 의**

  ㉠ 실업이나 기타 사유로 인해 다른 직업으로 전환하는 것을 의미한다.

  ㉡ 내담자의 적성과 흥미 또는 성격이 직업적 요구와 달라 생긴 직업적응 문제를 해결하는 데 가장 적합한 방법이다.

② **직업전환을 촉진하는 요인**

  ㉠ 전체 노동인구 중 젊은 층의 비율이 높을 경우

  ㉡ 경제구조가 완전고용의 상태일 경우

  ㉢ 단순직 근로자의 비율이 높을 경우

  ㉣ 여성근로자의 비율이 높을 경우

2 직업전환 상담

(1) 의 의

직업전환 상담은 실업·실직 위기상황에 있거나 전직의 의도가 있는 직업인을 대상으로 직업경로 사항, 요구되는 전문지식, 직업전환을 위한 준비상태 등에 관한 정보를 수집 및 제공하는 상담이다.

(2) 실업자의 직업전환과 직업상담

① 직업상담에서 실업자에게 생애훈련적 사고를 갖도록 조언하고 촉구하며 참여하도록 권고하여야 한다.

② 조직에서는 청년기, 중년기, 정년 전 등 직업경력의 전환점에서 적절한 훈련 내지 조언을 실시하는 경력개발계획을 추진할 필요가 있다.

③ 청년층은 장년층에 비해 덜 안정적이므로 직업전환이 많은 편이다. 특히 청년기 실업자는 경력, 학력, 관심사항, 작업능력 등에서 일반적인 평가방법에 의존해도 큰 무리가 없다.

④ 실업자는 나이가 많을수록 취업 제의를 받는 비율이 감소한다. 즉, 장년층의 구직기간이 청년층에 비해 길기 때문에 성인기로 갈수록 직업전환을 고려하지 않는 경향이 많다.

(3) 직업전환 상담 시 고려사항

① 직업상담사가 아무리 직업전환을 유도하려 하여도 내담자가 변화에 대한 인지능력이 없다면 전환이 불가능하기 때문에 전환될 직업에 대한 성공기대 수준이나 기존 직업에 대한 애착 수준보다 우선적으로 내담자의 변화에 대한 인지능력을 탐색하여야 한다.

② 내담자의 전환될 직업에 대한 기술과 능력, 나이와 건강, 직업전환에 대한 동기화 여부 등을 일차적으로 고려하여야 한다.

③ 직업전환 상담 시 내담자의 실직에 대한 충격완화, 직업선택 및 직업문제에 대한 직업상담과 직업적응을 위한 직업상담 프로그램, 의사결정을 위한 직업정보 제공, 은퇴 후의 진로경로 계획을 돕는 것이 병행되어야 한다.

제3장 직업지도

1 직업지도의 이해

(1) 직업지도와 직업지도 프로그램

① 직업지도

㉠ 자기 자신을 이해하면서 직업을 선택하고, 직업에 대한 적합한 준비를 하며, 직업인으로서 만족할만한 생활을 유지할 수 있도록 돕기 위한 조직적이고 체계적인 직업준비 활동이다.

㉡ 진로지도가 직업·취미·결혼·여가활동 등 광범위한 인간 생애에 관련된 문제를 지도하는 것인 데 반해, 직업지도는 직업적 문제의 지도에만 초점을 맞추어 학생들이 보다 효율적인 직업선택을 하도록 전문적인 도움을 주는 일이다.

② 직업지도 프로그램

㉠ 직업탐색, 직업준비, 직업적응·전환 및 퇴직(은퇴) 등을 도와주기 위해 특별히 구조화된 조직적인 집단상담 서비스체제이다.

㉡ 운영절차 및 평가방법 등이 구체적으로 정해져 있으며, 집단상담을 통해 동시에 여러 명의 내담자들을 도울 수 있다.

> **COMMENT**
>
> 진로지도(Career Guidance)와 직업지도(Vocational Guidance)는 거의 같은 용어로 사용되고 있으나 엄밀한 의미에서 차이가 있습니다. 진로지도가 진로의식을 촉진시키고 진로성숙을 가져오도록 돕는 활동이라면, 직업지도는 합리적으로 직업을 선택하여 능력한도 내에서 성공적으로 일하도록 돕는 활동으로 볼 수 있습니다.

(2) 직업지도 프로그램 개발·운영에 있어서 적합한 시각

① 미래사회를 보는 시각

② 노동시장과의 연계

③ 생애주기 변화에 대한 인식제고

(3) 직업지도 프로그램 선정 시 고려사항

① 활용할 프로그램은 비용이 적게 드는 경제성을 지녀야 한다.

② 프로그램 실시가 용이해야 한다.

③ 활용하고자 하는 목적에 부합하여야 한다.

④ 프로그램의 효과를 평가할 수 있어야 한다.

(4) 직업지도 프로그램의 과정

직업탐색 및 정보수집 (제1단계)	• 개인이 선택한 직업에 대해 준비하도록 하며, 그 과정에서 나타나는 문제점을 파악한다. • 해당 직업의 성장 가능성을 탐색하며, 유사한 직업에 대해서도 알아본다. • 노동시장에 관한 구체적인 정보를 수집한다.
직업선택 (제2단계)	• 여러 직업들의 장·단점을 비교하여 자신에게 적합한 직업을 선택하도록 한다. • 선택한 직업이 자신의 특성에 부합하는 것인지 확인하도록 한다.
조직문화 조사 (제3단계)	• 어떤 기업이 자신이 선택한 직업에 적합한지 알아보도록 한다. • 취업이 가능한 기업문화를 조사하며, 직업윤리 및 직업관을 확인하도록 한다.
직업상담 (제4단계)	• 직업정보를 제공하며, 직업선택의 의사결정을 돕는다. • 취업이 가능한 기업을 결정할 수 있도록 관련 정보들을 제공한다. • 구체적인 구직활동을 수행하도록 한다.
취업준비 (제5단계)	• 이력서를 작성하도록 한다. • 면접을 준비하도록 한다.
직업적응 (제6단계)	• 직업생활에 적응할 수 있도록 돕는다. • 직업전환 및 실업위기에 대응하기 위한 자기만의 계획을 가지도록 한다. • 은퇴 후의 생애설계를 하도록 한다.

2 청소년을 위한 진로지도

(1) 진로교육 모형(진로교육 실시를 위한 지도단계)

진로인식 (제1단계)	• 대략 6~12세의 초등학교 수준에서 이루어진다. • 일의 세계와 일의 소중함에 대한 인식과 함께 일과 사회에 대한 기초적인 가치관을 형성한다.
진로탐색 (제2단계)	• 대략 12~15세의 중학교 수준에서 이루어진다. • 자신의 능력과 적성에 대해 이해하고 잠정적으로 장래의 직업계획을 수립한다.
진로준비 (제3단계)	• 대략 15~22세의 고등학교와 대학교 수준에서 이루어진다. • 자신의 흥미와 소질, 취미와 적성을 정확히 파악하여 이를 통해 진로계획을 수립·실천한다.
취 업 (제4단계)	• 대략 18세 또는 22세 이후의 실업계 또는 인문계 고등학교 졸업 후, 전문대학교 또는 일반대학교 졸업 후의 수준에서 이루어진다. • 성공적인 직업수행을 위해 힘쓰며, 직업을 통해 자아실현에 이르고자 한다.

(2) 청소년을 위한 직업지도 및 직업상담 프로그램 단계

자기이해를 돕는 단계 (제1단계)	• 장기적 목표 및 단계적 목표설정에 관한 활동 • 자기분석법을 통한 자기이해(자신에 대한 탐구) • 자신을 통찰할 수 있도록 도움을 주는 활동 등
직업세계 이해를 돕는 단계 (제2단계)	• 실제 직업생활을 관찰하는 활동 • 계발적 경험을 얻는 활동 • 직업인과의 면담 및 성공한 직업인의 모습을 수집·분석하는 활동 등
미래사회 이해를 돕는 단계 (제3단계)	• 미래사회를 미루어 예측하는 활동 • 국가의 인력수급 및 향후 국가발전 계획의 탐색에 관한 활동 • 기술혁신 및 기술 가속화의 영향 등에 관한 분석을 통합하는 활동 등
진로계획 수립지도 단계 (제4단계)	• 현재의 위치와 미래의 희망하는 위치를 명료화시키는 활동 • 자기이해, 직업세계 및 미래사회에 대한 분석 등을 통합하는 활동 • 구체적인 진로계획 수립 활동 등
직업상담 (제5단계)	• 내담자 특성에 관한 정보수집 활동 • 직업세계에 대한 정보제공 활동 • 대안 탐색 및 의사결정 과정 등

(3) 진로계획 수립을 위한 주요 도구

① 진로일기

ㄱ 자신의 생애주기를 고려하여 일기를 쓰는 것이다.

ㄴ 자신의 미래에 계획적으로 접근하여 미래를 자신의 것으로 만들기 위해서는 진로일기를 쓰는 것이 효과적이다.

② 진로수첩

ㄱ 진로와 관련된 정보와 자료를 명확하고 이해하기 쉽게 스스로 정리하도록 돕기 위한 목적으로 제작된 소책자이다.

ㄴ 자기 평가를 통해 자신감과 자기 인식을 증진시키는 동시에 일 관련 태도 및 흥미에 대한 지식을 증진시킨다. 또한 다양한 경험들이 어떻게 직무관련 태도나 기술로 전환될 수 있는지에 대해 이해를 발전시킨다.

③ 진로서류철

ㄱ 자신에 관한 서류를 서류화하여 철하고 보관하는 것이다.

ㄴ 서류철을 정리하면서 자신이 가지고 있는 능력을 다시 한 번 깨닫게 되고 새로운 능력을 탐색할 수 있게 된다.

3 직업지도 프로그램의 유형

(1) 실업 관련 프로그램
① 실업충격 완화 프로그램
② 실업스트레스 대처 프로그램
③ 직업전환 (훈련) 프로그램
④ 직업복귀 (훈련) 프로그램
⑤ 취업동기 증진 프로그램
⑥ 구직활동 증진 프로그램 등

(2) 직업지도 프로그램의 주요 종류

① **자신에 대한 탐구 프로그램**

직업지도 및 직업상담 프로그램에서 가장 중요하고 기본적인 프로그램으로서, 특히 진로미결정자나 우유부단한 내담자에게 가장 우선되어야 할 프로그램이다. 스스로 자신에 대한 탐구, 타인이 판단하는 자신의 모습, 자신의 능력 평가, 과거 위인의 생애와 자신의 생애 비교 등으로 구성되어 있다.

② **직업세계 이해 프로그램**

일의 활동, 개인의 일 경험, 선호하는 일들, 직업 및 직업세계의 탐색, 자격 및 면허 조건, 노동시장의 관행, 작업환경 및 근로조건, 최신 고용동향 및 유망직종 등 직업세계에 관한 다양한 정보들을 내담자에게 제공한다.

③ **직장스트레스 대처 프로그램**

전직을 예방하기 위해 퇴직의사 보유자에게 실시하는 직업상담 프로그램으로 가장 적합하다. 직무에서 오는 긴장 및 불안에 대한 문제인식과 함께 이를 해결하기 위한 적절한 기술을 발견하고 여가활용을 계획하며, 건강한 삶을 유지하기 위한 태도를 기르도록 한다.

④ **실업충격 완화 프로그램**

실업에서 오는 정신적인 충격을 확인하고 이를 완화하기 위한 기술을 제공하는 것이다. 스트레스 해소를 위해 여가활용의 방법을 제시하며, 나아가 실업에의 대처능력을 함양시키고, 실업에 대해 긍정적인 태도를 갖도록 한다.

⑤ **직업전환(훈련) 프로그램**

직업전환이 가능한 유사직무를 탐색하고, 직무에서 요구되는 자질을 갖추기 위한 계획 및 보다 전문적인 지식을 갖추는 일 등에 관한 정보를 제공한다. 또한 필요시 전환할 직무와 관련하여 직업훈련을 이수하도록 안내한다.

⑥ **직업복귀(훈련) 프로그램**

장기간의 실업기간을 갖고 있는 실업자에 대해 직업복귀를 위한 준비사항을 제공하며, 필요시 직업훈련 프로그램을 안내함으로써 직업관 및 윤리관을 정립시키는 것이다.

⑦ 직업적응 프로그램

변화가 가속화되는 직무에 적응하기 위한 태도 변화를 이해하고, 동료와 상사 간 인간관계에서의 문제점을 인식하여 그에 대한 긍정적인 태도를 기르며, 직무몰입을 통한 경쟁력을 높이도록 한다.

⑧ 조기퇴직 (계획) 프로그램

정년에 이르기 전에 퇴직하는 사람들을 대상으로 퇴직에 대한 막연한 불안감을 해소하며, 퇴직 이후의 삶을 합리적·적극적·체계적으로 계획해 나갈 수 있도록 필요한 지식과 정보를 제공하는 것이다.

⑨ 은퇴 후 경력계획 프로그램

정년 이후 새로운 진로경로 개척을 위한 계획을 세우고, 그 계획이 구체화되도록 수정·보완하도록 하며, 계획을 실천에 옮길 수 있는 신념 등을 확인한다.

⑩ 생애계획 프로그램

생애주기의 변화를 파악하고 그에 따른 중장기 생애계획을 구축하여 이를 추가·수정·보완함으로써 보다 발전적이고 합리적인 생애계획이 이루어지도록 하는 것이다.

⑪ 취업알선 프로그램

취업처에 대한 정보를 제공 및 알선하고 취업준비에 필요한 기술을 겸비하도록 하며, 취업처의 조직문화와 노동시장의 정보 등을 제공한다.

01 다음 중 경력개발의 과정에서 경력개발단계에 해당하는 것은?

① 경력상담과 경력목표 설정
② 구성원의 인적자료 수집
③ 직무분석과 인력개발 및 인력계획
④ 경력기회에 대한 커뮤니케이션

②·③·④ 경력개발의 과정 중 경력계획단계에 해당한다.

02 다음 중 경력개발을 위한 교육훈련을 실시할 때 가장 먼저 고려해야 하는 사항은?

① 사용 가능한 훈련방법에는 어떤 것들이 있는지에 대한 고찰
② 현 시점에서 어떤 훈련이 필요한지에 대한 요구분석
③ 훈련프로그램의 효과를 평가하고 개선할 수 있는 방안을 계획하고 수립
④ 훈련방법에 따른 구체적인 프로그램 개발

② 경력개발을 위한 교육훈련을 실시하는 경우 대상자에게 어떠한 훈련이 필요한지에 대한 요구분석이 우선되어야 한다. 요구분석은
경력개발 프로그램을 설계할 때 누구를 대상으로, 어떤 프로그램을 만들 것인지 우선적으로 알아보는 평가이다.

03 다음 중 보기의 내용과 연관된 경력개발 프로그램 개발 과정에 해당하는 것은?

> • 특정 경력개발 프로그램을 대규모로 적용하기 전에 소규모 집단에 시범적으로 실시하는 과정을 말한다.
> • 프로그램 참여자로부터 프로그램에 대한 평가와 피드백을 받은 후, 그에 대한 대책을 마련하여 개발된 경력개발
>   프로그램을 본격적으로 정착시키는 데 활용된다.

① 자문(Consulting)
② 팀 빌딩(Team Building)
③ 요구조사(Need Assessment)
④ 파일럿 연구(Pilot Study)

① 자문은 자문가(컨설턴트)의 전문지식에 입각하여 기업의 경영 및 전략에 대한 조언을 전문적으로 제공하는 활동이다.

② 팀 빌딩은 조직의 구조, 목적, 규범, 가치, 대인역학 등을 검토하여 상호작용하는 작업집단이 효과적인 팀워크 형성기술을 경험적으로 학습하도록 하는 과정이다.

③ 요구조사(요구분석)는 경력개발 프로그램을 설계할 때 누구를 대상으로, 어떤 프로그램을 만들 것인지를 파악하기 위해 자료를 수집 및 분석하는 방법이다.

04 다음 중 보기의 내용과 연관된 경력개발 프로그램에 해당하는 것은?

> 미국 AT & T사에서 처음 운영한 이래 직원들의 관리능력을 평가하기 위한 방법으로 사용된 것으로서, 수일간에 걸쳐 면접, 리더 없는 집단토의, 비즈니스게임 등 다양한 형태의 실습을 한 뒤 복수의 전문가로 구성된 평가자로부터 리더십·의사소통능력 등을 평가받는 방식이다.

① 평가기관   ② 경력워크숍

③ 조기발탁제   ④ 후견인 프로그램

② 경력워크숍(Career Workshop)은 신입사원을 대상으로 부서 배치 후 6개월 이내에 자신이 도달하고 싶은 미래의 모습을 경력목표로 정하고 목표에 도달하기 위한 계획을 작성, 제출하도록 하여 자율적으로 경력목표를 달성할 수 있도록 지원하는 프로그램이다.

③ 조기발탁제(Promotability Forecasts)는 잠재력이 높은 종업원을 조기에 발견하여 그들에게 특별한 경력경험을 제공하는 제도이다.

④ 후견인 프로그램(Mentoring Program)은 종업원이 조직에 쉽게 적응하도록 상사가 후견인이 되어 도와주는 프로그램이다.

05 다음 중 신입사원을 대상으로 부서 배치 후 6개월 이내에 자신이 도달하고 싶은 미래의 모습을 경력목표로 정하고 목표에 도달하기 위한 계획을 작성, 제출하도록 하여 자율적으로 경력목표를 달성할 수 있도록 지원하는 것은?

① 사내공모제   ② 직무순환제

③ 경력워크숍   ④ 조기발탁제

① 사내공모제(Job Posting)는 기업에서 특정 프로젝트나 신규 사업을 위한 인력배치 또는 결원충원 등을 위해 사내에서 필요한 인재를 모으는 제도이다.

② 직무순환제(Job Rotation)는 업무세분화에 의해 야기되는 고유 업무 반복의 문제를 해소하고 종업원으로 하여금 다양한 직무경험을 쌓도록 하기 위한 제도이다.

④ 조기발탁제(Promotability Forecasts)는 잠재력이 높은 종업원을 조기에 발견하여 그들에게 특별한 경력경험을 제공하는 제도이다.

06 다음 중 경력개발을 위해 종업원들에게 다양한 직무를 경험하게 함으로써 여러 분야의 능력을 개발시키려는 제도는?

① 사내공모제　　　　　　　　　　　② 조기발탁제
③ 후견인제　　　　　　　　　　　　④ 직무순환제

직무순환제 또는 직무순환 프로그램(Job Rotation)
• 종업원에게 다양한 직무를 경험하게 함으로써 여러 분야의 능력을 개발할 수 있도록 하는 제도(프로그램)를 말한다.
• 종업원들이 완수해야 하는 직무는 그대로 둔 채 종업원들의 자리를 교대 이동시키는 방법으로, 단조로움, 권태 등에 따른 직무불만을 방지할 수 있을 뿐만 아니라 기업의 조직 유연성을 확보하는 데도 유용하다.

07 다음 중 종업원의 능력개발 프로그램과 가장 거리가 먼 것은?

① 직무평가
② 직무순환 프로그램
③ 훈련 프로그램
④ 후견인 프로그램

해설

종업원 (능력)개발 프로그램
훈련 프로그램, 후견인 프로그램, 직무순환 프로그램 등

08 다음 중 다운사이징(Downsizing) 시대의 경력개발 방향으로 옳지 않은 것은?

① 조직구조의 수평화로 개인의 자율권 신장과 능력개발에 초점을 두어야 한다.
② 기술, 제품, 개인의 숙련주기가 짧아져서 경력개발은 단기, 연속 학습단계로 이어진다.
③ 일시적이 아니라 계속적이고 평생학습으로의 경력개발이 요구된다.
④ 경력변화의 기회가 많아져서 조직 내 수직적 이동과 장기고용이 용이해진다.

해설

④ 다운사이징(Downsizing) 시대에는 장기고용이 어려워지며, 고용기간이 점차 짧아진다.

09 다음 중 다운사이징(Downsizing) 시대의 경력개발 형태와 가장 거리가 먼 것은?

① 다양한 능력의 개발   ② 승진촉진개발
③ 내부 배치   ④ 재교육

다운사이징 시대의 경력개발 형태
다양한 능력의 개발, 재교육 및 평생교육, 내부 배치 등

10 다음 중 다운사이징(Downsizing)과 조직구조의 수평화로 대변되는 조직변화에 적합한 종업원의 경력개발 프로그램으로 적합하지 않은 것은?

① 직무를 통해서 다양한 능력을 본인 스스로 학습할 수 있도록 많은 프로젝트에 참여시킨다.
② 표준화된 작업규칙, 고정된 작업시간, 엄격한 직무기술을 강화한 학습 프로그램에 참여시킨다.
③ 불가피하게 퇴직한 사람들을 위한 퇴직자 관리 프로그램을 운영한다.
④ 새로운 직무를 수행하는 데 요구되는 능력 및 지식과 관련된 재교육을 실시한다.

해설

② 다운사이징에 의한 조직변화가 이루어지는 시대에서 개인은 표준화된 작업규칙과 고정된 작업시간, 매뉴얼에 따른 직무기술의 요구에서 벗어나 자기 스스로 해야 할 일을 설계하고 추진할 수 있는 능력, 변화하는 환경에 적응하기 위한 학습능력, 불확실한 상황에 대처할 수 있는 위기관리 능력, 적합한 시기에 경력전환에 성공할 수 있는 구직기술 등을 필요로 한다.

11 다음 중 경력개발의 초기단계에서 수행하는 중요 과제로 옳지 않은 것은?

① 조직에 적응하도록 방향을 설정한다.
② 지위와 책임을 깨닫고 만족스런 수행을 증명해 보인다.
③ 직업몰입 및 상황을 증진시키기 위해 계속 적응한다.
④ 개인적인 목적과 승진기회의 관점에서 경력계획을 탐색한다.

해설

경력개발의 초기단계에서의 중요 과제
• 조직에 적응하도록 방향을 설정한다.
• 지위와 책임을 깨닫고 만족스러운 수행을 증명해 보여야 한다.
• 개인적인 목적과 승진기회의 관점에서 경력계획을 탐색한다.
• 승진 또는 지위변경의 계획을 실행에 옮겨야 한다.

12 다음 경력개발단계 중 일의 세계에서 개인 역할로 초점을 옮겨가는 시기로 역할들의 균형이 중요한 시기는?

① 입사 단계
② 경력초기 단계
③ 경력중기 단계
④ 경력후기 단계

 해설

중기 경력(경력중기 단계)
• 개인이 경력에 대한 장기적인 차원을 점차적으로 깨달아 가는 시기로서, 일의 세계에서 개인 역할로 초점을 옮겨가는 시기이기도 하다.
• 경력목표의 재평가와 자신을 파악하는 능력을 향상시키는 데 중점을 둔 경력상담, 직무순환제도 또는 최신 첨단기술이나 특정 전문 분야의 교육훈련 프로그램이 필요한 시기이다.

13 다음 중 직업의식의 범위 내에 포함되지 않는 항목은?

① 직업에 대한 가치
② 직업에 대한 태도
③ 직업에 대한 의견
④ 직업에 대한 출신성분

 해설

직업의식의 범위
• 직업에 대한 가치
• 직업에 대한 태도
• 직업에 대한 의견
• 직업에 대한 관습

14 다음 중 성인기의 직업전환을 촉진하는 요인으로 옳은 것은?

① 전체 노동인구 중 젊은 층의 비율이 높을 경우
② 경제구조가 불완전고용의 상태일 경우
③ 단순직 근로자의 비율이 낮을 경우
④ 여성근로자의 비율이 낮을 경우

 해설

직업전환을 촉진하는 요인
• 전체 노동인구 중 젊은 층의 비율이 높을 경우
• 경제구조가 완전고용의 상태일 경우
• 단순직 근로자의 비율이 높을 경우
• 여성근로자의 비율이 높을 경우

15 다음 중 직업을 전환하고자 하는 내담자에게서 우선적으로 탐색하여야 하는 것은?

① 변화에 대한 인지능력
② 새로운 직업에서 성공기대 수준
③ 직업상담에 대한 기대
④ 기존에 가지고 있던 직업에 대한 애착 수준

① 직업상담사가 아무리 직업전환을 유도하려 하여도 내담자가 변화에 대한 인지능력이 없다면 전환이 불가능하기 때문에 전환될 직업에 대한 성공기대 수준이나 기존 직업에 대한 애착 수준보다 우선적으로 내담자의 변화에 대한 인지능력을 탐색하여야 한다.

16 다음 직업지도 프로그램 과정 중 직업적응 단계에서 이루어지는 것은?

① 노동시장에 관한 구체적인 정보를 수집한다.
② 여러 가지 직업 중에서 장·단점을 비교한다.
③ 은퇴 후의 생애설계를 하도록 한다.
④ 해당 직업의 성장 가능성을 탐색한다.

①·④ 직업탐색 및 정보수집 단계(제1단계)에서 이루어진다.
② 직업선택 단계(제2단계)에서 이루어진다.

직업지도 프로그램의 과정
직업탐색 및 정보수집(제1단계) → 직업선택(제2단계) → 조직문화 조사(제3단계) → 직업상담(제4단계) → 취업준비(제5단계) → 직업적응(제6단계)

17 다음 중 진로교육을 실시하기 위한 지도단계를 순서대로 올바르게 나열한 것은?

ㄱ. 진로탐색	ㄴ. 진로준비
ㄷ. 진로인식	ㄹ. 취 업

① ㄱ → ㄴ → ㄷ → ㄹ
② ㄴ → ㄱ → ㄷ → ㄹ
③ ㄷ → ㄱ → ㄴ → ㄹ
④ ㄱ → ㄷ → ㄴ → ㄹ

진로교육 모형(진로교육 실시를 위한 지도단계)
진로인식(제1단계) → 진로탐색(제2단계) → 진로준비(제3단계) → 취업(제4단계)

안심Touch

18 다음 중 진로수첩이 내담자에게 미치는 유용성으로 가장 옳지 않은 것은?

① 자기평가를 통해 자신감과 자기인식을 증진시킨다.

② 일 관련 태도 및 흥미에 대한 지식을 증진시킨다.

③ 다양한 경험들이 어떻게 직무 관련 태도나 기술로 전환될 수 있는지에 대해 이해를 발전시킨다.

④ 진로, 교육, 훈련계획을 개발하기 위한 상담도구를 제공한다.

> **해설**
> ④ 진로수첩은 진로에 관한 정보와 자료를 스스로 정리하도록 함으로써 내담자로 하여금 관련 지식을 증진시키는 동시에 자기인식을 증진시키는 것을 궁극적인 목적으로 한다.

19 다음 중 실업자를 위한 실업 관련 프로그램과 거리가 먼 것은?

① 직업전환 프로그램   ② 인사고과 프로그램

③ 실업충격 완화 프로그램   ④ 직업복귀 훈련 프로그램

> **해설**
> ② 재직자를 위한 프로그램에 해당한다.

20 다음 직업지도 프로그램 중 가장 중요하고 기본적인 프로그램으로 볼 수 있는 것은?

① 직업세계 이해 프로그램

② 직업복귀 프로그램

③ 자신에 대한 탐구 프로그램

④ 직장스트레스 대처 프로그램

> **해설**
> 자신에 대한 탐구 프로그램
> • 직업지도 및 직업상담 프로그램에서 가장 중요하고 기본적인 프로그램으로서, 특히 진로미결정자나 우유부단한 내담자에게 가장 우선되어야 할 프로그램이다.
> • 스스로 자신에 대한 탐구, 타인이 판단하는 자신의 모습, 자신의 능력 평가, 과거 위인의 생애와 자신의 생애 비교 등으로 구성되어 있다.

제8편

고용보험법령

*시행일
고용보험법 [시행 2022. 2. 18.]
고용보험법 시행령 [시행 2022. 2. 18.]

혼자 공부하기 힘드시다면 방법이 있습니다.
SD에듀의 동영상 강의를 이용하시면 됩니다.

www.sdedu.co.kr → 회원가입(로그인) → 강의 살펴보기

개 요

1 총 칙

(1) 목적(제1조)

이 법은 고용보험의 시행을 통하여 실업의 예방, 고용의 촉진 및 근로자 등의 직업능력의 개발과 향상을 꾀하고, 국가의 직업지도와 직업소개 기능을 강화하며, 근로자 등이 실업한 경우에 생활에 필요한 급여를 실시하여 근로자 등의 생활안정과 구직 활동을 촉진함으로써 경제·사회 발전에 이바지하는 것을 목적으로 한다.

(2) 용어의 정의(제2조)

① 피보험자

㉠ 「고용보험 및 산업재해보상보험의 보험료징수 등에 관한 법률」(이하 "고용산재보험료징수법"이라 한다)에 따라 보험에 가입되거나 가입된 것으로 보는 근로자, 예술인 또는 노무제공자

㉡ 고용산재보험료징수법에 따라 고용보험에 가입하거나 가입된 것으로 보는 자영업자(이하 "자영업자인 피보험자"라 한다)

② 이직 : 피보험자와 사업주 사이의 고용관계가 끝나게 되는 것(예술인 및 노무제공자의 경우에는 문화예술영역 관련 계약 또는 노무제공계약이 끝나는 것을 말한다)을 말한다.

③ 실업 : 근로의 의사와 능력이 있음에도 불구하고 취업하지 못한 상태에 있는 것을 말한다.

④ 실업의 인정 : 직업안정기관의 장이 수급자격자가 실업한 상태에서 적극적으로 직업을 구하기 위하여 노력하고 있다고 인정하는 것을 말한다.

⑤ 보수 : 「소득세법」에 따른 근로소득에서 대통령령으로 정하는 금품(비과세 근로소득)을 뺀 금액을 말한다. 다만, 휴직이나 그 밖에 이와 비슷한 상태에 있는 기간 중에 사업주 외의 자로부터 지급받는 금품 중 고용노동부장관이 정하여 고시하는 금품은 보수로 본다.

⑥ 일용근로자 : 1개월 미만 동안 고용되는 사람을 말한다.

(3) 보험의 관장(법 제3조)

고용보험(이하 "보험"이라 한다)은 고용노동부장관이 관장한다.

(4) 고용보험사업(법 제4조)

① 보험은 목적을 이루기 위하여 고용보험사업(이하 "보험사업"이라 한다)으로 고용안정·직업능력개발 사업, 실업급여, 육아휴직 급여 및 출산전후휴가 급여 등을 실시한다.

② 보험사업의 보험연도는 정부의 회계연도에 따른다.

(5) 국고의 부담(법 제5조)

① 국가는 매년 보험사업에 드는 비용의 일부를 일반회계에서 부담하여야 한다.

② 국가는 매년 예산의 범위에서 보험사업의 관리·운영에 드는 비용을 부담할 수 있다.

(6) 보험료(법 제6조)

① 보험사업에 드는 비용을 충당하기 위하여 징수하는 보험료와 그 밖의 징수금에 대하여는 고용산재보험료징수법으로 정하는 바에 따른다.

② 고용산재보험료징수법에 따라 징수된 고용안정·직업능력개발 사업의 보험료 및 실업급여의 보험료는 각각 그 사업에 드는 비용에 충당한다. 다만, 실업급여의 보험료는 국민연금 보험료의 지원, 육아휴직 급여의 지급, 육아기 근로시간 단축 급여의 지급, 출산전후휴가 급여 등 및 출산전후급여 등의 지급에 드는 비용에 충당할 수 있다.

③ 자영업자인 피보험자로부터 고용산재보험료징수법에 따라 징수된 고용안정·직업능력개발 사업의 보험료 및 실업급여의 보험료는 각각 자영업자인 피보험자를 위한 그 사업에 드는 비용에 충당한다. 다만, 실업급여의 보험료는 자영업자인 피보험자를 위한 국민연금 보험료의 지원에 드는 비용에 충당할 수 있다.

(7) 고용보험위원회(법 제7조)

① 고용보험법 및 고용산재보험료징수법(보험에 관한 사항만 해당한다)의 시행에 관한 주요 사항을 심의하기 위하여 고용노동부에 고용보험위원회(이하 이 조에서 "위원회"라 한다)를 둔다.

② 위원회는 다음의 사항을 심의한다.

> • 보험제도 및 보험사업의 개선에 관한 사항
> • 고용산재보험료징수법에 따른 보험료율의 결정에 관한 사항
> • 보험사업의 평가에 관한 사항
> • 기금운용 계획의 수립 및 기금의 운용 결과에 관한 사항
> • 그 밖에 위원장이 보험제도 및 보험사업과 관련하여 위원회의 심의가 필요하다고 인정하는 사항

③ 위원회는 위원장 1명을 포함한 20명 이내의 위원으로 구성한다.

④ 위원회의 위원장은 고용노동부차관이 되고, 위원은 다음의 사람 중에서 각각 같은 수로 고용노동부장관이 임명하거나 위촉하는 사람이 된다.

> • 근로자를 대표하는 사람　　　• 사용자를 대표하는 사람
> • 공익을 대표하는 사람　　　　• 정부를 대표하는 사람

⑤ 위촉위원의 임기는 2년으로 한다. 다만, 보궐위원의 임기는 전임자 임기의 남은 기간으로 한다(시행령 제1조의4 제1항).

⑥ 위원회의 회의는 재적위원 과반수의 출석으로 개의하고 출석위원 과반수의 찬성으로 의결한다(시행령 제1조의6 제2항).

⑦ 위원회는 심의 사항을 사전에 검토·조정하기 위하여 위원회에 전문위원회를 둘 수 있다.

⑧ 위원회 및 전문위원회의 구성·운영과 그 밖에 필요한 사항은 대통령령으로 정한다.

(8) 적용 범위(제8조 및 시행령 제2조)

① 근로자를 사용하는 모든 사업 또는 사업장(이하 "사업"이라 한다)에 적용한다. 다만, 산업별 특성 및 규모 등을 고려하여 대통령령으로 정하는 사업에 대해서는 적용하지 아니한다.

> • 농업·임업 및 어업 중 법인이 아닌 자가 상시 4명 이하의 근로자를 사용하는 사업
> • 다음의 어느 하나에 해당하는 공사. 다만, 건설사업자, 주택건설사업자, 공사업자, 정보통신공사업자, 소방시설업자, 문화재수리업자가 시공하는 공사는 제외한다.
>   – 「고용보험 및 산업재해보상보험의 보험료징수 등에 관한 법률 시행령」에 따른 총공사금액이 2천만원 미만인 공사
>   – 연면적이 100제곱미터 이하인 건축물의 건축 또는 연면적이 200제곱미터 이하인 건축물의 대수선에 관한 공사
> • 가구 내 고용활동 및 달리 분류되지 아니한 자가소비 생산활동

② 예술인 또는 노무제공자의 노무를 제공받는 사업에 적용하되, 고용보험 특례에서 규정된 사항에 한정하여 각각 적용한다.

③ 외국인근로자에 대한 적용(법 제10조의2)

> • 「외국인근로자의 고용 등에 관한 법률」의 적용을 받는 외국인근로자에게는 이 법을 적용한다. 다만, 실업급여 및 육아휴직 급여 등은 고용노동부령으로 정하는 바에 따른 신청이 있는 경우에만 적용한다.
> • 위에 해당하는 외국인근로자를 제외한 외국인근로자에게는 대통령령으로 정하는 바에 따라 이 법의 전부 또는 일부를 적용한다.

(9) 보험관계의 성립·소멸(법 제9조)

보험관계의 성립 및 소멸에 대하여는 고용산재보험료징수법으로 정하는 바에 따른다.

(10) 적용 제외(법 제10조)

① 다음의 어느 하나에 해당하는 사람에게는 이 법을 적용하지 아니한다.

> • 소정근로시간이 대통령령으로 정하는 시간 미만인 사람[1개월간 소정근로시간이 60시간 미만인 자(1주간의 소정근로시간이 15시간 미만인 자를 포함)를 말한다. 다만, 3개월 이상 계속하여 근로를 제공하는 자와 일용근로자는 제외]
> • 「국가공무원법」과 「지방공무원법」에 따른 공무원. 다만, 대통령령으로 정하는 바에 따라 별정직공무원, 「국가공무원법」 및 「지방공무원법」에 따른 임기제공무원의 경우는 본인의 의사에 따라 고용보험(실업급여에 한정한다)에 가입할 수 있다.
> • 「사립학교교직원 연금법」의 적용을 받는 사람
> • 그 밖에 대통령령으로 정하는 사람

② 65세 이후에 고용(65세 전부터 피보험 자격을 유지하던 사람이 65세 이후에 계속하여 고용된 경우는 제외한다)되거나 자영업을 개시한 사람에게는 실업급여 및 육아휴직 급여 등을 적용하지 아니한다.

(11) 보험 관련 조사·연구(법 제11조 및 시행령 제6조)

① 고용노동부장관은 노동시장·직업 및 직업능력개발에 관한 연구와 보험 관련 업무를 지원하기 위한 조사·연구 사업 등을 할 수 있다.

② 고용노동부장관은 필요하다고 인정하면 업무의 일부를 대통령령으로 정하는 자에게 대행하게 할 수 있다.

> • 「정부출연연구기관 등의 설립·운영 및 육성에 관한 법률」에 따라 설립된 보험 관련 정부출연연구기관
> • 「고용정책 기본법」에 따라 설립된 한국고용정보원
> • 「고등교육법」에 따른 학교(부설 연구기관을 포함)
> • 그 밖에 노동시장·직업 및 직업능력개발과 보험 관련 업무에 관한 조사·연구를 수행할 수 있는 민간연구기관

(12) 보험사업의 평가(법 제11조의2)

① 고용노동부장관은 보험사업에 대하여 상시적이고 체계적인 평가를 하여야 한다.

② 고용노동부장관은 평가의 전문성을 확보하기 위하여 대통령령으로 정하는 기관에 평가를 의뢰할 수 있다.

③ 고용노동부장관은 평가 결과를 반영하여 보험사업을 조정하거나 기금운용 계획을 수립하여야 한다.

(13) 국제교류·협력(법 제12조)

고용노동부장관은 보험사업에 관하여 국제기구 및 외국 정부 또는 기관과의 교류·협력 사업을 할 수 있다.

2 피보험자의 관리

(1) 피보험자격의 취득일(법 제13조)

① 근로자인 피보험자는 이 법이 적용되는 사업에 고용된 날에 피보험자격을 취득한다. 다만, 다음의 경우에는 각각 그 해당되는 날에 피보험자격을 취득한 것으로 본다.

> • 적용 제외 근로자였던 사람이 이 법의 적용을 받게 된 경우에는 그 적용을 받게 된 날
> • 고용산재보험료징수법 보험관계 성립일 전에 고용된 근로자의 경우에는 그 보험관계가 성립한 날

② 자영업자인 피보험자는 고용산재보험료징수법에 따라 보험관계가 성립한 날에 피보험자격을 취득한다.

(2) 피보험자격의 상실일(법 제14조)

① 근로자인 피보험자는 다음의 어느 하나에 해당하는 날에 각각 그 피보험자격을 상실한다.

> • 근로자인 피보험자가 적용 제외 근로자에 해당하게 된 경우에는 그 적용 제외 대상자가 된 날
> • 고용산재보험료징수법에 따라 보험관계가 소멸한 경우에는 그 보험관계가 소멸한 날
> • 근로자인 피보험자가 이직한 경우에는 이직한 날의 다음 날
> • 근로자인 피보험자가 사망한 경우에는 사망한 날의 다음 날

② 자영업자인 피보험자는 고용산재보험료징수법의 규정에 따라 보험관계가 소멸한 날에 피보험자격을 상실한다.

(3) 피보험자격에 관한 신고 등(법 제15조)

① 사업주는 그 사업에 고용된 근로자의 피보험자격의 취득 및 상실 등에 관한 사항을 대통령령으로 정하는 바에 따라 고용노동부장관에게 신고하여야 한다.

② 고용산재보험료징수법에 따라 원수급인이 사업주로 된 경우에 그 사업에 종사하는 근로자 중 원수급인이 고용하는 근로자 외의 근로자에 대하여는 그 근로자를 고용하는 다음의 하수급인이 신고를 하여야 한다. 이 경우 원수급인은 고용노동부령으로 정하는 바에 따라 하수급인에 관한 자료를 고용노동부장관에게 제출하여야 한다.

- 「건설산업기본법」에 따른 건설사업자
- 「주택법」에 따른 주택건설사업자
- 「전기공사업법」에 따른 공사업자
- 「정보통신공사업법」에 따른 정보통신공사업자
- 「소방시설공사업법」에 따른 소방시설업자
- 「문화재수리 등에 관한 법률」에 따른 문화재수리업자

③ 사업주가 피보험자격에 관한 사항을 신고하지 아니하면 대통령령으로 정하는 바에 따라 근로자가 신고할 수 있다.

④ 고용노동부장관은 신고된 피보험자격의 취득 및 상실 등에 관한 사항을 고용노동부령으로 정하는 바에 따라 피보험자 및 원수급인 등 관계인에게 알려야 한다.

⑤ 사업주, 원수급인 또는 하수급인은 신고를 고용노동부령으로 정하는 전자적 방법으로 할 수 있다.

⑥ 고용노동부장관은 전자적 방법으로 신고를 하려는 사업주, 원수급인 또는 하수급인에게 고용노동부령으로 정하는 바에 따라 필요한 장비 등을 지원할 수 있다.

⑦ 자영업자인 피보험자는 피보험자격의 취득 및 상실에 관한 신고를 하지 아니한다.

(4) 피보험자격의 확인(법 제17조)

① 피보험자 또는 피보험자였던 사람은 언제든지 고용노동부장관에게 피보험자격의 취득 또는 상실에 관한 확인을 청구할 수 있다.

② 고용노동부장관은 청구에 따르거나 직권으로 피보험자격의 취득 또는 상실에 관하여 확인을 한다.

③ 고용노동부장관은 확인 결과를 대통령령으로 정하는 바에 따라 그 확인을 청구한 피보험자 및 사업주 등 관계인에게 알려야 한다.

(5) 피보험자격 이중 취득의 제한(법 제18조)

근로자가 보험관계가 성립되어 있는 둘 이상의 사업에 동시에 고용되어 있는 경우에는 고용노동부령으로 정하는 바에 따라 그 중 한 사업의 근로자로서의 피보험자격을 취득한다.

3 고용안정 · 직업능력개발 사업

(1) 고용안정 · 직업능력개발 사업의 실시(법 제19조 및 시행령 제12조)

① 고용노동부장관은 피보험자 및 피보험자였던 사람, 그 밖에 취업할 의사를 가진 사람(이하 "피보험자 등"이라 한다)에 대한 실업의 예방, 취업의 촉진, 고용기회의 확대, 직업능력개발 · 향상의 기회 제공 및 지원, 그 밖에 고용안정과 사업주에 대한 인력 확보를 지원하기 위하여 고용안정 · 직업능력개발 사업을 실시한다.

② 고용노동부장관은 고용안정 · 직업능력개발 사업을 실시할 때에는 근로자의 수, 고용안정 · 직업능력개발을 위하여 취한 조치 및 실적 등 대통령령으로 정하는 기준에 해당하는 기업(이하 "우선지원 대상기업"이라 한다)을 우선적으로 고려하여야 한다.

우선지원 대상기업의 상시 사용하는 근로자 기준

산업분류	상시 사용하는 근로자 수
제조업[다만, 산업용 기계 및 장비 수리업(34)은 그 밖의 업종으로 본다]	500명 이하
• 광 업 • 건설업 • 운수 및 창고업 • 정보통신업 • 사업시설 관리, 사업 지원 및 임대 서비스업[다만, 부동산 이외 임대업은 그 밖의 업종으로 본다] • 전문, 과학 및 기술 서비스업 • 보건업 및 사회복지 서비스업	300명 이하
• 도매 및 소매업 • 숙박 및 음식점업 • 금융 및 보험업 • 예술, 스포츠 및 여가관련 서비스업	200명 이하
그 밖의 업종	100명 이하

(2) 고용창출의 지원(법 제20조 및 시행령 제17조)

① 고용노동부장관은 고용환경 개선, 근무형태 변경 등으로 고용의 기회를 확대한 사업주에게 대통령령으로 정하는 바에 따라 필요한 지원을 할 수 있다.

② 고용노동부장관은 다음의 어느 하나에 해당하는 사업주에게 임금의 일부를 지원할 수 있다. 다만, 첫 번째의 경우에는 근로시간이 감소된 근로자에 대한 임금의 일부와 필요한 시설의 설치비의 일부도 지원할 수 있으며, 두 번째의 경우에는 시설의 설치비의 일부도 지원할 수 있다.

> • 근로시간 단축, 교대근로 개편, 정기적인 교육훈련 또는 안식휴가 부여 등(이하 "일자리 함께하기"라 한다)을 통하여 실업자를 고용함으로써 근로자 수가 증가한 경우(근로시간이 감소된 근로자에 대한 임금의 일부와 필요한 시설의 설치비의 일부도 지원할 수 있다)
> • 고용노동부장관이 정하는 시설을 설치 · 운영하여 고용환경을 개선하고 실업자를 고용하여 근로자 수가 증가한 경우(시설의 설치비의 일부도 지원할 수 있다)
> • 직무의 분할, 근무체계 개편 또는 시간제직무 개발 등을 통하여 실업자를 근로계약기간을 정하지 않고 시간제로 근무하는 형태로 하여 새로 고용하는 경우

- 위원회에서 심의·의결한 성장유망업종, 인력수급 불일치 업종, 국내복귀기업 또는 지역특화산업 등 고용지원이 필요한 업종에 해당하는 기업이 실업자를 고용하는 경우
- 위원회에서 심의·의결한 업종에 해당하는 우선지원 대상기업이 고용노동부장관이 정하는 전문적인 자격을 갖춘 자(이하 "전문인력"이라 한다)를 고용하는 경우
- 임금피크제, 임금을 감액하는 제도 또는 그 밖의 임금체계 개편 등을 통하여 15세 이상 34세 이하의 청년 실업자를 고용하는 경우
- 고용노동부장관이 「고용상 연령차별 금지 및 고령자고용촉진에 관한 법률」에 따른 고령자 또는 준고령자가 근무하기에 적합한 것으로 인정하는 직무에 고령자 또는 준고령자를 새로 고용하는 경우

(3) 고용조정의 지원(법 제21조)

① 고용노동부장관은 경기의 변동, 산업구조의 변화 등에 따른 사업 규모의 축소, 사업의 폐업 또는 전환으로 고용조정이 불가피하게 된 사업주가 근로자에 대한 휴업, 휴직, 직업전환에 필요한 직업능력개발 훈련, 인력의 재배치 등을 실시하거나 그 밖에 근로자의 고용안정을 위한 조치를 하면 대통령령으로 정하는 바에 따라 그 사업주에게 필요한 지원을 할 수 있다. 이 경우 휴업이나 휴직 등 고용안정을 위한 조치로 근로자의 임금(「근로기준법」에 따른 임금을 말한다. 이하 같다)이 대통령령으로 정하는 수준(평균임금의 100분의 50 미만)으로 감소할 때에는 대통령령으로 정하는 바에 따라 그 근로자에게도 필요한 지원을 할 수 있다.

② 고용노동부장관은 고용조정으로 이직된 근로자를 고용하는 등 고용이 불안정하게 된 근로자의 고용안정을 위한 조치를 하는 사업주에게 대통령령으로 정하는 바에 따라 필요한 지원을 할 수 있다.

③ 고용노동부장관은 지원을 할 때에는 「고용정책 기본법」 제32조에 따른 업종에 해당하거나 지역에 있는 사업주 또는 근로자에게 우선적으로 지원할 수 있다.

(4) 지역 고용의 촉진(법 제22조 및 시행령 제24조)

① 고용노동부장관은 고용기회가 뚜렷이 부족하거나 산업구조의 변화 등으로 고용사정이 급속하게 악화되고 있는 지역으로 사업을 이전하거나 그러한 지역에서 사업을 신설 또는 증설하여 그 지역의 실업 예방과 재취업 촉진에 기여한 사업주, 그 밖에 그 지역의 고용기회 확대에 필요한 조치를 한 사업주에게 대통령령으로 정하는 바에 따라 필요한 지원을 할 수 있다.

② 고용노동부장관은 지정지역으로 사업을 이전하거나 지정지역에서 사업을 신설 또는 증설하는 경우로서 다음의 요건을 모두 갖추어 사업을 이전, 신설 또는 증설하는 사업주에게 지역고용촉진 지원금을 지급한다.

- 「고용정책 기본법 시행령」에 따라 고시된 고용조정의 지원 등의 기간(이하 이 조에서 "지정기간"이라 한다)에 사업의 이전, 신설 또는 증설과 그에 따른 근로자의 고용에 관한 지역고용계획을 세워 고용노동부장관에게 신고할 것
- 고용노동부장관에게 신고한 지역고용계획에 따라 시행할 것
- 지역고용계획이 제출된 날부터 1년 6개월 이내에 이전, 신설 또는 증설된 사업의 조업이 시작될 것
- 이전, 신설 또는 증설된 사업의 조업이 시작된 날(이하 이 조에서 "조업시작일"이라 한다) 현재 그 지정지역이나 다른 지정지역에 3개월 이상 거주한 구직자를 그 이전, 신설 또는 증설된 사업에 피보험자로 고용할 것
- 「고용정책 기본법」에 따른 고용정책심의회에서 그 필요성이 인정된 사업일 것
- 지역고용계획의 실시 상황과 고용된 피보험자에 대한 임금지급 상황이 적힌 서류를 갖추고 시행할 것

③ 지역고용촉진 지원금은 다음의 어느 하나에 해당하는 경우에는 지급하지 않는다.

> - 고용된 피보험자의 고용기간이 6개월 미만인 경우
> - 사업주가 조업시작일 전 3개월부터 조업시작일 후 1년까지 고용조정으로 근로자를 이직시킨 경우
> - 구직자를 피보험자로 고용한 사업주가 해당 피보험자의 최종 이직(해당 사업주가 해당 피보험자를 고용하기 전 1년 이내에 이직한 경우로 한정한다) 당시 사업주와 같은 경우. 다만, 사업주가 「근로기준법」에 따라 해당 근로자를 우선적으로 고용한 경우는 제외한다.
> - 구직자를 피보험자로 고용한 사업주가 해당 근로자의 최종 이직(해당 사업주가 해당 피보험자를 고용하기 전 1년 이내에 이직한 경우로 한정한다) 당시 사업주와 합병하거나 그 사업을 넘겨받은 사업주인 경우 등 해당 근로자의 최종 이직 당시 사업과 관련되는 사업주인 경우
> - 사업주가 임금 등을 체불하여 「근로기준법」에 따라 명단이 공개 중인 경우
> - 그 밖에 사업주가 「최저임금법」에 따른 최저임금액 미만으로 임금을 지급하는 등 고용노동부령으로 정하는 경우

(5) 고령자 등 고용촉진의 지원(법 제23조 및 시행령 제25조, 시행령 제25조의2, 시행령 제28조, 시행령 제28조의4, 시행령 제29조)

① 고용노동부장관은 고령자 등 노동시장의 통상적인 조건에서는 취업이 특히 곤란한 사람(이하 "고령자 등"이라 한다)의 고용을 촉진하기 위하여 고령자 등을 새로 고용하거나 이들의 고용안정에 필요한 조치를 하는 사업주 또는 사업주가 실시하는 고용안정 조치에 해당된 근로자에게 대통령령으로 정하는 바에 따라 필요한 지원을 할 수 있다.

② 고용노동부장관은 다음의 어느 하나에 해당하는 요건을 갖춘 사업의 사업주에게 고령자 고용연장 지원금을 지급한다. 다만, 상시 사용하는 근로자 수가 300명 이상인 사업의 사업주는 그러하지 아니하다.

> 정년을 폐지하거나, 기존에 정한 정년을 60세 이상으로 1년 이상 연장할 것. 다만, 정년 폐지 또는 정년 연장 전 3년 이내에 해당 사업장의 정년을 폐지하고 정년을 새로 설정하거나, 기존에 정한 정년을 단축한 경우에는 고령자 고용연장 지원금을 지급하지 아니한다.

③ 고용노동부장관은 다음의 요건을 모두 갖춘 사업의 사업주에게 60세 이상 고령자 고용지원금을 지급한다.

> - 정년을 정하지 아니한 사업장일 것
> - 매 분기 그 사업의 월평균 근로자 수에 대한 매월 말일 현재 계속하여 1년 이상 고용된 만 60세 이상 월평균 근로자 수의 비율이 업종별로 고용노동부장관이 정하여 고시하는 비율 이상일 것
> - 사업주가 60세 이상 고령자 고용지원금 신청일 당시 고령자 고용촉진 장려금을 1회 이상 지급받고 그 지급한도 기간 내에 있는 자가 아닐 것

④ 고용노동부장관은 다음의 어느 하나에 해당하는 경우(이하 이 조에서 "임금피크제"라 한다)에는 근로자에게 임금피크제 지원금을 지급한다.

> - 사업주가 근로자대표의 동의를 받아 정년을 60세 이상으로 연장하거나 정년을 56세 이상 60세 미만으로 연장하면서 55세 이후부터 일정나이, 근속시점 또는 임금액을 기준으로 임금을 줄이는 제도를 시행하는 경우

- 사업주가 제도를 시행하거나 재고용하면서 주당 소정근로시간을 15시간 이상 30시간 이하로 단축하는 경우(사업주에게도 임금피크제 지원금을 지급)
- 정년을 55세 이상으로 정한 사업주가 정년에 이른 사람을 재고용(재고용기간이 1년 미만인 경우는 제외한다)하면서 정년퇴직 이후부터 임금을 줄이는 경우

⑤ 고용노동부장관은 사업주가 정년을 연장 또는 폐지하거나 정년의 변경 없이 정년에 도달한 근로자를 계속하여 고용하거나 재고용하는 경우에는 그 비용의 일부를 지원할 수 있다. 이에 따른 지원의 대상, 요건, 수준 및 기간과 지원금의 신청 방법 및 절차, 그 밖에 필요한 사항은 고용노동부장관이 정하여 고시한다.

⑥ 고용노동부장관은 다음의 어느 하나에 해당하는 사업주에게 출산육아기 고용안정장려금을 지급한다. 다만, 임금 등을 체불하여 「근로기준법」에 따라 명단이 공개 중인 사업주에 대해서는 지급하지 않는다.

- 피보험자인 근로자에게 「남녀고용평등과 일·가정 양립 지원에 관한 법률」에 따른 육아휴직 또는 육아기 근로시간 단축(이하 "육아휴직 등"이라 한다)을 30일[「근로기준법」에 따른 출산전후휴가(이하 "출산전후휴가"라 한다)의 기간과 중복되는 기간은 제외한다] 이상 허용한 우선지원 대상기업의 사업주
- 피보험자인 근로자에게 출산전후휴가, 「근로기준법」에 따른 유산·사산 휴가(이하 "유산·사산 휴가"라 한다) 또는 육아기 근로시간 단축을 30일 이상 부여하거나 허용하고 대체인력을 고용한 경우로서 다음의 요건을 모두 갖춘 우선지원 대상기업의 사업주
  - 다음의 어느 하나에 해당할 것
    ⓐ 출산전후휴가, 유산·사산 휴가 또는 육아기 근로시간 단축의 시작일 전 2개월이 되는 날(출산전후휴가에 연이어 유산·사산 휴가 또는 육아휴직 등을 시작하는 경우에는 출산전후휴가 시작일 전 2개월이 되는 날) 이후 새로 대체인력을 고용하여 30일 이상 계속 고용한 경우
    ⓑ 피보험자인 근로자에게 임신 중에 60일을 초과하여 근로시간 단축을 허용하고 대체인력을 고용한 경우로서 그 근로자가 근로시간 단축 종료에 연이어 출산전후휴가, 유산·사산 휴가 또는 육아기 근로시간 단축을 시작한 이후에도 같은 대체인력을 계속 고용한 경우. 이 경우 대체인력을 고용한 기간은 30일 이상이어야 한다.
  - 새로 대체인력을 고용하기 전 3개월부터 고용 후 1년까지(해당 대체인력의 고용기간이 1년 미만인 경우에는 그 고용관계 종료 시까지를 말한다) 고용조정으로 다른 근로자(새로 고용한 대체인력보다 나중에 고용된 근로자는 제외한다)를 이직시키지 아니할 것

(6) 건설근로자 등의 고용안정 지원(법 제24조)

① 고용노동부장관은 건설근로자 등 고용상태가 불안정한 근로자를 위하여 다음의 사업을 실시하는 사업주에게 대통령령으로 정하는 바에 따라 필요한 지원을 할 수 있다.

- 고용상태의 개선을 위한 사업
- 계속적인 고용기회의 부여 등 고용안정을 위한 사업
- 그 밖에 대통령령으로 정하는 고용안정 사업

② 고용노동부장관은 위의 사업과 관련하여 사업주가 단독으로 고용안정 사업을 실시하기 어려운 경우로서 대통령령으로 정하는 경우에는 사업주 단체에 대하여도 지원을 할 수 있다.

(7) 고용안정 및 취업 촉진(법 제25조 및 시행령 제35조)

① 고용노동부장관은 피보험자 등의 고용안정 및 취업을 촉진하기 위하여 다음의 사업을 직접 실시하거나 이를 실시하는 자에게 필요한 비용을 지원 또는 대부할 수 있다.

> • 고용관리 진단 등 고용개선 지원 사업
> • 피보험자 등의 창업을 촉진하기 위한 지원 사업
> • 피보험자 등의 고용안정과 취업의 촉진에 관한 교육사업·홍보사업
> • 피보험자 등의 고용안정 및 취업 촉진을 위한 직업소개, 직업진로지도, 채용지원, 장기근속지원 및 전직지원서비스사업 등 취업지원사업
> • 고령자·여성·장애인 피보험자 등의 고용환경개선사업
> • 건설근로자의 고용안정 등에 대한 지원사업
> • 다음의 어느 하나에 해당하는 사람의 고용안정 등에 대한 지원사업
>   – 「기간제 및 단시간근로자 보호 등에 관한 법률」의 기간제근로자
>   – 「파견근로자보호 등에 관한 법률」의 파견근로자
>   – 「산업안전보건법」에 따른 안전관리자, 보건관리자
>   – 「근로기준법」의 단시간근로자
>   – 계약의 형식에 관계없이 「근로기준법」에 따른 근로자와 유사하게 노무를 제공함에도 「근로기준법」 등이 적용되지 않는 사람으로서 타인의 사업을 위하여 다른 사람을 사용하지 않고 그 운영에 필요한 노무를 직접 제공하고 그 대가를 받아 생활하는 사람
> • 「근로기준법」의 단시간근로자로의 전환을 지원하는 사업
> • 피보험자 등의 근무형태 변경 등 고용환경개선을 통한 일·가정 양립 지원사업
> • 고용유지조치에 따라 사업주가 피보험자의 임금을 보전하는 데에 드는 비용에 대한 대부사업(고용노동부장관이 정하여 고시하는 기간으로 한정한다)

② 사업의 실시와 비용의 지원·대부에 필요한 사항은 대통령령으로 정한다.

(8) 고용촉진 시설에 대한 지원(법 제26조 및 시행령 제38조)

① 고용노동부장관은 피보험자 등의 고용안정·고용촉진 및 사업주의 인력 확보를 지원하기 위하여 대통령령으로 정하는 바에 따라 상담 시설, 어린이집, 그 밖에 대통령령으로 정하는 고용촉진 시설을 설치·운영하는 자에게 필요한 지원을 할 수 있다.

② 고용촉진 시설의 지원이란 다음의 시설을 말한다.

> • 「고용정책 기본법」에 따라 지방자치단체가 설치·운영하는 취업취약계층에 대한 고용서비스 제공에 필요한 시설
> • 「고등교육법」에 따른 학교 중 고용노동부장관이 지정한 학교가 운영하는 취업지원 시설
> • 「초·중등교육법 시행령」에 따른 특수목적고등학교와 특성화고등학교 중 고용노동부장관이 지정한 학교
> • 「고용상 연령차별금지 및 고령자고용촉진에 관한 법률」에 따른 고령자인재은행
> • 그 밖에 피보험자등의 고용안정, 고용촉진 및 사업주의 인력 확보를 위한 시설로서 고용노동부령으로 정하는 고용촉진 시설

(9) 지원의 제한(법 제26조의2)

고용노동부장관은 제20조부터 제26조까지의 규정에 따른 지원을 할 때 사업주가 다른 법령에 따른 지원금 또는 장려금 등의 금전을 지급받은 경우 등 대통령령으로 정하는 경우에는 그 금액을 빼고 지원할 수 있다.

(10) 사업주에 대한 직업능력개발 훈련의 지원(법 제27조 및 시행령 제41조)

① 고용노동부장관은 피보험자 등의 직업능력을 개발·향상시키기 위하여 대통령령으로 정하는 직업능력개발 훈련을 실시하는 사업주에게 대통령령으로 정하는 바에 따라 그 훈련에 필요한 비용을 지원할 수 있다.

② 고용노동부장관은 사업주가 다음의 어느 하나에 해당하는 사람에게 직업능력개발 훈련을 실시하는 경우에는 대통령령으로 정하는 바에 따라 우대 지원할 수 있다.

- 「기간제 및 단시간근로자 보호 등에 관한 법률」의 기간제근로자
- 「근로기준법」의 단시간근로자
- 「파견근로자 보호 등에 관한 법률」의 파견근로자
- 일용근로자
- 「고용상 연령차별금지 및 고령자고용촉진에 관한 법률」의 고령자 또는 준고령자
- 생산직 또는 생산 관련 직에 종사하는 근로자로서 고용노동부장관이 기능·기술을 장려하기 위하여 필요하다고 인정하여 고시하는 사람
- 고용창출을 위하여 사업주가 근로자를 조별로 나누어 교대로 근로하게 하는 교대제를 새로 실시하거나 조를 늘려 교대제를 실시(4조 이하로 실시하는 경우로 한정한다)한 이후 교대제의 적용을 새로 받게 되는 근로자로서 고용노동부장관이 정하여 고시하는 사람

③ "대통령령으로 정하는 직업능력개발 훈련"이란 「국민 평생 직업능력 개발법」에 따라 인정받은 직업능력개발훈련과정으로서 다음의 어느 하나에 해당하는 훈련 또는 「산업현장 일학습병행 지원에 관한 법률」에 따라 인정받은 일학습병행과정을 말한다.

- 피보험자(자영업자인 피보험자는 제외한다)를 대상으로 실시하는 직업능력개발 훈련
- 피보험자가 아닌 자로서 해당 사업주에게 고용된 자를 대상으로 실시하는 직업능력개발 훈련
- 해당 사업이나 그 사업과 관련되는 사업에서 고용하려는 자를 대상으로 실시하는 직업능력개발 훈련
- 직업안정기관에 구직등록한 자를 대상으로 실시하는 직업능력개발 훈련
- 해당 사업에 고용된 피보험자(자영업자인 피보험자는 제외한다)에게 유급휴가[「근로기준법」의 연차 유급휴가가 아닌 경우로서 휴가기간 중 「근로기준법」 시행령에 따른 통상임금(이하 "통상임금"이라 한다)에 해당하는 금액 이상의 임금을 지급한 경우를 말한다]를 주어 실시하는 직업능력개발 훈련으로서 다음의 어느 하나에 해당하는 훈련
  - 우선지원 대상기업의 사업주나 상시 사용하는 근로자 수가 150명 미만인 사업주(이하 "우선지원대상기업사업주 등"이라 한다)가 해당 근로자를 대상으로 계속하여 5일 이상의 유급휴가를 주어 20시간 이상 실시하는 훈련
  - 우선지원대상기업사업주 등이 해당 근로자를 대상으로 계속하여 30일 이상의 유급휴가를 주어 120시간 이상 실시하면서 대체인력을 고용하는 훈련
  - 우선지원대상기업사업주 등이 아닌 사업주가 1년 이상 재직하고 있는 근로자를 대상으로 계속하여 60일 이상의 유급휴가를 주어 180시간 이상 실시하는 훈련
  - 사업주가 기능·기술을 장려하기 위하여 근로자 중 생산직 또는 관련 직에 종사하는 근로자로서 고용노동부장관이 고시하는 자를 대상으로 유급휴가를 주어 20시간 이상 실시하는 훈련

(11) 비용 지원의 기준 등(법 제28조)

고용노동부장관이 사업주에게 비용을 지원하는 경우 지원 금액은 고용산재보험료징수법에 따른 월별보험료를 모두 더한 해당 연도 고용보험료 또는 해당 연도 고용보험 개산보험료 중 고용안정·직업능력개발 사업의 보험료에 대통령령으로 정하는 비율을 곱한 금액으로 하되, 그 한도는 대통령령으로 정한다.

(12) 피보험자 등에 대한 직업능력개발 지원(법 제29조 및 시행령 제43조, 시행령 제45조)

① 고용노동부장관은 피보험자 등이 직업능력개발 훈련을 받거나 그 밖에 직업능력개발·향상을 위하여 노력하는 경우에는 대통령령으로 정하는 바에 따라 필요한 비용을 지원할 수 있다.

② 고용노동부장관은 필요하다고 인정하면 대통령령으로 정하는 바에 따라 피보험자 등의 취업을 촉진하기 위한 직업능력개발 훈련을 실시할 수 있다.

③ 고용노동부장관은 대통령령으로 정하는 저소득 피보험자 등이 직업능력개발 훈련을 받는 경우 대통령령으로 정하는 바에 따라 생계비를 대부할 수 있다.

④ 고용노동부장관은 다음의 어느 하나에 해당하는 피보험자 등이 「국민 평생 직업능력 개발법」에 따른 직업능력개발 훈련(이하 "직업능력개발 훈련"이라 한다)을 수강한 경우에는 고용노동부령으로 정하는 바에 따라 필요한 비용의 전부나 일부를 지원할 수 있다.

> - 우선지원 대상기업에 고용된 피보험자 등
> - 법 제27조 제2항의 어느 하나에 해당하는 피보험자 등
> - 자영업자인 피보험자 등
> - 직업안정기관의 장에게 취업훈련을 신청한 날부터 180일 이내에 이직 예정인 피보험자 등
> - 경영상의 이유로 90일 이상 무급 휴직 중인 피보험자 등
> - 대규모기업에 고용된 사람으로서 45세 이상이거나 고용노동부장관이 정하여 고시하는 소득액 미만인 피보험자 등
> - 사업주가 실시하는 직업능력개발 훈련을 수강하지 못한 기간이 3년 이상인 피보험자 등
> - 「남녀고용평등과 일·가정 양립 지원에 관한 법률」에 따른 육아휴직 중인 피보험자 등

⑤ 고용노동부장관은 피보험자(자영업자인 피보험자는 해당 연도 대부사업 공고일 현재 보험가입 후 합산하여 180일이 지난 자로 한정한다)가 자기 비용으로 다음의 어느 하나에 해당하는 학교나 시설에 입학하거나 재학하는 경우에는 해당 학자금의 전부나 일부를 예산의 범위에서 대부할 수 있다.

> - 「국민 평생 직업능력 개발법」에 따른 기능대학
> - 「평생교육법」에 따른 전문대학 또는 대학졸업자와 동등한 학력·학위가 인정되는 원격대학형태의 평생교육시설
> - 「고등교육법」에 따른 대학, 산업대학, 교육대학, 전문대학, 방송대학·통신대학·방송통신대학 및 사이버대학, 기술대학, 각종학교

⑥ 고용노동부장관은 피보험자가 직업능력개발 훈련을 수강하는 경우 그 수강료의 전부나 일부를 예산의 범위에서 대부할 수 있다. 다만, 다음의 어느 하나에 해당하는 과정을 수강하는 경우는 제외한다.

> - 세미나, 심포지엄 등 정보 교류 활동 또는 시사·일반상식 등 교양과정
> - 취미활동, 오락과 스포츠 등을 목적으로 하는 과정
> - 그 밖에 고용노동부장관이 직업능력개발 훈련과정으로 적합하지 아니하다고 인정하는 과정

(13) 직업능력개발 훈련 시설에 대한 지원 등(법 제30조)

고용노동부장관은 피보험자 등의 직업능력 개발·향상을 위하여 필요하다고 인정하면 대통령령으로 정하는 바에 따라 직업능력개발 훈련 시설의 설치 및 장비 구입에 필요한 비용의 대부, 그 밖에 고용노동부장관이 정하는 직업능력개발 훈련 시설의 설치 및 장비 구입·운영에 필요한 비용을 지원할 수 있다.

(14) 직업능력개발의 촉진(법 제31조 및 시행령 제52조, 시행령 제53조)

① 고용노동부장관은 피보험자 등의 직업능력개발·향상을 촉진하기 위하여 다음의 사업을 실시하거나 이를 실시하는 자에게 그 사업의 실시에 필요한 비용을 지원할 수 있다.

> - 직업능력개발 사업에 대한 기술지원 및 평가 사업
> - 자격검정 사업 및 「숙련기술장려법」에 따른 숙련기술 장려 사업
> - 직업능력개발 사업에 관한 조사·연구사업
> - 직업능력개발 사업을 위한 교육·홍보사업
> - 직업능력개발을 위한 훈련 매체의 개발·편찬과 보급사업
> - 사업주단체, 근로자단체나 그 연합체가 협력하여 실시하는 직업능력개발 사업
> - 인적자원개발 우수기업 인증제 지원사업
> - 사업주, 사업주단체 또는 「고등교육법」에 따른 학교 등이 직업능력개발 훈련을 실시하는 둘 이상의 사업주와 협약을 체결하여 그 근로자를 위하여 수행하는 직업능력개발 사업
> - 「국민 평생 직업능력 개발법」에 따른 직업능력개발 훈련교사 및 인력개발담당자의 양성 및 능력개발을 위하여 실시하는 교육훈련사업
> - 「국민 평생 직업능력 개발법」에 따라 실시하는 직업능력개발 훈련
> - 「국민 평생 직업능력 개발법」에 따라 기능대학에 두는 교육·훈련과정에 따라 실시하는 교육·훈련
> - 우선지원 대상기업의 사업주나 근로자의 핵심직무능력 향상을 위하여 실시하는 직업능력개발 훈련(고용노동부장관이 정하는 우수훈련과정으로 한정한다)
> - 우선지원 대상기업 근로자가 직무 지식을 습득할 기회를 확대하거나 그 기업 내의 직무 지식을 원활하게 축적·공유할 수 있도록 하는 등의 학습조직화를 촉진하기 위하여 실시하는 직업능력개발 사업
> - 우선지원 대상기업의 사업주나 인력개발담당자의 인적자원 개발역량을 높이기 위하여 실시하는 직업능력개발 사업
> - 우선지원 대상기업에 대한 체계적인 현장 훈련 지원 사업
> - 그 밖에 직업능력개발의 촉진을 위한 사업

② 고용노동부장관은 직업능력개발·향상과 인력의 원활한 수급을 위하여 필요하다고 인정하면 대통령령으로 정하는 바에 따라 고용노동부장관이 정하는 직종에 대한 직업능력개발 훈련 사업을 위탁하여 실시할 수 있다.

③ 고용노동부장관은 직업능력개발 훈련사업을 위탁하여 실시하려는 때에는 매년 위탁하려는 직업능력개발 훈련사업의 계획을 세워야 한다.

④ 직업능력개발 훈련사업은 「국민 평생 직업능력 개발법」에 따른 국가기간·전략산업직종에 대한 직업능력개발 훈련(이하 "국가기간·전략산업직종훈련"이라 한다)으로 본다.

(15) 건설근로자 등의 직업능력개발 지원(법 제32조)

① 고용노동부장관은 건설근로자 등 고용상태가 불안정한 근로자를 위하여 직업능력개발 · 향상을 위한 사업으로 대통령령으로 정하는 사업을 실시하는 사업주에게 그 사업의 실시에 필요한 비용을 지원할 수 있다.

② 고용노동부장관은 사업과 관련하여 사업주가 단독으로 직업능력개발 사업을 실시하기 어려운 경우로서 대통령령으로 정하는 경우에는 사업주 단체에 대하여도 지원할 수 있다.

(16) 고용정보의 제공 및 고용 지원 기반의 구축 등(법 제33조)

① 고용노동부장관은 사업주 및 피보험자 등에 대한 구인 · 구직 · 훈련 등 고용정보의 제공, 직업 · 훈련 상담 등 직업지도, 직업소개, 고용안정 · 직업능력개발에 관한 기반의 구축 및 그에 필요한 전문 인력의 배치 등의 사업을 할 수 있다.

② 고용노동부장관은 필요하다고 인정하면 업무의 일부를 「직업안정법」에 따른 민간직업상담원에게 수행하도록 할 수 있다.

(17) 지방자치단체 등에 대한 지원(법 제34조)

고용노동부장관은 지방자치단체 또는 대통령령으로 정하는 비영리법인 · 단체가 그 지역에서 피보험자 등의 고용안정 · 고용촉진 및 직업능력개발을 위한 사업을 실시하는 경우에는 대통령령으로 정하는 바에 따라 필요한 지원을 할 수 있다.

(18) 부정행위에 따른 지원의 제한 등(법 제35조)

① 고용노동부장관은 거짓이나 그 밖의 부정한 방법으로 고용안정 · 직업능력개발 사업의 지원을 받은 자 또는 받으려는 자에게는 해당 지원금 중 지급되지 아니한 금액 또는 지급받으려는 지원금을 지급하지 아니하고, 1년의 범위에서 대통령령으로 정하는 바에 따라 지원금의 지급을 제한하며, 거짓이나 그 밖의 부정한 방법으로 지원받은 금액을 반환하도록 명하여야 한다.

② 고용노동부장관은 반환을 명하는 경우에는 이에 추가하여 고용노동부령으로 정하는 기준에 따라 그 거짓이나 그 밖의 부정한 방법으로 지급받은 금액의 5배 이하의 금액을 징수할 수 있다.

③ 고용노동부장관은 고용안정 · 직업능력개발 사업의 지원을 받은 자에게 잘못 지급된 지원금이 있으면 그 지급금의 반환을 명할 수 있다.

④ ① 및 ②에도 불구하고 거짓이나 그 밖의 부정한 방법으로 직업능력개발 사업의 지원을 받은 자 또는 받으려는 자에 대한 지원의 제한, 반환 및 추가징수에 관하여는 「국민 평생 직업능력 개발법」을 준용한다.

⑤ 고용노동부장관은 보험료를 체납한 자에게는 고용노동부령으로 정하는 바에 따라 고용안정 · 직업능력개발 사업의 지원을 하지 아니할 수 있다.

(19) 업무의 대행(법 제36조 및 시행령 제57조)

고용노동부장관은 필요하다고 인정하면 제19조 및 제27조부터 제31조까지의 규정에 따른 업무의 일부를 대통령령으로 정하는 자(한국산업인력공단, 기능대학, 직업능력개발단체)에게 대행하게 할 수 있다.

1 실업급여

(1) 실업급여의 종류(법 제37조)

① 실업급여는 구직급여와 취업촉진 수당으로 구분한다.

② 취업촉진 수당의 종류는 다음과 같다.

- 조기재취업 수당
- 직업능력개발 수당
- 광역 구직활동비
- 이주비

(2) 실업급여수급계좌(법 제37조의2)

① 직업안정기관의 장은 수급자격자의 신청이 있는 경우에는 실업급여를 수급자격자 명의의 지정된 계좌(이하 "실업급여수급계좌"라 한다)로 입금하여야 한다. 다만, 정보통신장애나 그 밖에 대통령령으로 정하는 불가피한 사유로 실업급여를 실업급여수급계좌로 이체할 수 없을 때에는 현금 지급 등 대통령령으로 정하는 바에 따라 실업급여를 지급할 수 있다.

② 실업급여수급계좌의 해당 금융기관은 이 법에 따른 실업급여만이 실업급여수급계좌에 입금되도록 관리하여야 한다.

③ 신청 방법·절차와 실업급여수급계좌의 관리에 필요한 사항은 대통령령으로 정한다.

(3) 수급권의 보호(법 제38조)

① 실업급여를 받을 권리는 양도 또는 압류하거나 담보로 제공할 수 없다.

② 지정된 실업급여수급계좌의 예금 중 대통령령으로 정하는 액수(실업급여수급계좌에 입금된 금액 전액) 이하의 금액에 관한 채권은 압류할 수 없다.

(4) 공과금의 면제(법 제38조의2)

실업급여로서 지급된 금품에 대하여는 국가나 지방자치단체의 공과금(「국세기본법」 또는 「지방세기본법」에 따른 공과금을 말한다)을 부과하지 아니한다.

2 구직급여

(1) 구직급여의 수급 요건(법 제40조)

① 구직급여는 이직한 근로자인 피보험자가 다음의 요건을 모두 갖춘 경우에 지급한다. 다만, 다섯 번째와 여섯 번째는 최종 이직 당시 일용근로자였던 사람만 해당한다.

> - 이직일 이전 18개월(이하 "기준기간"이라 한다) 동안의 피보험 단위기간이 합산하여 180일 이상일 것
> - 근로의 의사와 능력이 있음에도 불구하고 취업(영리를 목적으로 사업을 영위하는 경우를 포함한다)하지 못한 상태에 있을 것
> - 이직사유가 수급자격의 제한 사유에 해당하지 아니할 것
> - 재취업을 위한 노력을 적극적으로 할 것
> - 다음의 어느 하나에 해당할 것(최종 이직 당시 일용근로자였던 자만 해당)
>   - 수급자격 인정신청일 이전 1개월 동안의 근로일수가 10일 미만일 것
>   - 건설일용근로자(일용근로자로서 이직 당시에 「통계법」에 따라 통계청장이 고시하는 한국표준산업분류의 대분류상 건설업에 종사한 사람을 말한다. 이하 같다)로서 수급자격 인정신청일 이전 14일간 연속하여 근로내역이 없을 것
> - 최종 이직 당시의 기준기간 동안의 피보험 단위기간 중 다른 사업에서 수급자격의 제한 사유에 해당하는 사유로 이직한 사실이 있는 경우에는 그 피보험 단위기간 중 90일 이상을 일용근로자로 근로하였을 것(최종 이직 당시 일용근로자였던 자만 해당)

② 기준기간은 이직일 이전 18개월로 하되, 근로자인 피보험자가 다음의 어느 하나에 해당하는 경우에는 다음의 구분에 따른 기간을 기준기간으로 한다.

> - 이직일 이전 18개월 동안에 질병 · 부상, 그 밖에 대통령령으로 정하는 사유(사업장의 휴업, 임신 · 출산 · 육아에 따른 휴직, 휴직이나 그 밖에 이와 유사한 상태로서 고용노동부장관이 정하여 고시하는 사유)로 계속하여 30일 이상 보수의 지급을 받을 수 없었던 경우 : 18개월에 그 사유로 보수를 지급 받을 수 없었던 일수를 가산한 기간(3년을 초과할 때에는 3년으로 한다)
> - 다음의 요건에 모두 해당하는 경우 : 이직일 이전 24개월
>   - 이직 당시 1주 소정근로시간이 15시간 미만이고, 1주 소정근로일수가 2일 이하인 근로자로 근로하였을 것
>   - 이직일 이전 24개월 동안의 피보험 단위기간 중 90일 이상을 위의 요건에 해당하는 근로자로 근로하였을 것

(2) 피보험 단위기간(법 제41조)

① 근로자의 피보험 단위기간은 피보험기간 중 보수 지급의 기초가 된 날을 합하여 계산한다. 다만, 자영업자인 피보험자의 피보험 단위기간은 제50조 제3항 단서 및 제4항에 따른 피보험기간으로 한다.

② 피보험 단위기간을 계산할 때에는 최후로 피보험자격을 취득한 날 이전에 구직급여를 받은 사실이 있는 경우에는 그 구직급여와 관련된 피보험자격 상실일 이전의 피보험 단위기간은 넣지 아니한다.

③ 근로자인 피보험자가 기준기간 동안에 근로자 · 예술인 · 노무제공자 중 둘 이상에 해당하는 사람으로 종사한 경우의 피보험 단위기간은 대통령령으로 정하는 바에 따른다.

(3) 실업의 신고(법 제42조 및 시행령 제61조)

① 구직급여를 지급받으려는 사람은 이직 후 지체없이 직업안정기관에 출석하여 실업을 신고하여야 한다.

② 실업의 신고에는 구직 신청과 수급자격의 인정신청을 포함하여야 한다.

③ 구직급여를 지급받기 위하여 실업을 신고하려는 사람은 이직하기 전 사업의 사업주에게 피보험 단위기간, 이직 전 1일 소정근로시간 등을 확인할 수 있는 자료(이하 "이직확인서"라 한다)의 발급을 요청할 수 있다. 이 경우 요청을 받은 사업주는 고용노동부령으로 정하는 바에 따라 이직확인서를 발급하여 주어야 한다.

④ 실업을 신고하려는 자는 전산망을 통하여 「직업안정법」에 따른 구직신청을 하여야 한다.

⑤ 구직신청을 한 사람은 수급자격 인정신청서를 자신의 거주지를 관할하는 직업안정기관의 장에게 제출하되, 다음의 어느 하나에 해당하는 경우에는 해당 직업안정기관의 장에게 제출할 수 있다.

> • 취업을 희망하는 지역 관할 직업안정기관의 장에게 제출하려는 경우
> • 이직 전 사업장 관할 직업안정기관의 장에게 제출하려는 경우
> • 거주지 관할 직업안정기관보다 교통이 편리하다고 인정되는 인근 지역 관할 직업안정기관의 장에게 제출하려는 경우

(4) 수급자격의 인정(법 제43조 및 시행령 제62조)

① 구직급여를 지급받으려는 사람은 직업안정기관의 장에게 구직급여의 수급 요건을 갖추었다는 사실(이하 "수급자격"이라 한다)을 인정하여 줄 것을 신청하여야 한다.

② 직업안정기관의 장은 수급자격의 인정신청을 받으면 그 신청인에 대한 수급자격의 인정 여부를 결정하고, 대통령령으로 정하는 바에 따라 신청인에게 그 결과를 알려야 한다.

③ 신청인이 다음의 요건을 모두 갖춘 경우에는 마지막에 이직한 사업을 기준으로 수급자격의 인정 여부를 결정한다. 다만, 마지막 이직 당시 일용근로자로서 피보험 단위기간이 1개월 미만인 사람이 수급자격을 갖추지 못한 경우에는 일용근로자가 아닌 근로자로서 마지막으로 이직한 사업을 기준으로 결정한다.

> • 피보험자로서 마지막에 이직한 사업에 고용되기 전에 피보험자로서 이직한 사실이 있을 것
> • 마지막 이직 이전의 이직과 관련하여 구직급여를 받은 사실이 없을 것

④ 직업안정기관의 장은 신청인에 대한 수급자격의 인정 여부를 결정하기 위하여 필요하면 신청인이 이직하기 전 사업의 사업주에게 고용노동부령으로 정하는 바에 따라 이직확인서의 제출을 요청할 수 있다. 이 경우 요청을 받은 사업주는 고용노동부령으로 정하는 바에 따라 이직확인서를 제출하여야 한다.

⑤ 수급자격의 인정을 받은 자(이하 "수급자격자"라 한다)가 수급기간 및 수급일수, 연장급여의 수급기간 및 구직급여일액에 따른 기간에 새로 수급자격의 인정을 받은 경우에는 새로 인정받은 수급자격을 기준으로 구직급여를 지급한다.

⑥ 직업안정기관의 장은 수급자격 인정신청서를 받은 경우에 그 신청인이 구직급여의 수급자격이 인정되면 최초의 실업인정일에 보험 수급자격증(이하 "수급자격증"이라 한다)을 내주어야 한다.

(5) 실업의 인정(법 제44조 및 시행령 제65조)

① 구직급여는 수급자격자가 실업한 상태에 있는 날 중에서 직업안정기관의 장으로부터 실업의 인정을 받은 날에 대하여 지급한다.

② 실업의 인정을 받으려는 수급자격자는 실업의 신고를 한 날부터 계산하기 시작하여 1주부터 4주의 범위에서 직업안정기관의 장이 지정한 날(이하 "실업인정일"이라 한다)에 출석하여 재취업을 위한 노력을 하였음을 신고하여야 하고, 직업안정기관의 장은 직전 실업인정일의 다음 날부터 그 실업인정일까지의 각각의 날에 대하여 실업의 인정을 한다. 다만, 다음에 해당하는 사람에 대한 실업의 인정 방법은 고용노동부령으로 정하는 기준에 따른다.

> - 직업능력개발 훈련 등을 받는 수급자격자
> - 천재지변, 대량 실업의 발생 등 대통령령으로 정하는 사유가 발생한 경우의 수급자격자
> - 취업 또는 구인자와의 면접이나 그 밖의 부득이한 사유로 실업인정일에 직업안정기관에 출석할 수 없는 사람으로서 실업인정일의 전일까지 신청지 관할 직업안정기관에 출석하여 실업인정일의 변경을 신청한 사람
> - 취업 또는 구인자와의 면접이나 그 밖의 부득이한 사유로 실업인정일 또는 그 전일까지 출석할 수 없었던 사람으로서 해당 사유가 없어진 날부터 14일 이내에 신청지 관할 직업안정기관에 출석하여 실업인정일의 변경을 신청한 사람
> - 7일 이상 계속적으로 취업하여 실업인정일 또는 그 전일까지 출석할 수 없었던 사람으로서 취업일을 증명할 수 있는 서류를 첨부하여 취업한 날부터 2개월 이내에 우편, 팩스 또는 정보통신망 등을 이용하여 실업의 인정을 신청한 사람. 다만, 실업의 인정을 신청한 날 현재 피보험자격의 취득신고가 되어 있는 경우에는 취업일을 증명할 수 있는 서류의 첨부를 생략할 수 있다.
> - 수급자격자의 착오로 실업인정일에 직업안정기관에 출석할 수 없었던 자로서 해당 실업인정일부터 14일 이내에 출석하여 실업인정일의 변경을 신청한 사람(해당 수급자격자의 수급기간 내에 한 번만 인정한다)
> - 다음의 어느 하나에 해당하는 사유로 직업안정기관의 장이 실업인정일을 변경하는 것이 적당하다고 인정한 사람
>   - 수급기간이 종료된 경우
>   - 「관공서의 공휴일에 관한 규정」에 따른 관공서의 공휴일인 경우
>   - 그 밖에 부득이한 사정이 있는 경우
> - 심사·재심사 또는 소송에 의하거나 직업안정기관의 장의 직권에 따라 실업급여에 관한 처분이 취소·변경된 자
> - 해당 실업인정일부터 30일 이내에 취업하기로 확정된 사람
> - 섬 지역(제주특별자치도 본도 및 방파제 또는 교량 등으로 육지와 연결된 섬은 제외한다)에 거주하는 자로서 실업인정의 특례를 신청한 사람
> - 정보통신망을 통하여 직접 재취업활동 및 소득발생 여부를 신고할 수 있다고 직업안정기관의 장이 인정하는 사람

③ 수급자격자가 다음의 어느 하나에 해당하면 직업안정기관에 출석할 수 없었던 사유를 적은 증명서를 제출하여 실업의 인정을 받을 수 있다.

> - 질병이나 부상으로 직업안정기관에 출석할 수 없었던 경우로서 그 기간이 계속하여 7일 미만인 경우
> - 직업안정기관의 직업소개에 따른 구인자와의 면접 등으로 직업안정기관에 출석할 수 없었던 경우
> - 직업안정기관의 장이 지시한 직업능력개발 훈련 등을 받기 위하여 직업안정기관에 출석할 수 없었던 경우
> - 천재지변이나 그 밖의 부득이한 사유로 직업안정기관에 출석할 수 없었던 경우

④ 직업안정기관의 장은 실업을 인정할 때에는 수급자격자의 취업을 촉진하기 위하여 재취업 활동에 관한 계획의 수립 지원, 직업소개 등 대통령령으로 정하는 조치를 하여야 한다. 이 경우 수급자격자는 정당한 사유가 없으면 직업안정기관의 장의 조치에 따라야 한다.

(6) 급여의 기초가 되는 임금일액과 구직급여일액(법 제45조 및 법 제46조)

① 구직급여의 산정 기초가 되는 임금일액(이하 "기초일액"이라 한다)은 수급자격의 인정과 관련된 마지막 이직 당시 「근로기준법」에 따라 산정된 평균임금으로 한다. 다만, 마지막 이직일 이전 3개월 이내에 피보험자격을 취득한 사실이 2회 이상인 경우에는 마지막 이직일 이전 3개월간(일용근로자의 경우에는 마지막 이직일 이전 4개월 중 최종 1개월을 제외한 기간)에 그 근로자에게 지급된 임금 총액을 그 산정의 기준이 되는 3개월의 총 일수로 나눈 금액을 기초일액으로 한다.

② 산정된 금액이 「근로기준법」에 따른 그 근로자의 통상임금보다 적을 경우에는 그 통상임금액을 기초일액으로 한다. 다만, 마지막 사업에서 이직 당시 일용근로자였던 사람의 경우에는 그러하지 아니하다.

③ 기초일액을 산정하는 것이 곤란한 경우와 보험료를 고용산재보험료징수법에 따른 기준보수(이하 "기준보수"라 한다)를 기준으로 낸 경우에는 기준보수를 기초일액으로 한다. 다만, 보험료를 기준보수로 낸 경우에도 산정한 기초일액이 기준보수보다 많은 경우에는 그러하지 아니하다.

④ 위의 규정에도 불구하고 이들 규정에 따라 산정된 기초일액이 그 수급자격자의 이직 전 1일 소정근로시간에 이직일 당시 적용되던 「최저임금법」에 따른 시간 단위에 해당하는 최저임금액을 곱한 금액(이하 "최저기초일액"이라 한다) 보다 낮은 경우에는 최저기초일액을 기초일액으로 한다. 이 경우 이직 전 1일 소정근로시간은 고용노동부령으로 정하는 방법에 따라 산정한다.

⑤ 위의 규정에도 불구하고 이들 규정에 따라 산정된 기초일액이 보험의 취지 및 일반 근로자의 임금 수준 등을 고려하여 구직급여의 산정 기초가 되는 임금일액이 11만원을 초과하는 경우에는 11만원을 해당 임금일액으로 한다.

⑥ 구직급여일액은 다음의 구분에 따른 금액으로 한다.

> • ①부터 ③까지 및 ⑤의 경우에는 그 수급자격자의 기초일액에 100분의 60을 곱한 금액
> • ④의 경우에는 그 수급자격자의 기초일액에 100분의 80을 곱한 금액(이하 "최저구직급여일액"이라 한다)

⑦ 구직급여일액이 최저구직급여일액보다 낮은 경우에는 최저구직급여일액을 그 수급자격자의 구직급여일액으로 한다.

(7) 실업인정대상기간 중의 취업 등의 신고(법 제47조)

① 수급자격자는 실업의 인정을 받으려 하는 기간(이하 "실업인정대상기간"이라 한다) 중에 고용노동부령으로 정하는 기준에 해당하는 취업을 한 경우에는 그 사실을 직업안정기관의 장에게 신고하여야 한다.

② 직업안정기관의 장은 필요하다고 인정하면 수급자격자의 실업인정대상기간 중의 취업 사실에 대하여 조사할 수 있다.

(8) 수급기간 및 수급일수(법 제48조 및 시행령 제70조)

① 구직급여는 이 법에 따로 규정이 있는 경우 외에는 그 구직급여의 수급자격과 관련된 이직일의 다음 날부터 계산하기 시작하여 12개월 내에 소정급여일수를 한도로 하여 지급한다.

② 12개월의 기간 중 임신·출산·육아, 본인의 질병이나 부상(상병급여를 받은 경우의 질병이나 부상은 제외), 배우자의 질병이나 부상, 본인과 배우자의 직계존속 및 직계비속의 질병이나 부상, 배우자의 국외발령 등에 따른 동거 목적의 거소 이전, 「병역법」에 따른 의무복무, 범죄혐의로 인한 구속이나 형의 집행(수급자격이 없는 자는 제외), 규정에 준하는 경우로서 고용노동부령으로 정하는 사유로 취업할 수 없는 사람이 그 사실을 수급기간에 직업안정 기관에 신고한 경우에는 12개월의 기간에 그 취업할 수 없는 기간을 가산한 기간(4년을 넘을 때에는 4년)에 소정급 여일수를 한도로 하여 구직급여를 지급한다.

③ 다음의 어느 하나에 해당하는 경우에는 해당 최초 요양일에 신고를 한 것으로 본다.

> • 「산업재해보상보험법」에 따른 요양급여를 받는 경우
> • 질병 또는 부상으로 3개월 이상의 요양이 필요하여 이직하였고, 이직 기간 동안 취업활동이 곤란하였던 사실이 요양기간과 부상·질병 상태를 구체적으로 밝힌 주치의사의 소견과 요양을 위하여 이직하였다는 사업주의 의견을 통하여 확인된 경우

(9) 대기기간(법 제49조)

실업의 인정에도 불구하고 실업의 신고일부터 계산하기 시작하여 7일간은 대기기간으로 보아 구직급여를 지급하지 아니한다. 다만, 최종 이직 당시 건설일용근로자였던 사람에 대해서는 실업의 신고일부터 계산하여 구직급여를 지급 한다.

(10) 소정급여일수 및 피보험기간(법 제50조 및 시행령 제70조)

① 하나의 수급자격에 따라 구직급여를 지급받을 수 있는 날(이하 "소정급여일수"라 한다)은 대기기간이 끝난 다음날 부터 계산하기 시작하여 피보험기간과 연령에 따라 정한 일수가 되는 날까지로 한다.

구직급여의 소정급여일수

구 분		피보험기간				
		1년 미만	1년 이상 3년 미만	3년 이상 5년 미만	5년 이상 10년 미만	10년 이상
이직일 현재 연령	50세 미만	120일	150일	180일	210일	240일
	50세 이상	120일	180일	210일	240일	270일

비고 : 「장애인고용촉진 및 직업재활법」에 따른 장애인은 50세 이상인 것으로 보아 위 표를 적용한다.

② 수급자격자가 소정급여일수 내에 임신·출산·육아, 본인의 질병이나 부상(상병급여를 받은 경우의 질병이나 부상 은 제외), 배우자의 질병이나 부상, 본인과 배우자의 직계존속 및 직계비속의 질병이나 부상, 배우자의 국외발령 등에 따른 동거 목적의 거소 이전, 「병역법」에 따른 의무복무, 범죄혐의로 인한 구속이나 형의 집행(수급자격이 없는 자는 제외), 규정에 준하는 경우로서 고용노동부령으로 정하는 사유로 수급기간을 연장한 경우에는 그 기간만 큼 구직급여를 유예하여 지급한다.

③ 피보험기간은 그 수급자격과 관련된 이직 당시의 적용 사업에서 고용된 기간(적용 제외 근로자로 고용된 기간은 제외한다. 이하 이 조에서 같다)으로 한다. 다만, 자영업자인 피보험자의 경우에는 그 수급자격과 관련된 폐업 당시의 적용 사업에의 보험가입기간 중에서 실제로 납부한 고용보험료에 해당하는 기간으로 한다.

④ 피보험기간을 계산할 때에 다음의 경우에는 각각 피보험기간을 계산한다.

> • 종전의 적용 사업에서 피보험자격을 상실한 사실이 있고 그 상실한 날부터 3년 이내에 현재 적용 사업에서 피보험자격을 취득한 경우 : 종전의 적용 사업에서의 피보험기간을 합산한다. 다만, 종전의 적용 사업의 피보험자격 상실로 인하여 구직급여를 지급받은 사실이 있는 경우에는 그 종전의 적용 사업에서의 피보험기간은 제외한다.
> • 자영업자인 피보험자가 종전에 근로자로서 고용되었다가 피보험자격을 상실한 사실이 있고 그 상실한 날부터 3년 이내에 자영업자로서 피보험자격을 다시 취득한 경우 : 종전의 적용 사업에서의 피보험기간을 합산하지 아니하되, 본인이 종전의 피보험기간을 합산하여 줄 것을 원하는 때에 한정하여 합산한다. 다만, 종전의 적용 사업의 피보험자격 상실로 인하여 구직급여를 지급받은 사실이 있는 경우에는 그 종전의 적용 사업에서의 피보험기간은 제외한다.

⑤ 피보험자격 취득에 관하여 신고가 되어 있지 아니하였던 피보험자의 경우에는 하나의 피보험기간에 피보험자가 된 날이 다음의 어느 하나에 해당하는 날부터 소급하여 3년이 되는 해의 1월 1일 전이면 그 해당하는 날부터 소급하여 3년이 되는 날이 속하는 보험연도의 첫 날에 그 피보험자격을 취득한 것으로 보아 피보험기간을 계산한다. 다만, 사업주가 다음의 어느 하나에 해당하는 날부터 소급하여 3년이 되는 해의 1월 1일 전부터 해당 피보험자에 대한 고용보험료를 계속 납부한 사실이 증명된 경우에는 고용보험료를 납부한 기간으로 피보험기간을 계산한다.

> • 피보험자격 취득신고를 한 날
> • 피보험자격 취득이 확인된 날

(11) 훈련연장급여(법 제51조 및 시행령 제72조)

① 직업안정기관의 장은 수급자격자의 연령·경력 등을 고려할 때 재취업을 위하여 직업능력개발 훈련 등이 필요하면 그 수급자격자에게 직업능력개발 훈련 등을 받도록 지시할 수 있다.

② 직업안정기관의 장은 직업능력개발 훈련 등을 받도록 지시한 경우에는 수급자격자가 그 직업능력개발 훈련 등을 받는 기간 중 실업의 인정을 받은 날에 대하여는 소정급여일수를 초과하여 구직급여를 연장하여 지급할 수 있다. 이 경우 연장하여 지급하는 구직급여(이하 "훈련연장급여"라 한다)의 지급 기간은 대통령령으로 정하는 기간(2년)을 한도로 한다.

③ 훈련대상자·훈련 과정, 그 밖의 필요한 사항은 고용노동부령으로 정한다.

(12) 개별연장급여(법 제52조 및 시행령 제73조)

① 직업안정기관의 장은 취업이 특히 곤란하고 생활이 어려운 수급자격자로서 다음에 해당하는 사람에게는 그가 실업의 인정을 받은 날에 대하여 소정급여일수를 초과하여 구직급여를 연장하여 지급할 수 있다.

> • 실업신고일부터 구직급여의 지급이 끝날 때까지 직업안정기관의 장의 직업소개(직업안정기관의 장이 실시하는 심층상담이나 집단상담에 참여한 경우를 포함한다)에 3회 이상 응하였으나 취업되지 아니한 사람으로서 다음의 어느 하나에 해당하는 부양가족이 있는 사람
> - 18세 미만이나 65세 이상인 사람
> - 「장애인고용촉진 및 직업재활법」에 따른 장애인
> - 1개월 이상의 요양이 요구되는 환자
> - 소득이 없는 배우자
> - 학업 중인 사람으로서 고용노동부장관이 정하여 고시하는 사람
> • 급여기초 임금일액과 본인과 배우자의 재산합계액이 각각 고용노동부장관이 정하여 고시한 기준 이하인 사람

② 연장하여 지급하는 구직급여(이하 "개별연장급여"라 한다)는 60일의 범위에서 대통령령으로 정하는 기간 동안 지급한다.

(13) 특별연장급여(법 제53조)

① 고용노동부장관은 실업의 급증 등 대통령령으로 정하는 사유가 발생한 경우에는 60일의 범위에서 수급자격자가 실업의 인정을 받은 날에 대하여 소정급여일수를 초과하여 구직급여를 연장하여 지급할 수 있다. 다만, 이직 후의 생활안정을 위한 일정 기준 이상의 소득이 있는 수급자격자 등 고용노동부령으로 정하는 수급자격자에 대하여는 그러하지 아니하다.

② 고용노동부장관은 연장하여 지급하는 구직급여(이하 "특별연장급여"라 한다)를 지급하려면 기간을 정하여 실시하여야 한다.

(14) 연장급여의 수급기간 및 구직급여일액(법 제54조)

① 연장급여를 지급하는 경우에 그 수급자격자의 수급기간은 그 수급자격자의 수급기간에 연장되는 구직급여일수를 더하여 산정한 기간으로 한다.

② 훈련연장급여를 지급하는 경우에 그 일액은 해당 수급자격자의 구직급여일액의 100분의 100으로 하고, 개별연장급여 또는 특별연장급여를 지급하는 경우에 그 일액은 해당 수급자격자의 구직급여일액의 100분의 70을 곱한 금액으로 한다.

③ 산정된 구직급여일액이 최저구직급여일액보다 낮은 경우에는 최저구직급여일액을 그 수급자격자의 구직급여일액으로 한다.

(15) 연장급여의 상호 조정 등(법 제55조)

① 연장급여는 그 수급자격자가 지급받을 수 있는 구직급여의 지급이 끝난 후에 지급한다.

② 훈련연장급여를 지급받고 있는 수급자격자에게는 그 훈련연장급여의 지급이 끝난 후가 아니면 개별연장급여 및 특별연장급여를 지급하지 아니한다.

③ 개별연장급여 또는 특별연장급여를 지급받고 있는 수급자격자가 훈련연장급여를 지급받게 되면 개별연장급여나 특별연장급여를 지급하지 아니한다.

④ 특별연장급여를 지급받고 있는 수급자격자에게는 특별연장급여의 지급이 끝난 후가 아니면 개별연장급여를 지급하지 아니하고, 개별연장급여를 지급받고 있는 수급자격자에게는 개별연장급여의 지급이 끝난 후가 아니면 특별연장급여를 지급하지 아니한다.

⑤ 그 밖에 연장급여의 조정에 관하여 필요한 사항은 고용노동부령으로 정한다.

(16) 국민연금 보험료의 지원(법 제55조의2)

① 고용노동부장관은 「국민연금법」에 따라 구직급여를 받는 기간을 국민연금 가입기간으로 추가 산입하려는 수급자격자에게 국민연금 보험료의 일부를 지원할 수 있다.

② 지원금액은 「국민연금법」에 따른 연금보험료의 100분의 25의 범위로 한다.

③ 지원 절차·방법, 지원금액 등에 필요한 사항은 대통령령으로 정한다.

(17) 지급일 및 지급 방법(법 제56조)

① 구직급여는 대통령령으로 정하는 바에 따라 실업의 인정을 받은 일수분을 지급한다.

② 직업안정기관의 장은 각 수급자격자에 대한 구직급여를 지급할 날짜를 정하여 당사자에게 알려야 한다.

(18) 지급되지 아니한 구직급여(법 제57조)

① 수급자격자가 사망한 경우 그 수급자격자에게 지급되어야 할 구직급여로서 아직 지급되지 아니한 것이 있는 경우에는 그 수급자격자의 배우자(사실상의 혼인 관계에 있는 사람을 포함한다)·자녀·부모·손자녀·조부모 또는 형제자매로서 수급자격자와 생계를 같이하고 있던 사람의 청구에 따라 그 미지급분을 지급한다.

② 수급자격자가 사망하여 실업의 인정을 받을 수 없었던 기간에 대하여는 대통령령으로 정하는 바에 따라 지급되지 아니한 구직급여의 지급을 청구하는 사람이 그 수급자격자에 대한 실업의 인정을 받아야 한다. 이 경우 수급자격자가 실업인정대상기간 중의 취업 등의 신고에 해당하면 지급되지 아니한 구직급여를 청구하는 사람이 직업안정기관의 장에게 신고하여야 한다.

③ 지급되지 아니한 구직급여를 지급받을 수 있는 사람의 순위는 열거된 순서로 한다. 이 경우 같은 순위자가 2명이상이면 그 중 1명이 한 청구를 전원을 위하여 한 것으로 보며, 그 1명에게 한 지급은 전원에 대한 지급으로 본다.

(19) 이직 사유에 따른 수급자격의 제한(법 제58조)

구직급여의 수급 요건에도 불구하고 피보험자가 다음의 어느 하나에 해당한다고 직업안정기관의 장이 인정하는 경우에는 수급자격이 없는 것으로 본다.

① 중대한 귀책사유로 해고된 피보험자로서 다음의 어느 하나에 해당하는 경우

> • 「형법」 또는 직무와 관련된 법률을 위반하여 금고 이상의 형을 선고받은 경우
> • 사업에 막대한 지장을 초래하거나 재산상 손해를 끼친 경우로서 고용노동부령으로 정하는 기준에 해당하는 경우
> • 정당한 사유 없이 근로계약 또는 취업규칙 등을 위반하여 장기간 무단 결근한 경우

② 자기 사정으로 이직한 피보험자로서 다음의 어느 하나에 해당하는 경우

> - 전직 또는 자영업을 하기 위하여 이직한 경우
> - 중대한 귀책사유가 있는 사람이 해고되지 아니하고 사업주의 권고로 이직한 경우
> - 그 밖에 고용노동부령으로 정하는 정당한 사유에 해당하지 아니하는 사유로 이직한 경우

(20) 훈련 거부 등에 따른 급여의 지급 제한(법 제60조 및 시행령 제79조)

① 수급자격자가 직업안정기관의 장이 소개하는 직업에 취직하는 것을 거부하거나 직업안정기관의 장이 지시한 직업능력개발 훈련 등을 거부하면 대통령령으로 정하는 바에 따라 구직급여의 지급을 정지한다. 다만, 다음의 어느 하나에 해당하는 정당한 사유가 있는 경우에는 그러하지 아니하다.

> - 소개된 직업 또는 직업능력개발 훈련 등을 받도록 지시된 직종이 수급자격자의 능력에 맞지 아니하는 경우
> - 취직하거나 직업능력개발 훈련 등을 받기 위하여 주거의 이전이 필요하나 그 이전이 곤란한 경우
> - 소개된 직업의 임금 수준이 같은 지역의 같은 종류의 업무 또는 같은 정도의 기능에 대한 통상의 임금 수준에 비하여 100분의 20 이상 낮은 경우 등 고용노동부장관이 정하는 기준에 해당하는 경우
> - 그 밖에 정당한 사유가 있는 경우

② 수급자격자가 정당한 사유 없이 고용노동부장관이 정하는 기준에 따라 직업안정기관의 장이 실시하는 재취업 촉진을 위한 직업 지도를 거부하면 대통령령으로 정하는 바에 따라 구직급여의 지급을 정지한다.

③ 정당한 사유의 유무에 대한 인정은 고용노동부장관이 정하는 기준에 따라 직업안정기관의 장이 행한다.

④ 구직급여의 지급을 정지하는 기간은 1개월의 범위에서 고용노동부장관이 정하여 고시한다.

⑤ 직업안정기관의 장은 다음의 어느 하나에 해당하는 자에게는 구직급여의 지급이 정지될 수 있음을 고용노동부령으로 정하는 바에 따라 사전에 알려야 한다.

> - 직업안정기관의 장이 소개하는 직업에 취직하는 것을 거부하는 수급자격자
> - 직업안정기관의 장이 지시한 직업능력개발 훈련 등을 거부하는 수급자격자
> - 직업안정기관의 장이 실시하는 재취업 촉진을 위한 직업 지도를 거부하는 수급자격자

⑥ 직업안정기관의 장은 고지에도 불구하고 취직, 직업능력개발훈련 등을 두 번 이상 거부하는 경우에는 구직급여의 지급을 정지하여야 한다.

⑦ 직업안정기관의 장은 구직급여의 지급을 정지할 때에는 다음번 실업인정일의 전일까지 지급정지의 사유·기간 등을 수급자격자에게 알려야 하며, 그 지급정지기간에 대하여는 실업을 인정하지 아니한다.

(21) 부정행위에 따른 급여의 지급 제한(법 제61조)

① 거짓이나 그 밖의 부정한 방법으로 실업급여를 받았거나 받으려 한 사람에게는 그 급여를 받은 날 또는 받으려 한 날부터의 구직급여를 지급하지 아니한다. 다만, 그 급여와 관련된 이직 이후에 새로 수급자격을 취득한 경우 그 새로운 수급자격에 따른 구직급여에 대하여는 그러하지 아니하다.

② 거짓이나 그 밖의 부정한 방법이 신고의무의 불이행 또는 거짓의 신고 등 대통령령으로 정하는 사유에 해당하면 그 실업인정대상기간에 한정하여 구직급여를 지급하지 아니한다. 다만, 2회 이상의 위반행위를 한 경우에는 ①의 본문에 따른다.

③ 거짓이나 그 밖의 부정한 방법으로 실업급여를 지급받았거나 받으려 한 사람이 구직급여를 지급받을 수 없게 된 경우에도 소정급여일수 및 피보험기간을 적용할 때는 그 구직급여를 지급받은 것으로 본다.

④ 거짓이나 그 밖의 부정한 방법으로 실업급여를 지급받았거나 받으려 한 사람이 구직급여를 지급받을 수 없게 된 경우에도 상병급여를 적용할 때는 그 지급받을 수 없게 된 일수분의 구직급여를 지급받은 것으로 본다.

⑤ ①의 단서에도 불구하고 거짓이나 그 밖의 부정한 방법으로 구직급여를 받았거나 받으려 한 사람이 그 구직급여를 받은 날 또는 실업인정의 신고를 한 날부터 소급하여 10년간 3회 이상 구직급여를 받지 못한 경우에는 대통령령으로 정하는 바에 따라 거짓이나 그 밖의 부정한 방법으로 구직급여를 받은 날 또는 실업인정의 신고를 한 날부터 3년의 범위에서 새로운 수급자격에 따른 구직급여를 지급하지 아니한다.

(22) 반환명령 등(법 제62조)

① 직업안정기관의 장은 거짓이나 그 밖의 부정한 방법으로 구직급여를 지급받은 사람에게 고용노동부령으로 정하는 바에 따라 지급받은 구직급여의 전부 또는 일부의 반환을 명할 수 있다.

② 직업안정기관의 장은 반환을 명하는 경우에 고용노동부령으로 정하는 바에 따라 거짓이나 그 밖의 부정한 방법으로 지급받은 구직급여액의 2배 이하의 금액을 추가로 징수할 수 있다. 다만, 사업주(사업주의 대리인·사용인, 그 밖에 사업주를 위하여 행위하는 자를 포함한다. 이하 같다)와 공모(거짓이나 그 밖의 부정한 방법에 사업주의 거짓된 신고·보고 또는 증명 등 사업주의 귀책사유가 포함되어 있는 경우를 말한다. 이하 같다)하여 거짓이나 그 밖의 부정한 방법으로 구직급여를 지급받은 경우에는 지급받은 구직급여액의 5배 이하의 금액을 추가로 징수할 수 있다.

③ 거짓이나 그 밖의 부정한 방법으로 구직급여를 지급받은 사람이 사업주와 공모한 경우에는 그 사업주도 그 구직급여를 지급받은 사람과 연대하여 책임을 진다.

④ 직업안정기관의 장은 구직급여의 수급자격이 있는 사람 또는 수급자격이 있었던 사람에게 잘못 지급된 구직급여가 있으면 그 지급금의 반환을 명할 수 있다.

⑤ 직업안정기관의 장은 구직급여 지급금을 반환하거나 추가징수금을 납부하여야 하는 사람이 이 법에 따라 지급받을 구직급여가 있는 경우에는 이를 대통령령으로 정하는 바에 따라 반환금·추가징수금에 충당할 수 있다.

(23) 질병 등의 특례(법 제63조)

① 수급자격자가 실업의 신고를 한 이후에 질병·부상 또는 출산으로 취업이 불가능하여 실업의 인정을 받지 못한 날에 대하여는 실업의 인정에도 불구하고 그 수급자격자의 청구에 의하여 구직급여일액에 해당하는 금액(이하 "상병급여"라 한다)을 구직급여를 갈음하여 지급할 수 있다. 다만, 구직급여의 지급이 정지된 기간에 대하여는 상병급여를 지급하지 아니한다.

② 상병급여를 지급할 수 있는 일수는 그 수급자격자에 대한 구직급여 소정급여일수에서 그 수급자격에 의하여 구직급여가 지급된 일수를 뺀 일수를 한도로 한다. 이 경우 상병급여를 지급받은 사람에 대하여 이 법의 규정(부정행위에 따른 급여의 지급 제한 및 반환명령 등은 제외한다)을 적용할 때에는 상병급여의 지급 일수에 상당하는 일수분의 구직급여가 지급된 것으로 본다.

③ 상병급여는 그 취업할 수 없는 사유가 없어진 이후에 최초로 구직급여를 지급하는 날(구직급여를 지급하는 날이 없는 경우에는 직업안정기관의 장이 정하는 날)에 지급한다. 다만, 필요하다고 인정하면 고용노동부장관이 따로 정하는 바에 따라 지급할 수 있다.

④ 수급자격자가 「근로기준법」에 따른 휴업보상, 「산업재해보상보험법」에 따른 휴업급여, 그 밖에 이에 해당하는 급여 또는 보상으로서 대통령령으로 정하는 보상 또는 급여를 지급받을 수 있는 경우에는 상병급여를 지급하지 아니한다.

⑤ 상병급여의 지급에 관하여는 제47조, 제49조, 제57조, 제61조 제1항부터 제3항까지 및 제62조를 준용한다. 이 경우 제47조 중 "실업인정대상기간"은 "실업의 인정을 받지 못한 날"로, "구직급여"는 "상병급여"로 본다.

3 취업촉진 수당

(1) 조기재취업 수당(법 제64조 및 시행령 제84조)

① 조기재취업 수당은 수급자격자(「외국인근로자의 고용 등에 관한 법률」에 따른 외국인 근로자는 제외한다)가 안정된 직업에 재취직하거나 스스로 영리를 목적으로 하는 사업을 영위하는 경우로서 대통령령으로 정하는 기준에 해당하면 지급한다.

> **조기재취업 수당의 지급기준**
> 수급자격자가 대기기간이 지난 후 재취업한 날의 전날을 기준으로 소정급여일수를 2분의 1 이상 남기고 재취업한 경우로서 다음의 어느 하나에 해당하는 경우를 말한다.
> • 12개월 이상 계속하여 고용된 경우. 다만, 수급자격자가 최후에 이직한 사업의 사업주나 그와 관련된 사업주로서 고용노동부령으로 정하는 사업주에게 재고용되거나 실업의 신고일 이전에 채용을 약속한 사업주에게 고용된 경우는 제외한다.
> • 12개월 이상 계속하여 사업을 영위한 경우. 이 경우 수급자격자가 해당 수급기간에 해당 사업을 영위하기 위한 준비활동을 재취업활동으로 신고하여 실업으로 인정받았을 때로 한정한다.

② 수급자격자가 안정된 직업에 재취업한 날 또는 스스로 영리를 목적으로 하는 사업을 시작한 날 이전의 대통령령으로 정하는 기간(2년)에 조기재취업 수당을 지급받은 사실이 있는 경우에는 조기재취업 수당을 지급하지 아니한다.

③ 조기재취업 수당의 금액은 구직급여의 소정급여일수 중 미지급일수의 비율에 따라 대통령령으로 정하는 기준에 따라 산정한 금액(구직급여일액에 미지급일수의 2분의 1을 곱한 금액)으로 한다.

④ 조기재취업 수당을 지급받은 사람에 대하여 이 법의 규정(제61조 및 제62조는 제외한다)을 적용할 때에는 그 조기재취업 수당의 금액을 구직급여일액으로 나눈 일수분에 해당하는 구직급여를 지급한 것으로 본다.

⑤ 수급자격자를 조기에 재취업시켜 구직급여의 지급 기간이 단축되도록 한 사람에게는 대통령령으로 정하는 바에 따라 장려금을 지급할 수 있다.

(2) 직업능력개발 수당(법 제65조)

① 직업능력개발 수당은 수급자격자가 직업안정기관의 장이 지시한 직업능력개발 훈련 등을 받는 경우에 그 직업능력개발 훈련 등을 받는 기간에 대하여 지급한다.

② 구직급여의 지급이 정지된 기간에 대하여는 직업능력개발 수당을 지급하지 아니한다.

③ 직업능력개발 수당의 지급 요건 및 금액에 필요한 사항은 대통령령으로 정한다. 이 경우 인력의 수급 상황을 고려하여 고용노동부장관이 특히 필요하다고 인정하여 고시하는 직종에 관한 직업능력개발 훈련 등에 대하여는 직업능력개발 수당의 금액을 다르게 정할 수 있다.

(3) 광역 구직활동비(법 제66조 및 시행령 제89조)

① 광역 구직활동비는 수급자격자가 직업안정기관의 소개에 따라 광범위한 지역에 걸쳐 구직 활동을 하는 경우로서 대통령령으로 정하는 기준에 따라 직업안정기관의 장이 필요하다고 인정하면 지급할 수 있다.

② 광역 구직활동비의 금액은 구직 활동에 통상 드는 비용으로 하되, 그 금액의 산정은 고용노동부령으로 정하는 바에 따른다.

③ 광역 구직활동비는 수급자격자가 다음의 요건을 모두 갖춘 경우에 지급한다.

> • 구직활동에 드는 비용이 구직활동을 위하여 방문하는 사업장의 사업주로부터 지급되지 아니하거나 지급되더라도 그 금액이 광역 구직활동비의 금액에 미달할 것
> • 수급자격자의 거주지로부터 구직활동을 위하여 방문하는 사업장까지의 거리가 고용노동부령으로 정하는 거리 이상일 것. 이 경우 거리는 거주지로부터 사업장까지의 통상적인 거리에 따라 계산하되, 수로(水路)의 거리는 실제 거리의 2배로 본다.

(4) 이주비(법 제67조 및 시행령 제90조)

① 이주비는 수급자격자가 취업하거나 직업안정기관의 장이 지시한 직업능력개발 훈련 등을 받기 위하여 그 주거를 이전하는 경우로서 대통령령으로 정하는 기준에 따라 직업안정기관의 장이 필요하다고 인정하면 지급할 수 있다.

② 이주비의 금액은 수급자격자 및 그 수급자격자에 의존하여 생계를 유지하는 동거 친족의 이주에 일반적으로 드는 비용으로 하되, 그 금액의 산정은 고용노동부령으로 정하는 바에 따라 따른다.

③ 이주비는 수급자격자가 다음의 요건을 모두 갖춘 경우에 지급한다.

> • 취업하거나 직업훈련 등을 받게 된 경우로서 고용노동부장관이 정하는 기준에 따라 신청지 관할 직업안정기관의 장이 주거의 변경이 필요하다고 인정할 것
> • 해당 수급자격자를 고용하는 사업주로부터 주거의 이전에 드는 비용이 지급되지 아니하거나 지급되더라도 그 금액이 이주비에 미달할 것
> • 취업을 위한 이주인 경우 1년 이상의 근로계약기간을 정하여 취업할 것

(5) 취업촉진 수당의 지급 제한(법 제68조)

① 거짓이나 그 밖의 부정한 방법으로 실업급여를 받았거나 받으려 한 사람에게는 그 급여를 받은 날 또는 받으려 한 날부터의 취업촉진 수당을 지급하지 아니한다. 다만, 그 급여와 관련된 이직 이후에 새로 수급자격을 취득하면 그 새로운 수급자격에 따른 취업촉진 수당은 그러하지 아니하다.

② 거짓이나 그 밖의 부정한 방법이 신고의무의 불이행 또는 거짓의 신고 등 대통령령으로 정하는 사유에 해당하면 취업촉진 수당의 지급을 제한하지 아니한다. 다만, 2회 이상의 위반행위를 한 경우에는 ①의 본문에 따른다.

③ 거짓이나 그 밖의 부정한 방법으로 실업급여를 지급받았거나 받으려 한 사람이 취업촉진 수당을 지급받을 수 없게 되어 조기재취업 수당을 지급받지 못하게 된 경우에도 제64조 제4항을 적용할 때는 그 지급받을 수 없게 된 조기재취업 수당을 지급받은 것으로 본다.

(6) 준용(법 제69조)

취업촉진 수당에 관하여는 제57조 제1항·제3항 및 제62조를 준용한다. 이 경우 "수급자격자"는 "취업촉진 수당을 지급받을 수 있는 사람"으로, "구직급여"는 "취업촉진 수당"으로 본다.

4 자영업자인 피보험자에 대한 실업급여 적용의 특례

(1) 자영업자인 피보험자의 실업급여의 종류(법 제69조의2)

자영업자인 피보험자의 실업급여의 종류는 구직급여와 취업촉진 수당에 따른다. 다만, 훈련연장급여, 개별연장급여, 특별연장급여, 연장급여의 수급기간 및 구직급여일액, 연장급여의 상호 조정 등의 연장급여와 조기재취업 수당은 제외한다.

(2) 구직급여의 수급 요건(법 제69조의3)

구직급여는 폐업한 자영업자인 피보험자가 다음의 요건을 모두 갖춘 경우에 지급한다.

- 폐업일 이전 24개월간 자영업자인 피보험자로서 갖춘 피보험 단위기간이 합산하여 1년 이상일 것
- 근로의 의사와 능력이 있음에도 불구하고 취업을 하지 못한 상태에 있을 것
- 폐업사유가 수급자격의 제한 사유에 해당하지 아니할 것
- 재취업을 위한 노력을 적극적으로 할 것

(3) 기초일액(법 제69조의4)

① 자영업자인 피보험자이었던 수급자격자에 대한 기초일액은 다음의 구분에 따른 기간 동안 본인이 납부한 보험료의 산정기초가 되는 고용산재보험료징수법의 자영업자에 대한 특례에 따라 고시된 보수액을 전부 합산한 후에 그 기간의 총일수로 나눈 금액으로 한다.

- 수급자격과 관련된 피보험기간이 3년 이상인 경우 : 마지막 폐업일 이전 3년의 피보험기간
- 수급자격과 관련된 피보험기간이 3년 미만인 경우 : 수급자격과 관련된 그 피보험기간

② 자영업자인 피보험자이었던 수급자격자가 피보험기간을 합산하게 됨에 따라 소정급여일수가 추가로 늘어나는 경우에는 그 늘어난 일수분에 대한 기초일액은 산정된 기초일액으로 하되, 그 기초일액이 다음에 해당하는 경우에는 각각에 따른 금액으로 한다.

- 기초일액이 최저기초일액에 미치지 못하는 경우에는 최저기초일액
- 기초일액이 제45조 제5항에 따라 대통령령으로 정하는 금액을 초과하는 경우에는 그 대통령령으로 정하는 금액

(4) 구직급여일액(법 제69조의5)

자영업자인 피보험자로서 폐업한 수급자격자에 대한 구직급여일액은 그 수급자격자의 기초일액에 100분의 60을 곱한 금액으로 한다.

(5) 소정급여일수(법 제69조의6)

자영업자인 피보험자로서 폐업한 수급자격자에 대한 소정급여일수는 대기기간이 끝난 다음 날부터 계산하기 시작하여 피보험기간에 따라 다음의 정한 일수가 되는 날까지로 한다.

자영업자의 구직급여의 소정급여일수

구 분	피보험기간			
	1년 이상 3년 미만	3년 이상 5년 미만	5년 이상 10년 미만	10년 이상
소정급여일수	120일	150일	180일	210일

(6) 폐업사유에 따른 수급자격의 제한(법 제69조의7)

구직급여의 수급 요건에도 불구하고 폐업한 자영업자인 피보험자가 다음의 어느 하나에 해당한다고 직업안정기관의 장이 인정하는 경우에는 수급자격이 없는 것으로 본다.

- 법령을 위반하여 허가 취소를 받거나 영업 정지를 받음에 따라 폐업한 경우
- 방화 등 피보험자 본인의 중대한 귀책사유로서 고용노동부령으로 정하는 사유로 폐업한 경우
- 매출액 등이 급격하게 감소하는 등 고용노동부령으로 정하는 사유가 아닌 경우로서 전직 또는 자영업을 다시 하기 위하여 폐업한 경우
- 그 밖에 고용노동부령으로 정하는 정당한 사유에 해당하지 아니하는 사유로 폐업한 경우

(7) 자영업자인 피보험자에 대한 실업급여의 지급 제한(법 제69조의8)

고용노동부장관은 보험료를 체납한 사람에게는 고용노동부령으로 정하는 바에 따라 실업급여를 지급하지 아니할 수 있다.

(8) 준용(법 제69조의9)

① 자영업자인 피보험자의 실업급여에 관하여는 제37조의2, 제38조, 제38조의2, 제42조부터 제44조까지, 제47조부터 제49조까지, 제56조, 제57조, 제60조부터 제63조까지, 제65조부터 제68조까지를 준용한다. 이 경우 제42조 제1항·제43조 제3항 중 "이직"은 "폐업"으로 보고, 제43조 제1항 중 "제40조 제1항 제1호부터 제3호까지·제5호 및 제6호"는 "제69조의3"으로 보며, 제63조 제1항 중 "제46조"는 "제69조의5"로 보고, 제48조 제1항 중 "제50조 제1항"은 "제69조의6"으로 본다.

② 자영업자인 피보험자의 취업촉진 수당(조기재취업 수당은 제외한다)에 관하여는 제57조 제1항·제3항 및 제62조를 준용한다. 이 경우 제57조 제1항 중 "수급자격자"는 "취업촉진 수당을 지급받을 수 있는 사람"으로 본다.

5 육아휴직 급여, 육아기 근로시간 단축 급여, 출산전후휴가 급여

(1) 육아휴직 급여(법 제70조 및 시행령 제94조, 시행령 제95조, 시행령 제95조의2)

① 고용노동부장관은 「남녀고용평등과 일·가정 양립 지원에 관한 법률」에 따른 육아휴직을 30일(「근로기준법」에 따른 출산전후휴가 기간과 중복되는 기간은 제외한다) 이상 부여받은 피보험자 중 육아휴직을 시작한 날 이전에 피보험 단위기간이 합산하여 180일 이상인 피보험자에게 육아휴직 급여를 지급한다.

> 육아휴직 급여는 육아휴직 시작일을 기준으로 한 월 통상임금의 100분의 80에 해당하는 금액을 월별 지급액으로 한다. 다만, 해당 금액이 150만원을 넘는 경우에는 150만원으로 하고, 해당 금액이 70만원보다 적은 경우에는 70만원으로 한다.

② 육아휴직 급여를 지급받으려는 사람은 육아휴직을 시작한 날 이후 1개월부터 육아휴직이 끝난 날 이후 12개월 이내에 신청하여야 한다. 다만, 해당 기간에 대통령령으로 정하는 사유(천재지변, 본인이나 배우자의 질병·부상, 본인이나 배우자의 직계존속 및 직계비속의 질병·부상, 「병역법」에 따른 의무복무, 범죄혐의로 인한 구속이나 형의 집행)로 육아휴직 급여를 신청할 수 없었던 사람은 그 사유가 끝난 후 30일 이내에 신청하여야 한다.

③ 피보험자가 육아휴직 급여 지급신청을 하는 경우 육아휴직 기간 중에 이직하거나 고용노동부령으로 정하는 기준에 해당하는 취업을 한 사실이 있는 경우에는 해당 신청서에 그 사실을 기재하여야 한다.

④ 육아휴직 급여액은 대통령령으로 정한다.

⑤ 육아휴직 급여의 신청 및 지급에 관하여 필요한 사항은 고용노동부령으로 정한다.

⑥ 2022년 12월 31일까지 같은 자녀에 대하여 피보험자인 부모가 순차적으로 육아휴직을 하는 경우 두 번째 육아휴직을 한 피보험자에게 지급하는 육아휴직 급여의 월별 지급액은 다음의 구분에 따라 산정한 금액으로 한다.

> • 육아휴직 시작일부터 3개월까지 : 육아휴직 시작일을 기준으로 한 월 통상임금에 해당하는 금액. 다만, 해당 금액이 250만원을 넘는 경우에는 250만원으로 하고, 해당 금액이 70만원보다 적은 경우에는 70만원으로 한다.
> • 육아휴직 4개월째부터 육아휴직 종료일까지 : 육아휴직 시작일을 기준으로 한 월 통상임금의 100분의 50에 해당하는 금액. 다만, 해당 금액이 120만원을 넘는 경우에는 120만원으로 하고, 해당 금액이 70만원보다 적은 경우에는 70만원으로 한다.

⑦ ⑥에도 불구하고 같은 자녀에 대하여 부모의 육아휴직 기간이 겹치는 경우에는 그 기간 동안의 육아휴직 급여에 대해서는 시행령 제95조를 적용한다.

(2) 육아휴직의 확인(법 제71조)

사업주는 피보험자가 육아휴직 급여를 받으려는 경우 고용노동부령으로 정하는 바에 따라 사실의 확인 등 모든 절차에 적극 협력하여야 한다.

(3) 육아휴직 급여의 지급 제한 등(법 제73조)

① 피보험자가 육아휴직 기간 중에 그 사업에서 이직한 경우에는 그 이직하였을 때부터 육아휴직 급여를 지급하지 아니한다.

② 피보험자가 육아휴직 기간 중에 취업을 한 경우에는 그 취업한 기간에 대해서는 육아휴직 급여를 지급하지 아니한다.

③ 피보험자가 사업주로부터 육아휴직을 이유로 금품을 지급받은 경우 대통령령으로 정하는 바에 따라 급여를 감액하여 지급할 수 있다.

④ 거짓이나 그 밖의 부정한 방법으로 육아휴직 급여를 받았거나 받으려 한 사람에게는 그 급여를 받은 날 또는 받으려 한 날부터의 육아휴직 급여를 지급하지 아니한다. 다만, 그 급여와 관련된 육아휴직 이후에 새로 육아휴직 급여 요건을 갖춘 경우 그 새로운 요건에 따른 육아휴직 급여는 그러하지 아니하다.

⑤ 육아휴직 기간 중 취업한 사실을 기재하지 아니하거나 거짓으로 기재하여 육아휴직 급여를 받았거나 받으려 한 사람에 대해서는 위반횟수 등을 고려하여 고용노동부령으로 정하는 바에 따라 지급이 제한되는 육아휴직 급여의 범위를 달리 정할 수 있다.

(4) 육아기 근로시간 단축 급여(법 제73조의2 및 시행령 제104조의2)

① 고용노동부장관은 「남녀고용평등과 일·가정 양립 지원에 관한 법률」에 따른 육아기 근로시간 단축(이하 "육아기 근로시간 단축"이라 한다)을 30일(「근로기준법」에 따른 출산전후휴가 기간과 중복되는 기간은 제외한다) 이상 실시한 피보험자 중 육아기 근로시간 단축을 시작한 날 이전에 피보험 단위기간이 합산하여 180일 이상인 피보험자에게 육아기 근로시간 단축 급여를 지급한다.

② 육아기 근로시간 단축 급여를 지급받으려는 사람은 육아기 근로시간 단축을 시작한 날 이후 1개월부터 끝난 날 이후 12개월 이내에 신청하여야 한다. 다만, 해당 기간에 대통령령으로 정하는 사유로 육아기 근로시간 단축 급여를 신청할 수 없었던 사람은 그 사유가 끝난 후 30일 이내에 신청하여야 한다.

③ 육아기 근로시간 단축 급여액은 대통령령으로 정한다.

(매주 최초 5시간 단축분) 육아기 근로시간 단축 개시일을 기준으로 『근로기준법』에 따라 산정한 월 통상임금에 해당하는 금액(200만원을 상한액으로 하고, 50만원을 하한액으로 한다)	$\times \dfrac{5}{\text{단축 전 소정근로시간}}$
(나머지 근로시간 단축분) 육아기 근로시간 단축 개시일을 기준으로 『근로기준법』에 따라 산정한 월 통상임금의 100분의 80에 해당하는 금액(150만원을 상한액으로 하고, 50만원을 하한액으로 한다)	$\times \dfrac{\text{단축 전 소정근로시간} - \text{단축 후 소정근로시간} - 5}{\text{단축 전 소정근로시간}}$

④ 육아기 근로시간 단축 급여의 신청 및 지급에 필요한 사항은 고용노동부령으로 정한다.

(5) 준용(법 제74조)

① 육아휴직 급여에 관하여는 제62조를 준용한다. 이 경우 "구직급여"는 "육아휴직 급여"로 본다.

② 육아기 근로시간 단축 급여에 관하여는 제62조, 제71조 및 제73조를 준용한다. 이 경우 제62조 중 "구직급여"는 "육아기 근로시간 단축 급여"로 보고, 제71조 및 제73조 중 "육아휴직"은 각각 "육아기 근로시간 단축"으로 본다.

(6) 출산전후휴가 급여 등(법 제75조)

고용노동부장관은 「남녀고용평등과 일·가정 양립 지원에 관한 법률」에 따라 피보험자가 「근로기준법」에 따른 출산전후휴가 또는 유산·사산휴가를 받은 경우와 「남녀고용평등과 일·가정 양립 지원에 관한 법률」에 따른 배우자 출산휴가를 받은 경우로서 다음의 요건을 모두 갖춘 경우에 출산전후휴가 급여 등(이하 "출산전후휴가 급여 등"이라 한다)을 지급한다.

> - 휴가가 끝난 날 이전에 제41조에 따른 피보험 단위기간이 합산하여 180일 이상일 것
> - 휴가를 시작한 날[출산전후휴가 또는 유산·사산휴가를 받은 피보험자가 속한 사업장이 우선지원 대상기업이 아닌 경우에는 휴가 시작 후 60일(한 번에 둘 이상의 자녀를 임신한 경우에는 75일)이 지난 날로 본다] 이후 1개월부터 휴가가 끝난 날 이후 12개월 이내에 신청할 것. 다만, 그 기간에 대통령령으로 정하는 사유로 출산전후휴가 급여 등을 신청할 수 없었던 사람은 그 사유가 끝난 후 30일 이내에 신청하여야 한다.

(7) 출산전후휴가 급여 등의 수급권 대위(법 제75조의2)

사업주가 출산전후휴가 급여 등의 지급사유와 같은 사유로 그에 상당하는 금품을 근로자에게 미리 지급한 경우로서 그 금품이 출산전후휴가 급여 등을 대체하여 지급한 것으로 인정되면 그 사업주는 지급한 금액(상한액을 초과할 수 없다)에 대하여 그 근로자의 출산전후휴가 급여 등을 받을 권리를 대위한다.

(8) 지급 기간 등(법 제76조 및 시행령 제101조)

① 출산전후휴가 급여 등은 다음의 휴가 기간에 대하여 「근로기준법」의 통상임금(휴가를 시작한 날을 기준으로 산정한다)에 해당하는 금액을 지급한다.

> - 「근로기준법」에 따른 출산전후휴가 또는 유산·사산휴가 기간. 다만, 우선지원 대상기업이 아닌 경우에는 휴가 기간 중 60일(한 번에 둘 이상의 자녀를 임신한 경우에는 75일)을 초과한 일수(30일을 한도로 하되, 한 번에 둘 이상의 자녀를 임신한 경우에는 45일을 한도로 한다)로 한정한다.
> - 「남녀고용평등과 일·가정 양립 지원에 관한 법률」에 따른 배우자 출산휴가 기간 중 최초 5일. 다만, 피보험자가 속한 사업장이 우선지원 대상기업인 경우에 한정한다.

② 출산전후휴가 급여 등의 지급 금액은 대통령령으로 정하는 바에 따라 그 상한액과 하한액을 정할 수 있다.

> - 상한액 : 다음의 사항을 고려하여 매년 고용노동부장관이 고시하는 금액
>   - 출산전후휴가 급여 등 수급자들의 평균적인 통상임금 수준
>   - 물가상승률
>   - 「최저임금법」에 따른 최저임금
>   - 그 밖에 고용노동부장관이 필요하다고 인정하는 사항
> - 하한액 : 출산전후휴가, 유산·사산 휴가 또는 「남녀고용평등과 일·가정 양립 지원에 관한 법률」에 따른 배우자 출산휴가(이하 "배우자 출산휴가"라 한다)의 시작일 당시 적용되던 「최저임금법」에 따른 시간 단위에 해당하는 최저임금액(이하 "시간급 최저임금액"이라 한다)보다 그 근로자의 시간급 통상임금이 낮은 경우에는 시간급 최저임금액을 시간급 통상임금으로 하여 산정된 출산전후휴가 급여 등의 지원기간 중 통상임금에 상당하는 금액

③ 출산전후휴가 급여 등의 신청 및 지급에 필요한 사항은 고용노동부령으로 정한다.

(9) 기간제근로자 또는 파견근로자에 대한 적용(법 제76조의2)

① 고용노동부장관은 「기간제 및 단시간근로자 보호 등에 관한 법률」에 따른 기간제근로자 또는 「파견근로자 보호 등에 관한 법률」에 따른 파견근로자가 「근로기준법」에 따른 출산전후휴가 기간 중 근로계약기간이 끝나는 경우 근로계약 종료일부터 해당 출산전후휴가 종료일까지의 기간에 대한 출산전후휴가 급여 등에 상당하는 금액 전부를 기간제근로자 또는 파견근로자에게 지급한다.

② 출산전후휴가 급여 등에 상당하는 금액의 신청 및 지급에 필요한 사항은 고용노동부령으로정한다.

(10) 준용(법 제77조)

출산전후휴가 급여 등에 관하여는 제62조, 제71조 및 제73조를 준용한다. 이 경우 제62조 중 "구직급여"는 "출산전후휴가 급여 등"으로, 제71조 및 제73조 중 "육아휴직"은 각각 "출산전후휴가, 유산·사산휴가 또는 배우자 출산휴가"로 각각 본다.

6 예술인인 피보험자에 대한 고용보험 특례

(1) 예술인인 피보험자에 대한 적용(법 제77조의2 및 시행령 제104조의5)

① 근로자가 아니면서 「예술인 복지법」에 따른 예술인 등 대통령령으로 정하는 사람 중 「예술인 복지법」에 따른 문화예술용역 관련 계약(이하 "문화예술용역 관련 계약"이라 한다)을 체결하고 다른 사람을 사용하지 아니하고 자신이 직접 노무를 제공하는 사람(이하 "예술인"이라 한다)과 이들을 상대방으로 하여 문화예술용역 관련 계약을 체결한 사업에 대해서 적용한다.

② 예술인이 다음의 어느 하나에 해당하는 경우에는 이 법을 적용하지 아니한다.

> • 65세 이후에 근로계약, 문화예술용역 관련 계약 또는 노무제공계약(65세 전부터 피보험자격을 유지하던 사람이 65세 이후에 계속하여 근로계약, 문화예술용역 관련 계약 또는 노무제공계약을 체결한 경우는 제외한다)을 체결하거나 자영업을 개시하는 경우
> • 예술인 중 대통령령으로 정하는 소득 기준(월평균소득이 50만원 이상, 월평균소득을 합산하여 그 합계액이 50만원 이상)을 충족하지 못하는 경우. 다만, 예술인 중 계약의 기간이 1개월 미만인 사람(이하 "단기예술인"이라 한다)은 제외한다.

③ 사업의 특성 및 규모 등을 고려하여 대통령령으로 정하는 사업이 다음의 어느 하나에 해당하는 경우에는 하수급인이 사용하는 예술인에 대하여 대통령령으로 정하는 바에 따라 발주자 또는 원수급인이 신고를 하여야 한다.

> • 하나의 사업에 다수의 도급이 이루어져 원수급인이 다수인 경우
> • 하나의 사업이 여러 차례의 도급으로 이루어져 하수급인이 다수인 경우

④ 하수급인인 사업주와 예술인 등은 발주자·원수급인이 피보험자격 취득 등의 신고를 위하여 대통령령으로 정하는 관련 자료, 정보 등을 요청하는 경우 이를 제공하여야 한다.

⑤ 예술인이 보험관계가 성립되어 있는 둘 이상의 사업에서 동시에 근로계약, 문화예술용역 관련 계약 또는 노무제공계약을 체결한 경우에는 대통령령으로 정하는 바에 따라 피보험자격을 취득한다.

⑥ 적용을 받는 예술인과 문화예술용역 관련 계약을 체결한 사업의 사업주(발주자 또는 원수급인을 말한다)는 고용산재보험료징수법에 따라 보험료를 부담하며, 그 보험관계의 성립·소멸 및 변경, 보험료의 산정·납부 및 징수에 필요한 사항은 고용산재보험료징수법에서 정하는 바에 따른다.

(2) 예술인인 피보험자에 대한 구직급여(법 제77조의3 및 시행령 제104조의8)

① 예술인의 구직급여는 다음의 요건을 모두 갖춘 경우에 지급한다.

- 이직일 이전 24개월 동안의 피보험 단위기간이 통산하여 9개월 이상일 것
- 근로 또는 노무제공의 의사와 능력이 있음에도 불구하고 취업(영리를 목적으로 사업을 영위하는 경우를 포함한다) 하지 못한 상태에 있을 것
- 이직사유가 수급자격의 제한 사유에 해당하지 아니할 것. 다만, 예술인이 이직할 당시 대통령령으로 정하는 바에 따른 소득감소로 인하여 이직하였다고 직업안정기관의 장이 인정하는 경우에는 수급자격의 제한 사유에 해당하지 아니하는 것으로 본다.
- 이직일 이전 24개월 중 3개월 이상을 예술인인 피보험자로 피보험자격을 유지하였을 것
- 재취업을 위한 노력을 적극적으로 할 것
- 다음의 요건을 모두 갖출 것(최종 이직 당시 단기예술인이었던 사람만 해당한다)
  - 수급자격의 인정신청일 이전 1개월 동안의 노무제공일수가 10일 미만이거나 수급자격 인정신청일 이전 14일간 연속하여 노무제공내역이 없을 것
  - 최종 이직일 이전 24개월 동안의 피보험 단위기간 중 다른 사업에서 수급자격의 제한 사유에 해당하는 사유로 이직한 사실이 있는 경우에는 그 피보험 단위기간 중 90일 이상을 단기예술인으로 종사하였을 것

② 피보험 단위기간은 그 수급자격과 관련된 이직 당시의 사업에서의 피보험자격 취득일부터 이직일까지의 기간으로 산정하고, 이직일 이전 24개월 동안 근로자, 예술인, 노무제공자 중 둘 이상에 해당하는 사람으로 종사한 경우의 피보험 단위기간은 대통령령으로 정하는 바에 따른다.

1 − 예술인으로서의 피보험 단위기간(월 단위로 한다) ÷ 9개월 ≦ 근로자로서의 피보험 단위기간(일 단위로 한다) ÷ 180일 + 법 제77조의6 제1항에 따른 노무제공자로서의 피보험 단위기간(월 단위로 한다) ÷ 12개월

③ 예술인의 기초일액은 수급자격 인정과 관련된 마지막 이직일 전 1년간의 고용산재보험료징수법에 따라 신고된 보수총액을 그 산정의 기준이 되는 기간의 총 일수로 나눈 금액으로 한다. 다만, 그 금액이 이직 당시의 고용산재보험료징수법에 따른 예술인의 기준보수의 일액 중 가장 적은 금액 미만인 경우에는 가장 적은 기준보수의 일액을 기초일액으로 한다.

④ 예술인의 구직급여일액은 제3항에 따른 기초일액에 100분의 60을 곱한 금액으로 한다.

⑤ 구직급여일액의 상한액은 근로자인 피보험자의 구직급여 상한액 등을 고려하여 대통령령으로 정하는 금액으로 한다.

⑥ 예술인은 실업의 신고일부터 계산하기 시작하여 7일간은 대기기간으로 보아 구직급여를 지급하지 아니한다. 다만, 정한 사유로 이직한 경우에는 4주의 범위에서 대통령령으로 정하는 기간을 대기기간으로 보아 구직급여를 지급하지 아니한다.

⑦ 예술인의 소정급여일수 산정을 위한 피보험기간은 피보험 단위기간으로 한다. 다만, 단기예술인은 해당 계약기간 중 노무제공일수 등을 고려하여 대통령령으로 정하는 바에 따라 산정한 기간으로 한다.

⑧ 직업안정기관의 장은 예술인인 피보험자에 대하여 구직급여를 지급하는 경우에는 실업인정대상기간 중 취업 등으로 발생한 소득에 대해서는 소득수준, 근로 등의 활동 기간 등을 고려하여 대통령령으로 정하는 바에 따라 일부 또는 전부를 감액하고 지급하여야 한다.

(3) 예술인인 피보험자의 출산전후급여 등(법 제77조의4)

① 고용노동부장관은 예술인인 피보험자가 출산 또는 유산·사산을 이유로 노무를 제공할 수 없는 경우에는 출산전후급여 등(이하 "출산전후급여 등"이라 한다)을 지급한다. 다만, 같은 자녀에 대하여 출산전후휴가 급여 등 및 출산전후급여 등의 지급요건을 동시에 충족하는 경우 등에 대해서는 대통령령으로 정하는 바에 따라 지급한다.

② 출산전후급여 등의 지급요건, 지급수준 및 지급기간 등은 대통령령으로 정하는 바에 따른다.

③ 출산전후급여 등의 신청 및 지급에 필요한 사항은 고용노동부령으로 정한다.

(4) 준용(법 제77조의5)

① 예술인의 피보험자격에 관하여는 제13조 제1항, 제14조 제1항, 제15조, 제17조를 준용한다. 이 경우 "근로자"는 "예술인"으로, "고용된 날"은 "문화예술용역 관련 계약 개시일"로, "고용된 근로자"는 "문화예술용역 관련 계약이 개시된 예술인"으로 본다.

② 예술인에 대한 구직급여에 대해서는 제37조의2, 제38조, 제38조의2, 제40조 제2항 제1호, 제41조 제2항, 제42조부터 제44조까지, 제47조, 제48조, 제50조, 제56조부터 제58조까지 및 제60조부터 제63조까지의 규정을 준용한다. 이 경우 제40조 제2항 제1호 중 "이직일 전 18개월 동안"은 "이직일 전 24개월"로, 제63조 제1항 본문 중 "제46조"는 "제77조의3 제4항·제5항"으로, 같은 조 제5항 전단 중 "제47조, 제49조"는 "제47조"로 본다.

③ 예술인의 출산전후급여 등에 관하여는 제62조를 준용하고, 예술인의 피보험자격확인·구직급여·출산전후급여 등의 심사 및 재심사 청구 등에 관하여는 제87조부터 제112조까지의 규정을 준용한다. 이 경우 "근로자"는 "예술인"으로, "고용노동부장관"은 "고용노동부장관, 직업안정기관의 장"으로, "실업급여"는 "구직급여"로, "제4장에 따른 구직급여"는 "제5장의2에 따른 구직급여"로, "제5장"은 "제5장의2"로, "출산전후휴가 급여 등"은 "출산전후급여 등"으로, "사업주"는 "사업주 및 피보험자격을 신고하여야 하는 자"로, "사업장"은 "사업장 및 피보험자격취득신고를 하여야 하는 자의 사무소"로 본다.

7 노무제공자인 피보험자에 대한 고용보험 특례

(1) 노무제공자인 피보험자에 대한 적용(법 제77조의6)

① 근로자가 아니면서 자신이 아닌 다른 사람의 사업을 위하여 자신이 직접 노무를 제공하고 해당 사업주 또는 노무수령자로부터 일정한 대가를 지급받기로 하는 계약(이하 "노무제공계약"이라 한다)을 체결한 사람 중 대통령령으로 정하는 직종에 종사하는 사람(이하 "노무제공자"라 한다)과 이들을 상대방으로 하여 노무제공계약을 체결한 사업에 대해서 적용한다.

② 노무제공자가 다음의 어느 하나에 해당하는 경우에는 이 법을 적용하지 아니한다.

> - 65세 이후에 근로계약, 노무제공계약 또는 문화예술용역 관련 계약(65세 전부터 피보험자격을 유지하던 사람이 65세 이후에 계속하여 근로계약, 노무제공계약 또는 문화예술용역관련 계약을 체결한 경우는 제외한다)을 체결하거나 자영업을 개시하는 경우
> - 노무제공자 중 대통령령으로 정하는 소득 기준을 충족하지 못하는 경우. 다만, 노무제공자 중 계약의 기간이 1개월 미만인 사람(이하 "단기노무제공자"라 한다)은 제외한다.

③ 노무제공자가 보험관계가 성립되어 있는 둘 이상의 사업에서 동시에 근로계약, 노무제공계약 또는 문화예술용역 관련 계약을 체결한 경우에는 대통령령으로 정하는 바에 따라 피보험자격을 취득한다.

④ 적용하는 노무제공자와 그와 노무제공계약을 체결한 사업의 사업주(이하 "노무제공사업의사업주"라 한다)는 고용산재보험료징수법에 따라 보험료를 부담하며, 그 보험관계의 성립·소멸 및 변경, 보험료의 산정·납부 및 징수에 필요한 사항은 고용산재보험료징수법에서 정하는바에 따른다.

(2) 노무제공플랫폼사업자에 대한 특례(법 제77조의7)

① 노무제공사업의 사업주가 노무제공자와 노무제공사업의 사업주에 관련된 자료 및 정보를 수집·관리하여 이를 전자정보 형태로 기록하고 처리하는 시스템(이하 "노무제공플랫폼"이라 한다)을 구축·운영하는 사업자(이하 "노무제공플랫폼사업자"라 한다)와 노무제공플랫폼 이용에 대한 계약(이하 "노무제공플랫폼이용계약"이라 한다)을 체결하는 경우 노무제공플랫폼사업자는 대통령령으로 정하는 바에 따라 노무제공자에 대한 피보험자격의 취득 등을 신고하여야 한다.

② 고용노동부장관은 노무제공자에 관한 보험사무의 효율적 처리를 위하여 노무제공플랫폼사업자에게 해당 노무제공플랫폼의 이용 및 보험관계의 확인에 필요한 자료 또는 정보의 제공을 요청할 수 있다. 이 경우 요청을 받은 노무제공플랫폼사업자는 정당한 사유가 없으면 그 요청에 따라야 한다.

> - 노무제공플랫폼이용계약의 개시일 또는 종료일
> - 노무제공사업의 사업주 보험관계와 관련된 사항으로서 사업장의 명칭·주소 등 대통령령으로 정하는 자료 또는 정보
> - 노무제공자의 피보험자격과 관련된 사항으로서 노무제공자의 이름·직종·보수 등 대통령령으로 정하는 자료 또는 정보

③ 노무제공플랫폼사업자는 요청받은 자료 또는 정보의 제공을 위하여 필요한 경우에는 해당 노무제공자와 노무제공사업의 사업주에게 필요한 자료 또는 정보의 제공을 요청할 수 있다. 이 경우 요청을 받은 노무제공자와 노무제공사업의 사업주는 정당한 사유가 없으면 그 요청에 따라야 한다.

④ 고용노동부장관은 노무제공플랫폼사업자가 제공한 자료 또는 정보를 해당 보험사무의 처리에 필요한 범위에서만 활용하여야 하며, 이를 공개해서는 아니 된다.

⑤ 노무제공플랫폼사업자는 노무제공자의 피보험자격 신고와 관련된 정보를 해당 노무제공자와 노무제공사업의 사업주 사이에 체결된 노무제공계약이 끝난 날부터 3년 동안 노무제공플랫폼에 보관하여야 한다.

(3) 노무제공자인 피보험자에 대한 구직급여(법 제77조의8)

① 노무제공자의 구직급여는 다음의 요건을 모두 갖춘 경우에 지급한다.

> • 이직일 이전 24개월 동안 피보험 단위기간이 통산하여 12개월 이상일 것
> • 근로 또는 노무제공의 의사와 능력이 있음에도 불구하고 취업(영리를 목적으로 사업을 영위하는 경우를 포함한다) 하지 못한 상태에 있을 것
> • 이직사유가 수급자격의 제한 사유에 해당하지 아니할 것. 다만, 노무제공자로 이직할 당시 대통령령으로 정하는 바에 따른 소득 감소로 인하여 이직하였다고 직업안정기관의 장이 인정하는 경우에는 수급자격의 제한 사유에 해당하지 아니하는 것으로 본다.
> • 이직일 이전 24개월 중 3개월 이상을 노무제공자인 피보험자로 피보험자격을 유지하였을 것
> • 재취업을 위한 노력을 적극적으로 할 것
> • 다음의 요건을 모두 갖출 것(최종 이직 당시 단기예술인이었던 사람만 해당한다)
>   – 수급자격의 인정신청일 이전 1개월 동안의 노무제공일수가 10일 미만이거나 수급자격 인정신청일 이전 14일간 연속하여 노무제공내역이 없을 것
>   – 최종 이직일 이전 24개월 동안의 피보험 단위기간 중 다른 사업에서 수급자격의 제한 사유에 해당하는 사유로 이직한 사실이 있는 경우에는 그 피보험 단위기간 중 90일 이상을 단기노무제공자로 종사하였을 것

② 피보험 단위기간은 그 수급자격과 관련된 이직 당시의 사업에서의 피보험자격 취득일부터 이직일까지의 기간으로 산정하고, 이직 전 24개월 중 근로자·노무제공자·예술인 중 둘 이상에 해당하는 사람으로 종사한 경우의 피보험 단위기간은 대통령령으로 정하는 바에 따른다.

③ 노무제공자의 기초일액은 수급자격 인정과 관련된 마지막 이직일 전 1년간의 고용산재보험료징수법에 따라 신고된 보수총액을 그 산정의 기준이 되는 기간의 총 일수로 나눈 금액으로한다. 다만, 그 금액이 이직 당시의 고용산재보험료징수법에 따른 노무제공자의 기준보수의 일액 중 가장 적은 금액 미만인 경우에는 가장 적은 기준보수의 일액을 기초일액으로 한다.

④ 고용산재보험료징수법의 적용을 받는 노무제공자의 기초일액은 고용노동부장관이 고시하는금액으로 한다.

⑤ 노무제공자의 구직급여일액은 기초일액에 100분의 60을 곱한 금액으로 한다. 이 경우 구직급여일액의 상한액은 근로자인 피보험자의 구직급여 상한액 등을 고려하여 대통령령으로 정하는 금액으로 한다.

⑥ 노무제공자는 실업의 신고일부터 계산하기 시작하여 7일간은 대기기간으로 보아 구직급여를 지급하지 아니한다. 다만, 정한 사유로 이직한 경우에는 4주의 범위에서 대통령령으로 정하는 기간을 대기기간으로 보아 구직급여를 지급하지 아니한다.

⑦ 노무제공자의 소정급여일수 산정을 위한 피보험기간은 피보험 단위기간으로 한다. 다만, 단기노무제공자의 피보험기간은 해당 계약기간 중 노무제공일수 등을 고려하여 대통령령으로 정하는 바에 따라 산정한 기간으로 한다.

⑧ 직업안정기관의 장은 노무제공자인 피보험자에 대하여 구직급여를 지급하는 경우 실업인정대상기간 중 취업 등으로 발생한 소득에 대해서는 소득수준, 근로 등의 활동 기간 등을 고려하여 대통령령으로 정하는 바에 따라 일부 또는 전부를 감액하고 지급하여야 한다.

(4) 노무제공자인 피보험자의 출산전후급여 등(법 제77조의9)

① 고용노동부장관은 노무제공자인 피보험자가 출산 또는 유산·사산을 이유로 노무를 제공할 수 없는 경우에는 출산전후급여 등을 지급한다. 다만, 같은 자녀에 대하여 출산전후휴가 급여 등 또는 출산전후급여 등의 지급요건을 동시에 충족하는 경우 대통령령으로 정하는 바에 따라 지급한다.

② 출산전후급여 등의 지급요건, 지급수준 및 지급기간 등은 대통령령으로 정하는 바에 따른다.

③ 출산전후급여 등의 신청 및 지급에 필요한 사항은 고용노동부령으로 정한다.

(5) 준용(법 제77조의10)

① 노무제공자의 피보험자격에 관하여는 제13조 제1항, 제14조 제1항, 제15조 및 제17조를 준용한다. 이 경우 "근로자"는 "노무제공자"로, "고용된 날"은 "노무제공계약의 개시일"로, "고용된 근로자"는 "노무제공계약이 개시된 노무제공자"로 본다.

② 노무제공자에 대한 구직급여에 관하여는 제37조의2, 제38조, 제38조의2, 제40조 제2항 제1호, 제41조 제2항, 제42조부터 제44조까지, 제47조, 제48조, 제50조, 제56조부터 제58조까지 및 제60조부터 제63조까지의 규정을 준용한다. 이 경우 제40조 제2항 제1호 중 "이직일 전 18개월 동안"은 "이직일 전 24개월"로, 제63조 제1항 본문 중 "제46조"는 "제77조의3 제4항·제5항"으로, 같은 조 제5항 전단 중 "제47조, 제49조"는 "제47조"로 본다.

③ 노무제공자의 출산전후급여 등에 관하여는 제62조를 준용하고, 노무제공자의 피보험자격확인·구직급여·출산전후급여 등의 심사 및 재심사 청구 등에 관하여는 제87조부터 제112조까지의 규정을 준용한다. 이 경우 "근로자"는 "노무제공자"로, "고용노동부장관"은 "고용노동부장관, 직업안정기관의 장"으로, "실업급여"는 "구직급여"로, "제4장에 따른 구직급여"는 "제5장의3에 따른 구직급여"로, "제5장"은 "제5장의3"으로, "출산전후휴가 급여 등"은 "출산전후급여 등"으로, "사업주"는 "사업주 및 피보험자격을 신고하여야 하는 자"로, "사업장"은 "사업장 및 피보험자격 취득신고를 하여야 하는 자의 사무소"로 본다.

1 고용보험기금

(1) 기금의 설치 및 조성(법 제78조)

① 고용노동부장관은 보험사업에 필요한 재원에 충당하기 위하여 고용보험기금(이하 "기금"이라 한다)을 설치한다.
② 기금은 보험료와 이 법에 따른 징수금·적립금·기금운용 수익금과 그 밖의 수입으로 조성한다.

(2) 기금의 관리·운용(법 제79조 및 시행령 제104조의18, 시행령 제105조)

① 기금은 고용노동부장관이 관리·운용한다.
② 기금의 관리·운용에 관한 세부 사항은 「국가재정법」의 규정에 따른다.
③ 고용노동부장관은 다음의 방법에 따라 기금을 관리·운용한다.

> • 금융기관에의 예탁
> • 재정자금에의 예탁
> • 국가·지방자치단체 또는 금융기관에서 직접 발행하거나 채무이행을 보증하는 유가증권의 매입
> • 보험사업의 수행 또는 기금 증식을 위한 부동산의 취득 및 처분
> • 증권의 매입

④ 고용노동부장관은 기금을 관리·운용할 때에는 그 수익이 대통령령으로 정하는 수준(1년 만기 정기예금 이자율이나 예상물가상승률 등을 고려하여 고용노동부장관이 정하는 수익률) 이상 되도록 하여야 한다.
⑤ 고용노동부장관은 기금을 체계적·안정적으로 관리·운용하기 위하여 자산운용 전문위원을 둘 수 있다.

(3) 기금의 용도(법 제80조 및 시행령 제107조, 시행령 제108조)

① 기금은 다음의 용도에 사용하여야 한다.

> • 고용안정·직업능력개발 사업에 필요한 경비
> • 실업급여의 지급
> • 국민연금 보험료의 지원
> • 육아휴직 급여 및 출산전후휴가 급여 등의 지급
> • 보험료의 반환
> • 일시 차입금의 상환금과 이자
> • 이 법과 보험료징수법에 따른 업무를 대행하거나 위탁받은 자에 대한 출연금
> • 그 밖에 이 법의 시행을 위하여 필요한 사업의 수행에 딸린 경비

- 그 밖에 이 법의 시행을 위하여 필요한 대통령령으로 정하는 경비
  - 보험사업의 관리·운영에 드는 경비
  - 기금의 관리·운용에 드는 경비
  - 고용산재보험료징수법에 따른 보험사무대행기관에 대한 교부금
  - 법과 고용산재보험료징수법에 따른 사업이나 업무의 위탁수수료 지급금

② 기금으로부터 「국민건강보험법」에 따른 국민건강보험공단에 출연하는 금액은 징수업무(고지·수납·체납 업무를 말한다)가 차지하는 비율 등을 기준으로 산정한다.

③ 출연금의 지급기준, 사용 및 관리에 관하여 필요한 사항은 대통령령으로 정한다.

④ 고용노동부장관은 기금의 지원금·장려금의 지급, 대부금의 교부, 훈련비용과 훈련수당의 지급, 실업급여의 지급에 관한 업무를 다음의 어느 하나에 해당하는 기관이나 체신관서에 위탁하여 할 수 있다.

- 「은행법」에 따른 인가를 받은 은행
- 「농업협동조합법」에 따른 농협은행
- 「수산업협동조합법」에 따른 수협은행
- 「상호저축은행법」에 따른 상호저축은행
- 「새마을금고법」에 따른 새마을금고
- 「신용협동조합법」에 따른 신용협동조합

(4) 기금운용 계획 등(법 제81조 및 시행령 제109조)

① 고용노동부장관은 매년 기금운용 계획을 세워 고용보험위원회 및 국무회의의 심의를 거쳐 대통령의 승인을 받아야 한다.

② 고용노동부장관은 매년 기금의 운용 결과에 대하여 고용보험위원회의 심의를 거쳐 공표하여야 한다.

③ 기금운용 계획에는 다음의 사항이 포함되어야 한다.

- 기금의 수입과 지출에 관한 사항
- 해당 연도의 사업계획·지출원인행위계획과 자금계획에 관한 사항
- 전년도 이월자금의 처리에 관한 사항
- 적립금에 관한 사항
- 그 밖에 기금운용에 필요한 사항

(5) 기금계정의 설치(법 제82조)

① 고용노동부장관은 한국은행에 고용보험기금계정을 설치하여야 한다.

② 고용보험기금계정은 고용안정·직업능력개발 사업 및 실업급여, 자영업자의 고용안정·직업능력개발 사업 및 자영업자의 실업급여로 구분하여 관리한다.

(6) 기금의 출납(법 제83조)

기금의 관리·운용을 하는 경우 출납에 필요한 사항은 대통령령으로 정한다.

(7) 기금의 적립(법 제84조)

① 고용노동부장관은 대량 실업의 발생이나 그 밖의 고용상태 불안에 대비한 준비금으로 여유자금을 적립하여야 한다.

② 여유자금의 적정규모는 다음과 같다.

> • 고용안정 · 직업능력개발 사업 계정의 연말 적립금 : 해당 연도 지출액의 1배 이상 1.5배 미만
> • 실업급여 계정의 연말 적립금 : 해당 연도 지출액의 1.5배 이상 2배 미만

(8) 잉여금과 손실금의 처리(법 제85조)

① 기금의 결산상 잉여금이 생기면 이를 적립금으로 적립하여야 한다.

② 기금의 결산상 손실금이 생기면 적립금을 사용하여 이를 보전할 수 있다.

(9) 차입금(법 제86조)

기금을 지출할 때 자금 부족이 발생하거나 발생할 것으로 예상되는 경우에는 기금의 부담으로 금융기관 · 다른 기금과 그 밖의 재원 등으로부터 차입을 할 수 있다.

2 심사 및 재심사청구

(1) 심사와 재심사(법 제87조)

① 피보험자격의 취득 · 상실에 대한 확인, 실업급여 및 육아휴직 급여와 출산전후휴가 급여 등에 관한 처분(이하 "원처분 등"이라 한다)에 이의가 있는 자는 심사관에게 심사를 청구할 수 있고, 그 결정에 이의가 있는 자는 심사위원회에 재심사를 청구할 수 있다.

② 심사의 청구는 확인 또는 처분이 있음을 안 날부터 90일 이내에, 재심사의 청구는 심사청구에 대한 결정이 있음을 안 날부터 90일 이내에 각각 제기하여야 한다.

③ 심사 및 재심사의 청구는 시효중단에 관하여 재판상의 청구로 본다.

(2) 대리인의 선임(법 제88조)

심사청구인 또는 재심사청구인은 법정대리인 외에 다음의 어느 하나에 해당하는 자를 대리인으로 선임할 수 있다.

> • 청구인의 배우자, 직계존속 · 비속 또는 형제자매
> • 청구인인 법인의 임원 또는 직원
> • 변호사나 공인노무사
> • 심사위원회의 허가를 받은 자

(3) 고용보험심사관(법 제89조 및 시행령 제121조)

① 심사를 행하게 하기 위하여 고용보험심사관(이하 "심사관"이라 한다)을 둔다.

② 심사관은 심사청구를 받으면 30일 이내에 그 심사청구에 대한 결정을 하여야 한다. 다만, 부득이한 사정으로 그 기간에 결정할 수 없을 때에는 한 차례만 10일을 넘지 아니하는 범위에서 그 기간을 연장할 수 있다.

③ 심사관의 정원·자격·배치 및 직무에 필요한 사항은 대통령령으로 정한다.

④ 당사자는 심사관에게 심리·결정의 공정을 기대하기 어려운 사정이 있으면 그 심사관에 대한 기피신청을 고용노동부장관에게 할 수 있다.

⑤ 심사청구인이 사망한 경우 그 심사청구인이 실업급여의 수급권자이면 유족이, 그 외의 자인 때에는 상속인 또는 심사청구의 대상인 원처분 등에 관계되는 권리 또는 이익을 승계한 자가 각각 심사청구인의 지위를 승계한다.

⑥ 심사관은 고용노동부 소속 공무원으로서 다음의 어느 하나에 해당하는 사람 중에서 임명한다.

> - 고용노동부에서 일반직 5급 이상 공무원이나 고위공무원단에 속하는 일반직공무원으로서 보험에 관한 심사 또는 재심사의 청구에 관련된 업무에 1년 이상 종사한 사람
> - 고용노동부에서 일반직 5급 이상 공무원이나 고위공무원단에 속하는 일반직공무원으로서 보험 업무에 2년 이상 종사한 사람
> - 그 밖에 위에 해당하는 자격이 있다고 고용노동부장관이 인정하는 사람

(4) 심사의 청구 등(법 제90조)

① 심사를 청구하는 경우 피보험자격의 취득·상실 확인에 대한 심사의 청구는 「산업재해보상보험법」에 따른 근로복지공단(이하 "근로복지공단"이라 한다)을, 실업급여 및 육아휴직 급여와 출산전후휴가 급여 등에 관한 처분에 대한 심사의 청구는 직업안정기관의 장을 거쳐 심사관에게 하여야 한다.

② 직업안정기관 또는 근로복지공단은 심사청구서를 받은 날부터 5일 이내에 의견서를 첨부하여 심사청구서를 심사관에게 보내야 한다.

(5) 청구의 방식(법 제91조 및 시행령 제125조)

① 심사의 청구는 대통령령으로 정하는 바에 따라 문서로 하여야 한다.

② 심사청구 문서에는 다음의 사항을 적어야 한다.

> - 청구인의 이름과 주소
> - 피청구인인 처분청의 명칭
> - 심사청구 대상인 처분의 내용
> - 처분이 있었던 것을 안 날
> - 피청구인인 처분청에 따른 심사청구에 관한 통지의 유무와 통지의 내용
> - 심사청구의 취지와 이유
> - 심사청구 연월일

(6) 보정 및 각하(법 제92조)

① 심사의 청구가 기간이 지났거나 법령으로 정한 방식을 위반하여 보정하지 못할 것인 경우에 심사관은 그 심사의 청구를 결정으로 각하하여야 한다.

② 심사의 청구가 법령으로 정한 방식을 어긴 것이라도 보정할 수 있는 것인 경우에 심사관은 상당한 기간을 정하여 심사청구인에게 심사의 청구를 보정하도록 명할 수 있다. 다만, 보정할 사항이 경미한 경우에는 심사관이 직권으로 보정할 수 있다.

③ 심사관은 심사청구인이 기간에 그 보정을 하지 아니하면 결정으로써 그 심사청구를 각하하여야 한다.

(7) 원처분 등의 집행 정지(법 제93조)

① 심사의 청구는 원처분 등의 집행을 정지시키지 아니한다. 다만, 심사관은 원처분 등의 집행에 의하여 발생하는 중대한 위해를 피하기 위하여 긴급한 필요가 있다고 인정하면 직권으로 그 집행을 정지시킬 수 있다.

② 심사관은 집행을 정지시키려고 할 때에는 그 이유를 적은 문서로 그 사실을 직업안정기관의 장 또는 근로복지공단에 알려야 한다.

③ 직업안정기관의 장 또는 근로복지공단은 통지를 받으면 지체 없이 그 집행을 정지하여야 한다.

④ 심사관은 집행을 정지시킨 경우에는 지체 없이 심사청구인에게 그 사실을 문서로 알려야 한다.

(8) 심사관의 권한(법 제94조)

① 심사관은 심사의 청구에 대한 심리를 위하여 필요하다고 인정하면 심사청구인의 신청 또는 직권으로 다음의 조사를 할 수 있다.

> • 심사청구인 또는 관계인을 지정 장소에 출석하게 하여 질문하거나 의견을 진술하게 하는 것
> • 심사청구인 또는 관계인에게 증거가 될 수 있는 문서와 그 밖의 물건을 제출하게 하는 것
> • 전문적인 지식이나 경험을 가진 제삼자로 하여금 감정하게 하는 것
> • 사건에 관계가 있는 사업장 또는 그 밖의 장소에 출입하여 사업주·종업원이나 그 밖의 관계인에게 질문하거나 문서와 그 밖의 물건을 검사하는 것

② 심사관은 질문과 검사를 하는 경우에는 그 권한을 나타내는 증표를 지니고 이를 관계인에게 내보여야 한다.

(9) 실비변상(법 제95조)

지정한 장소에 출석한 사람과 감정을 한 감정인에게는 고용노동부장관이 정하는 실비를 변상한다.

(10) 결정(법 제96조 및 시행령 제129조)

① 심사관은 심사의 청구에 대한 심리를 마쳤을 때에는 원처분 등의 전부 또는 일부를 취소하거나 심사청구의 전부 또는 일부를 기각한다.

② 심사청구에 대한 결정은 다음의 사항을 적고 심사관이 서명 또는 날인한 결정서에 의하여야 한다.

> • 사건번호와 사건명
> • 청구인의 이름과 주소
> • 피청구인인 처분청의 명칭
> • 주 문
> • 청구 취지
> • 이 유
> • 결정 연월일

(11) 결정의 방법(법 제97조)

① 결정은 대통령령으로 정하는 바에 따라 문서로 하여야 한다.

② 심사관은 결정을 하면 심사청구인 및 원처분 등을 한 직업안정기관의 장 또는 근로복지공단에 각각 결정서의 정본을 보내야 한다.

(12) 결정의 효력(법 제98조)

① 결정은 심사청구인 및 직업안정기관의 장 또는 근로복지공단에 결정서의 정본을 보낸 날부터 효력이 발생한다.

② 결정은 원처분 등을 행한 직업안정기관의 장 또는 근로복지공단을 기속한다.

(13) 고용보험심사위원회(법 제99조 및 시행령 제130조, 시행령 제131조)

① 재심사를 하게 하기 위하여 고용노동부에 고용보험심사위원회(이하 "심사위원회"라 한다)를 둔다.

② 심사위원회는 근로자를 대표하는 사람 및 사용자를 대표하는 사람 각 1명 이상을 포함한 15명 이내의 위원으로 구성한다.

③ 위원 중 2명은 상임위원으로 한다.

④ 다음의 어느 하나에 해당하는 사람은 위원에 임명될 수 없다.

> • 피성년후견인 · 피한정후견인 또는 파산의 선고를 받고 복권되지 아니한 사람
> • 금고 이상의 형을 선고받고 그 형의 집행이 종료되거나 집행을 받지 아니하기로 확정된 후 3년이 지나지 아니한 사람

⑤ 위원 중 공무원이 아닌 위원이 다음의 어느 하나에 해당되는 경우에는 해촉할 수 있다.

> • 심신장애로 인하여 직무를 수행할 수 없게 된 경우
> • 직무와 관련된 비위사실이 있는 경우
> • 직무태만, 품위손상이나 그 밖의 사유로 인하여 위원으로 적합하지 아니하다고 인정되는 경우
> • 위원 스스로 직무를 수행하는 것이 곤란하다고 의사를 밝히는 경우

⑥ 상임위원은 정당에 가입하거나 정치에 관여하여서는 아니 된다.

⑦ 심사위원회는 재심사의 청구를 받으면 50일 이내에 재결을 하여야 한다. 다만, 부득이한 사정으로 그 기간에 재결할 수 없을 때에는 1차에 한하여 10일을 넘지 아니하는 범위에서 그 기간을 연장할 수 있다.

⑧ 심사위원회에 사무국을 둔다.

⑨ 심사위원회 및 사무국의 조직 · 운영 등에 필요한 사항은 대통령령으로 정한다.

⑩ 심사위원회의 위원 중 근로자를 대표하는 위원, 사용자를 대표하는 위원과 당연직 위원 외의 위원은 다음의 어느 하나에 해당하는 사람 중에서 고용노동부장관의 제청으로 대통령이 위촉한다.

> • 판사 · 검사 또는 변호사의 자격이 있는 사람
> • 「고등교육법」에 따른 대학에서 부교수 이상으로 재직하고 있거나 재직하였던 사람
> • 3급 이상의 공무원이나 고위공무원단에 속하는 일반직공무원으로 재직하고 있거나 재직하였던 사람(상임위원은 고용노동부장관의 제청으로 대통령이 임명)
> • 노동관계 업무에 15년 이상 종사한 사람으로서 고용노동부장관이 자격이 있다고 인정하는 사람(상임위원은 고용노동부장관의 제청으로 대통령이 임명)
> • 사회보험 또는 고용문제에 관한 학식과 경험이 있는 자 중에서 고용노동부장관이 자격이 있다고 인정하는 사람

⑪ 고용노동부장관은 보험 업무를 담당하는 고용노동부의 3급 공무원이나 고위공무원단에 속하는 일반직공무원 1명을 심사위원회의 당연직 위원으로 지명한다.

⑫ 심사위원회 위원의 임기는 3년으로 하되, 연임할 수 있다.

(14) 재심사의 상대방(법 제100조)

재심사의 청구는 원처분 등을 행한 직업안정기관의 장 또는 근로복지공단을 상대방으로 한다.

(15) 심리(법 제101조)

① 심사위원회는 재심사의 청구를 받으면 그 청구에 대한 심리 기일 및 장소를 정하여 심리 기일 3일 전까지 당사자 및 그 사건을 심사한 심사관에게 알려야 한다.

② 당사자는 심사위원회에 문서나 구두로 그 의견을 진술할 수 있다.

③ 심사위원회의 재심사청구에 대한 심리는 공개한다. 다만, 당사자의 양쪽 또는 어느 한 쪽이 신청한 경우에는 공개하지 아니할 수 있다.

④ 심사위원회는 심리조서를 작성하여야 한다.

⑤ 당사자나 관계인은 심리조서의 열람을 신청할 수 있다.

⑥ 위원회는 당사자나 관계인이 열람 신청을 하면 정당한 사유 없이 이를 거부하여서는 아니 된다.

⑦ 재심사청구의 심리에 관하여는 제94조 및 제95조를 준용한다. 이 경우 "심사관"은 "심사위원회"로, "심사의 청구"는 "재심사의 청구"로, "심사청구인"은 "재심사청구인"으로 본다.

(16) 준용 규정(법 제102조)

심사위원회와 재심사에 관하여는 제89조 제4항·제5항, 제91조부터 제93조까지, 제96조부터 제98조까지의 규정을 준용한다. 이 경우 제89조 제4항 중 "심사관"은 "심사위원회의 위원"으로, 제89조 제4항·제97조·제98조 중 "결정"은 각각 "재결"로, 제91조·제93조·제96조 중 "심사의 청구"는 각각 "재심사의 청구"로, 제93조·제96조·제97조 중 "심사관"은 각각 "심사위원회"로, 제93조·제97조·제98조 중 "심사청구인"은 각각 "재심사청구인"으로 본다.

(17) 고지(법 제103조)

직업안정기관의 장 또는 근로복지공단이 원처분 등을 하거나 심사관이 결정서의 정본을 송부하는 경우에는 그 상대방 또는 심사청구인에게 원처분 등 또는 결정에 관하여 심사 또는 재심사를 청구할 수 있는지의 여부, 청구하는 경우의 경유 절차 및 청구 기간을 알려야 한다.

(18) 다른 법률과의 관계(법 제104조)

① 재심사의 청구에 대한 재결은 「행정소송법」을 적용할 경우 행정심판에 대한 재결로 본다.

② 심사 및 재심사의 청구에 관하여 이 법에서 정하고 있지 아니한 사항은 「행정심판법」의 규정에 따른다.

(1) 불이익 처우의 금지(법 제105조)

사업주는 근로자가 피보험자격의 확인의 청구를 한 것을 이유로 그 근로자에게 해고나 그 밖의 불이익한 처우를 하여서는 아니 된다.

(2) 준용(법 제106조)

이 법에 따른 다음의 징수금의 징수에 관하여는 고용산재보험료징수법 제27조, 제27조의2, 제27조의3, 제28조, 제28조의2부터 제28조의7까지, 제29조, 제29조의2, 제29조의3, 제30조, 제32조, 제39조, 제41조 및 제42조를 준용한다.

> • 고용안정 · 직업능력개발 사업의 지원금액의 반환금 또는 추가징수금
> • 실업급여의 반환금 또는 추가징수금
> • 육아휴직 급여 등의 반환금 또는 추가징수금

(3) 소멸시효(법 제107조)

① 다음의 어느 하나에 해당하는 권리는 3년간 행사하지 아니하면 시효로 소멸한다.

> • 지원금을 지급받거나 반환받을 권리
> • 취업촉진 수당을 지급받거나 반환받을 권리
> • 구직급여를 반환받을 권리
> • 육아휴직 급여, 육아기 근로시간 단축 급여 및 출산전후휴가 급여 등을 반환받을 권리

② 소멸시효의 중단에 관하여는 「산업재해보상보험법」을 준용한다.

(4) 보고 등(법 제108조)

① 고용노동부장관은 필요하다고 인정하면 피보험자 또는 수급자격자를 고용하고 있거나 고용하였던 사업주, 고용산재보험료징수법에 따른 보험사무대행기관(이하 "보험사무대행기관"이라 한다) 및 보험사무대행기관이었던 자에게 피보험자의 자격 확인, 부정수급의 조사 등 이 법의 시행에 필요한 보고, 관계 서류의 제출 또는 관계인의 출석을 요구할 수 있다.

② 이직한 사람은 종전의 사업주 또는 그 사업주로부터 보험 사무의 위임을 받아 보험 사무를 처리하는 보험사무대행기관에 실업급여를 지급받기 위하여 필요한 증명서의 교부를 청구할 수 있다. 이 경우 청구를 받은 사업주나 보험사무대행기관은 그 청구에 따른 증명서를 내주어야 한다.

③ 고용노동부장관은 피보험자, 수급자격자 또는 지급되지 아니한 실업급여의 지급을 청구하는 사람에게 피보험자의 자격 확인, 부정수급의 조사 등 이 법의 시행에 필요한 보고를 하게 하거나 관계 서류의 제출 또는 출석을 요구할 수 있다.

(5) 조사 등(법 제109조)

① 고용노동부장관은 피보험자의 자격 확인, 부정수급의 조사 등 이 법의 시행을 위하여 필요하다고 인정하면 소속 직원에게 피보험자 또는 수급자격자를 고용하고 있거나 고용하였던 사업주의 사업장 또는 보험사무대행기관 및 보험사무대행기관이었던 자의 사무소에 출입하여 관계인에 대하여 질문하거나 장부 등 서류를 조사하게 할 수 있다.

② 고용노동부장관이 조사를 하는 경우에는 그 사업주 등에게 미리 조사 일시·조사 내용 등 조사에 필요한 사항을 알려야 한다. 다만, 긴급하거나 미리 알릴 경우 그 목적을 달성할 수 없다고 인정되는 경우에는 그러하지 아니하다.

③ 조사를 하는 직원은 그 신분을 나타내는 증표를 지니고 이를 관계인에게 내보여야 한다.

④ 고용노동부장관은 조사 결과를 그 사업주 등에게 서면으로 알려야 한다.

(6) 자료의 요청(법 제110조)

① 고용노동부장관은 다음의 사무를 수행하기 위하여 필요하면 주민등록정보, 가족관계등록사항, 군복무에 관한 자료, 토지·건물에 관한 자료, 국민연금·건강보험 등 각종 연금·보험에 관한 자료, 출입국 정보 등을 관계 기관의 장에게 요청할 수 있다. 이 경우 요청을 받은 관계 기관의 장은 특별한 사유가 없으면 그 요청에 따라야 한다.

- 피보험자격의 취득 및 상실 등의 신고 내용 확인
- 피보험자격의 취득 또는 상실에 관한 확인
- 피보험자격 이중 취득 확인
- 고용안정 및 취업촉진을 위한 비용지원 또는 대부 사업의 실시
- 부정행위로 인한 고용안정·직업능력개발 사업의 지원 제한
- 구직급여의 수급 요건 확인
- 지급되지 아니한 구직급여 등의 지급
- 부정행위로 인한 구직급여 등의 지급 제한
- 구직급여 등 지급금의 반환 및 추가징수
- 취업촉진 수당의 지급 제한
- 육아휴직 급여 등의 지급 제한
- 「국민기초생활 보장법」의 수급자의 피보험자격 취득

② 고용노동부장관은 사무를 수행하기 위하여 필요하면 납세자의 인적 사항 및 사용 목적을 적은 문서로 관할 세무관서의 장에게 다음에 해당하는 과세정보의 제공을 요청할 수 있다.

- 「소득세법」에 따른 종합소득
- 「부가가치세법」, 「법인세법」 또는 「소득세법」에 따른 사업자등록정보

③ 요청할 수 있는 자료 또는 정보의 구체적인 범위는 대통령령으로 정한다.

(7) 진찰명령(법 제111조 및 시행령 제143조)

① 직업안정기관의 장은 실업급여의 지급을 위하여 필요하다고 인정하면 질병이나 부상으로 직업안정기관에 출석할 수 없었던 경우로서 그 기간이 계속하여 7일 미만인 사람으로서 실업의 인정을 받았거나 받으려는 사람 및 상병급여를 지급받았거나 지급받으려는 사람에게 고용노동부장관이 지정하는 의료기관에서 진찰을 받도록 명할 수 있다.

② 직업안정기관의 장은 진찰을 받을 것을 명하는 경우에는 그 진찰에 드는 실비를 지급할 수 있다.

(8) 포상금의 지급(법 제112조)

① 고용노동부장관은 이 법에 따른 고용안정·직업능력개발 사업의 지원·위탁 및 실업급여·육아휴직 급여 또는 출산전후휴가 급여 등의 지원과 관련한 부정행위를 신고한 자에게 예산의 범위에서 포상금을 지급할 수 있다.

② 부정행위의 신고 및 포상금의 지급에 필요한 사항은 고용노동부령으로 정한다.

(9) 「국민기초생활 보장법」의 수급자에 대한 특례(법 제113조의2)

① 「국민기초생활 보장법」에 따라 자활을 위한 근로기회를 제공하기 위한 사업은 이 법의 적용을 받는 사업으로 본다. 이 경우 해당 사업에 참가하여 유급으로 근로하는 「국민기초생활 보장법」에 따른 수급자는 이 법의 적용을 받는 근로자로 보고, 보장기관(사업을 위탁하여 행하는 경우는 그 위탁기관을 말한다)은 이 법의 적용을 받는 사업주로 본다.

② 수급자가 「국민기초생활 보장법」에 따른 수급권자인 경우에는 해당 수급자에 대하여는 고용안정·직업능력개발 사업의 규정만을 적용한다.

③ 피보험자격 이중 취득의 제한에도 불구하고 고용안정·직업능력개발 사업의 규정만 적용되는 수급자는 보험관계가 성립되어 있는 다른 사업에 고용되어 있는 경우에는 그 다른 사업의 근로자로서만 피보험자격을 취득한다.

④ 수급자가 사업에 참가하고 받은 자활급여는 피보험 단위기간 산정의 기초가 되는 보수 및 임금일액의 기초가 되는 임금으로 본다.

(10) 시범사업의 실시(법 제114조)

① 고용노동부장관은 보험사업을 효과적으로 시행하기 위하여 전면적인 시행에 어려움이 예상되거나 수행 방식 등을 미리 검증할 필요가 있는 경우 대통령령으로 정하는 보험사업은 시범사업을 할 수 있다.

② 고용노동부장관은 시범사업에 참여하는 사업주, 피보험자 등 및 직업능력개발 훈련 시설 등에 재정·행정·기술이나 그 밖에 필요한 지원을 할 수 있다.

③ 시범사업의 대상자·실시지역·실시방법과 지원 내용 등에 관하여 필요한 사항은 고용노동부장관이 정하여 고시한다.

(11) 권한의 위임·위탁(법 제115조)

이 법에 따른 고용노동부장관의 권한은 대통령령으로 정하는 바에 따라 그 일부를 직업안정기관의 장에게 위임하거나 대통령령으로 정하는 자에게 위탁할 수 있다.

(12) 벌칙 적용 시의 공무원 의제(법 제115조의2)

① 업무를 대행하거나 위탁하도록 하는 경우에 그 대행하거나 위탁받은 업무에 종사하는 자는 「형법」 제129조부터 제132조까지의 규정에 따른 벌칙을 적용할 때에는 공무원으로 본다.

② 심사위원회의 위원 중 공무원이 아닌 위원은 「형법」 제127조 및 제129조부터 제132조까지의 규정을 적용할 때에는 공무원으로 본다.

(1) 벌칙(법 제116조)

① 사업주와 공모하여 거짓이나 그 밖의 부정한 방법으로 다음에 따른 지원금 또는 급여를 받은 자와 공모한 사업주는 각각 5년 이하의 징역 또는 5천만원 이하의 벌금에 처한다.

> • 고용안정·직업능력개발 사업의 지원금
> • 실업급여
> • 육아휴직 급여, 육아기 근로시간 단축 급여 및 출산전후휴가 급여 등
> • 구직급여 및 출산전후급여 등

② 다음의 어느 하나에 해당하는 자는 3년 이하의 징역 또는 3천만원 이하의 벌금에 처한다.

> • 불이익 처우의 금지를 위반하여 근로자를 해고하거나 그 밖에 근로자에게 불이익한 처우를 한 사업주
> • 거짓이나 그 밖의 부정한 방법으로 지원금 또는 급여를 받은 자. 다만, ①에 해당하는 경우는 제외한다.

(2) 양벌규정(법 제117조)

법인의 대표자나 법인 또는 개인의 대리인, 사용인, 그 밖의 종업원이 그 법인 또는 개인의 업무에 관하여 제116조의 위반행위를 하면 그 행위자를 벌하는 외에 그 법인 또는 개인에게도 해당 조문의 벌금형을 과한다. 다만, 법인 또는 개인이 그 위반행위를 방지하기 위하여 해당 업무에 관하여 상당한 주의와 감독을 게을리하지 아니한 경우에는 그러하지 아니하다.

(3) 과태료(법 제118조)

① 다음의 어느 하나에 해당하는 사업주, 보험사무대행기관, 노무제공플랫폼사업자의 대표자 또는 대리인·사용인, 그 밖의 종업원에게는 300만원 이하의 과태료를 부과한다.

> - 제15조(피보험자격에 관한 신고 등), 제77조의2(예술인인 피보험자에 대한 적용) 제3항 및 제77조의7(노무제공플랫폼사업자에 대한 특례) 제1항을 위반하여 신고를 하지 아니하거나 거짓으로 신고한 자
> - 제42조(실업의 신고) 제3항 후단을 위반하여 이직확인서를 발급하여 주지 아니하거나 거짓으로 작성하여 발급하여 준 자
> - 제43조(수급자격의 인정) 제4항 후단을 위반하여 이직확인서를 제출하지 아니하거나 거짓으로 작성하여 제출한 자
> - 제108조(보고 등) 제1항에 따른 요구에 따르지 아니하여 보고를 하지 아니하거나 거짓으로 보고한 자, 같은 요구에 따르지 아니하여 문서를 제출하지 아니하거나 거짓으로 적은 문서를 제출한 자 또는 출석하지 아니한 자
> - 제108조(보고 등) 제2항에 따른 요구에 따르지 아니하여 증명서를 내주지 아니한 자
> - 제109조(조사 등) 제1항에 따른 질문에 답변하지 아니하거나 거짓으로 진술한 자 또는 조사를 거부·방해하거나 기피한 자
> - 제77조의7(노무제공플랫폼사업자에 대한 특례) 제2항을 위반하여 자료 또는 정보의 제공 요청에 따르지 아니한 자
> - 제77조의7(노무제공플랫폼사업자에 대한 특례) 제5항을 위반하여 노무제공자의 피보험자격의 신고와 관련된 자료 또는 정보를 보관하지 아니한 자

② 다음의 어느 하나에 해당하는 피보험자, 수급자격자 또는 지급되지 아니한 실업급여의 지급을 청구하는 자에게는 100만원 이하의 과태료를 부과한다.

> 1. 제108조(보고 등) 제3항에 따라 요구된 보고를 하지 아니하거나 거짓으로 보고한 자, 문서를 제출하지 아니하거나 거짓으로 적은 문서를 제출한 자 또는 출석하지 아니한 자
> 2. 제109조(조사 등) 제1항에 따른 질문에 답변하지 아니하거나 거짓으로 진술한 자 또는 검사를 거부·방해하거나 기피한 자

③ 제87조(심사와 재심사)에 따른 심사 또는 재심사의 청구를 받아 하는 심사관 및 심사위원회의 질문에 답변하지 아니하거나 거짓으로 진술한 자 또는 검사를 거부·방해하거나 기피한 자에게는 100만원 이하의 과태료를 부과한다.

④ 과태료는 대통령령으로 정하는 바에 따라 고용노동부장관이 부과·징수한다.

01 다음 중 고용보험법상 용어의 정의로 옳지 않은 것은?

① '이직'이란 피보험자와 사업주 사이의 고용관계가 끝나게 되는 것을 말한다.
② '일용근로자'란 3개월 미만 동안 고용되는 사람을 말한다.
③ '실업'이란 근로의 의사와 능력이 있음에도 불구하고 취업하지 못한 상태에 있는 것을 말한다.
④ '보수'란 「소득세법」에 따른 근로소득에서 대통령령으로 정하는 금품을 뺀 금액을 말한다.

 해설
② '일용근로자'란 1개월 미만 동안 고용되는 사람을 말한다(고용보험법 제2조 제6호).

02 고용보험법의 적용 제외 근로자에 해당하는 사람은?

① 체류자격이 있는 외국인근로자
② 근로자파견사업에 고용된 파견근로자
③ 별정우체국법에 따른 별정우체국 직원
④ 6개월 미만의 기간 동안 고용되는 일용근로자

 해설
고용보험법상 적용 제외 근로자(고용보험법 제10조 및 시행령 제3조 참조)
• 다음의 어느 하나에 해당하는 사람에게는 이 법을 적용하지 아니한다.
  – 1개월간 소정근로시간이 60시간 미만인 자(1주간의 소정근로시간이 15시간 미만인 자를 포함한다)를 말한다. 다만, 3개월 이상 계속하여 근로를 제공하는 자와 일용근로자는 제외한다.
  – 「국가공무원법」과 「지방공무원법」에 따른 공무원. 다만, 대통령령으로 정하는 바에 따라 별정직공무원, 「국가공무원법」 및 「지방공무원법」에 따른 임기제공무원의 경우는 본인의 의사에 따라 고용보험에 가입할 수 있다.
  – 「사립학교교직원 연금법」의 적용을 받는 사람
  – 「별정우체국법」에 따른 별정우체국 직원
• 65세 이후에 고용(65세 전부터 피보험 자격을 유지하던 사람이 65세 이후에 계속하여 고용된 경우는 제외한다)되거나 자영업을 개시한 사람에게는 실업급여 및 육아휴직 급여 등을 적용하지 아니한다.

03 다음 중 고용보험법상 피보험자격의 취득일에 대한 설명으로 옳지 않은 것은?

① 원칙적으로 피보험자는 고용보험이 적용되는 사업에 고용된 날에 피보험자격을 취득한다.

② 자영업자인 피보험자의 경우에는 그 보험관계가 성립한 날에 피보험자격을 취득한다.

③ 고용산재보험료징수법에 따른 보험관계 성립일 전에 고용된 근로자의 경우에는 그 보험관계가 성립한 날에 피보험자격을 취득한 것으로 본다.

④ 적용 제외 근로자 및 외국인근로자에 대한 적용 제외 근로자였던 사람이 고용보험법의 적용을 받게 된 경우에는 그 사업에 고용된 날에 피보험자격을 취득한 것으로 본다.

④ 적용 제외 근로자 및 외국인근로자에 대한 적용 제외 근로자였던 사람이 고용보험법의 적용을 받게 된 경우에는 그 적용을 받게 된 날에 피보험자격을 취득한 것으로 본다(고용보험법 제13조 제1항 참조).

04 다음 중 고용보험법상 피보험자격의 상실일에 대한 설명으로 옳지 않은 것은?

① 근로자인 피보험자가 적용 제외 근로자 및 외국인근로자에 대한 적용 제외 근로자에 해당하게 된 경우에는 그 적용 제외 대상자가 된 다음 날에 피보험자격을 상실한다.

② 고용산재보험료징수법에 따라 보험관계가 소멸한 경우에는 그 보험관계가 소멸한 날에 피보험자격을 상실한다.

③ 근로자인 피보험자가 이직한 경우에는 이직한 날의 다음 날에 피보험자격을 상실한다.

④ 근로자인 피보험자가 사망한 경우에는 사망한 날의 다음 날에 피보험자격을 상실한다.

① 근로자인 피보험자가 적용 제외 근로자 및 외국인근로자에 대한 적용 제외 근로자에 해당하게 된 경우에는 그 적용 제외 대상자가 된 날에 피보험자격을 상실한다(고용보험법 제14조 제1항 참조).

05 고용보험법상 피보험자격의 취득일 및 상실일에 관한 설명으로 옳은 것은?

① 근로자인 피보험자는 고용보험법이 적용되는 사업에 고용된 날의 다음날에 피보험자격을 취득한다.

② 적용 제외 근로자였던 사람이 고용보험법의 적용을 받게 된 경우에는 그 적용을 받게 된 날의 다음날에 피보험자격을 취득한 것으로 본다.

③ 근로자인 피보험자가 사망한 경우에는 사망한 날의 다음날에 피보험자격을 상실한다.

④ 보험관계가 소멸한 경우에는 그 보험관계가 소멸한 날의 다음 날에 피보험자격을 상실한다.

고용보험법상 피보험자격의 취득일 및 상실일(고용보험법 제13조 및 제14조 참조)

취득일	• 근로자인 피보험자가 고용보험법이 적용되는 사업에 고용된 경우 : 그 고용된 날(①) • 적용 제외 근로자였던 사람이 고용보험법의 적용을 받게 된 경우 : 그 적용을 받게 된 날(②) • 고용산재보험료징수법에 따른 보험관계 성립일 전에 고용된 근로자의 경우 : 그 보험관계가 성립한 날 • 자영업자인 피보험자의 경우 : 그 보험관계가 성립한 날
상실일	• 근로자인 피보험자가 적용 제외 근로자에 해당하게 된 경우 : 그 적용 제외 대상자가 된 날 • 고용산재보험료징수법에 따라 보험관계가 소멸한 경우 : 그 보험관계가 소멸한 날(④) • 근로자인 피보험자가 이직한 경우 : 이직한 날의 다음 날 • 근로자인 피보험자가 사망한 경우 : 사망한 날의 다음 날(③) • 자영업자인 피보험자의 경우 : 그 보험관계가 소멸한 날

06 다음 중 고용보험법상 피보험자격에 대한 설명으로 옳지 않은 것은?

① 사업주는 그 사업에 고용된 근로자의 피보험자격의 취득 및 상실 등에 관한 사항을 고용노동부장관에게 신고하여야 한다.
② 자영업자인 피보험자는 피보험자격의 취득 및 상실 등에 관한 사항을 고용노동부장관에게 신고하여야 한다.
③ 근로자가 보험관계가 성립되어 있는 둘 이상의 사업에 동시에 고용되어 있는 경우에는 고용노동부령으로 정하는 바에 따라 그 중 한 사업의 근로자로서의 피보험자격을 취득한다.
④ 피보험자 또는 피보험자였던 자는 언제든지 고용노동부장관에게 피보험자격의 취득 또는 상실에 관한 확인을 청구할 수 있다.

② 자영업자인 피보험자는 피보험자격의 취득 및 상실에 관한 신고를 하지 아니한다(고용보험법 제15조 제7항).

07 다음 중 고용보험법령상 고용안정·직업능력개발 사업의 내용에 포함되지 않는 것은?

① 고용창출의 지원
② 고용유지지원금의 지급
③ 광역 구직활동비의 지급
④ 임금피크제 지원금의 지급

③ '광역 구직활동비의 지급'은 실업급여 사업의 내용에 포함된다.

08 다음 중 고용보험법상 실업급여에 대한 설명으로 옳지 않은 것은?

① 구직급여는 실업급여와 취업촉진 수당으로 구분한다.
② 실업급여를 받을 권리는 양도 또는 압류하거나 담보로 제공할 수 없다.
③ 실업급여로서 지급된 금품에 대하여는 국가나 지방자치단체의 공과금을 부과하지 아니한다.
④ 실업급여수급계좌의 해당 금융기관은 실업급여만이 실업급여수급계좌에 입금되도록 관리하여야 한다.

해설
① 실업급여는 구직급여와 취업촉진 수당으로 구분한다(고용보험법 제37조 제1항).

09 고용보험법상 실업급여에 해당하지 않는 것은?

① 구직급여
② 조기(早期)재취업 수당
③ 정리해고 수당
④ 이주비

해설
실업급여의 종류(고용보험법 제37조)
• 실업급여는 구직급여와 취업촉진 수당으로 구분한다.
• 취업촉진 수당의 종류는 다음과 같다.
 – 조기(早期)재취업 수당
 – 직업능력개발 수당
 – 광역 구직활동비
 – 이주비

10 다음 중 고용보험법상 취업촉진 수당의 종류에 포함되지 않는 것은?

① 이주비
② 특별연장급여
③ 광역 구직활동비
④ 조기재취업 수당

해설
취업촉진 수당의 종류(고용보험법 제37조 제2항 참조)
• 조기재취업 수당(④)
• 직업능력개발 수당
• 광역 구직활동비(③)
• 이주비(①)

11 다음 중 고용보험법상 이직한 근로자인 피보험자의 구직급여 수급 요건으로 옳지 않은 것은?

① 재취업을 위한 노력을 적극적으로 할 것

② 근로의 의사와 능력이 있음에도 불구하고 취업하지 못한 상태에 있을 것

③ 이직일 이전 18개월간 피보험 단위기간이 합산하여 150일 이상일 것

④ 일용근로자는 수급자격 인정신청일 이전 1개월 동안의 근로일수가 10일 미만일 것

> **해설**

구직급여의 수급 요건(고용보험법 제40조 제1항)

구직급여는 이직한 근로자인 피보험자가 다음의 요건을 모두 갖춘 경우에 지급한다.

- 이직일 이전 18개월간 피보험 단위기간이 합산하여 180일 이상일 것(③)
- 근로의 의사와 능력이 있음에도 불구하고 취업하지 못한 상태에 있을 것(②)
- 이직사유가 수급자격의 제한 사유에 해당하지 아니할 것
- 재취업을 위한 노력을 적극적으로 할 것(①)
- 다음의 어느 하나에 해당할 것(최종 이직 당시 일용근로자였던 사람만 해당)
  - 수급자격 인정신청일 이전 1개월 동안의 근로일수가 10일 미만일 것(④)
  - 건설일용근로자(일용근로자로서 이직 당시에 통계법에 따라 통계청장이 고시하는 한국표준산업분류의 대분류상 건설업에 종사한 사람을 말한다)로서 수급자격 인정신청일 이전 14일간 연속하여 근로내역이 없을 것
- 최종 이직 당시의 기준기간 동안의 피보험 단위기간 180일 중 다른 사업에서 수급자격의 제한사유에 해당하는 사유로 이직한 사실이 있는 경우에는 그 피보험 단위기간 중 90일 이상을 일용근로자로 근로하였을 것(최종 이직 당시 일용근로자였던 사람만 해당)

12 다음 중 고용보험법상 실업의 신고 및 인정에 대한 설명으로 옳은 것은?

① 구직급여를 지급받으려는 사람은 이직 후 14일 이내에 직업안정기관에 출석하여 실업을 신고하여야 한다.

② 구직급여는 수급자격자가 실업한 상태에 있는 날 중에서 직업안정기관의 장으로부터 실업의 인정을 받은 날에 대하여 지급한다.

③ 실업의 인정을 받으려는 수급자격자는 실업의 신고를 한 날부터 계산하기 시작하여 2주의 범위에서 직업안정기관의 장이 지정한 날에 출석하여 재취업을 위한 노력을 하였음을 신고하여야 한다.

④ 구직급여는 실업의·인정을 받은 날로부터 지급한다.

> **해설**

② 고용보험법 제44조 제1항

① 구직급여를 지급받으려는 사람은 이직 후 지체 없이 직업안정기관에 출석하여 실업을 신고하여야 한다(동법 제42조 제1항).

③ 실업의 인정을 받으려는 수급자격자는 실업의 신고를 한 날부터 계산하기 시작하여 1주부터 4주의 범위에서 직업안정기관의 장이 지정한 날에 출석하여 재취업을 위한 노력을 하였음을 신고하여야 하고, 직업안정기관의 장은 직전 실업인정일의 다음 날부터 그 실업인정일까지의 각각의 날에 대하여 실업의 인정을 한다(동법 제44조 제2항).

④ 하나의 수급자격에 따라 구직급여를 지급받을 수 있는 날(소정급여일수)은 대기기간이 끝난 다음날부터 계산하기 시작하여 피보험기간과 연령에 따라 법령에서 정한 일수가 되는 날까지로 한다(동법 제50조 제1항).

13 고용보험법상 구직급여의 산정 기초가 되는 임금일액의 산정방법으로 틀린 것은?

① 수급자격의 인정과 관련된 마지막 이직 당시 산정된 평균임금을 기초일액으로 한다.

② 마지막 사업에서 이직 당시 일용근로자였던 사람의 경우에는 산정된 금액이 근로기준법에 따른 그 근로자의 통상임금보다 적을 경우에는 그 통상임금액을 기초일액으로 한다.

③ 기초일액을 산정하는 것이 곤란한 경우와 보험료를 고용산재보험료징수법에 따른 기준보수를 기준으로 낸 경우에는 기준보수를 기초일액으로 한다.

④ 산정된 기초일액이 그 수급자격자의 이직 전 1일 소정근로시간에 이직일 당시 적용되던 최저임금법에 따른 시간 단위에 해당하는 최저임금액을 곱한 금액보다 낮은 경우에는 최저기초일액을 기초일액으로 한다.

② 구직급여의 산정 기초가 되는 임금일액(이하 "기초일액"이라 한다)이 근로기준법에 따른 그 근로자의 통상임금보다 적을 경우에는 그 통상임금액을 기초일액으로 한다. 다만, 마지막 사업에서 이직 당시 일용근로자였던 사람의 경우에는 그러하지 아니하다(고용보험법 제45조 제2항).
① 동법 제45조 제1항 참조
③ 동법 제45조 제3항
④ 동법 제45조 제4항

14 올해 29세인 근로자 甲은 2018년 12월 1일부터 2020년 1월 31일까지 재직하다가 이직하였다. 피보험기간이 14개월인 근로자 甲의 구직급여 소정급여일수로 옳은 것은?

① 90일   ② 120일

③ 150일   ④ 180일

해설

구직급여의 소정급여일수(고용보험법 제50조 제1항 및 별표 1 참조)

구 분		피보험기간				
		1년 미만	1년 이상 3년 미만	3년 이상 5년 미만	5년 이상 10년 미만	10년 이상
이직일 현재 연령	50세 미만	120일	150일	180일	210일	240일
	50세 이상	120일	180일	210일	240일	270일

비고 : 「장애인 고용촉진 및 작업재활법」에 따른 장애인은 50세 이상인 것으로 보아 위 표를 적용한다.

15 다음 사례에서 구직급여의 소정급여일수는?

> 장애인 근로자 A씨(40세)가 4년간 근무하던 회사를 퇴사하여 직업안정기관으로부터 구직급여 수급자격을 인정받았다.

① 120일
② 150일
③ 180일
④ 210일

16 다음 중 고용보험법상 자영업자인 피보험자의 실업급여 종류에서 제외되는 것은?

① 직업능력개발 수당
② 광역 구직활동비
③ 조기재취업 수당
④ 구직급여

 해설

자영업자인 피보험자의 실업급여의 종류(고용보험법 제69조의2)
자영업자인 피보험자의 실업급여의 종류는 제37조 '실업급여의 종류'에 따른다. 다만, 훈련연장급여, 개별연장급여, 특별연장급여 등의 연장급여와 조기재취업 수당은 제외한다.

17 다음 중 고용보험법상 육아휴직 급여에 대한 설명으로 가장 옳은 것은?

① 피보험자가 「남녀고용평등과 일·가정 양립 지원에 관한 법률」에 따른 육아휴직을 10일 이상 부여받은 경우에 육아휴직 급여를 지급한다.
② 같은 자녀에 대하여 피보험자인 배우자가 30일 이상의 육아휴직을 부여받은 경우에 육아휴직 급여를 지급한다.
③ 피보험자가 육아휴직을 시작한 날 이전에 피보험 단위기간이 합산하여 90일 이상인 경우에 육아휴직 급여를 지급한다.
④ 피보험자가 육아휴직 급여 기간 중에 그 사업에서 이직한 경우에는 그 이직하였을 때부터 육아휴직 급여를 지급하지 아니한다.

 해설

④ 보험자가 육아휴직기간 중에 그 사업에서 이직한 경우에는 그 이직하였을 때부터 육아휴직 급여를 지급하지 아니한다(고용보험법 제73조 제1항).
육아휴직 급여(고용보험법 제70조 제1항)
고용노동부장관은 「남녀고용평등과 일·가정 양립 지원에 관한 법률」 제19조에 따른 육아휴직을 30일(「근로기준법」 제74조에 따른 출산 전후휴가 기간과 중복되는 기간은 제외한다) 이상 부여받은 피보험자 중 육아휴직을 시작한 날 이전에 제41조에 따른 피보험 단위기간이 합산하여 180일 이상인 피보험자에게 육아휴직 급여를 지급한다.

18 고용보험법령상 고용노동부장관은 고용보험기금을 관리·운용함에 있어서 대량 실업의 발생이나 그 밖의 고용상태 불안에 대비한 준비금을 여유자금으로 적립하여야 한다. 다음 중 실업급여 계정의 연말 적립금의 적정 규모로 옳은 것은?

① 해당 연도 지출액의 1배
② 해당 연도 지출액의 1배 이상 2배 미만
③ 해당 연도 지출액의 1.5배 이상 2배 미만
④ 해당 연도 지출액의 1.5배 이상 2.5배 미만

고용보험기금의 적립에 따른 여유자금의 적정규모(고용보험법 제84조 제2항)
• 고용안정·직업능력개발 사업 계정의 연말 적립금 : 해당 연도 지출액의 1배 이상 1.5배 미만
• 실업급여 계정의 연말 적립금 : 해당 연도 지출액의 1.5배 이상 2배 미만

19 다음 중 고용보험법상 고용보험기금의 용도로 옳지 않은 것은?

① 실업급여의 지급
② 퇴직급여의 지급
③ 육아휴직 급여 및 출산전후휴가 급여 등의 지급
④ 일시 차입금의 상환금과 이자

고용보험기금의 용도(고용보험법 제80조 제1항)
• 고용안정·직업능력개발 사업에 필요한 경비
• 실업급여의 지급
• 국민연금 보험료의 지원에 따른 국민연금 보험료의 지원
• 육아휴직 급여 및 출산전후휴가 급여 등의 지급
• 보험료의 반환
• 일시 차입금의 상환금과 이자
• 이 법과 보험료징수법에 따른 업무를 대행하거나 위탁받은 자에 대한 출연금
• 그 밖에 이 법의 시행을 위하여 필요한 경비로서 대통령령으로 정하는 경비와 고용안정·직업능력개발 사업 및 실업급여의 지급에 따른 사업의 수행에 딸린 경비

20 다음 중 고용보험법상 심사 및 재심사 청구의 대상에 해당하는 것은?

① 보험료징수에 대한 처분

② 피보험자격의 취득·상실에 대한 확인

③ 고용안정사업에 관한 처분

④ 직업능력개발 사업에 관한 처분

> **해설**
>
> ② 고용보험법에 따른 피보험자격의 취득·상실에 대한 확인, 실업급여 및 육아휴직 급여와 출산전후휴가 급여 등에 관한 처분에 이의가 있는 자는 고용보험심사관에게 심사를 청구할 수 있고, 그 결정에 이의가 있는 자는 고용보험 심사위원회에 재심사를 청구할 수 있다(고용보험법 제87조 제1항).

21 다음 중 고용보험법상 심사 및 재심사의 청구에 대한 설명으로 옳지 않은 것은?

① 실업급여 및 육아휴직 급여와 출산전후휴가 급여 등에 관한 처분에 이의가 있는 자는 고용보험심사관에게 심사를 청구할 수 있다.

② 심사의 청구는 처분이 있음을 안 날부터 90일 이내 제기하여야 한다.

③ 고용보험심사관은 심사의 청구에 대한 심리를 마쳤을 때에는 원처분 등의 전부 또는 일부를 취소하거나 심사청구의 전부 또는 일부를 기각한다.

④ 결정의 효력은 심사청구인 및 직업안정기관의 장 또는 근로복지공단이 결정서의 정본을 받은 날부터 발생한다.

> **해설**
>
> ④ 결정은 심사청구인 및 직업안정기관의 장 또는 근로복지공단에게 결정서의 정본을 보낸 날부터 효력이 발생한다(고용보험법 제98조 제1항).
>
> ① 고용보험법에 따른 피보험자격의 취득·상실에 대한 확인, 실업급여 및 육아휴직 급여와 출산전후휴가 급여 등에 관한 처분에 이의가 있는 자는 고용보험심사관에게 심사를 청구할 수 있고, 그 결정에 이의가 있는 자는 고용보험심사위원회에 재심사를 청구할 수 있다(동법 제87조 제1항).
>
> ② 심사의 청구는 확인 또는 처분이 있음을 안 날부터 90일 이내에, 재심사의 청구는 심사청구에 대한 결정이 있음을 안 날부터 90일 이내에 각각 제기하여야 한다(동법 제87조 제2항).
>
> ③ 동법 제96조

22 고용보험법상 취업촉진 수당을 지급받을 권리는 몇 년간 행사하지 아니하면 시효로 소멸하는가?

① 1년 ② 2년
③ 3년 ④ 5년

소멸시효(고용보험법 제107조 제1항)
다음의 어느 하나에 해당하는 권리는 3년간 행사하지 아니하면 시효로 소멸한다.
• 고용안정·직업능력개발 사업에 관한 규정에 따른 지원금을 지급받거나 반환받을 권리
• 실업급여에 관한 규정에 따른 취업촉진 수당을 지급받거나 반환받을 권리
• 실업급여에 관한 규정에 따른 구직급여를 반환받을 권리
• 육아휴직 급여 등에 관한 규정에 따른 육아휴직 급여, 육아기 근로시간 단축 급여 및 출산전후휴가 급여 등을 반환받을 권리

23 다음 중 고용보험법상 실업급여를 지급받을 권리의 소멸시효로 옳은 것은?

① 1년 ② 2년
③ 3년 ④ 5년

소멸시효(고용보험법 제107조 제1항)
다음의 어느 하나에 해당하는 권리는 3년간 행사하지 아니하면 시효로 소멸한다.
• 고용안정·직업능력개발 사업에 따른 지원금을 지급받거나 반환받을 권리
• 실업급여에 따른 취업촉진 수당을 지급받거나 반환받을 권리
• 실업급여에 따른 구직급여를 반환받을 권리
• 육아휴직 급여에 따른 육아휴직 급여, 육아기 근로시간 단축 급여 및 출산전후휴가 급여 등을 반환받을 권리

제9편

국민기초생활법령
(국민기초생활보장법령)

*시행일
국민기초생활보장법 [시행 2022. 1. 28.]
국민기초생활보장법 시행령 [시행 2022. 1. 28.]

합격의 공식
온라인 강의

잠깐!

혼자 공부하기 힘드시다면 방법이 있습니다.
SD에듀의 동영상 강의를 이용하시면 됩니다.
www.sdedu.co.kr → 회원가입(로그인) → 강의 살펴보기

개 요

(1) 목적(법 제1조)

생활이 어려운 사람에게 필요한 급여를 실시하여 이들의 최저생활을 보장하고 자활을 돕는 것을 목적으로 한다.

(2) 용어의 정의(법 제2조 및 시행령 제2조)

① **수급권자** : 급여를 받을 수 있는 자격을 가진 사람을 말한다.

② **수급자** : 급여를 받는 사람을 말한다.

③ **수급품** : 수급자에게 지급하거나 대여하는 금전 또는 물품을 말한다.

④ **보장기관** : 급여를 실시하는 국가 또는 지방자치단체를 말한다.

⑤ **부양의무자** : 수급권자를 부양할 책임이 있는 사람으로서 수급권자의 1촌의 직계혈족 및 그 배우자를 말한다. 다만, 사망한 1촌의 직계혈족의 배우자는 제외한다.

⑥ **최저보장수준** : 국민의 소득·지출 수준과 수급권자의 가구 유형 등 생활실태, 물가상승률 등을 고려하여 급여의 종류별로 공표하는 금액이나 보장수준을 말한다.

⑦ **최저생계비** : 국민이 건강하고 문화적인 생활을 유지하기 위하여 필요한 최소한의 비용으로서 보건복지부장관이 계측하는 금액을 말한다.

⑧ **개별가구** : 급여를 받거나 이 법에 따른 자격요건에 부합하는지에 관한 조사를 받는 기본단위로서 수급자 또는 수급권자로 구성된 가구를 말한다. 이 경우 개별가구의 범위 등 구체적인 사항은 대통령령으로 정한다.

> ① 개별가구는 다음의 사람으로 구성된 가구로 한다.
> ㉠「주민등록법」에 따른 거주자 중 세대별 주민등록표에 등재된 사람(동거인은 제외)
> ㉡ ㉠ 외의 사람으로서 다음의 어느 하나에 해당하는 사람
> – ㉠에 해당하는 사람의 배우자(사실상 혼인관계에 있는 사람을 포함)
> – ㉠에 해당하는 사람의 미혼 자녀 중 30세 미만인 사람
> – ㉠에 해당하는 사람과 생계 및 주거를 같이 하는 사람(㉠에 해당하는 사람 중 생계를 책임지는 사람이 그의 부양의무자인 경우로 한정)
> ② 다음의 어느 하나에 해당하는 사람은 개별가구에서 제외한다.
> ㉠ 현역 군인 등 법률상 의무를 이행하기 위하여 다른 곳에서 거주하면서 의무 이행과 관련하여 생계를 보장받고 있는 사람
> ㉡ 외국에 최근 6개월간 통산하여 90일을 초과하여 체류하고 있는 사람
> ㉢「형의 집행 및 수용자의 처우에 관한 법률」및「치료감호 등에 관한 법률」등에 따른 교도소, 구치소, 치료감호 시설 등에 수용 중인 사람

   ② 보장시설에서 급여를 받고 있는 사람
   ⑩ 실종선고 절차가 진행 중인 사람
   ⑭ 가출 또는 행방불명으로 경찰서 등 행정관청에 신고된 후 1개월이 지났거나 가출 또는 행방불명 사실을 특별
    자치시장·특별자치도지사·시장·군수·구청장이 확인한 사람
   ④ 그 밖에 ①의 ⑤에 해당하는 사람과 생계 및 주거를 달리한다고 시장·군수·구청장이 확인한 사람

 ⑨ **소득인정액** : 보장기관이 급여의 결정 및 실시 등에 사용하기 위하여 산출한 개별가구의 소득평가액과 재산의 소득
  환산액을 합산한 금액을 말한다.
 ⑩ **차상위계층** : 수급권자(제14조의2에 따라 수급권자로 보는 사람은 제외한다)에 해당하지 아니하는 계층으로서 소
  득인정액이 대통령령으로 정하는 기준 이하인 계층(소득인정액이 기준 중위소득의 100분의 50 이하인 사람)을 말
  한다.
 ⑪ **기준 중위소득** : 보건복지부장관이 급여의 기준 등에 활용하기 위하여 중앙생활보장위원회의 심의·의결을 거쳐
  고시하는 국민 가구소득의 중위값을 말한다.

(3) 급여의 기본원칙(법 제3조)

 ① 급여는 수급자가 자신의 생활의 유지·향상을 위하여 그의 소득, 재산, 근로능력 등을 활용하여 최대한 노력하는
  것을 전제로 이를 보충·발전시키는 것을 기본원칙으로 한다.
 ② 부양의무자의 부양과 다른 법령에 따른 보호는 급여에 우선하여 행하여지는 것으로 한다. 다만, 다른 법령에 따른
  보호의 수준이 이 법에서 정하는 수준에 이르지 아니하는 경우에는 나머지 부분에 관하여 이 법에 따른 급여를
  받을 권리를 잃지 아니한다.

(4) 급여의 기준 등(법 제4조)

 ① 급여는 건강하고 문화적인 최저생활을 유지할 수 있는 것이어야 한다.
 ② 급여의 기준은 수급자의 연령, 가구 규모, 거주지역, 그 밖의 생활여건 등을 고려하여 급여의 종류별로 보건복지부
  장관이 정하거나 급여를 지급하는 중앙행정기관의 장(이하 "소관 중앙행정기관의 장"이라 한다)이 보건복지부장관
  과 협의하여 정한다.
 ③ 보장기관은 급여를 개별가구 단위로 실시하되, 특히 필요하다고 인정하는 경우에는 개인 단위로 실시할 수 있다.
 ④ 지방자치단체인 보장기관은 해당 지방자치단체의 조례로 정하는 바에 따라 급여의 범위 및 수준을 초과하여 급여
  를 실시할 수 있다. 이 경우 해당 보장기관은 보건복지부장관 및 소관 중앙행정기관의 장에게 알려야 한다.

(5) 다른 법률과의 관계(법 제4조의2)

 제11조 및 제12조의3에 따른 급여와 관련하여 다른 법률에 특별한 규정이 있는 경우를 제외하고는 이 법이 정하는
 바에 따른다.

(6) 외국인에 대한 특례(법 제5조의2 및 시행령 제4조)

① 국내에 체류하고 있는 외국인 중 대한민국 국민과 혼인하여 본인 또는 배우자가 임신 중이거나 대한민국 국적의 미성년 자녀를 양육하고 있거나 배우자의 대한민국 국적인 직계존속과 생계나 주거를 같이하고 있는 사람으로서 대통령령으로 정하는 사람이 이 법에 따른 급여를 받을 수 있는 자격을 가진 경우에는 수급권자가 된다.

② 수급권자가 될 수 있는 외국인은 「출입국관리법」에 따라 외국인 등록을 한 사람으로서 다음의 어느 하나에 해당하는 사람으로 한다.

> • 대한민국 국민과 혼인 중인 사람으로서 다음의 어느 하나에 해당하는 사람
> - 본인 또는 대한민국 국적의 배우자가 임신 중인 사람
> - 대한민국 국적의 미성년 자녀(계부자·계모자 관계와 양친자관계를 포함한다)를 양육하고 있는 사람
> - 배우자의 대한민국 국적인 직계존속과 생계나 주거를 같이 하는 사람
> • 대한민국 국민인 배우자와 이혼하거나 그 배우자가 사망한 사람으로서 대한민국 국적의 미성년 자녀를 양육하고 있는 사람 또는 사망한 배우자의 태아를 임신하고 있는 사람

(7) 최저보장수준의 결정 등(법 제6조)

① 보건복지부장관 또는 소관 중앙행정기관의 장은 급여의 종류별 수급자 선정기준 및 최저보장수준을 결정하여야 한다.

② 보건복지부장관 또는 소관 중앙행정기관의 장은 매년 8월 1일까지 중앙생활보장위원회의 심의·의결을 거쳐 다음 연도의 급여의 종류별 수급자 선정기준 및 최저보장수준을 공표하여야 한다.

(8) 기준 중위소득의 산정(법 제6조의2)

① 기준 중위소득은 「통계법」에 따라 통계청이 공표하는 통계자료의 가구 경상소득(근로소득, 사업소득, 재산소득, 이전소득을 합산한 소득을 말한다)의 중간값에 최근 가구소득 평균 증가율, 가구규모에 따른 소득수준의 차이 등을 반영하여 가구규모별로 산정한다.

② 그 밖에 가구규모별 소득수준 반영 방법 등 기준 중위소득의 산정에 필요한 사항은 중앙생활보장위원회에서 정한다.

(9) 소득인정액의 산정(법 제6조의3 및 시행령 제5조, 제5조의 2)

① 개별가구의 소득평가액은 개별가구의 실제소득에도 불구하고 보장기관이 급여의 결정 및 실시 등에 사용하기 위하여 산출한 금액으로 다음의 소득을 합한 개별가구의 실제소득에서 장애·질병·양육 등 가구 특성에 따른 지출요인, 근로를 유인하기 위한 요인, 그 밖에 추가적인 지출요인에 해당하는 금액을 감하여 산정한다

> • 근로소득
> • 사업소득
> • 재산소득
> • 이전소득

② 재산의 소득환산액은 개별가구의 재산가액에서 기본재산액(기초생활의 유지에 필요하다고 보건복지부장관이 정하여 고시하는 재산액을 말한다) 및 부채를 공제한 금액에 소득환산율을 곱하여 산정한다. 이 경우 소득으로 환산하는 재산의 범위는 다음과 같다.

> • 일반재산(금융재산 및 자동차를 제외한 재산을 말한다)
> • 금융재산
> • 자동차

③ 실제소득, 소득평가액 및 재산의 소득환산액의 산정을 위한 구체적인 범위·기준 등은 대통령령으로 정한다.

④ 실제소득이란 다음의 소득을 합산한 금액을 말한다.

> • 근로소득 : 근로의 제공으로 얻는 소득. 다만, 「소득세법」에 따라 비과세되는 근로소득은 제외하되, 다음의 급여는 근로소득에 포함한다.
>   – 「소득세법」과 「소득세법 시행령」에 따라 비과세되는 급여
>   – 「소득세법 시행령」에 따라 비과세되는 급여 중 보건복지부장관이 정하는 금액 이상의 급여
> • 사업소득
>   – 농업소득 : 경종업, 과수·원예업, 양잠업, 종묘업, 특수작물생산업, 가축사육업, 종축업 또는 부화업과 이에 부수하는 업무에서 얻는 소득
>   – 임업소득 : 영림업, 임산물생산업 또는 야생조수사육업과 이에 부수하는 업무에서 얻는 소득
>   – 어업소득 : 어업과 이에 부수하는 업무에서 얻는 소득
>   – 기타사업소득 : 도매업, 소매업, 제조업, 그 밖의 사업에서 얻는 소득
> • 재산소득
>   – 임대소득 : 부동산, 동산, 권리 또는 그 밖의 재산의 대여로 발생하는 소득
>   – 이자소득 : 예금·주식·채권의 이자와 배당 또는 할인에 의하여 발생하는 소득 중 보건복지부장관이 정하는 금액 이상의 소득
>   – 연금소득 : 「소득세법」에 따라 발생하는 연금 또는 소득과 「보험업법」의 연금보험에 의하여 발생하는 소득
> • 이전소득[차상위계층에 속하는 사람에 대해서는 생활여건 등을 고려하여 보건복지부장관이 정하여 고시하는 바에 따라 다음의 이전소득의 범위를 달리할 수 있다]
>   – 친족 또는 후원자 등으로부터 정기적으로 받는 금품 중 보건복지부장관이 정하는 금액 이상의 금품
>   – 부양의무자의 차감된 소득에서 부양의무자 기준 중위소득에 해당하는 금액을 뺀 금액의 범위에서 보건복지부장관이 정하는 금액
>   – 「국민연금법」, 「기초연금법」, 「공무원연금법」, 「공무원 재해보상법」, 「군인연금법」, 「별정우체국법」, 「사립학교교직원 연금법」, 「고용보험법」, 「산업재해보상보험법」, 「국민연금과 직역연금의 연계에 관한 법률」, 「보훈보상대상자 지원에 관한 법률」, 「독립유공자예우에 관한 법률」, 「국가유공자 등 예우 및 지원에 관한 법률」, 「고엽제후유의증 등 환자지원 및 단체설립에 관한 법률」, 「자동차손해배상 보장법」, 「참전유공자 예우 및 단체설립에 관한 법률」, 「구직자 취업촉진 및 생활안정지원에 관한 법률」 등에 따라 정기적으로 지급되는 각종 수당·연금·급여 또는 그 밖의 금품

⑤ 다음의 금품은 소득으로 보지 아니한다.

> • 퇴직금, 현상금, 보상금, 「조세특례제한법」에 따른 근로장려금 및 자녀장려금 등 정기적으로 지급되는 것으로 볼 수 없는 금품
> • 보육·교육 또는 그 밖에 이와 유사한 성질의 서비스 이용을 전제로 받는 보육료, 학자금, 그 밖에 이와 유사한 금품
> • 지방자치단체가 지급하는 금품으로서 보건복지부장관이 정하는 금품

⑥ 보장기관은 다음의 어느 하나에 해당하는 경우에는 개별가구의 생활실태 등을 조사하여 확인한 소득을 산정된 실제소득에 더할 수 있다. 이 경우 실제소득의 구체적인 확인 및 산정 기준은 보건복지부장관이 정한다.

> • 수급자 또는 수급권자의 소득 관련 자료가 없거나 불명확한 경우
> • 「최저임금법」에 따른 최저임금액 등을 고려할 때 소득 관련 자료의 신뢰성이 없다고 보장기관이 인정하는 경우

⑦ ①에서 소득평가액은 실제소득에서 다음에 해당하는 금액을 뺀 금액으로 한다.

> ㉠ 「장애인연금법」에 따른 기초급여액 및 같은 법에 따른 부가급여액
> ㉡ 「장애인복지법」에 따른 장애수당, 같은 법에 따른 장애아동수당과 보호수당
> ㉢ 「한부모가족지원법」에 따른 아동양육비
> ㉣ 「고엽제후유의증 등 환자지원 및 단체설립에 관한 법률」에 따른 수당(㉠에 따른 기초급여액 및 부가급여액에 해당하는 금액에 한정한다)
> ㉤ 「독립유공자예우에 관한 법률」, 「국가유공자 등 예우 및 지원에 관한 법률」 및 「보훈보상대상자 지원에 관한 법률」에 따른 생활조정수당
> ㉥ 「참전유공자 예우 및 단체설립에 관한 법률」에 따른 참전명예수당 중 보건복지부장관이 고시하는 1인 가구 기준 중위소득의 100분의 20 이하에 해당하는 금액
> ㉦ 만성질환 등의 치료·요양·재활로 인하여 지속적으로 지출하는 의료비
> ㉧ 장애인이 다음의 시설에서 실시하는 직업재활사업에 참가하여 받은 소득의 100분의 50에 해당하는 금액
>   – 「장애인복지법」에 따른 장애인복지시설 중 장애인 지역사회재활시설(장애인복지관만 해당한다) 및 장애인 직업재활시설
>   – 「정신건강증진 및 정신질환자 복지서비스 지원에 관한 법률」에 따른 재활훈련시설(주간재활시설만 해당한다)
> ㉨ 수급자가 다음의 어느 하나에 해당하는 사업에 참가하여 받은 소득의 100분의 30에 해당하는 금액
>   – 법 제18조 제1항에 따른 자활기업이 실시하는 사업
>   – 시행령 제20조 제1항에 따른 자활근로의 대상사업 중 보건복지부장관이 정하는 사업
> ㉩ 학생·장애인·노인 및 18세 이상 24세 이하인 사람이 얻은 ④의 '근로소득' 및 '사업소득'에 따른 소득의 100분의 30에 해당하는 금액
> ㉪ ㉧부터 ㉩까지의 규정에 해당하지 않는 소득으로서 ④의 '근로소득' 및 '사업소득'에 따른 소득에 100분의 30의 범위에서 보건복지부장관이 정하는 비율을 곱한 금액
> ㉫ 그 밖에 개별가구 특성에 따라 추가적인 지출이 필요하다고 인정되어 보건복지부장관이 정하는 금품의 금액

(1) 급여의 종류(법 제7조)

① 이 법에 따른 급여의 종류는 다음과 같다.

- 생계급여
- 주거급여
- 의료급여
- 교육급여
- 해산급여
- 장제급여
- 자활급여

② 수급권자에 대한 급여는 수급자의 필요에 따라 급여의 전부 또는 일부를 실시하는 것으로 한다.

③ 차상위계층에 속하는 사람(이하 "차상위자"라 한다)에 대한 급여는 보장기관이 차상위자의 가구별 생활여건을 고려하여 예산의 범위에서 주거급여, 의료급여, 교육급여, 장제급여, 자활급여의 전부 또는 일부를 실시할 수 있다. 이 경우 차상위자에 대한 급여의 기준 및 절차 등에 관하여 필요한 사항은 대통령령으로 정한다.

(2) 생계급여의 내용 등(법 제8조)

① 생계급여는 수급자에게 의복, 음식물 및 연료비와 그 밖에 일상생활에 기본적으로 필요한 금품을 지급하여 그 생계를 유지하게 하는 것으로 한다.

② 생계급여 수급권자는 부양의무자가 없거나, 부양의무자가 있어도 부양능력이 없거나 부양을 받을 수 없는 사람으로서 그 소득인정액이 중앙생활보장위원회의 심의·의결을 거쳐 결정하는 금액(이하 이 조에서 "생계급여 선정기준"이라 한다) 이하인 사람으로 한다. 이 경우 생계급여 선정기준은 기준 중위소득의 100분의 30 이상으로 한다.

③ 생계급여 최저보장수준은 생계급여와 소득인정액을 포함하여 생계급여 선정기준 이상이 되도록 하여야 한다.

④ 보장시설에 위탁하여 생계급여를 실시하는 경우에는 보건복지부장관이 정하는 고시에 따라 그 선정기준 등을 달리 정할 수 있다.

(3) 부양능력 등(법 제8조의2)

① 부양의무자가 다음의 어느 하나에 해당하는 경우에는 부양능력이 없는 것으로 본다.

> - 기준 중위소득 수준을 고려하여 대통령령으로 정하는 소득·재산 기준 미만인 경우
> - 직계존속 또는 「장애인연금법」의 중증장애인인 직계비속을 자신의 주거에서 부양하는 경우로서 보건복지부장관이 정하여 고시하는 경우
> - 그 밖에 질병, 교육, 가구 특성 등으로 부양능력이 없다고 보건복지부장관이 정하는 경우

② 부양의무자가 다음의 어느 하나에 해당하는 경우에는 부양을 받을 수 없는 것으로 본다.

> - 부양의무자가 「병역법」에 따라 징집되거나 소집된 경우
> - 부양의무자가 「해외이주법」의 해외이주자에 해당하는 경우
> - 부양의무자가 「형의 집행 및 수용자의 처우에 관한 법률」 및 「치료감호법」 등에 따른 교도소, 구치소, 치료감호시설 등에 수용 중인 경우
> - 부양의무자에 대하여 실종선고 절차가 진행 중인 경우
> - 부양의무자가 보장시설에서 급여를 받고 있는 경우
> - 부양의무자의 가출 또는 행방불명으로 경찰서 등 행정관청에 신고된 후 1개월이 지났거나 가출 또는 행방불명 사실을 특별자치시장·특별자치도지사·시장·군수·구청장(자치구의 구청장을 말한다. 이하 "시장·군수·구청장"이라 한다)이 확인한 경우
> - 부양의무자가 부양을 기피하거나 거부하는 경우
> - 그 밖에 부양을 받을 수 없는 것으로 보건복지부장관이 정하는 경우

③ 「아동복지법」에 따라 부양 대상 아동이 보호조치된 경우에는 부양을 받을 수 없는 것으로 본다.

(4) 생계급여의 방법(법 제9조 및 시행령 제6조, 시행령 제7조)

① 생계급여는 금전을 지급하는 것으로 한다. 다만, 금전으로 지급할 수 없거나 금전으로 지급하는 것이 적당하지 아니하다고 인정하는 경우에는 물품을 지급할 수 있다.

② 수급품은 대통령령으로 정하는 바에 따라 매월 정기적으로 지급[매월 20일(토요일이거나 공휴일인 경우에는 그 전날로 한다)에 금융회사 등의 수급자 명의의 지정된 계좌에 입금해야 한다]하여야 한다. 다만, 특별한 사정이 있는 경우에는 그 지급방법을 다르게 정하여 지급할 수 있다.

③ 수급품은 수급자에게 직접 지급한다. 다만, 보장시설이나 타인의 가정에 위탁하여 생계급여를 실시하는 경우에는 그 위탁받은 사람에게 이를 지급할 수 있다. 이 경우 보장기관은 보건복지부장관이 정하는 바에 따라 정기적으로 수급자의 수급 여부를 확인하여야 한다.

④ 생계급여는 보건복지부장관이 정하는 바에 따라 수급자의 소득인정액 등을 고려하여 차등지급할 수 있다.

⑤ 보장기관은 대통령령으로 정하는 바에 따라 근로능력이 있는 수급자에게 자활에 필요한 사업에 참가할 것을 조건으로 하여 생계급여를 실시할 수 있다. 이 경우 보장기관은 자활지원계획을 고려하여 조건을 제시하여야 한다.

⑥ 근로능력이 있는 수급자는 18세 이상 64세 이하의 수급자로 한다. 다만, 다음의 어느 하나에 해당하는 사람은 제외한다.

> - 「장애인고용촉진 및 직업재활법」에 따른 중증장애인
> - 질병, 부상 또는 그 후유증으로 치료나 요양이 필요한 사람 중에서 근로능력평가를 통하여 시장·군수·구청장이 근로능력이 없다고 판정한 사람
> - 그 밖에 근로가 곤란하다고 보건복지부장관이 정하는 사람

(5) 조건부수급자(시행령 제8조)

① 자활에 필요한 사업(이하 "자활사업"이라 한다)에 참가할 것을 조건으로 부과하여 생계급여를 지급받는 사람(이하 "조건부수급자"라 한다)은 근로능력이 있는 수급자로 한다.

② 시장·군수·구청장은 근로능력이 있는 수급자 중 다음의 어느 하나에 해당하는 사람에게는 조건 부과를 유예할 수 있다.

> - 개별가구 또는 개인의 여건 등으로 자활사업에 참가하기가 곤란한 다음의 어느 하나에 해당하는 사람
>   - 미취학 자녀, 질병·부상 또는 장애 등으로 거동이 곤란한 가구원이나 치매 등으로 특히 보호가 필요한 가구원을 양육·간병 또는 보호하는 수급자(가구별로 1명으로 한정하되, 양육·간병 또는 보호를 할 수 있는 다른 가구원이 있거나 사회복지시설 등에서 보육·간병 또는 보호서비스를 제공받는 경우는 제외한다)
>   - 「고등교육법」에 따른 학교에 재학 중인 사람
>   - 「장애인고용촉진 및 직업재활법」에 따른 장애인 직업재활 실시 기관 및 한국장애인고용공단이 실시하는 고용촉진 및 직업재활 사업에 참가하고 있는 장애인
>   - 임신 중이거나 분만 후 6개월 미만인 여자
>   - 사회복무요원 등 법률상 의무를 이행 중인 사람
> - 근로 또는 사업에 종사하는 대가로 보건복지부장관이 정하여 고시하는 기준을 초과하는 소득을 얻고 있는 사람으로서 다음의 어느 하나에 해당하는 사람
>   - 주당 평균 3일(1일 6시간 이상 근로에 종사하는 경우만 해당한다) 이상 근로에 종사하거나 주당 평균 4일 이상의 기간 동안 22시간 이상 근로에 종사하는 사람
>   - 「부가가치세법」에 따라 사업자등록을 하고 그 사업에 종사하고 있는 사람
> - 환경 변화로 적응기간이 필요하다고 인정되는 다음의 어느 하나에 해당하는 사람(유예기간을 3개월로 한정)
>   - 「병역법」에 따른 입영예정자 또는 전역자
>   - 「형의 집행 및 수용자의 처우에 관한 법률」 및 「치료감호 등에 관한 법률」 등에 따른 교도소, 구치소, 치료감호시설 등에서 출소한 사람
>   - 보장시설에서 퇴소한 사람
>   - 「초·중등교육법」 제2조 제3호부터 제5호까지의 규정에 따른 학교 또는 「고등교육법」 제2조 각 호(제5호는 제외한다)에 따른 학교의 졸업자
>   - 질병·부상 등으로 2개월 이상 치료를 받고 회복 중인 사람
> - 그 밖에 자활사업에 참가할 것을 조건으로 하여 생계급여를 지급하는 것이 곤란하다고 보건복지부장관이 정하는 사람

③ 조건 부과를 유예받은 사람은 그 유예기간 동안 조건부수급자로 보지 아니한다.

(6) 자활사업(시행령 제10조)

자활사업은 다음의 사업으로 한다.

- 직업훈련
- 취업알선 등의 제공
- 자활근로
- 「직업안정법」에 따른 직업안정기관의 장이 제시하는 사업장에의 취업
- 「고용정책 기본법」에 따른 공공근로사업
- 지역자활센터의 사업
- 자활기업의 사업
- 개인 창업 또는 공동 창업
- 근로의욕 제고 및 근로능력 유지를 위한 자원봉사
- 그 밖에 수급자의 자활에 필요하다고 보건복지부장관이 정하여 고시하는 사업

(7) 생계급여를 실시할 장소(법 제10조)

① 생계급여는 수급자의 주거에서 실시한다. 다만, 수급자가 주거가 없거나 주거가 있어도 그곳에서는 급여의 목적을 달성할 수 없는 경우 또는 수급자가 희망하는 경우에는 수급자를 보장시설이나 타인의 가정에 위탁하여 급여를 실시할 수 있다.

② 수급자에 대한 생계급여를 타인의 가정에 위탁하여 실시하는 경우에는 거실의 임차료와 그 밖에 거실의 유지에 필요한 비용은 수급품에 가산하여 지급한다. 이 경우 주거급여가 실시된 것으로 본다.

(8) 주거급여(법 제11조)

① 주거급여는 수급자에게 주거 안정에 필요한 임차료, 수선유지비, 그 밖의 수급품을 지급하는 것으로 한다

② 주거급여에 관하여 필요한 사항은 따로 법률에서 정한다.

(9) 교육급여(법 제12조 및 시행령 제16조)

① 교육급여는 수급자에게 입학금, 수업료, 학용품비, 그 밖의 수급품을 지급하는 것으로 하되, 학교의 종류·범위 등에 관하여 필요한 사항은 대통령령으로 정한다

② 교육급여는 교육부장관의 소관으로 한다

③ 교육급여 수급권자는 부양의무자가 없거나, 부양의무자가 있어도 부양능력이 없거나 부양을 받을 수 없는 사람으로서 그 소득인정액이 중앙생활보장위원회의 심의·의결을 거쳐 결정하는 금액(이하 "교육급여 선정기준"이라 한다) 이하인 사람으로 한다. 이 경우 교육급여 선정기준은 기준 중위소득의 100분의 50 이상으로 한다.

④ 교육급여의 신청 및 지급 등에 대하여는 「초·중등교육법」에 따른 교육비 지원절차를 준용한다.

⑤ 교육급여는 다음의 학교 또는 시설에 입학하거나 재학하는 사람에게 입학금, 수업료(학습비) 및 학용품비와 그 밖의 수급품(이하 "학비"라 한다)을 지급하는 것으로 한다.

> - 「초・중등교육법」에 따른 초등학교・공민학교
> - 「초・중등교육법」에 따른 중학교・고등공민학교
> - 「초・중등교육법」에 따른 고등학교・고등기술학교
> - 「초・중등교육법」에 따른 특수학교
> - 「초・중등교육법」에 따른 각종학교로서 위의 규정에 따른 학교와 유사한 학교
> - 「평생교육법」에 따른 학교형태의 평생교육시설(「평생교육법」에 따라 교육감이 고등학교졸업 이하의 학력이 인정되는 시설로 지정한 시설만 해당한다)

⑥ 수급자가 「초・중등교육법 시행령」 등 다른 법령에 따라 의무교육을 받거나 학비를 감면 또는 지원받는 경우에는 이에 해당하는 학비는 지원하지 아니한다. 다만, 교육부장관이 정하는 장학상 필요한 사람에게는 다른 법령에 따라 학비를 감면 또는 지원받는 경우에도 학비를 전액 지원할 수 있다.

(10) 교육급여의 적용특례(법 제12조의2)

교육급여 수급권자를 선정하는 경우에는 교육급여와 「초・중등교육법」에 따른 교육비 지원과의 연계・통합을 위하여 소득인정액이 교육급여 선정기준 이하인 사람을 수급권자로 본다.

(11) 의료급여(법 제12조의3)

① 의료급여는 수급자에게 건강한 생활을 유지하는 데 필요한 각종 검사 및 치료 등을 지급하는 것으로 한다.
② 의료급여 수급권자는 부양의무자가 없거나, 부양의무자가 있어도 부양능력이 없거나 부양을 받을 수 없는 사람으로서 그 소득인정액이 중앙생활보장위원회의 심의・의결을 거쳐 결정하는 금액(이하 이 항에서 "의료급여 선정기준"이라 한다) 이하인 사람으로 한다. 이 경우 의료급여 선정기준은 기준 중위소득의 100분의 40 이상으로 한다.
③ 의료급여에 필요한 사항은 따로 법률에서 정한다.

(12) 해산급여(법 제13조)

① 해산급여는 생계급여, 주거급여, 의료급여 중 하나 이상의 급여를 받는 수급자에게 다음의 급여를 실시하는 것으로 한다.

> - 조 산
> - 분만 전과 분만 후에 필요한 조치와 보호

② 해산급여는 보건복지부령으로 정하는 바에 따라 보장기관이 지정하는 의료기관에 위탁하여 실시할 수 있다.
③ 해산급여에 필요한 수급품은 보건복지부령으로 정하는 바에 따라 수급자나 그 세대주 또는 세대주에 준하는 사람에게 지급한다. 다만, 그 급여를 의료기관에 위탁하는 경우에는 수급품을 그 의료기관에 지급할 수 있다.

(13) 장제급여(법 제14조)

① 장제급여는 생계급여, 주거급여, 의료급여 중 하나 이상의 급여를 받는 수급자가 사망한 경우 사체의 검안·운반·화장 또는 매장, 그 밖의 장제조치를 하는 것으로 한다.

② 장제급여는 보건복지부령으로 정하는 바에 따라 실제로 장제를 실시하는 사람에게 장제에 필요한 비용을 지급하는 것으로 한다. 다만, 그 비용을 지급할 수 없거나 비용을 지급하는 것이 적당하지 아니하다고 인정하는 경우에는 물품을 지급할 수 있다.

(14) 급여의 특례(법 제14조의2)

생계급여, 주거급여, 교육급여, 의료급여, 해산급여, 장제급여 및 자활급여에 따른 수급권자에 해당하지 아니하여도 생활이 어려운 사람으로서 일정 기간 동안 이 법에서 정하는 급여의 전부 또는 일부가 필요하다고 보건복지부장관 또는 소관 중앙행정기관의 장이 정하는 사람은 수급권자로 본다.

(15) 자활급여(법 제15조 및 시행령 제17조, 시행령 제18조, 시행령 제21조)

① 자활급여는 수급자의 자활을 돕기 위하여 다음의 급여를 실시하는 것으로 한다.

- 자활에 필요한 금품의 지급 또는 대여(마이크로크레디트 방식으로 사업의 창업자금 및 운영자금, 취업에 필요한 기술훈련비, 그 밖에 보건복지부장관이 수급자의 자활에 필요하다고 인정하는 비용 대여)
- 자활에 필요한 근로능력의 향상 및 기능습득의 지원(직업훈련을 받도록 하고, 그 훈련에 필요한 준비금·수당·식비 등을 지원)
- 취업알선 등 정보의 제공
- 자활을 위한 근로기회의 제공
- 자활에 필요한 시설 및 장비의 대여
- 창업교육, 기능훈련 및 기술·경영 지도 등 창업지원

    보장기관은 수급자의 창업지원 등을 위하여 다음의 사항을 지원할 수 있다.
    - 창업 업종의 선정 및 사업계획 수립의 지도
    - 기능훈련, 제품개발 등의 지도
    - 세무, 회계, 법률 등 경영 관련 교육
    - 공공·민간 창업지원서비스의 연계 및 알선
    - 그 밖에 창업지원 및 경영개선에 관한 사항으로서 보건복지부장관이 정하는 사항

- 자활에 필요한 자산형성 지원
- 그 밖에 대통령령으로 정하는 자활을 위한 각종 지원

② 자활급여는 관련 공공기관·비영리법인·시설과 그 밖에 대통령령으로 정하는 기관에 위탁하여 실시할 수 있다. 이 경우 그에 드는 비용은 보장기관이 부담한다.

(16) 한국자활복지개발원(법 제15조의2 및 시행령 제21조의4)

① 수급자 및 차상위자의 자활촉진에 필요한 사업을 수행하기 위하여 한국자활복지개발원(이하 "자활복지개발원"이라 한다)을 설립한다.

② 자활복지개발원은 법인으로 한다.

③ 자활복지개발원은 그 주된 사무소의 소재지에서 설립등기를 함으로써 성립한다.

④ 보건복지부장관은 자활복지개발원을 지도·감독하며 자활복지개발원에 대하여 업무·회계 및 재산에 관하여 필요한 사항을 보고하게 하거나 소속 공무원에게 자활복지개발원에 출입하여 장부, 서류, 그 밖의 물건을 검사하게 할 수 있다.

⑤ 규정한 사항 외에 자활복지개발원의 정관, 이사회, 회계, 그 밖에 자활복지개발원의 설립·운영에 필요한 사항은 대통령령으로 정한다.

⑥ 자활복지개발원의 정관에는 다음의 사항이 포함되어야 한다.

> • 목 적
> • 명 칭
> • 주된 사무소가 있는 곳
> • 임원 및 직원의 임면
> • 이사회의 운영
> • 사업범위 및 내용과 그 집행
> • 회 계
> • 정관의 변경
> • 내부 규정의 제정·개정 및 폐지

(17) 자활복지개발원의 업무(법 제15조의3)

① 자활복지개발원은 다음의 사업을 수행한다.

> • 자활 지원을 위한 사업(이하 "자활지원사업"이라 한다)의 개발 및 평가
> • 자활 지원을 위한 조사·연구 및 홍보
> • 광역자활센터, 지역자활센터 및 자활기업의 기술·경영 지도 및 평가
> • 자활 관련 기관 간의 협력체계 구축·운영
> • 자활 관련 기관 간의 정보네트워크 구축·운영
> • 취업·창업을 위한 자활촉진 프로그램 개발 및 지원
> • 고용지원서비스의 연계 및 사회복지서비스의 지원 대상자 관리
> • 수급자 및 차상위자의 자활촉진을 위한 교육·훈련, 광역자활센터 등 자활 관련 기관의 종사자 및 참여자에 대한 교육·훈련 및 지원
> • 국가 또는 지방자치단체로부터 위탁받은 자활 관련 사업
> • 그 밖에 자활촉진에 필요한 사업으로서 보건복지부장관이 정하는 사업

② 구축·운영되는 정보시스템은 「사회복지사업법」에 따른 정보시스템 및 「사회보장기본법」에 따른 사회보장정보시스템과 연계할 수 있다.

③ 자활복지개발원장은 교육·훈련을 위하여 자활복지개발원에 한국자활연수원을 둔다.

(18) 임원(법 제15조의4)

① 자활복지개발원에 원장 1명을 포함한 11명 이내의 이사와 감사 1명을 두며, 원장을 제외한 이사와 감사는 비상임으로 한다.

② 원장과 감사는 정관으로 정하는 바에 따라 구성된 임원추천위원회가 복수로 추천한 사람 중에서 보건복지부장관이 임명한다.

③ 원장의 임기는 3년으로 하되, 1년을 단위로 연임할 수 있다.

④ 이사는 다음의 어느 하나에 해당하는 사람 중에서 보건복지부장관이 임명한다.

> • 자활지원사업·사회복지 분야에 학식과 경험이 풍부한 사람(임원추천위원회의 추천을 받아 임명)
> • 정보통신·교육훈련·경영·경제·금융 분야 중 어느 하나 이상의 분야에 학식과 경험이 풍부한 사람(임원추천위원회의 추천을 받아 임명)
> • 보건복지부의 자활지원사업을 담당하는 공무원 또는 지방자치단체의 공무원

⑤ 원장 및 공무원 이사를 제외한 임원의 임기는 2년으로 하되, 1년을 단위로 연임할 수 있다.

⑥ 그 밖에 임원의 자격, 선임, 직무에 관하여 필요한 사항은 정관으로 정한다.

(19) 직원의 파견 등(법 제15조의5)

① 자활복지개발원은 그 목적의 달성과 전문성의 향상을 위하여 필요한 경우에는 보건복지부장관을 거쳐 국가기관·지방자치단체·연구기관 또는 공공단체에 직원의 파견을 요청할 수 있다.

② 직원의 파견을 요청받은 국가기관 등의 장은 그 소속 직원을 자활복지개발원에 파견할 수 있다.

(20) 국가의 보조 등(법 제15조의6)

① 국가는 자활복지개발원의 설립·운영에 필요한 경비의 전부 또는 일부를 보조하거나 출연할 수 있다.

② 국가는 자활복지개발원의 설립·운영을 위하여 필요하다고 인정하는 경우 「국유재산특례제한법」에 따라 국유재산을 자활복지개발원에 무상으로 대부·양여하거나 사용·수익하게 할 수 있다.

(21) 「민법」의 준용(법 제15조의7)

자활복지개발원에 관하여 이 법에서 규정한 것을 제외하고는 「민법」 중 재단법인에 관한 규정을 준용한다.

(22) 비밀누설 등의 금지(법 제15조의8)

자활복지개발원의 임직원 또는 임직원이었던 자는 직무상 알게 된 비밀을 누설하거나 다른 용도로 사용해서는 아니 된다.

(23) 벌칙 적용에서 공무원 의제(법 제15조의9)

자활복지개발원의 임직원은 「형법」 제129조부터 제132조까지의 규정을 적용할 때에는 공무원으로 본다.

(24) 광역자활센터(법 제15조의10)

① 보장기관은 수급자 및 차상위자의 자활촉진에 필요한 다음의 사업을 수행하게 하기 위하여 사회복지법인, 사회적 협동조합 등 비영리법인과 단체(이하 이 조에서 "법인 등"이라 한다)를 법인 등의 신청을 받아 특별시·광역시·특별자치시·도·특별자치도(이하 "시·도"라 한다) 단위의 광역자활센터로 지정한다. 이 경우 보장기관은 법인 등의 지역사회복지사업 및 자활지원사업의 수행 능력·경험 등을 고려하여야 한다.

> • 시·도 단위의 자활기업 창업지원
> • 시·도 단위의 수급자 및 차상위자에 대한 취업·창업 지원 및 알선
> • 지역자활센터 종사자 및 참여자에 대한 교육훈련 및 지원
> • 지역특화형 자활프로그램 개발·보급 및 사업개발 지원
> • 지역자활센터 및 자활기업에 대한 기술·경영 지도
> • 그 밖에 자활촉진에 필요한 사업으로서 보건복지부장관이 정하는 사업

② 보장기관은 광역자활센터의 설치 및 운영에 필요한 경비의 전부 또는 일부를 보조할 수 있다.

③ 보장기관은 광역자활센터에 대하여 정기적으로 사업실적 및 운영실태를 평가하고 수급자의 자활촉진을 달성하지 못하는 광역자활센터에 대해서는 그 지정을 취소할 수 있다.

④ 규정한 사항 외에 광역자활센터의 신청·지정 및 취소 절차와 평가, 그 밖에 운영에 필요한 사항은 보건복지부령으로 정한다.

(25) 지역자활센터 등(법 제16조 및 시행령 제22조)

① 보장기관은 수급자 및 차상위자의 자활 촉진에 필요한 다음의 사업을 수행하게 하기 위하여 사회복지법인, 사회적 협동조합 등 비영리법인과 단체(이하 이 조에서 "법인 등"이라 한다)를 법인 등의 신청을 받아 지역자활센터로 지정할 수 있다. 이 경우 보장기관은 법인 등의 지역사회복지사업 및 자활지원사업 수행능력·경험 등을 고려하여야 한다.

> • 자활의욕 고취를 위한 교육
> • 자활을 위한 정보제공, 상담, 직업교육 및 취업알선
> • 생업을 위한 자금융자 알선
> • 자영창업 지원 및 기술·경영 지도
> • 자활기업의 설립·운영 지원
> • 수급자 또는 차상위자의 부업소득 향상을 위한 부업장의 설치·운영사업
> • 자활기업 또는 부업장의 일감 확보 및 판로 개척을 위한 알선사업
> • 자활기업 또는 부업장의 운영을 위한 후원의 알선사업
> • 수급자 또는 차상위자의 자녀교육 및 보육을 위한 자활지원관의 설치·운영사업
> • 그 밖에 자활을 위하여 보건복지부령으로 정하는 사업

② 보장기관은 지정을 받은 지역자활센터에 대하여 다음의 지원을 할 수 있다.

> • 지역자활센터의 설립·운영 비용 또는 사업수행 비용의 전부 또는 일부
> • 국유·공유 재산의 무상임대
> • 보장기관이 실시하는 사업의 우선 위탁

③ 보장기관은 지역자활센터에 대하여 정기적으로 사업실적 및 운영실태를 평가하고 수급자의 자활촉진을 달성하지 못하는 지역자활센터에 대하여는 그 지정을 취소할 수 있다.

④ 지역자활센터는 수급자 및 차상위자에 대한 효과적인 자활 지원과 지역자활센터의 발전을 공동으로 도모하기 위하여 지역자활센터협회를 설립할 수 있다.

⑤ 규정한 사항 외에 지역자활센터의 신청·지정 및 취소 절차와 평가, 그 밖에 운영 등에 필요한 사항은 보건복지부령으로 정한다.

(26) 자활기관협의체(법 제17조)

① 시장·군수·구청장은 자활지원사업의 효율적인 추진을 위하여 지역자활센터, 「직업안정법」의 직업안정기관, 「사회복지사업법」의 사회복지시설의 장 등과 상시적인 협의체계(이하 "자활기관협의체"라 한다)를 구축하여야 한다.

② 자활기관협의체의 구성 및 운영 등에 필요한 사항은 보건복지부령으로 정한다.

(27) 자활기업(법 제18조)

① 수급자 및 차상위자는 상호 협력하여 자활기업을 설립·운영할 수 있다.

② 자활기업을 설립·운영하려는 자는 다음의 요건을 모두 갖추어 보장기관의 인정을 받아야 한다.

> • 조합 또는 「부가가치세법」상 사업자의 형태를 갖출 것
> • 설립 및 운영 주체는 수급자 또는 차상위자를 2인 이상 포함하여 구성할 것. 다만, 설립 당시에는 수급자 또는 차상위자였으나, 설립 이후 수급자 또는 차상위자를 면하게 된 사람이 계속하여 그 구성원으로 있는 경우에는 수급자 또는 차상위자로 산정한다.
> • 그 밖에 운영기준에 관하여 보건복지부장관이 정하는 사항을 갖출 것

③ 보장기관은 자활기업에게 직접 또는 자활복지개발원, 광역자활센터 및 지역자활센터를 통하여 다음의 지원을 할 수 있다.

> • 자활을 위한 사업자금 융자
> • 국유지·공유지 우선 임대
> • 국가나 지방자치단체가 실시하는 사업의 우선 위탁
> • 자활기업 운영에 필요한 경영·세무 등의 교육 및 컨설팅 지원
> • 그 밖에 수급자의 자활촉진을 위한 각종 사업

④ 그 밖에 자활기업의 설립·운영, 인정 및 지원에 필요한 사항은 보건복지부령으로 정한다.

(28) 공공기관의 우선구매(법 제18조의2)

① 「중소기업제품 구매촉진 및 판로지원에 관한 법률」에 따른 공공기관의 장(이하 "공공기관의 장"이라 한다)은 자활기업이 직접 생산하는 물품, 제공하는 용역 및 수행하는 공사(이하 "자활기업생산품"이라 한다)의 우선구매를 촉진하여야 한다.

② 공공기관의 장은 소속 기관 등에 대한 평가를 시행하는 경우에는 자활기업생산품의 구매실적을 포함하여야 한다.

(29) 보고 등(법 제18조의3)

① 자활기업은 보건복지부장관이 정하는 바에 따라 설립·운영현황, 사업실적 등의 사항을 적은 사업보고서를 작성하여 매 회계연도 4월 말 및 10월 말까지 보장기관에 제출하여야 한다.

② 보장기관은 자활기업을 지도·감독하며, 필요하다고 인정하는 경우에는 자활기업과 그 구성원에 대하여 업무에 필요한 보고나 관계 서류의 제출을 명할 수 있다.

③ 보장기관은 보고 사항의 검토 및 지도·감독을 한 결과 필요하면 시정을 명할 수 있다. 다만, 인정요건을 갖추지 못하게 된 경우에는 시정을 명하여야 한다.

(30) 자활기업의 인정취소(법 제18조의4)

① 보장기관은 자활기업이 다음의 어느 하나에 해당하게 되면 인정을 취소할 수 있다. 다만, 첫 번째에 해당하면 인정을 취소하여야 한다.

- 거짓이나 그 밖의 부정한 방법으로 인정을 받은 경우
- 인정요건을 갖추지 못하게 된 경우
- 거짓이나 그 밖의 부정한 방법으로 이 법 또는 다른 법령에 따른 재정 지원을 받았거나 받으려고 한 경우
- 경영 악화 등으로 자진하여 인정취소를 요청하는 경우
- 시정명령을 2회 이상 받고도 시정하지 아니한 경우

② 보장기관은 인정이 취소된 기업 또는 해당 기업과 실질적 동일성이 인정되는 기업에 대하여는 그 취소된 날부터 3년이 지나지 아니한 경우에는 인정하여서는 아니 된다.

③ 인정취소의 세부기준 및 실질적 동일성이 인정되는 기업의 기준 등에 관하여 필요한 사항은 보건복지부령으로 정한다.

(31) 유사명칭의 사용금지(법 제18조의5)

자활기업이 아닌 자는 자활기업 또는 이와 유사한 명칭을 사용하여서는 아니 된다.

(32) 고용촉진(법 제18조의6)

① 보장기관은 수급자 및 차상위자의 고용을 촉진하기 위하여 상시근로자의 일정비율 이상을 수급자 및 차상위자로 채용하는 기업에 대하여는 대통령령으로 정하는 바에 따라 자활기업에 지원을 할 수 있다.

② 시장·군수·구청장은 수급자 및 차상위자에게 가구별 특성을 감안하여 관련 기관의 고용지원서비스를 연계할 수 있다.

③ 시장·군수·구청장은 수급자 및 차상위자의 취업활동으로 인하여 지원이 필요하게 된 해당 가구의 아동·노인 등에게 사회복지서비스를 지원할 수 있다.

(33) 자활기금의 적립(법 제18조의7)

① 보장기관은 이 법에 따른 자활지원사업의 원활한 추진을 위하여 자활기금을 적립한다.

② 보장기관은 자활지원사업의 효율적 추진을 위하여 필요하다고 인정하는 경우에는 자활기금의 관리·운영을 자활복지개발원 또는 자활지원사업을 수행하는 비영리법인에 위탁할 수 있다. 이 경우 그에 드는 비용은 보장기관이 부담한다.

③ 자활기금의 적립에 필요한 사항은 대통령령으로 정한다.

(34) 자산형성지원(법 제18조의8)

① 보장기관은 수급자 및 차상위자가 자활에 필요한 자산을 형성할 수 있도록 재정적인 지원을 할 수 있다.

② 보장기관은 수급자 및 차상위자가 자활에 필요한 자산을 형성하는 데 필요한 교육을 실시할 수 있다.

③ 지원으로 형성된 자산은 대통령령으로 정하는 바에 따라 수급자의 재산의 소득환산액 산정 시 이를 포함하지 아니한다.

④ 보장기관은 자산형성지원과 그 교육에 관한 업무의 전부 또는 일부를 자활복지개발원 등의 법인 또는 단체 등에 위탁할 수 있다.

⑤ 자산형성지원의 대상과 기준 및 교육의 내용은 대통령령으로 정하고, 자산형성지원의 신청, 방법 및 지원금의 반환 절차 등에 필요한 사항은 보건복지부령으로 정한다.

(35) 자활의 교육 등(법 제18조의9)

① 보건복지부장관, 특별시장·광역시장·특별자치시장·도지사·특별자치도지사(이하 "시·도지사"라 한다), 시장·군수·구청장은 수급자 및 차상위자의 자활촉진을 위하여 교육을 실시할 수 있다.

② 보건복지부장관은 교육의 전부 또는 일부를 법인·단체 등에 위탁할 수 있다.

③ 보건복지부장관은 교육을 위탁받은 법인·단체 등에 대하여 그 운영에 필요한 비용을 지원할 수 있다.

④ 교육과 교육기관의 조직·운영 등에 필요한 사항은 보건복지부장관이 정한다.

(36) 자활지원사업 통합정보전산망의 구축·운영 등(법 제18조의10)

① 보건복지부장관은 근로능력이 있는 수급자 등 자활지원사업 참여자의 수급이력 및 근로활동 현황 등 자활지원사업의 수행·관리 및 효과분석에 필요한 각종 자료 및 정보를 효율적으로 처리하고 기록·관리하는 자활지원사업 통합정보전산망(이하 "통합정보전산망"이라 한다)을 구축·운영할 수 있다.

② 보건복지부장관은 통합정보전산망의 구축·운영을 위하여 고용노동부, 국가보훈처, 국세청 등 국가기관과 지방자치단체의 장 및 관련 기관·단체의 장에게 다음의 자료 제공 및 관계 전산망의 이용을 요청할 수 있다. 이 경우 자료의 제공 등을 요청받은 기관의 장은 정당한 사유가 없으면 그 요청에 따라야 한다.

> - 사업자등록부
> - 국민건강보험·국민연금·고용보험·산업재해보상보험·보훈급여·공무원연금·군인연금·사립학교교직원연금·별정우체국연금의 가입 여부, 소득정보, 가입종별, 부과액 및 수급액
> - 사회보장급여 수급이력
> - 국가기술자격 취득 정보

③ 보건복지부장관은 자료 및 관계 전산망의 이용 등 통합정보전산망의 구축·운영에 필요한 자료의 조사를 위하여 「사회보장기본법」에 따른 사회보장정보시스템을 연계하여 사용할 수 있다.

④ 자활지원사업을 수행하는 중앙행정기관, 지방자치단체 및 위탁받은 기관·단체의 장과 자활복지개발원의 원장은 자활지원사업의 수행·관리 및 효과분석을 위하여 제2항의 정보를 활용하고자 하는 경우 보건복지부장관에게 통합정보전산망의 사용을 요청할 수 있다.

⑤ 보건복지부장관은 통합정보전산망 구축·운영에 관한 업무의 전부 또는 일부를 자활복지개발원에 위탁할 수 있다.

⑥ 자료 또는 관계 전산망의 이용 및 제공에 대해서는 수수료·사용료 등을 면제한다.

(37) 개인정보의 보호(법 제18조의11)

① 보건복지부장관은 수행기관의 통합정보전산망 사용 요청에 대하여 정보 중 업무에 필요한 최소한의 정보만 제공하여야 한다.

② 수행기관은 보건복지부장관에게 통합정보전산망 사용을 요청하는 경우 보안교육 등 자활지원사업 참여자의 개인정보에 대한 보호대책을 마련하여야 한다.

③ 수행기관은 자료 및 관계 전산망을 이용하고자 하는 경우에는 사전에 정보주체의 동의를 받아야 한다.

④ 수행기관은 자료 및 관계 전산망을 이용함에 있어 다음의 개인정보를 제외한 정보는 참여자의 수급이력 및 근로활동현황 등 자활지원사업의 수행·관리 및 효과분석 목적을 달성한 경우 지체 없이 파기하여야 한다.

> • 자활지원사업 신청자 및 참여자의 특성
> • 자활지원사업 참여자의 사업 참여 이력
> • 자활지원사업 참여자의 사업종료 이후 취업 이력

⑤ 개인정보는 수행기관에서 자활지원사업을 담당하는 자 중 해당 기관의 장으로부터 개인정보 취급승인을 받은 자만 취급할 수 있다.

⑥ 자활지원사업 업무에 종사하거나 종사하였던 자는 자활지원사업 업무 수행과 관련하여 알게 된 개인·법인 또는 단체의 정보를 누설하거나 다른 용도로 사용해서는 아니 된다.

⑦ 개인정보 보호대책, 정보주체에 대한 사전 동의 방법, 목적을 달성한 정보의 파기 시기 및 방법, 개인정보 취급승인의 절차, 보안교육 등에 관한 세부적인 사항은 보건복지부장관이 정한다.

(1) **보장기관(법 제19조)**

① 급여는 수급권자 또는 수급자의 거주지를 관할하는 시·도지사와 시장·군수·구청장[교육급여인 경우에는 특별시·광역시·특별자치시·도·특별자치도의 교육감(이하 "시·도교육감"이라 한다)을 말한다. 이하 같다]이 실시한다. 다만, 주거가 일정하지 아니한 경우에는 수급권자 또는 수급자가 실제 거주하는 지역을 관할하는 시장·군수·구청장이 실시한다.

② 보건복지부장관, 소관 중앙행정기관의 장과 시·도지사는 수급자를 각각 국가나 해당 지방자치단체가 경영하는 보장시설에 입소하게 하거나 다른 보장시설에 위탁하여 급여를 실시할 수 있다.

③ 수급권자나 수급자가 거주지를 변경하는 경우의 처리방법과 보장기관 간의 협조, 그 밖에 업무처리에 필요한 사항은 보건복지부령으로 정한다.

④ 보장기관은 수급권자·수급자·차상위계층에 대한 조사와 수급자 결정 및 급여의 실시 등 이 법에 따른 보장업무를 수행하게 하기 위하여 「사회복지사업법」에 따른 사회복지 전담공무원을 배치하여야 한다. 이 경우 자활급여 업무를 수행하는 사회복지 전담공무원은 따로 배치하여야 한다.

(2) **생활보장위원회(법 제20조 및 시행령 제29조)**

① 이 법에 따른 생활보장사업의 기획·조사·실시 등에 관한 사항을 심의·의결하기 위하여 보건복지부와 시·도 및 시·군·구(자치구를 말한다. 이하 같다)에 각각 생활보장위원회를 둔다. 다만, 시·도 및 시·군·구에 두는 생활보장위원회는 그 기능을 담당하기에 적합한 다른 위원회가 있고 그 위원회의 위원이 ④에 규정된 자격을 갖춘 경우에는 시·도 또는 시·군·구의 조례로 정하는 바에 따라 그 위원회가 생활보장위원회의 기능을 대신할 수 있다.

② 보건복지부에 두는 생활보장위원회(이하 "중앙생활보장위원회"라 한다)는 다음의 사항을 심의·의결한다.

> • 기초생활보장 종합계획의 수립
> • 소득인정액 산정방식과 기준 중위소득의 결정
> • 급여의 종류별 수급자 선정기준과 최저보장수준의 결정
> • **급여기준의 적정성 등 평가 및 실태조사에 관한 사항**
> • **급여의 종류별 누락·중복, 차상위계층의 지원사업 등에 대한 조정**
> • 자활기금의 적립·관리 및 사용에 관한 지침의 수립
> • 그 밖에 위원장이 회의에 부치는 사항

③ 중앙생활보장위원회는 위원장을 포함하여 16명 이내의 위원으로 구성하고 위원은 보건복지부장관이 다음의 어느 하나에 해당하는 사람 중에서 위촉·지명하며 위원장은 보건복지부장관으로 한다.

> • 공공부조 또는 사회복지와 관련된 학문을 전공한 전문가로서 대학의 조교수 이상인 사람 또는 연구기관의 연구원으로 재직 중인 사람 5명 이내
> • 공익을 대표하는 사람 5명 이내
> • 관계 행정기관 소속 3급 이상 공무원 또는 고위공무원단에 속하는 일반직공무원 5명 이내

④ 시·도 및 시·군·구 생활보장위원회의 위원은 시·도지사 또는 시장·군수·구청장이 다음의 어느 하나에 해당하는 사람 중에서 위촉·지명하며 위원장은 해당 시·도지사 또는 시장·군수·구청장으로 한다. 다만, 다른 위원회가 생활보장위원회의 기능을 대신하는 경우 위원장은 조례로 정한다.

> • 사회보장에 관한 학식과 경험이 있는 사람
> • 공익을 대표하는 사람
> • 관계 행정기관 소속 공무원

⑤ 생활보장위원회는 심의·의결과 관련하여 필요한 경우 보장기관에 대하여 그 소속 공무원의 출석이나 자료의 제출을 요청할 수 있다. 이 경우 해당 보장기관은 정당한 사유가 없으면 요청에 따라야 한다.

⑥ 시·도에 두는 지방생활보장위원회는 다음의 사항을 심의·의결한다.

> • 시·도의 생활보장사업 기본방향 및 시행계획의 수립에 관한 사항
> • 시·도가 실시하는 급여에 관한 사항
> • 자활기금의 설치·운용에 관한 사항
> • 자활지원계획에 관한 사항
> • 그 밖에 시·도지사가 회의에 부치는 사항

② 시·군·구에 두는 지방생활보장위원회는 다음의 사항을 심의·의결한다.

> • 시·군·구의 생활보장사업 기본방향 및 시행계획의 수립에 관한 사항
> • 급여를 받을 자격이 있는 수급권자에 해당하지 아니하여도 생활이 어려운 사람의 보호를 위하여 보건복지부장관 또는 소관 중앙행정기관의 장이 정하는 급여의 결정에 관한 사항
> • 연간조사계획에 관한 사항
> • 시·군·구가 실시하는 급여에 관한 사항
> • 자활기금의 설치·운용에 관한 사항
> • 자활지원계획에 관한 사항
> • 보장비용 징수 제외 및 결정, 금품의 반환·징수·감면 관련 사항 및 결손처분 관련 사항
> • 그 밖에 시장·군수·구청장이 회의에 부치는 사항

(3) 기초생활보장 계획의 수립 및 평가(법 제20조의2)

① 소관 중앙행정기관의 장은 수급자의 최저생활을 보장하기 위하여 3년마다 소관별로 기초생활보장 기본계획을 수립하여 보건복지부장관에게 제출하여야 한다.

② 보건복지부장관 및 소관 중앙행정기관의 장은 실태조사 결과를 고려하여 급여기준의 적정성 등에 대한 평가를 실시할 수 있으며, 이와 관련하여 전문적인 조사·연구 등을 「공공기관의 운영에 관한 법률」에 따른 공공기관 또는 민간 법인·단체 등에 위탁할 수 있다.

③ 보건복지부장관은 기초생활보장 기본계획 및 평가결과를 종합하여 기초생활보장 종합계획을 수립하여 중앙생활보장위원회의 심의를 받아야 한다.

④ 보건복지부장관은 수급권자, 수급자 및 차상위계층 등의 규모·생활실태 파악, 최저생계비 계측 등을 위하여 3년마다 실태조사를 실시·공표하여야 한다.

⑤ 보건복지부장관 및 소관 중앙행정기관의 장은 관계 행정기관, 지방자치단체, 「공공기관의 운영에 관한 법률」에 따른 공공기관 등에 대하여 평가에 관한 의견 또는 자료의 제출을 요구할 수 있다. 이 경우 관계 행정기관 등은 특별한 사유가 없으면 이에 따라야 한다.

(4) 보장시설(법 제32조)

이 법에서 "보장시설"이란 급여를 실시하는 「사회복지사업법」에 따른 사회복지시설로서 다음의 시설 중 보건복지부령으로 정하는 시설을 말한다.

- 「장애인복지법」의 장애인 거주시설
- 「노인복지법」의 노인주거복지시설 및 노인의료복지시설
- 「아동복지법」에 따른 아동복지시설 및 통합 시설
- 「정신건강증진 및 정신질환자 복지서비스 지원에 관한 법률」에 따른 정신요양시설 및 정신재활시설
- 「노숙인 등의 복지 및 자립지원에 관한 법률」의 노숙인재활시설 및 노숙인요양시설
- 「가정폭력방지 및 피해자보호 등에 관한 법률」에 따른 가정폭력피해자 보호시설
- 「성매매방지 및 피해자보호 등에 관한 법률」에 따른 성매매피해자 등을 위한 지원시설
- 「성폭력방지 및 피해자보호 등에 관한 법률」에 따른 성폭력피해자보호시설
- 「한부모가족지원법」의 한부모가족복지시설
- 「사회복지사업법」의 사회복지시설 중 결핵 및 한센병요양시설
- 그 밖에 보건복지부령으로 정하는 시설

(5) 보장시설의 장의 의무(법 제33조)

① 보장시설의 장은 보장기관으로부터 수급자에 대한 급여를 위탁받은 경우에는 정당한 사유 없이 이를 거부하여서는 아니 된다.

② 보장시설의 장은 위탁받은 수급자에게 보건복지부장관 및 소관 중앙행정기관의 장이 정하는 최저기준 이상의 급여를 실시하여야 한다.

③ 보장시설의 장은 위탁받은 수급자에게 급여를 실시할 때 성별·신앙 또는 사회적 신분 등을 이유로 차별대우를 하여서는 아니 된다.

④ 보장시설의 장은 위탁받은 수급자에게 급여를 실시할 때 수급자의 자유로운 생활을 보장하여야 한다.

⑤ 보장시설의 장은 위탁받은 수급자에게 종교상의 행위를 강제하여서는 아니 된다.

(1) 급여의 신청(법 제21조)

① 수급권자와 그 친족, 그 밖의 관계인은 관할 시장·군수·구청장에게 수급권자에 대한 급여를 신청할 수 있다. 차상위자가 급여를 신청하려는 경우에도 같으며, 이 경우 신청방법과 절차 및 조사 등에 관하여는 준용한다.

② 사회복지 전담공무원은 이 법에 따른 급여를 필요로 하는 사람이 누락되지 아니하도록 하기 위하여 관할지역에 거주하는 수급권자에 대한 급여를 직권으로 신청할 수 있다. 이 경우 수급권자의 동의를 구하여야 하며 수급권자의 동의는 수급권자의 신청으로 볼 수 있다.

③ 급여신청을 할 때나 사회복지 전담공무원이 급여신청을 하는 것에 수급권자가 동의하였을 때에는 수급권자와 부양의무자는 다음의 자료 또는 정보의 제공에 대하여 동의한다는 서면을 제출하여야 한다.

- 「금융실명거래 및 비밀보장에 관한 법률」에 따른 금융자산 및 금융거래의 내용에 대한 자료 또는 정보 중 예금의 평균잔액과 그 밖에 대통령령으로 정하는 자료 또는 정보(이하 "금융정보"라 한다)
- 「신용정보의 이용 및 보호에 관한 법률」에 따른 신용정보 중 채무액과 그 밖에 대통령령으로 정하는 자료 또는 정보(이하 "신용정보"라 한다)
- 「보험업법」에 따른 보험에 가입하여 낸 보험료와 그 밖에 대통령령으로 정하는 자료 또는 정보(이하 "보험정보"라 한다)

④ 수급권자 등이 급여를 신청할 경우 사회복지 전담공무원은 신청한 사람이 급여에 관한 정보의 부족 등으로 불리한 입장에 놓이지 아니하도록 수급권자의 선정기준, 급여의 내용 및 신청방법 등을 알기 쉽게 설명하여야 한다.

⑤ 시장·군수·구청장은 신청자에게 급여 신청의 철회나 포기를 유도하는 행위를 하여서는 아니 된다.

⑥ 급여의 신청 방법 및 절차 등에 관하여 필요한 사항은 보건복지부령으로 정한다.

⑦ 동의의 방법·절차 등에 관하여 필요한 사항은 대통령령으로 정한다.

(2) 신청에 의한 조사(법 제22조)

① 시장·군수·구청장은 급여신청이 있는 경우에는 사회복지 전담공무원으로 하여금 급여의 결정 및 실시 등에 필요한 다음의 사항을 조사하게 하거나 수급권자에게 보장기관이 지정하는 의료기관에서 검진을 받게 할 수 있다.

- 부양의무자의 유무 및 부양능력 등 부양의무자와 관련된 사항
- 수급권자 및 부양의무자의 소득·재산에 관한 사항
- 수급권자의 근로능력, 취업상태, 자활욕구 등 자활지원계획 수립에 필요한 사항
- 그 밖에 수급권자의 건강상태, 가구 특성 등 생활실태에 관한 사항

② 시장·군수·구청장은 신청한 수급권자 또는 그 부양의무자의 소득, 재산 및 건강상태 등을 확인하기 위하여 필요한 자료를 확보하기 곤란한 경우 보건복지부령으로 정하는 바에 따라 수급권자 또는 부양의무자에게 필요한 자료의 제출을 요구할 수 있다.

③ 시장·군수·구청장은 급여의 결정 또는 실시 등을 위하여 필요한 경우에는 조사를 관계 기관에 위촉하거나 수급권자 또는 그 부양의무자의 고용주, 그 밖의 관계인에게 이에 관한 자료의 제출을 요청할 수 있다.

④ 보장기관이 조사를 하기 위하여 금융·국세·지방세·토지·건물·자동차·건강보험·국민연금·고용보험·출입국·병무·교정 등 관련 전산망 또는 자료를 이용하려는 경우에는 관계 기관의 장에게 협조를 요청할 수 있다. 이 경우 관계 기관의 장은 정당한 사유가 없으면 협조하여야 한다.

⑤ 조사를 하는 사회복지 전담공무원은 그 권한을 표시하는 증표 및 조사기간, 조사범위, 조사담당자, 관계 법령 등 보건복지부령으로 정하는 사항이 기재된 서류를 지니고 이를 관계인에게 보여주어야 한다.

⑥ 보장기관의 공무원 또는 공무원이었던 사람은 ①부터 ④까지의 규정에 따라 얻은 정보와 자료를 이 법에서 정한 보장목적 외에 다른 용도로 사용하거나 다른 사람 또는 기관에 제공하여서는 아니 된다.

⑦ 보장기관은 조사 결과를 대장으로 작성하여 갖추어 두어야 하며 그 밖에 조사에 필요한 사항은 보건복지부장관이 정한다. 다만, 전산정보처리조직에 의하여 관리되는 경우에는 전산 파일로 대체할 수 있다.

⑧ 보장기관은 수급권자 또는 부양의무자가 조사 또는 자료제출 요구를 2회 이상 거부·방해 또는 기피하거나 검진 지시에 따르지 아니하면 급여신청을 각하할 수 있다. 이 경우 서면으로 그 이유를 구체적으로 밝혀 수급자에게 통지하여야 한다.

⑨ 조사의 내용·절차·방법 등에 관하여 이 법에서 정하는 사항을 제외하고는 「행정조사기본법」에서 정하는 바를 따른다.

(3) 확인조사(법 제23조)

① 시장·군수·구청장은 수급자 및 수급자에 대한 급여의 적정성을 확인하기 위하여 매년 연간조사계획을 수립하고 관할구역의 수급자를 대상으로 제22조 ①의 사항을 매년 1회 이상 정기적으로 조사하여야 하며, 특히 필요하다고 인정하는 경우에는 보장기관이 지정하는 의료기관에서 검진을 받게 할 수 있다. 다만, 보건복지부장관이 정하는 사항은 분기마다 조사하여야 한다.

② 수급자의 자료제출, 조사의 위촉, 관련 전산망의 이용, 그 밖에 확인조사를 위하여 필요한 사항에 관하여는 제22조 ②부터 ⑦까지의 규정을 준용한다.

③ 보장기관은 수급자 또는 부양의무자가 조사나 자료제출 요구를 2회 이상 거부·방해 또는 기피하거나 검진 지시에 따르지 아니하면 수급자에 대한 급여 결정을 취소하거나 급여를 정지 또는 중지할 수 있다. 이 경우 서면으로 그 이유를 구체적으로 밝혀 수급자에게 통지하여야 한다.

(4) 금융정보 등의 제공(법 제23조의2)

① 보건복지부장관은 「금융실명거래 및 비밀보장에 관한 법률」과 「신용정보의 이용 및 보호에 관한 법률」에도 불구하고 수급권자와 그 부양의무자가 제출한 동의 서면을 전자적 형태로 바꾼 문서에 의하여 금융기관 등(「금융실명거래 및 비밀보장에 관한 법률」에 따른 금융회사 등, 「신용정보의 이용 및 보호에 관한 법률」에 따른 신용정보집중기관을 말한다. 이하 같다)의 장에게 금융정보·신용정보 또는 보험정보(이하 "금융정보 등"이라 한다)의 제공을 요청할 수 있다.

② 보건복지부장관은 확인조사를 위하여 필요하다고 인정하는 경우 「금융실명거래 및 비밀보장에 관한 법률」과 「신용정보의 이용 및 보호에 관한 법률」에도 불구하고 대통령령으로 정하는 기준에 따라 인적사항을 적은 문서 또는 정보통신망으로 금융기관 등의 장에게 수급자와 부양의무자의 금융정보 등을 제공하도록 요청할 수 있다.

③ 금융정보 등의 제공을 요청받은 금융기관 등의 장은 「금융실명거래 및 비밀보장에 관한 법률」과 「신용정보의 이용 및 보호에 관한 법률」에도 불구하고 명의인의 금융정보 등을 제공하여야 한다.

④ 금융정보 등을 제공한 금융기관 등의 장은 금융정보 등의 제공 사실을 명의인에게 통보하여야 한다. 다만, 명의인이 동의한 경우에는 「금융실명거래 및 비밀보장에 관한 법률」과 「신용정보의 이용 및 보호에 관한 법률」에도 불구하고 통보하지 아니할 수 있다.

⑤ 금융정보 등의 제공요청 및 제공은 「정보통신망 이용촉진 및 정보보호 등에 관한 법률」에 따른 정보통신망을 이용하여야 한다. 다만, 정보통신망의 손상 등 불가피한 사유가 있는 경우에는 그러하지 아니하다.

⑥ 업무에 종사하고 있거나 종사하였던 사람은 업무를 수행하면서 취득한 금융정보 등을 이 법에서 정한 목적 외의 다른 용도로 사용하거나 다른 사람 또는 기관에 제공하거나 누설하여서는 아니 된다.

⑦ 금융정보 등의 제공요청 및 제공 등에 필요한 사항은 대통령령으로 정한다.

(5) 차상위계층에 대한 조사(법 제24조)

① 시장·군수·구청장은 급여의 종류별 수급자 선정기준의 변경 등에 의하여 수급권자의 범위가 변동함에 따라 다음 연도에 이 법에 따른 급여가 필요할 것으로 예측되는 수급권자의 규모를 조사하기 위하여 보건복지부령으로 정하는 바에 따라 차상위계층에 대하여 조사할 수 있다.

② 시장·군수·구청장은 조사를 하려는 경우 조사대상자의 동의를 받아야 한다. 이 경우 조사대상자의 동의는 다음 연도의 급여신청으로 본다.

③ 조사대상자의 자료제출, 조사의 위촉, 관련 전산망의 이용, 그 밖에 차상위계층에 대한 조사를 위하여 필요한 사항에 관하여는 규정을 준용한다.

(6) 조사 결과의 보고 등(법 제25조)

시장·군수·구청장이 수급권자, 수급자, 부양의무자 및 차상위계층을 조사하였을 때에는 보건복지부령으로 정하는 바에 따라 관할 시·도지사에게 보고하여야 하며 보고를 받은 시·도지사는 이를 보건복지부장관 및 소관 중앙행정기관의 장에게 보고하여야 한다. 시·도지사가 조사하였을 때에도 또한 같다.

(7) 급여의 결정 등(법 제26조)

① 시장·군수·구청장은 조사를 하였을 때에는 지체 없이 급여 실시 여부와 급여의 내용을 결정하여야 한다.

② 차상위계층을 조사한 시장·군수·구청장은 급여개시일이 속하는 달에 급여 실시 여부와 급여 내용을 결정하여야 한다.

③ 시장·군수·구청장은 급여 실시 여부와 급여 내용을 결정하였을 때에는 그 결정의 요지(급여의 산출근거를 포함한다), 급여의 종류·방법 및 급여의 개시 시기 등을 서면으로 수급권자 또는 신청인에게 통지하여야 한다.

④ 신청인에 대한 통지는 급여의 신청일부터 30일 이내에 하여야 한다. 다만, 다음의 어느 하나에 해당하는 경우에는 신청일부터 60일 이내에 통지할 수 있다. 이 경우 통지서에 그 사유를 구체적으로 밝혀야 한다.

> • 부양의무자의 소득·재산 등의 조사에 시일이 걸리는 특별한 사유가 있는 경우
> • 수급권자 또는 부양의무자가 신청에 의한 조사 및 관계 법률에 따른 조사나 자료제출 요구를 거부·방해 또는 기피하는 경우

(8) 급여의 실시 등(법 제27조)

① 급여 실시 및 급여 내용이 결정된 수급자에 대한 급여는 급여의 신청일부터 시작한다. 다만, 보건복지부장관 또는 소관중앙행정기관의 장이 매년 결정·공표하는 급여의 종류별 수급자 선정기준의 변경으로 인하여 매년 1월에 새로 수급자로 결정되는 사람에 대한 급여는 해당 연도의 1월 1일을 그 급여개시일로 한다.

② 시장·군수·구청장은 급여 실시 여부의 결정을 하기 전이라도 수급권자에게 급여를 실시하여야 할 긴급한 필요가 있다고 인정할 때에는 급여의 일부를 실시할 수 있다.

(9) 급여의 지급방법 등(법 제27조의2)

① 보장기관이 급여를 금전으로 지급할 때에는 수급자의 신청에 따라 수급자 명의의 지정된 계좌(이하 "급여수급계좌"라 한다)로 입금하여야 한다. 다만, 정보통신장애나 그 밖에 대통령령으로 정하는 불가피한 사유로 급여수급계좌로 이체할 수 없을 때에는 대통령령으로 정하는 바에 따라 급여를 지급할 수 있다.

② 급여수급계좌의 해당 금융기관은 이 법에 따른 급여와 지방자치단체가 실시하는 급여만이 급여수급계좌에 입금되도록 관리하여야 한다.

③ 계좌 입금이나 현금 지급 등의 방법·절차와 급여수급계좌의 관리에 필요한 사항은 대통령령으로 정한다.

(10) 급여의 대리수령 등(법 제27조의3 및 시행령 제36조의3)

① 보장기관은 수급자가 다음의 어느 하나에 해당하는 경우에는 수급자 또는 후견인의 동의를 받아 급여를 수급자의 배우자, 직계혈족 또는 3촌 이내의 방계혈족(이하 "배우자 등"이라 한다) 명의의 계좌에 입금할 수 있다.

> • 피성년후견인인 경우
> • 채무불이행으로 금전채권이 압류된 경우
> • 치매 또는 그 밖에 보건복지부장관이 정하는 사유로 거동이 불가능한 경우, 미성년자인 경우로서 법정대리인의 동의를 받기 어려운 경우로 본인 명의의 계좌를 개설하기 어려운 경우

② 배우자 등 명의의 계좌로 급여를 지급하려는 보장기관은 미리 그 사유, 입금할 급여의 사용 목적 및 다른 용도 사용금지 등에 관한 사항을 배우자 등에게 안내하여야 한다.

③ 급여를 지급받은 배우자 등은 해당 급여를 목적 외의 용도로 사용하여서는 아니 된다.

④ 배우자 등에 대한 급여 지급 절차 및 방법 등에 필요한 사항은 대통령령으로 정한다.

(11) 자활지원계획의 수립(법 제28조 및 시행령 제37조)

① 시장·군수·구청장은 수급자의 자활을 체계적으로 지원하기 위하여 보건복지부장관이 정하는 바에 따라 조사 결과를 고려하여 수급자 가구별로 자활지원계획을 수립하고 그에 따라 이 법에 따른 급여를 실시하여야 한다.

② 보장기관은 수급자의 자활을 위하여 필요한 경우에는 「사회복지사업법」 등 다른 법률에 따라 보장기관이 제공할 수 있는 급여가 있거나 민간기관 등이 후원을 제공하는 경우 자활지원계획에 따라 급여를 지급하거나 후원을 연계할 수 있다.

③ 시장·군수·구청장은 수급자의 자활여건 변화와 급여 실시 결과를 정기적으로 평가하고 필요한 경우 자활지원계획을 변경할 수 있다.

④ 시장·군수·구청장은 자활지원계획에 따라 수급자의 자활을 체계적으로 지원하기 위하여 다음의 사항이 포함된 해당 지역의 자활지원계획을 해마다 1월 31일까지 수립하고, 그 계획을 특별자치시장·특별자치도지사는 보건복지부장관에게 보고하여야 하고, 시장·군수·구청장(특별자치시장·특별자치도지사는 제외한다)은 특별시장·광역시장·도지사에게 보고하여야 한다.

> • 해당 연도 및 다음 연도의 자활지원 수요와 자활지원사업 실시에 관한 사항
> • 해당 연도 및 다음 연도의 자활지원사업 실시를 위한 재원 조달에 관한 사항
> • 다음 연도의 자활사업실시기관 육성·지원계획에 관한 사항
> • 그 밖에 자활지원에 필요한 사항

⑤ 특별시장·광역시장·도지사는 보고받은 자활지원계획을 기초로 해당 시·도 자활지원계획을 수립하고, 그 계획을 해마다 2월 말까지 보건복지부장관에게 보고하여야 한다. 이 경우 특별시장·광역시장·도지사는 시장·군수·구청장(특별자치시장·특별자치도지사는 제외한다)과의 협의를 거쳐 자활지원계획을 조정할 수 있다.

⑥ 보건복지부장관은 시·도지사로부터 자활지원계획을 보고받은 경우에는 해당 계획의 시행에 필요한 조치를 하여야 한다.

⑦ 시장·군수·구청장이 수급자 가구별 자활지원계획 및 이를 지원하기 위한 해당 지역의 자활지원계획을 수립하는 경우에는 지역주민, 자활 관련 전문가 및 자활기관협의체의 의견을 들어야 하며, 필요한 경우에는 직업안정기관의 장 또는 자활사업실시기관의 장에게 자료의 제공 및 협력을 요청할 수 있다. 해당 지역의 자활지원계획을 변경하는 경우에도 또한 같다.

⑧ 보건복지부장관은 기초생활보장 기본계획의 내용을 반영하여 연도별 자활지원계획을 수립하여야 한다.

(12) 급여의 변경(법 제29조)

① 보장기관은 수급자의 소득·재산·근로능력 등이 변동된 경우에는 직권으로 또는 수급자나 그 친족, 그 밖의 관계인의 신청에 의하여 그에 대한 급여의 종류·방법 등을 변경할 수 있다.

② 급여의 변경은 산출 근거 등 이유를 구체적으로 밝혀 서면으로 수급자에게 통지하여야 한다.

(13) 급여의 중지 등(법 제30조)

① 보장기관은 수급자가 다음의 어느 하나에 해당하는 경우에는 급여의 전부 또는 일부를 중지하여야 한다.

> • 수급자에 대한 급여의 전부 또는 일부가 필요 없게 된 경우
> • 수급자가 급여의 전부 또는 일부를 거부한 경우

② 근로능력이 있는 수급자가 근로능력이 있는 수급자에게 자활에 필요한 사업에 참가할 것을 조건을 이행하지 아니하는 경우 조건을 이행할 때까지 근로능력이 있는 수급자 본인의 생계급여의 전부 또는 일부를 지급하지 아니할 수 있다.

③ 급여의 중지 등에 관하여는 서면으로 그 이유를 구체적으로 밝혀 수급자에게 통지하여야 한다.

(14) 청문(법 제31조)

보장기관은 지역자활센터의 지정을 취소하려는 경우와 급여의 결정을 취소하려는 경우에는 청문을 하여야 한다.

제 5 장

수급자의 권리와 의무, 이의신청

(1) 급여 변경의 금지(법 제34조)

수급자에 대한 급여는 정당한 사유 없이 수급자에게 불리하게 변경할 수 없다.

(2) 압류금지(법 제35조)

① 수급자에게 지급된 수급품(지방자치단체가 실시하는 급여를 포함한다)과 이를 받을 권리는 압류할 수 없다.

② 지정된 급여수급계좌의 예금에 관한 채권은 압류할 수 없다.

(3) 양도금지(법 제36조)

수급자는 급여를 받을 권리를 타인에게 양도할 수 없다.

(4) 신고의 의무(법 제37조)

수급자는 거주지역, 세대의 구성 또는 임대차 계약내용이 변동되거나 제22조 ①의 사항이 현저하게 변동되었을 때에는 지체 없이 관할 보장기관에 신고하여야 한다.

(5) 시·도지사에 대한 이의신청(법 제38조)

① 수급자나 급여 또는 급여 변경을 신청한 사람은 시장·군수·구청장(교육급여인 경우에는 시·도교육감을 말한다)의 처분에 대하여 이의가 있는 경우에는 그 결정의 통지를 받은 날부터 90일 이내에 해당 보장기관을 거쳐 시·도지사(특별자치시장·특별자치도지사 및 시·도교육감의 처분에 이의가 있는 경우에는 해당 특별자치시장·특별자치도지사 및 시·도교육감을 말한다)에게 서면 또는 구두로 이의를 신청할 수 있다. 이 경우 구두로 이의신청을 접수한 보장기관의 공무원은 이의신청서를 작성할 수 있도록 협조하여야 한다.

② 이의신청을 받은 시장·군수·구청장은 10일 이내에 의견서와 관계 서류를 첨부하여 시·도지사에게 보내야 한다.

(6) 시·도지사의 처분 등(법 제39조)

① 시·도지사가 시장·군수·구청장으로부터 이의신청서를 받았을 때(특별자치시장·특별자치도지사 및 시·도교육감의 경우에는 직접 이의신청을 받았을 때를 말한다)에는 30일 이내에 필요한 심사를 하고 이의신청을 각하 또는 기각하거나 해당 처분을 변경 또는 취소하거나 그 밖에 필요한 급여를 명하여야 한다.

② 시·도지사는 처분 등을 하였을 때에는 지체 없이 신청인과 해당 시장·군수·구청장에게 각각 서면으로 통지하여야 한다.

(7) 보건복지부장관 등에 대한 이의신청(법 제40조)

① 시·도지사의 처분 등에 대하여 이의가 있는 사람은 그 처분 등의 통지를 받은 날부터 90일 이내에 시·도지사를 거쳐 보건복지부장관(주거급여 또는 교육급여인 경우에는 소관 중앙행정기관의 장을 말하며, 보건복지부장관에게 한 이의신청은 소관 중앙행정기관의 장에게 한 것으로 본다)에게 서면 또는 구두로 이의를 신청할 수 있다. 이 경우 구두로 이의신청을 접수한 보장기관의 공무원은 이의신청서를 작성할 수 있도록 협조하여야 한다.

② 시·도지사는 이의신청을 받으면 10일 이내에 의견서와 관계 서류를 첨부하여 보건복지부장관 또는 소관 중앙행정기관의 장(주거급여 또는 교육급여인 경우에 한정한다)에게 보내야 한다.

③ 규정된 사항 외에 이의신청의 방법 등은 대통령령으로 정한다.

(8) 이의신청의 결정 및 통지(법 제41조)

① 보건복지부장관 또는 소관 중앙행정기관의 장은 이의신청서를 받았을 때에는 30일 이내에 필요한 심사를 하고 이의신청을 각하 또는 기각하거나 해당 처분의 변경 또는 취소의 결정을 하여야 한다.

② 보건복지부장관 또는 소관 중앙행정기관의 장은 결정을 하였을 때에는 지체 없이 시·도지사 및 신청인에게 각각 서면으로 결정 내용을 통지하여야 한다. 이 경우 소관 중앙행정기관의 장이 결정 내용을 통지하는 때에는 그 사실을 보건복지부장관에게 알려야 한다.

(1) 보장비용(법 제42조)

이 법에서 "보장비용"이란 다음의 비용을 말한다.

> - 이 법에 따른 보장업무에 드는 인건비와 사무비
> - 생활보장위원회의 운영에 드는 비용
> - 생계급여, 주거급여, 교육급여, 의료급여, 해산급여, 장제급여, 자활급여, 한국자활복지개발원, 자활복지개발원의 업무, 광역자활센터, 지역자활센터, 자활기관협의체 및 자활기업의 규정에 따른 급여 실시 비용
> - 그 밖에 이 법에 따른 보장업무에 드는 비용

(2) 보장비용의 부담 구분(법 제43조)

① 보장비용의 부담은 다음의 구분에 따른다.

> - 국가 또는 시·도가 직접 수행하는 보장업무에 드는 비용은 국가 또는 해당 시·도가 부담한다.
> - 급여의 실시 비용은 국가 또는 해당 시·도가 부담한다.
> - 시·군·구가 수행하는 보장업무에 드는 비용 중 인건비와 사무비, 생활보장위원회의 운영에 드는 비용은 해당 시·군·구가 부담한다.
> - 시·군·구가 수행하는 보장업무에 드는 비용 중 생계급여, 주거급여, 교육급여, 의료급여, 해산급여, 장제급여, 자활급여, 한국자활복지개발원, 자활복지개발원의 업무, 광역자활센터, 지역자활센터, 자활기관협의체 및 자활기업의 규정에 따른 급여 실시 비용 및 그 밖에 보장업무에 드는 비용(이하 "시·군·구 보장비용"이라 한다)은 시·군·구의 재정여건, 사회보장비 지출 등을 고려하여 국가, 시·도 및 시·군·구가 다음에 따라 차등하여 분담한다.
>   - 국가는 시·군·구 보장비용의 총액 중 100분의 40 이상 100분의 90 이하를 부담한다.
>   - 시·도는 시·군·구 보장비용의 총액에서 국가부담분을 뺀 금액 중 100분의 30 이상 100분의 70 이하를 부담하고, 시·군·구는 시·군·구 보장비용의 총액 중에서 국가와 시·도가 부담하는 금액을 뺀 금액을 부담한다. 다만, 특별자치시·특별자치도는 시·군·구 보장비용의 총액 중에서 국가가 부담하는 금액을 뺀 금액을 부담한다.

② 국가는 매년 이 법에 따른 보장비용 중 국가부담 예정 합계액을 각각 보조금으로 지급하고, 그 과부족 금액은 정산하여 추가로 지급하거나 반납하게 한다.

③ 시·도는 매년 시·군·구에 대하여 국가의 보조금에, 시·도의 부담예정액을 합하여 보조금으로 지급하고 그 과부족 금액은 정산하여 추가로 지급하거나 반납하게 한다.

④ 보조금의 산출 및 정산 방법 등에 관하여 필요한 사항은 대통령령으로 정한다.

⑤ 지방자치단체의 조례에 따라 이 법에 따른 급여 범위 및 수준을 초과하여 급여를 실시하는 경우 그 초과 보장비용은 해당 지방자치단체가 부담한다.

(3) 교육급여 보장비용 부담의 특례(법 제43조의2)

시·도교육감이 수행하는 보장업무에 드는 비용은 다음에 따라 차등하여 분담한다.

> • 소득인정액이 기준 중위소득의 100분의 40 이상인 수급자에 대한 입학금 및 수업료의 지원은 「초·중등교육법」에 따른다.
> • 소득인정액이 기준 중위소득의 100분의 40 이상인 수급자에 대한 학용품비와 그 밖의 수급품은 국가, 시·도, 시·군·구가 부담하며, 구체적인 부담비율에 관한 사항은 시·군·구 보장비용에 따른다.
> • 소득인정액이 기준 중위소득의 100분의 40 미만인 수급자에 대한 보장비용은 국가, 시·도, 시·군·구가 부담하되, 추가적으로 적용되는 기준에 따른 수급자에 대한 입학금 및 수업료의 지원은 「초·중등교육법」에 따른다.

(4) 유류금품의 처분(법 제45조)

장제급여를 실시하는 경우에 사망자에게 부양의무자가 없을 때에는 시장·군수·구청장은 사망자가 유류한 금전 또는 유가증권으로 그 비용에 충당하고, 그 부족액은 유류물품의 매각대금으로 충당할 수 있다.

(5) 비용의 징수(법 제46조)

① 수급자에게 부양능력을 가진 부양의무자가 있음이 확인된 경우에는 보장비용을 지급한 보장기관은 생활보장위원회의 심의·의결을 거쳐 그 비용의 전부 또는 일부를 그 부양의무자로부터 부양의무의 범위에서 징수할 수 있다.

② 속임수나 그 밖의 부정한 방법으로 급여를 받거나 타인으로 하여금 급여를 받게 한 경우에는 보장비용을 지급한 보장기관은 그 비용의 전부 또는 일부를 그 급여를 받은 사람 또는 급여를 받게 한 자(이하 "부정수급자"라 한다)로부터 징수할 수 있다.

③ 징수할 금액은 각각 부양의무자 또는 부정수급자에게 통지하여 징수하고, 부양의무자 또는 부정수급자가 이에 응하지 아니하는 경우 국세 또는 지방세 체납처분의 예에 따라 징수한다.

(6) 반환명령(법 제47조)

① 보장기관은 급여의 변경 또는 급여의 정지·중지에 따라 수급자에게 이미 지급한 수급품 중 과잉지급분이 발생한 경우에는 즉시 수급자에 대하여 그 전부 또는 일부의 반환을 명하여야 한다. 다만, 이미 이를 소비하였거나 그 밖에 수급자에게 부득이한 사유가 있을 때에는 그 반환을 면제할 수 있다.

② 시장·군수·구청장이 긴급급여를 실시하였으나 조사 결과에 따라 급여를 실시하지 아니하기로 결정한 경우 급여비용의 반환을 명할 수 있다.

제9편

제 **7** 장 **벌 칙**

(1) 벌칙(법 제48조 및 법 제49조, 법 제49조의2, 법 제50조)

① 금융정보 등을 사용·제공 또는 누설한 자는 5년 이하의 징역 또는 5천만원 이하의 벌금에 처한다.

② 정보 또는 자료를 사용하거나 제공한 자는 3년 이하의 징역 또는 3천만원 이하의 벌금에 처한다.

③ 다음의 어느 하나에 해당하는 자는 1년 이하의 징역, 1천만원 이하의 벌금, 구류 또는 과료에 처한다.

> • 거짓이나 그 밖의 부정한 방법으로 급여를 받거나 다른 사람으로 하여금 급여를 받게 한 자
> • 급여를 지급받은 배우자 등이 지급받은 급여를 목적 외의 용도로 사용한 자

④ 직무상 알게 된 비밀을 누설하거나 다른 용도로 사용한 자는 1년 이하의 징역 또는 1천만원 이하의 벌금에 처한다.

⑤ 수급자의 급여 위탁을 정당한 사유 없이 거부한 자나 종교상의 행위를 강제한 자는 300만원 이하의 벌금, 구류 또는 과료에 처한다.

(2) 양벌규정(법 제51조)

법인의 대표자나 법인 또는 개인의 대리인, 사용인, 그 밖의 종업원이 그 법인 또는 개인의 업무에 관하여 제48조 또는 제49조의 위반행위를 하면 그 행위자를 벌하는 외에 그 법인 또는 개인에게도 각 해당 조문의 벌금 또는 과료의 형을 과한다. 다만, 법인 또는 개인이 그 위반행위를 방지하기 위하여 해당 업무에 관하여 상당한 주의와 감독을 게을리하지 아니한 경우에는 그러하지 아니하다.

01 국민기초생활보장법령에 관한 설명으로 옳지 않은 것은?

① 수급권자를 부양할 책임이 있는 부양의무자에는 수급권자의 손자는 포함되지 않는다.

② 수급권자의 친족도 수급권자에 대한 급여를 신청할 수 있다.

③ 보장기관은 급여를 개인 단위로 실시하되, 특히 필요한 경우는 개별가구 단위로 실시할 수 있다.

④ 부양의무자의 부양은 국민기초생활보장법에 따른 급여에 우선하여 행하여진다.

③ 보장기관은 이 법에 따른 급여를 개별가구 단위로 실시하되, 특히 필요하다고 인정하는 경우에는 개인 단위로 실시할 수 있다(국민기초생활보장법 제4조 제3항).

① 국민기초생활보장법상 '부양의무자'는 수급권자를 부양할 책임이 있는 사람으로서 수급권자의 1촌의 직계혈족 및 그 배우자를 말한다(동법 제2조 제5호). 따라서 직계비속 1촌에 해당하는 아들이나 딸, 직계존속 1촌에 해당하는 아버지나 어머니는 부양의무자에 해당하는 반면, 직계비속 2촌에 해당하는 손자 또는 외손자는 부양의무자에 해당하지 않는다.

② 수급권자와 그 친족, 그 밖의 관계인은 관할 시장·군수·구청장에게 수급권자에 대한 급여를 신청할 수 있다(동법 제21조 제1항).

④ 부양의무자의 부양과 다른 법령에 따른 보호는 이 법에 따른 급여에 우선하여 행하여지는 것으로 한다(동법 제3조 제2항).

02 국민기초생활보장법상 기준 중위소득의 산정에 관한 내용이다. (   )에 들어갈 용어가 순서대로 옳은 것은?

> 기준 중위소득은 통계법 제27조에 따라 통계청이 공표하는 통계자료의 가구 (   )의 중간값에 최근 가구소득 (   ), 가구규모에 따른 소득수준의 차이 등을 반영하여 (   )별로 산정한다.

① 경상소득, 평균 증가율, 가구규모

② 평균소득, 누적 증가율, 개별가구

③ 경상소득, 누적 증가율, 개별가구

④ 평균소득, 누적 증가율, 가구규모

기준 중위소득의 산정(국민기초생활보장법 제6조의2)

• 기준 중위소득은 통계법 제27조(통계의 공표)에 따라 통계청이 공표하는 통계자료의 가구 경상소득(근로소득, 사업소득, 재산소득, 이전소득을 합산한 소득을 말한다)의 중간값에 최근 가구소득 평균 증가율, 가구규모에 따른 소득수준의 차이 등을 반영하여 가구규모별로 산정한다.

• 그 밖에 가구규모별 소득수준 반영 방법 등 기준 중위소득의 산정에 필요한 사항은 중앙생활보장위원회에서 정한다.

03 다음 중 국민기초생활보장법령에 대한 내용으로 옳지 않은 것은?

① 수급자에 대한 급여는 정당한 사유 없이 수급자에게 불리하게 변경할 수 없다.

② 수급자는 급여를 받을 권리를 타인에게 양도할 수 없다.

③ 수급자는 거주지역, 세대의 구성 등이 변동되었을 때에는 지체 없이 관할 보장기관에 신고하여야 한다.

④ 보장기관은 수급자가 급여의 전부를 거부한 경우에도 급여의 일부에 한하여 중지할 수 있다.

> **해설**
>
> ④ 보장기관은 수급자에 대한 급여의 전부 또는 일부가 필요 없게 된 경우 또는 수급자가 급여의 전부 또는 일부를 거부한 경우, 급여의 전부 또는 일부를 중지하여야 한다(국민기초생활보장법 제30조 제1항).
> ① 동법 제34조
> ② 동법 제36조
> ③ 수급자는 거주지역, 세대의 구성 또는 임대차 계약내용이 변동되거나 신청에 의한 조사사항이 현저하게 변동되었을 때에는 지체 없이 관할 보장기관에 신고하여야 한다(동법 제37조).

04 다음 중 국민기초생활보장법령상 보기의 빈 칸에 들어갈 내용을 순서대로 올바르게 나열한 것은?

> • 소관 중앙행정기관의 장은 수급자의 최저생활을 보장하기 위하여 (ㄱ)마다 소관별로 기초생활보장 기본계획을 수립하여 보건복지부장관에게 제출하여야 한다.
> • 보건복지부장관은 수급권자, 수급자 및 차상위계층 등의 규모·생활실태 파악, 최저생계비 계측 등을 위하여 (ㄴ)마다 실태조사를 실시·공표하여야 한다.

	ㄱ	ㄴ
①	매 년	3년
②	매 년	5년
③	3년	3년
④	3년	5년

> **해설**
>
> 기초생활보장 계획의 수립 및 평가(국민기초생활보장법 제20조의2 제1항 및 제4항)
> • 소관 중앙행정기관의 장은 수급자의 최저생활을 보장하기 위하여 3년마다 소관별로 기초생활보장 기본계획을 수립하여 보건복지부장관에게 제출하여야 한다.
> • 보건복지부장관은 수급권자, 수급자 및 차상위계층 등의 규모·생활실태 파악, 최저생계비 계측 등을 위하여 3년마다 실태조사를 실시·공표하여야 한다.

05 다음 중 국민기초생활보장법령상 보기의 빈 칸에 들어갈 내용을 순서대로 올바르게 나열한 것은?

> - 생계급여 수급자는 시장·군수·구청장의 처분에 대하여 이의가 있는 경우 그 결정의 통지를 받은 날부터 (ㄱ) 이내에 해당 보장기관을 거쳐 시·도지사에게 (ㄴ)(으)로 이의를 신청할 수 있다.
> - 시·도지사가 시장·군수·구청장으로부터 이의신청서를 받았을 때에는 (ㄷ) 이내에 필요한 심사를 하고 이의 신청을 각하 또는 기각하거나 해당 처분을 변경 또는 취소하거나 그 밖에 필요한 급여를 명하여야 한다.

	ㄱ	ㄴ	ㄷ
①	10일	서 면	30일
②	30일	서 면	10일
③	30일	서면 또는 구두	30일
④	90일	서면 또는 구두	30일

시·도지사에 대한 이의신청 및 시·도지사의 처분 등
- 수급자나 급여 또는 급여 변경을 신청한 사람은 시장·군수·구청장(교육급여인 경우 시·도교육감)의 처분에 대하여 이의가 있는 경우에는 그 결정의 통지를 받은 날부터 90일 이내에 해당 보장기관을 거쳐 시·도지사(특별자치시장·특별자치도지사 및 시·도 교육감의 처분에 이의가 있는 경우에는 해당 특별자치시장·특별자치도지사 및 시·도 교육감)에게 서면 또는 구두로 이의를 신청할 수 있다(국민기초생활보장법 제38조 제1항).
- 시·도지사가 시장·군수·구청장으로부터 이의신청서를 받았을 때(특별자치시장·특별자치도지사 및 시·도 교육감의 경우에는 직접 이의신청을 받았을 때)에는 30일 이내에 필요한 심사를 하고 이의신청을 각하 또는 기각하거나 해당 처분을 변경 또는 취소하거나 그 밖에 필요한 급여를 명하여야 한다(동법 제39조 제1항).

06 국민기초생활보장제도에 관한 설명으로 옳은 것은?

① 차상위계층이란 소득인정액이 기준 중위소득의 100분의 40 이하인 사람이다.
② 생계급여 수급권자의 선정기준은 기준 중위소득의 100분의 40 이상으로 한다.
③ 주거급여는 국토교통부가 주관한다.
④ 교육급여 수급권자의 선정기준은 기준 중위소득의 100분의 30 이상으로 한다.

① '차상위계층'이란 수급권자에 해당하지 아니하는 계층으로서 소득인정액이 기준 중위소득의 100분의 50 이하인 사람을 말한다(국민기초생활보장법 제2조 제10호 및 시행령 제3조 참조).
② 생계급여 수급권자는 부양의무자가 없거나, 부양의무자가 있어도 부양능력이 없거나 부양을 받을 수 없는 사람으로서 그 소득인정액이 생계급여 선정기준 이하인 사람으로 한다. 이 경우 생계급여 선정기준은 기준 중위소득의 100분의 30 이상으로 한다(동법 제8조 제2항).
④ 교육급여 수급권자는 부양의무자가 없거나, 부양의무자가 있어도 부양능력이 없거나 부양을 받을 수 없는 사람으로서 그 소득인정액이 교육급여 선정기준 이하인 사람으로 한다. 이 경우 교육급여 선정기준은 기준 중위소득의 100분의 50 이상으로 한다(동법 제12조 제3항).

07 국민기초생활 보장법의 내용으로 옳지 않은 것은?

① 수급자에 대한 급여는 정당한 사유 없이 수급자에게 불리하게 변경할 수 없다.

② "수급자"란 이 법에 따른 급여를 받는 사람을 말한다.

③ 이 법에 따른 급여는 건강하고 문화적인 최저생활을 유지할 수 있는 것이어야 한다.

④ 교육급여는 보건복지부장관의 소관으로 한다.

해설

④ 교육급여는 교육부장관의 소관으로 한다(국민기초생활보장법 제12조 제2항).
① 동법 제34조
② 동법 제2조 제2호
③ 동법 제4조 제1항

08 우리나라의 국민기초생활보장제도에 관한 설명으로 옳은 것은?

① 의료급여는 국가가 진료비를 지원하는 공공부조제도로서 본인부담금이 없다.

② 희망키움통장과 내일키움통장은 자산형성지원사업이다.

③ 중위소득은 가구 경상소득 중간값에 전년도 대비 가구소득 증가율을 곱하여 산정한다.

④ 노숙인은 의료급여 2종 수급권자의 대상에 포함된다.

해설

② 희망키움통장과 내일키움통장은 근로빈곤층의 탈빈곤과 자활의 활성화를 목적으로 하는 자산형성지원사업이다.
① 의료급여의 급여비용은 대통령령으로 정하는 바에 따라 그 전부 또는 일부를 의료급여기금에서 부담하되, 의료급여기금에서 일부를 부담하는 경우 그 나머지 비용은 본인이 부담한다(의료급여법 제10조).
③ 기준 중위소득은 통계법에 따라 통계청이 공표하는 통계자료의 가구 경상소득(근로소득, 사업소득, 재산소득, 이전소득을 합산한 소득)의 중간값에 최근 가구소득 평균 증가율, 가구규모에 따른 소득수준의 차이 등을 반영하여 가구규모별로 산정한다(국민기초생활 보장법 제6조의2 제1항).
④ 일정한 거소가 없는 사람으로서 경찰관서에서 무연고자로 확인된 사람은 의료급여 1종 수급권자의 대상에 포함된다(의료급여법 시행령 제3조 제2항 제3호).

09 국민기초생활보장법의 내용으로 옳은 것은?

① 국외에 체류하는 외국인도 수급권자가 된다.

② 기준 중위소득은 지방자치단체별로 중앙생활보장위원회가 고시한다.

③ 주거급여는 여성가족부 소관으로 한다.

④ 소관 중앙행정기관의 장은 수급자의 최저생활을 보장하기 위하여 3년마다 소관별로 기초생활보장 기본계획을 수립하여 보건복지부장관에게 제출하여야 한다.

 해설

④ 국민기초생활보장법 제20조의2 제1항

① 국내에 체류하고 있는 외국인 중 대한민국 국민과 혼인하여 본인 또는 배우자가 임신 중이거나 대한민국 국적의 미성년 자녀를 양육하고 있거나 배우자의 대한민국 국적인 직계존속과 생계나 주거를 같이하고 있는 사람으로서 대통령령으로 정하는 사람이 이 법에 따른 급여를 받을 수 있는 자격을 가진 경우에는 수급권자가 된다(동법 제5조의2).

② '기준 중위소득'이란 보건복지부장관이 급여의 기준 등에 활용하기 위하여 중앙생활보장위원회의 심의·의결을 거쳐 고시하는 국민 가구소득의 중위값을 말한다(동법 제2조 제11호).

③ 주거급여에 관하여 필요한 사항은 주거급여법에서 정한다. 주거급여는 국토교통부 소관으로 한다.

10 국민기초생활보장제도의 특징으로 옳은 것은?

① 대상 가구당 행정관리비용이 사회보험보다 저렴하다.

② 재원은 기금에 의존한다.

③ 재원부담을 하는 자와 수급자가 동일하다.

④ 선정기준으로 기준 중위소득을 활용한다.

 해설

④ 국민기초생활보장제도가 맞춤형 빈곤정책으로 전환됨에 따라 급여별 수급자 선정기준이 다층화 되었으며, 수급자 선정기준으로 기존의 '최저생계비' 대신 '기준 중위소득'을 사용하게 되었다.

① 국민기초생활보장제도는 선별주의에 입각하므로 자산조사에 따른 불필요한 행정관리비용을 발생시킨다.

② 재원은 조세에 의존한다.

③ 재원부담을 하는 자와 수급자가 동일하지 않다.

11 국민기초생활보장법에 따른 의료급여 수급자로서 의료급여법상 1종 수급권자가 아닌 사람은?

① 18세인 자

② 65세인 자

③ 장애인고용촉진 및 직업재활법에 따른 중증장애인

④ 임신 중에 있는 자

해설

의료급여법상 1종 수급권자(의료급여법 시행령 제3조 제2항 참조)
1. 국민기초생활보장법에 따른 수급자 중 다음의 어느 하나에 해당하는 자
   ① 다음의 어느 하나에 해당하는 자 또는 근로능력이 없거나 근로가 곤란하다고 인정하여 보건복지부장관이 정하는 자만으로 구성된 세대의 구성원
      ㉠ 18세 미만인 자(①)
      ㉡ 65세 이상인 자(②)
      ㉢ 장애인고용촉진 및 직업재활법에 따른 중증장애인(③)
      ㉣ 질병, 부상 또는 그 후유증으로 치료나 요양이 필요한 사람 중에서 근로능력평가를 통하여 시장·군수·구청장이 근로능력이 없다고 판정한 사람
      ㉤ 임신 중에 있거나 분만 후 6개월 미만의 여자(④)
      ㉥ 병역법에 따른 병역의무를 이행중인 자
   ② 국민기초생활보장법령에 따른 보장시설에서 급여를 받고 있는 자
   ③ 보건복지부장관이 정하여 고시하는 결핵질환, 희귀난치성질환 또는 중증질환을 가진 사람
2. 국민기초생활보장법에 따른 의료급여 수급자 이외의 의료급여법에 따른 수급권자 규정(법 제3조)에 해당하는 자
3. 일정한 거소가 없는 사람으로서 경찰관서에서 무연고자로 확인된 사람
4. 그 밖에 보건복지부장관이 1종 의료급여가 필요하다고 인정하는 자

12 국민기초생활보장법상 소득의 범위에 해당하지 않는 것은?

① 퇴직금

② 임대소득

③ 사업소득

④ 국민연금법에 따른 연금

해설

① 퇴직금, 현상금, 보상금, 조세특례제한법에 따른 근로장려금 및 자녀장려금 등 정기적으로 지급되는 것으로 볼 수 없는 금품은 소득으로 보지 아니한다(국민기초생활보장법 시행령 제5조 제2항 제1호).

국민기초생활보장법상 소득의 범위(국민기초생활보장법 시행령 제5조 제1항 참조)
• 근로소득 : 원칙적으로 소득세법에 따라 비과세되는 근로소득을 제외한 근로의 제공으로 얻는 소득
• 사업소득 : 농업소득, 임업소득, 어업소득, 기타 사업소득 등(③)
• 재산소득 : 임대소득, 이자소득, 연금소득(연금저축계좌 또는 퇴직연금계좌, 그 밖에 연금소득과 유사하고 연금 형태로 받는 소득과 보험업법에 따라 연금보험에 의하여 발생하는 소득)(②)
• 이전소득 : 친족 또는 후원자 등으로부터 정기적으로 받는 금품 중 보건복지부장관이 정하는 금액 이상의 금품, 국민연금법·기초연금법·공무원연금법 등에 따라 정기적으로 지급되는 각종 수당·연금·급여 또는 금품 등(④)

13 우리나라 국민기초생활보장제도에 관한 설명으로 옳은 것을 모두 고른 것은?

> ㄱ. 교육급여는 교육부가 담당하고 자활급여는 고용노동부가 담당한다.
> ㄴ. 주거급여 지원대상은 중위소득 40% 이하이고 부양의무자 기준을 충족하는 가구이다.
> ㄷ. 2014년 12월 국민기초생활보장법 개정 이후의 부양의무자 기준이 법 개정 이전보다 강화되었다.
> ㄹ. 생계급여와 의료급여의 소관부처는 보건복지부이다.

① ㄱ, ㄴ, ㄷ   ② ㄱ, ㄷ
③ ㄴ, ㄹ   ④ ㄹ

 해설

ㄱ. 교육급여의 소관부처는 교육부이고, 자활급여의 소관부처는 보건복지부이다.
ㄴ. 주거급여 수급권자는 소득인정액이 주거급여 선정기준 이하인 사람으로 한다. 이 경우 주거급여 선정기준은 기준 중위소득의 100분의
  43 이상으로 한다(주거급여법 제5조 제1항 참조).
ㄷ. 2014년 12월 국민기초생활보장법 개정 이후의 부양의무자 기준은 법 개정 이전에 비해 대폭 완화되었다.

14 국민기초생활보장법상 기준 중위소득의 산정에 관한 내용이다. ( )에 들어갈 용어가 순서대로 옳은 것은?

> 기준 중위소득은 통계법 제27조에 따라 통계청이 공표하는 통계자료의 가구 ( )의 중간값에 최근 가구소득
> ( ), 가구규모에 따른 소득수준의 차이 등을 반영하여 ( )별로 산정한다.

① 경상소득, 평균 증가율, 가구규모
② 평균소득, 누적 증가율, 개별가구
③ 경상소득, 누적 증가율, 개별가구
④ 평균소득, 누적 증가율, 가구규모

 해설

기준 중위소득의 산정(국민기초생활보장법 제6조의2)
• 기준 중위소득은 통계법 제27조(통계의 공표)에 따라 통계청이 공표하는 통계자료의 가구 경상소득(근로소득, 사업소득, 재산소득,
 이전소득을 합산한 소득을 말한다)의 중간값에 최근 가구소득 평균 증가율, 가구규모에 따른 소득수준의 차이 등을 반영하여 가구규모별
 로 산정한다.
• 그 밖에 가구규모별 소득수준 반영 방법 등 기준 중위소득의 산정에 필요한 사항은 중앙생활보장위원회에서 정한다.

15 국민기초생활보장제도에서 사회적 할당(Social Allocation)의 핵심 기준은?

① 귀속적 욕구　　　　　　　　　　② 진단적 차등

③ 경제적 기여　　　　　　　　　　④ 소득과 재산

할당의 세부원칙(Gilbert & Terrell)

귀속적 욕구	욕구의 규범적 준거를 토대로 특정 집단에 소속된 사람들의 공통적 욕구에 대해 집단적 할당이 이루어진다. 예 65세 이상의 노인에 대한 경로우대제도, 중학교까지의 무상교육 등
보 상	형평의 규범적 준거를 토대로 수급자 선정기준에 따른 집단적 할당이 이루어진다. 예 국민연금, 국민건강보험 등의 사회보험, 국토개발 등으로 인한 이주자 보상 등
진 단 (진단적 차등)	욕구의 기술적 진단을 토대로 개인적인 할당이 이루어진다. 예 장애인에 대한 장애 정도 사정, 치매나 중풍의 노인들에 대한 의료서비스 등
자산조사 (소득과 재산)	욕구의 경제적 기준을 토대로 개인적인 할당이 이루어진다. 예 국민기초생활보장제도 등

16 국민기초생활보장법령에 관한 설명으로 옳지 않은 것은?

① 수급권자를 부양할 책임이 있는 부양의무자에는 수급권자의 손자는 포함되지 않는다.

② 수급권자의 친족도 수급권자에 대한 급여를 신청할 수 있다.

③ 보장기관은 급여를 개인 단위로 실시하되, 특히 필요한 경우는 개별가구 단위로 실시할 수 있다.

④ 부양의무자의 부양은 국민기초생활보장법에 따른 급여에 우선하여 행하여진다.

해설

③ 보장기관은 이 법에 따른 급여를 개별가구 단위로 실시하되, 특히 필요하다고 인정하는 경우에는 개인 단위로 실시할 수 있다(국민기초생활보장법 제4조 제3항).

① 국민기초생활보장법상 '부양의무자'는 수급권자를 부양할 책임이 있는 사람으로서 수급권자의 1촌의 직계혈족 및 그 배우자를 말한다(동법 제2조 제5호). 따라서 직계비속 1촌에 해당하는 아들이나 딸, 직계존속 1촌에 해당하는 아버지나 어머니는 부양의무자에 해당하는 반면, 직계비속 2촌에 해당하는 손자 또는 외손자는 부양의무자에 해당하지 않는다.

② 수급권자와 그 친족, 그 밖의 관계인은 관할 시장·군수·구청장에게 수급권자에 대한 급여를 신청할 수 있다(동법 제21조 제1항).

④ 부양의무자의 부양과 다른 법령에 따른 보호는 이 법에 따른 급여에 우선하여 행하여지는 것으로 한다(동법 제3조 제2항).

17 국민기초생활보장법령에 따른 급여의 종류에 해당하지 않는 것은?

① 생계급여　　　　　　　　　　② 휴업급여

③ 주거급여　　　　　　　　　　④ 의료급여

휴업급여는 산업재해보상보험법에 따른 급여에 해당한다.

국민기초생활보장법에 따른 급여
- 생계급여
- 주거급여
- 의료급여
- 교육급여
- 해산급여
- 장제급여
- 자활급여

18 국민기초생활보장법령상 차상위계층에 관한 내용이다. (　　　　)에 들어갈 내용으로 옳은 것은?

> 차상위계층이란 수급권자에 해당하지 아니하는 계층으로서 소득인정액이 (　　　　) 이하인 사람을 말한다.

① 기준 중위소득의 100분의 10

② 기준 중위소득의 100분의 20

③ 기준 중위소득의 100분의 30

④ 기준 중위소득의 100분의 50

해설

국민기초생활보장법 개정에 따라 차상위계층의 소득인정액에 따른 선정기준이 기존 '최저생계비의 100분의 120 이하'에서 '기준 중위소득의 100분의 50 이하'로 변경되었다.

19 국민기초생활보장제도의 원칙에 관한 설명으로 옳지 않은 것은?

① 가족부양 우선의 원칙   ② 자립조장의 원칙

③ 현물급여 우선의 원칙   ④ 생존권 보장의 원칙

현금급여 우선의 원칙 또는 현금부조의 원칙에 해당한다.

국민기초생활보장제도 급여의 기본원칙
- 최저생활보장의 원칙
- 보충급여(보충성)의 원칙
- 자립지원(자립조장)의 원칙
- 개별성의 원칙
- 가족부양 우선의 원칙
- 타급여 우선의 원칙
- 보편성의 원칙

20 국민기초생활보장제도의 자활지원과 관련이 있는 것을 모두 고른 것은?

> ㄱ. 광역자활센터
> ㄴ. 수급자의 고용촉진
> ㄷ. 자활기관협의체
> ㄹ. 자산형성지원

① ㄱ, ㄴ, ㄷ   ② ㄱ, ㄷ

③ ㄴ, ㄹ   ④ ㄱ, ㄴ, ㄷ, ㄹ

국민기초생활보장법상 자활지원 관련 내용
- 한국자활복지개발원(중앙자활센터)(제15조의2)
- 광역자활센터(제15조의10)
- 지역자활센터 등(제16조)
- 자활기관협의체(제17조)
- 자활기업(제18조)
- 고용촉진(제18조의6)
- 자활기금의 적립(제18조의7)
- 자산형성지원(제18조의8)
- 자활의 교육 등(제18조의9)
- 자활지원사업 통합정보전산망의 구축·운영 등(제18조의10)

21 국민기초생활보장법령상 '부양의무자가 있어도 부양능력이 없는 경우'에 해당하는 것은?

① 부양의무자가 병역법에 따라 징집되거나 소집된 경우

② 부양의무자가 해외이주법에 따른 해외이주자에 해당하는 경우

③ 부양의무자가 부양을 기피하거나 거부하는 경우

④ 부양의무자가 수급자인 경우

해설

- ①·②·③은 부양의무자가 있어도 부양을 받을 수 없는 것으로 보는 경우에 해당한다(국민기초생활보장법 제8조의2 제2항 참조).
- 문제의 지문 ①·②·③은 부양의무자가 있어도 부양을 받을 수 없는 경우로서 부양의무자가 부양불능 상태인 경우(예 군복무, 해외이주 등), 부양의무자가 부양을 거부하거나 기피하는 경우, 수급(권)자가 부양을 받을 수 없다고 보장기관이 확인한 경우(예 실종, 가출, 행방불명 등)를 말합니다.
- 반면, 지문 ④는 부양의무자가 있어도 부양능력이 미약한 경우를 말하는 것으로, 부양의무자가 수급자이거나 취약계층인 경우, 직계존속이나 중증장애인인 직계비속을 자신의 주거에서 부양하는 경우 등이 해당합니다.

여기서 멈출 거예요? 고지가 바로 눈앞에 있어요.
마지막 한 걸음까지 시대에듀가 함께할게요!

부록

기출문제

합격의 공식
온라인 강의

잠깐!

혼자 공부하기 힘드시다면 방법이 있습니다.
SD에듀의 동영상 강의를 이용하시면 됩니다.
www.sdedu.co.kr → 회원가입(로그인) → 강의 살펴보기

01 직업목표 설정의 준거로 옳지 않은 것은?

① 목표는 가능한 포괄적으로 표현한다.
② 실천행동을 계획한다.
③ 목표달성 시점을 지정한다.
④ 달성 가능한 목표를 설정한다.

 해설

① 목표는 가능한 구체적으로 표현한다.

성공적인 상담결과를 위한 내담자 목표의 특징

- 목표는 구체적이어야 한다.
- 목표는 실현가능한 것이어야 한다.
- 목표는 내담자가 원하고 바라는 것이어야 한다.
- 목표는 상담자의 기술과 양립 가능해야만 한다.

02 다음 중 (   ) 안에 알맞은 것은?

> (   )은(는) 개인이 취업, 승진, 직업의 지속, 가사와 직장생활의 병행 등을 수행해 나가는 과정에서 그 역할행동을 방해할 것으로 지각되는 것이다.

① 진로장벽   ② 결과기대
③ 사례개념화   ④ 직업포부

 해설

① 진로장벽(Career Barriers)은 개인이 취업, 진학, 승진, 직업의 지속, 가사와 직장생활의 병행 등 여러 경험들을 수행하는 과정에서 개인의 진로선택, 진로목표, 직업포부, 동기 등에 영향을 미치거나 역할행동을 방해할 것으로 지각되는 다양한 부정적 사건 혹은 사태 등을 의미한다.
② 결과기대 또는 성과기대(Outcome Expectations)는 특정 과업을 수행했을 때 자기 자신 및 주변에서 일어날 일에 대한 평가를 말하는 것으로서, 어떤 과업을 수행했을 때 자신 및 타인에게 일어날 일에 대한 믿음을 의미한다.
③ 사례개념화(Case Conceptualization)는 내담자에 대한 정보를 모아서 이를 조직화하고, 내담자의 상황과 부적응 패턴을 이해하고 설명하며, 상담을 안내하고 초점을 맞추고, 도전과 장애를 예상하며, 성공적인 종결을 준비하기 위한 방법이자 임상적 전략이다.
④ 직업포부(Occupational Aspiration)는 개인이 특정 시점에서 가장 좋은 것으로 생각하는 직업적 대안으로서의 희망직업을 말하는 것으로서, 개인의 직업적 흥미, 능력, 가치, 성취동기 등의 개념과도 밀접하게 연관된다.

03 다음 사례에서 적용한 상담이론은?

> 내담자는 최근 교통사고로 인해 운전에 대한 공포가 생겼다. 그러나 직무상 반드시 운전을 해야만 하는 상황이다. 이에 상담자는 긴장이완훈련과 체계적 둔감화로 내담자의 운전공포를 감소시켜 주었다.

① 정신역동 상담　　　　　　　　② 행동주의 상담
③ 인지적 상담　　　　　　　　　④ 형태주의 상담

행동주의 상담과 체계적 둔감화
- 행동주의 상담은 내담자의 문제를 학습 과정을 통해 습득된 부적응 행동으로 보고, 상담 과정을 통해 부적절한 행동을 밝혀서 제거하고, 보다 적절한 새로운 행동을 학습하도록 돕는다.
- 체계적 둔감화는 특정한 상황이나 상상에 의해 조건형성된 불안이나 공포에 대해 불안(공포)자극을 단계적으로 높여가며 노출시킴으로써, 내담자의 불안(공포)반응을 경감 또는 제거시키는 행동주의 상담의 대표적인 기법이다.

04 상담자가 다문화 가족의 내담자를 상담할 때 취해야 하는 태도로 옳은 것은?

① 다문화 집단의 사회화된 행동과 인지 양식을 고려한 검사도구를 찾을 필요는 없다.
② 검사도구를 사용하는 목적은 설명하지 않는다.
③ 내담자의 정신장애를 진단할 때 문화적 경험을 고려하지 않는다.
④ 검사 시행과 해석에 나이, 인종, 종교, 사회경제적 지위 등의 영향을 고려한다.

④ 상담심리사는 검사 시행과 해석에 있어서 나이, 인종, 문화, 장애, 민족, 성(性), 종교, 성적 기호, 그리고 사회경제적 지위의 영향을 고려하고, 다른 관련 요인들과 통합 비교하여 검사 결과를 해석한다(한국상담심리학회 상담전문가 윤리강령 '심리검사 – 검사 점수화와 해석, 진단' 中).
① 상담심리사는 다문화 집단을 위한 검사를 선택할 때 사회화된 행동과 인지 양식을 고려하지 않은 부적절한 검사를 피할 수 있도록 주의한다(동 윤리강령 '심리검사 – 검사의 선택' 中).
② 상담심리사는 기술적 자료가 불충분한 평가 도구의 경우 그 결과를 해석할 때 신중해야 한다. 그러한 도구를 사용하는 특정한 목적을 내담자에게 명백히 알려주어야 한다(동 윤리강령 '심리검사 – 검사 점수화와 해석, 진단' 中).
③ 상담심리사는 내담자의 문제를 정의할 때 내담자가 속한 문화의 영향을 받는다는 것을 인지한다. 내담자의 정신장애를 진단할 때 사회경제적 및 문화적 경험을 고려해야 한다(동 윤리강령 '심리검사 – 검사 점수화와 해석, 진단' 中).

05 다음에서 설명하는 이론은?

> • 여성이 수학과 관련된 직업에 진출할 것인지 결정하는 데 자기효능감이 영향을 미친다는 연구에서 시작하였다.
> • 진로발달과 선택에서 자신에 대한 평가와 믿음이라는 측면을 강조하였다.

① 부모-자녀 관계이론
② 애착이론
③ 직업적응이론
④ 사회인지 진로이론

 해설

사회인지적 진로이론(SCCT ; Social Cognitive Career Theory)
- 반두라(Bandura)의 사회인지이론을 토대로 여성의 진로발달 및 진로선택을 설명하고자 한 시도에서 비롯되어 렌트, 브라운, 헥케트 (Lent, Brown & Hackett) 등에 의해 확장되었다.
- 진로발달 및 진로선택이 개인의 타고난 성향 및 환경 간의 상호작용의 결과라는 전통적인 관점에서 벗어나 자기효능감(Self-efficacy)의 개념을 도입함으로써 진로선택에 있어서 개인의 평가와 믿음의 인지적 측면을 강조한다.

06 상담자가 지켜야 할 윤리적 태도로 옳지 않은 것은?

① 상담자는 자신이 가진 능력 이상의 것을 주장하거나 암시해서는 안 된다.
② 타인에 의해 상담자의 능력이나 자격이 잘못 알려졌을 때에는 수정해야 할 의무가 있다.
③ 상담자는 비밀보호의 한계에 대해 사전에 알릴 필요가 없다.
④ 상담자는 자격증에 명시된 것 이상으로 자신의 자격을 과장하지 않는다.

 해설

③ 상담이 시작될 때와 상담 과정 중 필요한 때에 상담심리사는 내담자에게 비밀보호의 한계를 알리고, 비밀보호가 불이행되는 상황에 대해 인식시킨다(한국상담심리학회 상담전문가 윤리강령 '정보의 보호 - 비밀보호의 한계' 中).
①·② 상담심리사는 자신이 가진 능력 이상의 것을 주장하거나 암시해서는 안 되며, 타인에 의해 능력이나 자격이 오도되었을 때에는 수정해야 할 의무가 있다(동 윤리강령 '전문가로서의 태도 - 전문적 능력' 中).
④ 상담심리사는 자격증에 명시된 것 이상으로 자신의 자격을 과장하지 않는다(동 윤리강령 '전문가로서의 태도 - 자격증명서' 中).

07 Ginzberg의 진로선택 단계에 관한 설명으로 옳지 않은 것은?

① 잠정기에는 흥미·능력·가치에 근거하여 진로선택 행위를 하게 된다.
② 현실기는 직업선택의 상세화와 구체화를 포함한다.
③ 현실기에는 이전의 잠정적인 진로선택을 좁히기 위해 관심 직업들을 탐색하기 시작한다.
④ 현실기에는 자신이 좋아하는 것과 싫어하는 것에 대해 보다 구체적인 결정을 하게 된다.

④ 현실기(Realistic Period)가 아닌 잠정기(Tentative Period)의 내용에 해당한다. 잠정기에는 아동기에서 청소년기를 거치면서 잠정적으로 진로선택을 하기 시작하는데, 특히 잠정기의 하위단계 중 흥미단계에서 자신이 좋아하는 것과 싫어하는 것, 흥미 등에 대해 구체적인 결정을 하게 된다.

COMMENT

긴즈버그(Ginzberg)의 진로(직업)선택 단계에서 각 단계 및 연령 구분은 교재마다 약간씩 다르게 제시되고 있습니다. 긴즈버그의 진로선택 단계는 크게 '환상기(Fantasy Period) → 잠정기(Tentative Period) → 현실기(Realistic Period)'로 구분되며, 특히 잠정기와 현실기는 다음과 같이 3~4가지 하위단계로 세분됩니다. 다만, 일부 교재에서는 잠정기를 '흥미·능력·가치'의 3단계로 구분하기도 하며, 번역상의 차이로 각 하위단계의 명칭을 다르게 제시하기도 합니다.

잠정기	흥미단계(Interest Stage) → 능력단계(Capacity Stage) → 가치단계(Value Stage) → 전환단계(Transition Stage)
현실기	탐색단계(Exploration Stage) → 구체화단계(Crystallization Stage) → 특수화단계 또는 정교화단계(Specification Stage)

08 전문가로서 상담사가 지켜야 할 태도로 옳지 않은 것은?

① 상담사가 운영하는 집단상담 프로그램의 인원확보를 위해 자신의 내담자에게 신청하라고 한다.
② 개인 이익을 위해 상담전문직의 가치와 권위를 훼손할 행동을 해서는 안 된다.
③ 교육목적으로 저술한 교재는 교육과 연수과정에 채택할 수 있다.
④ 교육이나 훈련, 경험을 통해 자격이 주어진 상담활동만을 한다.

① 내담자나 교육생을 모집하기 위해, 개인상담소를 고용이나 기관 가입의 장소로 이용해서는 안 된다(한국상담심리학회 상담전문가 윤리강령 '사회적 책임 – 상담 기관 운영자' 中).
② 상담심리사는 개인의 이익을 위해 상담전문직의 가치와 권위를 훼손하는 행동을 해서는 안 된다(동 윤리강령 '전문가로서의 태도 – 성실성' 中).
③ 상담심리사가 교육목적으로 저술한 교재는 교육과 연수과정에 채택할 수 있다(동 윤리강령 '전문가로서의 태도 – 상담심리사 교육과 연수' 中).
④ 상담심리사는 자기 자신의 교육과 수련, 경험 등에 의해 준비된 범위 안에서 전문적인 서비스와 교육을 제공한다. 상담심리사는 자신의 능력의 한계를 인정하고 교육이나 훈련, 경험을 통해 자격이 주어진 상담활동만을 한다(동 윤리강령 '전문가로서의 태도 – 전문적 능력' 中).

09 다음 (   )에 공통으로 들어가는 것은?

> • A. Adler는 인간이 사회적 존재로 살아가면서 만나는 삶의 과제를 해결할 수 있는 동기를 제공해 주는 것을 (   ) (이)라고 보았다.
> • (   )이(가) 있기 때문에 인간은 다른 사람을 이해하고 공감할 수 있으며, (   )은(는) 타인의 안녕에 대한 개인의 헌신을 기본으로 하는 정신건강을 설명해 준다고 하였다.

① 사회적 관심   ② 생활양식
③ 열등감   ④ 사적 논리

 해설

① 아들러(Adler)에 의하면 사회적 관심(Social Interest)은 인간이 사회적 존재로 살아가면서 해결해야 할 삶의 과제를 해결할 수 있는 동기를 제공해 준다. 아들러의 완전의 개념은 사회적 관심을 통해 완성될 수 있다. 신경증적인 사람은 자기 향상에의 욕구에 압도되어 그 목표에 고착되지만, 정상인은 자신의 현실, 타인, 협동에 대한 관심에 기초한 목표를 가지고 자신을 확신시키는 목표를 향한 투쟁을 통해 자신을 보호하려 한다.
② 생활양식(Style of Life)은 인생의 초기에 한 개인의 경험을 조직하고 이해하고 그것을 예언하고 통제하기 위해서 발달시켜온 개인의 인지조직도로서, 어릴 때 자신의 우월 또는 완전의 목표를 이루기 위해 스스로 창조한 삶의 계획이다.
③ 열등감(Inferiority)은 객관적인 원인에서보다는 주관적으로 느끼는 것으로서, 아들러는 열등상황을 극복하여 우월의 상황으로 밀고 나아가게 하는 힘을 지닌 강한 열등감이 인간으로 하여금 자신의 잠재능력을 발달시키는 자극제 혹은 촉진제의 역할을 한다고 주장하였다.
④ 사적 논리(Private Logic)는 목표를 추구하는 데 도움이 되는 개인의 인지구조를 의미하는 것으로서, 개인을 인도해 주는 일련의 '개인적 진리(Personal Truths)'를 말한다.

10 Rogers의 이론에서 '충분히 기능하는 사람'에 관한 설명으로 옳지 않은 것은?

① 자신의 잠재력을 인식하고 능력과 자질을 발휘하여 자기실현의 방향으로 나아가는 것이다.
② 방어성의 반대개념으로 경험에의 개방성을 의미한다.
③ 과정 지향적이며 계속적으로 변화하는 사람이다.
④ 어린 시절의 심리성적 경험에서 비롯된 부적응적인 감정양식이 성인기에 미치는 영향을 인식하는 것이다.

 해설

④ 정신분석이론의 내용에 해당한다. 정신분석이론의 창시자인 프로이트(Freud)는 인간의 성격이 '구강기 → 항문기 → 남근기 → 잠복기 → 생식기'의 다섯 단계를 거치면서 발달한다는 심리성적 발달단계를 제시하였다. 그는 각 발달단계에서 욕구가 적절히 충족될 경우 다음 발달단계로 넘어가면서 정상적인 성격형성을 이루지만, 각 단계에서 욕구가 과잉충족 되거나 결핍(좌절)될 경우 다음 단계로 넘어가는 데 지장을 초래하는 것은 물론, 성인이 되어서도 그 단계에 고착되어 성격형성에 문제를 야기하게 된다고 주장하였다.

11 사이버 상담에서 비밀보장과 한계에 관한 설명으로 옳지 않은 것은?

① 내담자 자신이나 타인의 신변에 위험요소가 있다고 판단되면 이런 위험을 방지하기 위한 조치를 취할 윤리적 책임이 있다.

② 상담자는 내담자에 대한 비밀보장의 의무를 다하기 위해 취해야 할 조치는 없다.

③ 문자나 화상채팅상담의 경우 상담에 참여하는 환경에 다른 사람이 접근할 수 있는 가능성에 대해 내담자에게 알려 주어야 한다.

④ 상담자 이외에 다른 상담자도 비공개 게시판을 읽을 수 있고 때로는 자료를 공유할 수 있다는 점에 대해 내담자에게 사전에 알려야 한다.

 해설

② 사이버 상담에서 상담자는 사이버 상담이 다룰 수 없는 문제가 무엇인지를 알리고, 비밀보장의 한계(예 아동학대, 자해, 타살, 자살의 시도 등)와 함께 온라인의 한계(예 해킹 피해 등)를 고지하여야 한다.

12 직업상담의 목표설정에 관한 설명으로 옳지 않은 것은?

① 상담자와 내담자의 노력의 결과를 평가하는 기준이 된다.

② 초기면접을 통해 세운 목표는 변경될 수 없다.

③ 상담자와 내담자의 노력의 방향을 제시한다.

④ 상담자에게 적절한 조력방법을 선택하기 위한 자료를 제공한다.

 해설

② 상담 1회기에서 얻은 정보는 불충분한 경우가 많으므로, 장기목표 설정 시 보통 초기목표가 재검토되거나 변경될 가능성이 높다. 더욱이 상담이 진행되고 내담자가 향상을 보일수록 새로운 관심사나 이전에는 깨닫지 못했던 문제들이 발생하게 되므로, 목표는 변화되거나 수정될 필요가 있다.

목표설정의 용도
- 상담의 방향을 제공한다.
- 상담전략의 선택 및 개입에 관한 기초(기준)를 제공한다.
- 상담 결과를 평가하는 기초(기준)를 제공한다.

13 Super의 직업발달단계에 관한 설명으로 옳은 것은?

① 성장단계는 주로 14세 이전 아동기에 해당하며 환상기, 흥미기, 능력기의 하위단계로 구분된다.

② 탐색단계는 15~19세까지 청소년기에 해당하며 안정화, 공고화, 발전단계로 구분된다.

③ 확립단계는 20대의 청년기에 해당하며 결정화, 구체화, 실행단계로 구분된다.

④ 은퇴단계는 노년기에 해당하며, 쇠퇴, 회고, 갱신의 하위단계로 구분된다.

수퍼(Super)의 직업(진로)발달단계
- 성장기(출생~14세) : 환상기(4~10세), 흥미기(11~12세), 능력기(13~14세)
- 탐색기(15~24세) : 잠정기(15~17세), 전환기(18~21세), 시행기(22~24세)
- 확립기(25~44세) : 시행기(25~30세), 안정기(31~44세)
- 유지기(45~64세)
- 쇠퇴기 또는 은퇴기(65세 이후)

14 다음에서 설명하는 직업상담 기법은?

- 내담자의 진로기대 형성에 중요한 역할을 한 사람이 누구인지 알 수 있다.
- 성역할 편견을 알아낼 수 있다.
- 자신의 감정을 이해하고 개발하는 데 어려움을 겪는 방어적인 내담자에게 활용도가 높다.

① 의사결정 유형검사 ② 진로가계도
③ 직업카드분류법 ④ 성격유형검사

② 진로가계도 또는 직업가계도(Genogram)는 내담자의 직업의식, 직업선택, 직업태도에 대한 가족의 영향력을 분석하는 대표적인 질적 평가도구이다. 진로가계도가 제대로 활용될 경우 내담자가 개인적으로 가지고 있는 자기 제한적 편향된 태도의 원인, 여러 경력선택의 산출물에 대한 기대, 직업가치와 흥미의 원천 등을 측정하는 데 쓰일 수 있다.
① 의사결정 유형검사는 자기보고식 문항을 통해 내담자의 의사결정이 논리적·체계적으로 이루어지는지(합리적 양식), 개인 내적인 감정 상태에서 비롯되는지(직관적 양식), 의사결정에 대한 책임을 다른 사람에게 전가하는지(의존적 양식) 등 의사결정의 양식을 파악하기 위한 용도로 사용된다.
③ 직업카드분류법은 직업카드를 개발하고 이를 분류하는 활동을 통해 내담자의 직업에 대한 선호 및 흥미, 직업선택의 동기와 가치를 질적으로 탐색할 수 있도록 한다.
④ 성격유형검사(MBTI ; Myers-Briggs Type Indicator)는 융(Jung)의 심리유형이론을 토대로 고안된 성격검사로서, 4가지 선호지표(외향형/내향형, 감각형/직관형, 사고형/감정형, 판단형/인식형)를 통해 16가지의 성격유형으로 구분한다.

15 생애진로사정 기법에 관한 설명으로 옳지 않은 것은?

① 일의 경험과 관심사에 대해 질문한다.
② 자신의 생활을 어떻게 조직하는지를 발견하는 것이다.
③ 수집된 정보를 내담자보다는 상담자가 직접 요약하는 것이 효과적이다.
④ 강점과 약점에 대해 인식하도록 한다.

③ 요약의 목적은 면접하는 동안에 수집된 정보를 강조하고, 상담목표 성취를 자극하는 정보를 통해 내담자의 가능한 직업선택, 진로탐색 혹은 진로계획을 향상시키는 데 있다. 이때 내담자 스스로 자신에 대해 알게 된 내용을 요약해 보도록 함으로써 자기인식을 증진시키도록 하며, 내담자의 문제해결 및 장애극복을 위해 목표달성계획을 세울 수 있도록 한다.

16 내담자의 특성 파악이 중심인 직업상담 기법으로 옳은 것을 모두 고른 것은?

ㄱ. 생애진로사정 기법	ㄴ. 진로가계도
ㄷ. 표준화된 검사	ㄹ. 현실치료의 WDEP 기법

① ㄱ

② ㄴ, ㄹ

③ ㄱ, ㄴ, ㄷ

④ ㄱ, ㄴ, ㄷ, ㄹ

ㄹ. 현실치료의 WDEP 기법은 우볼딩(Wubbolding)이 제안한 현실치료의 치료 과정에 해당한다. W(Want) 과정에서 상담자는 내담자로 하여금 자신의 욕구충족을 위한 바람이 무엇인지 질문하고 그 바람들의 우선순위를 정하게 하며, D(Doing) 과정을 통해 내담자로 하여금 그 바람을 충족시키기 위해 어떤 행동을 하고 있는지 인식하도록 한다. E(Evaluation) 과정에서는 내담자가 현재 하고 있는 행동이 현실적으로 자신의 바람을 충족시키기 위해 적절한 행동인지 평가하도록 하며, P(Plan) 과정을 통해 내담자로 하여금 자신의 바람과 욕구를 더욱 효과적으로 충족시킬 계획을 세우고 실천하도록 돕는다.
ㄱ. 생애진로사정은 상담자가 내담자와 처음 만났을 때 이용할 수 있는 구조화된 면접기법으로서, 내담자에 대한 가장 기초적인 직업상담 정보를 얻는 질적인 평가절차이다.
ㄴ. 진로가계도 또는 직업가계도(Genogram)는 내담자의 직업의식, 직업선택, 직업태도에 대한 가족의 영향력을 분석하는 대표적인 질적 평가도구이다.
ㄷ. 특성-요인이론은 표준화된 심리검사를 통해 개인의 특성을 타당하고 신뢰할 수 있게 측정할 수 있다고 가정한다.

17 직업상담 과정의 단계별 순서로 옳은 것은?

ㄱ. 문제평가 및 목표설정	ㄴ. 관계수립 및 내담자 분류
ㄷ. 접수면접	ㄹ. 종결 및 추수지도
ㅁ. 행동계획 수립 및 실행을 위한 조력	

① ㄱ → ㄴ → ㄷ → ㄹ → ㅁ

② ㄱ → ㄷ → ㄹ → ㄴ → ㅁ

③ ㄷ → ㄴ → ㅁ → ㄱ → ㄹ

④ ㄷ → ㄴ → ㄱ → ㅁ → ㄹ

직업상담 과정

- 접수면접(제1단계) : 내담자에 대한 다양한 정보를 수집하며, 내담자의 주된 문제가 진로문제인지 혹은 심리적인 문제인지를 감별한다.
- 관계수립 및 내담자 분류(제2단계) : 내담자와 긍정적·협력적인 관계를 수립하며, 진로욕구의 성격에 따라 내담자의 상태를 분류한다.
- 문제평가 및 목표설정(제3단계) : 내담자가 호소하는 문제의 내용과 심각도, 내담자가 그 문제를 어떻게 이해하고 있는지를 파악하며, 이후 내담자와 함께 상담의 목표를 설정한다.
- 행동계획 수립 및 실행을 위한 조력(제4단계) : 내담자로 하여금 목표와 행동계획의 실행을 위한 기대와 욕구를 정하도록 도우며, 목표와 계획의 재검토 및 유의미한 준거에 의한 평가 가능성 등을 확인한다.
- 종결 및 추수지도(제5단계) : 상담 과정에서 다루어진 내용들을 살펴보고 진행 과정들을 점검하며, 내담자의 변화 및 목표 달성의 정도를 평가하고 다음 단계에 해야 할 일들을 검토한다.

18 다음에서 공통으로 설명하는 것은?

- 상담관계에 관한 감정을 여기-지금의 형태로 반응할 수 있다.
- 긴장감이나 지루함을 인식하고 이야기를 나누는 상담자의 능력이다.
- 촉진적 상담관계를 발달시키고 유지하는 데 활용될 수 있다.

① 해 석　　　　　　　　　　　② 즉시성
③ 지시 및 조언　　　　　　　　④ 통 찰

해설

② '즉시성'은 상담자가 자신의 바람은 물론 내담자의 느낌, 인상, 기대 등에 대해 이를 깨닫고 대화를 나누는 것이다. '관계 즉시성'과 '여기-지금의 즉시성'이 있으며, 방향감이 없는 관계일 경우, 긴장감이 감돌고 있는 경우, 신뢰성에 의문이 제기될 경우, 내담자의 의존성이나 상담자의 역의존성이 있을 경우 유용하다.
① '해석'은 특히 정신분석 상담에서 널리 사용하는 기법으로, 상담자가 내담자의 자유연상이나 정신 작용 가운데 명확하지 않은 부분에 대해 추리하여 이를 내담자에게 설명하는 것이다.
③ '지시 및 조언'은 상담자의 보다 직접적인 개입기법으로서 시의적절하게 사용할 경우 내담자의 행동변화를 이끌어내는 데 효과적일 수 있으나, 내담자의 거부반응을 유발할 수도 있으므로 사용상 주의를 필요로 한다.
④ '통찰'은 특히 정신분석 상담에서 널리 사용하는 기법으로, 상담자가 해석을 통해 내담자로 하여금 현실과 환상, 과거와 현재를 구분하도록 해 주며, 아동기의 무의식적이고 환상적인 소망의 힘을 깨닫도록 돕는 것이다.

19 진로 미결정자의 특성으로 볼 수 없는 것은?

① 자신의 모습, 직업 혹은 의사결정을 위한 지식이 부족함

② 다양한 능력으로 인해 진로결정이 어려움

③ 진로결정은 어려워 하지만 성격적인 문제가 없음

④ 생활 전반에 걸쳐 불안을 동반함

 해설

④ 진로 무결정자의 특성에 해당한다.

진로결정 상태에 따른 내담자의 분류(Sampson, Peterson, Reardon)

진로 결정자	• 자신의 선택이 잘 되었음을 명료화하기 원하는 내담자 • 자신의 선택을 이행하기 위해 도움이 필요한 내담자 • 진로를 결정한 것처럼 보이지만 실제로는 결정을 못하는 내담자
진로 미결정자	• 자신의 모습, 직업 혹은 의사결정을 위한 지식이 부족한 내담자 • 다양한 능력으로 인해 진로결정이 어려운 내담자 • 진로결정은 어려워하지만 성격적인 문제는 없는 내담자
진로 무결정자	• 생활 전반에 걸쳐 불안을 동반한 내담자 • 일반적으로 문제해결에서 부적응적인 성격을 지니고 있는 내담자

20 Krumboltz의 직업상담이론에서 우연한 사건을 다루는 데 도움이 되는 기술을 모두 고른 것은?

ㄱ. 호기심	ㄴ. 융통성
ㄷ. 낙관성	ㄹ. 완벽성

① ㄱ

② ㄴ, ㄹ

③ ㄱ, ㄴ, ㄷ

④ ㄱ, ㄴ, ㄷ, ㄹ

 해설

진로선택에 영향을 미치는 우연한 사건을 다루기 위한 기술

• 호기심 : 새로운 학습기회를 탐색하게 한다.

• 인내심 : 좌절에도 불구하고 노력을 계속하게 한다.

• 융통성 : 태도와 상황을 변화시키는 것이다.

• 낙관성 : 새로운 기회를 긍정적이고 달성 가능하다고 보는 것이다.

• 위험감수 : 불확실한 결과에 직면하더라도 실행을 계속하게 한다.

21 직업상담의 목적으로 옳지 않은 것은?

① 상담자가 내담자에게 직업계획과 직업선택을 알려주는 것이다.
② 개인의 직업적 목표를 명확히 하도록 돕는 것이다.
③ 자아와 직업세계에 대한 구체적인 이해와 새로운 사실을 발견하도록 촉진하는 것이다.
④ 직업선택과 직업생활에서의 능동적인 태도를 함양하는 것이다.

직업상담의 목적
• 직업상담은 내담자가 이미 잠정적으로 선택한 진로결정을 확고히 해 주는 과정이다.
• 직업상담은 개인의 직업목표를 명백히 해 주는 과정이다.(②)
• 직업상담은 내담자로 하여금 자기 자신과 직업세계에 대한 구체적인 이해 및 새로운 사실의 발견을 촉진하는 과정이다.(③)
• 직업상담은 내담자에게 진로 및 직업선택 관련 의사결정 능력을 길러주는 과정이다.
• 직업상담은 내담자에게 직업선택 및 직업생활에서의 능동적인 태도를 함양하도록 돕는 과정이다.(④)

22 Crites가 분류한 직업상담의 문제유형에 관한 설명으로 옳지 않은 것은?

① 적응형 – 흥미를 느끼는 분야와 적성에 맞는 분야가 일치하는 사람
② 비현실형 – 자신의 적성수준보다 낮은 적성을 요구하는 직업을 선택한 사람
③ 우유부단형 – 흥미나 적성의 유형이나 수준과는 관계없이 어떤 분야를 선택해야 할 지 결정을 못하는 사람
④ 부적응형 – 흥미를 느끼는 분야도 없고 적성에 맞는 분야도 없는 사람

해설

크라이티스(Crites)의 직업선택 문제유형 분류

변 인	직업선택 문제유형
적응성 (적응 문제)	• 적응형 : 흥미와 적성이 일치하는 분야를 발견한 유형(흥미를 느끼는 분야와 적성에 맞는 분야가 일치하는 사람) • 부적응형 : 흥미와 적성이 일치하는 분야를 찾지 못한 유형(흥미를 느끼는 분야도 없고 적성에 맞는 분야도 없는 사람)
결정성 (우유부단 문제)	• 다재다능형 : 재능(가능성)이 많아 흥미와 적성에 맞는 직업 사이에서 결정을 내리지 못하는 유형 • 우유부단형 : 흥미와 적성에 관계없이 어떤 직업을 선택할지 결정을 내리지 못하는 유형
현실성 (비현실성 문제)	• 비현실형 : 자신의 적성수준보다 높은 적성을 요구하는 직업을 선택하거나, 흥미를 느끼는 분야가 있지만 그 분야에 적성이 없는 유형 • 강압형 : 적성 때문에 직업을 선택했지만 그 직업에 흥미가 없는 유형 • 불충족형 : 흥미와는 일치하지만 자신의 적성수준보다 낮은 적성을 요구하는 직업을 선택하는 유형

23 직업상담의 역할로 옳지 않은 것은?

① 과제물 이행, 직업계획 작성 등의 경험을 통해 직업탐색 활동을 장려한다.

② 의사결정 기술을 향상시킬 수 있는 기회를 제공한다.

③ 직무기술을 훈련시켜 취업을 보장한다.

④ 직업계획 시스템이나 직업정보 시스템을 활용하여 직업탐색을 돕는다.

해설

직업상담사의 역할(미국 경력개발협회, NCDA)
- 상담 과정을 통해 내담자들이 인생과 직업의 목표를 명확히 할 수 있도록 돕는다.
- 내담자의 능력, 흥미, 적성 등을 평가하고, 내담자가 선택할 수 있는 직업대안들을 찾기 위해 관련 검사나 항목표를 실시하고 해석한다.
- 과제물 이행, 직업계획 작성 등의 경험을 통해 내담자에게 직업에 대한 탐색활동을 장려한다.(①)
- 직업계획 시스템이나 직업정보 시스템을 활용하여 내담자로 하여금 직업세계에 대해 더 잘 이해할 수 있도록 돕는다.(④)
- 의사결정 기술을 향상시킬 수 있는 기회를 제공한다.(②)
- 내담자가 자신의 직업계획을 개발할 수 있도록 돕는다.
- 내담자에게 직업탐색 전략과 기술을 가르치고 스스로 이력서를 작성할 수 있도록 돕는다.
- 인간관계기술을 훈련시킴으로써 직장에서의 잠재적 갈등을 해결할 수 있도록 돕는다.
- 직업과 삶에서의 다른 역할들 사이의 통합을 이해 및 수용할 수 있도록 돕는다.
- 직무스트레스, 직무상실, 직업전환 등으로 인해 낙담한 내담자들을 지지해 준다.

24 직업선택에 영향을 주는 요인으로 부모의 양육방식을 강조하고, 부모-자녀 관계척도를 개발한 학자는?

① 파슨스(F. Parsons) ② 홀랜드(J. Holland)

③ 로(A. Roe) ④ 윌리암슨(E. Williamson)

해설

③ 로(Roe)는 여러 가지 다른 직업에 종사하고 있는 사람들이 서로 다른 욕구를 가지고 있으며, 이러한 욕구가 직업선택에 큰 영향을 미친다는 욕구이론을 제시하였다. 그는 개인의 직업군 선택이 특히 부모-자녀의 관계에서 형성된 욕구구조(Need Structure)에서 비롯된다고 보았으며, 부모-자녀 관계를 측정하기 위해 시겔만(Siegelman)과 함께 부모-자녀 관계 질문지(PCR ; Parent-Child Relations Questionnaire)를 개발하기도 하였다.

① 파슨스(Parsons)는 직업지도운동의 선두주자로서 각 개인을 신뢰롭고 타당하게 측정될 수 있는 고유한 특성의 집합체로 보았으며, 이와 같은 관점을 토대로 특성-요인이론을 제안하였다.

② 홀랜드(Holland)는 개인-환경 적합성(Person-Environment Fit) 모형을 통해 개인의 행동이 그들의 성격에 부합하는 직업환경 특성들 간의 상호작용에 의해 결정된다고 주장하였다.

④ 윌리암슨(Williamson)은 파슨스의 '개인', '직업', '개인과 직업 간의 관계'를 기본으로 하여 만든 직업이론의 원리를 토대로 특성-요인 이론을 발전시켰다. 그는 변별진단을 통해 직업 의사결정에서 나타나는 문제유형들을 분류하였다.

25 직업상담자가 구직상담 과정에서 다루는 내용을 모두 고른 것은?

> ㄱ. 채용정보 제공
> ㄴ. 구직기술 지도
> ㄷ. 취업실패의 원인 탐색
> ㄹ. 구직 과정에서 겪는 다양한 심리적 문제 인식

① ㄱ, ㄹ

② ㄱ, ㄴ, ㄷ

③ ㄴ, ㄷ, ㄹ

④ ㄱ, ㄴ, ㄷ, ㄹ

구직상담
• 직업을 구하고자 하는 사람을 대상으로, 적합한 직업을 결정하고 그 직업을 가질 수 있도록 조력하는 상담을 말한다.
• 구직자의 자기이해 증진, 채용정보 제공, 구직기술 지도뿐만 아니라 취업실패의 원인 탐색, 구직 과정에서 겪는 다양한 심리적 문제 탐색에 대한 조력도 포함된다.

26 행동주의 직업상담이론에서 사용하는 기법 중 학습촉진기법이 아닌 것은?

① 직 면
② 사회적 모델링과 대리학습
③ 강 화
④ 변별학습

해설
① 직면(Confrontation)은 내담자에게 문제를 있는 그대로 확인시켜 주어 문제와 맞닥뜨리도록 함으로써 내담자로 하여금 현실적인 대처 방안을 찾을 수 있도록 도전시키는 것으로, 개인주의 상담이나 형태주의(게슈탈트) 상담 등의 기법으로 사용된다.
② 사회적 모델링(Modeling)과 대리학습(Vicarious Learning)은 타인의 행동에 대한 관찰 및 모방에 의한 학습을 통해 내담자로 하여금 문제행동을 수정하거나 학습을 촉진시키는 기법이다.
③ 강화(Reinforcement)는 내담자의 행동에 개입하여 보상교환 등의 긍정적인 피드백을 제공함으로써 정적 행동을 유도하거나 특정 행동을 조장하는 학습촉진기법이다.
④ 변별학습(Discrimination Learning)은 유사한 자극에서 나타나는 조그만 차이에 따라 서로 다른 반응을 보이도록 유도하는 학습촉진 기법이다.

27 비표준화된 검사이면서도 직업상담 장면에서 유용하게 사용되는 검사는?

① 직업카드분류검사

② 직업탐색검사(SDS)

③ 성격 5요인 검사

④ 적성분류검사(DAT)

① 직업카드분류검사는 진로평가의 영역 중 기존의 표준화 검사로 대표되는 표준화 평가, 전통적 평가, 객관적 평가와 대비되는 개념인 질적 평가, 대안적 평가의 영역에 속하며, 특히 개인의 대표적인 특성의 하나인 흥미를 알아보는 평가도구로 분류된다.
② 직업탐색검사 혹은 자기방향탐색검사(SDS ; Self Directed Search)는 홀랜드(Hollnad)가 개발한 직업흥미를 평가하는 표준화 검사이다.
③ 성격 5요인(Big-5) 검사는 외향성, 호감성(친화성), 성실성, 정서적 불안정성, 경험에 대한 개방성(경험개방성) 등 성격특성의 5가지 요인을 측정하는 표준화 검사이다.
④ 적성분류검사 또는 차이적성검사(DAT ; Differential Aptitude Test)는 본래 고등학생을 대상으로 한 진로상담용 검사로 개발된 것으로 서, 학생들의 여러 가지 능력이나 적성을 다양하게 측정하기 위한 표준화 검사이다.

28 집단직업상담의 특성으로 옳은 것은?

① 자신에 대한 탐색, 이해, 통찰력이 극히 제한되어 있는 사람에게 효과적이다.

② 집단에서 공개적으로 발언하는 것에 대한 심한 불안과 공포가 있는 사람의 경우에 개인상담보다 효과적이다.

③ 구체적인 직업정보의 교환 및 피드백을 통해 실질적인 문제 해결을 위한 도움을 주고받을 수 있다.

④ 내담자의 문제에 대해 보다 심층적인 접근과 해결이 가능하다.

① 자신에 대한 탐색, 이해, 통찰력이 극히 제한되어 있는 사람에게는 개인상담이 효과적이다.
② 집단에서 공개적으로 발언하는 것에 대한 심한 불안과 공포가 있는 사람에게는 개인상담이 효과적이다.
④ 집단상담보다는 개인상담이 내담자의 문제에 대해 보다 심층적인 접근과 해결이 가능하다.

29 특성-요인 직업상담의 과정에 대한 설명으로 옳지 않은 것은?

① 특성-요인 직업상담 과정은 합리적이고 과학적인 문제해결 방법을 따른다.

② 분석, 종합, 진단, 예측, 상담(치료), 사후지도의 6단계 과정으로 진행된다.

③ 직업상담의 모든 단계에서 내담자는 수동적으로 참여한다.

④ 상담자의 역할은 중재과정 동안 내담자를 교육·설득하고 내담자에게 확신을 심어주는 교육자의 역할이다.

③ 특성-요인 직업상담은 분석, 종합, 진단, 예측, 상담 또는 치료, 사후지도의 6단계 과정으로 진행된다. 이 과정의 처음 4단계는 상담자가 주도적으로 상담을 이끌며, 나머지 2단계에서 내담자가 능동적으로 참여한다. 따라서 직업상담 과정의 대부분은 내담자에 대한 자료를 수집 및 분석하고 평가하는 상담자의 활동들로 구성된다.

30 Holland의 성격유형 모형은 5개의 주요 개념을 제시하고 있다. 다음에서 설명하는 개념은?

> 6개의 성격유형들은 육각형상에서 인접할수록 더 유사한 특성을 지닌다. 예를 들어, 예술형(A)은 관습형(C)보다 사회형(S)과 더 많은 공통점을 가진다.

① 변별성   ② 일관성
③ 정체성   ④ 명확성

홀랜드(Holland) 육각형 모델과 해석차원
• 일관성(Consistency) : 어떤 쌍들은 다른 유형의 쌍들보다 공통점을 더 많이 가지고 있다.
• 변별성 또는 차별성(Differentiation) : 어떤 사람은 특정 유형과 매우 유사한 반면, 다른 유형과 차별적인 모습을 보인다.
• 정체성(Identity) : 개인의 성격은 그의 목표, 흥미, 재능에 의해 명확해지며, 환경유형은 조직의 투명성, 안정성, 목표·일·보상의 통합에 의해 확고해진다.
• 일치성(Congruence) : 어떤 사람은 자기 자신의 성격유형과 동일하거나 유사한 환경에서 일하고 생활한다.
• 계측성 또는 타산성(Calculus) : 육각형 모델에서의 유형들 간의 거리는 그 이론적인 관계에 반비례한다.

31 일과 직업발달에 대한 사회학적 이론의 입장으로 볼 수 없는 것은?

① 내담자에게 노동시장에 들어갔을 때 경험하게 되는 직업세계의 복잡성과 어려움에 관해 알려줘야 한다.
② 내담자들이 직업적 대안을 제한하는 성에 관한 고정관념을 극복하도록 도움을 주어야 한다.
③ 소수집단에게는 교육기회를 늘려 주어 일에 관한 태도와 정보, 기술을 개발시킴으로써 직업계획에 도움을 주어야 한다.
④ 개인의 욕구와 가치는 직무만족의 중요한 요소로 직업적응 향상을 위해 직업상담에서 강조되어야 한다.

④ 일과 직업발달에 대한 사회학적 이론의 입장이라기보다는 직업적응이론의 입장으로 볼 수 있다. 직업적응이론은 데이비스와 롭퀴스트(Dawis & Lofquist)가 직업적응 프로젝트의 연구 성과를 바탕으로 정립한 것으로서, 개인의 특성에 해당하는 욕구와 능력을 환경에서의 요구사항과 연관지어 직무만족이나 직무유지 등의 진로행동에 대해 설명하였다.

사회학적 이론
• 개인을 둘러싼 사회·문화적 환경이 개인의 행동에 영향을 미친다는 사회학적 지식을 토대로 블라우(Blau) 등이 제안하였다.
• 가정, 학교, 지역사회 등의 사회적 요인이 직업선택과 발달에 영향을 미친다는 것으로, 특히 개인이 속해 있는 사회계층에 따라 그 속에서 생활하고 있는 대다수 사람들의 사회적 반응, 교육받은 정도, 직업적 야망, 일반지능수준 등을 결정하는 독특한 심리적 환경을 조성하게 되는데, 그것이 결과적으로 개인의 직업선택 및 발달에 영향을 미치게 된다는 것이다.
• 개인이 통제할 수 없는 요인들이 직업선택에 중요한 영향을 미친다고 가정하므로, 진로상담 시 개인을 둘러싸고 있는 제반 상황(예 가정의 사회·경제적 지위, 가정의 영향력, 학교, 지역사회, 압력집단 등)을 파악하여 지도하여야 한다.

32 맞벌이 부부를 위한 직업상담에 관한 설명으로 옳지 않은 것은?

① 의사소통, 협상, 문제해결은 생애 전반에 걸친 끊임없는 과정으로 볼 수 있다.
② 상담적 개입은 맞벌이 부부의 여러 가지 현안 문제에 부합되도록 맞춤식이 되어야 한다.
③ 자신의 가정과 직업적 책임을 위해 서로 조화를 이루어 나가야 한다.
④ 가정에서 수행되어야 할 다양한 책임을 동일하게 배분하도록 한다.

해설

④ 가정에서 수행되어야 할 다양한 책임을 각자의 역할에 따라 동일하게 배분하는 것은 매우 어렵다. 따라서 부부 간의 책임분담 훈련, 시간관리 기술, 개인과 가족의 우선순위를 정하고 논의하는 부부 간 효과적인 계획 세우기 등을 통해 일과 가사를 병행하는 맞벌이 부부의 이중적 역할에서 비롯되는 갈등을 그들 스스로 해소할 수 있도록 훈련시키는 방법을 활용할 수 있다.

33 여성을 위한 직업상담에 관한 설명으로 옳지 않은 것은?

① 직업탐색 과정에서부터 차별적 관행에 영향을 받지 않도록 도움을 주어야 한다.
② 멘토의 성별이 멘토링 효과에 영향을 미칠 수 있다.
③ 성공에 대한 공포는 여성에게만 나타나는 고유한 특성이다.
④ 고위직으로 올라갈수록 유리천장의 영향이 커질 수 있음을 인식하고 그 대응방안을 마련하도록 도움을 주어야 한다.

해설

성공에 대한 공포(Fear of Success)

• 호너(Horner)는 대학생들을 대상으로 한 성공 공포에 대한 실험에서 남성의 경우 90% 이상이 성공에 대해 긍정적인 반응을 보인 반면, 여성의 경우 약 65% 정도가 성공에 대해 부정적으로 묘사했다고 보고한 바 있다. 그는 이 결과를 토대로 능력이 있는 여성이나 사회적으로 성공한 여성이 오히려 여성답지 못하다거나 행복한 여성이 되기 어렵다는 사회적 편견으로 인해 성공에 대한 공포를 가지게 된다고 주장하였다.
• 그러나 팔루디(Paludi)는 호너의 견해에 반대하면서, 호너가 여성의 성공에 대한 공포를 주장한 것은 남성의 영역에서 1등이라는 매우 독보적 위치를 차지한 여성에 대한 부정적 믿음에서 비롯된 것이라 반박한 바 있다. 만약 여성의 영역에서 독보적 위치를 차지한 남성의 경우라면 그와 반대로 남성의 성공에 대한 공포가 나타난다는 것이다.
• 결국 성공에 대한 공포는 여성에게만 나타나는 고유한 특성은 아니다. 그와 같은 주장은 여성의 사회적 활동에 대한 편견이 심한 시대나 사회에서 어느 정도 설득력이 있겠으나, 이를 여성에게만 나타나는 보편적 특성으로 보는 것은 옳지 않다.

34 Williamson의 직업선택 문제에 대한 분류에 해당하는 것은?

① 의존성
② 흥미와 적성의 모순
③ 직업선택에 대한 불안
④ 가치관의 혼란

윌리암슨(Williamson)의 직업선택 문제유형 분류
- 직업 무선택(선택하지 않음) : 내담자는 자신의 선택의사를 표현할 수 없으며, 자신이 무엇을 원하는지조차 모른다고 대답한다.
- 직업선택의 확신부족(불확실한 선택) : 내담자는 교육수준 부족, 자기이해 부족, 직업세계에 대한 이해 부족, 실패에 대한 두려움, 자신의 적성에 대한 불신 등으로 인해 직업선택에 대해 확신을 가지지 못한다.
- 흥미와 적성의 불일치(차이 또는 모순) : 내담자가 흥미를 느끼는 직업에 적성이 없거나, 적성을 가지고 있는 직업에 흥미를 느끼지 못하는 등 흥미와 적성이 일치하지 않는 경우를 말한다.
- 현명하지 못한 직업선택(어리석은 선택) : 내담자는 목표에 맞지 않는 적성이나 자신의 흥미와 관계없는 목표를 가지고 있을 수 있다. 또한 직업적응을 어렵게 하는 성격적 특징이나 특권에 대한 갈망을 가지고 있을 수도 있다.

35 1930년대 미국에서 개발된 검사로 언어 및 수리능력, 공간지각, 형태지각, 손가락 재능, 운동협응 등을 측정하는 검사는?

① 일반적성검사(GATB)
② 진로성숙도검사(CMI)
③ 직업선호도검사(VPI)
④ 적성분류검사(DAT)

① 미국에서는 1930년대에 시작된 직무분석에 관한 체계적인 연구 작업들을 계기로 직업심리 실제 분야의 이정표가 될 수 있는 직업명사전(Dictionary of Occupational Titles) 및 직업전망백서(Occupational Outlook Handbook)와 함께 직업적성검사의 시초라 할 수 있는 일반적성검사 또는 일반 직업적성검사(GATB ; General Aptitude Test Battery)를 개발 혹은 발간하였다.
② 진로성숙도검사(CMI ; Career Maturity Inventory)는 크라이티스(Crites)가 개발한 것으로서, 진로탐색 및 직업선택에 있어서 태도 및 능력이 얼마나 발달하였는지를 측정하는 표준화 진로발달 검사도구이다.
③ 직업선호도검사(VPI ; Vocational Preference Inventory)는 홀랜드(Holland)의 성격검사를 표준화하여 특정 직업 활동에 대한 선호도를 측정하기 위해 고안된 검사로서, (직업)흥미검사, 성격검사, 생활사검사로 구성되어 있다.
④ 적성분류검사 또는 차이적성검사(DAT ; Differential Aptitude Test)는 본래 고등학생을 대상으로 한 진로상담용 검사로 개발된 것으로서, 학생들의 여러 가지 능력이나 적성을 다양하게 측정하기 위한 표준화 검사이다.

36 다음과 같은 기본적인 가정을 바탕으로 발전된 직업상담이론은?

> • 사람들은 능력과 흥미를 확장해야 하며, 단지 기존의 특성만으로 의사결정을 해서는 안 된다.
> • 사람들은 직업이 안정적으로 유지될 것이라는 가정을 하지 말고, 작업과제를 변화시키기 위한 준비를 할 필요가 있다.
> • 사람들을 단순히 진단하는 것이 아니라 행동을 하도록 동기를 부여할 필요가 있다.

① Williamson의 특성-요인이론
② Krumboltz의 사회학습이론
③ Roe의 욕구이론
④ Brown의 가치중심 모형

 해설

크롬볼츠(Krumboltz)의 사회학습이론에서 직업상담사의 역할
• 첫째, 내담자의 능력과 흥미를 확장시킨다.
  표준화 검사 등에 국한하여 내담자의 특성을 결정하기보다는 내담자의 새로운 가능성을 개발하도록 한다.
• 둘째, 직업의 변화에 대비하도록 준비시킨다.
  직업이 안정적으로 유지될 것이라 생각하기보다는 업무의 변화에 대비하도록 준비시켜야 한다.
• 셋째, 내담자에 대한 진단과 행동을 유도한다.
  내담자에 대한 정확한 진단과 함께 내담자 자신의 진로선택을 실천하도록 동기를 부여할 필요가 있다.
• 넷째, 모든 직업 및 진로 문제를 다룬다.
  직업상담사는 직업선택뿐만 아니라 직업 및 진로와 관련된 모든 문제를 다룰 수 있어야 한다.

37 장애를 지닌 내담자에 대한 측정과 상담에 관한 설명으로 옳지 않은 것은?

① 흥미와 능력 사이의 불일치가 일반인들보다 더 자주 관찰된다.
② 내담자의 사회적 지원망에 대하여 검토한다.
③ 내담자의 자아존중감, 자아개념, 자기효능감 등을 측정할 필요가 있다.
④ 측정결과를 활용하여 상담할 때 장점과 단점을 모두 정확히 지적하는 것이 중요하다.

해설

④ 아이작슨과 브라운(Isaacson & Brown)은 직업상담 과정에서 측정결과를 활용하여 상담할 때 내담자의 장점을 강조하는 것이 중요하다고 주장하였다. 장애를 지닌 내담자는 일반인들보다 자신의 제한점에 대해 더욱 민감하게 반응하면서 그에 집중하는 경향이 있으므로 사회적 고립의 가능성을 높이게 된다. 따라서 장애가 갖는 부정적 측면을 강조하기보다는 내담자의 장점과 가능성을 부각시킴으로써 내담자에게 보다 많은 힘과 가능성을 제공해 줄 수 있다. 즉, 내담자의 장점에 초점을 두는 것이 내담자가 할 수 없는 것을 정확히 지적하는 것보다 더욱 중요하다.

38 직업상담기법으로 (   )에 들어갈 것으로 알맞은 것은?

> 상담에서 내담자가 전혀 동기화되어 있지 않거나 책임감에 대한 두려움이 숨어있을 때, 상담자는 (ㄱ)를 사용하여
> 내담자의 (ㄴ)을(를) 줄이고 의사결정을 도울 수 있다.

① ㄱ : 은유, ㄴ : 저항
② ㄱ : 은유, ㄴ : 공감
③ ㄱ : 지시, ㄴ : 저항
④ ㄱ : 지시, ㄴ : 방어

 해설

저항감 재인식하기 및 다루기
• 상담에 대해 동기화되지 않거나 저항감을 나타내는 경우, 방어기제를 사용하거나 의도적으로 의사소통을 방해하는 경우 내담자를 이해
  하는 기법이다.
• 내담자의 저항 이면에는 책임감에 대한 두려움이나 일상의 일들로부터의 도피, 자기존중감을 지키기 위한 의도 등이 내재해 있다.
• 변형된 오류 수정하기, 내담자와 친숙해지기, 은유 사용하기, 대결하기 등의 전략으로 내담자의 저항감을 다룬다.

39 정신역동적 직업상담이론에서 Bordin이 제시한 직업상담 과정이 아닌 것은?

① 탐색과 계약설정 단계
② 핵심결정 단계
③ 현실검증 단계
④ 변화를 위한 노력 단계

 해설

보딘(Bordin)의 정신역동적 직업상담 과정
• 탐색과 계약설정(제1단계) : 내담자의 정신역동적 상태에 대한 탐색 및 상담전략에 대한 합의가 이루어진다.
• 핵심결정(제2단계) : 내담자는 중대한 결정을 통해 자신의 목표를 성격 변화 등으로 확대할 것인지 고민한다.
• 변화를 위한 노력(제3단계) : 내담자는 자아 인식 및 자아 이해를 확대해 나가며, 지속적인 변화를 모색한다.

40 다음에서 설명하는 직업상담 관련 온라인 사이트는?

> • 고용노동부와 한국고용정보원에서 운영하는 고용정보시스템
> • 직업심리검사, 일자리 채용정보, 직업훈련, 고용 · 복지 서비스 안내 등

① 대학알리미(www.academyinfo.go.kr)

② 커리어넷(www.career.go.kr)

③ 큐넷(www.q-net.or.kr)

④ 워크넷(www.work.go.kr)

해설

① 대학알리미(Academyinfo)는 한국대학교육협의회 대학정보공시센터에서 운영하고 있는 것으로, 학교운영, 학생 및 교원, 연구 · 산학협력, 예 · 결산, 교육여건 등 대학의 공시정보를 제공함으로써 국민들이 보다 쉽고 편리하게 대학정보를 이용할 수 있도록 한다.

② 커리어넷(CareerNet)은 한국직업능력개발원의 국가진로교육센터에서 운영하고 있는 것으로, '개인의 삶의 질 향상'과 '국가의 경쟁력 강화'라는 두 테마의 중요한 연결고리인 국민의 진로개발을 지원하기 위해 다양한 역할을 수행한다.

③ 큐넷(Q-Net)은 한국산업인력공단이 운영하고 있는 것으로, 국가자격, 민간자격, 외국자격 등 각종 자격정보를 제공하는 것은 물론, 정기 및 상시 시험, 전문자격시험, 자격증 발급 등 자격에 관한 다양한 서비스를 제공한다.

01 현실치료에서 우볼딩(R. Wubbolding)이 실천계획의 효율적 달성을 위해 제시한 계획의 구성요소가 아닌 것은?

① 달성 가능해야 한다(Attainable).
② 복합적이어야 한다(Complex).
③ 측정할 수 있어야 한다(Measurable).
④ 즉시 할 수 있어야 한다(Immediate).

 해설

효율적인 계획을 세울 때 고려해야 할 사항(SAMIC3/P)
• S(Simple) : 계획은 단순해야 한다.
• A(Attainable) : 계획은 달성 가능해야 한다.(①)
• M(Measurable) : 계획은 측정할 수 있어야 한다.(③)
• I(Immediate) : 계획은 즉시 할 수 있어야 한다.(④)
• C(Controlled) : 계획은 계획자에 의해 통제되어야 한다.
• C(Consistent) : 계획은 일관성이 있어야 한다.
• C(Committed) : 계획은 이행에 대한 언약이 있어야 한다.
• /P(Planner) : 이상의 모든 계획의 구성요소는 계획자의 책임에 달려 있다.

02 다음 설명에 해당하는 직업적응이론의 개념은?

> • 직업 환경이 개인의 욕구를 얼마나 채워주고 있는지에 대한 개인의 평가
> • 개인이 수행하는 일에 대한 조화의 내적 지표
> • 개인의 욕구에 대한 작업 환경의 강화가 적절하면 상승

① 반응(Reaction)
② 만족(Satisfaction)
③ 적응(Adaptation)
④ 충족(Satisfactoriness)

 해설

직업적응 관련 주요 개념으로서 만족과 충족

만 족 (Satisfaction)	• 조화의 내적 지표로, 직업 환경이 개인의 욕구를 얼마나 채워주고 있는지에 대한 개인의 평가를 뜻한다. • 개인의 욕구에 대한 직업의 강화가 적절히 이루어질 때 만족이 높아진다고 가정한다.
충 족 (Satisfactoriness)	• 조화의 외적 지표로, 직업에서 요구하는 과제와 이를 수행할 수 있는 개인의 능력과 관련된 개념이다. • 개인이 직업 환경에서 요구하는 과업을 수행할 수 있는 기술(능력)을 가지고 있을 때 직업의 요구가 충족된다고 가정한다.

03 MBTI 검사에서 성격 유형의 지표와 선호 경향의 내용을 바르게 연결한 것은?

① 감각-직관 : 주의집중 방향과 에너지의 원천
② 판단-인식 : 정보 수집(인식) 기능
③ 사고-감정 : 의사 결정(판단) 기능
④ 외향-내향 : 외부 세계에 대한 태도/행동 양식

 해설

MBTI의 선호지표에 따른 성격유형
• 주의집중 방향과 에너지의 원천 : 외향형(E)/내향형(I)
• 정보 수집(인식) 기능 : 감각형(S)/직관형(N)
• 의사 결정(판단) 기능 : 사고형(T)/감정형(F)
• 외부 세계에 대한 태도/행동 양식 : 판단형(J)/인식형(P)

04 윌리엄슨(E. Williamson)의 특성-요인 진로상담에서 진로선택의 네 가지 범주에 대한 설명 중 옳지 않은 것은?

① 불확실한 선택 : 내담자가 자신의 결정에 대하여 의심을 나타내는 것
② 진로 무선택 : 내담자가 자신의 선택의사를 표현할 수 없고, 자신이 무엇을 원하는지조차 모른다고 대답하는 것
③ 현명하지 못한 선택 : 내담자의 능력과 직업이 요구하는 것이 일치하지 않는 것
④ 흥미와 적성 간의 모순 : 내담자 자신이 수행에 필요한 충분한 능력을 가지고 있지 않은 직업을 결정하는 것

해설

④ '현명하지 못한 (직업)선택'의 내용에 해당한다.
윌리엄슨(Williamson)의 진로선택 문제유형 분류

직업(진로) 무선택	• 내담자가 직접 직업을 결정한 경험이 없거나, 선호하는 몇 가지의 직업이 있음에도 불구하고 어느 것을 선택할지를 결정하지 못하는 경우이다. • 내담자는 자신의 선택의사를 표현할 수 없고, 자신이 무엇을 원하는지조차 모른다고 대답한다.
직업선택의 확신부족 (불확실한 선택)	• 직업을 선택하기는 하였으나, 자신의 선택에 대해 자신감이 없고 타인으로부터 자기가 성공하리라는 위안을 받고자 추구하는 경우이다. • 내담자는 자신의 결정에 대하여 의심을 나타낸다.
흥미와 적성의 불일치 (흥미와 적성의 모순 또는 차이)	• 흥미를 느끼는 직업에 대해서 수행능력이 부족하거나, 적성에 맞는 직업에 대해서 흥미를 느끼지 못하는 경우이다. • 내담자가 흥미를 느끼는 직업에 적성이 없거나, 적성을 가지고 있는 직업에 흥미를 느끼지 못하는 등 흥미와 적성이 일치하지 않는다.
현명하지 못한 직업선택 (어리석은 선택)	• 동기나 능력이 부족한 사람이 고도의 능력이나 특수한 재능을 요구하는 직업을 선택하는 경우, 흥미가 없고 자신의 성격에 부합하지 않는 직업을 선택하는 경우 또는 자신의 능력보다 훨씬 낮은 능력이 요구되는 직업을 선택하거나 안정된 직업만을 추구하는 경우이다. • 내담자는 목표와 맞지 않는 적성이나 자신의 흥미와 관계없는 목표를 가지고 있을 수 있다. 또한 직업적응을 어렵게 하는 성격적 특징이나 특권에 대한 갈망을 가지고 있을 수도 있다.

05 진로정보처리이론에서 진로선택에 포함된 중요한 인지영역을 기술하기 위해 사용되는 진로정보처리 영역 피라미드의 구성요소가 아닌 것은?

① 자기 지식 : 가치, 흥미, 기술
② 진로의사결정 기술 : 개인이 결정을 어떻게 하는가를 이해하는 것
③ 진로정보 평가 : 진로 정보를 조정하고 관리하는 것
④ 초인지 : 진로의사결정 과정 전체를 조망할 수 있는 능력

해설

진로정보처리이론의 진로정보처리 영역 피라미드
- 자신에 대한 지식(자기정보) : 자신에게 적합한 직업을 선택하기 위한 기초적인 지식으로서 자신의 가치, 흥미, 기술 등을 알아야 한다는 것이다.
- 직업에 대한 지식(직업정보) : 진로의사결정을 하는 데 있어서 자신에 대한 이해뿐만 아니라 직업에 대한 구체적인 정보가 있어야 한다는 것이다.
- 진로의사결정 과정(CASVE) : 효과적인 의사결정을 위해 진로의사결정 과정 및 기술에 대한 지식이 있어야 한다는 것으로, '의사소통(Communication) – 분석(Analysis) – 통합 또는 종합(Synthesis) – 가치부여 또는 평가(Valuing) – 집행 또는 실행(Execution)'으로 이루어지는 이른바 'CASVE' 과정을 제안한다.
- 초인지(상위인지) : 합리적 의사결정을 위해 자신의 진로의사결정 과정 전체를 조망할 수 있는 능력이 필요하다는 것이다.

06 진로시간전망검사 중 코틀(W. Cottle)의 원형검사에 대한 설명 중 옳은 것은?

① 원의 배치는 시간차원에 대한 상대적 친밀감을 나타낸다.

② 원의 크기는 시간차원이 각각 어떻게 연관되어 있는지를 나타낸다.

③ 방향성 단계는 미래지향성을 증진시키기 위한 것으로, 미래에 대한 낙관적인 입장을 구성한다.

④ 변별성 단계는 현재의 행동과 미래의 결과를 연결시키고, 계획된 기법을 실습하여 진로에 대한 인식을 증진시킨다.

해설

①·② 원의 크기는 시간차원에 대한 상대적 친밀감을 나타내는 반면, 원의 배치는 시간차원들이 각각 어떻게 연관되어 있는지를 나타낸다.

진로시간전망 개입의 3가지 측면(Cottle)

방향성	미래지향성을 증진시키기 위해 미래에 대한 낙관적인 입장을 구성하는 것을 목표로 한다.
변별성	미래를 현실처럼 느끼도록 하고 미래 계획에 대한 정적(긍정적) 태도를 강화시키며, 목표설정이 신속히 이루어지도록 하는 것을 목표로 한다.
통합성	현재 행동과 미래의 결과를 연결시키며, 계획한 기법의 실습을 통해 진로인식을 증진시키는 것을 목표로 한다.

07 정신역동적 직업상담에서 보딘(E. Bordin)이 상담에 사용할 수 있는 상담자의 반응범주로 제시한 것이 아닌 것은?

① 비교 : 두 가지 이상의 주제가 갖는 역동적 현상들을 나란히 제시하여 그 유사성이나 차이점을 보다 더 부각시키는 것

② 설득 : 상담자가 내담자에게 합리적이고 논리적인 방법으로 증거(자료)를 제시하는 것

③ 명료화 : 개방적 질문, 부드러운 명령, 단순화된 진술의 형태를 취하는 것

④ 소망-방어체계 : 소망-방어체계에 내포된 의미를 해석하고 내담자가 자신의 내적 동기상태와 직업결정 사이의 관계를 지각하도록 돕는 것

해설

② '설득(Persuasion)'은 특성-요인 직업상담에서 윌리엄슨(Williamson)이 검사의 해석단계에 이용할 수 있다고 제시한 상담기법에 해당한다.

08 수퍼(D. Super)의 진로발달단계에 대한 설명으로 옳지 않은 것은?

① 탐색기에는 결정화(Crystallization), 실행(Implementation), 공고화(Consolidating)의 과업을 수행하여야 한다.

② 유지기에는 지속적으로 새로운 기술과 지식에 대한 교육, 전문성 향상의 과업을 수행하여야 한다.

③ 진로발달은 노년기를 포함하여 전 생애에 걸쳐 이루어지는 과정이다.

④ 생애단계는 성장기, 탐색기, 확립기, 유지기, 은퇴기의 다섯 단계로 구성된다.

① 공고화(Consolidating)는 수퍼(Super)의 진로발달단계 중 확립기(25~44세)의 과업에 해당한다.

수퍼(Super)의 진로발달단계 중 탐색기(15~24세)의 과업 수행 단계

결정화 (Crystallization)	호기심에서 비롯된 자신과 직업에 대한 정보가 축적되면서, 자신이 하고 싶은 일이 무엇인지를 명확히 하게 되는 단계이다.
구체화 (Specification)	자신이 관심을 갖게 된 몇 가지 직업들 중 특정 직업에 대한 선호가 생기고 구체화되는 단계이다.
실 행 (Implementation)	자신이 선택한 특정 직업이나 진로를 결정하고 그에 대한 노력을 기울이는 것으로, 일을 시작하기 전에 마지막으로 거치는 단계이다.

09 다음의 진로선택이론에 해당되는 진로상담 방안으로 옳은 것은?

> 진로선택에 영향을 미치는 요인을 '선천적으로 타고난 능력', '환경적 조건과 사건', '학습경험', '과제접근기술'로 구분하였다.

① 내담자들이 진로문제 해결을 하기 어렵게 만드는 신념을 명료화하도록 돕는다.
② 개인-환경 간의 지각된 부조화를 감소시킬 수 있도록 돕는다.
③ 타협의 불가피성을 수용하도록 돕는다.
④ 생애역할 정체감과 생애가치를 명확히 하도록 돕는다.

해설

① 크롬볼츠(Krumboltz)의 사회학습이론의 내용에 해당한다. 크롬볼츠는 진로선택에 영향을 미치는 4가지 요인이 서로 영향을 주고받으면서 개인으로 하여금 일반화된 생각을 하도록 만드는데, 이는 제한된 경험에서 비롯되므로 어느 정도 오류를 포함하고 있다고 보았다. 따라서 사회학습이론은 자신과 세상에 대한 일반화된 생각이 개인의 진로문제 해결을 어렵게 만든다고 주장하면서, 이를 명료화할 것을 강조한다.
② 데이비스와 롭퀴스트(Dawis & Lofquist)의 직업적응이론의 내용에 해당한다. 데이비스와 롭퀴스트는 개인과 환경 간의 조화를 변화할 수 없는 특성에 의해 맺어지는 정적인 과정이 아닌 서로 조화를 이루려고 노력하는 역동적인 과정으로 설명하였다.
③ 고트프레드슨(Gottfredson)의 직업포부 발달이론(제한-타협이론)의 내용에 해당한다. 고트프레드슨은 개인이 자기개념과 일치하는 직업에 대해 포부를 형성한다고 보고, 직업포부 형성과정을 제한과 타협의 과정으로 설명하였다.
④ 수퍼(Super)의 진로발달이론의 내용에 해당한다. 수퍼의 이론은 내담자로 하여금 생애역할 정체감과 자신이 생애역할에서 표현하고자 하는 가치를 명확히 하도록 돕는 유용한 이론적 틀을 제공한다는 평가를 받고 있다.

> * 참고 : 문제의 해설로 제시된 다양한 이론의 명칭과 학자의 우리말 이름은 교재에 따라 약간씩 다르게 제시되기도 합니다. 예를 들어, 'Krumboltz'는 '크롬볼츠', '크럼볼츠' 등으로, 'Dawis & Lofquist'는 '데이비스와 롭퀴스트', '다위스와 로프퀴스트' 등으로, 'Gottfredson'은 '고트프레드슨', '갓프레드슨' 등으로, 'Super'는 '수퍼', '슈퍼' 등으로 소개되고 있습니다.

10 굿맨(J. Goodman), 슐로스버그(N. Schlossberg), 앤더슨(M. Anderson)이 제시한 진로전환 과정의 단계별 주요 문제들을 진로전환 과정 단계의 순서대로 바르게 나열한 것은?

> ㄱ. 좌절과 절망, 소외감
> ㄴ. 외로움과 경쟁, 지루함, 요구에 부응하기 위한 경쟁
> ㄷ. 떠나기와 애도하기, 노력하기, 목표 상실과 재형성, 양가감정의 표현
> ㄹ. 일의 요령 배우기, 일과 문화에 대한 기대, 명시적 또는 암묵적 규준, 주변인의 느낌

① ㄱ - ㄴ - ㄷ - ㄹ   ② ㄱ - ㄹ - ㄴ - ㄷ
③ ㄹ - ㄱ - ㄴ - ㄷ   ④ ㄹ - ㄴ - ㄷ - ㄱ

 해설

진로전환 과정 단계(Goodman, Schlossberg & Anderson)

입직 단계 (제1단계)	• 새로운 직업을 얻게 되었을 때 일어나는 전환이다. • 주요 문제 : 일의 요령 배우기, 일과 문화에 대한 기대, 명시적 또는 암묵적 규준, 주변인의 느낌 등
승진 단계 (제2단계)	• 승진궤도에 있거나 승진정체에 놓였을 때 일어나는 전환이다. • 주요 문제 : 외로움과 경쟁, 지루함, 요구에 부응하기 위한 경쟁 등
퇴사 단계 (제3단계)	• 인원감축, 명예퇴직, 은퇴, 직업변경 등으로 일어나는 전환이다. • 주요 문제 : 떠나기와 애도하기, 노력하기, 목표 상실과 재형성, 양가감정의 표현 등
재취업을 위한 노력 단계 (제4단계)	• 실업상태에서 그에 대한 대응전략을 개발할 때 일어나는 전환이다. • 주요 문제 : 좌절과 절망, 소외감 등

11 다음 설명에 해당하는 홀랜드(J. Holland) 성격이론의 주요 개념은?

> • 성격유형과 환경모형 간의 관련 정도를 의미하는 것
> • 정육각형 모형상의 두 유형 간 근접성에 따라 설명되는 것

① 계측성(Calculus)   ② 일관성(Consistency)
③ 일치성(Congruence)   ④ 정체성(Identity)

 해설

홀랜드(J. Holland) 성격이론의 5가지 부가적 가정
• 일관성(Consistency) : 성격유형과 환경모형 간의 관련 정도를 의미하는 것으로, 정육각형 모형상의 두 유형 간 근접성에 따라 설명된다.
• 변별성 또는 차별성(Differentiation) : 사람이나 환경이 얼마나 잘 구별되는지를 의미하는 것으로, 직업적 흥미 특성이 얼마나 뚜렷한가를 나타낸다.
• 정체성(Identity) : 자신에게 갖는 정체성 또는 환경에 대해 갖는 정체성이 얼마나 분명하고 안정되어 있는가를 나타낸다.
• 일치성(Congruence) : 개인과 직업 환경 간의 적합성 정도를 의미하는 것으로, 사람의 직업적 흥미가 직업 환경과 어느 정도 맞는가를 나타낸다.
• 계측성 또는 타산성(Calculus) : 육각형 모형에서의 흥미유형 또는 환경유형 간의 거리가 그들의 이론적 관계와 반비례한다는 것을 시사한다.

12 직업상담을 효과적으로 수행하기 위한 상담자의 주요한 역할에 관한 설명으로 옳지 않은 것은?

① 직업상담의 성과를 얻기 위해서는 상담자와 내담자의 라포(Rapport)가 충분히 전제되어야 한다.
② 직업상담자는 상담윤리에 대해 숙지하고 있어야 한다.
③ 직업상담자는 각종 심리검사를 적극적으로 활용할 수 있어야 한다.
④ 직업상담에서는 가족문제와 같이 내담자의 개인적인 삶의 문제는 다루지 않는다.

> **해설**
>
> 개인상담과 직업상담의 통합의 필요성
> • 내담자의 직업문제와 개인적인 삶의 문제는 서로 뒤엉켜 있는 경우가 많다. 기즈버스(Gysbers) 등은 직업문제가 흔히 심리문제와 가족문제가 되고, 그런 다음 다시 직업문제가 되는 과정에서 사고, 정서, 느낌 모두가 관련되어 있다고 강조하였다.
> • 최근의 진로 및 직업상담은 내담자가 가진 직업문제와 심리문제를 굳이 구분하기보다는 내담자의 심리적 문제와 성격적 요소, 환경적 요인들이 직업문제와 어떻게 연결되어 있는지를 파악함으로써 이들을 통합적으로 다루고자 한다.

13 사회인지진로이론(SCCT)의 주요 요인에 대한 설명으로 옳지 않은 것은?

① 자기효능감 요인은 특정 행동 또는 활동을 수행할 수 있는 능력을 의미한다.
② 결과기대 요인은 특정 행동의 수행에서 얻게 될 성과에 대한 개인의 예측을 의미한다.
③ 목표 요인은 특정 행동에 몰입하거나 미래의 성과를 이루겠다는 결심을 의미한다.
④ 근접맥락 요인은 진로 선택의 시점에 비교적 직접적으로 작용하는 환경 요인을 의미한다.

> **해설**
>
> 사회인지진로이론(SCCT)의 3가지 중심적인 요인(변인)
> • 자기효능감(자아효능감) : 목표한 과업을 완성시키기 위해 필요한 행동을 계획하고 수행할 수 있는 자신의 능력에 대한 신념을 말한다(주의 : '능력'이 아닌 '능력에 대한 신념'을 말함).
> • 결과기대(성과기대) : 특정 과업을 수행했을 때 자기 자신 및 주변에서 일어날 일에 대한 평가를 말한다.
> • 개인적 목표 : 특정 활동에의 참여 또는 특정 결과를 성취하기 위한 개인의 의도를 말한다.

14 심리검사의 타당도에 대한 설명으로 옳지 않은 것은?

① 공인타당도(Concurrent Validity) : 새로 개발한 검사의 점수와 기존 검사의 점수 간의 상관관계를 통해 평가한다.
② 구성타당도(Construct Validity) : 검사 문항이 검사가 측정하고자 하는 구성개념을 적절하게 반영하는지를 평가한다.
③ 안면타당도(Face Validity) : 검사 문항이 그것이 속하는 개념을 얼마나 잘 대표하는가를 전문가가 판단한다.
④ 수렴타당도(Convergent Validity) : 어떤 검사가 측정하는 구성개념이 있을 때, 같은 구성개념을 측정하는 검사 점수 간의 상관관계를 통해 평가한다.

> **해설**
>
> ③ 내용타당도(Content Validity)에 대한 설명에 해당한다. 내용타당도는 검사의 문항들이 그 검사가 측정하고자 하는 내용영역을 얼마나 잘 반영하고 있는지를 나타내는 것으로, 내용타당도가 전문가의 평가 및 판단에 근거한 반면, 안면타당도는 전문가가 아닌 일반인의 일반적인 상식에 준하여 분석한다.

15 다음에서 설명하고 있는 심리검사는?

> • 진로 결정 및 문제해결에 대한 의사결정 과정에서 개인이 정보를 처리하는 방법을 파악하기 위한 것
> • 의사결정혼란(Decision Making Confusion), 수행불안(Commitment Anxiety), 외적 갈등(External Conflict)의 세 가지 하위요인으로 구성

① 진로사고검사(Career Thoughts Inventory)
② 진로전환검사(Career Transitions Inventory)
③ 진로태도 및 전략검사(Career Attitudes and Strategies Inventory)
④ 성인진로욕구검사(Adult Career Concerns Inventory)

해설

① 진로사고검사(CTI)는 진로문제 해결 과정과 의사결정 과정에서 나타나는 역기능적인 사고를 측정하기 위한 것으로, 진로선택 및 진로발달과 관련된 8개 내용영역과 함께 의사결정혼란(Decision Making Confusion), 수행불안(Commitment Anxiety), 외적 갈등(External Conflict)의 3가지 하위척도로 이루어진 48개 문항으로 구성되어 있다.
② 진로전환검사(CTI)는 성인들이 진로전환 과정에서 겪게 되는 내적 과정을 측정하기 위한 것으로, 준비도(Readiness), 자신감(Confidence), 통제(Control), 지각된 지지(Perceived Support), 의사결정 독립성(Decision Independence) 등 5가지 요인으로 이루어진 40문항으로 구성되어 있다.
③ 진로태도 및 전략검사(CASI)는 성인들이 직면하고 있는 진로문제를 확인하고 이를 명료화하기 위한 것으로, 일에 대한 만족, 업무참여도, 기술습득 유형, 진로에 대한 걱정, 대인관계문제, 가족 관여, 위험감수 유형, 지리적 장벽 등 진로 및 직업 적응에 관한 130개 문항으로 구성되어 있다.
④ 성인진로욕구검사(ACCI)는 발달단계에 따른 성인의 진로문제를 측정하기 위한 것으로, 탐색기, 확립기, 유지기, 쇠퇴기의 4개 발달단계와 12개 하위단계로 분류되는 61개 문항으로 구성되어 있다.

16 갓프레드슨(L. Gottfredson)의 제한－타협이론에서 타협의 과정과 원리에 대한 설명으로 옳지 않은 것은?

① 타협의 중요한 측면들로 성역할, 사회적 지위, 흥미를 제시한다.
② 한 개인이 가능한 진로 중에서 받아들일 수 없는 직업을 제거한다.
③ 타협에 대한 심리적 적응 과정의 중요성을 강조한다.
④ 자신이 선택한 직업 영역에 맞게 자신의 진로 기대를 변화시켜 나가도록 돕는다.

해설

② 한 개인이 가능한 진로 중에서 자신에게 적합하지 않다고 생각하는 진로대안을 제외시키면서 수용 가능한 대안의 영역을 축소해 나가는 것은 '제한(Circumscription)'의 과정 및 원리에 해당한다.
① 직업선택의 개인적 타협 과정에서 성역할(성 유형), 사회적 지위(권위 혹은 명성), 흥미의 순서로 그 중요도를 매기고 있으며, 직업에 대한 흥미가 가장 먼저 희생되고, 두 번째는 직업의 권위수준, 마지막으로 성역할(성 유형)이 희생된다고 본다.
③ · ④ '타협(Compromise)'을 이상적으로 생각하는 것과 현실적으로 획득할 수 있는 것 사이를 연결해 주는 과정으로 간주하면서, 직업세계에서 이상과 현실 사이의 차이를 좁혀가는 과정을 직업선택에서의 타협 과정으로 설명한다.

17 사비카스(M. Savickas)의 진로구성이론에서 진로양식면접의 질문영역과 질문의 의도가 일치하지 않는 것은?

① 교과목 : 내담자가 선호하는 직무와 근로환경을 확인한다.
② 역할모델 : 내담자가 추구하는 이상적 자아를 확인한다.
③ 준비도 : 개인이 통제할 수 없는 환경을 확인한다.
④ 명언 : 내담자의 생애에서 중요한 주제가 무엇인지 확인한다.

해설

진로양식면접의 구성

영 역	의미와 질문
준비도	상담의 출발점을 제시한다. 예 A씨의 진로를 만들어 나가는 데 있어서 저와 만나는 시간을 어떻게 활용할 수 있을까요?
역할모델	이상적 자아를 나타낸다. 예 어떤 사람의 삶을 따라서 살고 싶은가요?
잡지/TV프로그램	개인의 생활양식에 맞는 환경에 대한 선호를 나타낸다. 예 좋아하는 TV프로그램은 무엇인가요? 그 이유는 무엇인가요?
책/영화	동일한 문제에 당면해 있는 주인공이 어떻게 문제를 다루어 나가는지를 보여준다. 예 좋아하는 책이나 영화에 대해 이야기 해 주세요.
여가와 취미	자기표현과 함께 드러난 흥미가 무엇인지를 나타낸다. 예 여가 시간을 어떻게 보내고 싶은가요?
명 언	생애사(Life Story)의 제목을 제공한다. 예 좋아하는 명언이나 좌우명이 있나요?
교과목	선호하는 직무와 근로환경을 나타낸다. 예 중학교 때나 고등학교 때 좋아하는 교과목이 무엇이었나요?
생애 초기기억	무엇에 몰두하여 노력을 기울이고 있는지를 드러낸다. 예 가장 어릴 적 기억은 어떤 것인가요?

18 미국상담학회(American Counseling Association, ACA)에서 제시한 상담자 윤리강령의 영역과 실천기준이 잘못 짝지어진 것은?

① 상담관계 : 내담자 복지
② 비밀유지 : 내담자 권리 존중
③ 평가·측정·해석 : 사정 사전 동의
④ 전문적 책임 : 도구 선택

해설

④ '도구 선택(Instrument Selection)'은 미국상담학회(ACA) 윤리강령 중 〈Section E 평가·사정(측정)·해석(Evaluation, Assessment, and Interpretation)〉 영역의 실천기준에 해당한다.

미국상담학회 윤리강령(ACA Code of Ethics)

영 역	주요 실천기준
상담관계 (Section A)	• 내담자 복지 • 해악과 가치강요의 금지 • 비상담적 역할과 관계의 금지 등
비밀보장과 사생활 보호 (Section B)	• 내담자 권리 존중 • 비밀보장의 예외 • 타인들과의 정보공유 등
전문적 책임 (Section C)	• 규정에 대한 지식과 준수 • 전문적 유능성 • 전문적 자격 등
다른 전문가들과의 관계 (Section D)	• 동료, 고용주, 피고용인과의 관계 • 자문 서비스 제공 • 컨설턴트 서비스 제공 등
평가·사정(측정)·해석 (Section E)	• 평가도구의 사용과 해석에의 유능성 • 사정 사전 동의 • 도구 선택 등
슈퍼비전, 훈련 및 교육 (Section F)	• 상담자 슈퍼비전과 내담자 복지 • 상담자 슈퍼비전 유능성 • 상담 슈퍼비전 평가, 교정, 배서 등
연구 및 출판 (Section G)	• 연구 책임 • 연구 참여자의 권리 • 출판과 프리젠테이션 등
원격상담, 기술, 소셜미디어 (Section H)	• 지식과 법적 고찰 • 사전 동의와 안전 • 기록과 점검 등
윤리문제 해결 (Section I)	• 법과 규정 • 의심되는 위반사항 • 윤리위원회와의 협력 등

* 참고 : 위의 해설은 미국상담학회 윤리강령 《2014 ACA Code of Ethics》을 토대로 하였으며, 지면 관계상 일부만을 수록하였습니다. 참고로 관련 내용은 교재에 따라 약간씩 다르게 번역되고 있으므로, 이점 감안하여 학습하시기 바랍니다.

19 밀러-티드만(A. Miller-Tiedeman & D. Tiedeman)의 진로의사결정이론에 대한 설명으로 옳지 않은 것은?

① 사람들이 정보를 처리하고 그러한 과정을 통해 의사결정을 할 수 있다고 가정하였다.

② 자기 내면에 귀 기울이기의 중요성을 강조하면서 사적 현실과 공적 현실을 구분하였다.

③ 자신의 삶과 진로 의사결정을 이해하기 위한 일곱 가지 주제(변화, 균형, 에너지, 공동체, 소명, 조화, 일체감)를 제시하였다.

④ 내담자 생애진로에 영향을 미치는 진로의사결정에 있어서 내담자의 역할을 중시하였다.

해설

③ 자신의 삶과 진로 의사결정을 이해하기 위한 일곱 가지 주제로 변화(Change), 균형(Balance), 에너지(Energy), 공동체(Community), 소명(Calling), 조화(Harmony), 일체감(Unit)을 제시한 것은 블로흐와 리치몬드(Bloch & Richmond)이다. 그들은 일(Work)과 영성 (Spirituality)이 그와 같은 일곱 가지의 원리로 서로 연결되어 있다고 주장하면서, 진로상담의 영성이론(Spirituality Theory)을 제안하였다.

20 로(A. Roe)의 직업분류체계에 대한 설명으로 옳지 않은 것은?

① 보울비(J. Bowlby)의 애착이론에 바탕을 두었다.

② 직업활동과 관련된 인간관계의 특성과 강도에 기초하여 8가지 직업군을 제안하였다.

③ 부모의 양육방식이 자녀의 직업군 선택에 영향을 미친다고 보았다.

④ 각 직업군은 곤란도와 책무성에 따라 6단계로 구분된다고 가정하였다.

해설

① 로(Roe)의 욕구이론과 그의 직업분류체계는 매슬로우(Maslow)의 욕구위계이론에 바탕을 두었다. 로는 초기 가정환경이 이후의 직업 선택에 중요한 영향을 미친다고 보고, 매슬로우의 욕구위계이론에 기초하여 유아기의 경험과 직업선택에 관한 가설을 수립하였다.

② 로는 직업군을 8가지 장(Field), 즉 서비스직(Service), 비즈니스직(Business Contact), 단체직(Organization), 기술직(Technology), 옥외활동직(Outdoor), 과학직(Science), 예능직(Arts and Entertainment), 일반문화직(General Culture)으로 분류하였다.

③ 로는 부모와 자녀 간의 상호작용으로서 부모의 양육방식을 3가지 유형, 즉 정서집중형, 회피형, 수용형으로 구분하였으며, 이와 같은 양육방식에 따라 인간지향적이거나 비인간지향적(인간회피적)인 직업을 갖게 된다고 보았다.

④ 로는 각 직업군을 책임, 능력, 기술의 정도에 따라 6단계 수준(Level), 즉 고급 전문관리(전문적이고 관리적인 단계 1), 중급 전문관리 (전문적이고 관리적인 단계 2), 준전문관리(준전문적인 소규모의 사업단계), 숙련(숙련직), 반숙련(반숙련직), 비숙련(비숙련직)으로 구분하였다.

01 상담자의 윤리적 태도에 대한 설명으로 옳지 않은 것은?

① 내담자와 성적 관계를 맺지 않아야 한다.
② 자살위험이 있는 내담자와의 비밀보장 원칙은 지키지 않아도 된다.
③ 자기가 속한 기관의 목적 및 방침에 모순되는 행동을 하지 않아야 한다.
④ 내담자가 미성년자인 경우에는 어떠한 경우라도 보호자의 동의를 구해야 한다.

④ 내담자가 미성년자 혹은 자발적인 동의를 할 수 없는 경우, 상담자는 원칙적으로 보호자 또는 법정 대리인의 사전 동의를 구해야
한다. 다만, 이 경우 상담자는 내담자의 최상의 복지를 고려해야 하며, 내담자의 유익을 해칠 우려가 있는 것으로 판단될 때 보호자의
동의 없이도 개입할 수 있다.

02 사회인지진로이론 중 선택모형에 대한 설명으로 옳은 것은?

① 진로포부의 제한은 근접맥락변인에서의 방해 요인을 말한다.
② 자기효능감 및 결과기대가 목표선택에 영향을 미친다.
③ 개인적 특성에 적합한 직업 환경을 찾는 데 목적을 두고 있다.
④ 개인이 이미 선택한 영역에서 추구하는 수행의 수준을 예측한다.

② 사회인지진로이론(SCCT) 중 선택모형은 자기효능감(Self-efficacy) 및 결과기대(Outcome Expectations)가 특정 영역에 대한 흥미를
향상시킴으로써 목표선택에 영향을 미치는 과정을 설명한다.
① 진로대안의 범위를 축소해 나가는 과정을 진로포부의 제한 과정으로 설명한 것은 고트프레드슨(Gottfredson)의 직업포부 발달이론(제
한-타협이론)이다.
③ 개인의 특성과 직업 환경의 특성을 연결하는 작업을 통해 개인과 직업 환경의 특성을 6가지 유형으로 분류하는 육각형 모델을 제시한
것은 홀랜드(Holland)의 인성이론(성격이론)이다.
④ 선택모형과 흥미모형은 개인이 일하고 싶어 하는 영역이나 진로선택의 내용을 포함하되, 수행모형은 개인이 이미 선택한 영역에서
추구하는 수행의 수준을 예측한다.

03 동형검사 신뢰도(Alternate-form Reliability)에 대한 설명으로 옳은 것은?

① 검사를 한 번 실시한 후 다양한 방식으로 점수를 반분하여 신뢰도를 측정한다.

② 한 검사를 같은 집단에게 두 번 실시한다.

③ 검사-재검사 신뢰도의 문제를 피하는 대안적인 방법이다.

④ 모든 문항에 대한 반응 일관성에 기초한다.

해설

③ 동형검사 신뢰도(Alternate-form Reliability)는 검사의 내용과 난이도는 동일하나 문항이 각기 다른 두 개의 동형검사를 제작하고, 이를 동일한 수검자에게 실시해서 얻은 점수 사이의 상관계수로 신뢰도를 추정하는 것으로, 검사-재검사 신뢰도의 문제를 피하는 대안적인 방법이다.

① 반분신뢰도(Split-half Reliability)의 특징에 해당한다.

② 한 검사를 같은 집단에게 두 번 실시해서 얻은 두 점수의 상관계수로 신뢰도를 추정하는 것은 검사-재검사 신뢰도(Test-retest Reliability)이다.

④ 문항내적합치도(Item Internal Consistency)의 특징에 해당한다.

04 다음 괄호 안에 공통으로 들어갈 말은?

> • (   )는 검사의 내적 구조가 측정하고자 하는 개념이 이론에 부합하는지 알아보는 것이다.
> • 요인분석은 (   )를 점검하기 위해 사용되는 통계적 방법이다.

① 구성타당도(Construct Validity)

② 준거타당도(Criterion Validity)

③ 안면타당도(Face Validity)

④ 내용타당도(Content Validity)

해설

① 구성타당도(Construct Validity)는 검사가 해당 이론적 개념의 구성인자들을 제대로 측정하고 있는 정도를 나타낸다. 요인분석(Factor Analysis)은 검사의 구성타당도를 알아보기 위해 가장 널리 사용되는 방법으로서, 검사를 구성하는 문항들의 상관관계를 분석하여 상관이 높은 문항들을 묶어주는 통계적 방법이다.

② 준거타당도(Criterion Validity)는 어떤 검사가 특정 준거와 어느 정도 연관성이 있는지를 나타낸다. 즉, 검사와 준거 간의 상관관계를 분석해서 검사의 타당도를 평가하는 방법이다.

③ 안면타당도(Face Validity)는 실제로 무엇을 재는가의 문제가 아니라, 검사가 잰다고 말하는 것을 재는 것처럼 보이는가의 문제이다. 즉, 검사를 받는 사람들에게 그 검사가 타당한 것처럼 보이는가를 나타낸다.

④ 내용타당도(Content Validity)는 검사의 문항들이 그 검사가 측정하고자 하는 내용영역을 얼마나 잘 반영하고 있는지를 나타낸다. 안면타당도와 달리 해당 분야 전문가의 판단을 토대로 결정한다.

05 코크란(L. Cochran)의 내러티브 직업상담에 대한 설명으로 옳은 것은?

① 진로양식면접(Career Style Interview)을 주로 활용한다.
② 직업상담 과정은 7개 에피소드를 포함한다.
③ 주요 개념은 개인의 욕구 및 일이 제공하는 보상과 관련된 직업가치이다.
④ 발달과업을 체계화하는 데 슈퍼(D. Super)의 생애단계이론을 차용하였다.

> **해설**
>
> 내러티브 직업상담 과정의 7가지 에피소드(Cochran)
> • Episode 1 : 진로문제 설명하기(Elaborating a Career Problem)
> • Episode 2 : 생애사 구성하기(Composing a Life History)
> • Episode 3 : 미래 이야기 발견하기(Eliciting a Future Narrative)
> • Episode 4 : 실재 구축하기(Reality Construction)
> • Episode 5 : 삶의 구조 변화시키기(Changing a Life Structure)
> • Episode 6 : 역할 수행하기(Enacting a Role)
> • Episode 7 : 결정 구체화하기(Crystallizing a Decision)

06 글래서(W. Glasser)가 제시한 현실치료 기법의 WDEP 과정에 대한 설명으로 옳지 않은 것은?

① W-욕구(Want)
② D-행동(Doing)
③ E-기대(Expectation)
④ P-계획(Planning)

> **해설**
>
> 현실치료 기법의 WDEP 과정
> • Want(욕구 혹은 바람) : 내담자의 욕구, 바람, 지각을 탐색하는 과정이다.
> • Doing(행동) : 내담자의 현재 행동을 탐색하는 과정이다.
> • Evaluation(평가) : 내담자로 하여금 자신의 행동을 평가하도록 하는 과정이다.
> • Planning(계획) : 내담자가 진정으로 원하는 것을 얻을 수 있도록 새로운 계획을 세우는 과정이다.

07 사비카스(M. Savickas)가 제안한 구성주의 진로이론의 주요 개념으로 옳지 않은 것은?

① 진로적응도(Career Adaptability)
② 직업적 성격(Vocational Personality)
③ 생애주제(Life Theme)
④ 직업인지지도(Cognitive Map of Occupations)

구성주의 진로이론의 3가지 구성요인(Savickas)

직업적 성격 (Vocational Personality)	• 진로와 관련된 각 개인의 능력, 욕구, 가치, 흥미 등을 의미한다. • 직업적 성격은 삶의 맥락 속에서 개발되는 것이므로, 개인의 삶이 직업적 선호도를 파악할 수 있는 단서가 된다.
생애주제 (Life Theme)	• 생애주제는 개인의 이야기를 검토하고 이야기에 일관되게 드러나는 줄거리를 찾음으로써 규명할 수 있다. • 개인으로 하여금 진로와 관련된 행동을 하도록 하며, 생애역할에 의미를 부여한다.
진로적응도 (Career Adaptability)	• 진로변화나 직업환경에 적응하는 데 필요한 태도, 행동, 능력 등을 의미한다. • 직업적 성격이 진로에서의 구체적 직업을 강조한다면, 진로적응도는 자신의 진로를 구성해 나가는 데 있어서 극복 과정을 강조한다.

08 다음 설명에 해당하는 슈퍼(D. Super)의 진로발달과업은?

• 직업에서 실제 일을 수행하고 재능을 활용함으로써 진로선택이 적절한 것임을 보여 주고 자신의 위치를 확립함
• 조직문화에 적응하고 일과 관련된 의무들을 조직이 요구하는 수준으로 수행함으로써 자신의 직업 지위를 정착시킴

① 결정화(Crystallization)
② 안정화(Stabilization)
③ 실행화(Implementation)
④ 구체화(Specification)

슈퍼(Super)의 주요 진로발달과업

결정화 (Crystallization, 14~17세)	• 자신의 흥미, 가치는 물론 가용자원과 장차 일어날지도 모를 일, 선호하는 직업을 위한 계획 등을 인식하여 일반적인 직업 목적을 형성하는 지적 과정 단계의 과업이다. • 선호하는 진로에 대하여 계획하고 그 계획을 어떻게 실행할 것인지를 고려한다.
구체화 (Specification, 18~21세)	• 잠정적인 직업에 대한 선호로부터 특정한 직업에 대한 선호로 옮기는 단계의 과업이다. • 직업선택을 객관적으로 명백히 하고, 선택된 직업에 대해서 더욱 구체적으로 이해하여 진로계획을 구체화(특수화)한다.

실행화 (Implementation, 22~24세)	선호하는 직업을 위한 교육훈련을 끝마치고 취업하는 단계의 과업이다.
안정화 (Stabilization, 25~35세)	직업에서 실제 일을 수행하고 재능을 활용함으로써, 진로선택이 적절한 것임을 보여주고 자신의 위치를 확립하는 단계의 과업이다.
공고화 (Consolidation, 35세 이후)	승진, 지위획득, 경력개발 등을 통해 자신의 진로를 안정되게 하는 단계의 과업이다.

COMMENT

* 참고 : 문제의 해설로 제시된 다양한 이론적 개념의 명칭과 학자의 우리말 이름은 교재에 따라 약간씩 다르게 제시되기도 합니다. 위의 해설에서 'Super'는 '슈퍼' 혹은 '수퍼'로 소개되고 있으며, 진로발달과업에서 'Crystallization'은 '결정화' 혹은 '구체화'로, 'Specification'은 '구체화' 혹은 '특수화'로 제시되고 있습니다. 특히 진로발달과업의 경우 번역용어상 구분이 모호하므로, 가급적 영문 명칭을 함께 기억해 두시기 바랍니다.

09 크럼볼츠(J. Krumboltz)의 계획된 우연이론에 대한 설명으로 옳은 것은?

① 내담자의 불안을 정상적인 것으로 간주한다.
② 직업상담의 주요한 목표는 내담자의 의사결정을 돕는 것이다.
③ 개인특성과 직업요건 간의 매칭을 강조한다.
④ 내담자의 부정적인 자동적 사고의 교정을 강조한다.

해설

① 계획된 우연이론은 개인의 진로발달 과정에 우연적인 사건, 즉 개인이 통제하기 어려운 요인이 있다고 보고, 그로 인한 불안을 정상적인 것으로 간주한다.
② 크럼볼츠는 끊임없이 변화하는 직업 환경 속에서 내담자로 하여금 스스로 자신의 삶을 충족시키기 위해 필요한 기술, 흥미, 신념, 업무습관, 개인적 자질 등을 학습할 수 있도록 촉진하는 것을 상담의 목표로 삼았다.
③ 특성-요인이론의 특징에 해당한다. 특성-요인이론은 직업선택이 직선적인 과정으로서 매칭이 가능하므로, 개인의 특성과 직업의 요구 간에 매칭이 잘 될수록 성공의 가능성 또한 커진다고 주장한다.
④ 인지치료의 특징에 해당한다. 참고로 자동적 사고(Automatic Thoughts)는 정서적 반응으로 이끄는 특별한 자극에 의해 유발된 개인화된 생각으로, 어떠한 노력이나 선택 없이 자발적으로 일어나는 사고를 말한다.

10 게슈탈트(Gestalt) 심리치료에 대한 설명으로 옳지 않은 것은?

① 유기체이론, 실존철학의 영향을 받았다.

② 상담목표는 자기와 사회에 대한 관심, 자기지시, 관용, 유연성 등이다.

③ 자각의 확장, 책임감의 수용 및 개인의 통일을 강조한다.

④ 접촉경계 혼란을 야기하는 원인은 내사, 투사, 융합, 반전, 편향 등이다.

해설

② 자기와 사회에 대한 관심, 자기지시(자기지향), 관용, 유연성, 불확실성의 수용, 몰두(이행), 과학적 사고, 자기수용, 모험 실행, 비이상주의(반유토피아주의) 등을 구체적인 상담목표로 제시한 것은 합리적 정서행동치료 혹은 인지·정서·행동적 상담(REBT)이다.

① 게슈탈트 심리치료는 정신분석이론을 비롯하여 골드슈타인(Goldstein)의 유기체이론, 라이히(Reich)의 신체이론, 레빈(Lewin)의 장(場)이론, 틸리히(Tillich) 등의 실존철학, 그리고 동양의 도가(道家)와 선(禪)사상 등의 광범위한 영향을 받았다.

③ 게슈탈트 심리치료는 내담자로 하여금 지금-여기에서의 욕구와 감정들을 자각하게 하며, 자신을 통합하는 책임감을 수용하도록 돕는다.

④ 게슈탈트 심리치료의 학자들은 개체와 환경 간의 경계에 문제가 생겨 개체와 환경의 유기적인 접촉이 방해받는 것을 접촉경계 혼란, 즉 '접촉장애'로 설명하였다.

11 내담자의 진로가계도(Career Genogram)가 그려지고 난 후 정보를 탐색하는 과정에서 사용되는 질문으로 적절하지 않은 것은?

① 내담자와 배우자의 직업은 무엇인가?

② 가족의 '미해결된 작업'으로부터 나온 심리적 압력이나 기대가 있는가?

③ 직업에 대한 세대의 신화나 오해가 있는가?

④ 내담자의 성격에 적합한 직업은 무엇인가?

해설

진로가계도에서 정보 탐색을 위해 관심을 기울여야 하는 사항(Dagley)
• 내담자의 3~4세대 가계에 있어서 대표적인 직업(①)
• 여러 가족성원들의 직업에 전형적으로 나타나는 지위와 가치의 서열화(③)
• 가족성원들이 직업을 선택하거나 바꾸었을 때 나타나는 진로선택의 형태와 방법
• 진로선택에 있어서 가족의 경제적 기대 또는 압력(②)
• 가족의 일의 가치
• 그 구성원이 성장한 또래집단 상황 등

12 직업상담의 일반적 목표에 대한 설명으로 옳지 않은 것은?

① 대인관계 기술 향상

② 직업세계에 대한 이해 증진

③ 자신에 대한 보다 정확한 이해 증진

④ 일과 직업에 대한 올바른 가치관 및 태도 형성

 해설

직업상담의 일반적인 목표

• 자신에 대한 보다 정확한 이해 증진(③)

• 직업세계에 대한 이해 증진(②)

• 합리적인 의사결정 능력의 증진

• 정보탐색 및 활용능력의 함양

• 일과 직업에 대한 올바른 가치관 및 태도 형성(④)

13 직업심리검사를 극대수행검사와 습관적 수행검사로 분류할 때, 극대수행검사에 해당하지 않는 것은?

① 한국판 웩슬러 성인용 지능검사(K-WAIS)

② 일반적성검사(GATB)

③ 스트롱-캠벨 흥미검사(SCII)

④ 대학수학능력시험(CSAT)

 해설

극대수행검사와 습관적 수행검사

극대수행검사 (성능검사)	• 일정한 시간 내에 자신의 능력을 최대한 발휘하도록 하는 '인지적 검사'에 해당한다. • 개인의 능력 전체가 아닌 일부의 능력을 측정하는 능력검사이다. • 보통 문항에 정답이 있으며, 응답에 시간제한이 있다. 예 지능검사, 적성검사, 성취도검사 등
습관적 수행검사 (성향검사)	• 비인지적 검사로서 일상생활에서의 습관적인 행동을 검토하는 '정서적 검사'에 해당한다. • 개인의 인지능력 외에 정서, 흥미, 태도, 가치 등을 측정하며, 응답자의 정직한 응답을 요구한다. • 문항에 정답이 없으며, 응답에 시간제한도 없다. 예 성격검사, 흥미검사, 태도검사 등

COMMENT

* 참고 : 지문 ③번의 '스트롱-캠벨 흥미검사'는 '스트롱-캠벨 흥미검사(SCII ; Strong-Campbell Interest Inventory)'의 오타에 해당합니다.

14 미국진로발달협회(NCDA)가 제시한 직업상담자의 역량만을 모두 고르면?

> ㄱ. 슈퍼비전(Supervision)
> ㄴ. 개인 및 집단사정 기술
> ㄷ. 진로발달이론에 대한 지식
> ㄹ. 다양한 집단의 사람들을 위한 지식과 기술
> ㅁ. 과학기술 활용을 위한 지식과 기술

① ㄱ, ㄴ, ㄷ, ㄹ   ② ㄱ, ㄷ, ㄹ, ㅁ
③ ㄴ, ㄷ, ㄹ, ㅁ   ④ ㄱ, ㄴ, ㄷ, ㄹ, ㅁ

 해설

미국진로발달협회(NCDA)가 제시한 직업상담자의 역량(자질)
- 진로발달이론에 대한 지식(ㄷ)
- 개인 및 집단상담 기술
- 개인 및 집단사정 기술(ㄴ)
- 정보력
- 프로그램 개발 및 실행 기술
- 코칭과 자문에 대한 지식과 기술
- 다양한 집단의 사람들을 위한 지식과 기술(ㄹ)
- 슈퍼비전(Supervision)(ㄱ)
- 윤리문제에 대한 지식
- 연구 및 평가에 대한 지식과 기술
- 과학기술 활용을 위한 지식과 기술(ㅁ)

15 크럼볼츠(J. Krumboltz)의 계획된 우연 모형에서 제안한 것으로, 삶에서 일어나는 우연한 일들이 자신의 진로에 유리하게 활용되도록 해 주는 기술의 종류 및 관련 설명으로 옳은 것은?

① 타협 – 새로운 기회가 올 때, 그것을 긍정적으로 보는 것
② 호기심 – 불확실한 결과 앞에서도 행동화하는 것
③ 융통성 – 태도와 상황을 변화시키는 것
④ 고통감내력 – 좌절에도 불구하고 노력을 지속하는 것

해설

삶에서 일어나는 우연한 일들을 자신의 진로에 유리하게 활용하는 데 도움이 되는 기술(Mitchell, Levin & Krumboltz)
- 호기심(Curiosity) : 새로운 학습기회를 탐색하는 것
- 인내심(Persistence) : 좌절에도 불구하고 노력을 지속하는 것
- 융통성(Flexibility) : 태도와 상황을 변화시키는 것
- 낙관성(Optimism) : 새로운 기회가 올 때 그것을 긍정적으로 보는 것
- 위험감수(Risk Taking) : 불확실한 결과 앞에서도 행동화하는 것

16 슈퍼(D. Super)의 진로발달 평가와 상담(C-DAC) 모형에 근거하여 상담을 진행할 때 내담자 평가 영역에 해당하지 않는 것은?

① 내담자의 생애 역할과 직업적 역할의 중요성에 대한 평가
② 진로발달의 수준과 대처자원에 대한 평가
③ 직업의 요구와 개인의 능력과의 조화에 대한 평가
④ 직업적 자기개념과 생애 주제에 대한 평가

> **해설**
> 슈퍼(Super)의 C-DAC 모형에 의한 내담자 평가 영역
> • 내담자의 생애 역할(생애구조)와 직업적 역할의 중요성에 대한 평가
> • 진로발달의 수준과 대처자원에 대한 평가
> • 직업적 정체성에 대한 평가
> • 직업적 자기개념(자아개념)과 생애 주제에 대한 평가

17 인지적 정보처리(Cognitive Information Processing ; CIP) 이론의 의사결정 과정에 대한 설명으로 옳지 않은 것은?

① C(Communication)는 문제의 원인을 명확히 하기 위한 소통의 단계이다.
② S(Synthesis)는 행동 대안을 도출하기 위해 대안을 확장하고 축소하는 단계이다.
③ V(Valuing)는 행동 대안 각각에 대해 평가하여 우선순위를 정하는 단계이다.
④ E(Execution)는 잠정적 대안을 행동으로 옮기기 위해 계획을 구상하고 실천하는 단계이다.

> **해설**
> 인지적 정보처리이론의 문제해결 및 의사결정 과정으로서 CASVE 주기
> • 의사소통(Communication) : 사안에 대한 현재 상태와 원하는 상태 사이에 차이가 있음을 자각하는 단계
> • 분석(Analysis) : 자기정보와 직업정보 영역을 검토하는 단계
> • 통합 또는 종합(Synthesis) : 행동 대안을 도출하기 위해 대안을 확장하고 축소하는 단계
> • 가치부여 또는 평가(Valuing) : 행동 대안 각각에 대해 평가하여 우선순위를 정하는 단계
> • 집행 또는 실행(Execution) : 잠정적 대안을 행동으로 옮기기 위해 계획을 구상하고 실천하는 단계

18 〈보기 1〉의 심리검사 목적과 이를 달성하기에 가장 적합한 〈보기 2〉의 심리검사를 바르게 연결한 것은?

〈보기 1〉
(가) 자신이 좋아하는 분야를 파악하고, 이에 적합한 직업을 알아보고자 한다.
(나) 삶에서 중요하게 여기는 것의 우선 순위를 알아보고자 한다.
(다) 진로 탐색 및 결정에 대한 태도, 능력, 행동 등을 알아보고자 한다.
(라) 특정 능력을 알아보고 이에 적합한 진로 분야를 알아보고자 한다.

〈보기 2〉
ㄱ. 직업가치관검사　　　　　　　　　ㄴ. 진로성숙도검사
ㄷ. 진로사고검사　　　　　　　　　　ㄹ. 직업적성검사
ㅁ. 워크넷 직업선호도검사　　　　　　ㅂ. 진로탐색검사

	(가)	(나)	(다)	(라)
①	ㅁ	ㄱ	ㄴ	ㄹ
②	ㅁ	ㄷ	ㄴ	ㄹ
③	ㅂ	ㄱ	ㄹ	ㄷ
④	ㅂ	ㅁ	ㄱ	ㄷ

해설

주요 심리검사의 사용목적
• 직업가치관검사 : 직업선택 시 중요하게 생각하는 직업가치관을 측정하여 자신의 직업가치를 확인하고 그에 적합한 직업분야에 대해 안내한다.
• 진로성숙도검사 : 진로성숙의 정도를 태도, 능력, 행동 영역으로 나누어 측정함으로써 진로 탐색 및 결정에 대해 어느 정도 준비가 되어 있는지를 점검할 수 있도록 한다.
• 진로사고검사 : 진로결정을 어렵게 하는 부정적 진로사고를 측정함으로써 자신의 부정적 진로사고를 긍정적 진로사고로 변화시킬 수 있도록 돕는다.
• 직업적성검사 : 직업선택 시 중요한 능력과 적성을 토대로 적합한 직업을 선택할 수 있도록 돕는다.
• 워크넷 직업선호도검사 : 좋아하는 활동, 관심 있는 직업, 선호하는 분야를 탐색하여 직업흥미유형에 적합한 직업들에 관한 정보를 제공한다.
• 진로탐색검사 : 자신의 흥미와 성격, 적성, 직업 환경 등을 고려하여 진로와 적성을 탐색하는 데 있어서 유용한 정보를 제공한다.

19 해프너(M. Heppner) 등에 의해 개발된 진로전환검사(Career Transition Inventory)에 대한 설명으로 옳은 것은?

① 검사에서의 높은 점수는 장벽을 나타낸다.

② 진위형 40문항으로 구성되어 있다.

③ 직업 경험이 하위검사 중 하나이다.

④ 자기중심적인지 아니면 관계중심적인지를 측정한다.

해설

③·④ 진로전환검사(CTI)는 준비도(Readiness), 자신감(Confidence), 통제(Control), 지각된 지지(Perceived Support), 의사결정 독립성(Decision Independence) 등 5가지 요인으로 구성되어 있으며, 이를 통해 진로 동기, 자기효능감, 내적/외적 통제, 지지에 대한 지각, 자기중심 대 관계중심 등을 측정한다.

① 검사에서의 높은 점수는 긍정적 반응으로서 개인이 스스로 그 분야에서 잘 하고 있음을 지각하는 것을 나타내는 반면, 낮은 점수를 장벽을 나타낸다.

② 리커트식 6점 척도의 40문항으로 구성되어 있다.

20 집단상담의 장점만을 모두 고르면?

> ㄱ. 원하면 누구나 쉽게 참여할 수 있다.
> ㄴ. 시간, 에너지 및 경제적인 면에서 효율적이다.
> ㄷ. 다양한 정보 수집과 사회적 경험, 사회적 기술 훈련과 연습을 할 수 있다.
> ㄹ. 특정 집단원의 문제를 더 깊이 있게 다룰 수 있다.

① ㄱ, ㄴ

② ㄱ, ㄷ

③ ㄴ, ㄷ

④ ㄷ, ㄹ

해설

ㄱ. 집단상담은 집단에 적합하지 않은 성격적 특징이나 지극히 개인적인 문제를 가지고 있는 내담자의 경우 부적합하다.

ㄹ. 집단상담은 내담자의 개인적인 문제를 등한시할 수 있으므로, 개인의 심층적인 내면의 심리를 다루기에 부적합하다.

01 직업상담사의 역할로 옳은 것만을 모두 고르면?

> ㄱ. 의사결정기술을 향상할 수 있도록 내담자에게 기회를 제공한다.
> ㄴ. 직무 스트레스, 직무상실, 직업전환 등으로 인해 겪는 부정적 감정을 해소하도록 내담자를 지지한다.
> ㄷ. 내담자 스스로 자신의 직업계획을 개발할 수 있도록 조력한다.
> ㄹ. 내담자로 하여금 직업과 삶의 역할을 통합하도록 돕는다.

① ㄱ

② ㄱ, ㄴ, ㄷ

③ ㄴ, ㄷ, ㄹ

④ ㄱ, ㄴ, ㄷ, ㄹ

해설

직업상담사의 역할
- 상담 과정을 통해 내담자들이 삶과 직업의 목표를 명확히 할 수 있도록 돕는다.
- 내담자들의 능력, 흥미, 적성 등을 평가하고, 내담자가 선택할 수 있는 직업대안들을 찾기 위해 관련 검사를 실시하고 해석한다.
- 과제물 이행, 직업계획 작성 등의 경험을 통해 내담자의 직업탐색 활동을 장려한다.
- 직업계획 시스템이나 직업정보 시스템을 활용하여 내담자로 하여금 직업세계에 대해 더 잘 이해할 수 있도록 돕는다.
- 의사결정기술을 향상할 수 있도록 내담자에게 기회를 제공한다.(ㄱ)
- 내담자 스스로 자신의 직업계획을 개발할 수 있도록 조력한다.(ㄷ)
- 내담자에게 직업탐색의 전략과 기술을 가르치고, 스스로 이력서를 작성할 수 있도록 돕는다.
- 인간관계기술을 훈련시킴으로써 직장에서의 잠재적 갈등을 해결할 수 있도록 돕는다.
- 내담자로 하여금 직업과 삶의 역할을 통합하도록 돕는다.(ㄹ)
- 직무 스트레스, 직무상실, 직업전환 등으로 인해 겪는 부정적 감정을 해소하도록 내담자를 지지한다.(ㄴ)

02 하렌(V. Harren)의 진로의사결정이론에 근거할 때 다음의 특징을 지닌 내담자의 유형은?

> - 의사결정에 대한 개인적 책임을 부정하고 그 책임을 외부로 돌린다.
> - 의사결정 과정에서 타인의 영향을 많이 받는다.
> - 사회적 인정에 대한 욕구가 높은 편이다.

① 직관적 유형(Intuitive Style)

② 의존적 유형(Dependent Style)

③ 즉흥적 유형(Spontaneous Style)

④ 진로미결정형(The Undecided)

하렌(Harren)의 진로의사결정 유형

합리적 유형 (Rational Style)	• 자신과 상황에 대해 정확한 정보를 수집하고, 신중하면서 논리적으로 의사결정을 수행해 나가며, 의사결정에 대한 책임을 자신이 진다. • 의사결정 과업에 대해 논리적이고 체계적으로 접근하며, 결정에 대한 책임을 수용하는 유형이다.
직관적 유형 (Intuitive Style)	• 의사결정의 기초로 상상을 사용하며, 현재의 감정에 주의를 기울이면서 정서적 자각을 사용한다. • 개인 내적인 감정적 상태에 따라 의사결정을 내리는 유형으로, 결정에 대한 책임은 수용하지만 미래에 대한 논리적 예견이나 정보수집을 위한 활동을 거의 하지 않는다.
의존적 유형 (Dependent Style)	• 합리적 유형 및 직관적 유형과 달리 의사결정에 대한 개인적 책임을 부정하고 그 책임을 외부로 돌리는 경향이 있다. • 의사결정 과정에서 타인의 영향을 많이 받고 수동적·순종적이며, 사회적 인정에 대한 욕구가 높은 유형이다.

03 합리적 정서행동치료(REBT)의 A-B-C-D-E 모형에서 D의 의미는?

① 논박(Dispute)
② 계획(Design)
③ 실행(Doing)
④ 우울(Depression)

해설

합리적 정서행동치료(REBT)의 A-B-C-D-E 모형
• A(Activating Event ; 선행사건) : 내담자의 감정을 동요하거나 내담자의 행동에 영향을 미치는 사건을 의미한다.
• B(Belief System ; 비합리적 신념체계) : 선행사건에 대한 내담자의 비합리적 신념체계나 사고체계를 의미한다.
• C(Consequence ; 결과) : 선행사건을 경험한 후 자신의 비합리적 신념체계를 통해 그 사건을 해석함으로써 느끼게 되는 정서적·행동적 결과를 말한다.
• D(Dispute ; 논박) : 내담자가 가지고 있는 비합리적 신념이나 사고에 대해 그것이 사리에 부합하는 것인지 논리성·실용성·현실성에 비추어 반박하는 것으로서, 내담자의 비합리적 신념체계를 수정하기 위한 것이다.
• E(Effect ; 효과) : 논박으로 인해 나타나는 효과로서, 내담자가 가진 비합리적인 신념을 철저하게 논박하여 합리적인 신념으로 대체한다.

04 다음에서 설명하는 행동주의적 상담기법은?

> • 점진적 이완훈련을 통해 긴장을 풀어준다.
> • 불안을 일으키는 상황에 대한 불안위계표를 작성하게 한다.
> • 내담자가 어떤 단계에서 불안을 느끼지 않고 그 상황을 상상하게 되면, 한 단계 높은 단계의 상황을 상상하도록 한다.
> • 최고수준의 불안 유발 상황에서 불안을 느끼지 않고 상상할 수 있을 때까지 계속한다.

① 반조건형성   ② 체계적 둔감법
③ 변별학습   ④ 강 화

 해설

② 체계적 둔감법 또는 체계적 둔감화(Systematic Desensitization)는 혐오스런 느낌이나 불안한 자극에 대한 위계목록(불안위계표)을 작성한 다음, 낮은 수준의 자극에서 높은 수준의 자극으로 상상을 유도함으로써 불안이나 공포에서 서서히 벗어나도록 하는 불안감소기법이다

① 반조건형성 또는 역조건형성(Counterconditioning)은 조건 자극과 새로운 자극(조건 자극과 조건 반응과의 연합을 방해하는 자극)을 함께 제시함으로써 내담자의 불안을 감소시키는 불안감소기법이다.

③ 변별학습(Discrimination Learning) 또는 자극 변별(Stimulus Discrimination)은 유사한 자극에서 나타나는 조그만 차이에 따라 서로 다른 반응을 보이도록 유도하는 학습촉진기법이다.

④ 강화(Reinforcement)는 내담자의 행동에 개입하여 보상교환 등의 긍정적인 피드백을 제공함으로써 정적 행동을 유도하거나 특정 행동을 조장하는 학습촉진기법이다.

05 직무를 수행할 때 문제를 해결하기 위한 사고기능으로서, 자기대화, 자기인식, 모니터링과 통제 등을 통해 자신이 어떤 생각을 하고 있는지 사고하는 개념은?

① 초인지(Meta Cognition)
② 의사결정(Decision Making)
③ 자기객관화(Self-objectiveness)
④ 자기도식 특화(Self-schema Specialization)

 해설

진로정보처리이론(인지적 정보처리이론)의 정보처리 영역 피라미드

• 피터슨, 샘슨, 리어든(Peterson, Sampson & Reardon)은 진로문제해결 및 의사결정과 관련된 정보처리 영역을 피라미드 모형으로 제시하였다.

• 피라미드는 3가지 영역, 즉 맨 아랫부분의 지식 영역 혹은 정보 영역(Knowledge Domain), 중간 부분의 의사결정기술 영역 (Decision-Making Skills Domain), 그리고 맨 윗부분의 실행과정 영역(Executive Processing Domain)으로 구분된다.

• 지식 영역(정보 영역)은 진로의사결정을 할 때 필수적인 자신에 대한 지식(→ 자기정보)과 직업에 대한 지식(→ 직업정보)으로 구성되며, 의사결정기술 영역은 합리적인 진로의사결정 과정으로서 '의사소통(Communication) – 분석(Analysis) – 통합 또는 종합(Synthesis) – 가치부여 또는 평가(Valuing) – 집행 또는 실행(Execution)'으로 이루어지는 이른바 'CASVE'로 구성된다.

• 실행과정 영역은 진로의사결정 과정 전체를 조망할 수 있는 좀 더 고차원적인 기능을 담당하는 초인지 혹은 상위인지(Meta Cognition)가 포함된다. 초인지는 자기대화(자기독백), 자기인식(자기자각), 모니터링, 통제에 의해 진로문제해결 및 의사결정에 사용되는 인지전략을 선택하고 순서를 결정한다.

실행과정 영역

초인지(상위인지)

진로의사결정 과정(CASVE)

의사결정기술 영역

자신에 대한 지식(자기정보) | 직업에 대한 지식(직업정보)

지식 영역(정보 영역)

06 교류분석(TA)의 상담과정 여섯 단계 중 ㉠~㉢에 들어갈 단계를 옳게 짝지은 것은?

> 계약 → (㉠) → (㉡) → (㉢) → 각본분석 → 재결단

	㉠	㉡	㉢
①	구조분석	교류분석	게임분석
②	교류분석	구조분석	게임분석
③	구조분석	게임분석	교류분석
④	게임분석	교류분석	구조분석

해설

교류분석(TA)의 상담과정
- 계약(제1단계) : 상담목표에 대한 합의 및 전반적인 상담의 구조화가 이루어진다.
- 구조분석(제2단계) : 상담자는 내담자로 하여금 자신의 '부모 자아(P ; Parent)', '성인 자아 또는 어른 자아(A ; Adult)', '아동 자아 또는 어린이 자아(C ; Child)'의 내용 및 기능을 인식하도록 돕는다.
- (의사)교류분석(제3단계) : 상담자는 내담자로 하여금 교류(의사교류) 과정에서 발생하는 문제에 대해 인식하도록 함으로써 문제해결을 돕는다.
- 게임분석(제4단계) : 게임은 숨겨진 동기를 가진 암시성이 있는 교류로서, 상담자는 이와 같은 게임을 통해 내담자가 얻은 것이 무엇인지를 결정하도록 돕는다.
- (생활)각본분석(제5단계) : 각본(생활각본)은 초기 어린 시절의 결정에 근거한 삶의 계획으로서, 상담자는 내담자의 문제와 관련된 각본을 찾아내어 내담자로 하여금 새로운 결정을 할 수 있도록 돕는다.
- 재결단(제6단계) : 상담자는 내담자로 하여금 자신의 각본을 수정함으로써 생활의 변화를 가져오도록 한다. 이를 통해 내담자는 자율적인 주체로서 '자기 긍정, 타인 긍정(I'm OK, You're OK)'의 자세를 갖게 된다.

07 홀랜드(J. Holland)의 6각형 모형에서 일관성(Consistency)의 정도가 가장 낮은 성격유형은?

① RC

② SA

③ EC

④ IE

일관성(Consistency)

• 개인의 흥미 하위유형 간의 내적 일관성을 말하는 것으로서, 개인의 흥미유형이 얼마나 서로 유사한가를 의미한다.

• 어떤 쌍들은 다른 유형의 쌍들보다 공통점을 더 많이 가지고 있다. 즉, 6각형 모형의 둘레를 따라 서로 인접한 직업유형들은 유사성이 있는 반면, 떨어져 있는 직업유형들은 유사성이 거의 없다.

홀랜드(Holland)의 6각형 모형

08 진로선택에 영향을 미치는 요인들로 미첼(L. Mitchell)과 크럼볼츠(J. Krumboltz)가 제안한 것만을 모두 고른 것은?

> ㄱ. 유전 요인
> ㄴ. 환경조건과 사건
> ㄷ. 학습경험
> ㄹ. 과제접근기술

① ㄴ, ㄷ

② ㄱ, ㄷ, ㄹ

③ ㄴ, ㄷ, ㄹ

④ ㄱ, ㄴ, ㄷ, ㄹ

사회학습이론에서 개인의 진로선택에 영향을 미치는 요인(Krumboltz)

유전적 요인과 특별한 능력	개인의 진로기회를 제한하는 타고난 특질을 말함 예 인종, 성별, 신체적 특징, 지능, 예술적 재능 등
환경조건과 사건	환경에서의 특정한 사건이 기술개발, 활동, 진로 선호 등에 영향을 미침 예 취업 가능 직종의 내용, 교육훈련 가능 분야, 정책, 법, 기술의 발달 정도 등
학습경험	• 도구적 학습경험 : 주로 어떤 행동이나 인지적 활동에 대한 정적·부적 강화에 의해 이루어짐 • 연상적 학습경험 : 이전에 경험한 감정적 중립 사건이나 자극을 정서적으로 비중립적인 사건이나 자극과 연결시킴으로써 이루어짐
과제접근기술	개인이 환경을 이해하고 그에 대처하며, 미래를 예견하는 능력이나 경향 예 문제해결기술, 일하는 습관, 정보수집 능력, 감성적 반응, 인지적 과정 등

09 보딘(E. Bordin)의 이론에서 내담자의 문제영역에 해당되지 않는 것은?

① 확신의 부족 문제　　　　　　　　　② 흥미와 적성의 모순 문제
③ 자아갈등(혹은 내적갈등) 문제　　　　④ 의존성 문제

② 윌리암슨(Williamson)의 직업선택 문제영역(문제유형)에 해당한다.

정신역동적 직업상담에서 보딘(Bordin)이 제시한 직업선택 문제영역(문제유형)
• 의존성 : 자신의 문제에 대한 해결이나 생애발달 과제의 달성을 자기 스스로 주도하기 어려워하는 경우
• 정보의 부족 : 경제적 결핍 및 교육적 기회의 결여로 인해 적당한 정보를 접할 기회가 없었거나, 현재 직업결정에 대한 정보를 얻지
  못하는 경우
• 자아갈등(내적갈등) : 둘 이상의 자아개념과 관련된 반응기능들 사이에서 갈등하거나, 하나의 자아개념과 다른 자아개념 사이에서 갈등
  하는 경우
• 직업(진로)선택에 대한 불안 : 한 개인이 어떤 일을 하고 싶은데 중요한 타인이 다른 일을 해 주기를 원하거나, 직업들과 관련된 긍정적
  유인가와 부정적 유인가 사이에서 내적갈등을 경험함으로써 불안을 느끼는 경우
• 확신의 부족(결여) 또는 문제없음 : 내담자가 현실적인 직업선택을 하고도 자신의 선택에 대한 확신이 부족하여 상담자를 찾는 경우

10 〈보기 1〉의 이론 내용과 〈보기 2〉의 이론가를 바르게 연결한 것은?

〈보기 1〉

(가) 직업선택은 발달적 과정으로서 20대 초반까지는 현실적인 선택이 이루어진다고 보았다.

(나) 의사결정 과정에서 개별 과정을 중시하였으며, 개인적 경험이나 의사결정 과정에 대한 이해가 진로발달과 선택에 있어서 무엇보다도 중요하다고 하였다.

(다) 개인이 자기개념과 일치하는 직업에 대해 포부를 형성한다고 보고, 직업포부 형성과정을 제한과 타협 과정으로 설명하였다.

(라) 생애 단계와 생활공간을 하나의 모형으로 만들고, 진로발달의 생물학적·심리학적·사회경제적 결정인자에 주목하였다.

〈보기 2〉

ㄱ. 타이드만(D. Tiedeman)   ㄴ. 로우(A. Roe)

ㄷ. 긴즈버그(E. Ginzberg)   ㄹ. 갓프레드슨(L. Gottfredson)

ㅁ. 수퍼(D. Super)

	(가)	(나)	(다)	(라)
①	ㄱ	ㄴ	ㄷ	ㄹ
②	ㄷ	ㄱ	ㄴ	ㄹ
③	ㄷ	ㄱ	ㄹ	ㅁ
④	ㅁ	ㄱ	ㄷ	ㄴ

 해설

(가) 긴즈버그(Ginzberg)는 진로 및 직업선택의 발달적 과정을 환상기(Fantasy Period, 11세 이전), 잠정기(Tentative Period, 11~17세), 현실기(Realistic Period, 17세 이후~성인 초기)로 나누었으며, 특히 초기 이론을 통해 직업선택이 20대 초반 무렵 절정에 달하는 과정으로 설명하였다.

(나) 타이드만(Tiedeman)은 진로발달을 직업정체감의 형성과정, 즉 개인의 자아정체감 분화, 발달과업 수행, 심리사회적 위기 해결의 지속적인 과정으로 보았다. 따라서 의사결정 과정에서의 개별 과정(Individual Process)을 중시하였다.

(다) 갓프레드슨(Gottfredson)은 직업포부의 형성 및 변화의 과정을 설명하기 위해 제한(Circumscription) 및 타협(Compromise)의 원리를 제시하였다. 여기서 '제한(또는 한계)'은 자기개념과 일치하지 않는 직업들을 배제하는 과정으로 자기개념의 발달단계에 따라 이루어지는 것이고, '타협(또는 절충)'은 제한을 통해 선택된 선호하는 직업대안들 중 자신이 극복할 수 없는 문제를 가진 직업을 어쩔 수 없이 포기하는 것이다.

(라) 수퍼(Super)는 생애공간적 입장에서 진로발달 모형을 제시하고자 하였다. 특히 그의 '생애진로 무지개'는 생애 단계와 생활공간을 하나의 모형으로 만들고, 진로발달의 생물학적·심리학적·사회경제적 결정인자에 주목함으로써 이론의 통합을 이루는 데 기여하였다.

COMMENT

문제의 해설로 제시된 다양한 이론의 명칭과 학자의 우리말 이름은 교재에 따라 약간씩 다르게 제시되기도 합니다. 예를 들어, 'Gottfredson'은 '갓프레드슨', '고트프레드슨' 등으로, 'Super'는 '수퍼', '슈퍼' 등으로 소개되고 있습니다. 또한 발달단계의 구체적인 연령 또한 교재에 따라 약간씩 다르게 제시되고 있습니다. 예를 들어, 긴즈버그(Ginzberg) 진로발달이론의 발달단계에서 '환상기'는 '6~11세' 또는 '11세 이전', '현실기'는 '17세 이후~성인 초기' 또는 '17세~청·장년기' 등으로 소개되고 있습니다. 따라서 이점 감안하여 학습하시기 바랍니다.

11 상담윤리의 관점에서 볼 때 어긋나는 것은?

① 내담자가 가지고 있는 가치를 존중하며 내담자를 차별하지 않는다.

② 자신의 이익을 위해 내담자를 해치거나 희생시키지 않는다.

③ 내담자의 존엄성을 존중하고 내담자의 복지를 증진한다.

④ 내담자가 자살할 위험이 있어도 비밀보장을 위해 관련기관에 이 사실을 알리지 않는다.

 해설

비밀보장의 한계(출처 : 한국상담학회 윤리강령)

상담자는 아래와 같은 내담자 개인 및 사회에 임박한 위험이 있다고 판단될 때 내담자에 관한 정보를 사회 당국 및 관련 당사자에게 제공해야 한다.

> 1. 내담자가 자신이나 타인의 생명 혹은 사회의 안전을 위협하는 경우
> 2. 내담자가 감염성이 있는 치명적인 질병이 있다는 확실한 정보를 가졌을 경우
> 3. 미성년인 내담자가 학대를 당하고 있는 경우
> 4. 내담자가 아동학대를 하는 경우
> 5. 법적으로 정보의 공개가 요구되는 경우

12 수검자의 심리검사 점수를 해석할 때, 기준으로 삼는 표준화된 점수자료는?

① 틀(Frame)

② 준거(Criterion)

③ 규준(Norm)

④ 표준(Standard)

 해설

규준(Norm)과 준거(Criterion)

규 준 (Norm)	• 대표집단의 사람들에게 실시한 검사 점수를 일정한 분포도로 작성해서 만드는 것으로, 이는 특정 검사 점수의 해석에 필요한 기준이 된다. • 한 개인의 점수를 이 분포에 비추어 어느 위치에 속하는지, 즉 해당 점수가 대표집단의 평균 정도에 해당하는지 혹은 그보다 높은지 낮은지 등으로 해석하게 된다. • 규준참조검사(Norm-reference Test)는 상대평가 목적의 검사로서, 각종 심리검사나 선발검사 등이 해당한다.
준 거 (Criterion)	• 개인이 어떤 일을 수행할 수 있다고 대중이 확신하는 지식 또는 기술 수준을 말하며, 목표설정에 있어서 도달하여야 할 기준을 의미한다. • 어떤 검사를 예언을 목적으로 사용하기 위해 개발할 경우 개발한 검사의 예측력을 객관적인 절차를 통해 검증해야 하는데, 이때 사용되는 예측정보가 준거에 해당한다. • 준거참조검사(Criterion-reference Test)는 절대평가 목적의 검사로서, 당락점수가 정해져 있는 대부분의 국가 자격시험이 해당한다.

13 진로카드분류의 장점에 대한 설명으로 옳지 않은 것은?

① 상담자와 내담자의 라포(Rapport)형성을 촉진한다.

② 내담자의 자발적인 참여를 촉진한다.

③ 내담자의 욕구에 쉽게 맞출 수 있다.

④ 내담자의 적성을 객관적으로 파악할 수 있다.

④ 진로카드분류(직업카드분류)는 내담자의 가치관, 흥미, 직무기술, 라이프 스타일 등의 선호형태를 측정하는 데 유용한 질적 측정도구이다. 이와 같은 질적 측정도구는 표준화된 지시나 객관적 채점절차 등을 완벽하게 갖추고 있지는 않다.

14 생애진로평가(Life Career Assessment ; LCA)에서 다루는 주제로 옳지 않은 것은?

① 직업경험

② 일상적인 날

③ 진로가계도

④ 강점과 장애물

생애진로평가 또는 생애진로사정(Life Career Assessment)의 구조

진로사정 (진로평가)	• 직업경험(시간제 · 전임, 유 · 무보수) • 교육 또는 훈련과정과 관련된 문제들 • 여가활동
전형적인 하루 (일상적인 날)	• 의존적–독립적 성격차원 • 자발적–체계적(규칙적) 성격차원
강점과 장애	• 주요 강점 : 내담자가 가지고 있는 자원, 내담자에게 요구되는 자원 • 주요 장애 : 강점과 관련된 장애, 주제와 관련된 장애
요 약	• 생애주제에 동의하기 • 내담자 자신의 용어를 사용하기 • 목표설정 또는 문제해결과 연결시키기

15 다음에서 설명하는 상담기법은?

> • 내담자가 표현한 내용에 대해 상담자가 새로운 의미와 가설을 부여한다.
> • 내담자로 하여금 문제해결의 길을 찾게 도와준다.

① 직 면　　　　　　　　　　　② 명료화
③ 해 석　　　　　　　　　　　④ 적극적 경청

해설

③ 해석(Interpretation)은 내담자가 새로운 방식으로 자신의 문제들을 볼 수 있도록 사건들의 의미를 설정해 주는 것이다. 해석의 목표는 내담자로 하여금 자신의 문제에 대한 통찰력을 갖게 하며, 결국에는 생활 속의 사건들을 그들 스스로 해석하도록 돕는 데 있다.
① 직면(Confrontation)은 문제를 있는 그대로 확인시켜 주어 내담자가 문제와 맞닥뜨리도록 함으로써, 내담자로 하여금 현실적인 대처방안을 찾을 수 있도록 도전시키는 과정이다.
② 명료화(Clarification)는 내담자의 말 속에 포함되어 있는 불분명한 측면을 상담자가 분명하게 밝히는 반응이다. 즉, 내담자의 실제 반응에서 암시되었거나 포함된 의미를 명확히 부각시켜 말해 주는 것이다.
④ 적극적 경청(Active Listening)은 내담자의 말이나 사건의 내용은 물론 내담자의 심정을 파악함으로써 내담자가 표현하는 언어적인 의미 외에 비언어적인 의미까지 이해하는 것이다.

16 긴즈버그(E. Ginzberg)의 진로발달이론에서 일이 요구하는 조건을 점차적으로 인식하고, 자신의 흥미, 능력, 가치 등에 대한 인식을 확대해 가는 시기는?

① 환상기(Fantasy Period)　　　　② 잠정기(Tentative Period)
③ 현실기(Realistic Period)　　　　④ 완숙기(Mature Period)

해설

긴즈버그(Ginzberg)의 진로발달단계 중 잠정기(Tentative Period, 11~17세)
• 흥미단계(Interest Stage) : 자신의 흥미나 취미에 따라 직업을 선택하려고 한다.
• 능력단계(Capacity Stage) : 자신이 흥미를 느끼는 분야에서 성공을 거둘 수 있는 능력을 지니고 있는지 시험해 보기 시작한다.
• 가치단계(Value Stage) : 자신이 좋아하는 직업에 관련된 모든 정보를 알아보려고 하며, 그 직업이 자신의 가치관 및 생애 목표에 부합하는지 평가해 본다.
• 전환단계(Transition Stage) : 주관적 요소에서 현실적 외부요인으로 관심이 전환되며, 이러한 현실적인 외부요인이 직업선택의 주요인이 된다.

17 경력개발에 대한 수퍼(D. Super)의 이론에 대한 설명으로 옳지 않은 것은?

① 탐색단계는 맨 처음 나타나는 단계로, 대부분의 사람은 자신의 흥미, 태도 및 가치관을 탐색하게 된다.

② 확립단계는 20대 중반 이후에 나타나는 단계로, 대부분의 사람은 자신에게 적합한 특정 조직에 취업하게 된다.

③ 유지단계에서는 대부분의 사람이 자신의 직업에 정착하게 된다.

④ 각 단계에서의 욕구(Needs)와 과제에 관심을 갖고, 단계별로 적절한 프로그램과 접근방법을 활용해야 한다.

> **해설**
>
> ① 수퍼(Super)의 경력개발단계(진로발달단계)에서 맨 처음 나타나는 단계는 '성장기(성장단계)'이다.
>
> **수퍼(Super)의 경력개발단계(진로발달단계)**
> - 성장기(출생~14세) : 환상기(4~10세), 흥미기(11~12세), 능력기(13~14세)
> - 탐색기(15~24세) : 잠정기(15~17세), 전환기(18~21세), 시행기(22~24세)
> - 확립기(25~44세) : 시행기(25~30세), 안정기(31~44세)
> - 유지기(45~64세)
> - 쇠퇴기(65세 이후)
>
> ┌───┐
> │ 참고 : 수퍼(Super)의 경력개발단계(진로발달단계)의 명칭은 번역상 차이로 인해 일부 교재에서 약간씩 다르게 제시되기도 합니다. │
> │   예를 들어, '쇠퇴기'는 '해체기'나 '은퇴기'로 제시되기도 하며, 탐색기의 하위단계인 '시행기'는 '수정기'로 제시되기도 합니다. │
> │   특히 하위단계로서 '시행기'가 상위단계인 '탐색기'와 '확립기'에 걸쳐 나타난다는 점을 유념하시기 바랍니다. │
> └───┘

18 ㉠에 들어갈 용어로 옳은 것은?

> (㉠)는 심리검사가 실제로 무엇을 재는가가 아니라, 이 검사가 잰다고 하는 것을 실제 재는 것처럼 보이는가를 말한다. 즉, 수검자에게 그 검사가 '타당한 것처럼 보이는가'를 뜻한다. 이 타당도는 수검자의 수검 동기나 수검 자세에 영향을 미친다.

① 내용타당도(Content Validity)

② 안면타당도(Face Validity)

③ 예언타당도(Predictive Validity)

④ 동시타당도(Concurrent Validity)

> **해설**
>
> ② 안면타당도(Face Validity)는 내용타당도(Content Validity)와 마찬가지로 측정항목이 연구자가 의도한 내용대로 실제로 측정하고 있는가 하는 것으로서, 내용타당도가 전문가의 평가 및 판단에 근거한 반면, 안면타당도는 전문가가 아닌 일반인의 일반적인 상식에 준하여 분석한다.
> ① 내용타당도(Content Validity)는 검사의 문항들이 그 검사가 측정하고자 하는 내용영역을 얼마나 잘 반영하고 있는지를 나타낸다. 안면타당도(Face Validity)와 달리 해당 분야 전문가의 판단을 토대로 결정한다.
> ③ 예언타당도 또는 예측타당도(Predictive Validity)는 어떠한 행위가 일어날 것이라고 예측한 것과 실제 대상자 또는 집단이 나타낸 행위 간의 관계를 측정한다.
> ④ 동시타당도 또는 공인타당도(Concurrent Validity)는 새로 제작한 검사의 타당도를 위해 기존에 타당도를 보장받고 있는 검사와의 유사성 혹은 연관성을 분석한다.

19 코스타(P. Costa)와 맥크래(R. McCrae)가 개발한 NEO-PI(NEO-성격검사)의 점수 결과에 대한 해석으로 옳지 않은 것은?

① N요인 점수가 높으면 정서적으로 불안정할 가능성이 높다.
② E요인 점수가 높으면 사교적이고 적극적일 가능성이 높다.
③ O요인 점수가 높으면 타인과의 관계에서 순종적일 가능성이 높다.
④ C요인 점수가 높으면 근면하고 믿음직스러울 가능성이 높다.

> 해설

NEO-PI(NEO-성격검사)의 요인별 특징

외향성 (Extraversion)	• 타인과의 상호작용을 원하고 타인의 관심을 끌고자 하는 정도를 측정한다. • E요인 점수가 높으면 사교적이고 적극적일 가능성이 높은 반면, 점수가 낮으면 독립적이고 활기가 부족할 가능성이 높다.
호감성 또는 친화성 (Agreeableness, Likability)	• 타인과 편안하고 조화로운 관계를 유지하는 정도를 측정한다. • A요인 점수가 높으면 이타적이고 타인과 공감적일 가능성이 높은 반면, 점수가 낮으면 자기중심적이고 타인의 의도를 의심할 가능성이 높다.
성실성 (Conscientiousness)	• 사회적 규칙, 규범, 원칙 등을 기꺼이 지키려는 정도를 측정한다. • C요인 점수가 높으면 근면하고 믿음직스러울 가능성이 높은 반면, 점수가 낮으면 게으르고 부주의할 가능성이 높다.
신경증 또는 정서적 불안정성 (Neuroticism, Negative Affectivity)	• 정서적인 안정감, 세상에 대한 통제감 정도를 측정한다. • N요인 점수가 높으면 정서적으로 불안정할 가능성이 높은 반면, 점수가 낮으면 정서적으로 안정된 상태일 가능성이 높다.
경험에 대한 개방성 (Openness to Experience)	• 세계에 대한 관심 및 호기심, 다양한 경험에 대한 추구 및 포용성 정도를 측정한다. • O요인 점수가 높으면 호기심이 많고 창의적이며 관습에 얽매이지 않을 가능성이 높은 반면, 점수가 낮으면 흥미를 갖는 영역이 제한적이고 관습적일 가능성이 높다.

20 다음에서 설명하는 직업상담이론은?

> • 흥미는 행동의 기준을 설정하는 데 절대적으로 작용하지 않기 때문에 진로결정과정에서 큰 역할을 하지 않는다.
> • 이 관점을 지닌 대표적인 학자는 브라운(D. Brown)이다.
> • 유전적 요인, 환경적 요인 모두와 관련이 있다.

① 직업적응이론
② 가치중심적 진로이론
③ 진로정보처리이론
④ 맥락주의 진로이론

 해설

② 가치중심적 진로이론은 브라운(Brown)이 제안한 것으로서, 인간행동이 개인의 가치에 의해 상당 부분 영향을 받는다는 가정에서 출발한다. 그에 의하면 개인에 의해 확립된 행동규준들은 발달과정에 있어서 매우 중요한 것이며 가치에 기반을 둔 것으로서, 개개인이 스스로의 행위와 타인의 행위를 판단하는 규칙들이 된다는 것이다. 흥미를 진로결정에 큰 영향을 미치지 않는 것으로 보는 반면, 가치를 행동역할을 합리화하는 데 매우 강력한 결정요인으로 본다.

① 직업적응이론은 데이비스와 롭퀴스트(Dawis & Lofquist)가 1950년대 후반부터 지속적으로 수행해온 직업적응 프로젝트의 연구 성과를 바탕으로 정립한 것으로서, 개인의 특성에 해당하는 욕구와 능력을 환경에서의 요구사항과 연관지어 직무만족이나 직무유지 등의 진로행동에 대해 설명하였다.

③ 진로정보처리이론(인지적 정보처리이론)은 피터슨, 샘슨, 리어든(Peterson, Sampson & Reardon)이 제안한 것으로서, 개인이 어떻게 진로를 결정하고 진로문제해결 및 의사결정을 위해 어떻게 정보를 이용하는지의 측면에서 인지적 정보처리의 개념을 진로발달에 적용시킨 것이다.

④ 맥락주의 진로이론은 구성주의(Constructivism)의 철학적 입장을 토대로 한 것으로서, 진로연구와 진로상담에 대한 맥락상의 행위설명을 확립하기 위해 고안되었다. 개인과 환경의 상호작용과 다각적인 관계를 강조하면서, 내담자가 현재의 행위와 후속적인 경험으로부터 어떻게 개인적인 의미를 구성하는지를 파악하고자 한다.

01 아들러(Adler)의 개인심리학적 상담이론에 대한 설명으로 옳지 않은 것은?

① 무의식이 의식보다 중요하다고 본다.

② 인간을 목적론적 존재로 본다.

③ 내담자가 사회적 관심을 갖도록 돕는다.

④ 낙담한 내담자에게 용기를 불어넣는 격려에 초점을 둔다.

> **해설**
> ① 무의식이 의식보다 중요하다고 본 학자는 정신분석적 상담이론의 프로이트(Freud)이다. 반면, 아들러(Adler)는 개인의 행동이 무의식에 의해 지배되는 것이 아닌 개인의 가치, 신념, 태도, 목표, 현실지각 등에 의해 결정되는 의식적이고 목표지향적인 것으로 보았다.
> ② 아들러는 인간을 전체적·현상학적·사회적 존재로 보았으며, 특히 현재를 바탕으로 미래지향적인 삶의 목적을 향해 노력하는 목적론적 존재로 보았다.
> ③ 아들러의 상담이론은 내담자로 하여금 사회적 관심을 갖도록 도우며, 열등감을 극복하고 우월성을 추구하도록 돕는 것을 목표로 한다.
> ④ 격려(Encouragement)는 아들러 학파 상담자들이 가장 보편적으로 사용하는 중재기법 중 하나로서, 내담자의 자신감과 심리적 강인성을 촉진시키는 작업이다. 내담자의 생활양식에 접근하고 관계를 형성하는 데 유용한 기법으로, 특히 내담자로 하여금 열등감과 낮은 자기개념을 극복하도록 도움으로써 기꺼이 위험을 무릅쓰려는 새로운 시도를 지지하게 된다.

02 진로상담기법 중 직업카드 분류활동에 대한 설명으로 옳지 않은 것은?

① 내담자가 능동적으로 직업분류 과정에 참여하도록 한다.

② 즉각적으로 피드백을 제공할 수 있다.

③ 다양한 집단에 사용할 수 있다.

④ 내담자의 흥미를 알아보는 표준화된 검사도구이다.

> **해설**
> ④ 직업카드 분류는 내담자의 흥미를 알아보는 데 사용되는 평가도구이나 기존의 표준화 검사로 대표되는 표준화 평가, 전통적 평가, 객관적 평가와 대비되는 개념인 질적 평가, 대안적 평가, 자기 평가의 영역에 속한다.
>
> 직업카드 분류의 장점
> • 내담자가 능동적으로 직업분류 과정에 참여하도록 한다.
> • 즉각적으로 피드백을 제공할 수 있다.
> • 내담자의 여러 특징에 대한 의미 있는 정보를 제공한다.
> • 다양한 집단에 사용할 수 있고, 목적에 적합하도록 변형하여 활용할 수 있는 등 유연성이 있다.

03 다음 설명에 해당하는 로저스(Rogers) 이론의 주요 개념은?

> 타인의 인정을 받기 위해 긍정적인 평가를 받을 수 있는 자신의 감정·생각·행동은 표현하되, 부정적인 평가를 받을 수 있는 것은 억압하는 행동 경향성

① 투 사
② 가치의 조건화
③ 비합리적 신념
④ 실현화 경향성

② 로저스(Rogers)는 인간이 경험을 통해 가치를 형성해 나간다고 보았다. 그런데 유기체, 즉 전체로서 개인은 타인으로부터 긍정적 자기존중을 얻기 위해 주관적으로 경험하는 사실을 왜곡하고 부정하게 된다. 로저스는 이를 '가치의 조건화(Conditions of Worth)'로 설명하였는데, 이는 유기체로 하여금 자기의 경험에 폐쇄적이 되도록 함으로써 실현화 경향성을 방해하게 된다.
① '투사(Projection)'는 프로이트(Freud)의 정신분석적 상담이론의 주요 개념으로서, 사회적으로 인정받을 수 없는 자신의 행동과 생각을 마치 다른 사람의 것인 양 생각하고 남을 탓하는 일종의 방어기제이다.
③ '비합리적 신념(Irrational Belief)'은 엘리스(Ellis)의 인지·정서·행동치료(REBT)의 주요 개념으로서, 정서장애의 원인이 되고 그것을 계속해서 유지시키는 비합리적인 생각이다.
④ '실현화 경향성(Actualization Tendency)'은 로저스의 인간중심(내담자중심) 상담이론의 주요 개념으로서, 유기체가 단순한 실체에서 복잡한 실체로, 의존성에서 독립성으로, 고정성 혹은 경직성에서 유연성 혹은 융통성으로 변화하고자 하는 유기체의 경향성을 의미한다.

04 특성-요인 진로상담이론을 적용한 윌리엄슨(Williamson)의 6단계 상담과정을 순서대로 바르게 연결한 것은?

> 분석 – ( ) – ( ) – ( ) – 상담 – 추수지도

① 종합 – 예측 – 진단
② 종합 – 진단 – 예측
③ 진단 – 종합 – 예측
④ 진단 – 예측 – 종합

특성-요인 진로(직업)상담의 과정(Williamson)
• 분석(제1단계) : 내담자에 관한 자료수집, 표준화검사, 적성·흥미·동기 등의 요소들과 관련된 심리검사가 주로 사용된다.
• 종합(제2단계) : 내담자의 성격, 장단점, 욕구, 태도 등에 대한 이해를 얻기 위해 정보를 수집·종합한다.
• 진단(제3단계) : 문제의 원인들을 탐색하며, 내담자의 문제를 해결할 수 있는 다양한 방법들을 검토한다.
• 예측(예후) 또는 처방(제4단계) : 조정 가능성, 문제들의 가능한 여러 결과를 판단하며, 대안적 조치와 중점사항을 예측한다.
• 상담 또는 치료(제5단계) : 미래에 혹은 현재에 바람직한 적응을 위해 무엇을 해야 하는가에 대해 함께 협동적으로 상의한다.
• 추수지도 또는 사후지도(제6단계) : 새로운 문제가 야기되었을 때 위의 단계를 반복하며, 바람직한 행동 계획을 실행하도록 계속적으로 돕는다.

05 벡(Beck)의 인지치료이론에서 말하는 인지적 오류 사례를 바르게 제시한 것은?

① 개인화 – 내 제안에 동의하는 사람은 내 편이고, 나머지는 다 적이야.

② 긍정격하 – 나를 보고도 인사하지 않은 A는 날 싫어하는 게 분명해.

③ 과일반화 – 생전 처음 사기를 당하고 나니 세상 사람들이 다 사기꾼 같아.

④ 이분법적 사고 – 팀장님이 화가 난 것은 나 때문이야.

해설

③ '과일반화(과잉일반화)'는 한두 가지의 고립된 사건에 근거해서 일반적인 결론을 내리고 그것을 서로 관계없는 상황에 적용하는 것이다. 예 영어시험을 망쳤으니 (자신의 노력이나 상황 변화와 관계없이) 이번 시험은 완전히 망칠 것이라 결론을 내리는 경우

① 모든 경험을 한두 개의 범주로만 이해하고 중간지대가 없이 흑백논리로써 현실을 파악하는 것은 '이분법적 사고(흑백논리)'이다. 예 100점이 아니면 0점과 다를 바 없다고 보는 경우

② 어떤 결론을 지지하는 증거가 없거나 그 증거가 결론에 위배됨에도 불구하고 그와 같은 결론을 내리는 것은 '임의적 추론(자의적 추론)'이다. 예 남자친구가 사흘 동안 전화를 하지 않은 것은 자신을 사랑하지 않고 이미 마음이 떠났기 때문이라고 자기 멋대로 추측하는 경우

④ 자신과 관련시킬 근거가 없는 외부사건을 자신과 관련시키는 성향으로서, 실제로는 다른 것 때문에 생긴 일에 대해 자신이 원인이고 자신이 책임져야 할 것으로 받아들이는 것은 '개인화(사적인 것으로 받아들이기)'이다. 예 친구가 오늘 기분이 나쁜 것이 내게 화가 나 있기 때문인 것으로 간주하는 경우

06 사회인지진로이론(Social Cognitive Career Theory)에 근거한 진로상담 접근방법으로 옳지 않은 것은?

① 내담자가 어떤 영역에 자기효능감을 가지고 있는지 탐색해 본다.

② 우연히 발생한 일이 진로에 긍정적으로 작용하는 '계획된 우연(Planned Happenstance)'을 탐색한다.

③ 내담자가 자신의 진로선택에 대해서 어떤 결과를 기대하고 있는지 확인해 본다.

④ 내담자의 진로선택에 영향을 주는 진로장벽을 탐색하고 극복방안을 논의한다.

해설

② 한 사람의 진로발달 과정에서 어떤 예기치 않은 사건이 그 사람의 진로에 긍정적 혹은 부정적으로 작용할 수 있는데, 특히 그와 같은 사건이 긍정적으로 작용하는 경우를 '계획된 우연(Planned Happenstance)'으로 설명한 것은 크롬볼츠(Krumboltz)의 사회학습 이론이다.

① 사회인지진로이론은 진로발달 및 진로선택이 개인의 타고난 성향 및 환경 간의 상호작용의 결과라는 전통적인 관점에서 벗어나 자기효 능감(Self-efficacy)의 개념을 도입함으로써, 진로발달과 선택에서 진로와 관련된 자신에 대한 평가와 믿음의 인지적 측면을 강조한다.

③ 사회인지진로이론은 인지적 측면의 변인으로서 결과기대(성과기대)와 개인적 목표가 자기효능감과 상호작용하여 개인의 진로관련 활동의 방향을 결정한다고 주장한다.

④ 사회인지진로이론은 주로 특정 집단에게 부정적인 영향을 주는 사회적 편견과 같은 환경조건으로서 진로장벽을 언급하면서, 상담자가 내담자의 진로선택에 영향을 주는 진로장벽을 탐색하고 극복방안을 논의할 것을 강조한다.

07 구성주의 진로발달이론에서 사용하는 진로양식면접(Career Style Interview)의 영역, 질문 내용과 의미의 연결이 옳지 않은 것은?

	영 역	질 문	의 미
①	역할모델	가장 존경한 사람은 누구인가요?	이상적 자아를 나타낸다.
②	교과목	좋아하거나 싫어한 교과목은 무엇인가요?	선호하는 직무와 근로환경을 나타낸다.
③	명 언	좋아하는 명언이나 좌우명이 있나요?	개인의 생활양식에 맞는 환경에 대한 선호를 나타낸다.
④	여가와 취미	여가시간을 어떻게 보내고 싶은가요?	자기표현을 다루고 겉으로 드러난 흥미가 무엇인지 나타낸다.

해설

진로양식면접(Career Style Interview)을 구성하는 질문

영 역	질 문	의 미
준비도	상담 시간을 어떻게 활용할 수 있을까요?	상담의 출발점을 제시한다.
역할모델	가장 존경한 사람은 누구인가요?	이상적 자아를 나타낸다.
잡지/TV 프로그램	정기적으로 구독하는 잡지가 있나요? 좋아하는 TV 프로그램은 무엇인가요?	개인의 생활양식에 맞는 환경에 대한 선호를 나타낸다.
책/영화	좋아하는 책이나 영화에 대해 이야기해 주세요.	동일한 문제에 당면해 있는 주인공을 드러내고, 그 주인공이 어떻게 문제를 다루는지를 보여 준다.
여가와 취미	여가시간을 어떻게 보내고 싶은가요? 취미는 무엇인가요?	자기표현을 다루고 겉으로 드러난 흥미가 무엇인지 나타낸다.
명 언	좋아하는 명언이나 좌우명이 있나요?	생애사(Life Story)의 제목을 제공한다.
교과목	좋아하거나 싫어한 교과목은 무엇인가요?	선호하는 직무와 근로환경을 나타낸다.
생애초기 기억	가장 어릴 적 기억은 어떤 것인가요?	무엇에 몰두하여 노력을 기울이고 있는지를 드러낸다.

08 직업발달이론에서 환경적 요인의 영향력을 반영한 개념으로 적절하지 않은 것은?

① 갓프레드슨(Gottfredson)의 진로발달이론에서 언급한 사회적 공간(Social Space) 개념
② 다위스(Dawis)와 롭퀴스트(Lofquist)의 직업적응이론에서 언급한 직업강화요인패턴(Occupational Reinforcer Patterns) 개념
③ 사회인지진로이론에서 언급한 근접 영향(Proximal Influences) 개념
④ 홀랜드(Holland)의 유형 이론에서 언급한 성격유형의 일관성(Consistency) 개념

해설

④ 홀랜드(Holland)의 유형 이론에서는 개인의 흥미 유형과 개인이 몸담고 있거나 소속되고자 하는 환경의 유형이 서로 부합하는 정도를 일치성(Congruence)의 개념으로 설명하였다.

① 갓프레드슨(Gottfredson)은 아동이 초기 직업선택 과정에서 사회적 측면의 자아를 고려하여 자신들이 지각하는 사회적 공간 또는 사회적 위치(Social Space)에 적합하지 않은 직업을 제거하기 시작한다고 보았다.

② 다위스(Dawis)와 롭퀴스트(Lofquist)는 직업환경과 관련된 개념으로 강화인(Reinforcer)을 제시하였다. 그들은 강화를 줄 수 있는 영역이 무엇인지를 기준으로 직업을 분류하는 것이 가능하다고 보았으며, 직업강화요인패턴(Occupational Reinforcer Patterns)과 직업적성패턴(Occupational Aptitude Patterns)이 만들어지는 과정을 설명하였다.

③ 사회인지진로이론은 개인이 특정 영역에서의 흥미를 형성하더라도 진로를 선택할 당시 다양한 환경적 맥락의 영향, 즉 근접 영향(Proximal Influences)을 받게 된다고 주장하면서, 개인의 흥미가 자유롭게 진로목표와 실천으로 연결될 수 있는 최적의 환경(맥락)이 조성되어야 한다고 강조하였다.

09 인지·정서·행동치료(REBT)에서 가정하는 합리적 가치와 태도가 아닌 것은?

① 자기수용
② 불확실성의 수용
③ 위험 감수
④ 이상주의

 해설

인지·정서·행동치료(REBT)에서 가정하는 합리적 가치와 태도
- 자기관심 혹은 자기에 대한 관심(Self-interest)
- 사회적 관심 혹은 사회에 대한 관심(Social-interest)
- 자기지향 혹은 자기지시(Self-direction)
- 큰 좌절감에 대한 인내(High Frustration Tolerance) 혹은 관용(Tolerance)
- 유연성(Flexibility)
- 불확실성의 수용(Acceptance of Uncertainty)
- 창조적 일에 대한 실행(Commitment to Creative Pursuits) 혹은 이행(Commitment)
- 과학적 사고(Scientific Thinking)
- 자기수용(Self-acceptance)
- 모험하기 혹은 위험 감수(Risk-taking)
- 비이상주의 혹은 반유토피아주의(Non-utopianism)
- 정서적 장애에 대한 자기 책임(Self-responsibility for Own Emotional Disturbance)

10 다위스(Dawis)와 롭퀴스트(Lofquist) 등이 개발한 MIQ(Minnesota Importance Questionnaire)에서 측정하는, 직업과 관련된 6가지 가치로 옳지 않은 것은?

① 지위(Status)
② 이타심(Altruism)
③ 지속성(Endurance)
④ 자율성(Autonomy)

해설

미네소타 중요성질문지(MIQ)의 가치 영역 및 평가 차원
- 성취(Achievement) : 수행을 고무시키는 환경의 중요성
- 이타심 또는 이타주의(Altruism) : 타인과 조화를 이루고 봉사하게 하는 환경의 중요성
- 자율성 또는 자발성(Autonomy) : 시작을 자극하는 환경의 중요성
- 안락함 또는 편안함(Comfort) : 긴장상태가 아닌 편안한 환경의 중요성
- 안정성 또는 안전성(Safety) : 예측 가능하고 안정적인 환경의 중요성
- 지위(Status) : 명성과 재인을 제공하는 환경의 중요성

11 샘슨(Sampson) 등의 진로의사결정 정도에 따른 내담자 분류에서 진로 무결정자(The Indecisive)에 해당하는 것은?

① 자신의 모습, 직업, 혹은 의사결정을 위한 지식이 부족한 내담자
② 진로를 결정한 것처럼 보이지만 실제로는 결정을 못하는 내담자
③ 생활에 전반적인 장애를 주는 불안을 동반한 내담자
④ 다양한 능력으로 지나치게 많은 기회를 갖게 되어 진로 결정이 어려운 내담자

①・④ 진로 미결정자(The Undecided), ② 진로 결정자(The Decided)

진로의사결정 정도에 따른 내담자 분류(Sampson, Peterson & Reardon)

진로 결정자 (The Decided)	• 자신의 선택이 잘 되었음을 명료화하기 원하는 내담자 • 자신의 선택을 이행하기 위해 도움이 필요한 내담자 • 진로를 결정한 것처럼 보이지만 실제로는 결정을 못하는 내담자
진로 미결정자 (The Undecided)	• 자신의 모습, 직업 혹은 의사결정을 위한 지식이 부족한 내담자 • 다양한 능력으로 지나치게 많은 기회를 갖게 되어 진로 결정이 어려운 내담자 • 진로결정을 하지 못하지만 성격적인 문제는 없는 내담자
진로 무결정자 혹은 우유부단형 (The Indecisive)	• 생활에 전반적인 장해를 주는 불안을 동반한 내담자 • 일반적으로 문제해결 과정에서 부적응적인 성격을 가지고 있는 내담자

12 다음 설명에 공통으로 해당하는 직업상담 기법은?

> • 상담사가 내담자의 다양한 정보를 수집하고 내담자는 자신에 대해 체계적으로 이야기를 해나가면서 자신의 경험을 정리하고 자신의 삶의 방식을 알아가는 과정이다.
> • 진로사정, 일상적(전형적)인 하루, 강점과 약점, 요약의 네 부분으로 구성된다.

① 진로가계도   ② 생애진로사정
③ 진로자서전   ④ 면담 리드

② 생애진로사정(Life Career Assessment)은 상담자가 내담자와 처음 만났을 때 이용할 수 있는 구조화된 면접기법으로서, 내담자에 대한 가장 기초적인 직업상담 정보를 얻는 질적인 평가절차이다. 아들러(Adler)의 개인심리학(개인차 심리학)에 기초를 둔 것으로서, 내담자와 환경과의 관계를 이해할 수 있는 정보를 제공한다.
① 진로가계도 혹은 제노그램(Genogram)은 직업과 관련된 내담자의 가계력을 알아보는 기법으로서, 내담자의 직업의식, 직업선택, 직업 태도에 대한 가족의 영향력을 분석하는 대표적인 질적 측정도구이다.
③ 진로자서전(Career Autobiography)은 내담자가 과거에 어떻게 의사결정을 했는지 알아보기 위해 학과선택, 아르바이트 경험 등 일상적 결정에 대해 내담자가 자유롭게 기술하도록 하는 기법이다.
④ 면담 리드(Interview Leads)는 상담자가 적절한 질문을 통해 내담자의 욕구나 가치 정보를 표현하도록 돕는 기법이다.

13 상담사가 지켜야 할 직업윤리 중 내담자에 대한 비밀보장의 한계나 예외에 해당하지 않는 것은?

① 법적으로 정보의 공개가 요구되는 경우
② 자신이 상담사로서의 자격을 박탈당한 경우
③ 내담자가 자해하거나 자살할 위험이 있는 경우
④ 내담자가 전염성이 있는 치명적 질병이 있는 경우

해설

비밀보장의 한계(출처 : 한국상담학회 윤리강령)

상담자는 아래와 같은 내담자 개인 및 사회에 임박한 위험이 있다고 판단될 때 내담자에 관한 정보를 사회 당국 및 관련 당사자에게 제공해야 한다.

1. 내담자가 자신이나 타인의 생명 혹은 사회의 안전을 위협하는 경우
2. 내담자가 감염성이 있는 치명적인 질병이 있다는 확실한 정보를 가졌을 경우
3. 미성년인 내담자가 학대를 당하고 있는 경우
4. 내담자가 아동학대를 하는 경우
5. 법적으로 정보의 공개가 요구되는 경우

14 수퍼(Super)의 진로발달이론에 대한 설명으로 옳지 않은 것은?

① 생애진로무지개 모형은 한 개인의 생애주기에 따라 나타나는 주요 역할의 변화를 보여준다.
② 아치문 모형에서 자아개념의 발달을 개인적 요인과 환경적 요인의 상호작용으로 설명한다.
③ 한 개인의 주요 역할로 자녀, 학생, 여가(활동)인, 시민, 직업인, 배우자(혹은 부모, 가사담당자)를 들고 있다.
④ 진로발달단계에서 유지기의 하위 단계에는 시행 및 안정기, 승진기가 있다.

해설

수퍼(Super)의 진로발달단계(직업발달단계)

• 성장기(출생~14세) : 환상기(4~10세), 흥미기(11~12세), 능력기(13~14세)
• 탐색기(15~24세) : 잠정기(15~17세), 전환기(18~21세), 시행기(22~24세)
• 확립기(25~44세) : 시행기(25~30세), 안정기(31~44세)
• 유지기(45~64세)
• 쇠퇴기(65세 이후)

15 심리검사에서 규준(Norm)의 종류에 대한 설명으로 옳은 것은?

① 표준등급은 원점수를 1부터 10까지 열 개의 범주로 나눈 것이다.

② 평균이 80점이고 표준편차가 5점인 집단에서 60점을 받은 사람의 Z점수는 4.0이다.

③ Z점수가 2.0인 사람의 T점수는 70점이다.

④ 백분위는 특정 개인의 점수를 그가 속한 집단에서 그 사람보다 점수가 높은 사람들의 비율로 나타낸 것이다.

> **해설**
>
> ③ 'T점수 = $10 \times$ Z점수 + 50'이므로, Z점수가 1.0인 경우 T점수는 60점, Z점수가 2.0인 경우 T점수는 70점이다.
>
> ① 표준등급 혹은 스테나인(Stanine) 척도는 모든 원점수를 1부터 9까지의 한 자리 숫자체계로 전환시킨 것이다.
>
> ② 'Z점수 = $\dfrac{원점수 - 평균}{표준편차}$'이므로 'Z점수 = $\dfrac{60 - 80}{5}$ = -4', 즉 Z점수는 -4.0이다.
>
> ④ 백분위는 특정 개인의 점수를 그가 속한 집단에서 그 사람보다 점수가 낮은 사람들의 비율로 나타낸 것이다. 예를 들어, 백분위가 95인 것은 그보다 낮은 점수를 받은 사람들이 95%임을 의미한다.

16 신뢰도에 영향을 주는 요인에 대한 설명으로 옳지 않은 것은?

① 같은 검사라도 신뢰도 측정방법에 따라 신뢰도 계수가 달라질 수 있다.

② 검사의 문항 수와 그 검사의 신뢰도가 정비례하는 것은 아니다.

③ 검사대상이 되는 집단의 개인차가 클수록 검사-재검사 신뢰도 계수는 작아진다.

④ 속도검사의 경우 전후반분법보다는 검사-재검사법이 신뢰도 계수를 구하는 데 더 적합하다.

> **해설**
>
> 검사의 신뢰도에 영향을 주는 주요 요인
> - 개인차 : 검사대상이 되는 집단의 개인차가 클수록 검사점수의 변량은 커지며, 그에 따라 신뢰도 계수도 커지게 된다.(③)
> - 문항 수 : 문항 수가 많은 경우 신뢰도는 어느 정도 높아진다. 다만, 문항 수를 무작정 늘린다고 해서 검사의 신뢰도가 정비례하여 커지는 것은 아니다.(②)
> - 문항반응 수 : 문항반응 수는 적당한 크기를 유지하는 것이 바람직하며, 만약 이를 초과하는 경우 신뢰도는 향상되지 않는다. 일반적으로 리커트(Likert) 척도에서 문항반응 수가 5점 내지 7점을 초과하는 경우 신뢰도 계수는 더 이상 커지지 않는 것으로 보고되고 있다.
> - 검사유형(속도검사의 신뢰도) : 문항 수가 많고 주어진 시간이 제한되어 있는 속도검사의 경우 특히 전후반분법을 이용하여 신뢰도를 추정하는 것은 바람직하지 못하다. 그 이유는 응답자가 후반부로 갈수록 문항에 답할 충분한 시간이 없으므로 상대적으로 낮은 점수를 받게 되기 때문이다.(④)
> - 신뢰도 추정방법(측정방법) : 신뢰도를 추정하는 각 방법은 오차를 포함하는 내용이 서로 다르므로 동일한 검사에 여러 가지 방법을 동시에 사용하여 얻어진 신뢰도 계수는 서로 다를 수밖에 없다. 특히 측정오차가 클수록 신뢰도 계수는 그만큼 작게 계산될 가능성이 높다.(①)

17 MBTI의 성격유형과 직업 관련 특징으로 옳지 않은 것은?

① 직관형(N) – 새로운 문제를 새로운 방식으로 해결하기를 좋아하지만 사실에 관한 실수를 자주 한다.

② 판단형(J) – 분석하고 논리적으로 정리하기를 좋아하지만 자기도 모르게 다른 사람의 감정을 상하게 할 수 있다.

③ 감정형(F) – 사람들의 감정을 잘 알아차리는 경향이 있고 타인에게 동감하는 경향이 있다.

④ 지각형(P) – 변화하는 상황에 잘 적응하고 일을 수정할 수 있는 여지를 두기를 좋아한다.

해설

② 사고형(T ; Thinking)의 특징에 해당한다. 사고형(T)은 논리와 이성에 따라 정보를 평가하므로, 논리적이고 사적인 감정이 개입되지 않는 분석을 사용하는 직업에 적합하다. 다만, 상대방의 감정을 무시할 수 있으므로, 자기도 모르게 다른 사람의 감정을 상하게 할 수 있다. 반면, 판단형(J ; Judging)은 일을 종결하기 위해 신속하고 확고한 의사결정을 하는 경향이 있으므로, 조직화와 마감을 요구하는 직업에 적합하다. 다만, 다른 사람의 업무를 규제하고 통제하기를 좋아하며, 단호하고 강요하는 듯한 인상을 줄 수 있다.

18 직업상담의 문제유형에 대한 설명으로 옳은 것은?

① 크릿츠(Crites)의 분류에서 흥미를 느끼는 분야가 있지만 그 분야에 적성이 없는 사람은 비현실형에 해당한다.

② 크릿츠(Crites)의 분류에서 적성에 따라 어쩔 수 없이 선택한 직업에 흥미가 없는 사람은 부적응형에 해당한다.

③ 보딘(Bordin)이 제시한 직업문제의 심리적 원인에 따르면, 둘 이상의 자아개념이 서로 갈등하는 경우는 확신의 부족에 해당한다.

④ 윌리엄슨(Williamson)의 분류에서 선호하는 직업들 중에서 어느 것을 선택할지 결정하지 못한 경우는 직업선택의 확신부족에 해당한다.

해설

② 크릿츠(Crites)의 직업선택 문제유형 분류 중 '강압형'에 해당한다.

③ 보딘(Bordin)의 직업선택 문제유형 분류 중 '자아갈등(내적 갈등)'에 해당한다.

④ 윌리엄슨(Williamson)의 직업선택 문제유형 분류 중 '직업 무선택(미선택)'에 해당한다.

크릿츠(Crites)의 직업선택 문제유형

변 인	직업선택 문제유형
적응성 (적응 문제)	• 적응형 : 흥미와 적성이 일치하는 분야를 발견한 유형(흥미를 느끼는 분야와 적성에 맞는 분야가 일치하는 사람) • 부적응형 : 흥미와 적성이 일치하는 분야를 찾지 못한 유형(흥미를 느끼는 분야도 없고 적성에 맞는 분야도 없는 사람)
결정성 (우유부단 문제)	• 다재다능형 : 재능(가능성)이 많아 흥미와 적성에 맞는 직업 사이에서 결정을 내리지 못하는 유형 • 우유부단형 : 흥미와 적성에 관계없이 어떤 직업을 선택할지 결정을 내리지 못하는 유형
현실성 (비현실성 문제)	• 비현실형 : 자신의 적성수준보다 높은 적성을 요구하는 직업을 선택하거나, 흥미를 느끼는 분야가 있지만 그 분야에 적성이 없는 유형 • 강압형 : 적성 때문에 직업을 선택했지만 그 직업에 흥미가 없는 유형 • 불충족형 : 흥미와는 일치하지만 자신의 적성수준보다 낮은 적성을 요구하는 직업을 선택하는 유형

19 갓프레드슨(Gottfredson)의 제한-타협이론에 대한 설명으로 옳은 것만을 모두 고른 것은?

> ㄱ. 진로발달과정은 자신이 할 수 있다고 생각하는 직업의 수를 줄여가는 과정이라고 설명한다.
> ㄴ. '타협'은 직업의 성역할, 사회적 지위, 흥미를 고려하여 자신이 선택할 직업을 조정해 가는 것을 의미한다.
> ㄷ. 자아개념과 맞지 않는 직업을 '제한'하는 과정은 다섯 단계로 나뉘어져 있다.
> ㄹ. '제한'의 1단계에 있는 아동은 성역할에 근거해서 직업을 구분하는 특성을 보인다.

① ㄱ, ㄴ   ② ㄱ, ㄹ
③ ㄱ, ㄷ, ㄹ   ④ ㄴ, ㄷ, ㄹ

해설

ㄱ. 갓프레드슨(Gottfredson)은 '타협'을 이상적으로 생각하는 것과 현실적으로 획득할 수 있는 것 사이를 연결해 주는 과정으로 간주하면서, 직업세계에서 이상과 현실 사이의 차이를 좁혀가는 과정을 직업선택에서의 타협 과정으로 설명하였다.

ㄴ. 직업선택의 개인적 타협 과정에서 성역할(성 유형), 사회적 지위(권위 혹은 명성), 흥미의 순서로 그 중요도를 매기고 있으며, 직업에 대한 흥미가 가장 먼저 희생되고, 두 번째는 직업의 권위수준, 마지막으로 성역할(성 유형)이 희생된다고 보았다.

ㄷ. 자아개념과 맞지 않는 직업을 '제한'하는 과정으로서 직업포부 발달단계는 서열 획득 단계(힘과 크기 지향성), 성역할(성 유형) 획득 단계(성역할 지향성), 사회적 가치 획득 단계(사회적 가치 지향성), 내적 자아 확립 단계(내적, 고유한 자아 지향성)의 네 단계로 나뉘어져 있다.

ㄹ. 성역할에 근거해서 직업을 구분하는 특성을 보이는 것은 2단계(6~8세) 아동의 특징에 해당한다. 반면, 1단계(3~5세) 아동은 크고 힘이 센 어른을 선망하면서 어른이 된다는 것의 의미를 알게 된다.

20 경력개발 관련 레빈슨(Levinson)의 성인기 발달이론에 대한 설명으로 옳지 않은 것은?

① 인생의 주기를 성인 이전기, 성인 전기(혹은 초기), 성인 중기, 성인 후기(혹은 말기)로 구분한다.
② 각 발달시기의 특성을 인생구조(혹은 생애구조)라는 개념으로 설명한다.
③ 과도기(혹은 전환기)는 이전 시기의 삶을 재평가하고 다음 시기의 삶을 설계하는 시기이다.
④ 성인 후기는 제자나 후배를 양성하면서 배우자와 자녀와의 관계를 재정립하는 시기이다.

해설

④ 직장에서 제자나 후배를 양성하면서 과업수행 방식을 재조정하거나 가정에서 배우자와 자녀와의 관계를 재정립하는 시기는 성인 중기(대략 40~65세)에 해당한다.

①·② 레빈슨(Levinson)은 성인의 인생구조 형성과정이 연령의 증가에 따라 일정한 계열(Sequence)을 형성한다고 보았으며, 출생에서 죽음에 이르는 과정으로서 인생주기(Life Cycle) 혹은 인생구조(Life Structure)를 크게 '성인 이전기(성인이전시기)', '성인 전기(성인 초기)', '성인 중기(중년기)', '성인 후기(노년기)'의 사계절 또는 4개의 시대로 구분하였다.

③ 각 시기들의 계열은 안정과 변화의 순환원리에 의해 진행되며, 그 과정에서 혼돈과 갈등의 변화요인에 의한 '과도기(혹은 전환기)'와 함께, 새로운 삶의 구조를 형성하는 '안정기'가 서로 교차되어 나타난다.

여기서 멈출 거예요? 고지가 바로 눈앞에 있어요.
마지막 한 걸음까지 시대에듀가 함께할게요!

좋은 책을 만드는 길
독자님과 함께하겠습니다.

도서나 동영상에 궁금한 점, 아쉬운 점, 만족스러운 점이
있으시다면 어떤 의견이라도 말씀해 주세요.
SD에듀는 독자님의 의견을 모아 더 좋은 책으로 보답하겠습니다.

www.sidaegosi.com

올패스 고용노동부 직업상담원(전임상담원 · 자립지원전임상담원)

개정3판1쇄 발행	2022년 03월 18일 (인쇄 2022년 03월 08일)
초 판 발 행	2019년 05월 31일 (인쇄 2019년 05월 20일)
발 행 인	박영일
책 임 편 집	이해욱
저 자	이용석 · 직업상담연구소
편 집 진 행	박종옥 · 한주승
표지디자인	박수영
편집디자인	하한우 · 최미란
발 행 처	(주)시대고시기획
출 판 등 록	제 10-1521호
주 소	서울시 마포구 큰우물로 75 [도화동 538 성지 B/D] 9F
전 화	1600-3600
팩 스	02-701-8823
홈 페 이 지	www.sidaegosi.com
I S B N	979-11-383-2101-3 (13350)
정 가	27,000원